韩国刑法总论

General Introduction to Criminal Law of the Republic of Korea

（第十一版）

[韩] 金日秀　徐辅鹤　著

郑军男　译

WUHAN UNIVERSITY PRESS
武汉大学出版社

图书在版编目(CIP)数据

韩国刑法总论:第 11 版/[韩]金日秀,徐辅鹤著;郑军男译 . —武汉:
武汉大学出版社,2008.3
国外法学精品教材
ISBN 978-7-307-06134-7

Ⅰ.韩… Ⅱ.①金… ②徐… ③郑… Ⅲ.刑法—韩国—教材
Ⅳ.D931.264

中国版本图书馆 CIP 数据核字(2008)第 015159 号

著作权合同登记号:图字 17-2008-027

Copyright ⓒIL—SU KIM(金日秀)
本书中文版专有出版权由作者授予武汉大学出版社出版。未经出版
者书面允许,不得以任何方式复印或抄袭本书内容。

责任编辑:郭园园   责任校对:刘 欣   版式设计:詹锦玲

出版发行:**武汉大学出版社**   (430072 武昌 珞珈山)
    (电子邮件:wdp4@whu.edu.cn 网址:www.wdp.com.cn)
印刷:湖北省通山县九宫印务有限公司
开本:720×1000 1/16 印张:52.625 字数:912 千字 插页:2
版次:2008 年 3 月第 1 版 2008 年 3 月第 1 次印刷
ISBN 978-7-307-06134-7/D·794 定价:68.00 元

作者简介

金日秀

高丽大学　法科大学　毕业

第 12 回　司法考试　合格

高丽大学　大学院　修了（法学硕士）

德国 München 大学　修学（法学博士）（Dr. jur.）

司法研修院　第 2 期　修了

律师

首尔大学　法科大学　讲师

美国　Harvard University Law School Visiting Scholar

现高丽大学　法科大学　教授

司法考试委员及各种国家考试委员

法务部刑法改正审议委员会　委员

ZStW（总体的刑法学志）编辑咨询委员

著作及译著

Die Bedeutung der Menschenwürde im Strafrecht, insbes. Für Rechtfertigung und Begrenzung der staatlichen Strafe, 1983, Diss. München.

《韩国刑法Ⅰ》（总论上）、《韩国刑法Ⅱ》（总论下）、《韩国刑法Ⅲ》（各论上）、《韩国刑法Ⅳ》（各论下）、《刑法学原理》（总则讲义）、《新刑法各论》、《刑法总论讲义》、《注释刑法总论》（共著）、《新稿刑法各论》（共著）、《注释刑事诉讼法》（共著）、《法·人间·权》、C. 洛克辛：《刑事政策与刑法体系》（译著）、N. Brieskorn：《法哲学》（译著）、《打开黎明的胸膛》（时评集）、《爱与希望的法》（时评集）、《改革与民主主义》（时评集）、《法如江河一样》、《关于体系性犯罪论的方法论的一考察》、《刑法各论研究的方法论序说》、《关于刑法上原状恢复制度的刑事政策机能及效用的研究》、《科学技术的发展与刑法》、《克隆人的法的、伦理的问题》。此外发表诸多论文。

徐辅鹤

高丽大学　法科大学　毕业

高丽大学　大学院　修了（法学硕士）

德国 Köln 大学　修学（法学博士）（Dr. jur.）

高丽大学　法科大学　讲师

亚洲大学　法学部　助教授

现庆熙大学　法科大学　副教授

司法制度改革促进委员会促进企划团　企划委员

主要论文

Der Rechtsfolgenteil des neuen koreanischen StGB von 1995 im Vergleich zu den Regelungen im deutschen StGB, 1996, Diss, Köln.

《堕胎罪与立法者的价值判断》、《"部分"执行犹豫制度与"short sharp shock"》、《刑法上剥夺不法收益的必要性与法治国家的界限》、《刑事法上禁止溯及力原则的机能与界限》、《连续犯理论的批判性考察》、《侦查权的独占与分配——关于警察侦查权独立要求的探讨》、《过失犯中注意义务违反的体系性地位与判断基准》、《过失犯的共同正犯》、《强制猥亵罪中的暴行程度与奇袭猥亵的问题》、《网络上的情报散布与刑事责任》、《共同正犯与超过的实行行为》。

译者简介

郑军男

辽宁大学　法律系　法学学士（1996 年）

吉林大学　法学院　法学硕士（1999 年）、法学博士（2004 年）

武汉大学　法学博士后流动站　刑法学专业在职研究员

日本早稻田大学　法学研究科　博士后研究员

现吉林大学　法学院　副教授

著作及论文

《不能未遂犯研究》（独著）、《犯罪形态研究精要Ⅰ》（副主编）、《犯罪形态研究精要Ⅱ》（副主编）；《不能未遂犯论争》、《不能未遂犯着手实行性问题探讨》、《刑法司法解释方法论》、《德日犯罪论体系思维模式探究》、《德日刑事违法性理论探析》、《抽象的危险犯、具体的危险犯与未遂犯》、《论定罪中的主客观相统一原则》、《论受贿罪的共同犯罪问题》、《刑法解释方法研究——寻求刑法解释的客观性》、《犯罪成立条件比较研究》、《西原春夫教授学术报告综述》。

序

　　研究我国的刑法学，应当立足于我国的国情，但同时也要借鉴外国的先进经验，因而这些年来，我国学者翻译出版了德、日、俄、法等国的刑法学著作，这对我国刑法理论研究的发展很有裨益。

　　武汉大学出版社鉴于外国法学著作对我国法学研究的重要意义，特设立"国外法学精品教材丛书"，系统出版这方面的译著。2005 年秋，我在长春开会时，吉林大学法学院郑军男博士提出翻译金日秀教授与其弟子除辅鹤教授所著《韩国刑法总论》一书的设想，向我征求意见。我看了该书的目录，感到值得翻译，随后向武汉大学出版社推荐出版，出版社经过研究欣然同意，遂列入出版计划。

　　作者金日秀是韩国高丽大学教授、司法考试委员及各种国家考试委员、法务部刑法改正审议委员会委员、德国 München 大学法学博士，为人勤于治学，著作甚多。徐辅鹤是韩国庆熙大学副教授、司法制度改革促进委员会促进企划团企划委员，发表过多篇论文。二人合著的本书已修订至第 11 版，显示很受读者欢迎。第一作者获悉我推荐其大作在武汉大学出版社出版，甚为感谢，曾应邀来我校访问，并邀我为译书作序。

　　今年 2 月下旬，武汉大学出版社排出译书清样，送我审阅，我翻阅一遍之后，深感它受读者欢迎不是偶然的，它确实是一本很有特色的教材。

　　特色之一是结构体系，别出心裁。本书分为四编，分别为刑法的基础理论、犯罪论、罪数论和刑罚论，将罪数论放在犯罪论之后与之并列，比较少见。犯罪论分为十章，分别为犯罪论体系、行为论、构成要件论、违法性论、责任论、客观的处罚条件与人的处罚条件、过失犯论、不作为犯论、未遂论、正犯及共犯论。这样的体系自然是参考了当代德国学者的犯罪论体系，但也有其独到之处，即将"客观的处罚条件与人的处罚条件"放在责任论与过失犯论之间并与它们并列，同时在构成要件论中增加"构成要件符合性排除事由"等，这些表现了作者的独特构思，为犯罪论体系另辟了蹊径。

　　特色之二是理论阐述，多有新意。作为教材，很多问题与其他学者的论述相同或相近是难以避免的；但翻开本书，不少内容使中国读者感到耳目一新。例如，在谈到刑法的预防机能时，分别论述了积极的一般预防、积极的特别预防、消极的一般预防和消极的特别预防；在谈到刑法的基本原则时，论述了"比例性原则"——实施保安处分应当遵循的原则；在谈到各种行为概念时，论述了消极的行为概念和行为概念的否定论；在研究对适法行为的期待可能性时，论述了"被强迫的行为"的意义、法律性质、成立条件和处理，接着在"关联问题"中还谈到"良心犯问题"，阐述了良心犯的意义、学说概观和刑法上的处理；在研究"故意犯的时间性进程"时，将这种进程分为五个阶段，于既遂阶段之后提出了一个"完成阶段"；在"正犯与共犯论"一章，提出了"共犯参加形态"的概念，将共同正犯、间接正犯、教唆犯、帮助犯均包括在内；在本章作为一节专门论述了"合同犯"，对"合同犯的概念构成"作者提出了"现场的共同正犯说"；在"刑罚犹豫制度"一章，设立一节论述了"宣告犹豫"，即刑罚宣告犹豫制度。诸如此类，难以尽举，这些论述都很有新意。

特色之三是重视借鉴，立足本土。在《中文版序》中，金日秀教授谈到韩国"进入近代以来在受到德国刑法理论影响的同时"，"谋求独立的发展"。事实确系如此，本书的论述清楚地反映了这一论断。它很重视借鉴德国的刑法理论，例如，对犯罪体系、行为论，构成要件论、客观归属论等的论述，常常引用德国学者的见解；但它更重视立足本土，从韩国的实际出发。书中引用了大量的韩国法院判例，以阐明论述的原理，例如在论述"信赖原则"时，列举了五个判例，既便于说明这一原则，又表明了韩国司法实践对这一原则的运用，同时重视引用或揭示韩国其他学者的观点，展现了韩国学者对刑法问题的研究状况。这种学习外国经验，重视与本国实际相结合谋求独立发展的做法，特别值得称道。

总之，本书具有诸多优点，难以尽述，我们相信，本书的出版，会有助于我国学者了解和借鉴韩国的刑法理论，并对中韩法学文化交流作出贡献，是为序。

马克昌

2008 年 2 月 28 日

中 文 版 序

　　在当今，法学已经不是停留于一国精神领域内的特殊的思想财富，而是具有跨越国境即使在语言、风俗、传统和文化不同的国民间也能够相互作用的普遍性。刑法学也不例外。不仅根据不同的国家和民族形成、发展了独特的刑法文化，而且不同的国家与民族间又相互影响形成了普遍的刑法文化。

　　在东北亚各国中，尤其中国、韩国、日本进入近代以来在受到德国刑法理论的影响的同时，各自谋求独立的发展。这已经不是令人惊讶的新事实。这是因为，刑法学的诸多精神上的原理与原则以及理论上的素材虽然形成于各自特殊的文化背景之中，但在处理犯罪与刑罚的问题上却承载着人类共同的普遍智慧。

　　这次用中文翻译、出版的我的刑法总论教科书能够走出韩国与中国读者见面，我感到非常高兴。此书在 1989 年发行初版之后，至 2000 年为止已经是再版发行了第 8 版。自 2002 年第 9 版开始以我和我的弟子徐辅鹤教授共著的形式发行，至 2006 年已经是第 11 版。

　　深刻探讨刑法学的发展及其理论史发展过程的此书，在韩国受到了读者们的长期的关心与喜爱。这次以中文版发行为契机，能够与中国读者相见，深感荣幸。

　　谨向不仅为此书的中文版发行作出努力，而且还给予信任推荐此书的中国武汉大学马克昌教授致以最真心的感谢。也向全身心努力翻译此书的中国吉林大学郑军男副教授表示深深感谢。同时也向为翻译工作给予激励的辽宁大学邢志人教授表示感谢。

　　恳切期待此书中文版的发行能够成为作为邻国的中国与韩国的刑法学之间更加紧密的桥梁。

著者 金日秀 识

2007 年 5 月

序

　　新版刑法总论是在整理已经再版多次的著者的刑法总论的基础上重新编写而成的。

　　借着手进行刑法改正之机，以重新编写的心情从头至尾整理了内容。试图努力向初次接触刑法总论的读者们简捷、容易地传达多样的理论及知识体系。

　　可以说，现代社会是科学技术与经济、政治理论占据支配地位的社会。因此，时常感到法规范的作用在渐渐萎缩。刑法领域也不例外。一直在寻求刑法的新的平台，使其成为在多变的后现代社会中既照耀传统的法治国家刑法的意义，又以道德的合理性为基础的觉醒的市民生活的法。

　　期待这种刑法思考能够为在生活中追求自我反省之实践理性的读者们构建知性的问题解决的平台。谨向发行新版刑法总论的博英社安钟万社长及真心给予帮助的编辑沈光明表示感谢。

金日秀

首尔　1996 年 春

第 11 版序文

这次《刑法总论》的修订，加入了基于 2005 年 7 月 29 日字改正的刑法的执行犹豫及竞合犯规定方面的内容。而且，还补充了因旧社会保护法的废除及治疗监护法的制定而涉及的关于保安处分的说明。此外，在过失犯及部分共犯论中，也进行了若干的学说上的修正及补充，并介绍了至2005 年 12 月为止出现的新的大法院判例。

祝愿读者诸位健康！

共著者拜上
首尔　2006 年 2 月

目　录

第一篇　刑法的基础理论

第二篇　犯　罪　论

第三篇　罪数论

第四篇　刑罚论

第一篇

刑法的基础理论

第一章　刑法的基础概念

第一节　刑法的意义、内容、性质

一、刑法的意义

（一）定义

刑法是将犯罪作为法律要件，将刑罚与保安处分作为法律效果的法规范的总称。构成犯罪的法律要件是构成要件，充足构成要件时所伴随的法律效果是刑事制裁。在刑事制裁中包含有刑罚和保安处分的刑法体系好比拥有双轨的铁道被称为刑法的二元主义。

韩国刑法虽然在刑法典中规定刑罚，在特别法中规定保安处分，但仍旧属于二元主义。

（二）形式意义上的刑法

形式意义上的刑法是指具有刑法名称的法典，即刑法典（制定1953年9月18日，法律第293号；第一次改正1975年3月25日，法律第2745号；第二次改正1988年12月31日，法律第4040号；第三次改正1995年12月29日，法律第5057号；第四次改正2001年12月29日，法律第6543号；第五次改正2004年1月20日，法律第7077号；第六次改正2005年3月31日，法律第7427号；第七次改正2005年7月29日，法律第7623号）。此刑法典虽然大部分是下述中的实质意义上的刑法，但也包括不属于实质意义上之刑法的部分，例如作为追诉条件的亲告罪、量刑的条件、刑罚的执行及行刑的条件、关于刑罚失效的事项等即是。

（三）实质意义上的刑法

实质意义上的刑法是指规定犯罪及与之相对应的国家制裁手段的法律

体系的总称。因此，并不问及其名称和形式。虽然其主要部分大多规定在刑法典中，但在此外的各种法律（例如轻犯罪处罚法，国家保安法，社会保护法，保安观察法，关于特定犯罪加重处罚等的法律，关于处罚暴力行为等的法律，关于处罚性暴力犯罪及被害人保护的法律，交通事故处理特例法，关于处罚环境犯罪的特别措施法，不正支票取缔法，军事刑法等）中也有规定。附随刑法（Nebenstrafrecht）如商事刑法，行政刑法，税收刑法等也属于实质意义上的刑法。

（四）秩序违反法

1. 意义

针对单纯的行政法规之违反等的秩序违反，规定科处作为秩序罚之一种的犯则金或过怠料的法律称为秩序违反法（Ordnungswidrigkeitsrecht）。秩序违反法既然将秩序违反犯及针对其的秩序罚作为对象，其就另外构成与实质意义上的刑法相区别的刑事法体系。

2. 与刑法的区别

（1）形式说 该学说主张，应该根据对一定行为状态的制裁种类是刑罚还是单纯的过怠料（犯则金）来区别两者。根据该立场，韩国《轻犯罪处罚法》由于将拘留和科料作为制裁手段，所以其不是秩序违反法。然而，立法者既然事先没有依据刑罚与过怠料这种制裁手段严格区别刑法与秩序违反法，这种形式上的区别就是毫无意义的。

（2）实质说 该学说主张，应该综合考虑其规范的对象与方法、制裁的种类等之后，从实质层面上区别刑法与秩序违反法。可见，实质说根据质的或量的特征区分刑法与秩序违反法。然而，单纯根据质的特征区分刑法与秩序违反法是极其困难的。既然秩序违反法也是立法者为保护对社会有价值的秩序而动用制裁手段，其当然也考虑法益问题。因为，在把保护法益作为目的这点上，刑法与秩序违反法在质上是相同的。

因此，目前一般性的倾向是，即使在实质说中，也根据量的特征区分刑法和秩序违反法。即在如下几点上两种在量上存在着区别：在本质上秩序违反法的规制对象在对法益的威胁程度上要比犯罪行为小；在以违反者的心情、态度等为基础的责任非难程度上，原本就比犯罪行为轻微；在处罚所具有的社会伦理性非难程度上也比刑罚弱。

（3）结论 在韩国的刑法秩序中，刑法与秩序违反法的区别并不十分明显。因对其违反的不法与责任非难的程度高，进而制裁种类也设定为死刑、自由刑或罚金刑这种比较重的刑罚的法体系是刑法；因对其违反的不法与责任非难的程度低，进而设定为拘留或科料这种较轻刑罚或者针对秩序违反行为主要设定犯则金或过怠料之科处的法体系则是秩序违反法。在理论上，秩序违反法中主要包括规定违法金或罚款的各种行政法规。但从立法论上来看，应该将包括警察管制违反事例与轻微的行政法规违反事例的秩序违反法另行构建为独立的法体系。为此，应该将轻犯罪处罚法上的实质的犯罪事项转移至刑法的规制之下，轻微的警察管制违反事例则作为秩序违反法的规制对象，进而废除轻犯罪处罚法。

秩序违反法与刑法只是把质上相同的对象进行量的区别后进行处理而已。因此，在对此的刑法总则适用上，两者原则上是相同的。既然各秩序违反法中没有特别的例外处理之规定，原则上就必须同样适用刑法总则关于故意、过失、未遂、共犯等的规定（第8条①）。

二、刑法的内容

刑法在整体法秩序中作为把宪法视为上位规范的下位规范，形成广泛的公法秩序的一部分。在公法秩序中除宪法、行政法、国际法之外，还包括刑事法。

广义上的刑法包括三个领域，即作为实体法的刑法与作为程序法的刑事诉讼法，以及作为执行法的刑执行法。

（一）实体刑法

实体刑法是指规定可罚性的条件、刑罚和保安处分的适用及其界限的刑法规范的总称。实体刑法（Das materielle Strafrecht）包括刑法典与诸多实质意义上的刑法及附随刑法。在实体刑法中占据最重要地位的刑法典由总则和分则构成，在教学上分别称为刑法总论和刑法各论。两者的区分只是立法技术上的必要，但是在将刑法规制的内容进行总则和分则的区分并进行整序的过程中，是需要考虑某种形式上的或实质上的基准的。

从形式上看，总则以分则中的所有刑罚规定的一般性规律作为对象；分则则把各犯罪样态及对此加以补充的诸规定作为对象（例如刑法第310条虽然是正当行为这种违法性阻却事由，但由于其只特别适用于名誉毁损罪（第307条）的违法性阻却，所以是规定于分则中的补充规定）。而且，从实质上看，总则关于不法的规定（如违法性阻却事由、未遂、共

---

① 韩国刑法第8条规定：本法总则适用于其他法令所规定的犯罪。但其他法令有特别规定的，不在此限。——译者注

犯等）只是单纯具有补充一定犯罪类型的机能，并不独立为不法提供新的根据。相反，分则中包括通过对犯罪的记述提供刑法不法之根据的诸多规定。在这点上，两者也存在着区别。此外，区别两者的实践意义在于，刑法的保障机能（如禁止适用习惯法，禁止适用类推等）主要更加严格适用于分则的犯罪类型中。

（二）刑事诉讼法

刑事诉讼法是指为贯彻实体刑法中产生的法律效果在程序上所必要的法规的总称。其中包括有关刑事法院组织的建构及原则的规定，有关侦查机关的构成及组织的规定，有关侦查、起诉、审判犯罪行为之程序的规定（刑事诉讼法，法院组织法，警察厅法等）。该刑事诉讼法（Strafverfahrensrecht）不仅服务于实体刑法的实施并规定刑事追诉机关的职权范围，而且还试图通过判决恢复因犯罪行为而遭受破坏的法的安定。

无论从历史角度来看还是从理论角度来看，作为实体法的刑法与作为程序法的刑事诉讼法未必具有进行严格区别的性质。例如亲告罪、反意思不罚罪①虽然是一种起诉条件，但却规定在实体刑法中。然而，区别两者的实践意义在于，一是禁止溯及既往原则不适用于刑事诉讼法；二是上诉理由的根据各不相同。然而，也有公诉时效这种同时具备两者性质的法规范。

（三）刑执行法

刑执行法是指与有关刑罚及保安处分的判决的开始、执行、终了相关联的所有法规范。作为刑执行法（Strafvollstreckungsrecht）的特殊形态，可举出规定一定监狱设施内的自由刑（惩役或禁锢刑）及剥夺自由的保安处分（保护监护处分等）的行刑法（Strafvollzugsrecht）。关于少年犯的刑罚之执行，则另行规定在少年法中。有关受刑人名簿与名票的规定也属于刑执行法的一部分。② 因此，在法律上规定有关受刑人名簿的事项是常

---

① 在韩国刑法中，反意思不罚罪是指不能违反被害人的明确意思表示提起公诉。如韩国刑法第 307 条毁损名誉罪即是。因此，该罪虽然在没有被害人希望进行处罚的意思表示下也能够进行起诉，但如果被害人作出不希望进行处罚的意思表示或撤回希望进行处罚的意思表示时，则必须要作出撤回起诉的判决。——译者注

② 关于刑之失效等的法律（1980 年 12 月 18 日，法律第 3281 号；改正 1994 年 1 月 5 日，法律第 4704 号）。

例（关于刑之失效等的法律第 3 条、第 4 条）。

第二节　刑法学的历史与发展

关于犯罪与刑罚的思想与制度的发展过程，各国或各民族之间存在着差异，但历来尤其以刑罚思潮为核心划分为复仇时代（赎罪刑时代）、威吓时代（公刑罚时代）、博爱时代（人道主义刑罚时代）、科学时代（特别预防刑时代）等。然而，从文化史的角度来看，将其还原为古代、中世纪、近代启蒙期、现代这种时代划分更为妥当一些。

一、古代刑法

古代刑法史只能依存于一般法史。因为这个时代是迷信或神化的世界观占据支配地位的时期，所以作为原始宗教的或迷信的社会规范，禁忌（Tabu）发挥了一定的维持秩序的作用。也有迷信认为，人之所以犯罪是因为有怪兽进入人的灵魂里使人产生犯罪的冲动。甚至因为氏族成员遭到外族侵害时如果不对外族进行集体性的报复氏族就会灭亡的迷信，实施残忍的血腥报复。然而，早在希伯来的《摩西律法》或古巴比伦王国的《汉谟拉比法典》中就已经把一定的社会伦理规范之违反视为犯罪，并为避免集体性报复的不合理弊害制定了"以牙还牙，以眼还眼，以手还手，以脚还脚"的同害报复（Talio）原则和针对人的犯罪通过以禽兽或财物赔偿被害来替代处罚的赎罪刑制度。赎罪刑制度是指加害者不承受同害报复，代之为被害者提供家畜或农作物等赎罪物，进而解决纷争状态的制度。之后的希腊和早期罗马的刑法也具有伦理的或宗教的色彩，不仅没有区分公法与私法进而将侵害私权也作为了犯罪，甚至也没有区分私刑与公刑。

二、中世纪的刑法学

中世纪的欧洲因法兰克王国的崩溃而形成了封建领主和城市国家，而且社会法秩序也因基督教的观念而与神的秩序有着密切的关联。因此，这个时期也是在与神的秩序相关联上来理解犯罪的。进入 16 世纪，德意志神圣罗马帝国制定了德国最早的统一刑法典《加罗林纳刑法典》（1532年）。之后，以此为蓝本通过各城邦法律的补充、修正形成了所谓的《普通德意志刑法》（Das gemeine deutsche Strafrecht）。

另一方面，在东亚，7 世纪就已经出现了规定公刑罚及其适用界限的唐律，进入 14 世纪末叶又制定了大明律。高丽原本继受了唐律，朝鲜则原本继受了大明律。

三、近代启蒙时期的刑法学

现代刑法学的思想基础在本质上与启蒙思想之间有着根深蒂固的关系。近代启蒙时期，人们一直在共同体和个人之间致力于寻求保障个人自由的法律界限。因此，为确保实现个人自由的可能性，人与人之间的思考方式也发生了重大的变革。把此启蒙时期称为思想变革的时期的理由也在于此。即克服了知识与科学依附于神学的状态，并且根据批判性的人类理性的判断划分了国家与法的界限。

在这种思潮中，德国普通法时代的刑法也不得不开始没落。这个时期，在欧洲最著名的启蒙主义刑法思想的先驱者是哈雷（Halle）大学的克里斯蒂安·托马斯修（Christian Thomasius）教授。该教授一直极力反对在教会中盛行的魔女裁判（Hexenprozeβ）和纠问裁判（Inquisitionsprozeβ），并致力于通过废除这种裁判制度恢复人的名誉和尊严。这种努力对法国和意大利的启蒙思想产生了巨大的刺激和影响。

在这种文化背景下，当时归属奥地利管辖的意大利米兰的启蒙思想家切萨雷·贝卡利亚（Cesare Beccaria）的名著《论犯罪与刑罚》（dei delitti e delle pene，1764 年）为德国在普通法时代的神化的、非理性的、非人道的旧刑法观中产生根本性的思想变革提供了契机。

在贝卡利亚的著作与思想传入德国之前，在德国的刑法学中接受、发展启蒙主义思想的人是莱比锡大学的豪梅尔（K. F. Hommel）教授。豪梅尔教授在法国启蒙思想家孟德斯鸠（Montesquieu）和伏尔泰（Voltaire）的影响下，以有关犯罪社会原因的深入研究为依托主张从刑法领域中驱逐旧的神权主义思想。因此，豪梅尔教授提出了如下的刑法改革措施：废除与社会危害性无关的诸种旧的法律，减轻刑罚，合理的罪刑均衡，最大限度的抑制死刑等。随后登场的最具影响力的刑法学家是费尔巴哈（Paul Johann Anselm Feuerbach）。费尔巴哈是康德理性观念哲学的热衷追随者，但费尔巴哈并没有把康德的报应刑论引入到他的刑法思想中，而是根据康德的理性的人间像提出了作为一般预防刑罚论的所谓"心理强制说"（Psychologische Zwangstheorie）。

在这种时代背景下，刑法确立了罪刑法定原则、刑罚的人道化、重视个人的自由与安全及人权的倾向。

四、现代刑法学

（一）古典学派（旧派）的形成

1871 年德意志帝国刑法典即被制定，要求从历史或理论的角度将刑法内容进行解释、体系化的呼声便日益高涨起来。在这种倾向当中，处于最顶峰的人物便是宾丁（Binding）。宾丁通过巨著《规范及其违反》（Die Normen und ihreübertretung）建构了关于实证刑法的理论学（Dogmatik）。追随宾丁这种刑法学方向的学者们特别被称为古典学派（Die klassische）。其代表人物有宾丁和毕克麦耶（von Birkmeyer）。他们以深入研究实证刑法的法律内容和国家刑罚权的法律界限为主要侧重点。

他们还以自由主义法治国家观和关于人的意志自由非决定论之信念为思想背景，从历史性的、保守性的立场出发主张刑罚的本质是正当的报应（Gerechte Vergeltung）。即"刑罚应与犯罪相适应，科刑应该是重新恢复被动摇的法秩序，并对所实施的犯罪行为起到赎罪作用"。

古典学派的刑罚观在与所谓现代学派的长期论争中虽然一直固守着报应刑思想，但也表现出了缓和其要求向一般预防思想接近的倾向。其代表人物有阿道夫·麦克尔（Adolf Merkel）和约翰内斯·那格拉（Johannes Nagler）。不仅如此，在论争末期还出现了以威廉·卡尔（Wilhelm Karl）为代表的折中主义学者，他们虽然肯定刑罚的概念规定是报应，但在量刑范围内却承认再社会化与保安处分的可能性。

（二）现代学派（新派）的登场

针对古典学派的立场，19 世纪后半叶即 1870 年始出现了以社会的国家法治观和刑罚观为思想背景，从自然科学的·社会学的决定论角度探求犯罪原因的因果性解释和为与之相斗争的目的指向性刑事政策的立场。一般称追随该种立场的学者们为现代学派（Die moderne Schule）。其代表人物有弗朗斯·冯·李斯特（Franz von Liszt）和卡尔·冯·李尔恩特（Karl von Lilienthal）。

该现代学派首先把探求在犯人的素质和环境中被因果决定的犯罪原因的犯罪社会学方法作为了刑事政策性纲领的基础。这种犯罪社会学观点的先驱就是由意大利实证主义学者龙勃罗梭（Lombroso）、菲利（Ferri）、加罗法洛（Garofalo）所研究的犯罪人类学和犯罪生物学。

现代学派的刑事政策性纲领是在特别预防思想的基础上，贯彻刑事政策性目的思想与目的刑。为使这种刑事政策性目的思想的贯彻具有实效性，现代学派主张国家应该动员一切可能的手段来了解犯人的人格和个性。而且，在选择这种国家的干涉及决定其程度上，应该大幅度缓和针对法官的法的拘束。

尤其是，李斯特在"应被处罚的不是行为而是行为人"这一著名标语之下，将行为人的反社会性及危险性作为了刑罚的基础。而且，为取得社会防卫的效果将刑罚进行了个别化，并使犯罪人的分类与细分化的目的刑相符合，进而主张（1）针对偶发的机会犯，应该引入罚金刑、执行犹豫制度；（2）对于具有改善能力且具有改善必要的状态犯，实施改善；（3）对于没有改善必要的状态犯，实施威吓；（4）对于没有改善能力的状态犯，则采取无害化措施。李斯特还为保障无害化措施的实效性，设计了保安监护处分。

在德国，现代学派阵营中主要有冯·李斯特（von Liszt）和冯·李尔恩特（von Lilienthal）的弟子们如德拉库斯（E. Delaquis）、科尔劳斯（E. Kohlrausch）、利贝曼（M. Liepmann）、拉德布鲁赫（G. Radbruch）、艾伯特·斯密特（Eb. Schmidt）等追随者。而且，此学派于 1889 年与德国之外的比利时刑法学家普林斯（Prins）、荷兰刑法学家哈默尔（Hamel）共同发起设立了国际刑法学协会（International Kriminalistische Vereinigung），并发展成为今天的国际性的社会防卫学派（Défense sociale）。然而，在李斯特生前没有发扬光大的现代学派超越一个时代的新刑事政策性纲领，一直到李斯特死后50 年的 1970 年代，才作为与当时的社会变动相适应的合目的的刑事政策发挥了新的光芒。对于近来以德国刑法改正（1975 年）为核心的各国刑法改正产生重大影响的，便是李斯特的精神遗产。

（三）学派论争的意义

具体来讲，两学派的基本立场之对立主要表现在意志自由论与因果决定论，报应与预防，一般预防与特别预防之间的观点对立上。但这种学派论争的核心问题是，在 19 世纪个人主义的、自由主义的法治国家与 20 世纪社会的法治国家的理论对立中，现代学派的主张是否具有牺牲自由主义的法治国家，再现警察国家的危险性。然而，随着针对社会变动而同时出现的累犯、常习犯之激增这种犯罪现象的深刻忧虑变为现实，这种学派论争也开始慢慢变得柔和起来，两学派也开始逐渐认识到折中的必要性。在 1933 年掌权的纳粹颁布《关 于 常 习 犯 罪 者 的 法 律》（Gewohnheitsverbrechergesetz）之后，学派论争已经完全终结。

　　　　该学派论争始于 19 世纪末叶，经过 20 世纪初，在德国终结于 1933 年纳粹掌权后的历经 1 个世纪的长久论争。该学派论争通过日本也对韩国刑法学产生了影响。实际上，通过该论争在刑法改正的讨论中提出了许多丰富的理论，而且也为刑法学的发展作出了贡献。然而，现在该论争仅仅是刑法学上的一个历史遗产或一个插曲而已。因此，在该学派论争中试图构建"古典学派＝客观主义犯罪论，现代学派＝主观主义犯罪论"的模式是日本所特有，而且也存在方法论上的错误。

五、第一次世界大战后的刑法学

19 世纪末叶确立的刑法理论学，经过 20 世纪初尤其是在第一次世界大战结束之后有了长足的发展。这个时期的刑法理论学是受到当时哲学思潮的重大影响发展起来的。

（一）古典犯罪理论

19 世纪末叶，由贝林和李斯特完成并成为 20 世纪初通说犯罪体系的是古典犯罪理论（Die Klassische Verbrechenslehre）。该犯罪理论是以风靡当时的自然主义和实证主义为思想背景的。

根源于自然主义和实证主义的古典犯罪体系的方法论基础是因果律。该因果方法论对行为论中因果行为概念的形成，对构成要件论中无价值的构成要件概念的形成，对违法性论中形式违法性概念的形成，对共犯论中因果正犯论（Kausale Täterlehre）的形成，对责任论中心理责任概念的形成等均产生了影响。

（二）新古典犯罪理论

李斯特、贝林的古典犯罪体系虽然在第一次世界大战之后仍旧维持着基本构造，但在体系内却对其所有要素进行了再构成。这便是所谓的新古典犯罪理论（Die neoklassische Verbrechenslehre）。

新古典犯罪理论摒弃科学实证主义单纯思维法则的逻辑一贯性，把与法的目的乃至价值表象相关联的方法论作为了指导理念。该思维方式主要受到了主张新康德主义的德国西南学派价值哲学的影响。该价值哲学的立场在解释事件经过时，脱离自然主义因果关联的思维方式，设定了考虑目的及价值因素进行判断的精神科学的方法论。

因此，新古典犯罪理论也在价值和理念的方向上把握刑法的本质，并根据不法是社会有害性，责任是非难可能性的判断标准从规范的、价值的关系立场上进行评价。然而，新古典犯罪理论价值关联思维方式的缺点是，"对刑法基本任务的价值中立性"。该中立性在面对历史上的与整体国家·独裁国家意识形态之间的论争及现代产业社会中诸种社会问题的过程中，不仅损害了刑法学的价值的、现实关系的立场，而且促进了刑法理论学与刑事政策之间的分离。不仅如此，还滋生了产生恣意性结论的危险。

（三）目的的犯罪理论

目的的犯罪理论（Die finalistische Verbrechenslehre）原本是与目的的行为理论一起作为刑法体系的新形象被提出来的。即目的的行为理论不仅把"被目的的理解的行为概念"作为犯罪体系的基础，而且赋予行为本质的目的性以决定、构成整体犯罪体系的意义和机能。目的的行为理论的核心内容最早由韦伯与格拉夫·楚·多纳所提倡，但以此建构犯罪体系的却是威尔滋尔，并由其弟子阿明·考夫曼完成。

在犯罪体系上，区别目的的犯罪理论与古典犯罪理论或新古典犯罪理论的最为决定性的分歧点是故意。即在古典犯罪理论或新古典犯罪理论的犯罪体系中，故意仅仅是把不法意识（Unrechtsbewuβtsein）和事实的认识、意欲作为必要不可或缺之构成要素的责任故意而已。而在目的的犯罪体系中，事实的认识、意欲与不法意识相分离后便脱离了责任阶段，并在构成要件阶段中以局限于因果过程之目的性操纵的事实之认识和实现意思的形式成为主观的构成要件要素。而且，把作为故意犯的一般的主观不法要素进而归属于构成要件不再归属于责任的故意称为构成要件故意。故意的内容与地位设定的这种变化意味着在体系上不法被进一步主观化，责任被更加的脱主观化和规范化。其结果，目的的犯罪体系采取了与古典犯罪体系正相反的立场。

第三节 犯罪概念

一、罪与犯罪

在人类生活中如影子般时常伴随的是罪的问题。罪的历史如人类的历史一样非常久远。从亚当在伊甸园所犯的原罪事件上来看，罪（sin）是指无视上帝的爱与权威颠覆自身正当地位的挑战与傲慢。从本质上来看，罪是从对上帝的积极反抗中产生出来的。当然，这种意义上的罪的概念在世俗化的当前的人类生活中几乎已被忘却。英国著名的犯罪社会学家卡尔·门宁格（Karl Menninger）指出：罪这一单词虽然曾一度存在于人们的心里，但现在是一个几乎不被使用的单词。门宁格认为，其理由是：第一，随着历来许多的罪（sins）被犯罪（crimes）所取代，治理犯罪的职责也由教会转向国家，由神职者转向警察；第二，随着其他许多的罪被疾病或疾病征候所取代，刑罚也被治疗所替代；第三，基于集团不能承担责任这种简便的装备，能够将犯人越轨行为的责任转嫁给并非自己自身的社会整体或社会中诸多集团中的一个。当然，门宁格是指应该在现今的精神文化氛围中恢复罪的含义并慎重加以对待。然而，经过启蒙期与合理主义的洗礼之后，法正如无法回溯与其相结合那样已经远离了宗教。至于宗教与法之间新关系的定立，则属于新的文化的或精神的课题。

在今天，与刑罚一起构成刑法核心概念之一的犯罪已经不是指宗教的或单纯道德意义上的罪，而是指对个人或社会的法益的有害行为。在这种意义上，犯罪首先应该是反社会的行为。只有侵害社会公共秩序或安全达到不可忽视程度的行为，才能够成为犯罪。其次，犯罪必须是侵害法规范的行为。只有无视或对抗法规范命令的行为，才能够成为犯罪。然而，在刑法中针对犯罪是什么的提问，可以从不同侧面得出多种答案。

二、形式的犯罪概念

形式的犯罪概念的内容是：为处罚某一行为，在现行法上需要具备哪些法律要素。据此，犯罪被定义为符合构成要件的违法且有责的行为。形式的犯罪概念自在贝林/李斯特（Beling/Liszt）的古典犯罪体系中被确立以来，迄今还在刑法理论学与实务中被广泛使用。

例：A 伤害了 B 的身体。此行为符合刑法第 257 条 1 项规定的关于伤害罪的构成要件。但如果要以伤害罪处罚该行为，则该行为必须要违法。只要 A 不是在如正当防卫这种能够被认定为违法性阻却事由的情况下实施的行为，该行为就具有违法性。最后，该行为还应具备责任要素。即使行为符合构成要件且违法，只要 A 是在无责任能力状态下实施的行为，也会因不具备有责性而不成立犯罪。

形式的犯罪概念的缺陷在于，无法回答为何处罚一定的行为而不处罚其他的行为。这是因为，该问题是以立法者的价值决定为前提的。相反，形式的犯罪概念的优点在于，通过探讨根据现行法应该如何处罚一定的行为，进而为法官提供在方法论上切实且有用的体系或阶段性的犯罪认定的契机。

三、实质的犯罪概念

实质的犯罪概念也叫作法政策概念。此犯罪概念是把在国家的刑事立法上应该处罚何种行为不应该处罚何种行为作为其内容的。甚至，还包括关于某一行为当罚性的合理性基准究竟在何处这一问题。要想解决此问题，立法者必须以如下两个事实上的基本前提为出发点：第一，并不存在既容许杀人、伤害、强盗等严重的社会有害性行为，又能够正常地加以维持的社会。这是因为，社会将即刻陷入万人对万人的争斗状态之中。第二，国家的刑罚权是有限度的，因此，只应该处罚确实能够在客观上进行确认的行为。单纯的想法、愿望、意图由于不能在客观上进行确认，所以不得对此进行处罚。

以个人自由为出发点和目标的自由民主的法治国家的基本秩序就是从这种规范性前提中引申出可罚性的根据和界限的。这一点即使对刑法立法者也具有约束力。因此，以法治国家秩序为基底的刑事立法者不能动用刑法来禁止对社会没有危害的行为（1789 年法国人权宣言第 4 条）。例如，自杀、自残、单纯的道德规则或惯行的违反，尤其是在意思合意之下隐秘实施的成人间的同性恋行为、流浪、兽奸、个人的饮食生活·就寝·饮酒惯行等的违反，在刑事政策上并不能成为犯罪，也不得成为刑法制裁的对象。

不仅如此，即使在为保护法益之目的不得已科处刑罚的情况下，也应该限定在最后、最小限度的范围内。由于刑罚是针对个人自由的最为严厉的制裁手段，所以在适用比其轻缓的民事上或行政上的制裁手段也能够充分实现法益保护之目的时，就没有必要科处刑罚。这就是刑法的补充性。

例如，对于规制过失行为，如果民事上的损害赔偿或行政上的规制手段能够比刑罚获得更为充分的实效，就不得将过失毁损财物、过失盗窃、过失侵占、过失背任等作为刑罚的规制对象。

总之，实质的犯罪概念仅指除刑法以外的其他制裁手段无法给予充分保护的严重的社会有害的法益危害行为。在这里，刑法所要保护的法益的具体内容，最终只能根据某一个人的自由与他人的利益及公共利益之间的利益衡量来加以决定。这是因为，法益是以个人和共同体的必要不可或缺的生活条件为基础的。

四、犯罪概念相互间的关系

实质的犯罪概念虽然从其实质的角度把握法益侵害和社会有害性，但其界限因时常变动而导致不明确也是此概念的缺点。与此相比，形式的犯罪概念是忠实于罪刑法定原则之要求的体系性犯罪概念。而且，形式的犯罪概念能够为犯罪实质问题的探讨提供所必要的思维体系和分析方法。然而，只根据形式的犯罪概念自身是无法解明什么是应当符合构成要件、什么是实质的违法、何人应该承担责任等问题的。在这里，实质的犯罪概念通过在法治国家秩序范围内提示当罚性内容的根据和界限，发挥着从稳定的共同社会秩序立场上确保共同体和个人利益的作用。

因此，形式的犯罪概念和实质的犯罪概念必须发挥相互补充的机能。在通常情况下，两者犯罪概念是一致的。然而，实质的犯罪概念是在与具体的社会现实的关联中根据法共同体中的支配性法意识而不断变化的动态的犯罪概念。相反，形式的犯罪概念具有法律一旦被实定化便根据法的稳定性要求在其维持秩序的机能中进行固定化的倾向。

根据法政策的、实质的犯罪概念的变化，基于刑事立法的新的犯罪的构成要件化与基于废除已经远离秩序维持机能的既存犯罪构成要件的非犯罪化，并非时常是在符合时宜的情况下进行的。在极端的情况下，从法政策的观点上不认为是犯罪的或没有必要作为犯罪的行为仍旧以犯罪构成要件的形式存在着。有时，也因为一定的政治目的甚至意识形态的影响，而将法政策的、实质意义上不是犯罪的行为实定化为犯罪构成要件。关于这种极端现象的批判与对策，当然归属于刑事政策与刑法政策的重要研究课题。

第四节   刑罚及保安处分

一、刑罚的概念与本质

刑罚既是对犯罪行为的社会伦理性非难，又是国家公式化的制裁手段。因为刑罚是对犯罪行为的社会伦理性非难，所以具有剥夺或限制犯罪人自由或权利的作用。据此，刑罚以保护社会一般人的法益和谋求犯罪人自身的社会复归为目的。

（1）刑罚是针对侵害刑法（规范）之行为的国家的事后反应。因此，只有未来指向性的预防措施并不是刑罚。

（2）由于刑罚是针对侵害刑法（规范）之行为的反作用，所以首先具有以公的方式对被冲突的、破坏的法进行确证、宣告的机能。

（3）刑罚是内含有针对犯罪行为的法共同体的不认可甚至非难内容的概念。因此，刑罚概念中并不包含针对犯罪行为基于教育目的而采取的褒奖、激励或抚慰等内容。

（4）刑罚是给犯罪人的自由、财产、社会名誉这种法甚至权利领域带来明显不利益的国家的侵害行为。因此，刑罚概念中并不包含在客观上或主观上对犯罪人有利的某种措施，如在善导层面上强行使违法少年去济州岛观光修养一周等便不是刑罚概念所应有的内容。当然，此举即使给犯罪者自身带来盗癖的改过迁善或再社会化等的最善的利益这种结果，也不能成为刑罚。这是因为，刑罚概念的本质要素是抑制性和危害性。

（5）刑罚在其是国家的公的制裁手段这点上，始终仅指公刑罚。因此，私刑（lynch）或者在一定社会集团内部具有拘束力的惩戒或赋予民事损害赔偿义务等并不能包含在刑罚概念中。

总之，国家刑罚把对犯罪人的非难作用或危害作用作为概念的必要要素。由于刑罚不仅以公的形式对犯罪人进行社会伦理性非难，而且还是严重剥夺或明显限制一般市民所享有的通常的自由状态及权利领域的最为严厉的制裁手段，所以其正当化和界限就时常成为问题。该问题就是以刑罚的对象和界限及刑罚的意义和目的为内容的所谓刑罚理论（Straftheorie）。

二、刑罚的对象与界限

（一）刑罚的对象

刑罚以实质的犯罪为对象。如前所述，实质意义上的犯罪是指严重的对社会有害的法益危害行为。

现今我们所说的犯罪只能产生于人们的社会共同生活中，而且也只能够针对该共同体成员的其他人实施。在这种意义上，其并非时常与传统的伦理犯罪或宗教犯罪的内容相一致。

人类是一种社会性的存在。真正意义上的人永远是与他人一起生活的共存者。作为该共存者的人在与他人相联结的诸多生活领域中不仅享有各自的利益，而且还期待他人能够给自身带来一定的利益。甚至在他人也会与自己一样不会随意践踏或侵犯自己的利益和期待的信赖中生活着。在这种共同生活的基本秩序中，随意侵犯法所保障的他人的利益和期待，破坏平和的共同生活秩序，就是我们所要理解的法意义上的或社会意义上的犯罪行为。

（二）刑罚的界限

1. 界限要求的前提

刑罚在原则上并不考虑人的威信、名声或地位，只要是实施犯罪的人便平等地、毫不姑息地科处刑罚。无论是多么勇敢、伟大的身经百战的勇将，只要因瞬间的犯罪或过失的枪击事故给他人造成死伤的结果，刑法便关注其所实施的犯罪事实，并试图同等的处理为犯罪人，恢复被侵害的法秩序。

作为犯罪的代价，跟随的是具有能够使某一犯罪者个人的社会性存在成为焦土化的可怕威力的刑罚。因此，国家刑罚必须要时常考虑一定的界限。其界限问题就是责任原则与刑罚必要性（Strafbedürftigkeit）的要求。

2. 基于责任原则的界限

责任原则是指无论何人只要没有自我责任、没有实施犯罪就不能受到刑罚处罚。人类社会长期以来并没有认识到该责任原则，所以直到18世纪末还在以刑罚连带责任、结果责任、偶然责任为基础的刑事制裁下不当侵害着个人的自由。

责任原则的确立使①结果责任的排斥，②确保个人责任归属的可能性，③依据故意或过失的主观的或内心的参与程度区别刑罚的程度，④

刑罚的根据与界限的确证成为可能。

围绕"意志自由"这一责任前提，关于其是否存在的争论是非常激烈的。然而，责任原则并不意味着责任是认识论或存在科学上的问题，而是如下的法政策要求：即国家必须要把市民培养成即使没有国家的干涉也能够独自决定行为并对其承担责任的自由之人。该要求由于是从对人的尊严性的尊重要求中衍生出来的，所以也是包括宪法在内的整体法秩序的要求。在责任原则指导之下，国家权力能够通过刑罚侵害个人自由的权限是严格受到法的界限的约束的。

3. 基于刑罚必要性的界限

刑罚必要性的要求包括刑罚补充性（Strafsubsidiarität）的要求和刑罚实效性（Strafeffektivität）的要求。

（1）刑罚补充性　为抑制社会有害行为的刑罚必须是必要的最小限度的手段。这是刑罚补充性的要求。在刑罚之外的其他轻缓的法律手段如惩戒、民事罚、行政罚能够达到其目的时，刑罚就要给予让位。只有这些法律手段不能充分实现其目的时，刑罚才能作为最后手段（ultima ratio）被动用。不仅如此，在同一刑罚制度中，如果轻的刑罚能够保护法益，就不应事先科处重的刑罚。只有当轻的刑罚无法实现其保护法益的目的时，才能够科处重的刑罚。现今，比起自由刑把罚金刑进行主刑化的现象，可以说正是刑法补充性的要求。

（2）刑罚实效性　为实现刑法的任务，必须在实效性的范围内科处刑罚。这就是刑罚实效性的要求。没有实效性的刑罚是不必要的刑罚。如果以没有实效性的刑罚来填充规范与现实之间的乖离，刑法就会有陷入意识形态化的危险。例如，堕胎是剥夺生成中的生命的社会有害行为，因此，存在法益侵害。但在今天，试图以严厉的刑罚禁止堕胎行为或者甚至把与堕胎预备无直接关联的性鉴别行为自身也作为严厉的处罚对象（医疗法第19条之2、第67条），这与社会现实的变化相关联来考虑时，其实效性是存在疑问的。相反，比起刑罚，产妇的健康关怀或生活对策等社会保障关怀更能够有效地发挥预防手段的作用。因此，从立法政策的角度来看，在不脱离社会变化的前提下，提供堕胎可能的允许条件，一旦逾越该允许条件实施堕胎行为便动用刑罚加以制裁的方式更妥当一些。否则，就会不断积累刑罚的执行赤字（Vollzugsdefizit），最终将破坏刑法的积极的一般预防机能。

三、刑罚的机能

(一) 报应

报应 (Vergeltung) 意味着刑罚应该是针对犯行追究适当罪责的手段。即不仅应该对行为人有责的犯行施加恶害，而且应该在罪责与刑罚之间始终保持相同比重的均衡。古代以色列法中的"以眼还眼，以牙还牙"式处罚 (talio) 原则便是报应思想的典型。因此，轻的责任 (例如基于能够被人们同情的动机实施的轻微盗窃) 应该受到与之相适应的轻的刑罚，重的责任 (例如基于贪欲的杀人) 则应该受到重的刑罚是报应思想的要旨。

(二) 一般预防

一般预防 (Generalprävention) 是指刑罚通过对一般人的威吓及强化一般人的法意识，进而发挥抑制犯罪的预防效果。

1. 消极的一般预防

一般预防的最原始形态是威吓。刑罚通过给市民种下对处罚的恐惧心理，使其抑制犯行。国家可以通过在法律中规定刑罚体现这种威吓效果，甚至可以通过对犯法者科处、执行刑罚进而告知一般人的方式加以体现。然而，这始终仅仅是一般预防机能的消极面。

2. 积极的一般预防

刑罚是对刑法立法及有罪判决中出现的犯行以及犯罪者的公的不认可的一种标明。这还具有通过向所有人确证法秩序的不可侵犯性，进而使规范意识内在化的积极作用。通过规范意识的内在化提高规范的安全性也称作积极的一般预防或社会统合预防。但不能把一般预防的这种积极面混同于意味着社会报应及报复必要性之充足的新的报应论。

(三) 特别预防

刑罚对犯罪者个人所具有的预防效果称作特别预防 (Spezialprävention) 或个别预防 (Individualprävention)。这并不像报应那样在对"过去罪责"的惩戒中或者不像一般预防那样在"对一般国民行使影响力"中寻求刑罚的机能。这是通过对每个犯罪者尤其是对受到有罪判决之人施加影响力，使犯罪者将来不再实施犯罪中寻求刑罚的机能。在特别预防中，将个别威吓与保安称作消极的特别预防，将再社会化称作积极的特别预防。

1. 消极的特别预防

（1）个别威吓（Individuelle Abschreckung） 是指通过给犯罪者个人以刑罚体验，使其将来不再违反法律并能够自觉加以预防。

（2）保安（Sicherung） 是指基于自由刑之执行或剥夺自由的保安处分切实地阻止犯罪者实施新的犯罪。因此，也必须要通过该保安措施从犯罪者中保护潜在的牺牲者。

2. 积极的特别预防

针对犯罪者个人，国家的再社会化（Resozialisierung）或社会复归努力即属于此。积极的特别预防是指通过有罪判决之宣告或刑罚之执行，给予犯罪者以影响力，使其将来复归为正常的社会一员进而能够健康地生活。

四、保安处分

（一）概念及本质

1. 概念

保安处分（Maßregeln）是指因犯罪行为中所体现的行为人将来的危险性，进而关注为行为人的治疗、教育、再社会化而实施的改善以及以此为基础的所谓社会防卫这种保安而科处的刑罚以外的刑事制裁。

　　　　根据不同学者的主张，保安处分还分为关注社会防卫的狭义的保安处分和关注教育、治疗、改善的改善处分。在立法例中，德国刑法将两者合一统称为"为改善及保安的处分"。

2. 本质

虽然刑罚依赖于过去的罪行和行为责任，但保安处分则是立足于罪行中所表现的行为人将来的危险性而科处的与责任无关联的制裁手段。因此，与刑罚把非难作用和危害作用作为本质要素不同，保安处分并不具有非难作用而只具有危害作用。

刑罚把以人的自由意志为基础的责任作为前提。而且，立足于罪刑均衡思想的责任原则作为法治国家的自由保障原理也构成了刑法理论的基础。然而，因为将刑罚的本质理解为报应性的责任抵消，所以对于因社会变动而产生的新的犯罪样态来说，刑罚并不能成为万能的防卫对策。即随着社会构造的工业化和都市化，犯罪无论在质上还是在量上都发生了急剧的变化；面对累犯、常习犯的剧增，仅以报应性的责任刑罚已经无法进行切实地应对。而且，针对无责任能力的精神病患者的社会危险性，为防卫社会而采取的合目的性强制措施也成为必要不可或缺的要求。甚至，对于酒精或毒品成瘾者这种刑罚的改善效果或威慑效果起不到很好作用的人来说，新的排除危险的手段也是必要的。

因此，为从当前行为者的危险性中防卫社会，以行为责任为基础的刑罚之外的其他合目的性制裁手段就成为必要不可欠缺。与此相应的一系列强制措施就是保安处分。总之，保安处分是当传统的个人主义责任理论或报应的刑罚观念在现实的犯罪预防和遏制中暴露出限界时，作为对此的补充对策进入到刑法领域中的。如此，刑罚和保安处分并存作为刑事制裁手段的制度称作刑法的二元主义（Zweispurigkeit des Strafrechts）。

（二）沿革与发展

1. 沿革

刑事制裁的二元主义，最先是由瑞士刑法学家卡尔·修托斯（Cael Stooβ）于 1893 年在瑞士刑法预备草案中提出的。之后，欧洲各国相继研讨或立法化了该制度。现今，大部分国家或是在刑法典中或是通过特别立法的方式采取保安处分制度。在德国，早在魏玛共和国时期就对保安处分制度做了准备工作，但终因学派的论争而流产。直到 1933 年在常习犯规制法律中首次引入该制度以来，1975 年的刑法修正中已经与刑罚并存于刑法总则篇中。

在韩国，日本帝国主义统治时期针对所谓思想犯和确信犯，根据治安维持法第 39 条之下的预备拘留而采取的保护措施，就被滥用为为殖民统治的警察国家制裁的维持手段。之后，每当政治变革时期，针对暴力犯、流浪者、扒窃者采取实质上与刑罚相类似的在强制劳役场从事劳动或与保安处分相当的教化训练。但这些措施是在无任何法律根据或司法审查的情况下，恣意施行的。在韩国刑法法制上，最初的保安处分法是 1980 年 12 月 18 日作为法律第 3286 号制定的社会保护法。该部法律将保安处分的种类分为三种，即保护监护（第 5～7 条），治疗监护（第 8～9 条），保护观察（第 10～11 条）。而且，保安处分的执行方法也没有另外规定在行刑法中，而是通过该部法律中所规定的社会保护委员会制来加以决定。

2. 保安处分制度的发展

现今，为实施保护观察，将刑罚和保安处分的执行进行犹豫的制度已

成为普遍化。如此，将刑罚和保安处分的执行犹豫制度也称作刑法的第 3
维度（Eine dritte Spur）。这种发展肇端于剥夺自由的保安处分（保护监
护、治疗监护）与刑罚相类似的认识。在这种意义上，克拉维斯
（Kohlrausch）将保安处分称为刑罚的名称诈欺（Etikettenschwindel）。

在西欧诸国新的刑法修正中，确立了先于刑罚执行保安处分并将其期
限纳入刑期内的代替执行的原则。而且，因为具有为进行保护观察而采取
保安处分的执行犹豫制度的可能性，所以刑罚与保安处分在目的和执行上
的差异也开始渐渐淡化起来。对此，也出现了试图以纯粹的保安处分法代
替刑法的主张。面对这种现象，也有学者指出了刑法二元主义的危机。

然而，刑罚是根据责任原则，保安处分是根据比例性原则来标明界限
的。在这点上，可以说目前并没有放弃刑法的二元主义。

3. 社会防卫

19 世纪末，李斯特提出的目的刑思想产生了巨大的反响。该思想尤
其与特别预防理论一起最终发展成新派理论。以犯人的社会化或再社会化
为内容的新派纲领尤其与古典学派的报应理论相对立。然而，作为新派领
导者的李斯特较早就认识到，单纯的特别预防性刑事政策具有把犯罪者无
限制的纳入强制处遇中的危险性。因此，李斯特强调通过把刑法理解为是
"刑事政策不可逾越的界限"来防止这种危险性（即刑法是犯罪人的大宪
章）。基于这种考虑，李斯特于 1889 年与比利时刑法学家阿道夫·普林斯
（Adolphe Prins）、荷兰刑法学家范·哈默尔（van Hamel）一起创立了国
际刑法学会。

另一方面，在实证主义的影响之下，龙勃罗梭（Lombroso）、菲利
（Ferri）、加罗法洛（Garofalo）等形成和发展了 19 世纪的意大利实证主义
学派。该学派完全抵制责任概念并主张把刑法改造为保安处分。此外，该
学派还为一直受到冷落的犯罪学和犯罪心理学注入了新的知识。这种努力
唤醒了人们对通常把人和行为者变成犯罪者的素质和环境的关心。

在第二次世界大战之后，以意大利实证主义学派理论和国际刑法学会
基本思想为根基形成了新的社会防卫的理念。虽然从语义上来讲，社会防
卫是指从犯罪中防卫社会，但在今天，其是指社会对已实施犯罪的人或可
能实施犯罪的人所采取的措施的统称。即社会防卫的目标是，通过生活关
怀、预防及人格训导的手段，使已实施犯罪的人或可能实施犯罪的人向健
康的共同体成员复归。1949 年，意大利热那亚的律师菲利普·格拉马蒂
卡（Filippo Grammatica）创设了"国际社会防卫协会"（La Société
Internationale de Défense Sociale）。在 1966 年之后，法国的马克·安塞尔

（Marc Ancel）成为稳健的社会防卫论的代表者。

4. 美国的不干涉原则

在美国曾一度发生过反对社会防卫纲领的运动。美国社会学家埃迪文·休尔（Edwin M. Schur）在其著作《激进的不干涉》（1973 年）中，第一次使用了"不干涉"这一名称。该不干涉原则（nonintervention）一方面确认了作为财政浪费的再社会化纲领的持续性失败，另一方面又确认了极端的再社会化纲领具有无视人的尊严和法治国家之保障的危险性。由此，犯罪学家马汀逊（Martinson）提出了作为犯罪预防之手段的无为原则（nothing works）。这种激进的思想要求的是完全的不干涉主义。其理由是，比起受到有罪判决的少数异化群体之人的再社会化，毋宁说对其加以处罚的社会自身的再社会化更为紧迫一些。比这还更为激进的想法是，要求在刑事诉讼程序和不干涉原则之间设定一条折中线。

该立场立足于分离或转向（diversion）的理念主张采取如下措施：

（1）尤其在"无被害人的犯罪"领域中，废除毫无用处的刑罚规定（乞讨、赌博、卖淫及毒品犯罪）。

（2）引入刑罚外的手段（对犯罪被害人的损坏赔偿、赋予非公式化的斗争的机会、精神医学上的治疗、禁绝疗养等）。

（3）将刑罚限定在重罪与累犯中（在这种情况下，一方面保障法治国家的诉讼程序发挥着作用，另一方面刑罚被观念化为针对自由与所有的恶害而被执行。）

当然，对于上述思潮在许多细节上还存在商榷的余地。把该思潮与西欧的刑事政策尤其是德国的理论相比较的话，在美国的不干涉主义中责任原则发挥着比较小的作用。相反，在德国，责任原则发挥着刑法的核心作用。这也是两者的重要区别。也正因为这一点，在德国并没有采纳应该以民事制裁规制频繁的超市扒窃行为这种非犯罪化要求。

美国刑法中的这种不干涉主义是对如下原则的反作用的结果，即基于以历来对国家公共善的最大限度的信赖为基础的乐观主义国家观，把所有事务委任给国家刑罚权加以解决的所谓"普遍适用"（everything works）原则。在 1990 年之后，美国已经因为枪械类杀伤犯罪、毒品犯罪、性犯罪、恐怖犯罪等使社会的危机意识达到了顶点。因此，甚至出现了从以犯人为主的防御性刑罚观向以被害者为主的预防性刑罚观转向的现象。例如，在华盛顿州被立法化的所谓三进法（Three strikes and you're out），就是一部对三次以上实施犯罪的前科者科以终身刑等重刑，以此长期从社会中加以隔离的特别法。在新泽西州开始实施的所谓梅甘法（Megan's Law）则是一部有性犯罪前科者要居住时，其必须要向警察进行报告，从而使居民能够从警察那里获得有性犯罪前科者居住为邻居的情报，以此自觉儆戒和预防前科者的法律。不仅如此，在行使国家刑罚权时，并不是历来的普遍适用（everything works）原则或排除适用（nothing works）原则，而是其折中的特定适用（something works）原则一直占据刑事司法原理的支配性地位。

第二章　刑法的任务、机能、规范的性质、适用

第一节　刑法的任务

在启蒙主义之前，人们把国家权力理解为是实行神的正义的执行机关。即使在近几个世纪，人们也认为如果国家是必要的，那么即使人们违反了其意志，国家也要把人们引入正途。也就是说，国家自任优秀的道德先生。然而，已经经过世俗化过程的今天，既然已经确证民主的、自由的、社会的法治国家中所有国家权力均来自于国民（宪法第 1 条 2 项），对国家权力的理解就不能仅仅停留于是神的代言机关或国民的伦理先生这种神化或意识形态上。

刑法的任务不外乎是，为使国家共同体成员自由地与他人和睦的生活，在最小限度内维持共同生活秩序。这是因为，只要维持这种最小限度的共同体秩序，通过宗教的、道德的价值实现或自我实现的伦理性人格的发展，就会在共同体内部自觉地与他人共同完成。

这样看来，今天的自由国家的任务在于，首先是为所有市民在宪法秩序内经营安全的共同生活，创造必不可少的条件，而且从对其内外的攻击和侵害的危险中对此给予保护。

受启蒙思潮影响的现代刑法已经脱离了个人伦理的、形而上学的、神化的维度，把法益保护即作为社会内存在而与人的实存条件相符合的生命、身体的完整性、名誉、意思活动的自由、财产、司法机能以及此外的一定社会秩序等的保护作为任务。针对仅仅是道德的或宗教的非难对象的行为如同性恋、兽奸、基于恣意的不孕手术、基于婚外人精子的人工受精、猥亵文书、挑祸的习得、对神的亵渎等，国家并不具有刑罚权。这是因为，这些行为虽然能够成为不道德的或不虔诚的行为，但却不能成为与多元化的现代社会的基本秩序和价值相直接关联的、人的客观实存条件的法益侵害及法益危殆化的行为。正是立足于这种法益概念的社会化层面，

我们才把实质意义上的犯罪概念定义为反社会的法益危害行为（Sozialschädliche Rechtsgutsbeeinträchtigung）。

法益保护并非只能根据刑法来实现，也可以根据整体法秩序中的其他诸种制度来实现。因此，必须要把刑法视为在法秩序中与该任务相适合的诸种制度中的最后手段。这是因为，与法秩序中的其他制裁手段相比，刑事制裁具有最为严厉的性质。因此，通过比此轻缓的民事制裁或行政制裁等手段也能达到保护法益的实效性时，刑法必须要让出其位。这是以法治国家的秩序原理为基础的补充性原理的当然性归结。总之，刑法的任务是补充性的法益保护（Subsidiärer Rechtsgäterschutz）。

当然，考虑法治国家制约性的补充性原理也有直面现实性矛盾的时候。从归属于宪法或行政法的制裁手段的弹劾或税金调查要比刑事制裁更具有强烈的制裁效果这一现实来看，针对税金调查，罚金刑是否还具有补充性是存在疑问的。

第二节   刑法的机能

一、序说

历来，韩国刑法学者把刑法的机能分为三部分，即规制机能、法益保护机能、人权保障机能。首先，刑法作为社会统制的部分领域具有控制犯罪（Verbrechenskontrolle）的机能。为此，刑法必须要预防和规制可罚的行为。据此，刑法也保护着社会共同生活秩序。也就是说，刑法具有通过对犯罪行为的反作用侵害犯罪者的法益、保护社会一般人的法益的机能。

刑法的法益侵害因为是以严厉的国家强制力为后盾的，所以还必须要把刑法的犯罪统制手段进行定型化（Formalisierung）。并不允许刑法为保护人类的共同生活秩序而采取任意的手段，而是必须通过这种定型化的手段和程序加以实现。因此，刑法也具有保障个人自由与人权的机能。

总之，刑法的机能除前述三个机能外，还应该将预防机能置于首位，进而进行四分。

二、预防机能

刑法通过法定构成要件之设置的犯罪化和无实效性刑法规定之废除的

非犯罪化，确定行为规范；并号召一般人在与该规范相一致的方向上解决社会的矛盾，如果不认可该规定并加以违反，就处以一定的制裁。据此，刑法具有预防犯罪的机能。

刑法的积极的一般预防，（1）具有促使社会一般人学习社会教育动机的效果，从而使社会一般人逐渐熟练于法忠诚（社会教育的学习效果）；（2）促使社会一般人通过直接的或间接的体验法秩序的贯彻，逐渐熟练于规范信赖（规范信赖的效果）；（3）抚慰因犯罪而不安的一般人的法意识和法感情，并产生消解与犯罪人之间的矛盾这种满足效果，使其逐渐熟练于结果承诺（满足效果）。

亦将基于刑法规范的积极的预防效果称做刑法的积极的一般预防机能或综合预防（Integrationsprävention）。① 尤其把基于满足效果最终消解犯罪性矛盾，进而达到统合社会的积极的一般预防机能，称做社会统合机能（Roxin）。

同时，刑法还具有通过再社会化的努力促使犯罪者个人获得对犯罪诱惑的免疫性，据此不再实施犯罪并作为健康的社会一员复归社会的特别预防作用来承担预防犯罪的机能。这就是积极的特别预防机能。

另一方面，刑法通过预告对犯罪实施一定分量的刑事制裁，发挥威慑作用；并以此发挥防卫法秩序的机能。这就是消极的一般预防机能。相反，有时刑法也采取将改造不可能的犯罪者从社会中加以隔离，从而使其不再危害社会的特别的预防措施。这是消极的特别预防机能。

三、规制（镇压）机能

刑法作为法秩序的部分秩序，发挥着维持社会生活领域中的秩序、恢复被破坏的秩序的机能。为此，刑法设定共同生活所必要的行为规范。而且，当该规范被侵害时，则对此进行规范评价并以适当的刑事制裁进行对应。因此，刑法还发挥着镇压和规制搅乱法共同体平和的行为的机能。

当刑罚所保障的规范遭受侵害时，为对此进行镇压而施加具有强制力的一定恶害，是为维持共同生活平和秩序所必不可或缺的要求。如果没有这种规制机能，为维持社会秩序的社会统制便成为不可能。这一点是毋庸讳言的。基于这种观点，也有学者指出，刑事制裁的社会统制及规制机能是社会功利主义的表现。

---

① Baratta, Integration Prävention, Kriminologisches Journal, 1984, S. 132f.

四、保护机能

刑法是法益保护秩序。刑法通过确证、保护市民自我实现所必不可欠缺的基本条件，保护社会一般人的法益。不仅如此，通过这种保护，发挥着确保平和的共同社会秩序的机能。因此，保护法益也是刑法的主要任务。

刑法的保护机能甚至会逾越法益保护领域，在更为根源性的层次上对社会伦理性行为价值的保护产生影响。不仅如此，其还为谋求社会自身的存立和安全作出贡献，并以此发挥着保护现实社会体系自身的机能。然而，无论是社会伦理性行为价值的保护，还是社会自身的保护，其并非是刑法机能的当然性要求，只不过是事实上发挥的作用。无论在何时，作为本质任务的保护机能永远是对与宪法秩序相一致的法益的保护。

五、保障机能

刑法首先根据法律构成要件确定什么是犯罪行为。因此，只有构成要件所规定的行为，才能够成为处罚的对象，其余部分均属于市民自由活动的领域。据此，通过使一般国民从刑法中享有自由的领域并限定规制的范围，进而发挥着保障市民的自由和权利的机能。着眼于刑法的这种机能，因而也把刑法称为市民自由的大宪章。

另一方面，刑法还具有通过规定刑罚及保安处分的条件和种类、程度与界限，从对此加以违反的国家刑罚权的恣意行使中保障犯罪人的自由和权利的机能。正是着眼于刑法的这种机能，孟德斯鸠和李斯特较早就提出刑法是犯罪人的大宪章。

六、结语

刑法为通过补充性的法益保护实现确保平和的共同生活秩序这一原本的任务和目的，现实性地发挥着多种机能。然而，刑法的这种机能作为社会统制的多种样态，必须以任何人都能够预见和验证的定型化的形态来实现。这里的定型化当然是指法治主义前提下的正当限度内的定型化。①

刑法的机能绝对不是感性的、冲动性的、恣意性的解决问题的方法，而应该是理性的、合理的、自由的、尊重人类的解决问题的方法。而且，

① W. Hassemer, AK StGB, Vor §1, Rdn. 302；裴钟大，46 页；金圣天、金亨俊，9~10 页。

还应该以事先已经深思熟虑的、预先告知的应答来对规范侵害行为发挥作用。脱离这种准则和常规的刑法机能只能是阻碍实现刑法的任务和目标的反机能。

第三节　刑法规范的性质

一、为保护法益的刑法规范

规范原本以"当为"作为规范的内容。规范中包括习惯规范、宗教规范、伦理规范、法规范。还可以根据是单纯要求"当为"还是动用强制手段把规范分为行为规范和强制规范。法规范因为以国家强制力为后盾，以强制来保障其实施，所以是行为规范和强制规范的复合体。

刑法作为法规范的一种，把犯罪这种历史性的、社会性的、经验性的实在作为规范对象。实质意义上的犯罪是法益危害。正如刑法的任务是补充性的法益保护那样，刑法规范最终也是通过犯罪统制来实现法益保护。为保护法益的刑法首先向一般人提示以当为的禁止或命令为内容的行为规范。而且，也会向一般人提示如果一般人无视该行为规范的要求就会受到一定的刑罚或保安处分的制裁规范。

刑法的法律要件（构成要件）是承载行为规范的倡导内容之物，而刑法的法律效果（刑罚和保安处分）是承载制裁规范的警告内容之物。行为规范通过禁止或命令把一般人引入正途，制裁规范通过刑罚或保安处分使行为规范之遵守具有实效性。[1]

从犯罪理论学的角度来看，构成要件是根据禁止或命令规范确认不法的本质核心在于行为规范违反。违法性阻却事由是从容许规范的观点例外的把构成要件符合行为所呈现的禁止或命令规范违反加以正当化。构成要件符合行为被正当化从而不违法的情况，是指基于容许规范消解违反禁止规范的行为。

在刑法规范中最具有重要性质的部分是，行为规范和制裁规范、评价规范和决定规范。

二、作为假言规范的刑法

刑法是把犯罪作为法律要件，把刑罚或保安处分作为法律效果的规范

---

① Freund, AT, §1 Rdn. 5ff.

体系。要想动用作为法律效果的刑事制裁，必须事先明确规定什么是犯罪行为。因此，刑法的规范体系具有假言命题的逻辑构造。例如，"如果杀人"（if），就科处"死刑、无期或5年以上的惩役"（then）。这与"不准杀害他人"（十诫命）的宗教规范或"不要把你的人性单纯作为手段使用，而要时常同时作为目的来使用"（康德）的道德规范相比，两者的区别点在于，刑法规范是假言规范（Hypothetische Norm），宗教或道德规范是无条件的定言命令（Kategorische Imperative）。

三、行为规范与制裁规范

刑法通过禁止或命令一般国民实施一定的行为，而成为维持和确保社会生活基本平和秩序的准则。在这种意义上，刑法是行为规范。同时，针对背离或违反该行为规范的行为者通过公的否定科处刑罚或保安处分。在这种意义上，刑法又是制裁规范。与此相对，有见解在规范的受命者是一般国民的意义上，把刑法理解为行为规范；而在独揽刑罚权的国家是受范者的意义上，又把刑法理解为制裁规范。

四、禁止规范与命令规范

行为规范在把一定的禁止或命令作为内容这点上，又有禁止规范或命令规范的性质。即"杀人者"这一用语的意思是禁止人们实施杀人行为，"负有防止危险发生之义务者，未防止危险发生时，依所发生之结果处罚"的基于不作为的作为犯（不纯正不作为犯）情况（第18条）或者在一定场所要求退去因拒不退去而成立的退去不应罪（第319条2项）的规定，就是命令一定的行为。

五、评价规范与决定规范

根据刑法规范具有何种内容且适用于何人，可以把刑法分为评价规范和决定规范。刑法规范是要求法受范者实施一定行为的立法者的意思表示，并依此发挥着将法受范者引入正确的意思决定中的作用。这便是刑法规范的决定规范之侧面。与此相反，刑法规范是关于人的共同生活的外部规范，是评价人的行为与基于立法者所表象的共同体秩序相一致还是矛盾的，客观的、社会的生活秩序。这一点上又是刑法规范的评价规范之侧面。

根据麦兹格的观点，作为评价规范的刑法对作为决定规范的刑法具有逻辑先在性。宾丁则把关注的重点放在了作为决定规范的刑法上。然而，规范原本就是思维与现实的结合物，因此，必须要把刑法理解为既是评价规范，同时又是决定规范。为要求受范者作出一定的意思决定，必须要把法的评价作为前提；而违反决定规范的行为的结果，则必须要接受评价规范的价值判断。因此，争论评价规范与决定规范之间的逻辑先后，或者把前者与结果无价值、客观的违法性相联系；把后者与行为无价值、主观的违法性相联系的做法，并不是整体把握刑法规范性质的态度，是不可取的。

第四节　刑法的解释与适用

一、刑法的解释

（一）解释与包摄

刑法是把抽象记述的一定的犯罪行为样态作为构成要件，把刑罚或保安处分作为法律效果的规范体系。因此，刑法中的法律适用是指针对现实发生的犯罪事实，发现与其相适应的规范的根据，寻求适当的刑事制裁的过程。

在这里，法官通常是根据形式逻辑中的三段论法，从大前提（抽象的法规）和小前提（具体的生活事实）出发推导出逻辑上的结论（该生活事实与该当法规相抵触）的。例如，把"杀人者，处以死刑、无期或5年以上惩役"这一大前提适用于"A杀了人"这一小前提，最终得出"A构成杀人罪，处以死刑、无期或5年以上惩役"的结论。这就是三段论法。这时，法律家在作为小前提的现实的犯罪事实中抽象出法律上的重要要素，当该要素与大前提的概念特征至少存在部分一致时，就将其编入大前提中，从而得出一定的结论。法律家的这种操作叫做包摄。包摄通常是根据法官把需要判断的新的事实与已经适用过相关联法律的其他事案相比较并使两者一致的方法进行的。

包摄并不同于解释。解释是指在用语的日常含义到用语的可能含义范围内把握法条文内容的过程。解释通过解明法条文的内容、揭示范围和界限，为法规的具体化服务。解释永远先于包摄进行。因为要在包摄之前通过解释来确定通常所要适用的法规定的含义，所以解释也是包摄的前提。

解释具有如下两种任务：一是，在包摄之前，解明所要适用的大前提的含义。二是，在包摄之前，把握能够与新的事案同一视之的诸先例的法律机能的范围（因解释的这种机能，在采取实定刑法体系的各国中，先例同样有着重要意义）。

解释以一方面关注法律与先例，另一方面关注具体生活事实这种两种方向上的思考活动为必要。

（二）解释的方法

1. 文理解释

法律用语（Gesetzeswortlaut）是所有解释的出发点。在用语所具有的可能含义（Der mögliche Wortsinn）范围内，根据日常的语言习惯探求用语的含义就是文理解释。例如，在关于文书的犯罪中，根据用语的不同，文书与图案也各自有不同的含义。因此，必须要注意立法者是否对一定的用语赋予了特别意义。毁损文书罪（第 366 条）① 中的文书是与制成名义人是本人还是他人无关的、他人持有的文书。而私文书伪造罪（第 231 条）② 中的文书仅指他人名义的文书。

2. 历史解释

引入历史性的立法者意思进行解释的方法就是历史解释。这通常也叫做主观的解释论。与此相反，将根据与立法者的主观意思相独立的客观状况而自然变化的法律含义作为解释基准的方法叫做客观的解释论。然而，如果考虑在具体的社会条件下何种解释能够最恰当的实现法律规制的含义的话，解释的正确之路则位于主观的、历史的解释方法和客观的解释方法之中间线。

客观的解释论并不关注参与立法程序的人或委员会的几乎不可能确认的事实上的意思。这一点是正确的。例如，把喷洒盐酸实施暴行的情况解释为符合特殊暴行罪（第 261 条），只有在不考虑法律制定当时每个立法者的意思是什么的情况下，寻求与危险物相关联的被客观化的法律含义时，才有可能。

---

① 根据韩国刑法第 366 条的规定，毁损文书罪是指以毁损或隐匿等其他方法侵害文书之效用的犯罪。该罪中的文书仅指他人持有的文书。因此，即使是自己名义的文书，只要是他人持有，亦能成为该罪的（行为）客体。相反，即使是他人名义的文书，若自己持有则不能成为该罪的（行为）客体。——译者注

② 根据韩国刑法第 231 条的规定，私文书伪造罪是指以行使之目的伪造与权利、义务或证明事实有关的他人文书或图案的犯罪。因此，该罪的成立要求必须是伪造他人名义的文书。——译者注

主观的解释论在关注历史性的立法者的法政策的价值决定对法官具有拘束力这一点上，是正确的。因此，存在与历史性的立法者意思无关的法律的客观含义的想法，在逻辑上是无法贯彻的。这是因为，与法律的最初目标绝缘的客观含义，不外乎是脱离罪刑法定原则的法官的主观目的之设定。

3. 体系性解释

法律在社会秩序层面上构成一体性，因此，并不能把每个规范看做是孤立的，应该在法律的整体脉络中对其加以把握。依据该当规定的法律体系性关联，清楚地揭示法律用语的逻辑含义，并试图以此寻求最接近于该当规定内容的解释方法就是体系性解释。例如，伤害致死罪（第259条1项）中的伤害并不包括过失致伤（第266条1项），只包括伤害（第257条1项）和重伤害（第258条1项）。这是因为，在法条文的体系上，伤害致死被规定为伤害和重伤害的加重形态。

4. 目的论解释

法规范所追求的目的是解决社会矛盾问题，调整相矛盾、冲突的利益，并使社会共同生活成为可能。在法解释中，依据这种法规的客观目的探求法律用语的含义的方法就是目的论解释。

在目的论解释中，不仅要考虑法益保护目的，而且还要考虑法律的保障机能。这种目的论解释，是根据每个法律的目的或扩张性地或限制性地进行的。

（1）扩张解释（扩大解释）　是指在法条文用语的可能范围内，通过最大限度的考虑法规的目的，从而最大限度地扩张语义的界限，并以此进行解释的方法。即使是扩张解释，如果考虑了保护法益的目的和法律的保障机能，也是不违反罪刑法定原则尤其是禁止适用类推的要求的。例如，转动路标，放出汽车轮胎中的气，把马置于某种程度上的持续性的残废状态，给在宾馆向客人打招呼的鹦鹉教授骂人的语言使其变成骂人鹦鹉等，均可根据扩张解释，视为毁损财物。

然而，在驻停的汽车前停靠其他车辆，致使挡住了前车的去路，使前车在一定时期内无法行驶时，并不构成毁损财物。这是因为，在毁损财物中一般性的限制标准是，是否对该当物件给予了直接影响。如果没有给予直接的影响，就没有充足毁损财物罪的构成要件。

【判例1】　关于处罚暴力行为等的法律第3条第1项中的"危

险物品",虽然不是指凶器,但也应该广泛的解释为包括对在侵害人的生命、身体上所能够使用的所有物品。因此,不仅原本为杀伤用或破坏用而制造的物品,即使是为其他目的而制造的刀、剪刀、玻璃瓶、各种工具、汽车等,甚至是化学药品或被唆使的动物,只要其在侵害人的生命、身体上被使用,就符合本条规定中的"危险物品"。另一方面,"携带"这些物品不仅是指持有,还广泛包括利用的意思。在用自家车前面的保险杠撞向要求缴纳拖车费的交通管理员进而实施暴行的案件中,家用车符合关于处罚暴力行为等的法律第 3 条第 1 项所规定的"危险物品"(大法院判决 1997 年 5 月 30 日,97 DO 597)。

【判例 2】 关于处罚暴力行为等的法律第 3 条第 1 项中所规定的"携带"不仅是指持有,而且还广泛包括利用的意思。在高速公路上,被告人利用自家车撞向被害人所乘的车的尾部,从而妨碍其正常行驶;或者在被害人车的前面紧急刹车,使被害人为避免碰撞或采取紧急制动或变更行驶路线;或者把被告人的车辆贴向被害人车辆的侧面,使被害人处于与中央隔离带相碰撞的危险;当被害人想要脱离高速公路时,被告人则挡住其去路,使被害人无法离开高速公路。这些均可以视为利用作为危险物品的汽车对被害人实施暴行(大法院判决 2001 年 2 月 23 日,2001 DO 271)。

(2) 限制解释(缩小解释) 根据目的,缩小性考虑用语含义的解释方法就是限制解释。例如,刑法设立伤害罪的目的是阻止犯罪者伤害他人身体,而不是阻止治疗或改善他人的身体疾病。因此,才不把基于医术所实施的治疗手术包摄为伤害。如果存在不准带狗乘坐地铁的禁止规定,那么其禁止的是能够给他人带来厌恶感的狗,而不是甚至较小的宠物狗也要被完全禁止。这便是限制解释的一例。

5. 合宪解释

法秩序由作为最上位规范的宪法和下位的诸多规范构成,因此,在法秩序机能上,更为上位的法当然要比下位的法具有效力上的优势。上位法的效力优势和法秩序的统一性,要求在法律的解释中应该避免被解释的规范与上位的规范相矛盾。尤其是,在解释上,应该避免与宪法规范相矛盾,应该与宪法的规范含义相一致的要求便是合宪解释。

合宪解释虽然也是体系性解释的一种,但有必要从如下两种观点给予特别的考虑：第一，在关于法律的诸多解释成为可能时，应该优先选择考虑在体系上与该当规制对象相关联的宪法规范而进行的合宪解释。第二，在出现法律是否与宪法规范相矛盾的问题时，应该在违宪判断之前，优先探讨在用语的可能范围内合宪解释是否可能。这时，应该注意的是，合宪解释不能与所要解释的规范用语相矛盾。（宪法法院 1990 年 4 月 2 日，89 宪 GA 113；参照关于国家保安法第 7 条 1 项、5 项是否违宪的决定）。

【判例】　1991 年 5 月 31 日修订的国家保安法第 7 条（赞扬鼓励罪）① 中所使用的概念，是依据具有正常辨别事物能力的一般人的理解和判断，都无法找到解释合理性标准的概念。而且，因为具有无法明确指明构成要件之界限的广范围性，所以不仅具有侵害言论、出版自由与学术、艺术自由的盖然性和侵害良心自由的可能性；甚至还因存在允许法实施当局恣意执行的余地，所以存在违背罪刑法定原则的余地。然而，可以断定的是，因完全废除该法第 7 条而带来的法律的空白和混乱及对国家的不利，要比因废除而带来的利益更大些。而且，在某一法律概念具有多义性且在其含义的范围内存在诸多解释的可能时，为形成统一的法秩序，在排除可能导致违宪结果的解释的同时，选择合宪解释才是宪法的一般原理。因此，该法第 7 条适用于其行为使国家的存立或安全处于危险，或者存在明显的给自由民主的基本秩序带来危害的危险性时。所以，这种解释并不违宪（宪法法院 1990 年 4 月 2 日，89 宪 GA 113）。

（三）刑法解释的方法

在历来的法理论中，在同等的地位上平等的看待文理解释、历史解释、体系性解释和目的论解释。但在今天，支配性的观点是，文理解释、历史解释、体系性解释仅仅是为探求法规目的的辅助手段。当然，即使在刑法解释中，目的论解释也具有第一位的重要意义。然而，为至少能够在

① 1991 年 5 月 31 日修订的韩国国家保安法第 7 条 1 项规定：明知是危害国家的独立安全及自由民主的基本秩序，赞扬、鼓励、宣传反国家的团体及其成员接受指令者的活动，或者与其合作或者宣传、煽动国家变乱的，处七年以下劳役。第 5 项规定：以第 1 项、第 3 项或者第 4 项的行为为目的，制作、输入、复印、持有、贩卖或者取得文书、图画及其他宣传物的，依各项所定的刑罚处罚。——译者注

可疑的事例中论证出与正义相适当的、值得期待的结论，综合考虑文理解释、历史解释、体系性解释和目的论解释的方法多元论，才是恰当的刑法解释方法。

一般来说，正确的刑法解释必须要在相同比重下考虑法律的用语和目的。这是因为，不是说充足了文理解释和目的论解释两标准的某一方面，就能够形成正确的解释。因此，在韩国的刑法解释中，至少应该在把文理解释作为出发点，把目的论解释作为归着点的基础上，同时考虑历史解释、体系性解释和合宪解释。

然而，在这里的问题点是，"可能的用语含义"能否划清被允许的解释的外部界限。对此，有见解认为，语义的界限是不确定的，而且还是能够通过法律进行操作的对象，所以不能作为解释的界限标准加以使用。也有见解认为，当法律目的在体系性观点之下要求与用语略微不同的含义时，法官可以摆脱此限制（这种情况叫做"修正解释"〈berichtigende Auslegung〉）。也有见解认为，在存在法律编辑上的失误（Redaktionsfehler）时，可以忽视语言的可能的用语含义。

然而，在解释中，应该严格遵守法律语言的拘束。这是因为，把解释限定在可能的用语含义范围内，是从罪刑法定原则的国家法的、刑法的基础中推论出的要求。立法者只能通过语言表现其制定的法律。没有通过语言表现的，就不是被制定的，从而也不能够被适用。逾越用语可能具有的含义适用刑法，是对在国家刑罚权发动中要求国家自我限制的原则的侵害，而且也欠缺民主的正当性。

（四）解释与类推

法律学在传统上一直区别解释和类推。但也有见解认为，既然同一性与类似性之间不存在逻辑上的界限，在逻辑上也就不可能区别解释与类推。① 其理由是，内容上的同一性，实际上永远只能是类似性；而形式上的同一性只能存在于形式逻辑中的数字概念或符号中。因此，解释与类推只能根据扩张的程度进行区别，而不能根据程序的逻辑构造进行区别。禁止适用类推是在事理上无法得到贯彻的原则。其结果，禁止适用类推不过是指类推中的不被允许的类推。

从一般法理论的角度来看，该主张并不是错误的。然而，从刑法理论的角度来看，把解释与类推视为同一的见解不仅是危险的，而且还会丧失

----

① Arth. Kaufmann, Rechtsphilosophie, 2. Aufl., S. 125.

实用性。不能因为人类存在于类似性范畴中，就保留把人和胎儿同一视之，以致把杀人和堕胎同一视之的余地。这不仅是危险的，甚至也是混乱的。类推是在用语的可能范围之外对相似事例适用法律的内容，因此其不是法律的解释，而是法的创造。即给解释适用者认定了比用语的可能含义更为宽泛的适用范围。其结果，会产生如下疑问：根据自由法治国家的权力分立原则，只赋予立法者的法律制定权是否移让给了法官。扩张解释则是最大限度的扩张用语含义的界限，并没有脱离其界限，因此其仍旧是解释。而且，从法治国家的角度来看，在其限度内是不存在问题的。

罪刑法定原则在传统上要求禁止适用类推。例如，因为强奸罪（第297条）的被害主体是妇女，所以行为主体只能是男子。不能因为男子遭到女子的暴行及贞操的蹂躏，就把女子认定为强奸罪的行为主体。否则，就是逾越法条文可能含义界限的类推适用，是违反罪刑法定原则的。

总之，刑法解释是指法官等解释适用者在立法者根据法律用语所预设的语义的可能范围内考虑与其用语最相近的语义、历史性的立法者意思、法律体系的连贯性、法律的客观目的等之后，以无可置疑的明确的形态将规范的含义内容进行具体化的操作。

判例曾认为，将基于变性手术而成为女性的人包含在作为强奸罪客体的妇女概念中，是违反罪刑法定原则和禁止不利于被告人的类推解释的（大法院判决1996年6月11日，96 DO 791）。

【判例】 在刑法上，成为强奸罪客体的妇女概念，仅仅是指最初出生时就具备正常的性染色体构造和卵巢、子宫、阴道等正常的内外部性器官的女性。即使进行更为广义的解释，也仅仅是包括如下内容的限定性的概念：即虽然有微弱的染色体异常或荷尔蒙分泌异常，但根据染色体性、性腺性、表现型性、精神方面的性这四种区别男女的标准进行整体性考察时，可以判断为女性的妇女。原本是正常的男性，但基于变性手术而成为女性的人不能包含在此概念中（大法院判决1996年6月11日，96 DO 791；首尔高判1996年2月23日，95 NO 2876）。

然而，这种主张只是过于关注性的生物学决定论，而忽视了性的社会意义和机能，因此难以赞同。在文理解释上，妇女的含义当然是指以具备正常的内外部性器官出生的女性。如果强奸罪的保护法益是妇女关于性的意志决定的自由，那么妇女概念应该扩大解释为：不仅仅包括依据染色体构造所决定的生物学意义上的女性，还应该广泛的包括依据变性手术在现实生活中也进行女性性生活的社会意义上的女性。

当然，把男扮女装的男子或男同性恋者解释为女性是一种类推解释，但是在法的意义上把基于变性手术而进行女性的社会生活和具有女性的社会意义的人作为女性来看待并将其包含在强奸罪客体之中，就是被容许的扩张解释。①

二、刑法中自由的法发现

（一）分类

自由的法发现分为法律范围内的自由的法发现和法律范围外的自由的法发现。

1. 法律范围内的自由的法发现

法律范围内的自由的法发现（Die freie Rechtsfindung intra legem）只有在与解释相同的前提下，才能够被允许。这种法发现是指因立法者使用了以价值填充为必要的不确定的法律概念，所以要求所规定的法条文只能由法官通过界限和区分将其内容具体化的法官的活动。

在这种情况下，法发现与解释之间并不存在严格的区别。例如，妨害选举罪（第 128 条）规定："检察官、警察或者担任军职的公务员，对法定选举人、候选人或者可能成为候选人的人，以胁迫或者其他方法妨害其选举自由的……"该规定中的"其他方法"这一不确定概念，就需要法官在法条文可能的规制范围内通过自由的法发现进行补充。当然，也有学者拒绝把法律范围内的法发现视为解释。但不可否认的是，其只有在与解释相同的基准下，与解释相同的前提下，才能够被允许。

2. 法律范围外的自由的法发现

这是指在法律规范的范围之外，即在与法条文之用语的可能含义不相一致的领域内，适用、补充法律的法官的活动。这是立法者遗留下的不明确的空白领域中的欠缺补充（Lückenausfüllung）问题。在这里，即使没

---

① 金日秀：《合同强奸致伤罪的不能未遂》，高大《判例研究》第 8 辑，1996年，102 页以下。

有立法者的明确要求，法官也会独立进行创造法的活动。例如，在不正当利用便宜设施罪（第 348 条之 2）① 这一新罪名出台之前，对于向公用电话中投入类似硬币的铁片进行通话的行为，按照诈骗罪处理（不被允许的类推）。或者，对于自动中止预备行为，类推适用关于中止未遂（第 26 条）② 的规定（被允许的类推）。

　　法律规范外的自由的法发现（Die freie Rechtsfindung praeter legem）并不是法官的法律补充，而是属于专门由立法者进行的创造法的活动。这与在用语的可能含义范围内进行的解释不同，因而仅仅是类推的一种而已。因此，自由的法发现活动根据罪刑法定原则的要求只能在有利于行为人的情况下进行，在不利于行为人的情况下是不被允许的。这是因为，以刑罚为基础的类推适用明显违反刑法的法治国家之界限。

　　基于相同逻辑，从法治国家的角度来看，依据自由的法发现设定超法律的或习惯法的正当化事由或免责事由，是被允许的；但法官基于自由的法发现创设法律没有规定的如过失损坏财物这种犯罪构成要件，就是不被允许的。

（二）立法的欠缺与自由的法发现

　　在刑法上，禁止类推并不允许在违反法条文的情况下变更构成要件。这是因为，罪刑法定原则在与法官的法律适用相关联时，排斥逾越法律解释范围的法创造或法形成。因此，禁止类推孕育了基于法律解释方式的法律欠缺的补充，并禁止违反法条文的创设罪刑法规或刑罚加重的法形成。③ 这是因为，无论从法理论的意义上还是从解释学的意义理解类推，禁止类推就是禁止逾越法律制裁规范的内容进行不利于行为人的刑法适用。④

　　然而，仍然存留的问题是，即使在立法者存在失误的情况下，是否也要毫无例外地把这种用语界限的要求适用于所有场合。该问题只能根据不同情况进行不同的操作。这是因为，可以根据立法者失误类型的不同，给

---

　　① 韩国刑法第 348 条之 2 中规定的不正当利用便宜设施罪，是指以不正当方法不支付价款的利用自动贩卖机、公用电话或付费自动设施，获取财物或财产上利益的行为。——译者注

　　② 韩国刑法第 26 条中止犯的规定是："已经着手实行犯罪，但行为人自动中止或防止其结果发生的情况。"——译者注

　　③ Krey, ZStW 101 (1989), 852.

　　④ Schönke/Schröder/Eser, StGB, §1 Rdnr. 25; BVerfG NJW (1986), 1672.

出不同的答案。即在产生单纯印刷操作上的失误的情况下，也就是说，在法律公报中刊印的法条文与当初确定通过的原文不一致时，在解释适用者的法适用中，与原文相一致的修正补充是可能的。①

相反，对于纯粹编辑上的失误（reines Redaktionsversehen）情况，即法律用语的表现明显与历史性的立法者所要表现的不同，因而存在表现上的失误的情况，则存在着见解上的分歧。

在德国，通说认为，即使这种情况也允许通过解释进行用语上的修正。② 然而，对于广义的编辑上的失误（Redaktionsfehler im weiteren Sinne）情况，即关于新的法律用语对现时法律状态所产生的影响，部分的或完全的产生了错误认识，因此在目的论上应该清楚表明的用语没有被表明时，德国的通说认为不允许通过解释进行修正。③ 毋庸说，这种通说立场更符合法治国家的刑法秩序观。这是因为，从罪刑法定原则的保障机能角度来看，法律文献中的明显的语言缺陷，如果原本依照其缺陷的用语，作为不能赋予的追加性义务，是不能推导出应该不利于市民自由的进行补充的明确根据的。④ 如果对于广义的编辑上的失误，也允许通过法官的解释对不利于行为人的法律用语进行修正补充，便难以阻止罪刑法定原则之保障机能的萎缩。⑤

三、刑法的时间适用

（一）意义

刑法存续的期间为自公布施行始至废除为止。原则上，在此存续期间，将有效地适用刑法。然而，问题是，在行为时和审判时之间，关于可罚性和处罚的法规定发生变更时，以哪一时点为基准适用刑法。

尤其是如下情况，产生适用上的问题：（1）在行为时不可罚的某种行为样态，后来被规定为犯罪；（2）在行为时尚生效的关于可罚性和处罚的法规被废止；（3）比起行为时，审判时的刑罚或保安处分更为轻缓。

---

① Krey, Ebd., 1977, 171.

② Schünemann, Klug-Festschrift, 1983, 183；Jescheck, AT, 4. Aufl., 17 IV 5；Lackner, Heidelberg-Festschrift, 1986, 58.

③ Krey, Ebd., 170；只有 Jescheck, AT, 4. Aufl., 17 IV 5认为，即使这种编辑上的失误的情况，也可以忽视用语的可能界限。

④ Il-Su kim, Roxin-Festschrift, 2001, 131 以下。

⑤ Lackner, Heidelberg-Festschrift, 1986, 59.

这时，问题的焦点是：是适用变更前的行为时法（旧法），还是适用变更后的审判时法（新法）。因此，实际上刑法的时间上的适用问题就是对于已经发生的犯罪事实适用哪一时期的刑法的问题。这时，如果适用审判时的刑法（新法），就是新法的溯及效力（Rückwirkung）问题；如果适用行为时的刑法（旧法），就是旧法的追及效力（Nachwirkung）问题。

（二）刑法上的规定

1. 行为时法原则（禁止溯及既往）

韩国刑法第 1 条就是关于时间上的适用的规定。即第 1 项规定："犯罪的成立和处罚，依行为时的法律"，以此声明采用行为时法原则。当然，该规定具有单纯的时间上的适用意义之外，是否还包括关于作为罪刑法定原则之派生原则的禁止溯及既往原则的内容，还不是十分明了。因为在适用行为时法原则的范围内还会产生新法的禁止溯及既往的效果，所以也可以认为该规定中包含有禁止溯及既往原则的内容（宪法第 13 条 1 项）。从立法论的角度来看，分别规定罪刑法定原则和行为时法原则是正确的。

2. 行为时法原则的例外（允许有利于行为人的溯及既往）

对于行为时法原则，刑法第 1 条 2 项、3 项又在为有利于行为人的自由而优先适用轻法的旨趣上，承认了该原则的例外情况。即"犯罪后由于法律的变更，其行为不构成犯罪时"（第 1 条 2 项前半段），依据新法作出免诉判决（刑事诉讼法第 326 条 4 号）；"其刑罚轻于旧法时"（第 1 条 2 项后半段），则依据新法进行审判。即使是在判决确定后，由于法律的变更致使其行为不构成犯罪的，也要免除刑罚的执行（第 1 条 3 项）。

例外的承认新法的溯及既往效力的要件如下：

（1）因犯罪后的法律变更而成为非犯罪化的情况

① 犯罪后的含义 这里的犯罪后是指行为终了之后，并不包括结果的发生。在实行行为中途因法律的变更致使实行行为横跨新、旧两部法律时，例如像长期继续的逮捕或监禁行为这种继续犯的实行行为中途，发生法律变更时，并不依据追及效力适用旧法。这时，因为实行行为是在新法施行期实施的，所以要依据行为时法原则适用新法。① 对此，改正刑法（1995 年 12 月 29 日）附则第 3 条明文规定："一个行为的完成横跨该法

---

① 裴钟大，92 页。

律施行前后的两个时期时，视为该法律施行后实施的行为。"①

在包括的一罪的情况下，在其犯罪的实行跨越改正刑法施行前后的两个时期时，也应该依据附则第 3 条的规定适用新法。

② 法律变更的含义　这里所指的法律是指规定可罚性的存否及程度的整体的法状态（Der gesamte Rechtszustand）。因此，不仅全部的法令，在空白刑法中相当于补充规范的行政处分或条例，甚至告示也包含在内。变更当然也包括这些法律的改废（通说②）。因限时法已过有效期限，致使该法失效时，也属于法律的"变更"。

③ 不构成犯罪之情况的含义　这里的不构成犯罪的情况，是指不仅是因为刑法分则特定犯罪构成要件的废止，还因为正当化事由、免责事由、刑事责任年龄、未遂的可罚性等刑法总则规定的变更，而废除可罚性的情况。不仅因废除可罚性而不构成犯罪的情况，即使单纯是可罚性的前提变更为有利于行为人的情况，也应该依据刑法第 1 条 2 项前半段的内容适用新法。

最近，大法院在"随着作为刑罚法令制定事由的法律理念的变迁，针对过去被视为犯罪的行为，因对其评价的改变而将此认定为犯罪并进行处罚是不当的或科刑是过重的"这种反思性考虑下，指出：只有在废除法令的情况下，才能适用刑法第 1 条 2 项之规定（大法院判决 1997 年 12 月 9 日，97 DO 2682）。大法院想以此判决明确限制刑法第 1 条 2 项的适用范围。对此，从法治国家刑法尤其是罪刑法定原则的理念角度来看，是很难给予肯定的。

【判例】　废除韩国电气通信公社法之后，依据关于公企业的经营构造改善及民营化的法律，并没有再次把韩国电气通信公社规定为政府投资管理基本法上的"政府投资机关"。这并不能看做是，针对其法律废除前被告人收受贿赂行为，其刑罚也发生了废止或变更（大法院判决 1997 年 12 月 9 日，97 DO 2682）。

---

① 对此，德国刑法第 2 条 2 项也明确规定："在犯罪实行过程中，发生法律适用之变更时，适用犯罪行为终了时有效的法律。"

② 裴钟大，92 页；孙海睦，74 页；安铜准，24 页；刘基天，40 页；李在祥，32 页；任雄，45 页；郑盛根、朴光玟，44 页；黄山德，32 页。判例认为，在泄露军事机密之后，机密的解除不是法律的变更，因此没有适用审判时法的余地（大法院判决 2000 年 1 月 28 日，99 DO 4022）。

（2）法律变更为轻刑的情况

新法的刑罚轻于旧法时，适用新法（第 1 条 2 项后半段）。即使存在法律变更，在刑罚变更为更重时或在没有轻重差异时，则依据行为时法原则仍旧适用旧法。这是对刑法第 1 条 2 项后半段的相反解释的当然性归结。

在这里，要比较的刑罚当然是指法定刑。在法定刑中存在并科刑或选择刑时，以其中最重的刑为基准（大法院判决 1992 年 11 月 13 日，92 DO 2194）。法定刑中不仅包括主刑，还包括刑法第 49 条的没收刑这种附加刑。即使刑的种类和期限相同，但在新法中存在选择刑的可能性时（大法院判决 1954 年 10 月 16 日，4287 刑上 43），或者任意的减轻变更为任意的减免；任意的减轻变更为必要的减轻；必要的减轻变更为任意的减免或必要的减免时，应该视新法为轻（大法院判决 1981 年 4 月 14 日，80 DO 3089 的判旨认为："在上告审期间，因法律的修正致使刑由重变轻时，上告审应依据职权撤销原判决"）。犯罪后，有数次法律的变更，因而在行为时法与审判时法之间存在中间时法时，适用其中最轻之刑的法律（大法院判决 1968 年 12 月 17 日，68 DO 1324）。

（三）限时法的问题

1. 意义

限时法（Zeitgesetz，loi temporaire）分为广义的限时法和狭义的限时法。

狭义的限时法是指事先已经设定一定有效期限的法律。这里存在两种设定方式：一是如有效期为 2002 年 1 月 1 日至 2002 年 12 月 31 日这种依据日历的设定方式；二是有效期为施行日至将来发生一定事件为止这种形式的设定方式。有效期限并不是必须在法律制定时进行设定，只要在法律废除前进行规定即可。

广义的限时法除包括上述狭义的限时法之外还包括如下的法律，即由于法律的内容和目的与临时性关系或情状相对应，所以当情状发生变更或消失时，效力也要随之消失的法律。

在韩国，只承认狭义的限时法的见解是多数说，① 而与德国相同，承

---

① 金圣天、金亨俊，43 页；朴相基，38 页；安铜准，24 页；李炳国，59 页；郑盛根、朴光玫，46 页；郑荣锡，66 页；陈癸浩，79 页；黄山德，33 页。

认广义的限时法的见解则是少数。① 深思量，如果像德国刑法那样存在限时法之规定的明文化时，承认广义的限时法也无妨。但韩国刑法并没有对此加以明文规定，因此效力本身就成为问题。这时，只把狭义的限时法作为概念要素来把握是正确的。②

2. 问题的提起

问题是，针对限时法有效期间的行为，即使因有效期限的消失，致使限时法废止、失效时，是否还要适用行为时法进行处罚（第 1 条 2 项）；还是要根据对行为人有利的新法律溯及适用原则，适用裁判时法作出免诉判决（刑诉法第 326 条 4 号③）；或者在裁判确定后的情况下，是否要免除其刑罚（第 1 条 3 项）。这是关于限时法废止后的效力认定问题，历来将此问题称为限时法的追及效力问题。

限时法的追及效力是不利于行为人的追及效力，因此是与刑法第 1 条 2 项有利于行为人的溯及效力问题正相反的问题。该问题实际上是针对限时法废止前的行为，在该部法律废止后，是根据刑法第 1 条 1 项适用行为时法，还是根据第 1 条 2 项适用裁判时法；或者是适用裁判确定后变更的法律的解释问题。因此，比起"限时法的追及效力"称做"限时法的效力"更适合于实际的内容。

3. 效力

关于限时法的效力，只要存在即使在该限时法失效后亦处罚有效期限内的违反行为这一特别规定，就不存在特别问题（第 8 条但书）。或者，在存在关于限时法之效力的一般规定如德国刑法第 2 条 4 项规定"仅适用于特定时期的法律，即使在该法律被废止后，仍可适用于在其有效期间实施的行为。但法律另有规定的除外"这种立法例中，是不会存在问题的。然而，问题是，在没有类似明文规定的韩国刑法中，对其如何加以处理。对此，存在着学说上的对立。

（1）认定不利于行为人之追及适用的见解　该见解主张，适用行为时法原则（第 1 条 2 项），即使该限时法失效，亦继续对其有效期间的行

① 李廷元，34 页；李在祥，34 页。
② 但也有见解认为，只有在认定限时法的追及效力时，上述区别才具有意义；在不认定追及效力时，无论怎样把握限时法的概念均可（朴相基，9 页；裴钟大，95 页；白亨球：《限时法》，考试研究 1989 年第 2 期，134 页；安铜准，24 页）。
③ 韩国刑事诉讼法第 326 条（免诉的判决）规定：下列情况下，应当以判决宣告免诉：1. 有确定判决时；2. 有赦免时；3. 公诉时效届满时；4. 犯罪后，因法令的废改而废止刑罚时。——译者注

为产生效力。① 其论据如下：

第一，如果认为限时法失效，就不能对其有效期间内实施的犯罪行为进行处罚，将会导致越迫近限时法之失效日期，就越无法处罚相继出现的违反行为，从而无法实现刑事政策的目的。

第二，限时法是指设定一定的期限并在其期限内要求国民遵守的法律，因此即使该法律因期限届满而失效，也具有对其有效期间内实施的犯罪行为进行非难的价值。

（2）否定不利于行为人之追及适用的见解　该见解认为，针对限时法，应该考量刑法第 1 条 2 项中所明示的有利于行为人之溯及适用原则的精神，适用裁判时法，而不能进行不利于行为人的追及适用（韩国的多数说②）。其论旨在于，既然没有排除刑法第 1 条 2 项的例外性特别规定，就应该依据同条项的原则规定；废止法律后不可能存在依据行为时法的处罚。即刑法第 1 条 2 项中的"法律变更"包括因事先设定了效力期限而失效的情况，在效力期限届满后，就不再承认限时法的效力，而是视为"犯罪后因法律变更，其行为不构成犯罪的情况"，并依据刑事诉讼法第 326 条 4 号的规定宣布免诉判决。因此，法律失效后，在没有特别规定的情况下，仍旧承认追及效力就会违背罪刑法定原则。

（3）动机说　也有联系限时法的效力来主张动机说（Motiventheorie）（德国的通说，韩国大法院的立场）的。该见解主张，应该通过分析关于限时法失效的立法者的动机来决定是否承认不利于行为人的追及效力。根据该见解，在区分关于限时法之废止及失效的立法者的动机是因为法律见解之变更，还是因为单纯的时间期限的度甚至事实关系的变化等原因之后，认为在前者的场合，行为将丧失可罚性，不可罚；而后者的场合，因不丧失可罚性，所以将承认不利于行为人的追及效力。（大法院判决 1994

---

① 刘基天，37 页；郑荣锡，65 页。

② 金圣天、金亨俊，47 页；金钟源：《关于限时法》，月刊考试 1978 年第 2 期，97 页；朴相基，40 页；裴钟大，98 页；孙冻权，44 页；沈在宇：《刑罚不溯及的原则与限时法》，考试研究 1978 年第 7 期，95 页；李炯国，60～61 页；任雄，48 页；郑盛根、朴光玟，49 页；陈癸浩，101 页；黄山德，36 页。

年 12 月 9 日，94 DO 221；① 大法院判决 1988 年 3 月 22 日，87 DO 2678；② 1985 年 5 月 28 日，81 DO 1045③ 等。）也有从结论上对此加以赞同的少数说。④

支持动机说的立场认为，限时法是在行为时就已经存在处罚规定的情况，因此即使承认追及效力，也不违反试图防止基于事后立法进行处罚的罪刑法定原则。而且，法律变更的动机是因为事实关系的变更还是因为法律见解的变更，是能够通过法解释明确区别开来的。⑤

（4）结论 多数说是妥当的。禁止溯及力原则原本作为对行为人的保护，内含有消极的行为时法主义。如果想发挥其意义，必须要依据刑法第 1 条 2 项的有利于行为人的裁判时法主义补充第 1 条 1 项的行为时法主义。如果在限时法中适用行为时法主义，就会形成不利于行为人的追及效力，因此必须要适用刑法第 1 条 2 项。如德国刑法第 2 条 4 号那样，承认即使限时法被废止，其效力仍可及于其有效期间的犯罪行为，为排除这种

---

① "关于有害化学物质管理法第 6 条 1 项申报对象之外的化学物质，环境处的告示之变更并不是因为因法律理念的变迁而认为依据历来规定的处罚自身是不当的这种反思性考虑，而是为适应通关环节的精简化和通关业务负担的减轻等这种当时的特殊要求而采取的措施。因此，在告示变更之前实施的违反行为，并不丧失可罚性。"（大法院判决 1994 年 12 月 9 日，94 DO 221）

② "虽然关于不动产所有权转让登记等的特别措施法在 1985 年 1 月 1 日开始失效，但是该法律是以如下内容为目的被设定为限时法的，即为了能够使虽然是应该依据不动产登记法进行登记的不动产但却没有进行所有权保全登记或者登记簿上的记载与实际权利关系不一致的不动产，通过简易程序进行登记。因此，其废止的起因并不是因为制定上述法律之理由的法律理念的变更而认为历来的处罚自身是不当的这种反思性考虑，而是由于考虑到已经实现了制定该法律的目的因而该法律没有继续存在的必要，才废止了上述法律。因此，针对在上述法律有效期间实施的违反行为，没有消除其可罚性的理由。对于在上述法律有效期间实施的违反行为，即使该法律被废止也应该依据行为当时施行的上述法律进行处罚。"（大法院判决 1988 年 3 月 22 日，87 DO 2678）

③ "戒严令的解除是一种基于事态好转的措施，而不是基于戒严令是不当的这种反思性考虑所采取的措施。因此，不能因为解除了戒严，就认为在戒严期间实施的违反行为丧失可罚性。对于违反戒严命令之罪，即使在解除戒严后，亦应该根据行为当时的法令进行处罚。不能把戒严的解除视为因犯罪后法令的改废而废止刑罚的情况。"（大法院判决 1985 年 5 月 28 日，81 DO 1045）

④ 李在祥，38 页。但是，李在祥教授把限时法的概念限定为起因在于事实关系之变化的情况。

⑤ 李在祥，36～37 页。

情况则需要各限时法有特别规定的立法例，无论从刑事政策的角度还是从立法技术的角度来看，都是恰当的立法态度。然而，韩国刑法并没有德国刑法那种有关于限时法的一般规定，所以进行与德国刑法之情况相反的解释，才是忠实于语句的立场。这样，在限时法中试图适用行为时法的解释论是与韩国刑法第1条2项和3项的语句相冲突的，因而是不妥当的。但是，在存在特殊的刑事政策性需要时，只要在各限时法中特别规定"即使该法律被废止，效力仍旧及于其有效期间实施的行为"即可。只有在这时，才能够承认不利于行为人的追及效力（参照第8条但书）。

动机说把立法者的动机作为判断的基准，但是立法者的动机比起立法者的客观化的意思更为主观。适用动机说将难以预测会对行为人带来何种结果，因此从法的安定性角度来看，是不能采取的。

《参考》刑法改正法律案采取了追及效力否定说的立场。"犯罪后由于法律的变更，其行为不构成犯罪时，只要法律没有特别的规定，不罚。"（第2条2项）

（四）空白刑法中的时间适用

1. 空白刑法的意义

空白刑法（Blankettstrafrecht）是指只规定一定的刑罚，关于作为法律要件的禁止内容则委任于其他的法令、行政处分或告示，并以日后的另行补充为必要的刑罚法规。例如，刑法第112条规定的违反中立命令罪，或者以告示作为补充规范的各种经济统制法令或环境保护法令等即是。

2. 与限时法之间的关系

既然空白刑法中规定有有效期限，其无疑是限时法。即使在没有特别规定有效期限的情况下，在广义上把握限时法的立场亦着眼于其具有为适应一时之情状的法律性质这点，将其视为限时法。但是，从韩国刑法的规定来看，应该狭义的理解限时法，这已是如前所述。而且，从最近的制定特别法令的立法技术上来看，存在限时法的必要时，作为一般的惯例亦特别规定有效期限。

3. 补充规范的改废

问题是，空白刑法中补充规范的改废是否也符合刑法第1条2项前段所规定的法律之变更。对此，存在着如下见解上的对立。

（1）肯定说　该见解认为，补充规范的改废亦符合刑法第1条2项规定的法律之变更（多数说①）。因此，该见解认为，如果存在补充规范的变更甚至废止，空白刑法的构成要件亦将被废改。所以，在其失效后，只能依据裁判时法进行处罚。其结果，将形成免诉判决（刑事诉讼法第326条4号）。

（2）否定说　该见解认为，补充规范的改废并不是指因刑法第1条2项规定的法律之变更而导致的犯罪的不构成，而仅仅是指作为其前提的构成要件之内容即行为处分的变更。因此，这时应该根据刑法第1条1项适用行为时法。②　其结果，将承认追及效力。

（3）折中说　该见解认为，补充规范的改废相当于设定与可罚性相关的构成要件之规范性自身的法规改废时，是法律的变更；而仅仅是相当于构成要件一部分事实或关于技术方面之法规的变更时，并不是法律的变更。③　判例即持该种立场。

【判例】　如果根据被告人行为当时的畜产物加工处理法和该法的施行规则（农水产部令），犬亦适用该法的规定。然，之后的改正施行规则将犬排除在了适用对象之外。这应该被看做是对历来将犬作为畜产物加工处理法上的规制对象这一不当措施的反省。因此，虽然根据行为时法构成畜产物加工处理法之违反，但因原审判决之后就不再适用该法，故符合判决后刑之废止（刑事诉讼法第383条2号④）的情况（大法院判决1979年2月27日，78 DO 1690）。

（4）结论　刑法第1条2项中规定的法律变更是指整体的法状态的变更，所以关于可罚性之存否与程度的补充规范的改废当然也是法律的变

---

①　金钟源，前揭论文，98页；朴相基，42页；裴钟大，102页；孙冻权，47页；孙海睦，83页；安铜准，27页；李炯国，61~62页；郑盛根、朴光玫，51页。

②　廉政哲，169页；陈癸浩，102页；黄山德，34页。李在祥，39页的见解把补充规范的变更视为法律变更的同时，却认为应该根据追及效力进行处罚。

③　姜求真：《关于刑法的时间适用范围的考察》，刑事法学上的诸问题1983年版，16页；南兴祐，59页。

④　韩国刑诉法第383条（上告理由）规定：有下列事由时，可以作为对原审判决的上告理由。1. 存在对判决产生影响的违反宪法、法律、命令或规则的情况时；2. 判决后，有刑罚的废止或变更或者赦免时；3. 有请求再审事由时；4. 宣告死刑、无期或者10年以上惩役或禁锢的案件，因认定事实有重大错误而影响了判决时，或者有足以认为量刑严重不当的明显事由时。——译者注

更。因此，因补充规范的改废致使行为不再构成犯罪时，应该根据裁判时法作出免诉判决。① 折中说的缺点就在于，区别是法规自身的变更还是事实的变更的基准不太明确。②

四、刑法在场所·人上的适用

(一) 意义

刑法适用于在何种场所下发生的何种人的犯罪，便是刑法在场所·人上的适用问题。在性质上，关于此内容的规定是适用于跨越一国以上所发生事件的法秩序的规定，即法适用法（Rechtsanwendungsrecht）。韩国刑法第 2 条至第 7 条就是对此的规定。这并不是关于适用外国刑法的规定，而是关于何种行为适用于韩国刑法的规定。因此，其始终是国内法。将其称为国际刑法是不恰当的。

(二) 立法的一般原则

关于刑法的场所·人的适用存在四种一般原则。

1. 属地主义

对于在本国领域内发生的所有犯罪，不问犯罪人的国籍均适用本国刑法。该原则的根据在于，行使本国刑罚权是为在本国主权所及的领域内发挥维持秩序的机能。

属地主义（Territorialitätsprinzip）原则还要求对在向国外运行中的本国的船舶或航空器内实施的犯罪亦适用本国刑法。这尤其作为属地主义的扩张原则叫做旗国主义（Flaggenprinzip）。由于从维持秩序的观点来看该原则存在有利性，所以现今大部分国家主要采取该原则。但是，实际情况是为针对国外犯罪也能够行使刑罚权，还同时适用其他原则。

2. 属人主义

针对本国国民的犯罪，无论犯罪地何在均适用本国刑法。因为本国国民由国籍来决定，所以亦把该原则叫做国籍主义。该原则的根据在于，作为国家公民必须要对犯罪者的母国及其法秩序抱有忠实义务。

---

① 但是，关于并不直接与可罚性的存否与程度相关联的非刑法性事实之规定的变更，或者并不直接与该当构成要件的保护目的相关联而仅仅间接对该当构成要件产生影响的相关规范的变更等并不是法律的变更。

② 郑盛根、朴光玟，51 页。

该原则还区分为积极的属人主义与消极的属人主义。积极的属人主义是指对于本国国民在国外所犯之罪适用本国刑法。消极的属人主义是指对于在国外对本国国民法益的侵害适用本国刑法。由于后者实际上只不过是下述保护主义的适用例之一，所以属人主义（Personnalitätsprinzip）原本是指积极的属人主义。问题是，如果彻底贯彻属人主义，对于不仅在他国即使在本国内侵害本国国民法益的犯罪，只要犯罪人是外国人，就不能给予处罚。保护主义恰好是对该缺点的补充。

【判例】　在 1985 年大学生侵占汉城美国文化院事件中，根据国际协定或惯例，美国文化院作为美国领土的延伸，可以将其视为所谓的治外法权之地域。然，对于在其场所内实施的特殊公务执行妨害致伤罪的大韩民国国民，既然向我国法院提起了公诉且美国也没有主张本国裁判权，当然应该由同时采取属人主义的我国行使裁判权（大法院判决 1986 年 6 月 24 日，86 DO 403）。

3. 保护主义

该原则是指对于侵害本国或本国国民之法益的犯罪，不论犯罪人是谁、犯罪地何在，均适用本国刑法。前者的法益保护叫做国家保护主义，后者的法益保护叫做个人保护主义。这也叫做实体主义（Realprinzip）。保护主义（Schutzprinzip）原则的根据在于，无论是国家自身的法益还是作为其国家构成成员的法益，内国的法益必须要由本国刑法来保护。

由于该原则能够彻底保护本国利益，所以具有补充属地主义和属人主义之缺陷的机能。但是，由于各国保护对象的种类和范围存在差异，所以在该原则的执行中会与他国立场之间产生冲突。因此，为取得实际性效果，还有必要引入关于犯人引渡的国际条约或采取互惠平等原则等的立法措施。

4. 世界主义

该原则是指无论任何人在任何地方对其他任何人实施犯罪，只要其是侵害现今和平的国际社会共存秩序的犯罪（发动战争，海盗，劫持航空器，国际恐怖主义等），或者是违反多数国家共同利益的犯罪（伪造货币，贩毒等），或者直接侵害人类尊严的反人道犯罪（种族灭绝，贩卖人口等），便适用本国刑法。

通常，世界主义（Universalprinzip）以国家间的条约或协定为基础。因此，当事国对于侵害该当国家共同利益的一定犯罪负有依据本国刑罚进行处罚的义务。该原则的立足点在于，国际社会的市民的连带性。

（三）韩国刑法在场所·人上的适用

韩国刑法原则上采取属地主义（第2条、第4条），但以属人主义（第3条）和保护主义（第5条）为补充。改正刑法至今没有把世界主义作为补充原则。希望不久的将来能够出现采取世界主义的改正刑法。

1. 属地主义的原则（第2条）

刑法适用于在大韩民国领域内犯罪的本国公民和外国人（第2条）。这里所指的大韩民国包括韩国的领土、领海和领空。因为宪法第3条规定"大韩民国的领土由韩半岛及其附属岛屿组成"，所以认为北朝鲜地域亦属于大韩民国领域。即既然北朝鲜亦属于韩国领土的一部分，其当然也是刑法的适用对象领域，只是裁判权不及北朝鲜地域而已（大法院判决1957年9月20日，4290刑上228）。然而，刑法的适用范围是指刑法在法上和事实上的实际适用范围，因此，并不能把北朝鲜视为接受刑法地域之适用的大韩民国领域。①

"犯罪场所"是指行为人实施犯罪之地或在不作为的情况下应该有所作为之地，构成要件该当结果发生之地或依行为人的表象应该发生结果之地，在共犯情况下正犯的实行行为及共犯的加功行为之地等均在大韩民国领域内（德国刑法第9条1项、2项）。根据旗国主义的立场，刑法亦适用于在大韩民国领域外的大韩民国的船舶或航空器内犯罪的外国人（第4条）。这里所指的"大韩民国领域外"包括公海和外国的领土、领海和领空。

2. 属人主义的补充（第3条）

刑法适用于在大韩民国领域外犯罪的本国国民（第3条）。这便是基于属人主义补充属地主义。然而，问题是当严格适用该原则时，在国际化的现今社会现实中能否以此实现刑法的任务和机能。这是因为，韩国刑法并非在世界任何地方都能够成为普遍妥当的行为规范。而且，其也不是强制要求韩国国民不论任何场所均要服从和尊重的心情刑法。这里所说的本国人是指持有大韩民国国籍的人。而且，在犯行当时必须是大韩民国国民。

北朝鲜居民能否成为本国人？大法院判例曾认为（大法院判决1996

---

① 持相同见解的有裴钟大，105页；持反对意见的有李在祥，41页；郑盛根、朴光玖，55页。

年 11 月 12 日，96 NU 1221），即使北朝鲜国籍者到中国并从驻中国的北朝鲜大使馆中办理了海外公民证和外国人居住证，而且之后又持从中国政府中获得的护照进入我国，亦因北朝鲜地域属于我们大韩民国领土，所以并不影响北朝鲜国籍居民取得持有大韩民国国籍。根据该判例，在国籍法上，北朝鲜居民也属于本国人的范畴。然而，刑法所适用的本国人应该限定在事实上或法律上受韩国刑事裁判权影响的现时持有大韩民国国籍的人。因此，在刑法的适用上，本国人中当然不应该包括北朝鲜居民。

3. 保护主义（第 5 条，第 6 条）

刑法适用于在韩国领域外实施下列各罪的外国人，即内乱罪、外患罪、侵犯国旗之罪、关于货币之罪、关于有价证券·邮票和印花之罪、关于文书之罪中第 225 条乃至第 230 条中的犯罪、关于印章之罪中第 238 条的犯罪（第 5 条）。而且，韩国刑法还适用于在韩国领域外对韩国或韩国公民犯第 5 条所记载之罪以外的犯罪的外国人（第 6 条本文）。这便是基于保护主义的属地主义之补充。然而，不是设想韩国刑法适用于针对北韩居民的外国人犯罪。只是根据第 6 条本文的规定，依据行为地的法律不构成犯罪、免予追诉或免除刑罚之执行时，上述保护主义原则将成为例外（第 6 条但书）。

《**参考**》在这种情况下，德国刑法规定依照代理性刑事司法原则（Prinzip der stellvertretenden Strafrechtspflege）适用德国刑法（第 7 条 2 项 2 号）。

4. 在外国所受刑罚的执行（第 7 条）

由于犯罪，在外国已经受到刑罚之全部或部分执行的，可以减轻或免除处罚（第 7 条）。由于是任意的减免事由，即使重新宣告刑罚之执行也不违法（大法院判决 1974 年 4 月 10 日，78 DO 629）。在外国判决中，宣告刑为没收时，必须要追征其价额（大法院判决 1977 年 5 月 24 日，77 - 629）。

5. 人的适用之例外

刑法在人上的适用，原则上及于所有人。但出于特殊的法政策性考虑，存在如下例外的情况。

（1）基于国内法上职务特权的例外

① 总统　总统在任期间除内乱或外患之罪以外并不受刑事上的追诉（宪法第 84 条）。该制度的旨趣虽然是为总统顺利履行国法上重要的职

务，但并不意味着对总统的犯法行为完全排除刑法的适用。既然仅仅是在任职期间免除追诉的特权，当然能够在任期届满后对任期中的犯罪行为进行刑事追诉。

② 国会议员　关于国会议员在国会上依据职务所行使的发言和表决，在国会外不承担责任（宪法第 45 条）。

（2）基于国际法上外交特权的例外

① 享有治外法权的人　对于外国元首、外交官及其家属和不是本国人的随从，不适用刑法（1961 年 4 月 18 日签订的维也纳外交关系公约）。此外，由于对于外国领事的职务上的行为也排除适用韩国的司法权，所以不适用韩国刑法（1963 年 4 月 24 日签订的维也纳领事关系公约）。

② 外国军队　对于与韩国签订有协定的外国军队不适用韩国刑法。例如，对于执行公务中的美军犯罪，依据韩美间签订的军队地位协定（1966 年 7 月 9 日签署，1967 年 2 月 9 日生效）排除适用韩国刑法。其协定的内容，则根据有必要驻扎外国军队的国家和派遣军队的国家之间的理解关系而不一致。与美日或美德间签订的协定相比，韩美间的军队地位协定是韩国单方面的让步，因此有急需再改正的必要性。

第三章　刑法的基本原则

第一节　刑法的法治国家的限制原则

刑法的任务与目的在于，通过补充性的法益保护来确保平和的共同生活秩序。为此，刑法作为社会统制的部分领域发挥着各种预防性·规制性·保护性机能。然而，刑法是宪法的具体化规范，因此这种维持秩序的机能也必须要在法治国家的限界内进行。否则，刑法不仅会过分限制个人的自由，而且还会赋予要求个人过分牺牲的"庞大国家"（Leviathan Staat）以所有权力。

作为针对刑法的这种法治国家的限制原理，在美国法中有（1）基于权力分立原则的限制、（2）基于平等权保障的限制、（3）基于实体的正当程序（due process）的限制、（4）基于基本的自由权的限制。在德国法中，则经常列举（1）人的尊严性保障、（2）罪刑法定原则、（3）责任原则、（4）比例性原则等。

人的尊严性是人类固有的人格性在伦理上的自我发展和自我保存所无法放弃的基本条件。这种尊重与保护要求在刑事立法、适用及执行等所有领域为个人的自由与安全限制刑法。即禁止通过制定侵害人权的恶法限制或剥夺市民的自由，废除残忍的刑罚、非人道的刑罚及死刑，禁止把个人作为为国家或社会整体之利益的单纯的手段甚至对象的行为，禁止处罚不违法无责任的行为等便是从人的尊严性这一法秩序的最上位根本规范中推导出的法治国家的要求。

此外，为保障个人的人权，规定罪刑的法律主义的罪刑法定原则、作为刑罚之限制原理的责任原则和作为保安处分之限制原理的比例性原则以及行为刑法原则亦属于针对刑法的法治国家的限制原理。

《参考》亦把责任原则称为责任主义，把罪刑法定原则称为罪刑法定主义。在刑法中，滥用"主义"这一用语的现象相当严重。主义是指以一个一贯的观点来把握事物的态度，其与戴有色眼镜观察事物相同。而原则是指包括所预想的例外在内的普遍性原理。在这点上，罪刑法定原则要比罪刑法定主义在用语上更妥当一些。虽然也有学者称为罪刑法定主义原则，但这并不符合事理。

第二节　罪刑法定原则

一、总论

（一）意义

"无法律既无犯罪亦无刑罚"（nullum crimen, nulla poena sine lege）这一罪刑法定原则意味着要求在犯行之前事先在明确的成文化法律中确定可罚性及刑罚的种类与程度。这里原本包含有两层含义。

1. 无法律则无犯罪

该原则是指无论某种行为对社会有多么大的危害从而成为非难的对象，只有国家事先在法律上明确将其公布为犯罪时，才能成为刑事制裁的原因。

韩国宪法第13条1项规定："所有国民不因行为时'法律'不构成犯罪的行为而受到追诉"，并以此阐明了该原则。刑法第1条1项也规定："犯罪的成立，依行为时的'法律'"，因此直接体现了关于刑法在时间适用上的行为时法原则。但在行为时法适用范围内却包括有"无法律则无犯罪"（nullum crimen sine lege）的原则。①

2. 无法律则无刑罚

该原则（nulla poena sine lege）意味着必须在犯罪行为之前用法律确定可罚性以及刑罚的种类与程度。该原则明显内含有不能在事后追加刑罚的种类与程度这一内容。因此，立法者不能事后把不利于行为人的加重处

---

① 与行为时法相适应，将刑法第1条1项视为罪刑法定原则之规定的立场有朴相基，22页；裴钟大，93页；刘基天，43页；李在祥，9页；郑盛根、朴光玫，11页；郑荣锡，70页；黄山德，24页。相反，主张刑法第1条1项是关于刑法的时间性范围的规定而不是关于罪刑法定主义的规定的见解有姜求真：《罪刑法定主义与正当程序原则》，考试研究1983年第5期，26页。

罚加以立法化并溯及适用。所有刑罚之加重只能适用于立法后所发生的犯罪行为。据此，决意实施犯行之人可以事先计算出最坏情况下自己能够受到多重的处罚。

因为韩国宪法第12条1项规定："任何人不依法律和正当程序，不受刑罚或保安处分之处罚"，所以明确规定了该原则。刑法第1条1项也规定："犯罪的……处罚，依行为时的法律"，间接地阐明了该原则。

（二）违反罪刑法定原则的法律效果

对于违反罪刑法定原则的法规，基本权因其受到侵害的人可以提出宪法诉愿。该法规也会基于宪法法院的规范统制而成为无效。甚至，针对违反该原则的判决，可以提出抗诉、上告·非常上告。

（三）沿革

罪刑法定原则原本是想从绝对国家的恣意性权力横暴中保障市民的自由与安全的近代市民法治国家的根本要求之一。通常认为，罪刑法定原则的渊源是1215年英王约翰签署的大宪章（Magna Charta）。这是因为，大宪章第39条规定："对于自由人，未经同一身份之依法裁判，不得适用刑罚"。然而，在这里尚未把严格依据法律之拘束作为问题，而仅仅是把贵族、僧侣及市民只接受同一身份阶级的法官所作出的裁判这一诉讼程序上的保障作为了问题。因此，很难将此视为罪刑法定原则的渊源。

然而，该想法经过启蒙思潮在思想上逐渐成熟。最初作为立法例体现的是1776年美国弗吉尼亚州（Virginia）和马里兰州（Maryland）的州宪法，1787年约瑟夫二世时期的奥地利刑法典也出现过具体化的规定。像今天这种用语上典型的公式之形式出现于1789年法国《人权宣言》第8条中，在1794年普鲁士弗里德里希（Friedrich）大帝制定的《普鲁士一般国法》和1813年费尔巴哈（Feuerbach）起草的《巴伐利亚（Bayern）刑法草案》中也有相应的规定。

《参考》今天这种意义上的罪刑法定原则最早出现于1525年德国农民战争中所公布的农民12条项（Zwölf Artikeln der Bauern）的第9条中。即在德国农民战争中，在托马斯·闵采尔（Thomas Münzer）的指导下农民们要求"不依恣意的好恶受到处罚，而应该根据成文化的法律受到处罚"。

在前苏联和东欧圈的前社会主义国家刑法中也规定有该原则。而且，1948 年 12 月 10 日《联合国一般人权宣言》第 11 条和 1950 年 11 月 4 日《欧洲人权公约》第 7 条 1 项中也阐明了该原则。这些均充分印证了罪刑法定原则是人类共同的法文化遗产。

（四）　四种思想史的根基

起先，罪刑法定原则是从合理的启蒙主义思想出发并与自由主义政治思想的发展一起被具体化的。在思想史上，一般把霍布斯（Hobbes）的法律是主权者的自我约束，洛克（Locke）和孟德斯鸠（Montesquieu）的权力分立理论，费尔巴哈（Feuerbach）的以心理强制说为基础的一般预防思想、法治国家的责任原则等作为其根基。在这里，政治上的自由主义和权力分立理论是宪法上的原理，一般预防思想和责任原则是刑法特有的原理。

（五）　罪刑法定原则的四种派生原则

罪刑法定原则基于在四种禁止或要求中所派生的原则，对试图通过补充性法益保护来维持市民相互间平和的共同生活秩序的刑法一般任务起到限制作用。即（1）禁止溯及力原则，（2）禁止不确定刑法的原则，（3）禁止刑罚认定及刑罚加重的习惯法原则，（4）禁止适用类推原则。其中，前二者是约束刑事立法者的原则，后二者是约束刑法适用者的原则。

二、禁止溯及力原则

（一）　含义与制度上的旨趣

该原则是禁止事后把行为时不可罚的行为视为具有可罚性或进行加重处罚的原则。禁止溯及力原则是指刑罚不溯及的原则，在英美法系中则指禁止事后立法（ex post facto law）原则。

禁止溯及力原则的制度性旨趣在于，抑制在刑事政策性危机状况中立法者和法执行者易于陷入的诱惑。即为个人的自由与安全及法的安定性，对于行为时不构成犯罪或应以轻刑处罚的行为，不能溯及地认定其可罚性或规定更为重的刑罚进行处罚。这样看来，禁止溯及力原则的旨趣，一言以蔽之，是保护在法共同体中共同生活的市民的法的安全性及对刑法规范的预测可能性和信赖。①

（二）禁止溯及力原则的适用范围

1. 禁止溯及立法与原则的适用范围

禁止溯及立法，是指通过事后立法不利于行为人的溯及适用犯罪与刑罚的立法是不被允许的。因此，限定犯罪之成立或缓和刑罚的法律，由于不违反行为人的利益，所以为进行溯及适用进行事后立法化也是无妨的（允许有利的溯及效力）。当禁止溯及力原则关注自由法治国家理念的具体实现时，该种结论是理所当然的。

禁止溯及立法不仅与实体法上的可罚性相关联，而且与刑事制裁相关的所有条件相关联。即，其既然与实体法上的犯罪与刑罚相关联，就不允许溯及性的废除或限制违法性阻却事由，不利于行为人的溯及变更客观的处罚条件及人的处罚阻却事由，不利于行为人的溯及变更刑罚的附随效果、其他资格丧失或资格停止、没收、宣告犹豫或执行犹豫的条件等（德国刑法第 2 条 1 项及 5 项）。

2. 诉讼法上的规定

禁止溯及力原则原本与实体法上的可罚性和刑事制裁相关联，所以原则上其并不适用于刑事诉讼法上的规定。因此，刑事诉讼法上的规定在事后进行不利于行为人的变更并溯及适用时，也不违反禁止溯及力原则。例如，事后延长羁押期限并溯及适用即是。但是，亲告罪的非亲告罪化和公诉时效的事后延长问题，则有特别讨论的必要。

（1）亲告罪的非亲告罪化　事后把亲告罪进行非亲告罪化并进行溯及适用是否违反禁止溯及力原则？这是将在国家的追诉中以被害者告诉为必要的犯罪即使在没有被害者告诉的情况下也能够得到追诉，进而针对法改正之前发生的事件能否溯及适用的问题。对此，有见解认为，这种情况即使称得上是诉讼法上的规定，也已经不是单纯的程序规定，而是与犯罪的可罚性相关联的条件，因此属于禁止溯及力原则的适用范围。② 然而，主张对于非亲告罪化并不适用禁止溯及力原则的见解是正确的。这是因为，不能认为由于亲告罪的行为人在行为当时对于自身行为的可罚性并不存在判断上的错误，因而在其事后国家在不考虑被害者不告诉的可能性而

---

①　裴钟大，70 页；李在祥，16 页；郑盛根、朴光玫，16 页；Jescheck/
Weigend, S. 137；Rudolphi, SK Rdn. 7.

②　李廷元，33 页；郑盛根、朴光玫，17 页。

对其行为进行处罚，就意味着法秩序的信赖和法的安定性遭到了莫大的侵害。①

然而，已过告诉期限时，便不能认定溯及力。② 这是因为，对于确信已过告诉期限便不承担刑事责任的人，有必要对其信赖和法生活的安定性给予保护。

（2）公诉时效的延长问题　从法的安定性的观点来看，除国家处罚有组织肆行的反人道的犯罪这种极其例外的情况以外并不允许重新开启期限届满的公诉时效。相反，事后延长尚未届满的公诉时效期限或停止公诉时效之计算并不违反禁止溯及立法原则（通说）。这是因为，公诉时效只是追诉条件之一，且犯罪与刑罚在行为时的法律中已经得到了确定。

而且，保障犯罪者人权的必要性原本就及于犯罪和刑罚的存否与程度，因此既然公诉时效的停止制度已经被法定化（刑事诉讼法第253条），关于公诉时效的计算和届满的犯罪者的信赖利益之保护，原本上也只不过是相对性的保护而已。

　　《参考》关于破坏宪政秩序犯罪的公诉时效等的特例法（1995年12月21日，法律第5028号）中把刑法中的内乱·外患之罪和军事刑法中的叛乱·利敌之罪规定为"破坏宪政秩序犯罪"的同时，并规定排除适用关于这些罪名的公诉时效和关于《防止及惩治灭绝种族罪公约》中规定的灭绝种族行为的公诉时效（同法第2条、第3条）。另，针对1979年12月12日的军事叛乱罪（俗称12·12事件）和以1980年5月18日为前后的内乱罪（俗称5·18事件），关于5·18民主化运动的特别法（1995年12月21日，法律第5029号）规定，至1993年2月24日为止国家在追诉权的行使上存在障碍事由，因此将此视为公诉时效之计算的停止（同法第1条、第2条）。虽然这些法律存在违宪与否的疑问，但宪法法院认定为符合宪法。

---

　　①　相同见解有金日秀，韩国刑法Ⅰ，185页；朴相基，28页；裴钟大，72页；徐辅鹤：《刑法上禁止溯及力原则的机能与界限》，人权与正义，1997年第7期，87页；李在祥，18页。德国学界的多数说和判例也采用该立场。相反意见有Roxin，§5 Rdn. 57；Jescheck/Weigend, S. 139.

　　②　相同见解有金日秀，韩国刑法Ⅰ，185页；裴钟大，72页；李在祥，18页；Jescheck/Weigend, S. 139.

【判例】　关于5·18民主化运动的特别法（1995年12月21日，法律第5029号）第2条中，针对1979年12月12日和1980年5月18日前后发生的破坏宪政秩序犯罪，规定停止计算公诉时效，并不违反宪法。刑法中的不溯及原则是关于行为的可罚性即刑事追诉从何时在何种条件下可能的问题，而不是关于在何种期限内可能的问题。因此，针对以往已经实施的犯罪，即使是使其公诉时效停止的法律，也不能只因该事由而视为违反了宪法第12条1项和第13条1项所规定的作为罪刑法定原则之派生原则的刑罚不溯及原则。

另一方面，该法律条款与应该矫正韩国半世纪歪曲的宪政史这种时代的当为性相适应，具有通过惩戒在集权过程中实施破坏宪政秩序犯罪之人恢复正义的重大意义。相反，公诉时效在与行为人的意志无关联的情况下也能够停止，因此既然公诉时效尚未完了，那么就是一种预设，是无法保障时效必须完了的不确定的期待。所以，依据公诉时效所要保护的信赖保护利益相对来说也是微弱的（宪裁全员裁判部判决1996年2月16日，96宪GA 2，96宪BA 7·13合并）。

3. 保安处分

单纯从论理角度来看，罪刑法定原则尤其是禁止溯及力原则是以责任原则为根据的。因此，在与责任无关联的保安处分中，确保在行为之前认识禁止的可能性是没有必要的。在此限度内，可以理解为保安处分并不禁止溯及立法。然而，刑罚与保安处分在同样指向"法益保护与犯人的社会复归"这点上，刑事政策性目的是相同的。不仅如此，剥夺自由的保安处分在制裁效果上也与刑罚相同，尤其是保安监护处分比起刑罚能够更加苛酷的长期剥夺个人的自由。如果是这样，禁止溯及立法原则首先应该从在其行为之前所无法预见的制裁中保障每个人。保安处分也不例外。如果不利于被处分者的溯及的导入某种保安处分或具有加重的可能性，就会以此侵害到个人的自由的人格发展，违反尊重人的尊严性的要求。① 正是基于这种观点，韩国宪法第12条1项才规定："任何人不依法律和正当程序，不受处罚和保安处分"。作为立法例，1975年修订的奥地利刑法第1条及德国刑法预备草案（AE）第1条2项规定禁止溯及力原则扩大适用

---

① 相同见解有裴钟大，71页；孙海睦，61页；安铜准，18页；李在祥，17页；任雄，19页；郑盛根、朴光玟，17页。李廷元，32～33页认为，既然保安处分遵守比例性原则，原则上采取裁判时法主义是妥当的。

到保安处分上。这从法治国家的宪法秩序角度来看，是值得称赞的。

另一方面，在韩国对于作为保安处分之一种的保护观察，并不适用禁止溯及力原则。

【判例】　根据修订刑法第62条之2第1项的规定，在刑罚的执行犹豫情况下，可以命令其接受保护观察。而且，根据同条第2项的规定，依第1项之规定实施的保护观察的期限为执行犹豫的期限，至少法院可以在执行犹豫期限内设定保护观察的期限。既然如此，上述条项中所谓的保护观察就不是刑罚的一种，而具有保安处分的性质。不是以对过去不法之责任为基础的制裁，而是为从将来的危险性中保护行为者且防卫社会所采取的合目的的措施。因此，对其的规定未必要在行为之前。而且，也不能说这种解释违反刑罚不溯及原则及罪刑法定主义（大法院判决1997年6月13日，97 DO 703）。

在韩国刑法中既然没有关于保安处分适用裁判时法的明示规定，那么最大限度的解释适用行为时法原则就是与宪法一致性解释的旨趣相吻合的。退一步说，即使赞同对于保安处分可以适用裁判时法，但把保护观察作为负担附条件的执行犹豫的修正条款（第62条之2）作为关于处罚的刑事制裁之规定，并不能成为行为时法原则的例外。

4. 刑事判例的变更

问题是，法院关于某种犯罪行为的变更解释适用于其变更以前所实施的犯罪行为，或者根据行为当时通行化的法律之解释，不可罚的行为因判例之变更认定为可罚时，是否违反禁止溯及力原则。对此，溯及力否定说认为，把事实上具有拘束力的确定性的判例进行不利于被告人的变更并加以溯及适用，是与基于事后立法的溯及处罚相同的，同样侵害了被告人对法的信赖和规范安定性，因此违反罪刑法定原则。① 也就是说，判例的变更不利于被告人时，其效力并不是针对该当事件，至少应该适用于其之后或将来的事件上，而且也不能不利地适用于该当被告人。相反，溯及力肯定说认为，因判例自身并不具有法源性，所以禁止溯及原则并不适用于

---

① 裴钟大，74页；孙海睦，61页；申东云，33页；李廷元，34页；郑盛根、朴光玟，18页；陈癸浩，89页；李炯国，46页；河泰荣：《不利于被告人的判例变更与禁止溯及力的问题》，庆南法学1998年第14辑，180页以下；Sch/Sch/Eser，§2 Rdn. 8.

判例。也就是说，如果行为人根据对迄今为止的判例的确信不知自身的行为被禁止时，根据禁止错误的法理加以补救即可。① 二分说则区分两种情况，（1）首先在因为法的见解之变更导致判例变更的情况下，法官的活动就成为在法律之外的自由的法发现或补充法律的法创造活动，因此为了保护被告人对规范的信赖，禁止溯及适用。例如，1人公司中的1人股东兼理事代表可以对公司构成背任罪的判例的变更（大法院判决1983年12月13日，83 DO 2330全员合意裁判决），就被视为作为法的见解之变更的补充法律的法官的法创造活动的例子。但是，（2）在判例的变更仅仅是因为客观的法状况的变更时，法官的活动就仅仅是在现存的法律范围内以发现正确结果为目的的法解释或法发现的活动。这时，判例的溯及变更的适用并不成为问题。认为影印文书的副本也符合文书的判例的变更（大法院判决1989年9月12日，87 DO 506全员合意裁判决），就是因为新的影印技术的发展所导致的客观法状况的变更而引起的在法律范围内的自由的法发现活动，因此是允许溯及适用的情况。②

韩国的判例采取的是溯及力肯定说的立场。

【判例】 成为刑事处罚根据的是法律而不是判例。而且，关于刑法条项的判例的变更也仅仅是确认其法律条项的内容，并不能将此视为是法律条项自身的变更。因此，并不能因为根据判例的变更所确认的刑法条项的内容对根据行为当时的判例解释为不是处罚对象的行为进行处罚，就将此视为违反了宪法上的平等原则和刑罚不溯及原则（大法院判决1999年9月17日，97 DO 3349；同旨大法院判决1999年7月15日，95 DO 2870全员合意裁判决）。

大法院就是根据这种基本立场肯定了不利于被告人之变更的判例的溯及适用。（1）在不成立犯罪中认定成立犯罪的判例有，大法院判决1984年10月10日，82 DO 2595（认定法人代表机关的背任罪的主体性）；大法院判决1983年12月13日，83 DO 2330全员合意裁判决（认定针对1人公司的1人股东兼理事代表的公司成立背任罪）；大法院判决1989年9

① 朴相基，28页；孙冻权，35页；李在祥，16页；曹俊铉，62页；Roxin，§5 Rdn. 59；Rudolphi, SK §1 Rdn. 8.
② 金日秀，刑法总论Ⅰ，187页；参照《教师的学生处分权与正当化事由》，高大判例研究1984年第3辑，191页。

月 12 日，87 DO 506 全员合意裁判决（认定复印文书的文书性），（2）加重变更为加重的构成要件的判例有，大法院判决 1992 年 7 月 28 日，92 DO 917（特殊强盗着手时期的变更）；大法院判决 1998 年 5 月 21 日，98 DO 321（合同盗窃的共谋共同正犯的认定）等。

　　因为成文法的固定与社会现实的急剧变化，法院承担着通过创造性的、流动性的法解释来弥补法规范与现实之间乖离的重要机能。而且，法对于禁止什么只是大致设定了范围，因此针对法的禁止规范的具体含义只能由法院进行解释。就这一点来说，事实上法院的判例也承担着重要的设定行为准则的机能。然而，赋予法院的判例以一种"法创造活动"的含义或者"严格的自我拘束力"，从而赋予其与立法者的立法活动相同等的含义就会产生无视在宪法上所区别的立法权与司法权之界限的结果。① 这是因为，法院通过法解释所行使的司法权之本质机能在于，在法的范围内寻找出最符合具体状况的立法者意思并加以适用，而不是主动立足于立法者的立场来创设新的法规范。而且，在具体的事例中正确探求立法者的意思且实现具体正义的操作必然会以法院自身见解的修正即判例的变更可能性为前提。不以变更为前提的法解释之操作，不能不说是一种机械性的、死板的活动。如果是这样，市民们必须时常想着在法所设定的范围内法院的见解能够随时变更，即使因为判例的变更而遭受不利益，也只能对其加以接受。② 但是，当国家认定存在市民因为信赖旧判例从而确信自身行为不是不法这种正当事由时（例如，律师等法律专家引用旧判例进行法律援助的情况或者旧判例的内容通过舆论报道被广泛了解的情况），可以禁止错误为理由排除刑事责任，所以能够保护对判例的信赖。③

---

　　① 　参照 Roxin，§5 Rdn. 59 。

　　② 　徐辅鹤：《刑事判例变更与信赖保护》，庆熙法学第 34 册第 1 号 1999 年，350 页。

　　③ 　另一方面，立足于溯及力否定说的学者主张，当某种行为的禁止与否由判例而不是法律规定时，因为针对行为的禁止与否法规范的态度尚未确立，所以并不成立禁止错误。然而，在禁止错误的认定中，起决定性作用的是行为人基于诸种形态的错误"欠缺对自身行为违法性的认识"，而不是针对行为的禁止与否法秩序的态度必须达到统一或确定。因此，就某种行为的禁止与否存在相互矛盾的判决时，行为人无论是信赖上级审判决还是信赖同级审判决中的新的判决，均可以作为错误中存在正当理由的情况，认定为成立禁止错误。

三、法律明确性的要求

（一）含义

法律明确性的要求（Bestimmtheitsgebot；nullum crimen，nulla poena sine lege certa）是指不仅刑事处罚应该时常以成文法规定为依据，而且什么是犯罪对其处以何种刑罚也应该由法律明确加以规定。全然不确定的、不明确的犯罪构成要件及全然不确实的刑罚之科处不仅违反法律明确性的要求，而且因为对作为法治国家之起始点的宪法原理的重大侵害而归于无效。

因此，每个法律条文的构成必须要让市民明确地知晓何种行为是被禁止的、在何种范围内科处何种刑罚。尤其是，构成要件的每个要素必须加以具体的、明确的记述，从而具备用语的含义能够通过解释加以揭示的确定性。

（二）制度上的旨趣

法律确定性的要求是以政治上的自由主义所要求的统治者基于法律的自我约束为理念基础的，因此刑法必须要具备最小限度的确定性。即通过从国家刑罚权的恣意中保障市民的自由和安全且不允许法官进行独断的解释的可能性，赋予每个市民以刑法的预见可能性，谋求规范的内在化（积极的一般预防的效果），进而提供责任非难的基础。

韩国刑事司法文化的历史虽然短暂，但是违反法律确定性要求的刑事立法还是散在的。因为不确定法律的制定，可以说存在着侵害罪刑法定原则的许多记录与传统。

《参考》尤其是，改正前的关于集会及示威的法律（1962 年 12 月 31 日，法律第 1245 号；1980 年 12 月 18 日，法律第 3278 号）第 3 条 1 项 3 号（公共安宁秩序），4 号（社会性不安），5 号（民主的基本秩序）等便是实际上被适用、执行的问题的不确定性条文。根据 1989 年 3 月 29 日法律第 4095 号所改正的新的集会及示威法，已经大幅度删除了这种用语，只用明确性用语明示了对公共安宁秩序的直接威胁（同法第 5 条）。

（三）具体内容

法律明确性的要求把与犯罪构成要件、刑罚及保安处分相关的刑事立法的明确性作为内容。

1. 法律明确性的内容

首先，法律用语的内容在实质上必须是明确的，以便任何一般市民均能够理解用语的含义。不能制定只能由法律专家才能够理解或由知识分子所独占的法律。应该构建使任何一般市民通常都能够理解的法律用语的民主化。只有这样，一般市民才能在理解法律的基础上对其加以遵守，并以此提高规范安定性。就这一点而言，法律明确性的要求对于积极一般预防之目的的实现来说是尤其必要的。而且，如果法律用语的内容模棱两可的话，行为人就无法知晓自身行为是否被允许。这时，就不能以其行为为根据对其进行任何的非难。就这一点而言，法律明确性的要求对于责任原则的贯彻来说也是必要的。

【判例1】 外汇管理规定（财政经济院告示第1996－13号）第6~15条之4第2号（NA）所规定的"违反赌博、其他犯罪等善良风俗及社会秩序的行为"的要件，如果没有对此加以限定的合理基准，就会认为作为刑罚法规的构成要件要素，其范围过于宽泛和不明确。即使从有关外汇管理之法令的立法目的或其整体内容、构造来看，根据具有正常事物辨别能力的一般人的理解和判断，也无法找出把符合其构成要件要素的行为类型加以定型化或进行限定的合理的解释基准。因此，违反了罪刑法定主义所要求的刑罚法规的明确性原则（大法院判决1998年6月13日，97 DO 2231全员合意裁判决）。

【判例2】 现行国家保安法（1991年5月31日改正）第4条所规定的国家机密这一概念，既然将其一般含义作合宪性的限定解释，即使多少有些不明确性，也不能仅仅根据此事实就认为达到违反宪法程度地违反了罪刑法定原则所要求的明确性原则（宪裁1997年1月16日，92宪BA6·26，93宪BA34·36合并）。

【判例3】 在1989年作家黄皙映秘密进入北朝鲜事件中，如果因在北朝鲜滞留期间发表了关于国内在野运动权之动向的言论从而泄露了国家机密的话，构成改正前国家保安法第4条所规定的泄露国家

机密罪。既然依照其法律目的合理的解释同一法条项，就不能认为所
规定的国家机密等犯罪构成要件概念模棱两可、过于宽泛，从而侵害
了罪刑法定原则的本质内容（大法院判决 1994 年 5 月 24 日，94 DO
930）。

而且，根据法律明确性的要求，禁止把内含有类似于"国民法感情
之侵害"这种多义性普遍概念的所谓"一般条项"或把完全没有特定刑
事处罚上下限的"绝对的不定期刑"这种刑事处罚进行立法化。

2. 立法技术的界限

必须要知道，虽然存在从罪刑法定原则中推导出的法律用语的明确性
要求，但是因为立法技术界限的原因，刑法条文内容上的明确性并不能得
到 100% 的满足。其理由在于，并非始终能够周到严密地规定刑法典的所
有条项，在某种程度上刑事立法不得不使用以价值充填为必要的概念，例
如"公共危险"、"危险物品"、"公然淫乱的行为"等这种具有抽象规范
要素的价值概念。① 如果因为含有一定规范意义的价值概念是抽象的普遍
概念，因而必须全面加以舍弃的话，构成要件就必须全部由只有记述要素
的语言加以描述。如果是这样的话，法律自身就会丧失灵活性，从而导致
内容过于僵硬。不仅如此，在立法技术上只能采取例举式的或包括式的形
式，这样就不能提供与市民生活的多样性姿态和各个事例的特殊性相适应
的解决方案。

【判例】   小说《快乐的沙拉》作为淫秽文书符合刑法第 243 条
（传播淫画罪）的规定。一般而言，法规在其规定的表现力上是存在
界限的。不仅如此，在其性质上也不可避免地带有某种程度的抽象
性。尽管如此，刑法第 243 条所规定的"淫乱"是要求评价性、情
感性判断的规范的构成要件要素。而且，既然把淫乱的概念解释为：
通过刺激一般人的性欲来诱发性兴奋并因侵害正常的性的羞耻心从而
违反了关于性的道义观念，那么就不能将此视为不明确的概念。因
此，刑法第 243 条的规定并不违反罪刑法定原则（大法院判决 1995
年 6 月 16 日，94 DO 2413）。

---

①   作为其例，还有德国刑法中谋杀罪（德国刑法第 211 条）中规定的"卑劣的
动机"或基于被害人承诺的伤害（德国刑法第 228 条）中的"违反善良风俗"，强要
罪（德国刑法第 240 条 2 项）中的"应受非难的行为"等用语。

3. 法律明确性的判断标准

即使立法技术在一定范围内不得不使用以价值充填为必要的抽象性概念，其使用的范围与界限的确定也是尤为重要的。法律明确性的要求通过确定价值概念所不可欠缺的使用范围，承担着把逾越该范围的不明确且不确定的法律用语之使用宣告为违宪的作用。

具体的刑法条项中的用语是否违反了法律确定性的要求，应该在考虑法条文整体构造和立法旨趣的同时，以如下内容为标准：即该当法条项的整体性语句，即使依据刑法解释的诸种方法其关于可罚性和处罚的不明确是否仍旧到达了无法制约解释适用者（法官）的程度。这是因为，只有这种不明确的法条项才能赋予该当法律的解释适用者以包括性解释的专权，其结果，作为法律适用具体接受者的个人只能委任于法适用者的优越的恣意。只有这种解释者的恣意能够介入的不确定的法律，才是对法治国家性的危险信号，也是对市民自由的重大威胁。

依照这种观点，公然淫乱罪（第 245 条）的规定就成为违反法律确定性要求的不确定法律条项的代表之例。这是因为，该条文只是规定了"公然实施淫乱行为者"，而这种规范的构成要件要素的内涵与外延究竟有多大范围，并不能在其法条文自身的整体性构造和旨趣中推导出来，其完全委任于解释适用者的判断。此外，这种法条文还大量出现在轻犯罪处罚法中（第 1 条 12 号的业务妨害，39 号的迷信疗法，41 号的过分露体等条项）。

《参考》奥地利刑法第 218 条中规定，公然淫乱行为是指"因公然或者直接目睹其行为，从而在当然适合引起性的羞耻心之侵害的状态下，实施淫乱行为的人"。德国刑法在第 183 条中专门规定了"露阴行为"之后，在第 183 条 a 中把"公然侵害性的羞耻心的行为"规定为"公然地实施性行为，基于意图性故意或直接故意侵害性的羞耻心的行为人"。这种立法例虽然同样规定了公然淫乱行为，却很好地满足了法律确定性的要求。

【判例 1】　该事件规定（道路交通法第 78 条第 1 项但书第 5 号）中的法条文把"取得驾驶执照的人利用汽车等实施犯罪行为时"规定为了吊销驾驶执照的必要理由。一般而言"犯罪行为"作为依据刑罚法规进行刑罚处罚的行为，是指具有社会类型性且侵害法益的反社会的行为，因此依据此事件规定且不说将汽车等作为杀人罪犯行的工具或监禁罪的犯罪场所等加以利用的情况，即使利用于在主要犯罪前后符合犯罪的预备或阴谋、脱逃等的情况或者利用于过失犯罪的情况，也能够吊销驾驶执照。然而，在今天汽车作为谋业的手段或大众性的交通手段已经成为人们日常生活中不可或缺的必需品，因此从与其运行相关联的交通相关法规中存在诸多特例制度的旨趣来看，不能认为该事件规定的犯罪中包含有轻微的过失犯罪。尽管如此，该事件规定在不考虑犯罪的轻重程度以及有无故意性的情况下只要将汽车等利用于犯罪行为就将吊销驾驶执照的做法，其包摄范围过于宽泛进而违反了明确性原则（宪法审判 2005 年 11 月 24 日，2004 宪 GA 28 全员审判部）。

【判例 2】　刑法第 122 条中的"职务"或"遗弃"的含义是什么、范围如何，多少是存在不明确之处的，然而当考虑职务遗弃罪的立法旨趣、保护法益及其适用对象的特殊性等时，"职务"是指公务员由于没有按时执行依照法令的根据或特殊的指示、命令所委托的事情，因而存在无法获取其执行实效的可能性时的具体的业务。而"遗弃"作为职务的有意识的放任或抛弃，因此能够解释为排除如下情况：基于单纯的怠慢、烦躁、错觉等原因没有诚实地履行职务的情况或者因为在形式上疏于履行职务因而无法视为诚实地履行职务的情况。因此，此事件法律条项所具有的略微的不明确性是能够通过法官的通常解释作用进行充分的补充的，而且具有健全的常识与通常的法感情的一般人以及此事件法律条项的被适用者公务员也能够预见被禁止的行为是什么，所以此事件法律条项并不违背罪刑法定主义所要求的明确性原则（宪法审判 2005 年 9 月 29 日，2003 宪 BA 52 全员审判部）。

四、禁止类推适用

（一）含义

类推适用是指逾越用语含义之界限把法规的内容适用于在用语上不相吻合的类似事例中。因此，禁止类推适用（Analogieverbot；nullum crimen, nulla poena sine lege stricta) 是指不得逾越用语可能具有的含义之界限将法条文的内容适用于最相类似的事例中。

《参考》目前，我国学者和大部分的判例在使用"禁止类推解释"这一用语，而不使用"禁止类推适用"。然而，与类推适用相比，类推解释并非是正确的用语。

在其他法领域尤其是私法领域中，类推适用作为法发现的手段被广泛的使用着。瑞士民法第 1 条 2 项规定："在法律中没有相应的条款时，法官须依习惯法进行审判；在没有习惯法时，依据其若是立法者所可能制定的规范进行审判"。然而，在刑法中，既然类推适用起着不利于犯罪人的作用，因此为保障犯罪者的自由与安全就必须严格加以禁止。这是因为，如果针对在用语上是该当法律调整范围之外的相类似的事例适用该法律的话，其结果无异于是把在法律上没有实定化的事案作为处罚对象。例如，不能对制作虚伪出生证明书的产妇和主管护士适用制作虚伪诊断书等罪（第 233 条）的规定。这是因为，不能把护士与医生或助产士作同等看待。对于反复拨打骚扰电话从而侵害他人平稳生活的人不能适用侵害住宅罪（第 319 条 1 项）的规定。因为，当身体的全部或部分进入他人住宅时，才成立该罪。这样看来，刑事法官的权限只限于解释的界限范围内。逾越该界限不利于犯罪者的适用法律，就是对立法权位的代替，因此是法治国家所不容许的。

（二）制度上的旨趣

禁止类推适用是为从作为法律解释适用者的法官的恣意中确保个人的自由与安全而采取的自由法治国家的保障措施之一。

（1）德国刑法很早就根据电气因欠缺动产的性质所以不能类推适用盗窃罪之规定（德国刑法第 242 条）的帝国法院的判决，在刑法中增设了第 248 条 c（盗窃电气）（1900 年 4 月 9 日）。

（2）韩国刑法第 261 条关于特殊暴行规定加重处罚携带"危险物品"实施暴行或尊属暴行的人。在这里，也可以把盐酸或青酸钾这种化学物质解释为危险物品。然而，在把被害者推到电线柱上或砖墙上并对其身体实施暴行时，就不能把电线柱或砖墙包括在"危险物品"这一用语所可能具有的含义之内。这时，如果适用特殊暴行，就是类推适用。

也有见解认为，应该把扩张解释视为类推解释的一种并在刑法上加以禁止。[1] 扩张解释是指针对在迄今为止的构成要件解释中所没有包摄的事例，在"用语可能具有的含义"（der mögliche Wortsinn）范围内根据目的论立场最大限度地加以解释适用的情况。因为这是在构成要件的语义范围内所进行的解释的一种，所以原则上是被允许的。作为扩张解释之例有：在监禁罪中，不仅物理的、有形的监禁行为，而且使用诡计或欺骗手段从而基于心理上的或无形的障碍的监禁，甚至因羞耻心致使其无法脱逃的方法也可视为监禁行为。又，强盗或强奸罪中的暴行概念中，不仅包括物理的有形力的行使，使用麻醉剂使其无法抵抗的行为也可解释为符合暴行的概念。类推解释是指针对在法律用语的可能含义范围内所无法包摄的事例，认为构成要件上事例与行为或法益侵害等具有某种类似性进而加以适用的情况。由于这已经脱离了构成要件上的语义的范围，所以不是解释而是法创造。因此，在宪法上作为原则是被禁止的。被允许的扩张解释与被禁止的类推解释的区别在于，是否存在于"法律用语可能含义的最大限度之内"。[2] 这时的法律用语的可能含义将根据其作为日常用语所具有的含义进行判断（法律用语的日常语言之含义）。

　　【判例】　　在他人所有的农地里堆积一些干草后点燃了烟火，因没有确认火是否完全熄灭就离开原地的过失之结果，致使火苗蹿起烧毁了农田和树木。如果是这样，因为关于失火罪刑法第 170 条 2 项规定为"本人所有的第 166 条（一般建筑物放火）或者第 167 条（一般物品放火）所记载的物品"，所以无法适用烧毁他人所有的一般物品的情况。而且，也没有处罚过失情况的规定。因此，像检察官的起诉内容那样，将其解释为"本人所有的第 166 条所记载的物品或者第 167 条所记载的本人或他人所有的物品"是违反禁止类推解释原则的。这便是原审判决的立场（大田地方法院 1994 年 5 月 6 日，94 RO 1）。

---

① 李在祥，25 页。
② 刘基天，46 页；李在祥，26 页；任雄，26 页；郑盛根、朴光玟，25 页；Jescheck/Weigend, S. 159; Sch/Sch/Eseer, §1 Rdn. 97; Rudolphi, SK §1 Rdn. 29; Dreher/Tröndle, §1Rdn. 10a.

然而，应该将刑法第 170 条 2 项的规定解释为："本人所有的第 166 条所记载的物品，或者不论本人所有或是他人所有的第 167 条所记载的物品。"这是因为，从第 170 条 1 项和 2 项的关系上来看，第 1 项已经对第 166 条所记载的物品中关于他人所有的物品进行了规定，而第 2 项则是关于其中本人所有的物品的规定。第 2 项关于第 167 条所记载的物品的规定，是不论其所属均将其视为对象的规定。这才是从整体的综合性角度解释相关联条文的方法。不能把这种解释视为脱离法规定可能的含义所进行的法创造活动，因此也不能视为在罪刑法定原则上所禁止的类推解释（大法院判决 1994 年 12 月 20 日，94 MO 32）。

（三）适用范围

1. 关于刑法分则上的犯罪构成要件及刑法总则上的可罚性的规定

禁止类推适用的原则适用于关于刑法分则上的所有犯罪构成要件及刑法总则上的所有可罚性的规定。即不允许把针对犯罪的无效果的教唆（第 31 条 2 项）或失败的教唆（第 31 条 3 项）类推适用于帮助犯。或者，根据刑法总则扩张分则上的犯罪构成要件的可罚性时，例如对未遂、共同正犯或共犯亦禁止类推适用。只是在不纯正不作为犯中，不依据法律或契约而仅仅依据先行行为等理由也能够产生保证人地位或义务，所以与此相关联也会产生不得已承认类推适用之可能性的情况。

2. 空白刑法的补充规定

禁止类推适用也适用于空白刑法的补充规定上，例如环境刑法中行政上的指示规定等。

3. 在其他法领域中发生的概念的范围扩张

当刑法上的概念依赖于私法等其他法领域时，在刑法法条文之外（praeter legem）发生的概念的范围扩张，能够直接对其加以适用，所以不成为禁止类推适用的对象。例如，侵占罪或毁损罪的行为客体是他人的财物。因此，在关于自己所有的财物以担保之目的把所有权转让给他人后占有仍在继续的转让担保中，因为已经成为他人财物，所以对此占有者有可能构成侵占或毁损。

4. 刑罚及保安处分

禁止不利于行为人的类推适用同样适用于刑罚及保安处分。除作为刑罚之一种的拘留或科料（第 46 条、第 47 条）、资格丧失、资格停止这种资格刑是其适用对象外，没收这种附加刑当然也属于适用对象范围（第48条）。与量刑相关联的关于自首的任意之减免（第52条1项）或必要的减免（第90条1项，公职选举及选举不正防止法第262条）也是禁止不利于行为人的类推适用的对象。

在保安处分中，因为其前提并不要求具有可罚性，所以并不直接适用禁止类推适用原则。但是，依照公法的一般性法律保留原则，仍然可以解释为禁止不利于行为人的保安处分的类推适用。

【判例】　判例将刑法第52条和国家保安法第16条的自首解释为甚至包括发觉犯行且被通缉后自动投案的情况，这是自首一词的惯用表述。把公职选举法第262条的自首限定解释为"犯行发觉前自首的情况"，是在自首这一用语的惯常用法的概念之外追加"犯行发觉前"这种另外的含义。其结果便超出了"用语的可能含义"，比其用语还要限制了第262条自首的范围。这样，便将公职选举法第230条1项等的处罚范围扩大至实定法之外。因此，这并不仅仅是单纯的目的论的缩小解释。而是通过对刑之免除事由的限制解释来扩大处罚范围，所以违反禁止类推适用的原则（大法院判决1997年3月20日，96 DO 1167全员合意裁判决）。

与上述判决的多数意见不同，少数意见认为，把公职选举法第262条的自首限制为"犯行发觉前的自动投案"并不是限制性的类推解释，而仅仅是目的论的缩小解释，因此，并不违反罪刑法定原则。细思量，多数意见把超出基于判例所形成的自首这一用语的惯常表述的解释理解为类推解释是不妥当的。① 自首的日常用语的含义包括犯行发觉前的自动投案（旧刑法第242条也从法条文上作了这种明示）和被通缉后逮捕前的自动投案，两者均存在于解释的范围之内。在该含义中，究竟如何理解公职选举法第262条的自首时，应该综合考虑立法目的和体系等。其结果，多数

---

① 对于该判决，李在祥教授也认为"虽然作为解释与类推之界限的用语的可能含义是以日常生活中的用语含义为基准，然而，该判例却提示：作为判断用语的可能含义的基准是'基于判例所形成的用语的惯用含义'。这种把法条文的法律含义作为解释界限的做法将会导致解释产生不当的结果"。并以此批判了多数说（《1997年的刑事判例回顾》，刑事判例研究6，488页）。相反，张荣敏教授却认为，虽然该判例在没有充分斟酌目的论缩小解释的意义这一点上存在欠缺，但从结论角度来看多数意见是妥当的（《禁止类推与目的论缩小解释》，刑事判例研究7，1页以下）。

意见是有利于行为人的解释。而且，即使比照宪法规范的自由限制和自由扩张的观点来看，也与原则上的自由扩张观点相一致。因此，并不是因为原审判决或少数意见是类推解释而不正确，而是多数意见与宪法法治的解释观点相一致而使其更加妥当。从合宪解释的观点来看，多数意见驳回原审判决在解释论上是正确的。

5. 关于正当化事由的限制性禁止类推

迄今为止，对于违法性阻却事由即正当化事由不适用禁止类推适用原则是德国和韩国的通说。其结果，正当防卫、紧急避难等正当化事由可以根据法官的法形成甚至法官法（Richterrecht）加以发展。因此，正当化事由并非受法条文中的用语范围的限制，而仅仅是受到这些正当化事由之基础的法律秩序原则之尺度的限制。

对于正当化事由，有必要在区别扩张类推和限制类推之后进行考察。如果扩张性的类推适用正当化事由的范围，虽然能够扩大第三者的承受范围，但却将缩小行为人的可罚性范围。其结果，就会成为有利于行为人的类推适用，因此从法治国家的角度来看是不成问题的。

相反，限制性的类推适用正当化事由的范围，虽然能够缩小第三者的承受范围，但将会扩大行为人的可罚性范围。其结果，就会成为不利于行为人的类推适用，因此从法治国家的角度来看必定成为问题。这点与超出用语的可能范围类推适用犯罪构成要件的做法在结果上是相同的。因此，并不允许超出可能的用语范围限制性的类推适用刑法典中所规定的正当化事由。

然而，禁止限制性的类推适用也仅仅是适用于刑法典中被实定化的正当化事由，而并不适用于刑法之外的正当化事由即民法上的正当化事由或习惯法上的正当化事由。这是因为，罪刑法定原则中所指的法（lex）仅仅是指被实定化的刑法。

6. 免责事由，人的处罚阻却事由，客观的处罚条件

对于被强迫的行为这种免责事由或亲族相盗例这种人的处罚阻却事由，并不允许超出其用语的界限进行限制性的类推适用。而且，也不允许超出用语的界限扩张的类推适用如事前受贿（第129条2项）中"尔后成为公务员或仲裁人的"这种客观的处罚条件。

7. 追诉条件

即使对于如亲告罪中的告诉或反意思不罚罪中的不处罚之意思表示这种追诉条件，也不允许进行不利于犯罪者的类推适用。这是因为，追诉条件也是与客观的处罚条件或人的处罚阻却事由相接近的问题领域。因此，在没有强奸罪（第 297 条）的告诉的情况下，并不允许类推为暴行或胁迫等罪并进行追诉。

8. 有利于犯罪者之类推的容许

在刑法上，有利于犯罪者的类推适用是被无限制容许的。例如，把中止未遂的规定类推适用于预备·阴谋罪的中止是被允许的。

五、禁止适用习惯刑法

（一）含义

禁止适用习惯刑法（nullum crimen, nulla poena sine lege scripta）是指不允许根据习惯法认定可罚性或加重刑罚。在其他法领域中，习惯法被视为是与成文法相并列的独立的法源（民法第 1 条）。某种行为虽然不是基于法条文以明文方式被要求或禁止，但如果是在法共同体内长期以来被实行并获得社会一般的法的确信，那么该行为在习惯法上就应被遵守并具有与成文法相同的拘束力。

然而，在刑法上则否认习惯法的这种法源性。这是因为，罪刑法定原则中所说的法是指形式化的成文法。当根据非成文法的习惯法进行处罚或加重刑罚时，就会形成依据其存在和内容及范围均不明确的法进行处罚的结果，因此与应该事先在法律上明确犯罪与刑罚的罪刑法定原则的基本精神相违背。

因此，禁止适用习惯刑法的要求具有法律主义（Gesetzlichkeit）的含义，即刑事立法应该时常以成文的制定"法律"形式进行立法化。据此，并不允许根据非法律的命令和规则来规定犯罪与刑罚。而且，在法律只规定刑罚而把构成要件的详细事项委任于命令的空白刑法的形式或者把罚则的制定委任于命令或条例的情况中，必须在作为母法的法律中明确规定委任或授权的范围。①

【判例1】 旧勤劳基准法（根据 1997 年 3 月 13 日法律第 5309 号改正前的法律）第 30 条但书中，关于工资、退休金的清算日期之延长合意的限度并没有设定任何限制。尽管如此，该法施行令（根据 1997 年 3 月 27 日总统令第 15320 号改正前的命令）第 12 条把基

---

① 姜求真，前文第 27 页；李在祥，14 ~ 15 页；任雄，19 页；郑盛根、朴光玫，14 页。

于该法第 30 条但书的延长日期限制在 3 日以内。这导致该法施行令第 12 条变更了该法第 30 条但书的内容,而且与该法第 109 条相结合扩大了刑事处罚的对象。像这种以扩张法律规定的刑事处罚对象为内容的法规,必须以法律或基于法律之具体委任的命令为依据。因此,结果没有依据母法之委任的该法施行令第 12 条,因违背罪刑法定原则、超越委任立法的界限而归于无效(大法院判决 1998 年 10 月 15 日,98 DO 1759)。

【判例 2】 因社会现象的复杂多样化和国会的专门性、技术性能力的限度及时间适应能力之限度的缘故,把与刑事处罚相关联的所有法规无例外的规定在形式意义上的法律中,不仅在事实上不可能而且也是不切合实际的。因此,限于特别紧急之必要或具有事先无法由法律详细规定之不得已事由的情况,授权法律(委任法律)以如下为前提容许委任立法:即在构成要件方面作为处罚对象的行为是何种行为,能够对此预测程度进行了具体的规定;在刑罚方面,明确地规定了刑罚的种类及其上限和幅度。这种委任立法并不违反罪刑法定主义。

食品卫生法第 11 条第 2 项之所以把夸大广告等的范围及其他必要事项委任于保健福利部令,是因为考虑到把与夸大广告等的刑事处罚相关联的法规之内容无遗漏地规定在形式意义上的法律中实际上是不可能的。而且,为能够预测作为处罚对象的行为是何种行为,该法施行规则第 6 条第 1 项已经进行了具体的规定。因此,不能把食品卫生法第 11 条和该法施行规则第 6 条第 1 项的规定视为违反了委任立法的界限或罪刑法定主义(大法院判决 2002 年 11 月 26 日,2002 DO 2998)。

(二)制度上的旨趣

该制度的基础在于,(1)代议民主的、自由法治国家的保障即市民的自由与权利只能由作为国民代表机关的议会根据立法程序制定的正式的或形式的法律才能够被侵害或剥夺,(2)习惯法规范因为不能被每个人在实施犯罪行为前充分确实地认识到,进而不能发挥刑法的一般预防机能。如果容许以不确定的习惯法或条例为根据进行处罚或加重刑罚,可能成为赋予刑法适用者基于感情进行判断之可能性的契机。因此,刑法上的禁止习惯法原则还有通过阻止法官援用习惯法进行感情性判决的可能性来谋求规范安定性的旨趣。

（三）适用范围

1. 可罚性的认定及刑罚与保安处分的加重

从罪刑法定原则的根本宗旨来看，在刑法上并不允许对犯罪者不利的适用习惯法。当习惯刑法的适用产生了有利于行为人的结果时，则没有理由加以禁止。具体而言，严格禁止在刑法分则中认定新的构成要件或加重适用既存的刑罚与保安处分。① 例如，关于没有违法占有之意思而以一时使用之目的使用他人之物品的所谓使用盗窃（furtum usus），无论将此视为犯罪的惯行多么与支配性的法律确信相一致，只要实定刑法中没有预设犯罪化和处罚根据（如改正刑法第 331 条之 2 规定的汽车等不法使用罪），就不能仅以习惯法为理由将其视为犯罪或进行处罚。另一方面，因认为是过于轻缓的刑罚而以习惯法为理由加重整体法定刑并加以适用的做法也是被禁止的。而且，也不能基于习惯法的根据扩张保安处分的法定期限等。

2. 关于可罚性的一般条件的理论

在学界中，有见解认为，刑法分则上的特别的犯罪构成要件虽然不能依据习惯法来创设，但关于刑法总则上的可罚性的一般条件的理论，在实定刑法中对此没有另外的明文规定时，则处于习惯法的地位。这即使给犯罪者带来不利的效果，也是能够被适用的。作为这种可罚性的一般理论有：关于因果关系的理论，关于故意、过失及错误的理论，关于不纯正不作为犯中的保证人地位的理论，关于间接正犯成立范围的理论，关于原因上的自由行为的可罚性根据的理论等。

一般而言，关于刑法一般理论，见解上的分歧非常严重，因此几乎无法获得形成习惯法所必要的一般性的法确信。即使达到了法确信，也因采取侵害基本权的法律主义和宪法规范自身对认定可罚性或加重处罚的习惯法的禁止，而使对犯罪者产生不利作用的一般理论在任何场合下都不具有拘束力。

---

① 孙海睦，56～57 页；安铜准，18 页；李在祥，15 页；任雄，18 页；郑盛根、朴光玟，14 页。

3. 正当化事由

在正当化事由中，并不适用禁止习惯法原则。因此，可以根据习惯法认定新的正当化事由。这是因为，关于正当化事由的习惯法的扩张，会产生有利于犯罪者的结果，因此从法治国家的角度来看不存在任何问题。

能够给犯罪者个人带来不利后果的习惯法的缩小或限制，也会因为正当化事由自身从法秩序统一性角度把习惯法的创设或变更的可能性广泛作为前提而被容许。也就是说，正当化事由的习惯法的缩小或限制，等于基于习惯法的可罚性的认定产生了与其限制范围相同程度的结果。韩国刑法第20条（正当行为）中规定的"其他不违背社会常规的行为"，就是特别期待基于习惯法之积累的规范惯行的正当化事由。

4. 免责事由，人的处罚阻却事由，客观的处罚条件

如果这些事由的适用因习惯法而被扩大或被创设时，因为会形成有利于犯罪者的结果，所以并不适用禁止习惯法原则。例如，在一定的义务冲突的场合，可根据习惯法的免责事由排除可罚性。然而，如果根据习惯法来全面排除这些事由，则会产生不利于行为人的结果，因此从法治国家的角度来看是不允许的。

5. 追诉条件

基于习惯法排除亲告罪的告诉或反意思不罚罪中不处罚之明确的意思表示之要求，进而在没有这些追诉条件的前提下进行处罚是不被允许的。这是因为，如果基于习惯法排除了追诉条件且在没有告诉的情况下也允许处罚某种亲告罪，就会导致进行法律所不期望的处罚的结果，是违反罪刑法定原则的。

6. 容许有利于行为人的习惯法

习惯法能够减轻可罚性。例如，被确信为过重的法定刑之范围在长期的实务惯行中尚未成为最高刑之范围时，根据习惯法来减轻刑罚是可能的。关于刑法规定，也可以根据习惯法进行有利于行为人的一定的解释。例如，亲友间一时以酒和冷面为微弱的赌注进行画图娱乐不符合刑法第246条之赌博罪的解释即是。

虽然是非常罕见，但也会发生如下的情况：即由于长期没有适用一定的处罚条项因而完全被一般的法意识所遗忘时，其法律因被习惯法所废除而成为无效，进而也排除一定的可罚性。这种情况尤其在附属刑法领域中是经常发生的。

六、所谓适正性原则

（一）含义

所谓适正性原则是指为能够实质的保障基本人权，必须适正性地规定罪刑法规的内容。形式上的罪刑法定原则虽然要求以法律明示罪刑，所以能够从法官的刑罚权之恣意行使中保障国民的自由与权利，然而其却不把法律的实质性内容作为问题，所以无法防止立法者恣意下的刑罚权的滥用。正是以此为理由，现代意义上的或实质意义上的罪刑法定原则以该适正性原则为内容。作为其具体内容有："没有不法就没有刑罚"，"没有责任就没有刑罚"，"没有必要就没有刑罚"。①

（二）评价

原本罪刑法定原则的根基在于形式的法治国家概念，因此如果提及以适正性原则为内容的实质的罪刑法定原则的话，则存在可能会歪曲罪刑法定原则的固有含义和机能的顾虑。实际上，实质的罪刑法定原则的具体内容同样是以实质的法治国家概念为基础的人类尊严性保障、适法程序原则、责任原则和比例性原则。

如果以实质的罪刑法定原则之名义囊括实质的法治国家对刑法的所有限制原理的话，作为刑法基本原则的人类尊严性之保障、适法程序原则、责任原则和比例性原则就会被罪刑法定原则所吸收，那样这些原则的本来含义就会萎缩而且也会限制理论的发展。

这种结果无论从刑法理论角度来看还是从实务角度来看都是不值得期待的。把形式的法治国家概念作为基础的罪刑法定原则，比起提供法律的内容适正的信息更加关注通过法的安定性和划定刑罚权之界限的形式来保障国家市民的自由和安全。因此，区别为担保适正内容而以实质的法治国家概念为基础的刑法的其他基本原则与罪刑法定原则是妥当的。只是，形式的法治国家理念和实质的法治国家理念应该辩证地统合于为国民的法律目标之实现中。

---

① 韩国的一般做法是，把实质正义之要求作为核心内容的适正性原则作为罪刑法定主义的第 5 原则。姜求真，前文第 30 页；朴相基，36 页；孙冻权，28 页；沈在宇：《刑罚权之限制》，刑事法讲座Ⅰ，87 页；李在祥，27 页；任雄，24 页；郑盛根、朴光玫，20 页。

第三节　责 任 原 则

一、责任原则的意义

刑法是责任刑法，因此，刑罚以责任为前提（nulla poena sine culpa）。在这种意义上，与刑法不根据行为人的责任而是单纯根据所引起的结果进行处罚的结果刑法相区别。不仅如此，也与通过以行为人的危险性替代责任进而将犯罪行为单纯视为行为人人格性（Täterpersönlichkeit）的表征，而且把对犯人的一般生活经营的处罚或纯粹的保安处分、社会防卫（défense sociale）等作为目的的危险性刑法相区别。

在今天，也把责任原则（schuldprinzip）视为宪法上的原则。这是因为，即使实定宪法或刑法典中对此没有明文规定，但从人的尊严与价值的保障要求和法治国家原理中也是当然能够推导出的。

二、内容

责任原则具有如下四方面内容。

（一）责任是所有处罚的前提和根据。即不能在无责任的情况下科处刑罚，也不能仅仅以单纯的结果为理由进行处罚。而且，也不能以与具体犯罪行为无关的行为人的单纯的心情或迄今为止的生活经营为根据进行处罚。事实上，刑事诉讼法上的"存疑时有利于被告人"（in dubio pro reo）的大原则也是从责任原则的这一侧面推导出来的。

（二）责任原则要求不法与责任相一致。即在只有不法没有责任的情况下，不能处罚行为人；而且对于没有达到不法程度的责任，也只能在责任限度内进行处罚。甚至，不法故意与责任故意也必须是一致的。这是因为，从不法故意中推导出过失责任或从不法过失中推导出故意责任，均内含有超出责任原则之内容的界限恣意地科处刑罚或者超出责任原则的范围扩张可罚性的危险。

（三）行为时必须同时具有责任能力。这是因为，只有具备责任能力的人才能够倾听规范的禁止或命令的声音进而作出相应行为。是否把原因上的自由行为视为该原则的例外，将根据如下不同的关注点而得出不同的结论，即是否在这种情况下也要固守行为时责任能力的同时存在原则，还是应该确保构成要件性违法行为的定型化。只有在责任能力存在时的原因行为中把握原因上的自由行为的可罚性的认定时点，才能够成为与责任原则的精神相一致的理论构成。如果把关注点放在后者，则会成为责任原则的例外情况。

（四）责任是量刑的基础。即作为量刑的基础，责任为刑罚的科处与否及程度提供标准。因此，在任何情况下都不允许超越责任程度地进行处罚。

> 《参考》此外，责任原则还对①主观归属的可能性，②排除结果责任及偶然责任，③对于事件的内在参与的阶段区分及评价的可能性，④刑事制裁平等适用之保障等具有积极意义。

三、界限

在今天，责任原则的彻底实现因若干理由而面临着限制问题。

第一，是因为关于责任的认识存在着无法逾越的界限。意思自由或内心动机存在无法从客观上加以感知或从外部上加以把握的困难。即常言道：十丈深水易量，一尺人心难测。

第二，是因为可罚性在若干疑难事例中有时并非单纯依赖于责任，而是依赖于偶然的结果发生。在德国普通法上所存在的包含结果责任或偶然责任在内的所谓不法形态责任（versari in re illicita）（对于与不允许的事情相关联的人，均归属其行为及所有结果的原则），因为与今天的责任原则相正面冲突而原则上已经消失。尽管如此，残留有结果责任痕迹的若干制度因刑事政策的必要性至今仍旧保留着。例如，无认识的过失，客观的处罚条件，结果加重犯，合同犯，伤害罪同时犯的特例，量刑中考虑结果等。

第三，是因为现行刑事制裁体系采取的是从两种不同根据即指向过去的行为责任的处罚和依照行为人将来危险性的保安处分出发的二元体系。在此限度内，即使无责任的行为者也因一般预防和特别预防的目的而在相当的比例性范围内成为保安处分的对象。

四、法政策上的含义

在刑法上，关于责任原则存否的论争并非是单纯的认识论或存在论上的问题，而是与如下"法政策上的要求"直接关联的：即国家应该把市民视为即使没有国家的干涉自己也能够主动决定实施某种行为并能够对其承担责任的自由的人。该要求也是包括为人的尊严与价值而存在的宪法规范在内的全体法秩序的要求。因此，在刑法上责任原则是无法放弃的原则。

即使不可避免地存在如下情况：即在意思自由问题上关于责任的认识存在认识论上的界限，还一时无法清除以刑事政策之考虑为基础的结果责任的残余，甚至还要维持基于保安处分的刑事制裁制度等，但是应该基于从国家刑罚权的作用中为保障个人自由的法政策的要求来理解的责任原则即责任刑法的原则，是应该继续维持下去的。

第四节　比例性原则

一、意义

保安处分也与刑罚相同，也是给对象者一定的负担或限制自由的国家制裁手段。犹如责任原则划定刑罚界限一样，也必须在法治国家的限度内实施保安处分。针对保安处分的法治国家的界限原则便是比例性原则（Verhältnismäßigkeitsgrundsatz）。

德国刑法通过 1969 年 6 月 25 日第一次刑法改革法在刑法上明文规定了关于保安处分的比例性原则，而且现行德国刑法第 62 条也规定："保安处分，在比较行为人所实施的或被期待的行为的意义及因此所产生的危险性，欠缺比例性时，不得宣告。"在韩国保安处分法中虽然没有明文规定比例性原则，但在把人的尊严和价值作为最高法价值的法治国家宪法中，作为为个人自由限制保安处分的法治国家原理，当然应该是加以考虑的原则。在宪法和行政法领域中，则经常使用与比例性原则的消极面相符合的过度禁止（Übermaßverbot）这一用语。

《参考》关于比例性原则的宪法根据，虽然存在①在平等原则中寻求的见解（Mangoldt/Klein；Hassemer），②在人的尊严性中寻求的见解（Dürig），③在基本权的本质内容保障中寻求的见解（Maunz），但④将其视为宪法自由原则的效果的同时也是实质的法治国家原则的见解更妥当一些（Hesse；Zippelius）。

二、具体内容

（一）适合性原则

该原则是指从保安处分所要实现的社会保护及被处分者的社会复归的目的来看，保安处分所设定的个人自由之剥夺或限制的手段必须适合或有利于目的的实现。适合性原则（Grundsatz der Geeignetheit）的任务在于排除手段过于偏离的情况。

（二）必要性原则

该原则是指存在相同程度的有利于达成目的的诸种手段时，必须要选择其中最小侵害被处分者自由的手段。即必要性原则（Grundsatz der Erforderlichkeit）意味着"最小侵害原则"。也有学者只把该原则称为过度禁止原则。

（三）均衡性原则

均衡性原则（Grundsatz der Propoortionalität）是指即使整体考量目的、手段、个人的自由权之后能够认为适合和必要，也不允许国家性措施在侵害的重大性与能够获取的结果之间产生不均衡程度的侵害到个人的自由领域。从狭义上理解比例性原则时，便意味着均衡性原则。

在这里所要探讨的是，基于所计划的保安处分而导致的个人自由的牺牲与其所要达到的目的是否存在于比例关系中。在此均衡性审查中，目的、手段的比例关系是作为实现国家性措施上的个人牺牲之限度而发挥作用的。因此，当在牺牲限度（Opfergrenze）内与最小牺牲原则相一致的均衡存在于目的与手段之间时，该目的才被正当化。

三、比例性原则的适用范围

该原则不仅适用于判断是否宣告特定的一个保安处分的情况，而且还适用于在数个保安处分中判断具体选择哪一个进行宣告的情况。甚至，其不仅适用于保安处分之宣告的情况，而且还应该适用在判断被宣告的保安处分之执行和保安处分执行中的人的释放问题等的保安处分法的全体领域。

第五节　行为刑法的原则

一、行为刑法的原则

刑法是行为刑法（Tatstrafrecht）。"行为"刑法是指刑法上的可罚性是与在构成要件中所记述的各个犯罪行为相关联的，对其制裁也是作为针对各个行为的应对而出现的，绝不是作为针对行为人整体的生活经营或对其所预想的将来的危险的反应而出现的。

行为刑法原则与责任原则一起，均是在国家过度的刑罚作用之诱惑面前保障犯罪者自由与安全等基本人权的传统自由保障政策的一种。然而，面对属于现代社会之难题的现代型犯罪的激增，也出现了企图修正行为刑法原则的倾向。比较有历史的一个观点是行为人刑法的观点，而最近才出现的另一观点是危险刑法的观点。

二、行为人刑法的观点

从应该作为规范对象加以处罚的不是行为而是行为人的观点出发，把行为人的恶性作为问题点的立场便是行为人刑法（Täterstrafrecht）。在这里，因为刑罚是与行为人即犯人的人格相结合进行科处的，所以犯人的非社会性（Asozialität）和反社会性（Antisozialität）及其程度对其所科处的制裁起着决定性的重要作用。

将自由法治国家原理作为基础的刑法秩序一直以来朝着行为刑法的方向发展着。韩国刑法也是以自由法治国家的宪法秩序原理为出发点的，因此在本质上采取的也是行为刑法的立场。只是在某些地方考虑了行为人刑法的立场而已。

在韩国刑法上，关于量刑条件的规定（第51条）、酌情减轻规定（第53条）及累犯加重规定（第35条、第36条）是被公认的行为人刑法的典型之例。此外，不能未遂处罚规定及各种保安处分制度等虽说不是完全无视对行为的考虑，但终究还是在某种程度上考虑了行为人刑法观点的刑法上的制度。

三、危险刑法的登场

后现代的脱产业化、情报化社会已经转变为德国社会学者贝克（Beck）所定义的危险社会（Risikogesellschaft）。现代化与产业化甚至大量产出了颠覆自身基础的危险，而且像原子能威胁、化学威胁、生态威胁、基因工程威胁这种新的危险已经威胁到了人类的生存本身。很多情况是小的失误就会招致大的危险，为对此加以防止必须从小的失误开始禁止。因此，危险社会中的危险预防必须是从小的恶的萌芽状态就开始消除的彻底的事前预防。

社会关系的变化将会带来刑法的变化。在已经从 19 世纪的自由国家转变为 20 世纪的社会国家的同时，刑法的基本观点也从事后镇压性统制模式转变为预防性调整模式。即预防思想替代报应、积极的一般预防思想替代特别预防或消极的一般预防开始作为刑事立法正当性的论据加以登场。后现代的危险社会为应对新的危险具有扩张刑法的保护并扩大其保护范围的倾向。这种预防思想诱导人们把传统的法治国家刑法再解释为具有社会国家灵活性的调整机构。甚至，刑法的目标也已经不仅仅停留于与犯罪作斗争的阶段，而是对投资、环境、健康、外交政策的一种充畅的支援。而且，已经放弃对具体法益侵害的单方面的固守，为从宏观上应对问题状况试图把新的危险行为自身作为规范的对象。

根据传统的法治国家刑法观，刑法一方面既是伴有强制力的统制手段，另一方面也是保护市民自由的措施。法治国家的刑法不是立法者的自由之路，而仅仅是解决社会问题的最后手段。只要固守这种古典的法治国家刑法观，即使是应对危险社会中的新的危险的刑法手段，也无法摆脱法治国家的界限。与此相反，认为传统的法治国家刑法已经不适合于应对新的犯罪类型尤其是与未来安全相关联的犯罪类型的人们，为应对危险社会中的新的危险主倡危险刑法的登场。这是一种具有如下内容的提案：因为在与未来安全相关联的保护领域中，难以确定轮廓相当明显的保护法益，所以不要再固守于以正当的犯罪化之消极的基准坚固其位置的法益思想，而是应该把从文化角度确认的行为规范作为基准。因此，危险刑法不是把"新的法益"而是应该把"新的行为"作为刑法规制的对象。这是因为，18 世纪的精神工具无法解决 21 世纪所面临的问题。

这样，危险刑法将会肯定性地接受如下预防立法或象征立法的倾向：（1）具有实效性的缓和传统法治国家刑法的补充性法益保护思想（扩大普遍性法益概念，扩大无被害人犯罪的领域），（2）在以刑法的投入能够获取政治上的利益的地方，应该即刻以补充性原则进行刑法的投入（承认特别刑法的扩大化），（3）结果犯前阶段的广范围的处罚化（扩大抽象危险犯的领域，扩大既遂之前阶段的未遂、预备的处罚范围），（4）在环境刑法、女性保护刑法（性暴力预防法）中，作为唤起人们注意的手段而运用刑罚（刑法的最优先手段化，国民启蒙的工具化）。

关于针对现代社会中多样的问题的刑法任务，固守于法治国家传统刑法观的见解是一种盲目和消极主义；但作为其相反面的危险刑法的思想也具有轻视作为传统自由主义之斗争产物的人权保障的危险。为摆脱现代刑法的这种困窘状态最近哈塞默尔（Hassemer）教授提出，应该把现代刑法缩减为核心刑法的同时，在刑法与秩序违反法、私法与公法之间创设干涉法（Interventionsrecht）。这样，在现代社会难题中无法由核心刑法解决的，并不是通过危险刑法而是根据具有比刑法小的保障、小的程序规则、小的制裁力的干涉法加以解决。

赫尔茨（Hirsch）教授也以刑法是国家行为的最后手段而不是根本性社会政策的对策手段为前提，强调刑法仅仅具有补充性的附属性任务，并不能因为是现代社会的刑法而在现代科学技术领域中恶意运用伽利略形态式的审判。然而，赫尔茨教授认为，今天的刑法性工具，与其说是18世纪的遗物，不如说其更加是200年来渐进发展所获取的精神上的产物。因此，应该在传统的法治国家模式下通过立法与理论学（Dogmatik）的调和来谋求解决针对危险社会中新的危险矛盾要因的刑法上的对策问题。因此，应该通过承认法人的犯罪能力，从而在环境犯罪、经济犯罪的规制中谋求积极的介入。

结果，在今天占据统治地位的见解认为，即使是危险社会的刑法也不能成为完全脱离传统法治国家刑法限制的危险刑法。然而，刑法绝对不能不触及克服危险社会中的难题的具有实效性的对策。问题是，针对现代性的危险，刑法究竟要如何行事。

要解决这种现代刑法的课题，首先必须要从分析刑法所直接面对的现代生活事实着手。即通过分析核心刑法领域、经济刑法领域、原子能刑法领域、环境刑法领域、基因工程刑法领域、医疗生命技术刑法领域、制造物刑法领域、计算机刑法领域等特殊生活事实中出现的危险要因和对策，探索符合各主题的解决问题方式的、所谓问题的辩证论思考是必要的。之后，还要细分即刻要求刑法介入的领域、比起刑法的介入仅以行政措施或自律的伦理委员会的规范就能够充分规制的领域等。甚至对于相同领域生活事实的刑法规制，也要根据犯罪的质区分其轻重，并探讨在刑法的应对和轻犯罪的应对中何者是具有实效性的、充分的手段。这样，针对普通的生活事态适用轻缓的最后手段的法，面对特别的危险状况适用强硬的优先手段的法，从而把刑法构建为具有灵活性的法。

这种乍看似矛盾的现代刑法的性质，可以用德尔塔模式（Deltamodel）进行较为容易的说明。三角洲（Delta）形成于不断流下来的江河的河口，其也好比河水无法逾越的具有境界线的岛屿。现代危险社会中的法治国家刑法在传统的自由保障政策中原则上虽然类似于流下来的江水，但在与海浪相冲撞的下游中，则与已经脱离其流向影响的新的三角洲领域相邂逅。现代刑法的三角洲在环境刑法、麻醉药品刑法、经济刑法、原子能刑法、女性保护刑法、医疗生命技术刑法、计算机刑法等领域中显得非常明显。在这里，刑法具有向预防危险的、具有实效性的确保安全的手段极大化的倾向。这是因为，对于危险社会的危机的处理，一般市民提高了对刑法的期待，立法者和政治家们也不能漠视这种安全要求。其原因在于，这虽然是一种冒险，民主国家必须要信赖作为冒险主体的国民。①

_____

① 参照金日秀：《转折时期的法学及刑法学的课题》，法·人间·人权，1996年版，536页。

第四章　韩国刑法改正的历史及其内容

　　韩国刑法是由 1953 年 9 月 18 日法律第 293 号公布，并于同年 10 月 3 日开始施行的。除 1975 年新设立的侮辱国家罪在 1988 年被废除以外，韩国刑法至今一直维持着制定当时的原貌。然而，在这期间急剧的产业化产生了政治、经济、社会等诸多领域的结构变化。与此同时，国民的伦理意识、规范意识也发生了变化，出现了新的犯罪现象。为弥补规范与现实的乖离，全面改正刑法的必要性显得越来越突出。

　　1984 年 12 月 31 日，政府制定了刑事法改正特别审议委员会规程（总统令 第 11601 号），并于 1985 年 6 月成立了由法务部副部长任委员长、30 名委员其中刑法学者 12 人、法官·检察官·律师各 6 人所组成的刑法改正特别审议委员会。同年 6 月 21 日召开第一次全体会议，并作出即将着手刑法的全面改正工作的决议，决定设立小委员会促进改正工作。该小委员会由学者 3 人、法官·检察官·律师各 1 人总计 6 人组成。小委员会经过从 1985 年 7 月 3 日至 12 月 2 日为止的 5 次会议确定了刑法改正的基本方向，同年 12 月 20 日向全体会议做了报告，并经过全体会议的审议最终确定下来。

　　刑法改正的基本方向有如下 7 方面的内容：

　　1. 反映宪法精神（彻底清除国家权威主义和战时刑法的要素，罪刑法定原则的宣言及构成要件的细分化、明了化）；

　　2. 针对依据刑法理论的犯罪论规定的再研讨（故意、过失、结果加重犯的概念的再定立，构成要件错误、禁止错误之规定的补充，精神障碍、责任年龄之规定的修整，正犯规定的再修整）；

　　3. 考虑基于价值观、伦理观之变化的非犯罪化（刑法的自由化、非伦理化的志向，以婚姻为借口的奸淫、通奸、赌博等罪的废除）；

　　4. 考虑基于社会情势之变化的新犯罪化（新增设计算机犯罪、便利设施不正利用罪、环境犯罪、人质犯罪、对话秘密侵害罪等）；

　　5. 改善基于刑事政策要求的刑罚制度（将社会保护法中的保安

处分编入刑法中，改善犹豫制度，扩大适用保护观察制，限制适用死刑和资格刑）；

6. 刑法与特别刑法之关系的再调整（废除关于暴力行为等处罚的法律的大部分、特价法、关于特定经济犯罪加重处罚等的法律、关于特定强力犯罪加重处罚等的法律的相关条款，把特殊强奸罪、特殊恐吓罪、事故车辆等司机逃逸罪、劫持航空器罪等编入刑法中）；

7. 改善、修整刑法体系和用语（以个人法益、社会法益、国家法益的顺序重新布局分则的规定，以日常用语替代法律用语等）。

1986 年 1 月 27 日，第六次小委员会会议决定增补委员人数，随即小委员会人数扩大至 12 人，其中学者 6 人、法官·检察官·律师各 2 人。之后，小委员会分为 3 个分科委员会，由 4 人组成的小委员分别就总则、关于个人法益的犯罪、关于社会法益·国家法益的犯罪各自作成纲要。分科委员会经过 32 次的会议，终于在 1986 年 6 月 30 日提出了刑法改正纲要审议资料，并在此基础上从 1986 年 7 月 21 日第 9 次小委员会开始，经过 67 次的会议直至 1988 年 6 月 27 日的第 76 次小委员会，才完成了改正纲要的审议。在 1986 年 12 月 15 日和 1988 年 11 月 14 日第 3、4 次全体会议上确定了改正纲要。

据此，从 1989 年 1 月开始小委员会重新分为 3 个分科委员会继续条文化作业，同年 11 月 6 日作成了小委员会的刑法改正试案。经过 1990 年 1 月至 1991 年 6 月的工作，法务部的专门委员会对该试案提出了研讨案，随即小委员会又重新组成调整委员会，对试案和研讨案进行了调整，于 1991 年 11 月完成了法务部第 1 次的刑法改正试案。

从 1991 年 12 月至 1992 年 2 月为止，经过向韩国刑事法学会、刑事政策学会、大法院及律协等有关法曹团体的意见征询过程，在 1992 年 3 月 30 日完成了法务部的第 2 次刑法改正试案。在 1992 年 4 月 29 日和 30 日召开了听证会，就该改正试案广泛收集了各界的意见。而且，在综合各政府部门的意见征询结果之后，又重新调整了改正试案的内容，并经过 1992 年 5 月 27 日刑事法改正特别审议委员会全体会议的最终审议，确定了全文由 405 条组成的政府刑法改正法律案。这样，从 1985 年 6 月成立刑事法改正特别审议委员会始，经过 7 年的时间，终于完成了政府的刑法改正工作。

1992 年 7 月 6 日，向国会提出了政府的刑法改正法律案，并于同年 10 月 2 日向国会法制司法委员会提交了该法律案。国会司法委在 1992 年

11 月 3 日第 159 回定期国会第 8 次会议上组成了刑法案审查小委员会。此后，该小委员会在经过 8 次的会议逐条审议了政府的刑法改正法律案。在该审议过程中，关于提出的主要争点问题，则召开了 2 次的国会听证会（关于总则篇的听证会和关于堕胎罪与通奸罪的听证会）并听取了意见。

在 1995 年 12 月 1 日第 177 次定期国会会议期间，第 2 次刑法案审查小委员会达成了如下合意：即政府所提出的刑法改正法律案，就全面改正来说，由于存在许多各界意见上的对立，所以有必要进行更为慎重的审查。但是，受到第 14 届国会议员任期届满该法律案就会自动废止的时间上的制约，所以首先应该把急需改正的部分摘录、整理后提出刑法典的改正法律案（对策案）。据此，在同日的法制司法委员会第 14 次委员会中接受了刑法案审查小委员会（委员长：朴熺太）关于刑法改正法律案的审查报告，之后决定不把政府提出的刑法改正法律案提交于本次国会会议，而把法司委小委员会提出的对策案作为法制司法委员会案。因此，1995 年 12 月 2 日国会会议议决了法司委提交的对策案，完成了刑法改正工作（改正刑法，1995 年 12 月 29 日 法律第 5057 号）。

刑法改正的主要要点如下：

全面引入保护观察制：

历来根据保护观察法只适用于少年犯的保护观察制度、社会服务命令制度、受训命令制度也将全面适用于成人犯中（第 59 条之 2，第 61 条 2 项，第 62 条之 2，第 64 条 2 项，第 73 条之 2，第 75 条，第 76 条）。

针对新型犯罪的新犯罪化措施：

（1）与计算机相关联的犯罪

① 增设利用计算机等情报处理装置的诈欺，业务妨害，秘密侵害，伪造、变造及其使用公、私电磁记录等与计算机相关联的犯罪（第 140 条 2 项、3 项，第 232 条之 2，第 227 条之 2，第 314 条 2 项，第 316 条 2 项，第 347 条之 2）。

② 在财物毁损罪中，把电磁记录等特殊媒体记录追加为行为客体（第 48 条 3 项，第 141 条，第 228 条，第 229 条，第 366 条等）。

（2）与人质相关联的犯罪

① 把掠取强盗罪的罪名变更为人质强盗罪，逮捕、监禁也包含于行为类型中（第 336 条）。

② 为加重处罚把人作为人质的妨害行使权利增设人质强要罪等（第 324 条之 2 及第 324 条之 5）。

③ 在安全释放被掠取、引诱者或人质时，减轻其刑（第 295 条之 2，

第 324 条之 6）。

（3）此外的犯罪

① 增设不动产强制执行效用侵害罪，即以强制执行的方式侵害出让或交付的不动产（第 140 条之 2）。

② 因释放煤气、电气、放射线等对生命等产生危险的情况，增设处罚条项（第 172 条之 2）。

③ 在伪造印花、邮票罪等中追加表示邮资的凭单为行为客体（第 218 条，第 219 条，第 221 条，第 222 条）。

④ 增设把利用复印机或传真机等进行复印的文书或副本也视为文书或图画的规定（第 237 条之 2）。

⑤ 增设不法使用汽车等的使用盗窃罪（第 331 条之 2）。

⑥ 增设自动贩卖机等便利设施不正使用罪（第 348 条之 2）。

法定刑的调整：

（1）在选择刑中追加罚金刑

滥用职权，妨害执行公务，以欺骗方法妨害执行公务，诬告，伪造货币的取得，制作虚假有价证券，伪造印花、邮票等的取得，制作虚假公文书，伪造、变造私文书等，冒用资格制作私文书，尊属暴行，遗弃，尊属遗弃，尊属虐待，逮捕、监禁，尊属逮捕、监禁，散布虚假事实的名誉毁损，基于出版物等的名誉毁损（第 123 条，第 136 条，第 137 条，第 156 条，第 208 条，第 216 条，第 219 条，第 227 条，第 231 条，第 232 条，第 257 条 2 项，第 260 条 2 项，第 271 条，第 273 条 2 项，第 276 条，第 307 条 2 项，第 309 条 2 项）。

（2）罚金刑的现实化

① 将罚金刑的货币单位由"圜"统一为"元"。

② 将现行 40 万元以下到 300 万元以下的罚金刑提高为 200 万元以下至 3000 万元以下。

（3）在结果加重犯中致伤和致死之法定刑的个别化

把遗弃等致死伤，逮捕、监禁致死伤，掠取、诱拐致死伤，强奸等致死伤，破坏建筑物致死伤，煤气、电气等供给妨害致死伤，现住建筑物等放火致死伤，妨害交通致死伤，饮用水投毒致死伤，妨害特殊公务致死伤等结果加重犯区分为致伤罪和致死罪，进而设置不同法定刑（第 144 条，第 164 条 2 项，第 173 条 3 项，第 177 条 2 项，第 188 条，第 194 条，第 275 条，第 281 条，第 292 条，第 301 条，第 301 条之 2，第 368 条）。

缓和死刑等法定刑：

（1）在尊属杀人罪中，追加"7年以上有期惩役"为选择刑。

（2）废除现住建筑物等的决水致死伤，妨害交通致死伤，饮用水投毒致死伤等罪的死刑。

（3）增设强奸等杀人罪并追加死刑，在煤气、电气等供给妨害致死罪中追加无期惩役，缓和制作虚假公文书等的惩役刑的下限，向上调整妨害特殊公务执行罪惩役刑的下限（第144条2项，第173条3项，第177条2项，第188条，第194条，第225条及第227条，第250条1项，第251条1项，第257条2项，第301条之2）。

增设过失犯的处罚规定：

处罚爆炸物破裂，煤气、电气等放流，煤气、电气等供给妨害等罪的过失犯及其业务上的过失、重过失犯（第173条之2）。

整理用语：

（1）修正、补充章与条的部分题目（第123条，第133条，第138条，第158条，第163条，第172条，第173条，第218条，第22章，第26章，第28章，第32章等）。

（2）把在条文的表述中难懂的汉字部分修正为日常语言，并按照语法部分修正了条文的表述（第270条等）。

刑法的追加改正（2001年12月29日，法律第6543号）：

基于在计算机等情报处理装置中录入虚假情报或不正的命令而成立的现行刑法第347条之2（计算机等使用诈骗罪）中，在构成要件上追加了"在无权限情况下录入、变更情报，使其进行情报处理的行为"（施行日2002年6月30日）。

竞合犯规定的改正（2004年1月20日，法律第7077号）：

把刑法第37条后段关于竞合犯（事后竞合犯）规定中的"判决确定之罪"变更为"处以禁锢以上之刑的判决确定之罪"。

事后竞合犯的宣告规定的改正（2005年7月29日，法律第7623号）：

将"竞合犯中存在尚未宣判之罪时，对此罪宣告刑罚"修改为"考虑与将此罪和判决确定之罪进行同时判决的情况之间的平衡之后，对其犯罪宣告刑罚，同时可以减轻或免除其刑"（第39条1项）。

删除关于刑罚执行的规定（删除同条2项）。

执行犹豫规定的改正（2005年7月29日，法律第7623号）：

将历来的第62条1项但书中执行犹豫缺格要件"被判禁锢以上之刑罚，在执行终了或被免除执行后未满5年者"修改为"自宣告为禁锢以上刑罚的判决确定之日起，其执行终了或免除后的 3 年内所犯之罪"。

将历来的第 63 条执行犹豫失效要件"被宣告为执行犹豫者，在犹豫期间又被宣告为禁锢以上刑罚且其判决被确定时"修改为"被宣告为执行犹豫者，在犹豫期间又因故意之罪被宣告为禁锢以上实刑且其判决被确定时"。

带动 1965 年瑞典刑法改正、1975 年德国和奥地利的刑法改正及 1976 年法国刑法改正等西欧各国刑法改正的刑事政策的方向是替代报应刑的、以再社会化为主的刑法的自由化、脱伦理化、合理化和人间尊重化。然而，自 1980 年代之后，随着社会的脱产业化、情报化、都市化等的结构变化，各国已经直接面临着暴力犯罪、青少年犯罪、麻药犯罪、环境犯罪、利用尖端情报处理装置的犯罪、恐怖犯罪等后现代社会的犯罪问题对市民生活的自由与安全加以威胁的事态。因此，各国刑法也开始采取新古典主义倾向、积极的一般预防、为危险社会之危机管理的危险刑法模式等新的范式。

在精神文化层面上，在甚至近代自由主义刑法观还尚未扎根于韩国的意识水准和惯行制度中，要想紧随 1970 年代西欧型刑法改正的模式是根本不可能的。从近代刑事政策的理念和方向上来看，经过 7 年多的努力而形成的政府的刑法改正法律案并没有脱离生活世界的殖民地化范畴。只要没有与政治民主化一起摆脱北朝鲜的情结，脱离权威性、前近代性刑法观就还是一个遥远的课题。

从这种观点来看，基于国会法司委对策案的韩国刑法改正，与其说是改正，不如应该视为是一种权宜之计的修正和补充。这是因为，依据价值观或伦理观之变化的非犯罪化或人间尊重化之观点上的刑罚之缓和、特别预防为主的刑事制裁制度并不是依据具有一贯性的刑事政策的观点而得到修正的，而是依据现实性要求以马赛克形式进行修正的。引入对成人犯罪者的保护观察制度，虽然是为强化刑法第三元的特别预防性考虑，但另一方面却还存留有与此不相适应的死刑、惩役、禁锢、拘留刑之分离、资格刑等这些报应刑的残余。

相反，应对新型犯罪的新犯罪化措施却是异常容易进行的改正的成果。其原因在于，正如在现时代中经济逻辑和科学技术逻辑具有压倒性的论证力量那样，针对科学技术发展所导致的新的社会病理性负机能的刑法性对策，也被视为没有必要进行复杂的讨论和意思沟通过程的自明的、现实的对策。

韩国社会通过清理过去权威主义政权惯行化的不法的过程打破了政治

性或社会性的神化，并逐渐成熟为由理性和动态规范所支配的社会。随着改革与民主主义的发展，我们已经处于重新开始与我们时代的精神成熟度相一致的刑法改正工作的出发点上。在这种意义上，当前的改正刑法并不是刑法改正的结束而是开始。

第二篇
犯 罪 论

第一章 犯罪体系论

第一节 犯罪行为的体系性基本概念

刑法理论中的犯罪论把可罚行为样态的一般性要素作为主要研究对象。以探讨作为处罚某一人类行为之前提所必要且充分条件为内容的，便是犯罪论。现代刑法理论学就可罚的行为样态问题达成了如下原则性的共识，即其是符合构成要件、违法且有责，并在此外还充足客观的处罚条件等若干可罚性条件的行为。该种行为、构成要件、违法性、责任等基本的犯罪构成要件的范畴是在经过近150年的学说上的论争过程中，逐渐形成和发展起来的。

最先把行为概念把握为犯罪体系之基础的学者是贝尔纳（Berner）。要求承认与责任范畴相独立的客观的违法性的学者则是耶林（v. Jhering）。构成要件概念是由贝林（Beling），责任论的发展则是由弗兰克（Frank）所提倡的规范责任论的登场，才出现了新的转机。

即使在今天，关于具体什么是符合构成要件、什么是违法、什么是有责，甚至什么是可罚性条件及这些要素间的相互关系问题，仍旧存在着见解上的分歧。这是因为，不同的学说上的立场会得出各自不同的结论。即便如此，如果想理解这些立场，作为其先行理解，必须要首先考察关于犯罪概念构成之基本范畴迄今为止所一般认可的最小限度内的含义一致点。

一、行为

所有可罚的人类行为首先必须属于刑法上的行为范畴。在这种意义上，行为是犯罪体系构成的基石。一般来讲，刑法上的行为是指基于人的意思（Wille）所支配的或者至少能够支配的社会上重要的行为样态。

二、构成要件符合性

构成要件是指在罪刑法规中所规定的各个犯罪的类型。一言以蔽之，是指犯罪类型的记述。人类行为要想成为可罚的犯罪行为，首先必须要符合刑法各条文或其他附随刑法各处罚条款所规定的法律上的构成要件。无论怎样在实质意义上能够视为是犯罪的反社会的法益侵害行为，只要其没有符合实定法律所规定的构成要件，就不能成为处罚对象。这正是罪刑法定原则之效力的缘故。

三、违法性

如果说构成要件包含有作为不法之根据的各个犯罪类型，违法性便是从整体法秩序的立场确定不法的范畴。符合构成要件的行为在一般情况下原则上是违法的。然而，当存在正当防卫、紧急避难、正当行为等正当化事由时，即使是符合构成要件的行为亦基于容许规范被正当化，从而阻却违法性。

四、有责性

刑罚最终以针对行为人个人的非难为前提。仅以不法行为的构成要件符合性和违法性尚不能把刑罚进行正当化，甚至还要进一步把行为人所实施的不法还原为行为人的责任。以此相关联的评价阶段一般叫做责任或有责性。以此相关联的前提有责任能力（刑法第 9 条、第 10 条、第 11 条）及不法意识的存在、免责事由的不存在等。

五、其他可罚性条件

既是犯罪体系的一要素又与犯罪成立要件相区别的，便是可罚性的条件（Strafbarkeitsvoraussetzungen）。该条件虽然规定于犯罪构成要件中，但却不是犯罪成立要件，是在刑罚必要性及刑事政策的理由上只把一旦成立犯罪后的可罚性作为问题的要件。这里包括客观的处罚条件和人的处罚阻却事由。

第二节　犯罪体系的历史发展

一、韩国刑法中犯罪体系论的发展

韩国刑法中的犯罪体系论是以学说继受的形式从日本移植过来的。日本刑法的犯罪体系论虽然受大陆法系尤其是德国的影响而形成，但在日本化过程中也有变化之处。从 19 世纪末到 20 世纪初在德国所展开的古典学

派（旧派）与现代学派（新派）的对立，原原本本地传授到了日本，甚
至比对立状况之发祥地的德国还要激烈。在日本，学派对立初始于明治末
年受旧派学者毕克麦耶指导而回国的大场茂马和师从于新派学者李斯特的
牧野英一之间的论争。大正初期，少壮派学者小野清一郎追随贝林
（Beling）和 M.E. 麦耶在日本展开了旧派的理论，随即在牧野和小野之
间的新旧两派的论争也转化为所谓的主观主义与客观主义的理论争论。进
入昭和时代后，牧野阵营中木村龟二、宫本英修等的加入和小野阵营中泷
川幸辰、草野豹一郎、久礼田益喜等的加入，致使对立在不断地扩大。

在客观主义犯罪论看来，刑法评价的核心在于犯罪的外部行为和结
果，刑罚的种类和程度也应与此相适应。主观主义犯罪论则认为，刑罚的
对象不是犯罪事实而是犯罪人，因此刑罚的种类和程度应该根据犯罪人的
恶性或社会危险性来决定。

两种立场的具体差异表现在如下几个方面：

①在事实错误中，前者采取具体的或法定的符合说；而后者在
采取抽象的符合说的同时，试图在更广的意义上认定故意既遂犯的成
立范围。

②在责任论中，前者采取道义责任论和行为责任；而后者采取
社会责任论和性格责任。

③在责任能力中，前者将其本质视为犯罪能力因此承认限制责
任能力者；后者则将其本质视为刑罚能力因此否认限制责任能力者。

④在着手实行中，前者主张客观说；后者则主张主观说。

⑤在不能未遂中，前者采取客观说或具体的危险说；而后者则
采取纯主观说或抽象的危险说。

⑥在共犯论中，前者主张犯罪共同说和共犯从属性说；而后者
主张行为共同说和共犯独立性说。

⑦在罪数论中，前者采取行为标准说；而后者采取意思标准说。

然而，犯罪是客观要素与主观要素的结合体，因此对犯罪的评价应该
通过综合判断两要素来加以决定。客观主义与主观主义的平行性对决，具
有破坏犯罪实体的危险。因此，即使在日本也出现了否定两者的对立主张
折中的学者，其代表人物便是团藤重光博士。1950 年代之后，作为当时
日本少壮派学者的福田平等就是在和这种主观主义与客观主义之对立所不
同的维度上开始追随威尔滋尔的目的行为论的。而固守主观主义近 30 余

年的木村龟二博士则在 1959 年转变为目的行为论的追随者，在日本刑法学界成为了一个大事件。

韩国第一代刑法学者大部分是直接受到日本刑法学界影响的学者，因此发挥了直接传授日本刑法学的犯罪论、刑罚论的作用。1950 年初，白南檍、郑畅云、廉政哲、朴文福等教授开始介绍草野、泷川系统的旧派理论（客观主义犯罪理论）；李建镐、郑荣锡等教授开始介绍木村系统的新派理论（主观主义犯罪理论）。之后，旧派和其亚流的团藤教授的理论表现出了优势，因此进入 1960 年代在刘基天教授和南兴佑教授的著述中也强有力地表现出了团藤的影响。虽然，客观主义犯罪理论和主观主义犯罪理论之间存在差异，但在无视这种差异的当时韩国刑法理论中，占据支配地位的犯罪体系却仅仅处于德国刑法理论的古典犯罪体系或新古典犯罪体系的水准。

进入 1960 年代中叶，黄山德、金钟源教授开始把目的行为论和目的的犯罪体系移入韩国刑法中，而刘基天教授则在韩国刑法的解释论中导入了英美刑法理论。这些都为韩国刑法学的发展作出了巨大贡献。

到了 1970 年代，沈在宇教授向国内介绍了迈霍弗流派的社会行为论和犯罪体系，并开始开展了对威尔滋尔的目的行为论的批判。沈宪燮、李炯国教授则令人刮目地介绍了德国的最新犯罪理论。在这一过程中，主观主义与客观主义的对立和新旧两派的学说对立已在韩国刑法中丧失了立足之地，逐渐退出了历史舞台。

然而，即使到那时为止，也没有开展关于犯罪体系论的真正意义上的议论。其主要理由在于：一是没有脱离犯罪体系论是行为论的逻辑性归结这一固有观念的藩篱，二是甚至在行为论的论争中亦因目的行为论阵营的消极的对应势态而没有激化论争。1984 年，金日秀教授发表了题为《关于体系性犯罪论的方法论的一考察》的论文。该文展开了包括行为论领域在内的犯罪体系整体的方法论研究，并开始把古典的犯罪体系、新古典的犯罪体系、目的的犯罪体系、新古典的·目的的犯罪论的合一体系等视为犯罪论的根基。据此，主观主义、客观主义的犯罪论或行为论也在犯罪体系中找到了自身的位置，并作出了相应的让位。

结果是，从当前发展的理论水平来看，犯罪体系论中的主观主义与客观主义之间的论理一贯的对立是非常陈旧的。这是因为，未遂论中具有折中性质的印象说和在正犯论中具有折中性质的犯行支配说等的出现，甚至使该领域中作为历史性遗留的主观说和客观说也丧失了立足之地。

二、犯罪体系的现状

（一）古典的犯罪体系

古典的犯罪体系是在 19 世纪末叶由贝林和李斯特所完成，并在 20 世纪初成为支配性的理论。其要点是，所有客观要素归属于不法，所有主观要素则归属于责任。即在严格区别犯罪的客观构成要素和主观构成要素的同时，行为的客观情状归属于构成要件符合性和违法性，行为的主观方面和行为人的主观情状则归属于责任。构成要件是纯客观的、无价值的概念要素们的栖息地，违法性也属于客观的范畴。与此相对，责任则是总括所有能够以主观形式来把握的要素的概念。而且，古典的犯罪体系尚不知晓构成要件故意的概念。单纯的故意仅仅以事实认识和违法性认识的内容被归属于责任要素中。

（二）新古典的犯罪体系

在第一次世界大战之后，贝林、李斯特的古典的犯罪体系仍旧维持着其基本构造，同时通过体系内的改良又对所有要素进行了再构成。即通过发现特别的主观不法要素和规范的构成要件要素，把构成要件概念重新理解为价值关系的概念。责任概念也由心理的责任概念转变为规范的责任概念，这便是新古典的犯罪体系。对该犯罪体系的建构作出重大贡献的学者有麦兹格、兹沃尔、弗兰克等。

（三）目的的犯罪体系

目的的犯罪体系（Das Finalistische Verbrechenssystem）当初是根据目的行为论并以刑法体系的新形象出现的。构建目的的犯罪体系的学者是威尔滋尔。"二次"大战后至目前为止，给犯罪体系带来最大变化的就是所谓的目的的犯罪体系。在犯罪体系上，最具有决定性的分歧点是，古典的或新古典的犯罪体系把不法意识（Unrechtsbewuβtsein）和事实的认识意思作为必要的不可或缺之构成要素的故意单纯理解为责任要素。与此相反，在目的的体系中，事实的认识意思在与不法意识相分离的状况下以构成要件故意之名成为了构成要件要素。故意与其他所有的主观不法要素一起归属于构成要件而不是责任的这种目的的犯罪体系的主张，在内容上意味着不法的主观化、责任的脱主观化和规范化。目的的犯罪体系与主张所有主观的要素只有在责任中才能够进行判断的古典的犯罪体系是正相对立的立场。

（四）新古典的·目的的犯罪体系的合一体系

当今的刑法理论学在新古典体系和目的的体系的综合形态范围内谋求犯罪体系的发展。当然，在今天即使鲜见但也有原原本本承袭新古典的犯罪体系的立场，甚至也有的原原本本追随目的行为论的犯罪体系。然而，大部分学者则为"目的的犯罪体系所形成的刑法体系的新形象，和比此更为前沿的依据价值哲学和目的思想所取得的刑法学之一发展阶段即新古典的犯罪体系之间的合一"在不懈地努力着。

新古典的·目的的犯罪体系之合一体系的具体内容是，反对在行为论中采纳目的行为论，但同时接纳其最为重要的体系性成果，即把故意把握为主观的构成要件的构想。

目的行为论由于把目的性理解为行为的本质性要素，甚至将其与故意等同视之，进而也把故意作为构成要件的一要素来看待。总之，把故意置于构成要件中是目的行为论的功绩。不仅如此，自目的行为论把客观的注意义务违反（客观的过失）把握为过失犯的构成要件以来，在今天的新古典的·目的的体系的合一体系中，则把客观的注意义务违反置于构成要件中，而把主观的注意义务违反（主观的过失）置于责任中。

虽然，目的行为概念没有得到太多的赞同，但即使在今天的新古典的·目的的体系的合一体系中也原本地贯彻了"故意和过失是构成要件要素"这种目的主义的命题。其理由之一是，在目的行为论中所设想的存在论的目的性，已经发展成为与价值相关联的规范的·社会的目的性的缘故。其结果，构成要件故意并不是对构成要件结果的因果关系的操纵，而是意味着对所有构成要件要素之事实的·规范的意义内容的把握。这种承认故意既是主观的不法要素或行为无价值要素又是心情无价值要素因而既是构成要件要素的同时又是归属于责任形式的所谓故意的二重机能，只不过是新古典的·目的的体系的合一体系的一样式而已，其自身并不能被评价为是新体系的结晶体。

在该新古典的·目的的体系之合一体系的基础之上，不法可以根据行为无价值与结果无价值，责任则可以根据心情无价值或"行为人能够实施与违法的构成要件之实现所不同的行为"这种要素来进行区分。当然，此外还有源于新古典的体系并被目的的体系所传承的不法是社会有害性、责任是期待可能性这种实质性理解的方法，在今天的犯罪论中也被原本地维持了下来。

三、本书的犯罪体系

本书原则上采取新古典的·目的的犯罪论的合一体系。只是在犯罪体系也应该是能够把体系性思考和问题指向性思考相辩证统一的开放的、目的论的体系这种前提下，试图基于合理的、自由的、人道主义的刑事政策的观点再评价、再构成该新古典的·目的的合一体系的结论。这种设想将在具体的犯罪构成要素的探讨中进行议论。该立场是与把行为论视为犯罪体系之核心的古典的犯罪体系或目的的犯罪体系的视角不同的。

第二章 行 为 论

第一节 序 论

一、意义

能够动用刑法进行处罚的对象只能是人类自由意志之产物的行为及其结果，因此，所有的偶然事态都不是行为。行为论并不把犯罪体系自身作为主要的议论对象，而是只把行为概念及其机能作为主要讨论对象。所以，行为论作为探讨可罚性的出发点，只能形成刑法归属论的一部分。

二、沿革及发展

自德国观念哲学家黑格尔把行为定义为"是道德意志的表现（Die Äußerung des moralischen Willens）"之后，阿贝克（Abegg）、贝尔内（Berner）、凯斯特林（Köstlin）等黑格尔学派的学者将其行为概念引入到了刑法学中。之后，随着刑法理论的发展和受自然主义、实证主义、新康德哲学、现象学等的影响在刑法学中展开了因果行为论、目的行为论、社会行为论、人格行为论、消极行为论等的议论。

第二节 行为概念的机能

行为概念的机能一般包括基础要素的机能、结合要素的机能和界限要素的机能。

一、基础要素的机能

行为概念作为可罚行为样态的所有现象形态的上位概念，必须成为刑法的基础。即行为必须成为能够给作为一种种概念（differentia specifica）

的故意行为、过失行为、不作为等所有多样的可罚行为样态提供共同基础的某种类概念（genus proximum）。这种行为概念的论理意义就叫做分类的机能（Jescheck）或基础要素的机能（Maihofer）。

二、结合要素的机能

行为概念必须贯通刑法体系的整体，同时在某种程度上形成"体系的中枢"。首先，必须要有行为自身是什么的概念规定。不仅如此，为使行为能够成为符合构成要件、违法且有责的行为，其必须要具备能够接受构成要件符合性、违法性、有责性之评价的实体性内容。这便是行为概念的体系性机能或结合要素的机能。该体系性结合要素的机能具有如下两方面的内容：

（一）体系中立性的要求

行为概念对构成要件、违法性和责任必须要保持中立。所以，行为概念即使是一部分也不得包含只有在行为之后的评价阶段中才作为行为之修饰语所附加的构成要件符合性、违法性、责任的内容。正因为这种中立性的要求，所以不得允许行为概念提前介入到不法和责任中，也不得允许不法和责任提前进入到行为概念中。这是因为，如果事先基于应该由行为给予结合的价值述语赋予作为结合之重点的行为概念以某种特征的话，就会破坏作为结合要素的行为所具有的体系中立性。

（二）实体概念性的要求

行为概念的内容不能是空虚的。即行为概念虽然不能提前进入到构成要件中或者不能作为不法类型与不法的内容相重叠，但其必须是在能够带有即将附加于行为概念的、其之后的评价阶段中的诸种修饰语的程度上，具有充分的实体，即具体的说服能力。耶塞克把行为概念的这种要求叫做行为概念的定义机能（Definitionsfunktion）。

三、界限要素的机能

行为概念具有在构成要件符合性的判断之前把最初就不能成为刑法判断对象的行为排除在刑法考察之外的实践性任务。这便是行为概念的界限机能（Abgrenzungsfunktion）。例如，动物引起的事件、单纯的思考或思想、痉挛中的动作、神志昏迷状态中的动作等，因不是在精神作用的控制和支配之下，所以事前就应该排除在刑法考察的对象之外。

第三节 诸种行为概念的内容及其批判

一、自然的·因果的行为概念

（一）意义

自然的·因果的行为概念的主倡者是贝林和李斯特。贝林通过把行为定义为"基于意思所实施的身体活动或一种有意的身体举动"全面地展示了自然的行为概念的样貌。李斯特也认为"行为是基于人所引起的外部世界的因果性变化"，从而构建了因果的行为概念。即使在今天，鲍曼（Baumann）也立足于这种观点认为"行为是基于意思所实行的人类的行为样态"。

（二）评价

自然的·因果的行为概念的形成受到的是 19 世纪后半叶自然科学、生物学的考察方法的影响。其基本范畴是有意性（Willkürlichkeit）、举动性（Körperlichkeit）和因果性（Kausalität）。

（1）该行为概念也能够满足界限机能。即因为能够把动物的行为样态、思想或单纯的反射作用的结果开始就排除于行为之外。

（2）自然的·因果的行为概念几乎无力承担基础要素的机能。虽然该行为概念的优点在于能够很好地说明过失行为，但却不能圆满地说明未遂和不作为。这是因为，在不作为中几乎无法证明与单纯的思想相区别的某种人的意思的客观化。

（3）自然的·因果的行为概念也无法完成作为结合要素所应承担的任务。当然，该行为概念把所有的任意的意思之客观化均认定为行为，所以相对于构成要件来说是中立的。然而，其自身并不具有能够主动引导体系的具体的实体。

　　甚至贝林也自称行为概念是"无血的幽灵"。这是因为，在这里如果把意思的客观化视为外部世界的因果性变动的话，那么只能把侮辱定义为符合构成要件、违法且有责的"空气震动的刺激和被害者神经体系中的生理性变化过程"。对于犯罪现象的记述来说，造成这种没有本质的实体的原因是，仅以自然主义把握了行为概念。

二、目的的行为概念

（一）意义

目的行为论的创始者是威尔滋尔。其认为"人类行为是目的活动的实施"。这是因为，人类行为的目的性（Finalität）或目的附合性（Zweckhaftigkeit）把如下之点作为根据：即"人类以其因果性知识为基础预见自身活动所能产生的结果，并以此设定诸种不同的目标，从而为实现该目标，有计划地操纵自身的活动"。

如果说以往的因果的行为概念以因果性联结意思、行为和结果这三要素的话，目的的行为概念则以因果性（行为与结果之间）和目的性（意思与行为及意思与结果之间）联结意思乃至行为和结果这两要素。

（二）评价

（1）目的的行为概念虽然在能够很好地说明故意行为的形态上具有优点，但不适合发挥刑法体系的基础要素之机能这一点在不作为犯中也是明显的。即不作为行为者因无法支配任何的因果过程，所以其无法实施目的行为论者所主张的目的的行为。最终威尔滋尔虽然作为上位概念提出了行态（Verhalten）这一概念，即"基于目的附合的意思操纵能力所支配的身体的能动性或受动性"，但把行为概念转变为上位概念仍显困窘。因此，乃至同样是目的行为论者的斯特拉滕维特（Stratenwerth）也认为"目的的行为概念只是表现了积极的人类行为，而不表达此外的任何东西"，从而主动地否认了目的的行为概念的基础要素之机能。

（2）对于目的性能否为作为犯整体提供一个共同的基础也是存在疑问的。即过失行为是否是目的的行为的问题。威尔滋尔在初期把不是目的性的而是盲目的、因果性的引起结果的无认识的过失行为称为人类行为的"不完整形态"（Kümmerform）。

依据威尔滋尔（Welzel）的观点，把故意行为和过失行为包摄在行为这一上位概念的仍旧是目的性这一要素。故意行为中是现实的目的性，相反过失行为中则只是潜在的目的性。然而，潜在的目的性实际上具有何种目的性的内容是存在疑问的。

在尼泽（Niese）的研究之后，威尔滋尔把过失行为也认定为了目的的行为。其认为，当关注行为人所指向的目标而不是发生的结果时，过失行为也是一种目的的行为。即擦枪过程中的误杀人者虽然没有目的的杀害行为但却有目的的擦枪行为，其是处于行为的共同概念之下的。这样，事实上目的性虽然能够充当故意行为和过失行为的共同的基础要素，但这种过失行为的目的性作为体系的结合要素是毫无用处的。

（3）目的性甚至在作为犯中也不适合发挥界限要素的机能。尤其是，在自动性行为中，大部分欠缺意识性的支配，而且大多情况是以半意识或无意识实施动作的行为习性产生的结果。该种情况与指向目标的意识性支配之手段的选择和计划性的行为过程的支配相距甚远。

三、社会的行为概念

（一）意义

社会的行为概念是替代因果行为论的"无价值的因果性"、目的行为论的"存在论意义上的目的性"把作为规范的、评价性要素的"社会的意义性"（soziale Sinnhaftigkeit）或"社会的重要性"（soziale Relevanz 或 soziale Erheblichkeit）作为行为概念的重要的判断标准。然而，社会的行为概念不顾对既存行为概念的强烈批判，与其说在行为概念的构成要素中完全排斥因果行为概念的有意性和目的行为概念的目的性，不如说是把这些概念要素包括在了"社会的意义性、重要性"这种上位要素之中，从而具有构建折中的行为概念的倾向。然而，由于主张者们不同地定义社会的行为概念，所以统一地把握其概念也是困难的。

（1）埃伯哈特·施密特认为，行为是"具有社会的意义的、社会生活关系中的有意义的结果之引起"；[1]（2）恩吉斯则把行为定义为"能够预见的社会重要之结果的有意义的作用"；[2]（3）迈霍弗认为，"行为是指指向客观上能够预见的社会性结果的、所有在客观上支配可能的行态"；[3]（4）最简捷地表达社会的行为概念的学者是耶塞克，其认为，行为是指"对社会重要的所有的行态"；[4]（5）维塞斯则定义为"基于人的意思所支配或能够支配的对社会具有重要意义的行态"。[5] 关于行为的这些定义

---

[1] Eb. Schmidt, Soziale Handlungslehre, FS-Engisch, S. 350.

[2] Engisch, FS – Kohlrausch, S. 160.

[3] Maihofer, FS – Eb. Schmidt, S. 160.

[4] Jescheck/Weigend, S. 223.

[5] Wessels/Beulke, Rdn. 93.

的共同特点是，在"社会性"（sozial）这一概念中把握行为的本质要素。即社会的行为概念的特点在于，依据犯罪行为的所有现象形态所具有的社会意义来对其加以把握。

在韩国也有不少学者采取社会的行为概念。其中，不少学者把基于包摄因果性、目的性、法的行为期待这种评价性上位概念的"社会性"来说明行为概念的耶塞克和维塞斯的行为概念称做"主观的·社会的行为论"，并加以追随。① 相反，一般情况是，把在行为概念中排斥所有的有意性仅以社会意义的要素来说明行为概念的迈霍弗的行为论称做纯粹的客观的·社会的行为论；而把虽然承认行为人的有意性但不考虑目的性的埃伯哈特和恩吉斯的行为论称做客观的·社会的行为论，并对此加以排斥。②

（二）评价

（1）社会的行为概念的优点在于，能够很好地发挥基础要素的机能。这是因为，无论是故意行为、过失行为还是不作为，在均是具有社会意义的社会的行为这点上能够被包摄于共同的上位概念中。尤其是，最初给不作为提供行为论基础的行为概念就是社会的行为概念。

（2）比起因果的·自然的行为概念或目的的行为概念，更加适合于结合要素中应该具有能够引导体系的实体性内容这种要求。这是因为，刑法的评价比起与有意的举动性或目的性相联结，在与所有内在于事案中的社会之引起相联结时，才能够更加明确。

（3）相反，"社会性"这一范畴因法的评价与社会的评价之间的相互依存性原本就归属于构成要件领域，所以不能满足结合要素之机能中的中立性之要求。③

---

① 李在祥，87 页以下；李炯国，研究 I，113 页；任雄，83 页；孙冻权，77 页；郑盛根、朴光玟，108 页。
② 李在祥，87 页以下；李炯国，研究 I，113 页；任雄，83 页；孙冻权，77 页；郑盛根、朴光玟，108 页。
③ 沈宪燮教授也认为，"社会性评价"以"法的评价"为前提，所以行为概念不能成为"前构成要件的"概念。并以此批判了社会的行为概念。（沈宪燮教授，《行为论》，刑事法讲座，100 页）。持相同批判的还有裴钟大，140 页；朴相基，59 页。尤其是，朴相基教授指出，在脖子上挂围巾的行为，如果不一起考察基于此行为所引起的结果和构成要件，单纯根据在脖子上挂围巾的行为，任何的社会关联性判断都是无意义的。

（4）社会的行为概念也无法满足实践的界限机能。这是因为，当然单纯的思想从社会性角度来看也是不重要的，但是我们在构成要件符合性判断之前就已经试图借助行为概念在行为阶段要排除的如直接的物理的暴力（vis absoluta）的作用、单纯的反射作用、此外的支配不能的运动等，在结果上同样会具有社会的重要意义。①

四、人格的行为概念

（一）意义

人格的行为概念把行为视为人格的发现（Persönlichkeitsäußerung）。主张者认为，人格是指心理的、精神的活动中心体（Seelisch-geistiges Aktionszentrum）。因此，在只属于人的身体领域或者物质的、植物的、动物的存在领域，从而不受作为人的精神的、心理的支配部门的"自我"（Ich）的控制而产生的作用中，是欠缺这种人格的发现的。

在人格的行为概念看来，虽然思想或意思活动属于人格主体的精神的、心理的领域是不言自明的，但其如果仅仅停留于封闭的内心世界而不与外部世界的引起建立某种关联，就不能成为人格的发现，从而也不能称为行为。

甚至认为，人的身体"仅作为机械性单位在动作"，精神或自我不具有通过任何方法参与或能够参与到"引起"的机会时，便视为没有人格的发现即行为。而且，也会把直接的、物理的暴力之下的行为排除在行为概念之外。

最后，在属于论争最多的界限领域中的如具有反射性质的反作用、自动性行为、高度兴奋状态或"无意识"的酩酊状态中的行为等的情况，是无法确定在意识状态中所呈现出的有意性或有计划的、目的实行性的行为支配的。尽管如此，人格的行为概念认为，这些事例既然表现出作为表明心理器官对于外部世界的资料和结果的适应能力的内在的目标指向性，就应该视为人格的发现，能够评价为"行为"。②

---

① 持相同批判的还有裴钟大，140页。如果依据行为概念中也需要主观的、目的的要素这种主观的、社会的行为概念，就能把这些行为排除在刑法上的行为之外。

② 参照金日秀，韩国刑法Ⅰ，264～269页；在德国支持人格的行为概念的有Roxin, AT Ⅰ §8 Rdn. 42 ff.；Rudolphi, SK vor §1；Arthur Kaufmann, FS-H. Mayer, S. 101等。

(二)评价

对于人格的行为概念存在着如下批判：

(1)因为把行为概念视为个人的人格之发现，所以即使是不具有社会重要性的行为，也将被视为刑法上的行为。

(2)人格的客观化只不过意味着单纯的人的举动，在把作为人格客观化的行为赋予社会的意义时，结果也没有脱离社会行为论的领域。①

(3)缺点是，不能把行为人没有认识到危险状况的不作为（例如铁路路口的看守员由于疲劳入睡没有及时放下隔离装置致使发生事故的场合）解释为刑法上的不作为（基于无认识过失的不作为）。②

五、消极的行为概念

(一)意义

最近，有学者立足于与以往的行为概念所不同的出发点展开消极的行为概念，并试图据此为犯罪论提供新的基础。该新设想的决定性观点可以概括为"避免可能性的原则"（Prinzip der Vermeidbarkeit）。

最早提出该原则的学者是卡尔斯（Kahrs）。卡尔斯认为，"如果想把一个结果归属于行为人，那么必须是行为人能够避免其结果的发生，法律也命令他避免其发生，尽管如此行为人没有避免其结果的发生时"。③

与卡尔斯在避免可能性中只看到了构成要件的归属原则问题不同，最初将该原则称为"消极的"，同时将其作为同时包括作为和不作为在内的行为概念的基础的学者是赫兹贝格（Herzberg）。赫兹贝格认为，"刑法上的行为是指在保证人地位上能够避免的不避免"。因此，作为犯和不作为犯两者均是指能够避免"某种情况"（例如，在既遂的结果犯的典型事案中，指符合构成要件的结果）而没有避免的人。④

---

① 李炯国，89 页。正因为这种原因，在韩国大多把人格的行为论视为社会的行为论的一种。沈宪燮，行为论，101 页；任雄，83 页；郑盛根、朴光玫，108 页。在德国，有 Sch/Sch/Lencker, vor §13 Rdn. 36.

② Jescheck/Weigend, S. 222.

③ Kahrs, Das Vermeidbarkeitsprinzip und die condicio-sine-qua-non Formel im Strafrecht, 1968, S. 36.

④ Herzberg, Die Unterlassung im Strafrecht und das Garantenprinzip, 1972, SS. 173, 177.

最后，在这种方向上大胆依据值得关注的着眼点进行新的尝试的学者是贝伦特（Behrendt）。贝伦特通过"没有被实施的反控制"（Unterlassene Gegensteuerung）这一冲动理论的、心理分析的行为模式来支持和改善赫兹贝格从纯粹的理论学考虑中所获得的消极的行为概念。在贝伦特看来，所有行为原本就是不作为，这里的不作为（因此解释为不作为的作为也）是指"符合构成要件之状况的能够避免的不避免"。①

（二）评价

（1）消极的行为概念能否实际上成为共同的"基础要素"是值得怀疑的。这是因为，在作为的结果犯中"避免"只是意味着"结果的不引起"，因此"不避免"也不过是指"不实施结果的不引起"而已。从逻辑角度来看，其中的否定具有着肯定的含义，所以如果明确地表达"不避免"的话，其仅仅指"结果的引起"。

（2）消极的行为概念也难以作为结合要素来使用。其理由中，首先一点是，消极的行为概念是包括仅限于刑法中的构成要件要素在内的行为概念。关于这一点只要看一下赫兹贝格特别关注保证人地位这一要素便可得到确认。

（3）消极的行为概念也不能很好地满足"界限机能"。首先需要指出的是，针对存在于深层心理领域中的破坏性本性，不被实施的反控制大体是在行为决意之前就开始于无意识世界中的。据此便逾越到了纯粹的思想领域。

六、行为概念的否定论

（一）意义

正如因果的行为概念对过失行为的说明作出了最切实的贡献、目的的行为概念最适合说明故意的作为犯、社会的行为概念使不作为的说明成为可能那样，行为概念的发展按照其发展脉络为犯罪论的发展作出了贡献。

尽管如此，还是出现了针对发展至今的行为概念意图抛弃任何期望的否定性态度。即主张全面抛弃具有普遍妥当性的前构成要件的行为概念，

---

① Behrendt, Die Unterlassung im Strafrecht, 1979, S. 132.

代之以正如拉德布鲁赫所主张的把构成要件符合性作为刑法体系的基础概念。① 根据该种观点，最初就从刑法评价的对象中排除某种现象的必要性，是在构成要件范围中加以考虑的。

（二）评价

对此，存在着如下批判：

（1）因行为概念的结合要素具有体系性的机能，所以行为概念自身在理论上并不是无用的。

（2）因行为概念的界限机能所具有的实践性机能，所以在构成要件之前的行为阶段中就能够排除不具有刑法探讨价值的一定的行态。仅就这一点而言，行为概念也不是无用的。

七、结论

从现今刑法理论的发展程度来看，如下的看法是不妥当的。即试图赋予行为概念以刑法上所有现象之共同分母的独自价值，或者认为从某种行为的存在构造中就已经设定了多样的犯罪要素的实质内容。② 换句话说，行为论并不把犯罪体系自身作为问题，而是作为探讨可罚性的出发点只把行为概念及其机能作为主要的讨论内容，所以设立与此议论状况相吻合的行为概念是必要的。正如在前面所考察的那样，对于刑法上的行为概念存在着多种见解，所以事实上不可能从所有批判性观点中自由地推导出在理论上完善的一个行为概念。如果是这样，比起执着于统一的行为概念的形成，不如着眼于行为概念所具有的机能和意义来构建刑法上的行为概念更为妥当一些。

在刑法理论上，行为概念所具有的主要作用是在构成要件符合性判断之前把原本就不能成为刑法判断对象的行为排除在刑法的考察范围之外的界限机能。③ 例如，可以通过行为概念的设立把动物引起的事件、单纯的

---

① Bockelmann, Medizinische Welt, 1972, S. 1310 ff.; ders., AT, 3. Aufl., §11; Bubnoff, Die Entwicklung des Strafrechtlichen Handlungsbegriffs usw. 1966, S. 149 ff.; Gallas, ZStW 67 (1955), S. 1 ff. (8 ff.); Klug, FS-Emge, S. 37 ff.; Noll, Kriminologische Schriftenreihe, Bd. 54, 1971, S. 21 ff.; Otter, Funktionen des Handlungsbegriffs im Verbrechensaufbau?, 1973, bes., S. 136 f,; Sch/Sch/Lencker, vor §13 Rdn. 37. 在韩国，南兴佑，70 页；朴相基，63 页。

② Sch/Sch/Lencker, vor §13 Rdn. 37.

③ Sch/Sch/Lencker, vor §13 Rdn. 37；裴钟大，140 页以下。

思考或思想、痉挛中的动作、神志昏迷状态中的动作等最初就排除在刑法考察的对象之外。另一方面，行为概念的基础要素之机能——把故意、过失、作为、不作为包摄在刑法上的行为的机能——也不是本质性的。其理由是，首先从存在论的角度来看，把作为和不作为束缚在一起是不可能的；而从规范角度来看，立法者已经规定刑法上的构成要件能够充足故意或过失、作为或不作为的形态。因此，事后通过设立行为概念在理论上将此正当化，并不是行为概念的必要不可欠缺的要求。① 而且，行为概念的结合要素之机能也不是本质性的。即使依据在今天成为多数说的社会的行为概念，行为概念也不能保持对构成要件的价值中立性。不仅如此，贯通构成要件符合性、违法性、有责性之判断阶段的行为也不是必须是行为论中所规定的前构成要件的行为，只要是"符合构成要件的行为"即可。其结果，严密地讲，在刑法上的议论中关注的行为是"符合构成要件的行为"，而不是前构成要件的行为。这种"符合构成要件的行为"并不是在前构成要件阶段而是在犯罪体系中，而且在与特定构成要件的关联中才能被评价为故意或过失、作为或不作为的行为。甚至，如果把这种"符合构成要件的行为"作为讨论的核心内容，原则上也没有必要议论行为概念的界限机能。这是因为，任何的行态都将在与特定构成要件的关联中最终与是否是刑法上的行为一起被进行判断。

综合上述观点的话，在现今行为概念中尚存有用性和实用性的部分是消极的界限机能。从区别刑法上的行为和非刑法上的行为的这种界限机能中，我们可以推导出所有刑法上的行为所共同具有的最小限的必要条件。

结果，成为刑法判断对象的行为是具有如下条件的行为：

（1）刑法上的行为是人类行为。因此，自然现象或动物的行动不能成为作为刑法判断对象的行为。从承认法人犯罪能力的本书立场上来看，即使对于法人的行为，也承认其具有刑法上的行为之性格。

（2）刑法上的行为必须是外部的、身体的行为。无论具有怎样的犯罪性，其只要没有以外部的身体性行为表现出来且只停留于内心的想法、意图、目的中，就不能成为刑法上的行为。

（3）刑法上的行为是受意思支配的行为。因此，无意识状态下的动作、反射性行为、基于绝对性暴力所强要的行为等不能成为刑法上的行为。

---

① 裴钟大，140 页。

　　而且，具备这些条件的行为具体被评价为故意或过失行为、作为或不作为行为是在下一阶段的构成要件符合性判断中通过与各构成要件的关联性解释来完成的。

第三章 构成要件论

第一节 构成要件的概念及种类

一、概念

构成要件是指以抽象的或一般的形式规定刑法上所禁止或命令的行为是什么的个别的犯罪类型。构成要件概念中应该具有何种要素和含义，会根据构成要件各机能的不同而不同，所以难以寻求单一的构成要件概念。这是因为，随着解释构成要件自身的观点不同，会形成若干不同的构成要件概念。

构成要件就是规定刑法上所禁止或命令的行为即禁止之实质的法律要件。与该法律要件相对应的就是刑罚或保安处分这种刑事制裁。因此，构成要件与刑事制裁合在一起组成一个罪刑法规。例如"杀害他人的，处死刑、无期或5年以上惩役"（第250条1项）这一杀人罪的罪刑法规中，"杀害他人的"这一构成要件就是法律要件；"处死刑、无期或5年以上惩役"这一制裁就是法律效果。如果关注罪刑法规中的法律要件部分就是构成要件这一点的话，很容易把握盗窃罪的构成要件就是"窃取他人财物的"。

构成要件（Tatbestand）与构成要件符合性（Tatbestandsmäβigkeit）是不同的概念。

（1）构成要件 是以抽象的或一般的形式将关于某种行为之可罚性的前提条件进行类型化的法律之记述，而构成要件符合性是指针对具体的某一行为是否实现了一个罪刑法规的构成要件进而充足了可罚性的第一前提条件所进行的评价。

（2）如果把构成要件 理解为是带有主观性与客观性之意义一体性的不法类型，那么构成要件符合性则意味着对某一行为的行为无价值与结果无价值之实现或实现可能性的评价。

（3）构成要件 是静态的类型概念，相反构成要件符合性是动态的评价概念。

二、种类

（一）不法构成要件（狭义的构成要件）

不法构成要件是指包括犯罪行为所固有的不法内容和作为不法之根据的所有要素在内的不法类型。在这里，不法类型是指当罚的不法的特别样态。如盗窃、强盗、诈骗、恐吓、杀人等就属于各自不同的不法类型。

不法构成要件在不法的整体领域中仅指具有当罚性的不法，所以将此称为狭义的构成要件。例如，在民法上，（1）对占有或所有权的所有侵害和妨害行为；（2）对法律上或契约上的义务的所有侵害和不履行，都将构成不法。但是，刑法上的当罚的不法仅指其中具有特别社会有害性的罪刑法规违反行为。这样，在上述所言及的（1）中，只有基于故意的盗窃、侵占、损害等；在（2）中只有遗弃、虐待、背任行为等，才能成为当罚的不法。

不法构成要件具有如下三种机能：（1）具有在不法整体领域中只区分当罚的不法的所谓选别机能（Auslesefunktion）；（2）具有指示一般市民何种行为因社会意义上的有害而具有当罚性的所谓定向机能（Orientierungsfunktion）；（3）当不法构成要件被实现时，具有推断只要不存在正当化事由原则上该行为就违法的所谓征表机能（Indizfunktion）。①

（二）总体的不法构成要件

在犯罪构成要素中除责任要素和客观的处罚条件以外，把积极赋予不法以根据的成文化的构成要件要素和消极排除不法的成文化或不成文的正当化事由全部总括在内的构成要件概念称为总体的不法构成要件。也就是在作为狭义构成要件的不法构成要件中加入所有的违法性阻却事由进而再多包括一阶段的构成要件概念。

在这里，构成要件与违法性相混合结成一个总体的构成要件。而且，该构成要件概念包括不法判断中所有本质性的要素，即积极的或消极的，成文或不成文的作为和不作为的所有要素。据此，该构成要件比起狭义的

---

① 在郑盛根、朴光玟的 112 ~ 113 页中，把构成要件的机能划分为选别机能、指示机能、个别化机能、故意规制机能。

构成要件更加具有包括性，但与下面要说明的广义的构成要件相比，则是狭窄的概念。

总体的不法构成要件的优点在于，在具体的刑事事例中能够最终确定适法与不法的界限。

总体的不法构成要件是所谓消极的构成要件要素理论所主倡的。根据该种见解，符合正当化事由的所有行为并不是最初就被禁止的，而是不具有总体的不法构成要件中所说的构成要件符合性。如果是这样，构成要件符合性和违法性必然混合于单一的一个评价阶段，即作为比它们更高阶段的上位的不法中。据此，就会形成由总体的不法构成要件与责任构成犯罪的两阶段犯罪体系。

（三）犯罪构成要件（广义的构成要件）

在刑法分则的罪刑法规中，把可罚性的所有前提条件包括在内的广义的构成要件叫做犯罪构成要件（Deliktstatbestand）。在这里，上述所探讨的不法构成要件将成为主流。因此，正如在刑法分则中赋予杀人罪、盗窃罪、伤害罪等犯罪类型形象的不法要素那样，赋予刑法上重要的不法以根据或使其加重或使其减轻的罪刑法规的所有要素，首先都归属于该犯罪构成要件。

刑法分则的诸多罪刑法规中所具有的"特殊的责任要素"也属于该犯罪构成要件。在这里，特殊的责任要素首先是指行为人的一定的责任关联性动机。由于其是为行为人的心情提供特征，所以通常被称为心情要素或心情无价值。例如，在杀害婴儿罪（第251条）中，"有特别值得参酌的动机"便是纯粹主观的责任要素。在该心情要素之外，还有虽然看似客观构成要件的外在要素但实际内容却与不法无关、而与接近于责任的动机相直接关联的所谓客观的责任要素，也将构成特殊的责任要素。如上述杀害婴儿罪中的"分娩中"或"刚分娩之后"这种特殊的行为状况便是。如此，当法律描述形成特殊责任的要素时，其便是与不法构成要件相区别的责任构成要件。

"客观的处罚条件"亦属于该犯罪构成要件中。如事前受贿罪（第129条）中的实际"成为公务员或仲裁人时"，权利行使妨害罪（第323条）中的"妨害他人行使权利时"及强制执行逃避罪（第327条）中的

"侵害债权人时"等客观的处罚条件也是被包含在刑法分则的罪刑法规中的，从而构成了犯罪构成要件的一部分。

　　正如在前面所考察的那样，犯罪构成要件中包括不法构成要件、责任构成要件和客观的处罚条件，因此，其范围要比作为狭义构成要件的不法构成要件宽泛得多，所以将其称为广义的构成要件。

（四）保障构成要件（最广义的构成要件）

总括刑法总则和分则中所有关于行为可罚性之法律上的前提条件的最广义构成要件概念叫做保障构成要件（Garantietatbestand）。其除了前述所考察的作为广义构成要件的犯罪构成要件以外，还包括刑法总则中规定的作为可罚性之必要要件的违法性和责任及此外的符合所有处罚条款和减免事由的刑罚必要性的要件。该刑罚必要性的要件中，有如中止未遂中的必要的减免条件和自首中的减免条件，此外还有国会议员的处罚之免除、外交使节或外交官的免责特权、总统在位期间的刑事追诉之限制等。

保障构成要件不仅包括所有上述法律所规定的可罚性的前提，而且还阻止基于不利于行为人的习惯法之适用或类推适用或溯及立法或不确定的法律所造成的可罚性之扩张，因此从罪刑法定原则的刑法保障机能角度来看是具有重要意义的。正因为最广义的构成要件在与刑法的保障机能相关联上所具有的这种属性，才将其称为保障构成要件。①

　　如果根据外延的大小来排列上述诸种构成要件概念，顺序如下：
构成要件概念的广狭
　　　不法构成要件（狭义的构成要件）< 总体的构成要件 <
　　犯罪构成要件（广义的构成要件）< 保障构成要件（最广义的构成要件）

① Roxin, Offene Tatbestände und Rechtspflichtmerkmale, S. 107.

第二节　构成要件理论的发展

一、Beling 之前的构成要件

从历史的角度来看，构成要件概念由来于 1581 年意大利法学家法利那休斯（Farinacius）的著述中所出现的所谓"corpus delicti"（罪体）的拉丁文。corpus delicti 最初是具有已经实施之犯罪的外部痕迹之总体的含义的诉讼法上的概念。但在 1776 年由德国法学家克拉因（Klein）将其译成德文 Tatbestand 之后，经过 18 世纪至 19 世纪初，才将其视为具有一定犯罪中的要素之总体的含义的实体法上的概念。然而，最初把构成要件理解为是在犯罪体系上与违法性和责任相独立的一个范畴的刑法学者是贝林。

二、Beling 的客观的·无价值的构成要件

贝林在其著作《犯罪论》（Die Lehre vom Verbrechen，1906 年）中一改以往由行为、违法和责任构成的犯罪体系，在行为和违法之间设定了一个独立的体系上的范畴并将其称为构成要件。在这里，贝林把构成要件定义为"犯罪类型的轮廓"。之后，其在以《构成要件论》（1930 年）为题的小册子中把所谓"指导形象构成要件"概念与历来作为体系上独立范畴所使用的构成要件进行了区别。指导形象构成要件作为以观念形式包括不法类型和责任类型的表象物，是与犯罪类型相同一的法律的构成要件。在这种意义上，构成要件是针对犯罪类型的单纯的指导形象。

关于贝林的构成要件概念，暂且不说其具有理论史上的重要意义，但其首先是被定义为犯罪类型之轮廓的、作为独立的体系范畴的构成要件。贝林的古典的构成要件的特点在于，"客观的"和"无价值的"这两个要素。

构成要件是客观的，是指犯罪类型的轮廓仅是对行为的外部的、客观方面的记述。因此，行为的所有主观方面和行为人的内心的过程是与构成要件无关的，仅属于责任领域。在这层面上，贝林的构成要件原原本本地维持了"不法是客观的、责任是主观的"这种古典的犯罪体系的公式。只是，客观的构成要件在体系上仍旧应该与客观的违法性相区别这点上具有着犯罪体系上的特殊意义。

构成要件是无价值的，是指不具有任何提示行为违法性的法律性评

价。根据贝林的观点，构成要件是与"所有违法性要素绝缘的"，在构成要件中"不可能认识到任何法的意义"。而且，构成要件是评价的纯粹的客体且具有非常中立的性质，从而在构成要件中不可能具有任何的价值判断。因此，贝林得出了对于客体的评价只有在违法性领域才可能的结论。

自贝林到 M. E. 麦耶为止，无价值的构成要件概念仍旧是强有力的原则上的构成要件概念。之所以把构成要件理解为客观的、无价值的构成要件，为的是强调刑法的保障机能、在构成要件的解释中禁止法官的恣意（praecetum legis）并保障个人的自由与权利。因此，贝林的构成要件概念在与违法性之间的关系上被看做是违法性的认识根据和违法性的征表。

三、主观的构成要件要素的发现

贝林的构成要件概念中的客观性命题没有多久就因主观的构成要件要素的发现而被动摇。根据菲舍尔、黑格勒、M. E. 麦耶、麦兹格的研究结果，在许多事例中不法已经依存于行为者的意思方向即主观的、内心的要素，并揭示出这些要素并不是只有在责任领域中才被作为问题的。

该问题主要是在把一定的主观的正当化要素（例如正当防卫中的防卫意思等）作为必要的违法性阻却事由中被论及的。然而，直到黑格勒时期才明确指出，如果构成要件中包含有能够类型性地揭示何种犯罪成为问题的所有要素的话，那么主观的要素也必须已经在构成要件符合性中成为无法抛弃的基准。也就是说，基于错误获取他人财物或骗取他人财物时，因欠缺违法领得或违法利得的意思从而不符合盗窃罪或诈骗罪的犯罪类型。因此，主观的构成要件要素理论虽然在个别细微的问题上不是没有论争的余地，但进入 1930 年代之后已经发展为有力的见解，而且在今天已然确立为德国和韩国刑法理论学中无可争议的理论。

目的行为论的登场，不仅把指向客观行为状况之实现的意思作用视为构成要件故意，而且将其视为一般的、主观的构成要件要素，从而在犯罪体系上对古典体系产生了哥白尼式的革命。然而，这种结果事实上也只不过是在主观的构成要件要素的发现中所开始的、在为构成要件概念之再构成的阶段性发展方向上的一个进步而已。

在今天，构成要件的犯罪类型即杀人、过失致死等在不法阶段中基于故意或过失在本质上做了相区别的规定已经成为常识。这便意味着构成要件故意作为构成要件要素赋予了构成要件自身以重要的意义。因此，在今天，关于构成要件客观性的贝林的命题已经完全被新的构成要件理论所征服。

四、规范的构成要件要素的发现

在贝林的构成要件概念中，关于构成要件无价值性的命题也因规范的构成要件要素的发现而动摇了其论据。规范的构成要件要素作为修正贝林的构成要件理论的决定性契机最早是由 M. E. 麦耶所主张的。

正如在前述中所言及的那样，麦耶原则上是以构成要件的无价值性或价值中立性为出发点的。构成要件的充足是违法性的一个征表（Indiz），构成要件与违法性之间的关系是烟与火的关系。在这种意义上，麦耶也如同贝林所主张的那样认为，构成要件仅仅是违法性的认识根据（ratio cognoscendi），而不是违法性的构成要素。其原因在于，原则上把构成要件视为无价值性的缘故。

以上所言及的内容并不适用于规范的（价值判断的）构成要件要素。例如，诬告罪（第156条）中的事实的"虚伪性"、盗窃罪（第329条）中的财物的"他人性"这种要素便是规范的构成要件要素。这些要素并不是单纯描述某种对象或与行为人的行为之间存在关联性，而是包含有部分的前置于违法性进行价值判断的法的评价。如果是这样，窃取"他人"财物的人便是侵害他人所有权的人，对该所有权的侵害便构成了盗窃罪不法的本质性要素。

麦耶正是基于这一点关于规范的构成要件要素作了如下的论述："规范的构成要件要素是违法性的真正的要素。并不征表违法性反而赋予违法性以根据的，因此成为违法性的存在根据（ratioessendi）而不是认识根据的行为状况是属于违法性的违法性构成要素。"

这样看来，规范的构成要件要素无疑具有双重性质。"联结一方面位于法律的构成要件的方面和另一方面位于违法性的方面的"便是规范的构成要件要素。贝林（Beling）的构成要件概念中的构成要件的无价值性因规范的构成要件要素的发现而丧失了能够进一步支撑的根据。

五、作为暂定的不法判断的构成要件概念的确立

因规范的构成要件要素的发现致使对构成要件概念的认识产生了急剧的变化。麦兹格和恩吉斯（Engisch）等的研究结果也逐渐证明，规范的构成要件要素的范围远远要比最初 M. E. 麦耶的设想宽泛得多。这种发展在埃里克·沃尔夫（Erik Wolf）的主张中达到了高潮，即沃尔夫认为，即使是迄今为止被视为单纯的记述性概念的"自然人"或"财物"，因在某些事例中是规范性的，从而也有必要进行违法性判断的评价。

对于这种观点的正确性是没有怀疑的余地的。例如，在哪一时点上开始称为胎儿绝不是由无价值的记述所能够解决的。反而，应该决定于从哪一时点上将对该生成中的生命的侵害评价为违法进而视为刑法上的保护对象。实际上，把受精卵接进子宫并着床后的阶段判断为胎儿就是一例。因为人的始期和终期也是法的评价的结果，所以已经视为人还是尚不视为人绝不是与规范的评价无关的。例如，民法上虽然主张人的始期开始于出生的终了，但是刑法上由于能够把分娩中的伤害或杀害评价为伤害罪或杀害婴儿罪等，所以把作为生产之开始的阵痛之初视为人的形成①。这样看来，构成要件是彻头彻尾的规范构造物，具有"价值要素与存在要素的不可分的结合构造"的性质。

其结果，构成要件的无价值性对于规范的构成要件要素来说已经没有谈论的必要，而且对于所有记述性构成要件要素来说也没有再加以固执的必要。正是基于这种观点，麦兹格才强调构成要件是违法性的存在根据（ratio essendi），内含有暂定的不法判断。

把构成要件视为暂定的不法判断的这种观点是从作为新古典犯罪体系之理念背景的新康德学派的"价值关系的思考"中受到决定性影响而形成的。今天的不法构成要件概念（狭义的构成要件概念）也是作为该暂定的不法判断以构成要件概念为基础的，这确立了新古典的·目的的合一体系的构成要件概念。

六、构成要件独立性的认定问题

问题是，关于构成要件的普遍规范性的这种认识可以把构成要件把握为是针对实质的违法性的一个形式上的辅助手段。如果是这样，人们担心的是从古典的犯罪体系中沿袭下来的构成要件在犯罪体系上的独立性地位是否被动摇。这是因为，不法构成要件的外观虽然是构成要件，但其内容却是实质的违法性的全部。

与此相关联而产生的疑问是，在犯罪体系论上构成要件符合性能否维持与违法性相独立的体系范畴。这一点便是构成要件与违法性之间的关系问题。

从体系的角度讲，构成要件具有区别刑法上的行为类型和非刑法上的行为类型的第一层次的机能（选别机能），而且为维持其界限的明确性要严格适用罪刑法定原则的要求。相反，违法性具有对适法和不法的最终性

---

① 韩国的通说、判例（大法院判决 1982 年 10 月 12 日，81 DO 2621）。

的判断机能，在其限度内作为社会调解性的利益衡量和社会秩序原理发挥着作用。

既然能够这样区别两者的刑事政策性机能，那么在体系上也加以区别构成要件与违法性并在各范畴中承认独立性的做法就是正确的。

第三节　构成要件的区分

一、基本的构成要件与变形的构成要件

（一）基本的构成要件

基本的构成要件（Grundtatbestand），是指在所属的刑法规范所规定的一定不法类型的诸种形态中，在能够成为基础性出发点的程度上在该当不法类型中内含既具有本质性又具有共同性的要素的构成要件。例如，杀人罪中的普通杀人罪（第 250 条 1 项），伤害罪中的普通伤害罪（第 257 条 1 项），盗窃罪中的单纯盗窃罪（第 329 条）等即是。

刑法分则上的诸种规定并不是一种无秩序的排列，而是存在着以基本的构成要件为核心的内在的关联性。在刑法分则中，存在着从基本的构成要件中变化出来的诸种构成要件，而且可以将其区分为派生的构成要件和修正的构成要件。派生的构成要件还可以进一步细分为非独立派生的构成要件和独立派生的构成要件。其中，非独立派生的构成要件包含有加重的构成要件和减轻的构成要件两种。独立派生的构成要件又叫做独立的犯罪（delictum sui generis）。与此相比，修正的构成要件包括预备、阴谋罪、未遂犯、共犯及共同正犯、间接正犯等。

（二）加重的构成要件

加重的构成要件（Qualifizierter Tatbestand）是指在基本的构成要件基础上追加刑罚加重事由的构成要件。该加重事由是以不法加重为基础还是以责任加重为基础则是应该根据各构成要件的解释进行揭示的问题。例如，与普通杀人罪相比尊属杀人罪（第 250 条 2 项）、与普通伤害罪相比尊属伤害罪（第 257 条 2 项）、与单纯盗窃罪相比特殊盗窃罪（第 331 条）等就属于不法加重，与基本犯罪相比各种常习犯就属于责任加重。

（三）减轻的构成要件

减轻的构成要件（Privilegierter Tatbestand）是指在基本的构成要件基础上追加刑罚减轻事由的构成要件。在该减轻事由是以不法减轻为基础还是以责任减轻为基础是各构成要件解释上的问题这一点上，与前述加重的构成要件的情况是相同的。作为减轻的构成要件之例有：与普通杀人相针对的婴儿杀害罪（第 251 条），基于委托、承诺的杀人罪（第 252 条 1 项）等。

德国的通行做法是，替代减轻的构成要件这一用语而使用减轻的变形这一包括性用语。在此之下还包括如亲族相盗例这种人的处罚阻却事由或如亲告罪、反意思不罚罪这种追诉条件。

（四）独立的犯罪

独立的犯罪，是指虽然与基本的构成要件上的犯罪及变形的构成要件上的犯罪之间存在犯罪学上的关联性，但在犯罪体系上作为与其相独立的派生物而享有特性的犯罪构成要件。这是指虽然在保护法益和行为记述上与基本的构成要件及变形的构成要件之间存在相似性，但在性质上与基本的构成要件之间没有任何关联性。

可以把形成含有独立不法内容的独立法规范的犯罪构成要件称为独立的犯罪。例如，与杀人罪和伤害罪相对的过失致死伤之罪，与盗窃罪和抢劫罪相对的准抢劫罪（第 335 条），与盗窃罪和暴行、胁迫罪相对的抢劫罪（第 333 条），与普通杀人罪和尊属杀害罪、婴儿杀害罪相对的自杀参与罪（第 252 条 2 项）便是独立的犯罪。

还可以把独立的犯罪作为基本的构成要件从而再次形成派生的加重的构成要件。抢劫罪对于盗窃罪来说虽然是独立的犯罪，但对于特殊抢劫罪（第 334 条）这种加重的构成要件来说则是基本的构成要件。

二、封闭的构成要件与开放的构成要件

（一）封闭的构成要件的意义

封闭的构成要件（Geschlossene Tatbestände），是指由于法律毫无保留地记述关于犯罪行为样态的各要素，致使禁止的实质被封闭或完结的构成要件。由于罪刑法定原则的法律确定性就是要求构成要件的封闭性，所以

几乎大多的构成要件都是封闭的构成要件。

（二）开放的构成要件的意义

开放的构成要件（Offene Tatbestände），是指法律只记述构成要件要素的一部分，而针对剩余部分则只提示法官需要补充的观点，以此把构成要件的补充委任于法官的构成要件。作为这种"开放的"或"以补充为必要"的构成要件的，有过失犯和不纯正不作为犯。也就是说，这是因为，过失犯只对作为法益侵害或法益危殆化的结果事态以不法形式进行了记述，而对于被禁止的犯行，法官则必须要根据"往来交通上的必要的注意"的侵害这种观点来加以确认；而不纯正不作为犯开放了正犯的范围，对此法官必须要根据"保证人地位"这种观点来加以补充。

（三）批判

从最早由威尔滋尔提出根据在构成要件上是毫无保留地记述禁止的实质还是以法官的解释、适用上的补充为必要把构成要件区分为封闭的构成要件和开放的构成要件以来，得到了毛拉赫（Maurach）、齐普夫（Zipf）等的支持。但是，自洛克辛（Roxin）对于开放的构成要件提出彻底地批判以来，在今天，封闭的·开放的构成要件的划分本身已经失去了意义。

构成要件作为不法类型具有定型性，因此虽然存在需要补充的一定的义务要素，但其自身却是已经能够特定为构成要件要素的封闭的构成要件，而不是开放的构成要件。法官的补充仅仅是对构成要件要素之一部分的法发现的活动，而绝不是创设构成要件要素。这是因为，基于法官之补充的不法的创设和不法类型的定型性要求之间是无法相互容纳的。①

第四节　构成要件要素的区分

一、记述的构成要件要素与规范的构成要件要素

（一）记述的构成要件要素

在构成要件要素中能够用五官的作用加以感知的对象的或物的要素就是记述的构成要件要素（Deskriptive Tatbestandsmerkmale）。例如，建筑

---

① 裴钟大，152 页；李廷元，79 页；李炯国，研究 I，151 页；郑盛根、朴光玟，127 页。

物、饮用水、人、妇女、凶器、物件、杀害、放火等要素即是。这种构成要件要素因为是能够通过肉感加以感知的对象或行为状况，所以能够很容易的根据事实确定来把握其用语的意义。因此，在其用语的适用或理解上，原则上并不需要价值评价。

（二）规范的构成要件要素

在构成要件要素中，仅以其用语的记述自身难以确定其内容，而只能根据规范的指示或评价认识其意义的精神性的或价值性的要素就是规范的构成要件要素（Normative Tatbestandsmerkmale）。例如，"财物"的"他人性"、淫乱性、名誉、侮辱、文书、"危险"物品、公共安全、公共危险、行使之目的、违法领得之意思等要素即是。这些构成要件要素因为是只能够进行精神性理解的法概念或价值概念或意义概念，所以在其适用或理解上原则上以法的或伦理的评价为必要。

（三）区分两者的实际意义

两者的区别在故意与错误理论中有着重要的意义。① 也就是说，故意对于记述的构成要件要素来说仅以基于五官作用的肉感性感知为已足，但对于规范的构成要件要素来说则要求基于思考之作用的精神性理解。其理解的程度达到与非专家层面的评价相平行的评价即可（Parallelwertung in der Laiensphäre）。

关于记述的构成要件要素的错误虽然始终是构成要件错误，但关于规范的构成要件要素的错误则根据情况的不同而可能成为构成要件错误或禁止错误。

两者的区别并不是时常明确的。例如"人"这一记述的构成要件要素，如果从其始期和终期的角度来看始终是以规范的评价为前提的。禁止所有和持有的鸦片吸食器具或军用物品、尸体等是否符合财物也是需要规范性评价的。相反，作为规范的构成要件要素的违法领得之意思或公共的危险性则只有在与客观状况或经验的实在方面相关联中，才能够被评价。

---

① 柳全哲，《关于规范的构成要件要素的小考》，刑事法研究第 10 号（1998），21 页；裴钟大，153 页；任雄，96 页。

二、被记述的构成要件要素与不被记述的构成要件要素

（一）被记述的构成要件要素

根据罪刑法定原则的法律明确性的要求，大多构成要件要素在罪刑规范中是被明确记述的。被记述的构成要件要素（Geschriebene Tatbestandsmerkmale）是指明确描述不法类型的构成要件要素。其无论是主观的构成要件要素还是客观的构成要件要素或无论是记述的构成要件要素还是规范的构成要件要素，原则上大多构成要件在不法类型的范围内是明确记述其要素的。

（二）不被记述的构成要件要素

在设定的不法类型范围内没有被明确描述的构成要件要素就是所谓的不被记述的构成要件要素（Ungeschriebene Tatbestandsmerkmale）。这些要素作为刑法理论学上所确立的原则是各构成要件共同的要素，因此有些情况是在总则中进行一般性的规定或者作为立法技术上的省略而不进行记述，也有些情况虽然是不法类型所不可或缺的要素但因立法的未成熟而未被记述。

作为前者之例的有故意犯中的故意、结果犯中的因果关系及客观归属等，作为后者之例则有如诈骗罪中欺骗行为与被欺骗者的交付行为之间的因果关系、盗窃罪中的违法领得的意思、诈骗罪或背任罪中的违法利得的意思等。

第五节　构成要件要素

自主观的构成要件要素被发现以来，在今天的刑法学上客观的构成要件要素和主观的构成要件要素的区分已经成为没有议论余地的定论。首先，必须要充分地认识到符合构成要件的行为无一例外的构成外部（客观的）·内部（主观的）要素的意义统一体。在这种意义上，也可以把构成要件视为客观的·主观的要素的意义统一体。

客观的构成要件要素中包括构成要件行为、行为主体、行为客体、行为手段或方法及构成要件结果等。此外，在结果犯中，行为与结果之间的因果关系也属于客观的构成要件要素。

主观的构成要件要素中包括故意犯中的故意和过失犯中的过失。尤其

在故意犯中，构成要件故意也叫做一般的主观不法要素。此外，作为特殊的主观不法要素有财产犯罪中的不法领得意思、目的犯中的目的、倾向犯中的内在倾向等。

第六节 客观的构成要件要素

一、意义

在构成要件要素中，能够用外部来加以感知的行为主体、客体、行为、手段、结果等客观要素的总体称为客观的构成要件要素。为记述或讲学上的方便，在客观的构成要件要素中与行为相关联的不作为犯和行为与结果之间的因果关系及客观归属问题将在另一节中进行说明。

二、行为主体

（一）自然人

所有的自然人不论年龄、精神状况、人格之成熟如何都能够成为犯罪主体（Deliktssubjekt）。因此，刑事未成年者或精神病者也能够成为行为主体。与自然人行为主体的地位相关联而特别成为问题的是身份犯（Sonderdelikt，Statusdelikt）和亲手犯（Eigenhändiges Delikt）。

1. 身份犯

在自然人中，存在着只具有一定身份关系的人才成为行为主体的情况。这就是身份犯。只有在法律上存在一定的身份才能认定正犯性的构成要件叫做纯正身份犯。除自然身份犯外，法定身份犯中也有很多是属于纯正身份犯的。如强奸罪、与各种公务员的职务相关联的犯罪、业务上秘密泄露罪、不纯正不作为犯等即是。法律上一定身份的存否并不影响正犯性自身而只影响刑之加减的构成要件叫做不纯正身份犯。其中包括各种业务上的加重犯罪、特别责任要素的符合者等。为特别规制这些身份犯的犯罪参与形态，韩国刑法规定了第 33 条（共犯与身份）。

2. 亲手犯

原则上，自然人能够与他人一起或利用他人实施犯行。但是，作为例外还存在只有正犯自身才能够实施犯行从而成立犯罪而利用他人不能实施犯行的犯罪。这就是亲手犯。如伪证罪（第 152 条）、脱逃罪（第 145 条）、虚假公文书作成罪（第 227 条）、通奸罪（第 241 条）、军务脱离罪

（军事刑法第30条）等即是。

亲手犯只能以直接正犯的形态成立。其结果，针对亲手犯，是不可能构成间接正犯的。在这种意义上，亲手犯也叫做固有犯。

（二）法人

1. 法人的犯罪主体性

法人在原则上与自然人同样可以成为犯罪行为的主体。然而，法人仅仅是法律上的人格体并不具有自然人的身心，因此不可能具有像知、情、意那样的情绪、动机或血缘关系等。这样，法人如果想成为犯罪行为的主体，就只能根据犯罪构成要件的性质进行例外的认定。其具体判断则归属于构成要件的解释问题。

关于法人是否为犯罪主体历来就有诸多见解的对立，而且法制度也是多样的。在德国，是作为法人的行为能力（Handlungsfähigkeit）和责任能力（Schuldfähigkeit）的问题来处理的，而在英美则是作为责任能力（liability）的问题进行处理的。在韩国，则把该问题通常称为法人的犯罪能力并进行处理。这时的犯罪能力是包括法人的行为能力和责任能力及受刑能力在内的概念。

以下，围绕法人的犯罪能力在概观学说上的论争和判例的立场之后，详细考察一下法人的行为能力、责任能力及受刑能力等具体的论争点。

2. 法人的犯罪能力

（1）学说　关于法人的犯罪能力，韩国的多数说采取的是否定说。①肯定说②以及部分肯定说③则属于少数派见解。判例则否认法人的犯罪主体性（大法院判决 1961 年 10 月 19 日，4294 刑上 417；1984 年 10 月 10日，82 DO 2595；1985 年 10 月 8 日，83 DO 1375）。

> **【判例】**　否认法人的犯罪主体性：在背任罪（刑法第 355 条 2 项）中，即使负有处理他人事务之义务的主体是法人，法人也只能

---

① 朴相基，64 页；裴钟大，168 页；孙冻权，93 页；孙海睦，217 页；李廷元，64 页；安铜准，57 页；李在祥，92 页；郑荣锡，78 页；陈癸浩，96 页；黄山德，78 页。

② 金日秀，韩国刑法Ⅰ，306 页；郑盛根、朴光玹，90 页。

③ 权文泽，刑事法讲座Ⅰ，126 页；申东云，97 页；任雄，68 页；刘基天，98页。

成为司法上的义务主体，并不具有犯罪能力。事务只能依据代表法人的作为自然人之代表机关的意思决定的行为来加以实现，所以该代表机关具有按照法人所负担的他人的义务内容来处理事务的任务。因此，关于法人具有处理义务的他人的事务，代表该法人处理事务的自然人才能成为背任罪的主体（大法院 1984 年 10 月 10 日，82 DO 2595 全员合意裁判决）。

① 否定说的论据

Ⅰ 法人因不具有与自然人相同的心理和身体，所以也不具有行为能力。

Ⅱ 法人是通过作为其机关的自然人来实施行为的，因此只对自然人科处刑事责任即可，没有必要处罚法人自身。

Ⅲ 如果处罚法人，其效果在实质上将波及法人的构成成员。这将导致处罚与法人无关的第三者的结果，违反罪责自负原则。

Ⅳ 法人因不能进行主体性的伦理的自我决定，所以无法对法人进行作为刑罚之前提的伦理性责任非难。

Ⅴ 法人因在公司章程所设定的目的范围内享有权利能力，所以犯罪无法成为法人的目的进而也将否定法人的犯罪能力。

Ⅵ 虽然对法人科处作为财产刑的罚金刑是可能的，但是既然现行刑罚制度把生命刑、自由刑作为核心，那么以此可以推断现行刑法只把自然人作为了犯罪及受刑的主体。

Ⅶ 对于法人基于犯罪所获得的财产或利益的剥夺，可以根据刑罚以外的刑事政策性手段来完成。

② 肯定说的论据

Ⅰ 否定法人的犯罪能力依据的是法人拟制说，但在法人实在说看来是不妥当的。

Ⅱ 法人可通过其机关形成意思并实施行为。

Ⅲ 法人因不具有与自然人相同的身体，所以虽然作为是不可能的，但不作为却是可能的。

Ⅳ 虽然法人成立于适法的目的之下，但某种行为即使不符合公司章程的目的，也将有效地成立行为，因此也可以实施违法的行为。

Ⅴ 对于法人来说，财产刑和资格刑及没收、追征等也能够成为有效的刑事制裁。作为与生命刑和自由刑相适应的制裁，可在立法论上考虑法人的解散和停止营业、融资的限制、许可的剥夺等。

Ⅵ 如果把责任能力视为社会责任的归属能力，对于法人来说也将能够认定该责任能力。

Ⅶ 法人机关的行为具有一方面是作为机关成员之个人的行为另一方面又是法人的行为这种两面性，因此法人的处罚不是双重处罚而是法人自身的行为责任。

Ⅷ 从重视法人活动的实情来看，承认法人的犯罪能力和受刑能力在刑事政策上是必要的。

③ 部分肯定说的论据

Ⅰ 对于刑事犯虽然否定法人的犯罪能力，但在强调技术性或合目的性要素的行政犯中则能够认定法人的犯罪能力。

Ⅱ 虽然原则上否认法人的犯罪能力，但在存在法人处罚规定的情况下，仅在其范围内例外地认定。

④ 结论　应该肯定法人的犯罪能力。在产业化之后的现代社会的经济力量中，法人要比个人占有更大的比重。法人不仅根据法人的机关实施行为，而且带领诸多从业人员通过指挥、领导他们把他们的活动利益归属于法人自身。因此只有考虑归属于法人的个人行为者以及法人自身的犯罪与处罚，才有可能有效地统制犯罪。只根据对自然人的统制来期待实现对企业犯罪的统制是不现实的。在不断变化的现代社会的经济活动领域中，肯定法人的犯罪能力并不是过于强调犯罪统制，因此不违反刑法的补充性要求。

（2）法人的行为能力　法人的活动是由作为机关的组成成员的活动构成的。与组织活动相一致的机关的行为始终属于法人自身的行为。既然法人自身是对在法上具有意义之行为的归属的归结点，就不得不承认法人的行为能力。① "法人也是义务的受命者，因此当违反规范的命令时，可以认定义务侵害"② 的这种见解也可以理解为是同出一辙的立场。

当前的趋势是，在理论上广泛承认关于法人的犯罪主体性。尤其强调这一点的是所谓企业犯罪、环境犯罪及一般经济犯罪的领域。这样看来，证券交易法第 107 条 1 项及第 208 条 3 号（一任买卖交易的限制）违反罪的行为主体已经表明是作为法人的证券公司。1994 年以来，在英国即使针对需要个人责任之立证的事案也常常认定法人的刑事责任。在某些事例

---

① 相同见解有郑盛根、朴光玟，88 页。

② Hirsch, Strafrechtliche Verantwortlichkeit von Unternehmen, ZStW 107（1995），S. 289.

中，公司还受到了故意杀人罪或过失致伤罪的有罪判决。①

然而，当考虑否认法人的犯罪能力还是多数说和判例倾向的韩国刑法的论争现状时，只在财产罪和经济、环境、关税、税收、企业犯罪这种限定范围内认定法人的行为能力是明智的。但是，对于只具有自然人的人格表现之意义而难以看做是组织体之活动的构成要件，就不具有认定法人的行为能力的余地。例如，杀人、抢劫、强奸、通奸、以婚姻为借口的奸淫等犯罪即是。

（3）法人的责任能力 将责任视为是对作为自然人之行为者个人的意思形成的伦理非难可能性的立场，否认法人的责任能力。② 相反，在把团体的决意视为法人之意思形成的基础因此认为对该团体的意思形成进行责任非难也是可能的立场，则肯定法人的责任能力。

既然只有义务规范的受范者才能对犯行承担责任且该义务规范仅对能够主动形成意思的自然人之个人才有可能，就只能否认法人的责任能力。然而，责任只能归属于作为自然人的个人这一结论并不是在任何情况下都是正确的。对于具有法意义的行为，法能够主动决定责任归属的归结点是谁。如同在民商法中认定法人的不法行为责任一样，即使在刑法中也能够同样把对法人机关之犯罪行为的责任归属于法人自身的责任（例如公职选举及选举不正防止法第 260 条）。结果，法人因为是其机关之行为的权利或利益的归属主体，所以能够成为不法行为的责任的主体。尤其是，刑法比起伦理责任更加重视法的·社会的责任，因此对于法人的责任归属也就更加可能。

（4）法人的受刑能力 如果承认法人的犯罪能力（行为能力与责任能力），就应该同时承认受刑能力。然而，事实是现行刑罚体系主要关注的是自然人，因此，只能对自然人科处的生命刑或自由刑就不能适用于法人。而且，法人的解散和停止营业也不是刑法所承认的刑罚。也有立场强调这一点来否认法人的犯罪能力本身，③ 但这是不妥当的。因为，即使在现行刑罚制度中也存在能够适用于法人的财产刑如罚金或科料等，而且现今的罚金刑已被主刑化，刑罚的核心也由生命刑转为自由刑、由自由刑转为罚金刑。

---

① A. Ashworth, ZStW（1998），S. 471.

② 李在祥，93 页；陈癸浩，125 页。

③ 李在祥，94 页。

《**参考**》德国的秩序违反法虽然规定对法人不科处刑罚而代之以科处罚金，但是德国多数说的立场却不以此为根据否认法人的犯罪能力和受刑能力。

考虑到现今给法人带来非难的犯罪现象的变化和对作为法人之机关构成成员的自然人的处罚已经不能成为对法人犯罪活动具有实效性的对策这一刑事政策的观点及英美法系的立法趋势，对法人自身的刑事处罚的必要性在逐渐的提高。

如前所述，从立法论的角度来看，对法人可以考虑与生命刑相应的解散、与自由刑相应的一定期间的营业活动的停止、融资的限制、许可的剥夺等。这是因为，企业犯罪时常与商业、工业、金融业相关的法人活动相关联而发生。

3. 两罚规定

（1）在各种经济刑法或行政刑法中，规定除直接实施行为的自然人外还处罚法人（税收犯处罚法第 3 条，关税法第 195 条以下，对外贸易法第 58 条，证券交易法第 215 条，船员法第 148 条，河川法第 85 条，航空法第 179 条，水道法第 64 条，麻药法第 71 条，药事法第 78 条，文化财保护法第 94 条等）。这便是两罚规定。即使否认法人的犯罪能力与受刑能力的立场也强调经济刑法或行政刑法的伦理要素比较弱而合目的的·技术的要素比较强的特殊性，并例外地承认在存在两罚规定的情况下处罚法人。即认为，在存在两罚规定时，法人虽然不具有犯罪能力但具有受刑能力。①

【**判例**】　因为法人通过作为机关的自然人实施行为，所以即使在自然人作为法人的机关实施犯罪行为的情况下，作为行为者的自然人也要对犯罪行为承担刑事责任。只是在为实现法律的目的而存在特别的规定时，在处罚行为人之外还要对法律效果之归属的法人科处罚金刑（大法院判决 1994 年 2 月 8 日，93 DO 1483）。

然而，这种理论构成却不具有论理一贯性。相反，如果从一般性的肯定法人的犯罪能力与受刑能力的立场来看，两罚规定并不是法人的例外性

___
① 刘基天，108 页；李在祥，95 页；李炳国，研究 I，166 页；郑荣锡，80 页；陈癸浩，125 页。

处罚规定而应该是当然性的处罚规定。其意义就在于，因为在性质上并不是处罚法人或自然人任何一方也可以的事案，所以通过同时处罚两者来提高预防犯罪的实效性（例如证券交易法第 215 条的两罚规定）。

（2）两罚规定的类型有以下几种：第一种类型：以法人的共犯责任为根据进行处罚的情况（船员法第 148 条 2 项等），第二种类型：明示以法人的过失责任为根据进行处罚之旨趣的情况（船员法第 148 条 1 项但书等），第三种类型：无任何条件的或没有规定免责事由的典型性两罚规定的情况（文化财产保护法第 94 条等）。

4. 处罚法人的合理性根据

如果说法人是应该主动承担刑事责任的主体，那么其合理性根据何在？尤其是根据前述所言及的两罚规定类型中的第三种类型对法人进行处罚时，法人的刑事责任的性质及合理性根据是什么？对此理论上存在着争论。韩国和日本的学者大部分把过失责任作为其理论上的根据，而德国学者则主要把不作为责任作为理论上的根据。

（1）无过失责任说　这是以基于从业人员的违反行为而发生的违法事实为条件来认定某种无过失责任的所谓转嫁责任或代位责任的见解（大法院判决 1983 年 3 月 22 日，81 DO 2545[1]）。该学说把两罚规定理解为要求犯罪主体与受刑主体相一致的责任原则的例外。[2] 然而，这也可能遭到如下批判：即在刑法中承认无过失责任是无视责任原则的错误的立法政策。[3]

（2）过失责任说

① 过失推定说　是虽然存在从业人员的违反行为但把法人对从业人员的选任或监督上的懈怠的责任视为立法者在法律上的推定的见解。[4] 然而，在不顾从业人员是按照法人机关的指示实施的行为或法人机关事前就知晓从业人员的违反行为时，尽管难以构成过失责任但却推定为过失是存在矛盾的。[5]

② 过失拟制说　该学说是以对从业人员的监督不充分的过失责任为

---

① 大法院判决 1983 年 3 月 22 日，81 DO 2545："在根据贸易交易法第 34 条的两罚规定处罚法人时，只要作为实际行为者的该法人的使用者对没有经过正当程序的进口存在认识，便可成立作为犯罪主观构成要件的犯意。"

② 裴钟大，172 页；刘基天，108 页；李在祥，96 页；黄山德，78 页。

③ 持相同批判的有，裴钟大，172 页；李廷元，66 页；任雄，69 页。

④ 陈癸浩，127 页。

⑤ 持相同批判的有，郑盛根、朴光玟，92 页。

根据，只要存在从业人员的违反就拟制为在法律上当然性的存在法人的过失，因此不能以无过失证明来免责的见解。该见解将即使不存在过失的情况也拟制为存在过失，所以在结果上与无过失责任说没有不同。在韩国没有主张该见解的学者。

③ 过失责任说 该学说认为，对法人的处罚来源于法人在作为经营事业主导者的地位上违反了对从业人员在业务全盘过程中产生的结果的预见义务和回避义务的过失责任。并不是把他人行为的责任归属于或转嫁于法人，而是法人自身违反监督上注意义务的自我行为责任。①

④ 不作为监督责任说 该见解认为，从业人员的违反行为是基于机关的监督义务懈怠而归属于法人的法人自我责任，是以对法人机关从业人员的管理、监督义务违反为基础的不作为责任。②

(3) 结论 在否认法人的犯罪主体性的立场来看，把依据两罚规定法人应该承担的责任视为无过失责任的无过失责任说的立场是妥当的。但是，从肯定法人的犯罪主体性的立场来看，在论理上或刑事政策上均能够包含故意责任与过失责任两者的不作为责任说更为妥当一些。即，当法人希望从业人员的违反行为或在知晓的情况下没有制止时，基于故意的监督责任的懈怠；当不知晓时基于过失的监督责任的懈怠成为不作为形式的问题。

这时应该注意的是，应该认识到对于法人机关的不法行为是法人自身的实行行为责任的问题。不作为监督责任说导致对法人认定了一般性的、包括性的管理监督义务，所以面临着不仅责任范围不明确且有导致嫌疑刑之危险的批判。因此，考虑到法人活动构造上的特性，划分为法人机关的不法行为是法人自身的实行行为因此是法人的不法行为责任，而对于法人从业人员的不法行为是管理监督上的不作为责任更为宜（所谓不作为监督责任·行为责任二元说）。③

5. 非法人团体及组织的犯罪主体性

虽然承认法人的犯罪主体性，但关于组织或无权利能力的社团、财团等既然没有实定法上的特别规定，其就并非当然性的具有犯罪主体性（大法院判决 1997 年 1 月 24 日，96 DO 524）。这是因为，虽然团体也进

---

① 权文泽，《法人的刑事责任》，136 页；郑盛根，138 页；郑荣锡，80 页。

② 任雄，71 页；郑盛根·朴光玫，93 页。

③ 朴基石，《关于企业犯罪刑事责任的研究》，1988 年，106 页；赵炳宣，秩序违反法，321 页。

行社会性活动，但对其活动的社会性统制指向的却是组成成员的个人，而不是团体的实体，因此能够获得充分的实效性。

【判例】　不具有法人格的社团这种团体虽然与法人一样能够成为司法上的权利义务的主体，但既然法律上没有明文规定，就不具有犯罪能力。该种团体的业务只能由代表该团体的自然人，即由基于代表机关之意思决定的行为来实现。在 1995 年改正前负有建筑法规定上的建筑物维持管理义务的管理者是没有法人格的社团的情况下，应该视为是其代表机关的自然人（大法院判决 1997 年 1 月 24 日，96 DO 524）。

三、行为客体

（一）意义

行为客体（Handlungsobjekt）是指实现构成要件之行为的具体的对象。通常也将此称为攻击客体（Angriffsobjekt）。行为客体大部分被描述为能够从外部感知的物的对象，因此是客观的构成要件要素。例如，杀人罪中作为具体被害者的"人"，伤害罪中人的"身体"，盗窃罪中他人的"财物"等即是。行为客体与法益虽然存在概念上的区别，但犹如现象与理念的关系一样存在着密切的关联。

因为法益自身是观念上的价值，所以虽然能够成为保护的对象但却不能成为攻击的对象。相反，当行为客体遭受到现实性的侵害时，法益才间接地遭受到侵害或危殆化。因此，严格来讲，保护法益的侵害是指对行为客体所承担的共同体的特殊的生活利益及机能这种精神价值的侵害。

在这里，成为争论的问题是，是否可能存在没有行为客体的犯罪构成要件。通说认为，犯罪的本质在于保护法益之侵害，因此虽然不可能存在没有保护法益的犯罪，但却可能存在没有行为客体的犯罪。而且，就没有行为客体的犯罪例举了聚众不解散罪（第 116 条）、单纯脱逃罪（第 145 条）、拒不退出罪（第 319 条 2 项）等。① 与此相反，有反论认为，犯罪行为是把对一定行为客体的志向性作为本质性内容，因此与保护法益相

---

① 刘基天，82 页；李在祥，97 页；李炯国，研究 I，171 页；郑盛根、朴光玟，94 页；郑荣锡，82 页等。

同，不存在没有行为客体的犯罪。而且，认为前述所例举的聚众不解散罪和单纯脱逃罪的行为客体是"为维持平稳的官方法规的秩序命令"，而拒不退出罪的行为客体是"平稳的场所性空间"。① 这在本质上是没有实际意义的论争。只是前述犯罪的行为定型与其他犯罪的不同，并不具有针对一定的物的对象实施攻击的行态，因此视为没有行为客体的犯罪也是无妨的。

（二）构成要件类型

保护法益能够直接被犯罪行为所侵害或危殆化。根据对保护法益的侵害或危害的程度，可以把构成要件划分为侵害犯（Verletzungsdelikt）与危险犯（Gefährdungsdelikt）。

1. 侵害犯

在构成要件上以保护法益的现实性侵害为必要的犯罪就叫做侵害犯。作为侵害犯的大部分是杀人、伤害、盗窃、诈骗等结果犯，但也有一部分是侵入住宅、风俗犯罪等举动犯。

2. 危险犯

在构成要件上并不以保护法益的现实性侵害为必要，而是在行为的实现过程中仅以存在侵害的危险为已足的犯罪就叫做危险犯或危殆犯。也就是说，行为主体通过行为把保护法益置于危险状态中。其与侵害犯相比存在着侵害程度上的差异，即危险状态的引起作为侵害的初期阶段的情况意味着指向侵害的客观倾向。

侵害犯的既遂是在通过对行为客体的直接的实害所造成的法益的价值损伤中形成的，而危险犯的既遂是在通过接近于该实害的危险状态的引起所造成的接近于法益侵害的危险中得到确认的。

根据危险状态之引起的程度，又把危险犯划分为抽象的危险犯与具体的危险犯。

（1）抽象的危险犯　行为自身没有发生现实性危险结果的必要，只要显露出一定的危险性就可认定可罚性的犯罪就叫做抽象的危险犯。在抽象的危险犯中，危险的发生并不是客观的构成要件要素。只要该当行为具有能够引起经验法则上的危险的一般的倾向性即可。

故意或过失这种主观的构成要件也没有必要与在客观的构成要件中没有被记述的危险要素相关联，而是因与潜在的可能性相关联而被推定的。

---

① 金日秀，韩国刑法 I，311 页。

从这种立场上来看，抽象的危险犯具有一种单纯的举动犯的性质。例如，现住建筑物放火罪（第 164 条）、公用建筑物放火罪（第 165 条）、伪证罪（第 152 条）、诬告罪（第 156 条）、遗弃罪（第 271 条 1 项、2 项）、虐待罪（第 269 条）、毁损名誉罪（第 307 条）、妨害业务罪（第 314 条）等就属于抽象的危险犯。

（2）具体的危险犯　　具体的危险作为行为结果被包含在构成要件中，而且在构成要件上明示在具体情况下需要引起其危险的犯罪就叫做具体的危险犯。在这里，危险是客观的构成要件要素，而且只有当危险发生时，才能充足客观的构成要件。在这种意义上，具体的危险犯具有一种结果犯的性质。

因此，故意或过失也不能比照潜在的可能性被推定，而应该以行为人是否知晓或是否能够知晓实际引起的危险为基准来论证。例如，自己所有一般建筑物放火罪（第 166 条 2 项）、一般物品放火罪（第 167 条）、自己所有一般建筑物·一般物品失火罪（第 170 条 2 项）、煤气等器具损坏罪（第 173 条）、自己所有一般建筑物决水罪（第 179 条 2 项）、过失决水罪（第 181 条）、重遗弃罪（第 271 条 3 项、4 项）等就属于具体的危险犯。

四、保护法益

（一）法益概念的历史发展

从理论史的角度来看，法益概念是在与犯罪本质相密切关联的基础上发展而来的。在 18 世纪的启蒙时期，对个人或国家的主观权利的侵害就是犯罪这种见解占据支配性的地位。在社会契约论盛行的这个时期，当然把所有犯罪视为对被害者主观权利的侵害。甚至，从权利侵害说（Rechtsverletzungstheorie）的立场来把握犯罪的费尔巴哈也没有例外。然而，在这一阶段中法益概念尚未占有独立的地位。

进入 1839 年，随着萨维尼（Savigny）的历史法思想的登场，启蒙期的合理的、自然法的思考开始发挥着光芒。即关于作为习惯法的法的历史性生成的理论盖过社会契约论成为了理论界关心的对象。在这一背景下，1834 年毕伦巴姆（Birnbaum）在其著作《福利论》（Güterlehre）中把犯罪定义为"超越实定法的规定侵害了从自然和社会中所赋予的福利"，从而开启了法益论的理论出发点。这种思考在

19 世纪末至 20 世纪初的期间获得了更大的发展，如李斯特把法益（Rechtsgut）定义为"从法的角度具有保护价值的利益"，而宾丁则把法益把握为"作为法共同体健全的生活条件在立法者眼中具有价值的所有东西"。然而，在 20 世纪初开始成为有力的古典学派的实证主义犯罪概念则否定了超越实定法的法益概念。即认为犯罪只是对实定刑法的侵害，除此之外什么也不是。因此，在该立场中，把法益把握为只是构成要件解释的辅助手段，甚至法益被表述为"最缩简形态的目的"或"目的思想的省略语"。1920 年代之后，新古典学派、目的的犯罪体系又重新以实质的内容研究了法益概念。到了 1930 年代之后，以达姆（Dahm）和沙夫斯泰茵（Schaffstein）为核心的基尔（Kiel）学派则强调了义务思想。在这里，关于犯罪观念也转变为其第一性的不是法益侵害而是义务侵害（Pflichtverletzung）。

现今的法益概念又重新成为规定实质犯罪概念的本质要素，而且还获得了从自由主义的观点来限制刑法任务的刑事政策性机能。在这种脉络之下，耶塞克把犯罪定义为法益及义务之侵害的统一体。毋庸讳言，在这里法益思想与结果不法、义务思想与行为不法相关联。从为犯罪实体形成的刑法理论的立场来看，这两种思想占有相同的比重。然而，两者之间在与具体的不法归属相关联上并不是没有紧张关系。也就是说，从历史的角度来看，随着在当代占据支配地位的刑法观的不同，在两者之间出现了不同的强调点。

《参考》鲁道夫认为，法益概念的三种机能是：①目的论的构成要件解释的基准，②所有违法行态所共有的实质不法的核心，③规定刑事立法者的正当任务。[1]

（二）法益概念的含义

法益概念原本是指导刑事立法者的实体概念，因此，原则上约束刑事立法者并提供实质的犯罪概念。然而，这种法益也不是在宪法秩序之外，而是基于宪法秩序而受到内容上的制约。在这种方向上，如果简捷定义法

---

[1] Rudoiphi, Die verschiedenen Aspekte des Rechtsgutsbegriffs, FS-Honig, 1970, S. 151.

益概念，其是指在社会共同体内每个人为实现自我所必要不可或缺的基本条件或目的设定中与宪法秩序相一致的东西。这种法益概念并不是某种静态的价值或利益，而是具有动态的、历史的机能统一体的含义。因此，其是在宪法秩序范围内能够根据历史的变化和经验性认识的深化而不断变动的开放的实体。

（三）所谓的人的法益论

根据该种理论，法益是在刑法上需要保护的人类利益。① 依据该定义，当对社会或国家这种制度的保护成为作为个人之人类保护的条件时，其才具有法益性；同样，普遍的法益只有当所要保护的利益与个人的利益直接关联时，才具有法益性。因为刑法只能处罚个人，所以必须要把社会的、国家的制度进行个人化之后再进行处理。

当前有观点认为，由于直接面临着生态环境的威胁或克隆人类胚胎这种新的危险，所以应该把环境自身作为法益或非人类个体的人类性整体作为法益。该种观点具有应该根本性的转变一直以来以人类中心或个人中心为思考方式所带来的不合理结果这种对文明的批判性或反思性的意义。

这种非个人的法益的登场是否会导致刑法脱离传统的法治国家刑法的机能从而被扩大化。正是这种顾虑才产生了所谓的人的不法论（最早是由 M. Marx 倡导的观点）。然而，人的法益论具有如下两方面的弱点：

第一，违反了作为刑法之前提的人间像是个体存在与社会存在之整体的统合性人间像。在法中，人既是个体性存在，同时也是社会性存在。社会的、国家的利益也是不能完全转化为个人利益的剩余部分的人的利益。必须要把社会的、国家的利益还原为个人利益的态度仅仅是个人主义的观点，在法上并不是统合的现实性人类中心的思考方式。

第二，只把刑法上的法益论把握为消极的保障理论而不是积极的保护理论。法益理论是法政策性或实质性犯罪概念构成体的一部分，而刑法理论则超越法益论具有更广的社会的、规范的统制任务。法的终极性任务就是维持或恢复平稳的共同生活。所谓人的法益论的错误在于，把刑法的现实性课题还原为人的个体性存在之后又将其一般化为绝对的标准。力主人的法益论的考夫曼（Arth. Kaufmann）和马尔科斯（M. Marx）否认嘱托或承诺杀人或者自杀参与罪的法益性，就是有力说明其是把社会性规范体系

_____

① 金昌君，《人格的法益论》，法治国家与刑法，1998 年，83 页以下；裴钟大，43 页。

委任于个人处分意思的结果的例子。

（四）法益的构造

如前所述，法益概念是与行为客体或攻击客体存在严格区别的观念上的或价值上的概念。例如，在伪造文书罪中，虽然保护法益是"往来的安全"，但行为客体却是实施伪造文书时的"具体的纸张"。下列图表可以充分展示这一点。

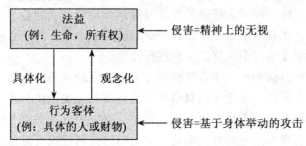

（五）法益的种类

法益在大的方面可以两分为个人享有的个人法益（Individualrechtsgüter）和共同体享有的普遍法益（Universalrechtsgüter）。在德国，虽然倾向于这种个人法益与普遍法益的二分法，但在日本和韩国三分法即个人法益、社会法益及国家法益却是通说。

个人法益还可以再细分为高度的一身专属的法益（如：生命，名誉）和非一身专属的法益（如：所有权）。

在普遍法益中，有国家共同体享有的法益即国家法益（如：司法机能，公职性，国家存立的安全性，国际性信赖等）与非国家的社会共同体为社会生活上的安全所享有的社会法益（如：道德秩序，公众保健，公共信用，公共秩序等）。

此种区别在与被害人承诺相关联上有着重要的意义。这是因为，被害人的承诺在原则上只能限于在个人所能够处分的个人法益中得到认定。然而，即使是个人法益，对于高度一身专属的法益而言在很多情况下也是不能认定被害人的承诺的。例如，即使承诺杀人亦成立承诺杀人罪（第 252 条 1 项）；即使承诺堕胎亦成立承诺堕胎罪（第

269 条 2 项）；对伤害身体的承诺，在存在法律上的限制时，也成立
犯罪。

（六）基于保护法益之单复的构成要件类型

根据通过刑法规定所要保护的法益在该当构成要件中是单一的还是多
个 的 结 合 可 以 划 分 为 单 一 犯 （ Einfache Delikte ） 与 结 合 犯
(Zusammengesetzte Delikte)。

1. 单一犯

单一犯是指一个构成要件只保护一个法益的情况。例如，杀人罪
（第 250 条），伤害罪（第 257 条），暴行罪（第 260 条）等即是。大部分
的构成要件原则上由单一犯形态构成。

2. 结合犯

结合犯是指一个构成要件保护诸多法益的情况。例如，同时把自由与
所有权视为保护法益的抢劫罪（第 333 条），同时把自由与财产权视为保
护法益的恐吓罪（第 350 条）等即是。而且，结果加重犯在原则上也是
结合犯。这是因为，如伤害致死罪（第 259 条）中，是把身体的完整性
与生命视为保护法益的。此外，准抢劫罪（第 335 条），抢劫杀人罪（第
338 条），受贿后不正处理罪（第 131 条 1 项），夜间侵入住宅盗窃罪（第
330 条）等也是结合犯之例。

五、行为

（一）意义

行为是指把犯罪付诸实行的动作。这是实现构成要件的决定性动因，
也是规定不法类型特征的要素。这是因为，几乎大部分的构成要件都具有
与各不法类型相应的行为样态。也就是说，盗窃罪是通过窃取行为、抢劫
罪是通过强取行为、恐吓罪是通过吓取行为、诈骗罪是通过诈骗行为或诈
取行为产生侵夺所有权；此外的杀害、伤害、暴行、伪造、变造、毁损、
侮辱等也是构成各独立的不法类型的行为样态。

行为是客观的构成要件要素。虽然诈骗行为、侵入行为、侮辱行为、
伪造行为等与主观意思之间存在密切的关联，但行为自身毕竟是主观认识
或意思的客观化，因此属于客观的构成要件要素。

然而，需要注意的是，应该把构成要件行为与构成要件结果视为各自

独立的要素。这是因为，结果与法益危害之间存在密切的关联，因此构成结果无价值；相反，行为与主观的态度之间存在密切不可分的关联，所以构成行为无价值。

（二）构成要件类型

1. 基于行为单复的分类

根据构成要件上所要求的行为是一个还是多个，可以分为一行为犯（Einaktige Delikte）和多行为犯（Mehraktige Delikte）。作为一行为犯的例子有杀害、盗取、侵占等；作为多行为犯的例子有抢劫（暴行与夺取）、准抢劫（劫取与暴行）、诈骗（诈骗与骗取）、恐吓（胁迫与吓取）等。

2. 基于行为的积极性和消极性的分类

根据构成要件行为是积极的还是消极的，可以分为作为犯（Begehungsdelikte）与不作为犯（Unterlassungsdelikte）。作为犯是指行为人通过积极的行为实现构成要件的犯罪。不作为犯是指行为人在被赋予的某种状况中以没有实施其应当实施的某种东西实现构成要件的犯罪。关于不作为犯将在第8章中进行探讨。

3. 基于行为引起的违法状态之继续性的分类

（1）即时犯   即时犯是指实行行为无需时间上的继续只要给行为客体造成侵害或危殆化，犯罪即达既遂（Vollendung）同时亦完成（或完了 Beendigung）的犯罪。也称作即成犯。因此，在既遂与完成之间不需要时间上的间隔。例如，杀人罪、伤害罪等大部分犯罪就符合该种犯罪形态。然而，由于即时犯是能够被下列状态犯所包含的构成要件类型，因此在德国刑法理论中通行的做法是不另外进行区分。

（2）状态犯   状态犯（Zustandsselikt）是指因违法状态的引起可罚的行为才终了并达到既遂，且其违法状态在既遂之后仍旧存续的犯罪。能够被该违法状态所包摄的既遂后的行为，无论是在完了之前还是在其之后都将成为不可罚的事后行为。盗窃罪就是状态犯的适例。例如，盗窃犯即使毁损或隐匿、处分所盗之赃物，该种行为作为不可罚的事后行为也不构成其他犯罪。

在有些情况下杀人罪也被视为状态犯的一种。这是因为，杀人犯即使把尸体放弃于原处，遗弃尸体也是不可罚的事后行为，成为问题的仅仅是杀人行为。但是，负有埋葬义务的人把尸体从杀人现场移到他处放弃时，这已经引起了其他的违法状态，因此构成杀人罪以外的遗弃尸体罪。

（3）继续犯   继续犯（Dauerdelikte）是指基于行为所引起的违法状

态一直继续到行为人所希望的时点，从而使行为的继续与违法状态的继续相一致的犯罪。例如，掠取·诱拐罪（第 287 条以下）、逮捕·监禁罪（第 276 条以下）、侵入住宅·拒不退出罪（第 319 条以下）等即是。

继续犯也是因违法状态的引起达到既遂，在这点上与状态犯相同。但是，与状态犯的区别点在于，在违法状态的继续中行为也在继续，而且只有当违法状态终止时行为才完了。

（4）区别继续犯与状态犯的实际意义　在继续犯的情况下，在违法状态的继续中存在成立共同正犯或帮助犯的可能，而且也能够合法地成立被害者的正当防卫，甚至公诉时效的起算点也是违法状态完了的时点。与此相比，在状态犯的情况下，原则上在既遂之后不可能成立共同正犯或帮助犯，不仅如此也不能成立正当防卫，公诉时效的起算点也是既遂时点。

4. 基于构成要件实现行为充足结果之程度的分类

实现构成要件的实行行为完全充足构成要件结果引起结果发生时，叫做既遂犯；因其没有被充足因而未发生结果时，就叫做未遂犯。刑法分则上的构成要件大部分设定的是既遂犯的形态。在只有存在应该例外的处罚未遂犯的刑事政策上的必要性时，刑法才把应该以未遂犯处罚的罪特别规定在各条中（第 29 条）。

六、行为手段与行为状况

（一）行为手段

在有些情况下，刑法在构成要件中与行为一起规定其行为的特殊手段。例如，在基于诱骗或暴行胁迫的杀人罪（第 253 条）中，与杀害行为一起规定了"诱骗或暴行胁迫"这种行为手段。在特殊盗窃罪（第 331 条）中与窃取行为一起规定了"夜间损坏门户、墙壁或其他建筑物的一部分，侵入住宅（1 项）；或者携带凶器或二人以上合同（2 项）"这种行为手段。特殊抢劫（第 334 条）与特殊脱逃的情况也是如此。这些行为手段虽然是客观的构成要件要素，但在其是构成行为样态的要素这点上却是行为无价值的评价对象。

（二）行为状况

某种行为为能够成为可罚的行为，在有些情况下，构成要件要求其行为在一定的场所状况或时间状况下实施。这就是行为状况或行为的外在情况。例如，在妨害执行公务罪（第 136 条）中"公务执行"这种情况，在妨害消防罪（第 169 条）中"火灾时"，在妨害决水罪（第 180 条）中"水灾时"，在公然淫乱罪（第 245 条）、毁损名誉罪（第 307 条）、侮辱罪（第 311 条）中"公然的"，在夜间侵入住宅盗窃罪中"在夜间"等情况均属于行为状况。这些行为状况虽然是客观的构成要件要素，但却是行为无价值的评价对象。这一点与前述的行为手段相同。

在体系上需要与行为状况进行区别的犯罪构成要件要素还有行为的附随情况。这作为推定行为人行为动机的客观的特殊责任要素，是心情无价值的评价对象。与行为状况作为行为无价值要素是不法构成要件要素相反，行为的附随情况作为心情无价值要素是客观的特殊的责任构成要件要素。因此，行为状况虽然是构成要件故意的认识对象，但是附随的行为情况却不是构成要件故意的认识对象，只要在行为人设定行为意思时成为意识或考虑对象，便是充分的。作为行为的附随情况的例子有，取得伪造货币后知情使用罪中的"取得后"，杀害婴儿罪中的"分娩时或者分娩后"等。

七、结果

（一）意义

结果是指与行为之间存在时间上或空间上的间隔而发生的触及行为客体的有害的作用。古典的犯罪体系的因果行为概念虽然把结果视为行为的一部分，但这种观点在今天已经被淘汰。因此，在今天，构成要件结果并不是行为的一部分，而是与行为相独立的结果犯的客观构成要件要素。构成要件结果作为不法的本质性构成要素不仅是结果无价值的评价对象，而且还具有作为量刑资料的意义。

称作结果的构成要件要素大部分具有不被记述的构成要件要素的形式。例如，杀人罪中的死亡、盗窃罪中的占有的侵夺等并没有在构成要件中被明确地记述。相反，在有些构成要件中，行为与结果是同时被记述的。结果加重犯的情况即是。

（二）构成要件类型

根据构成要件结果作为客观的构成要件要素是否必要，可以把构成要件划分为结果犯（Erfolgsdelikte）与举动犯（Tätigkeitsdelikte）。

1. 结果犯

（1）一般结果犯　结果犯是指构成要件在行为之外还把与行为相区

分的一定的结果之发生也作为要素的犯罪。也将此称作实质犯（Materialdelikte）。例如，杀人罪、伤害罪、抢劫罪、毁损罪等大部分犯罪均属于该种犯罪形态。结果犯特别要求在行为与结果之间存在因果关系和客观的归属关系。因此，在结果犯中，因果关系与客观的归属关系也是客观的构成要件要素。结果犯既能够是状态犯或继续犯的形态，也能够是侵害犯或危险犯（具体的危险犯）的形态。

（2）结果加重犯 结果加重犯是指基于故意的基本犯罪发生行为人没有预见的重的结果时，加重其刑的犯罪。这是结果犯的变形或特殊形态。结果加重犯在原则上是故意与过失的结合形式。这是纯正的结果加重犯。延烧罪（第168条），伤害致死罪（第259条），暴行致死罪（第262条），虐待致死伤罪（第269条3项、第270条3项），遗弃致死伤罪（第275条），强奸致死伤罪（第301条）等大部分的结果加重犯均是纯正的结果加重犯的形态。

另一方面，不仅基于过失引起的重的结果的情况，甚至在基于故意而引起的情况中，因为考虑到处罚的不均衡也有不得不认定成立结果加重犯的必要。这就是不纯正的结果加重犯。为明确这种情况下的重的结果是基于故意引起的，因此承认其与故意犯之间存在观念上的竞合是妥当的（多数说）。韩国刑法中的妨害交通致伤罪（第188条），现住建筑物放火致死伤罪（第164条2项），重伤害罪（第258条）等就属于这种情况。

2. 举动犯

举动犯是指并不以结果的发生为必要，只要展开一定的行为就已经充足构成要件的犯罪。也将此称作形式犯（Formaldelikte）。例如，暴行罪（第260条），侮辱罪（第311条），毁损名誉罪（第307条），公然淫乱罪（第245条），诬告罪（第156条），伪证罪（第152条）及抽象的危险犯等均属于这种犯罪形态。

3. 区别两者的实际意义

虽然大部分的犯罪是结果犯，但是在违反行政取缔法规的行政犯中也有不少是举动犯。区别两者的实际意义在于，只有在结果犯中才要求行为与构成要件结果之间存在因果关系和客观的归属关系。此外，在中止未遂的情况下，举动犯只能成立未终了的未遂（也叫做着手未遂），而在结果犯中甚至可能成立终了未遂（也叫做实行未遂）。

第七节　因果关系与客观的归属关系

一、序论

韩国刑法第 17 条在因果关系的题目之下规定"无论何种行为与作为
犯罪要素的危险发生没有关联时，不因其结果而受到处罚"。据此，明确
宣布了在结果犯中有必要确认行为与结果之间的因果关系。如果结果的发
生不是基于行为人的行为所引起时，其结果就是由其他要因所引起，而且
对行为人也只能考虑基于行为着手的未遂的责任，而不是既遂的责任。因
果关系论在以多种样态展开的犯罪现象中主要把是否果然能够基于某种观
点和基准来认定因果关系作为争论之点。甚至，关于因果关系的论争并不
仅仅是在确认自然科学意义上的因果关系，而且还包括对其范围的规范的
或评价的归属问题。但是，刑法第 17 条只是阐明了为了结果犯的结果归
属确认因果关系是必要的这一原则，至于其具体内容和方法论却绝口未
提。因此，其结果是具体的判断委任给了学说。

多数说一般经过两阶段来判断结果归属问题（二元的方法）。第一阶
段是因果关系的存否判断，第二阶段是关于客观归属关系的判断。如果对
某种行为客体的侵害不是由行为人所引起（不存在因果关系），或者即使
是由行为人所引起但无法作为其"作品"进行归属时（否认客观的归属
关系），其仅仅是与行为人无关的偶然的事件或者是无法归属于行为人的
不幸的事态，在法的意义上是不能评价为存在构成要件结果或构成要件行
为的。而且，认为在结果犯中，因果关系与客观归属可能性的诸种基准符
合不被记述的构成要件要素。

相反，少数说的立场则同时进行因果关系存否的判断与评价性归属的
判断（一元的方法）。下面具体考察一下围绕因果关系与归属的论争。

二、因果关系论

（一）意义

在结果犯中，行为与构成要件结果之间的因果关系是必要的。如果欠
缺因果关系，就只能把未遂作为问题。而且，在过失犯中必须要把既遂作
为前提，因此对于过失犯来说因果关系的欠缺就意味着不可罚。

(二) 因果关系成为问题的事例群

1. 基本的因果关系

这是指在行为与构成要件结果之间没有其他介入原因的因果关联性被认定的情况。如果在结果犯中存在基本的因果关系，就没有必要再特别确认因果关系。

2. 双重的或择一的因果关系

双重的因果关系 (Doppelkausalität) 或择一的因果关系 (Alternative Kausalität) 是指即使单独也能够充分引起同一结果的数个条件相结合使一定结果发生的情况。例如，甲在饮料中、乙在面包中各自放入了达到致死量的毒药，丙因吃下两种食品而死亡的情况。

3. 累积的或重叠的因果关系

累积的因果关系 (Kumulative Kausalität) 是指不能各自独立引起同一结果的数个条件共同发挥作用致使发生一定结果的情况。例如，A 在面包中、B 在饮料中各自独立地放入了未达致死量的毒药，C 因同时吃下两种食品致使整体量达到致死量导致 C 被毒死的情况。

4. 假说的因果关系

假说的因果关系 (Hypothetische Kausalität) 是指即使没有针对所发生结果的原因行为，基于假设的原因也具有发生相同结果的高度盖然性的情况。例如，A 在 O 乘坐飞机前射杀了 O。但是该飞机在离地的几分钟之后就因发生坠机事故导致全体机上人员死亡。即使 O 没有被 A 杀害，也肯定会因坠机事故在几分钟后死亡。在这种情况中，"坠机事故"就成为假设的因果关系。

(1) 超越的因果关系　在这里对现实的因果关系与假设的因果关系进行比较，当因为前者的现实的行为使构成要件结果的发生更快时，现实的因果关系就是"超越的因果关系"(Überholende Kausalität)。例如，死刑执行者为执行死刑在即将按下绞刑架按钮的瞬间，被其死刑犯杀害女儿的母亲为报仇抢先主动按下按钮致使死刑犯死亡的情况。又如，A 使 O 服下毒药，但在毒药发挥药效之前 B 用枪射杀了 O 的情况。

(2) 竞合的因果关系　与上述情况不同，根据任何一种行为均会同时发生结果时，现实的因果关系就是"竞合的因果关系"(Einholende Kausalität)。例如，A 把在办公室内的 O 叫到外面并射杀了 O，但是即使不是这样，O 也会因 B 事前设置在办公室内的定时炸弹而在同一时点死亡的情况。

在存在假说的因果关系的情况中，不论其是超越的还是竞合的，与现实中没有发挥作用的假设的因果过程相关联的所有原因都被称为保留原因（Reserveursache）或假说的替代要因（Hypothetischer Ersatzfaktor）。

5. 因果关系的断绝

因果关系的断绝（Abgebrochene Kausalität）是指在实施中的第一原因行为中由于"独立的"第三者行为或自然现象的介入，使构成要件结果在第一原因行为的效力产生之前发生的情况。例如，A 使 O 服下了逐渐发生药效的毒药，但在发生效力之前 B 射杀了 O。在这种情况中，A 的投毒行为与 O 的死亡之间的因果关系就是断绝的因果关系；B 的射杀行为与 O 的死亡之间的因果关系是超越的因果关系。

6. 因果关系的中断

因果关系的中断是指与第一原因行为相"关联"的第三者行为或被害者行为的事后介入，致使结果发生的情况。例如由于受到犯人的攻击而入院治疗中的重伤患者，因医生的重大过失而死亡的情况；又如因犯人的攻击受重伤的被害者在治疗中拒绝输血或对于造成残疾感到悲观而自杀死亡的情况。通常，关于因果关系中断的事例能够被包含于下列的非类型的因果关系的事例中进行说明。

7. 非类型的（非典型的）因果关系

非类型的或非典型的因果关系（Atypischer Kausalverlauf）是指虽然某一行为对构成要件结果构成原因，但结果的发生却是因其他原因的介入或者结合了被害者的错误或被害者的特异体质与状态的情况。例如，A 以杀害 O 之目的故意开枪射击，但 O 只受到轻伤，然而，因为 O 是血友病患者而死亡的情况；或者在把被害者送往医院的途中急救车发生交通事故或在医院因医生的错误治疗致使其死亡的情况。

（三）基于因果关系论的解决方法

1. 条件说

（1）意义及严格　该见解借助绝对的制约公式（condicio sine qua non Formel）认为在"没有它们就不会发生结果这种关系"中的所有条件即一同作用于结果发生的所有条件在刑法上均是对结果发生的等价的原因。在这种意义上，条件说（Bedingungstheorie）也叫做等价说

（Aquivalenztheorie）。条件说的核心点在于如下两个方面：一是，一同发挥作用的所有条件对于结果来说均是原因，无法确定条件与原因之间的区别；二是，所有条件都具有相同的原因力，在刑法上应该受到同等的评价。

　　该学说是在 1870 年由奥地利诉讼法学家尤利乌斯·格拉泽（Julius Glaser）创立的，但在 1873 年经过曾经是德国帝国法院法官的马克西米利安·冯·布里（Maximilian von Buri）的完善，现今已经成为德国判例所一贯采取的学说。日本的判例大部分也采用该学说。在韩国大法院的判例中，也有不少采取的是该学说（大法院判决 1955 年 5 月 24 日，4288 刑上 26；1955 年 6 月 7 日，4288 刑上 88）。

（2）条件说的具体适用例　条件说的具体内容取决于"你如果没有实施此行为就不会发生该种事情这种关系中的条件将全部成为等价的原因"这一原则。从这种立场出发，对于在前面所考察的关于因果关系的事例，条件说将得出如下结论：

　　① 对于双重的或择一的因果关系，如果单纯从逻辑上适用绝对的制约公式，就难以认定各条件行为与结果之间的因果关系。这是因为，即使没有 A 的条件，也会因 B 的条件发生结果，所以各个条件并不是在"没有它们就不会发生结果这种关系"中的。该矛盾成为对条件说的决定性的批判点。

　　因此，条件说对绝对的制约公式进行了如下略微的修正，即"在即使没有它们也会发生具体的结果这种关系中的条件在严格意义上并不是原因。尽管如此，其针对结果的发生以择一的或累积的或现实的条件发挥作用时，将成为同等的原因"。也就是说，以双重的或择一的形式存在的所有条件既然存在于"如果存在其中一个，就会发生结果"这种关系中，各自都会成为针对结果的原因。① 既然甲在饮料中混入毒药的行为存在于即使乙没有在面包中掺入毒药也会发生

---

① Meier, NJW 1992, S. 3197 f,；Sch/Sch/Lenckner, vor §13 Rdn. 74；Spendel, Die Kausalitätsformel der Bedingungstheorie, S. 82；Tarnowski, Die systematische Bedeutung der adäquaten Kausalitätstheorie, S. 47.

丙死亡的结果的关系中，其就是丙死亡的原因。

② 在累积的因果关系中，因为能够认定各条件在绝对的制约关系中对结果的发生具体地产生了作用，所以都具有因果性。

③ 在假说的因果关系中，认为只有现实的行为与结果之间存在因果关系，而无法认定假说的保留原因与结果之间的因果关系。这是因为，即使存在假说的保留原因，但因为现实的行为存在于如果没有它们就不会发生结果这种关系之中，所以能够确认条件性的因果性。

> 然而，即使在这里也要严格适用绝对的制约公式，在上述例中就会得出如下结论：即使不存在 A 的杀害行为，基于空中爆炸发生 O 死亡的结果也是确实的。因此，其结果 A 的行为与 O 的死亡之间并不存在因果关系。假说的因果关系也是条件说所具有的弱点之一。

④ 在断绝的因果关系中，第一行为因第二行为而断绝了指向结果发生的因果过程，因此，第一行为欠缺条件性。相反，在因果关系的中断中，由于所有条件均是等价的原因，所以在中断前后介入的所有条件与结果发生之间均存在因果关系。

⑤ 在非类型的因果过程中，当初成为根源的条件对具体的结果的发生也产生了因果性的连锁效果，所以能够确认存在因果关系。因此，在血友病或急救车交通事故之外，行为人最初的持枪杀害行为对于被害者的死亡来说也构成原因。

⑥ 在不作为犯中的因果关系中，很难适用条件说。[①] 这是因为，不作为犯与作为犯不同没有现实的力量的投入，因此无法适用没有它们就不会发生结果这种绝对的制约公式。[②]

(3) 批判 针对条件说，存在如下两种根本性的批判：

① 逻辑上的矛盾。条件说一旦把结果作为前提，就根据假说的思考过程排除毫无意义的条件。在这点上陷入到了逻辑上的循环论证法中。

② 违背事理。因为条件说不承认诸条件之间存在质的区别，所以其

----

① 郑盛根、朴光玫，142 页。

② 对此有见解认为：当带着"如果存在行为人的行为，是否可能防止结果的发生"这种疑问几乎能够肯定确实性时，就能够确认基于条件说的因果关系。参见申东云，129 页。

难点在于把无任何直接关系的条件也看做是结果的原因。也就是说，这是因为向杀人者贩卖凶器或武器的行为，甚至出生杀人者的行为也被视为是杀人的原因，因此在逻辑上没有任何困难。①

然而，第一个逻辑上的缺点在实务中是能够运用一般性的经验知识加以避免的。第二个事理上的缺点由于能够在作为主观要素的故意或过失的探讨阶段中进行矫正，所以虽然在民法中相当因果关系说或重要性说等限制的因果关系理论相当成熟，但在刑法中还是能够继续维持条件说的。

《参考》 与条件说把所有条件均视为针对结果的等价原因相比，原因说（Verursachungstheorie）或个别化说区别对结果有重要影响的条件和单纯的条件，从而只把前者视为原因并认定因果关系。在这里，依据区别原因与条件的基准出现了①必然条件说（Stübel），②优越的条件说（Binding），③最终条件说（Ortmann），④最有力条件说（Birkmeyer），⑤动态条件说（Kohler），⑥决定性条件说（Nagler）等。然而，原因说受到了如下批判：即没有明确区别原因与条件的基准，而且在区别上原原本本地引进了自然科学意义上的思考方法。因此，随着相当因果关系说中的规范性思考的出现，其也就完全消失了踪迹。

2. 合法则的条件说

(1) 意义 合法则的条件说试图依据以日常经验知识为基础的、作为自然法则之关联性的合法则的条件公式来修正条件说的缺点。在这里，合法则的条件公式是指"为了能够证明某一行为对一定的构成要件结果具有因果性，结果应该始终在时间上尾随其行为并与其行为自然法则的相关联的思维方式"。在这里，时常成为重要问题的是，存在某种自然法则（Naturgesetz），且根据该法则外界的变化及具体的构成要件结果是否随后发生于先行的情况或具体的构成要件行为之后。②

---

① 以上关于条件说的批判参见：朴相基，85 页；裴钟大，178 页；孙冻权，101 页；申东云，130 页；李在祥，135 页；李廷元，96 页；任雄，110 页；陈癸浩，195 页；郑盛根、朴光玖，142 页；Jescheck/Weigend, S. 281；Sch/Sch/Lenckner, vor §13 Rdn. 74.

② Rudolphi, SK, vor §1 Rdn. 41.

合法则的条件说（Die Lehre von der gesetzmäβigen Bedingung）最早由恩吉斯（Engisch）所倡导，目前已得到耶赛克（Jescheck）、阿图尔·考夫曼（Arth. Kaufmann）、萨姆松（Samson）、伦克纳（Lenckner）、鲁道夫（Rudolphi）、舒内曼（Schünemann）等诸多追随者的支持。目前在韩国也占据有多数说的地位。①

（2）具体内容　如果依据合法则的条件说来确定因果关系，则需要两个阶段。

第一阶段，是所谓"一般的因果关系"的确定。在这里，作为能够适用于各个事例的上位命题，探讨是否存在自然科学上的因果法则。在一般的因果关系的确定中，自然科学上的因果法则可以根据法官的主观确信来进行判断。当与专家们的专门知识的判断相比较，其能够被一般性的承认时，法官才可以使用因果法则。

第二阶段，是所谓"具体的因果关系"的确定。在这里探讨的是，具体的事案是否能够被上述的自然科学上的因果法则所包摄。在具体的因果关系的确定中，要包摄于一般因果法则中的具体事案的确定，只能依据法官的主观确信。② 依据合法则的条件说时，尤其在条件说中难以确定的不作为或救助的因果过程之断绝的事例中，有利于确定因果关系。

（3）具体适用例

① 根据此说，在双重的·择一的因果关系中，各行为均对结果形成原因。但是，必须是两个以上的原因依据我们的经验知识引起的结果。即原因与结果之间必须要存在自然法则上的关联性。

② 在累积的·重叠的因果关系中，由于是 A 和 B 给 O 服下了单独未达致死量但合在一起达到致死量的毒药，致使 O 死亡的情况，因此 A 和 B 的行为无疑均与 O 的死亡之间存在因果关系。但是，如果依据后述的客观归属的立场，行为人均承担未遂的责任。

③ 即使在假说的因果关系中现实的因果过程也是重要的。因此，既然行为与结果之间存在自然法则性关联，那么一旦存在的因果关系也不会因相同结果在相同时点会因其他事由而发生的假说所排除。

---

① 金圣天、金亨俊，131 页；朴相基，99 页；孙冻权，102 页；孙海睦，246 页；申东云，132 页；安铜准，71 页；李廷元，98 页；任雄，117 页；李在祥，146 页；李炯国，132 页；郑盛根·朴光玟，151 页；曹俊铉，137 页；陈癸浩，202 页。

② Rudolphi, SK, vor § 1 Rdn. 42.

④ 像因果关系的断绝那样在第二行为超越第一行为并断绝了其发展时，将否认第一行为与结果之间的自然法则的关联性，并只肯定第二行为与结果的因果关系。但是，当第一行为的结果使被害者的防御能力减弱进而使第二行为成功时，也应该认为第一行为与结果之间具有合法则的关联性。

⑤ 即使在因果关系的中断及非类型的因果过程中，也将认定因果关系。这是因为，构成要件行为没有必要是结果发生的唯一的条件或最有力的条件。但是，在客观的归属理论看来，在非类型的因果过程或因果关系中断成为问题的事例中，即使能够确定基于合法则的关联性的因果关系，但却不能以此推导出结果能够归属为行为人的结论。

⑥ 即使在救助性因果过程的断绝事例中，也将认定因果关系。例如，在 A 妨害欲救助 O 的 B 或者切断扔向 O 的救生带致使其没有得到救助溺死的情况中，如果根据我们的经验知识 A 断绝的是能够阻止构成要件结果发生的因果过程，那么 A 的行为与 O 溺死之间就存在合法则的因果关系。

⑦ 在不作为犯的情况下，也认定存在因果关系。这是因为，该说认为一定的人的不作为既然存在于如果实施行为就能避免结果的关系中，其就与构成要件结果的发生之间存在合法则的关联。

（4）批判及理论上的界限

① 该理论也并非时常能够对实际因果关系的探求、确定给出让人满意的答案。这是因为，像反应停（Contergan）事件（1960 年代，在德国，服用制药公司生产的作为镇静剂的反应停的妇女频繁产下畸形婴儿，因而产下畸形婴儿是否为该避孕药副作用的结果的事件）的案例那样，在即使根据正确的自然科学上的经验知识也无法进行判断的事案中，如果仅仅依据法官的主观确信，合法则的关联性的存在自身也将会不明确。

② 有批判者认为，在合法则的条件说中作为联结行为与结果的核心概念的"合法则性"，只能是未承载任何具体内容的开放式的概念，因此其只不过是依存于法官的规范常识的空虚的名称或基准。① 对此，在作为第二判断阶段的具体因果关系的确定中，要包摄于一般因果法则的具体事案的确定（以行为与结果之间存在自然法则上的因果关联为前提，基于

---

① 裴钟大，179 页。

作为日常经验法则的合法则性重新确定因果关系①）只能依据法官的主观确信这一点上就能够得到说明。结果，合法则性也只不过是日常的经验法则，因此后述的相当因果关系说的相当性概念是模糊的概念这一批判同样适用于合法则性。

③ 合法则性条件说的意义范围被严格限定在只确定因果关系的存否上。也就是说，即使依据该理论确定了因果关系的情况下，对于其发生的结果能否归属于行为人并承担责任，还需要另外的法的或规范的判断标准。其理由在于，虽然合法则的条件说依据合法则的关联性来修正条件说的立场，但是在结论上却在更广的范围上肯定了因果关系的存在。正是因为这一问题点，追随合法则性条件说的立场无一例外地采取依据客观的归属理论重新限制责任的成立范围的方法。②

3. 相当因果关系说（Adäquanztheorie）

（1）含义 在针对结果发生的诸种条件中，该说只把依照社会生活的一般经验法则对结果发生具有相当性的条件视为原因来认定因果关系。也是试图依据相当性的尺度来制约条件说无限制地追溯因果关系的理论。约翰内斯·本·克里斯（Johannes v. Kries）最初所主张的该理论认为，只有对构成要件结果之引起具有一般倾向性的行为，才是刑法意义上的原因，只是偶然诱发结果的条件并不具有刑法上的意义。该理论对民法及其判例产生了很大的影响，在刑法上则运用于限制结果加重犯的刑事责任的范围、排除非类型的因果关系及断绝的因果关系之因果过程，甚至该理论还截断了无盖然性之因果关系的无限制的溯及（regressus ad infinitum）。

（2）判断标准 关于在何种立场上判断相当因果关系说中所说的行为与结果之间的相当性或盖然性，存在着诸多学说的论争。

① 主观的相当因果关系说 该学说以行为人个人的认识或预见能力为基准，以行为时（ex ante）行为人认识到的或可能认识到的情况为基础来判断相当性或盖然性。是纯主观性预测（Rein subjective Prognose）的方法。例如，在殴打具有特殊体质的被害人致使其死亡的情况中，如果是行为人没有认识到或无法认识到被害人的特殊体质，就否认殴打行为与

---

① 孙冻权，102 页。

② 金圣天、金亨俊，139 页；朴相基，99 页；孙冻权，109 页；孙海睦，280页；申东云，132 页；安铜准，71 页；李在祥，152 页；李廷元，104 页；李炯国，132 页；任雄，123 页；郑盛根、朴光玫，152 页；曹俊铉，160 页；陈癸浩，208 页。

死亡结果之间存在相当因果关系。① 对于该学说的批判是，所认定的因果关系范围过于狭窄。

② 客观的相当因果关系说　该学说主张，即使行为人没有认识到也以行为时存在的或一般人能够认识到的情况为基础，且法官站在客观的第三者的立场来判断相当性。② 是客观的事后预测（Objektivnachträgliche Prognose）的方法。③ 在前述的事例中，行为人虽然没有认识到但被害人的特殊体质却是客观事实，因此殴打特殊体质是否会导致死亡就成为判断相当性的资料，其结果将肯定因果关系。对该学说的批判是，甚至考虑行为时行为人没有认识到的情况和一般人无法认识到的情况来判断相当性，因此所认定的因果关系范围过于宽泛。④

③ 折中的相当因果关系说　该学说主张不仅要考虑行为人而且还要考虑行为时具有洞察力的人所能够认识到或预见到的情况来判断相当性或盖然性。在支持相当因果关系说的立场中，采取该折中的相当因果关系说的学者占有压倒性的多数。⑤ 然而，如果依据折中的因果关系说，其面临的问题是，当行为人认识到的情况与一般人认识到的情况不一致时，以何者的认识内容为基础来判断相当性的有无。

④ 私见　如果采取相当因果关系说，依据客观的事后预测的方法来具体判断相当性的方法是正确的（客观的相当因果关系说）。即法官站在具有注意力的第三者的立场以犯行当时所存在的或能够认识到的情况为基础判断相当性的方法。对于如果采用客观的相当因果关系说则认定因果关系的范围过于宽泛的批判，可以在主观的构成要件判断阶段重新进行适当

---

① 大法院判决 1978 年 11 月 18 日，78 DO 1691："在作为高中教师的被告人在打被害人耳光的瞬间，平时就处于虚弱状态的被害人因脑压急剧上升倒地死亡的情况中，上述的事因是被害人的两脑异常薄弱并患有脑水肿。被告人虽然知晓被害人处于虚弱状态，但如果事前并没有认识到其两脑处于特别异常的状态，就应该认为被告人的行为与被害人的死亡之间没有因果关系或者对于结果发生没有预见可能性。"

② 在韩国支持客观的相当因果关系说的学者有裴钟大，180 页；沈在宇，《刑法上的因果关系》，月刊考试 1977 年 8 月，45 页。

③ Tröndle/Fischer, vor § 13 Rdn. 16b.

④ 该种批判参见孙海睦，240 页。

⑤ 该学说历来是韩国的通说。权文泽，《刑法上的因果关系》，考试界 1972 年 8 月，77 页；金钟源，《刑法上的因果关系》，考试界 1965 年 4 月，87 页；南兴佑，100 页；成时铎，《因果关系》，194 页；廉政哲，431 页；李建镐，67 页；郑畅云，129 页。

的限制，因此不会成为问题。与折中的相当因果关系说不同，之所以不把行为人个人的主观的认识内容或认识可能性作为判断相当性的资料，是因为在犯罪体系论上其符合主观的构成要件要素（故意犯的情况）或责任要素（过失犯的情况）。

相当因果关系说在合法则的条件说与客观的归属理论被发现之前一直是韩国的多数说，也是目前判例的基本立场。

【认定相当因果关系的判例】

（1）因为面部是头部的一部分，所以猛打面部时能够在两脑部位中产生生理性变化，而且因精神上的神经的激动，具有两脑部位出血突然亢进的危险的同时，能够导致血管破裂。对此是能够依据实验法则进行预测的，所以在这种情况下，能够认定暴行与致人死亡之间存在相当因果关系（大法院判决 1956 年 7 月 13 日，4289 刑上 129）。

（2）平时就具有高血压症状的被害人因被告人的暴力行为而跌倒地面的刺激，致使脑出血死亡时，暴行与致人死亡之间存在相当因果关系（大法院判决 1967 年 2 月 28 日，67 DO 45；大法院判决 1970 年 9 月 22 日，70 DO 1387）。

（3）被害者平时就处于病弱状态中，因被告人的暴行致使其死亡的情况中，不能因疾病对死亡结果有影响而否认暴行与死亡之间存在因果关系（大法院判决 1979 年 10 月 10 日，79 DO 2040）。

（4）加以暴行或胁迫并欲实施奸淫的行为（强奸）与据此产生极度兴奋并基于恐惧心为逃避犯行——企图跳窗脱逃——而造成死伤的事实之间存在相当因果关系，所以能够成立强奸致死伤罪（大法院 1995 年 5 月 12 日，95 DO 425）。①

（5）被告人用拳头猛击被害人腹部一次致使其因内脏破裂产生的腹膜炎而死亡，虽然医生的手术延迟等过失是被害人死亡的共同原因，但是由于被告人的行为是死亡结果发生的有力的原因，应该认为其暴力行为与致死结果之间存在因果关系，因此对被害人的死亡结果不能免除被告人暴行致死的罪责（大法院判决 1984 年 6 月 26 日，84

---

①　但需要注意的是，在与此相似的事例中，存在以没有预见可能性为理由否定相当因果关系的判例。"被害人通过旅馆房间的窗户往下跳的当时，被告人正为小便在厕所中。因此，被害人不仅能够暂时脱离急迫的危害状态，甚至更为重要的是，当从上述位于四层的房间往下跳时，有可能导致重伤甚至死亡。在这种状况下，认为无法预见被害人为避免被强奸从四层窗户中跳下或因此受伤害，才是符合经验法则的。"（大法院判决 1993 年 4 月 27 日，92 DO 3229）。

DO 831）。

（6）双手对被害人用力实施两次以上的推搡致使其跌倒在地面的暴行，因此暴行的冲击造成休克性心脏麻痹并导致死亡。虽然被害人在其当时具有冠心性动脉硬化和心梗纤维化等症状的疾病，并处于饮酒后的酩酊状态，也不能因此对被害人的死亡产生了影响就否认被告人的暴行与被害人死亡之间存在相当因果关系（大法院判决 1986 年 9 月 9 日，85 DO 2433）。

（7）被告人实施了抓住被害人的脖子用力晃动、用拳头殴打胸部和面部、抓住衣领将其摔倒等能够产生身体诸多部位表皮脱落、皮下出血等外伤程度的暴行，因此对平时就患有右冠状动脉闭锁及心室缺血性纤维化症状等心脏疾病的被害人的心脏增加了负担并产生了坏的作用。即使被害人因冠状动脉不全和缺血性心肌梗塞等原因死亡，但依照被告人暴行的方法、部位或程度等，可以认定被告人的暴行与被害人的死亡之间存在相当因果关系（大法院判决 1989 年 10 月 13 日，89 DO 556）。

（8）因在自家房间就寝而导致一氧化碳（蜂窝煤）中毒被送往医院急诊室的患者，在第二天出院时找到诊断出自己一氧化碳中毒并给予治疗的主治医师询问自己的病情，但该医生并没有给予任何疗养方法方面的指导。因此，患者在不知自己是一氧化碳中毒事实的情况下，又回到原来发生事故的房间就寝，再次导致全身皮肤破裂等一氧化碳中毒症状。因为上述医生对不知其原因事实而询问病情的患者具有告知其病情并指导作为对此注意事项的被害场所之房间的修缮或患者的疗养方法及其他健康管理所必要的事项等关于疗养方法的指导义务，所以仅以此其就具有作为医生的业务上的过失。应该认为该过失与再次的一氧化碳中毒之间存在因果关系（大法院判决 1991 年 2 月 12 日，90 DO 2547）。

（9）被害人因被暴徒挥舞的凶器所刺伤而患有急性肾脏病，在该病治疗期间应该尽量抑制饮食与水分摄取，但因不注意饮用饮料诱发为并发症而导致死亡。在这种情况下，暴徒的犯行并不是直接导致被害人死亡的原因，而是介入了被害人自身的过失。但是，杀人的实行行为并非必须是被害人死亡结果发生的唯一原因或直接原因。因此，即使杀人的实行行为与被害人的死亡之间夹杂其他事实且其事实是导致死亡结果发生的直接原因，因该事实是通常能够预见的，所以也应该认为杀人的实行行为与死亡结果之间存在因果关系（大法院判决 1994 年 3 月 22 日，93 DO 3612）。

（10）租赁人在没有采取任何措施的情况下解除了用自己费用安

装、使用的煤气设施上的保险安全阀。在其搬出之后因能够个别截断煤气供应的主阀门仍旧处于开启状态致使煤气泄漏发生了爆炸事故。依据旧液化石油煤气的安全及事业管理法上相关规定的旨趣及不能排除其主阀门被某人开闭的可能性等这一点，如果在解除其保险安全阀的状态下对其解除部分不采取任何措施加以放置，当主阀门处于开启状态时就会因对于泄漏的煤气没有任何加以堵塞的安全装置，而存在因煤气泄漏发生重大事故的可能性。对于这一点从一般人的立场上客观的来看是能够充分预见的，因此能够认定租赁人的过失与煤气爆炸事故之间存在相当因果关系（大法院判决 2001 年 6 月 1 日，99 DO 5086）。

（11）被告人驾驶的车辆紧接着先行车辆连续逆行超越被害人的过程中，被害人死亡时，认定被告人所驾驶车辆的逆行与被害人死亡之间存在因果关系的事例（大法院判决 2001 年 12 月 11 日，2001 DO 5005）。

【否定相当因果关系的判例】

（1）导致被强奸的被害人回家服毒自杀的原因虽然是因遭到强奸而产生的羞耻感与对将来的绝望感，也不能将其自杀行为视为是强奸行为产生的当然性结果。因此，不能认定强奸行为与被害人的自杀行为之间存在因果关系（大法院判决 1982 年 11 月 23 日，82 DO 1446）。

（2）被告人驾驶的车辆已经停止，但因尾随车辆的撞击致使其撞击前车发生了事故。即使被告人存在不遵守安全距离的违法行为，也不能认定其对该事件的被害结果具有因果关系（大法院判决 1983 年 8 月 23 日，82 DO 3222）。

（3）在根据信号灯管理交通秩序的 T 字形三岔路口处，基于绿灯直行驾驶的司机只要没有特殊情况仅以其他车辆也会遵守交通法规并能够为避免冲突采取适当措施的确信驾驶即可。甚至不要求其预见因在对向车线上行驶的其他车辆违反信号横向挡在自己车辆前面试图左转向的情况进而以此事先采取避免事故发生的特殊措施这种业务上的注意义务。即使上述直行车辆的司机在通过事故地点时违反了限速规定存在超速行驶的错误，也不能认为这种错误与交通事故的发生之间存在相当因果关系（大法院判决 1993 年 1 月 15 日，92 DO 2579）。

（4）依据绿灯在双向 8 次线的干线道路上直行的车辆司机只要没有特殊情况，基于如下确信进行驾驶即可，即在双向 2 次线接续道路上行驶的车辆也会遵守交通规则不会随便试图进行被禁止的左转向。

而且不要求其预见在接续道路上行驶的车辆实施了决不容许的左转向挡在直行的自己车辆的前面进而以此事先采取避免事故发生的特殊措施的注意义务。甚至，既然没有如下事由：司机如果遵守限速规定行驶，当发现被害人左转向进入时就能够避免冲突，那么即使司机违反限速规定超速行驶，也不能认为其错误与交通事故发生之间存在相当因果关系（大法院判决 1998 年 9 月 22 日，98 DO 1854）。

(3) 批判　针对相当因果关系说主要存在如下的批判：

第一，相当因果关系说所揭示的以社会生活上的一般经验为基础的相当性概念不能为因果关系判断提高明确的基准。尤其是在非类型的因果关系的情况下，由于是事前难以预见的事情的介入而发生结果的情况，所以依据相当因果关系说时，时常否定因果关系。①

相当性是一个非常暧昧的概念这一问题点，在韩国大法院关于因果关系判断作出的无一贯性的判决中也能够显现出来。

　　例如，在被害人的特殊体质成为问题的事例中，韩国大法院在因被害人两脑薄弱患有脑水肿而死亡的事例中否认了因果关系。② 但在被害人的高血压、③ 疾病、④ 心脏疾病⑤等成为问题的情况中，却认定存在因果关系。甚至在被害人为避免被强奸在逃避过程中发生重结

---

①　这种批判参见申东云，141 页；李在祥，138 页；郑盛根、朴光玟，149 页。

②　大法院判决 1978 年 11 月 18 日，78 DO 1691："在作为高中教师的被告人在打被害人耳光的瞬间，平时就处于虚弱状态的被害人因脑压急剧上升倒地死亡的情况中，上述的事因是被害人的两脑异常薄弱并患有脑水肿。被告人虽然知晓被害人处于虚弱状态，但如果事前并没有认识到其两脑处于特别异常的状态，就应该认为被告人的行为与被害人的死亡之间没有因果关系或者对于结果发生没有预见可能性。"

③　大法院判决 1970 年 9 月 22 日，70 DO 1387："被害人×××作为平时就具有高血压症状的人，没有资料表明该事件引起的脑溢血是因为精神上的刺激。如上所述，即使×××因脑溢血导致神志昏迷，后又因一时好转被他人扶着走回家，既然因其没有得到完全治疗导致死亡，其死因是脑溢血的原审判决也没有任何违法的地方。即使先行死因是高血压，直接死因却是脑溢血。既然前述的脑溢血是因被告人等的前述那种暴行致使被害人×××向后跌倒头部撞到碗柜而引起，就应该认定该事件的死因与被告人的暴行之间存在因果关系。"

④　大法院判决 1979 年 10 月 10 日，79 DO 2040。

⑤　大法院判决 1986 年 9 月 9 日，85 DO 2433；1989 年 10 月 13 日，89 DO 556。

果的两个相似事例中，分别以对重结果有①或没有②预见可能性为理由，认定或否定了相当因果关系。

第二，相当因果关系说内含有合法则的条件关系之确定与该关系在社会生活上的一般经验内是否相当的两种观点。因此，有批判者认为，相当因果关系说把相互异质的两个要素即自然科学意义上的因果关系之存否问题与作为规范问题的归属观点进行了硬性结合。③

甚至，有批判者认为，因为相当因果关系说内含有合法则的因果关系与结果归属的观点，所以作为因果关系理论来说虽然具有发展的一面，但从归属的观点来看却是尚欠发展的。即，与结果归属相关联，该学说虽然能够根据相当性的观点排除非类型的因果过程的结果归属，但是相当性观点作为客观归属的基准只不过是尚未分化的客观归属的一个尺度而已。

4. 重要说（Relevanztheorie）

该说区别需要依据条件说加以解明的自然科学的因果性问题与需要根据规范的基准加以解决的法的责任（归属）问题，进而依据条件说解明因果的关联性，根据反映在各个构成要件上的事件的重要性来判断结果归属（Mezger）。即依据条件说解决因果关系的存在，在与结果归属相关联上，试图只把依照各构成要件的意义被认定为具有重要性的条件归属于行为人，从而作为构成要件符合性问题加以解决。④ 例如，A 在驾驶中与 O 相冲突引起了事故并逃逸。后其又回到现场将 O 送往医院，但 O 终因出血过多死亡。在该事件中，虽然认定 A 的行为与 O 的死亡之间存在条件关系，但 A 的行为符合刑法上业务上的过失致死罪（第 275 条）还是符合遗弃致死罪（第 268 条），要根据 A 的行为是否具有各构成要件所要求的刑法上的重要性来加以决定。⑤

该立场与相当因果关系说相同，也内含有因果关系的确定与结果归属的观点。只是两者不同点在于，相当因果关系说把以社会生活上的一般经验法则为基础的相当性作为根据，相反重要说把依据构成要件的意义一致的解释是否存在能够符合构成要件的重要性作为基准。

---

① 大法院判决 1995 年 5 月 12 日，95 DO 425。
② 大法院判决 1993 年 4 月 27 日，92 DO 3229。
③ 申东云，141 页；郑盛根、朴光玟，149 页。
④ 郑盛根、朴光玟，150 页。
⑤ 孙海睦，243 页。

针对重要说的批判是,因该说越过因果关系的探讨甚至还内含有独自的归属论的要求,所以在此限度内虽说是进步的理论,但在构成要件的重要性这一模糊的基准以外,并没有为结果的客观归属提供实质的基准。①结果,从当前所确立的客观归属论的立场来看,重要说也只不过是归属论的萌芽而已。在麦兹格首倡该学说以来,在德国得到了布莱(Blei)、韦塞尔斯(Wessels)等学者的支持。

5. 目的说(teleological theory of causation)

该学说认为,在刑法中判断因果关系的根本目的就在于,刑法通过从既遂犯中区别未遂犯来减轻责任。而减轻责任的基准是确认因果关系的进程中因偶然要素的介入没有使结果发生,所以因果关系论必须以从科学的立场来解明什么是偶然为出发点。因此,该说把既遂与未遂的区分作为因果关系之目的的前提,并从深层心理学的立场出发,认为行为对于结果是必然的情况时,是既遂;相反是偶然的情况时,则是未遂。②

对此,存在如下的批判:把因果关系的问题视为责任减轻的问题是英美法的思考方式,这不符合将其视为构成要件符合性之一部分问题的我们的立场;因果关系论并不是通过区别既遂与未遂来达到目的的,其目的存在于关于可罚与不可罚的刑法上的第一阶段判断之中;在应该是客观的因果关系判断中甚至导入行为人的无意识领域,这从法治国家的角度来看是存在问题的。

6. 因果关系中断论

该理论主张,在因果关系的进程中因他人的故意行为或偶然事由介入了新的因果关系的话,就中断先前的因果关系。该理论作为为限制条件说扩张因果关系的理论,与禁止溯及理论(在行为与结果之间介入了第三者的故意行为时,远离结果发生的条件在事后会基于直接导致结果的最终条件排除其原因性。该理论由弗兰克(Frank)所主张)具有相同的内容。

然而,由于该理论存在如下两点缺陷,即无法证明先行的因果关系是因后行的因果关系的介入被中断的;而且在后行的因果关系与先行的因果关系没有关联性时,也不可能存在因果关系的中断,所以,并没有得到学说与判例的支持。

---

① 孙海睦,243 页;李在祥 140 页。
② 刘基天,151 页。

(四) 结论

从韩国刑法学界的论争状况与判例的立场来看，应该采取关于因果关系学说中的哪一种的焦虑，最终可以归结为是采取相当因果关系说还是合法则的条件说。其中，压倒性的多数说采取的是如下立场：即依据合法则的条件说解决因果关系的确认，并由随后的客观的归属理论解决具体的归属问题（二元的方法）。① 相反，依据相当因果关系说的相当性观点来确认因果关系的存否及具体限制其归属的范围是妥当的见解则是极少数说（一元的方法）。②

本书采取多数说的方法论，即经过合法则的条件关系与客观的归属这两个阶段来确定结果归属。然而，需要注意的是，即使依据相当因果关系说，大部分也与采取多数说的方法论具有着相同的结论。其主要理由在于：合法则的条件说中所揭示的合法则性这一特征与相当因果关系说中所揭示的相当性概念没有大的区别。这是因为，行为与结果之间是否具有合法则的关联的判断最终需要以"日常的经验"③ 为基础并依据法官的主观确信来进行，而行为与结果之间的相当性判断也是如此。甚至，在成为相当性判断之基础的社会生活上的经验中，并不排除已经被我们所知晓的自然科学知识。从这点可以看出，合法则的条件说也与相当因果关系说的方法论之间没有大的不同。

结果，合法则的条件说与相当因果关系说的区别点在于，在因果关系的确定之外没有再进一步确定结果归属的任务。即相当因果关系说依据相当性的观点不仅要确认因果关系甚至最终还要确定归属的范围，但合法则的条件说在比较宽泛的范围内认定因果关系的成立之后，却把关于具体的结果归属的确定问题委任给了客观的归属理论。当然，因果关系与归属范围的确定不过是客观的构成要件符合性的判断，只有再次经过主观的构成要件的判断阶段，才能够决定是否充足了所谓整体的构成要件。因此，从在因果关系及归属判断中投入过大的理论比重是并不可取的；更为重要的

---

① 金圣天、金亨俊，139 页；朴相基，99 页；孙冻权，109 页；孙海睦，280页；申东云，132 页；安铜准，71 页；李在祥，152 页；李廷元，104 页；李炯国，132 页；任雄，123 页；郑盛根、朴光玟，152 页；曹俊铉，160 页；陈癸浩，208 页。

② 裴钟大，183 页。

③ 金日秀，韩国刑法 I，333 页（以日常经验知识为基础的自然法则的关联性）；孙冻权，102 页（作为日常经验法则的合法则性）；Sch/Sch/Lenckner, vor § 13 Rdn. 75（emprischgesicherte Gesetzmäßigkeit）.

是客观的归属理论自身因理论上的简陋还不具备完善的体系等这些点来看，确信客观的归属理论比相当因果关系说的方法论观点还具有压倒性的优越性是错误的。但是，从客观的归属理论试图为结果的归属提供更加细化的、具体化的基准这一点来看，能够评价为其比起仅仅热衷于相当性观点的相当因果关系说来说是进步的。

三、客观的归属理论

（一）原则论

1. 意义

基于行为的结果的客观构成要件之归属即客观的归属理论是现代刑法理论学中的最新领域之一。客观归属理论是为了把因果关系确定后的结果归属于行为人的理论。根据该理论，即使确认了行为与结果之间的合法则的条件关系，也不能就此让行为人对其结果承担责任。这是因为，该理论认为，因果关系的确定不过是确认行为与结果之间的自然的因果性，而对此的法律上的责任的有无或范围，应该根据法的、规范的观点重新进行判断。因此，行为人的行为与刑法上无价值的结果自身并非立刻就构成不法行为。当结果作为由行为人的危险行为所创出的"作品"能够归属于其行为人时，才能够被评价为符合客观的构成要件。其结果是，可以认为客观的归属理论是以因果关系的确定为前提试图把结果归属的范围限制在构成要件阶段的理论。

如果说相当因果关系说试图与因果关系的确定一起基于相当性的观点同时解决归属问题的话，可以这样评价，客观的归属理论就是以已经确认的合法则的条件关系为前提、基于规范上更加细化的观点来确定归属范围的理论。因此，在因果关系判断上采取合法则的条件说的学者必然要采取客观的归属理论。如果说历来的因果关系理论苦于刑法上的偶然与必然之间的区分的话，客观的归属理论在客观的构成要件符合性的评价中具有区别不法与不幸的目的论机能。

2. 犯罪体系论上的位置

在结果犯（主要是侵害犯与具体的结果犯）中，客观的归属关系与因果关系一起作为"不被记述的构成要件要素"而成为客观的构成要件要素。

因此，其是与所谓的一般的归属论（行为归属是以人类一般的预见可能和支配可能为基准还原为那人的行为的理论，不法归属是以一般人的预见可能和支配可能为基准还原为那人的不法的理论，责任归属是以行为人自身的个人的预见可能和支配可能为基准还原为那人的责任的理论）、主观的归属（故意或过失等主观的构成要件符合性的评价问题）或个别的归属（责任评价问题）相区别的。

即客观的归属理论是比一般的归属理论更加具体的评价方法，比主观的或个别的归属更加客观，而且在犯罪体系内先于这些归属理论在客观的构成要件符合性的判断阶段中进行探讨。

3. 客观归属关系的法的性质

如果存在客观的归属关系，就充足了客观的构成要件符合性，因而成立结果犯的既遂。相反，欠缺客观的归属关系时，由于欠缺行为无价值与结果无价值，因而否定客观的构成要件符合性。这时，法的评价的归结有两种可能性：第一，最初就否定可罚性自身的情况。这时大体上是以行为无价值自身的欠缺为基础的。第二，只是不成立既遂，在有处罚未遂犯的规定时，以未遂处罚的情况。这时大体上是以结果无价值的减少为基础的。在前者的情况中，已经没有再讨论主观的构成要件符合性、违法性或责任的问题的必要。但是，在后者的情况中，在成立未遂的范围内还要探讨主观的构成要件的归属及违法性、责任的问题。

当然，未遂的成立仅限于在故意结果犯中。在过失结果犯中，因为不可能存在可罚的未遂，所以一旦否定客观的归属关系，将彻底否定可罚性自身。

（二）客观的归属关系的尺度

关于因果关系被确定后构成要件结果的客观归属的具体尺度，存在着多种见解，但大体上有如下几种争讼。①

1. 法所不容许的危险的创出（一般的客观归属的尺度）

为归属于客观的构成要件，仅仅以引起符合构成要件之法益侵害的原因是不充分的。刑法规范的一般性的禁止或命令，指向的是一般人。违反这种规范要求的社会行为在内容上大体与违反在社会生活上被客观要求的

---

① 以下参照金日秀，韩国刑法 I ,341 页以下；朴相基，95 页以下；裴钟大，188 页以下；孙冻权，106 页以下；申东云，145 页以下；李在祥，147 页以下；任雄，119 页以下。

注意义务是相同的。因此，客观的构成要件是把行为人违反客观的注意义务实施创出或强化不被容许的危险的行为时作为前提的。结果，作为一般的客观归属的尺度，危险的创出就是指客观的注意义务违反。该归属原则在本质上是与相当因果关系说相一致的。

不能视为法所不容许的危险创出行为，进而最初就排除可罚性的基准有如下几种：

（1）被容许的危险原则　有伴随有危险的诸多行为样式基于公共利益这一上位根据被一般容许的情况，这叫做被容许的危险（Erlaubtes Risiko）。具有代表性的例子是道路交通。如果某人在很好地遵守交通规则的前提下进行驾驶，这时突然一步行者跳到行驶的汽车面前被轧死。如果这在客观上是不可避免的话，虽然事实上汽车司机引起了步行者死亡的原因，其也不是该当构成要件所指的"杀害"。根据法的评价基准，这种情况仅仅是一个不幸的事故，而不是杀害行为。因为不幸的结果不能变更司机行为的适法性，所以将否定客观的归属。

（2）危险减少原则　行为人介入既存的因果过程，即使没有阻止不可避免在被害人身上发生的危险，但减少了危险程度或改善了行为客体的状况时，将否定客观归属。例如，在被害人头部遭受致命打击的瞬间推开被害人，其只伤到肩膀的情况。在发生火灾的情况下将婴儿扔出窗外致使其受到重伤，且只有这种方法才能从被烧死的危险中救出婴儿的情况等即是。

（3）社会相当且轻微的危险原则　行为人既没有减少法益侵害的危险，相反也没有使其增大到具有法的意义的程度时，将否定客观的归属。例如雇主在雷雨天指使佣人到户外干活，致使佣人因遭雷击而死亡的情况；又如在法上不重要的日常生活的活动如劝说走台阶、洗澡、登山等的行为即是。即使这些行为极其罕见地诱发了某种事故，与此相关联的社会相当且轻微的危险也不具有法的意义，由此诱发的结果也只是不幸而已，而不是不法。历来的社会行为论也认为，该类型的行为具有社会相当性，一般不具有危险，所以不能被禁止。

没有显著程度的增加已经发生的危险时，也将否定客观的归属。例如作为教科书的例子，在发生洪水时，即使通过排水沟大量放出池塘中的水，也不构成溢水罪。

（4）构成要件结果的客观的支配不可能性原则　对于行为人的行为所引起的构成要件结果，即使基于一般人也不可能进行客观的支配的话，那么就不能将其归属于行为人。这里的客观的支配可能性是包含客观的认识可能性与预见可能性的概念。因此，从内容上来看，是与历来在过失犯中所讨论的客观的注意义务违反的标准相同的。

脱离于客观支配的偶然的结果或根据我们这一时代的经验知识运用合理的、理性的判断也根本无法预见的事件经过是不能进行客观归属的。例如，雷击事件或作为继承人的侄子为杀害被继承人的叔叔，劝其乘坐安全度低的包机，恰巧飞机发生坠落事故叔叔死亡的事件，或者是远离结果发生的条件的情况（生出杀人者的父母的生产行为），或在从普通过失的第一原因行为开始的因果进程中，自由地介入了其他的故意行为人的情况（A 在其自家房屋顶上自建了一个阁楼并进行了出租，但该阁楼不仅没有得到建筑许可，甚至也是不可能得到的。在这种状况下，B 对 A 的房屋故意实施了放火，致使阁楼的承租人 O 被烧死。这是因为，从其阁楼的建筑状态来看，根本无法救助 O）等即是。

　　　　对于这些情况，也有见解认为，从刑法规范的保护目的来看，并没有创出值得刑法加以非难的危险，因此不能进行客观的归属。这是因为，刑法规范调整的是受范者的行为，不能要求行为人避免在客观上无法预见或不可能支配的结果。

2. 被创出的危险的具体实现（特殊的客观归属的尺度）

行为人所创出的危险事实上在具体的构成要件结果中被实现时，客观归属就成为可能。这里的危险的具体实现相当于应该在一般的客观归属中探讨的特殊的客观归属的尺度。

如果构成要件结果不符合行为人所创出的危险的具体实现，就不能进行客观的归属；因此在故意结果犯中行为人的构成要件行为仅成立未遂而不构成既遂。然而，在过失结果犯中，因为不可能成立未遂，所以只剩下可罚与不可罚的问题。作为危险实现的评价标准，有如下几种：

(1) 被创出之危险的相当实现原则　如果构成要件结果不是行为人所创出的危险的相当程度的实现，而是通过无法预见的因果过程所导致的话，则不可能进行结果归属，只能考虑未遂。例如行为人的杀人行为虽然停止于未遂，但被害人在被送往医院的途中因发生交通事故而死亡的情况即是。在该非类型的因果过程事例中，仅以因果关系是不能够认定结果归属的。应该以不存在危险的相当实现为理由否认结果归属，并只把未遂作为问题。

只有当结果是第一实行行为所创出之危险的相当程度的实现时，其实行行为才使随后发生的因果过程的危险增加至在法上重要的程度，因而能够认定结果的客观归属。如在行为人打算在高桥上推下不会游泳的被害人使其溺死，但被害人却因头部撞到桥墩后的脑震荡而死亡的情况中，因脑震荡而死亡的危险与第一实行行为之间原本就有相当程度的关联，所以即使存在因果过程的差别，也成立杀人行为的既遂。

该归属原则在适用上大部分是与相当因果关系说的结论相一致的。关于行为人所创出的危险是否在结果中以相当的程度被实现的判断，依据的是对具体发生的结果的客观的预见可能性的尺度。因此，在非类型的因果过程的情况中，如虽然使被害人受到轻伤，但因血友病这种特异体质而死亡的情况中①，或虽然用刀把被害人刺成重伤，但住院的被害人因医院的火灾而被烧死的情况中，将全部否定结果的归属。

【判例1】 在相互辱骂中实施了抓住被害人的肩膀行走7米左右才放手等的暴行，随后被害人蹲下片刻后就因发生脑出血而昏迷。被害人虽然外观上看似健康，但实际上平时就有高血压，当从外部受到精神上的或物理上的冲击时，很容易因兴奋而引起脑出血的特异体质。因此，即使因行为人的辱骂与暴行的打击造成脑出血的伤害，也无法预见只不过是因辱骂和抓住肩膀行走一段距离后就放手程度的暴行会导致被害人上述伤害。因此，不能对伤害的结果追究责任并以暴行致伤罪处罚（大法院判决1982年1月12日，81 DO 1811）。

【判例2】 在相互抓住衣领吵架的过程中实施了向后推的暴行，致使被害人一屁股坐到地上大口喘气，随后因心脏麻痹而死亡。然而，由于被害人外观上的健康，根本不可能看出身体虚弱。但事实上是具有冠状动脉硬化症的特殊体质，如果是这样，基于推搡程度的暴行的打击也能够引起心脏麻痹而导致死亡。然而，却难以认定行为人对死亡结果具有预见可能性。因此，不能以结果加重犯的暴行致死罪进行处罚（大法院判决1985年4月23日，85 DO 303）。

(2) 法所不容许的危险实现原则 超越被容许的危险的行为没有以具体的形态对结果产生影响时，或者超越被容许的危险的义务违反虽然与

---

① 大法院判决1982年1月12日，81 DO 1811（高血压患者事件）；1985年4月23日，85 DO 303（冠状动脉硬化及心缺症患者事件）

结果之间存在因果关系，但发生结果的危险却不是因该超越行为而得到增加时，将否定结果的客观归属。这是因为，只有当实现法所不容许的危险或强化法益侵害之危险时，客观归属才是可能的。例如，在扔掉对于治疗因被毒蛇咬伤而中毒的人来说至关重要的解毒药，致使其没有及时得到该药解毒而死亡的事件中，通过妨害阻止已经发生的危险的结果来强化危险时，可以把结果客观地归属于行为人。

　　存在作为该原则之例外的替代犯人（Ersatztäter）的情况。即如果 A 没有杀害 O，B 也会在同一时间基于相同方法实施该犯罪行为时，尽管 A 没有强化法益侵害的危险，也应该把结果归属于客观的构成要件中。这是因为，不能仅以法规范在期待针对某种犯行的替代犯人这一事实来保留把结果归属于行为人。

(3) 合法的替代行为与违反义务关联性理论或危险增大理论　尽管行为人以禁止的行为引起了构成要件结果，但是当即使实施合法的替代行为同样也会发生结果确实时，排除客观的归属。通常将此称为违反义务关联性，是过失犯结果归属中的重要特征。

　　【判例】　　行为人正在以卡车的左轮胎沿着道路中央线行驶的状态驾驶，途中被害人的乘用车在以卡车行进路线的对面方向行驶过来的过程中，为躲避卡车急忙驶入自己的车道。同时，在与卡车擦肩而过的过程中又重新驶入卡车行驶的车线上，致使乘用车左前轮胎与卡车左后轮胎相互碰撞并与紧随卡车后面行驶的车辆相撞。这样看来，即使行为人没有在中央线上而是在正常车线上行驶时，也不会避免事故的发生。因此，不能认为仅以卡车的左轮胎沿着中央线行驶的状态驾驶，就成为了该事故的直接原因（大法院判决 1991 年 2 月 26 日，90 DO 2856）。

　　然而，即使实施了合法的替代行为，也只是存在发生相同结果的可能性或盖然性时，对此是否进行客观的归属存在着见解上的分歧。

　　货车事例（BGHSt 11，1）：某一货车司机基于比法定距离小的75cm 间隔从正在骑自行车之人的左边实施了超车。因此本应该向右转向的被害人由于受到惊吓反而将自行车转向左边，其结果钻入货车轮胎下被轧死。在刑事审判中，鉴定人认为即使货车司机以法定距离实施超越，也具有很大的发生该事故的盖然性。其理由是，被害人处于酩酊状态，在该状态中即使维持法定距离，其也会因精神上或肉体上的控制能力的薄弱而具有很高的钻入卡车底下的可能性。

在该事例中，如果货车司机是在维持法定距离的前提下实施了超越，显然就不能把结果归属于司机。但是，其由于没有采取合法的替代行为，致使结果发生的盖然性很高的这种情况该如何处理呢？

由洛克辛发展的危险增大理论（Risikoerhöhungstheorie）认为，在该货车不法超越事例中，不法超越作为提高发生事故的盖然性的情况，是行为人增大危险的结果。从这一点来看，能够把结果进行客观的归属。[1]

然而，针对洛克辛的危险增大理论，有批判者认为，在即使行为人履行了注意义务，结果不发生也不是确实的情况下，认定结果归属将会违反作为刑事法大原则的"存疑有利于被告"原则（in dubio pro reo）。不仅如此，还会将侵害犯变质为危险犯。[2]

即使行为人的过失（注意义务违反）增大了结果发生的危险，只要没有在接近于确实的程度上确认过失实现于结果中，就不应该对结果发生追究责任。而且，不可能把作为归属基准的危险的增大进行量上的数值化或计量化，也是无法采取危险增大理论的理由之一。

3. 规范的保护目的

虽然行为人在保护法益所允许的危险范围之外创出并实现了危险，但在阻止因果进程的发展不是该当犯罪构成要件的任务（例如禁止杀人）时，不能形成结果归属。这便是规范的保护目的。

在刑法上，构成要件规范的保护目的主要是在过失犯中为排除其归属而被使用的。这是因为，对于故意行为采取保护法益的措施原本就是构成要件的任务。然而，即使对于故意行为，在如下三种事例群中构成要件规范的保护目的也发挥着限制或排除归属的作用。

(1) 参与故意的自损行为　故意的自损或自伤行为在原则上不可罚

---

[1]　Roxin，§ 11 Rdn. 76.

[2]　李在祥，151 页；Sch/Sch/Cramer，§ 15 Rdn. 171；Wessels/Beulke，S. 676；Ulsenheimer，Erfolgsrelevante und erfolgsneutrale Pflichtverletzungen im Rahmen der Fahrlässigkeitsdelikt，JZ 1969，S. 364；Hirsch，Die Entwicklung der Strafrechtsdogmatik nach Welzel，FS-Uni. Köln，S. 422.

时，参与这些行为的人同样不可罚。这是因为，这些构成要件结果是形成于该当构成要件规范的保护领域之外。法所放任的自由活动的领域在规范的保护目的之外。

　　A 和 B 一 事例 1 起饮酒之后，借着酒意约定比赛摩托车。B 在复杂的道路上进行的只有两人参与的赛车中，因自身的失误造成致命伤而当场死亡（BGHSt 7，112）。

　　德国联邦最高法院认为，A 违反义务引起了具有预见可能和回避可能的结果，所以作出了 A 构成过失致死的有罪判决。但是，A 只是参与到 B 的故意的自损行为当中，而且危险也是以尚有责任能力的 B 的失误为基础的，因此，其结果虽然符合危险的实现，但是却在过失致死伤罪构成要件规范的保护领域之外，所以不能被客观地归属。结果，A 的行为是完全不具有可罚性的。

　　A 强奸了 事例 2 贤淑的女人 B，对此抱有强烈羞耻心的 B 服毒自杀（大法院判决 1982 年 11 月 23 日，82 DO 1446）。
　　在警察把 事例 3 装有子弹的手枪放入衣柜后离开的空当，悲观于疾病的妻子取出此枪自杀。

　　这种情况也属于他人的自损行为的介入，所以不能把结果归属于起初的原因引起者。历来，在因果关系论中为阻断结果归属运用了所谓的禁止溯及（Regreβverbot）的理论（是指只是过失地介入到他人的故意且完全有责的构成要件实现行为中时，是不可罚的原则）。然而，这不是因果关系问题，反而符合客观的归属问题。即只是非故意地介入到他人故意的自损（自杀或自害等）中的行为因为存在于保护目的之外，所以不能归属于客观的构成要件中。这种情况符合欠缺行为无价值的事例。

　　（2）对存在谅解的被害人的加害行为　并不是行为人主动实施故意的自损行为导致自我危殆化，而是明知是他人引起的危险，也谅解该危险，从而发生了对被害人危险的结果。这种事例在今天随着交通手段的利用在频繁发生。

　　出租 事例 1 车乘客为遵守约定时间，恳请司机超速行驶。对此加以应允的司机在超速行驶的过程中撞到路灯致使乘客死亡的情况。

一起 事例 2 喝酒的司机朋友恳请无法驾驶程度酩酊的司机送自己一程。在一同乘车的过程中，汽车坠下山坡致使同乘的朋友死亡的情况。

德国的学说和判例试图以被害人承诺来解决这种情况。而且，在过失犯的情况下，试图通过否定注意义务违反来寻求对行为人无罪释放的根据。相反，大部分的判例在各个事例中的立场是，行为人危险的企图明显违反法的禁止时，通常就存在行为人的注意义务违反。在这种观点下，前述两事例中的司机将受过失致死的处罚。

然而，在客观的归属论中所关注的是，禁止杀人、伤害的构成要件规范的保护目的在何种程度上考虑被害人的谅解。而且，认为在如下三个条件下，在被害人谅解下所实现的危险能够与基于行为人的故意或过失的自损行为作同一处理：第一，被害人在与加害人相同程度上忽视了对自身的危险；第二，危险结果仅仅是先行实施的危险创出行为的结果，并没有其他危险要素的加入；第三，被害人对于危险实现有着与加害人相同程度的责任时，意味着被害人接受了危险，所以不能把结果归属于加害人。因此，在事例1中行为人承担过失责任，而在事例2中则排除行为人的过失责任。①

这种结论不仅适用于过失犯，而且也广泛适用于故意犯。针对存在谅解的被害人实现危险的加害人，即使具有危险故意，也能够排除可罚性整体。因为欠缺行为无价值与结果无价值。

（3）属于他人责任领域的行为 当危险结果的阻止义务完全属于他人的责任领域时，规范的保护目的则阻止把危险结果归属于行为人。

货车追尾事例：夜间A在驾驶车尾灯发生故障的货车行进过程中，被巡逻警察发现。警察要求货车暂时停车的同时，为保护后面行驶过来的车辆将红色灯立在了车道上。警察指使A暂且把货车驶入下一停靠站。巡警也试图尾随无车尾灯的货车并加以保护。然而，在

---

① 相反，也有见解认为，由于不能把针对存在谅解的被害人的加害行为视为脱离了规范的保护范围，所以作为结果归属的问题来解决是不妥当的。李在祥，151页。

A 即将出发前，一名警察取走了事前放在车道上的红色灯。随后就发生了驶过来的货车撞上该没有车尾灯的货车的事故，并导致追尾货车的助手遭受致命伤而死亡（BGHSt 4，360）。

德国联邦最高法院以过失致死处罚了 A，但学说上一致认为该判例存在错误。因为，警察一旦负责了交通安全，之后的 A 就只有依照警察指示的义务，没有作为司机的一般的注意义务，因此，不能将其结果归属于A。这点与信赖原则的适用范围是相同的。即使对于 A 来说警察的过失是预见可能的且能够认定相当性，规范的保护目的也将否认基于属于他人责任领域之行为的结果归属。这种情况相当于欠缺结果无价值的事例。

（4）保护目的思想的其他适用例 在财产犯罪行为造成被害人精神健康损害的情况，或因交通事故残疾的人，在此之后因身体的不自由在原本很容易避开的交通事故中死亡的情况中，构成要件规范的保护目的将排除其结果归属。

第八节 主观的构成要件要素

一、意义及沿革

在构成要件要素中，与行为人的主观态度相关联的记述就叫做主观的构成要件要素。在这里，不仅包括故意犯中的故意、过失犯中的过失这种一般的主观不法要素和目的犯中的目的、倾向犯中的倾向、表现犯中的表现这种特殊的主观不法要素，而且还包括财产罪中的违法领得或违法利得的意思这种心理要素。

虽然在古典的犯罪体系中主张构成要件只包含客观要素的见解占据支配地位，但在现今，主张还存在主观的构成要件要素并且这里包括故意、过失外的特殊的主观的构成要件要素的见解占据支配地位。从历史的角度来看，新古典的犯罪体系在故意之前先行把该特殊的主观不法要素认定为了构成要件的主观要素。原本以纯粹的责任形式存在于责任领域的故意之所以移入到构成要件领域，是因为受到了威尔滋尔学派的目的的犯罪体系的影响。在现今的新古典的·目的的合一体系中，故意作为主观构成要件的一般要素成为了要先行于特殊的主观构成要件要素进行探讨的对象。

二、构成要件故意

(一) 含义

构成要件故意 (Tatbestandsvorsatz) 是指对构成要件实现的认识与意思。在故意的概念中,包含认识与意思两个要素。

构成要件故意的成立,需要对符合客观的不法构成要素的事实存在认识。这叫做关于构成要件之实现的认识或故意的知的要素。韩国刑法第13条前段中的"犯罪成立要素之事实的认识"① 便是以此为要点进行规定的。

在构成要件故意中,还需要存在为实现构成要件的意思 (意志)。这叫做故意的意的要素。虽然韩国刑法第13条并没有明示这种意的要素,判例也大部分是仅以认识要素认定故意,但从事物的逻辑上应该将其视为当然性的前提。从这点来看,可以说构成要件故意是对构成要件实现的知的要素与意的要素的意义统一体。

【判例】　业务上背任罪的故意,在业务上处理他人事务的人使本人遭受财产上的损害的意思,与自己或第三者的财产上利得的意思将违背任务的认识相结合时,方能成立 (大法院判决 1995 年 2 月 3 日,94 DO 3122)。

构成要件故意因为包含有以实现构成要件为目标的意思,所以是与不具有这种目标观念仅指行为有意性 (Willkürlichkeit) 的所谓行为意思 (Handlungswille) 相区别的概念。在这种意义上,也把故意定义为"实现计划的行为意思"或"以实现犯罪构成要件为目标的行为意思"。

刑法在原则上只处罚以实现构成要件的认识与意思为基础的故意行为 (第13条)。但是,像过失犯的处罚规定那样在法律上有特别规定时,也例外地处罚非故意行为 (第13条但书)。

---

① 韩国刑法第13条:"未认识到犯罪成立要素之事实的行为,不罚。但法律有特别规定的,不在此限。"——译者注

（二）相互区别的概念

根据认识对象的范围，可以把故意区分为构成要件故意、不法故意和责任故意。

1. 构成要件故意 （Tatbestandsvorsatz）

构成要件故意是对所有客观的构成要件要素的主观反映。这是主观的构成要件要素的一般形态，而且在没有特别言及是指称作为责任要素的责任故意而一般性地谈论故意时，就是指构成要件故意。构成要件故意的认识对象是作为可罚性基础的所有客观的构成要件要素。这里包括行为主体（公务员、医生、业务实施者），行为客体（人、财物、文书），构成要件结果（死亡、身体伤害、生命、身体的危险），因果关系，行为样态（欺骗、伪造、毁损），行为状况（未满 13 周岁的妇女、夜间），行为手段（携带凶器、混入污物），行为方法（合同、威力、诡计、冒用资格、放火）等。此外，加重或减轻构成要件中的加重或减轻事由（尊属、嘱托、承诺）也是构成要件故意的认识对象。在构成要件中记述的量刑事实也是如此。

2. 不法故意 （Unrechtsvorsatz）

不法故意是指行为人不仅具有在积极意义上实现客观的构成要件的认识与意思，而且还认识到在消极意义上自身行为没有符合某一违法阻却事由的广义上的故意。鲁道夫则把此概括为"为实现具体的构成要件之不法的行为人的决定"。不法故意是在所谓消极的构成要件要素理论中或总体的不法构成要件中所说的故意概念。

在这种意义上，将此称为总体的不法故意更为确切一些。即把构成要件事实与违法性阻却事由之前提事实作为对象的观念形态。因此，不法故意的对象要比上述的构成要件故意的对象范围宽泛，甚至包含违法性阻却事由之不存在的事实。关于违法性阻却事由的前提事实存在错误时，限制责任说中主张应该类推适用构成要件错误的立场就把该不法故意的成立与否视为问题。

既然采取三阶段的犯罪体系，作为构成要件主观要素的故意就只能是指构成要件故意。不法故意只有在解决违法性阻却事由之前提事实的错误问题时，才具有意义（采取构成要件错误类推适用说）。正因为如此，把构成要件故意称为体系构成要件的主观要素，相反亦把不法故意称为错误构成要件的主观要素。

3. 责任故意（Schuldvorsatz）

责任故意是指不法故意的心情无价值性。因此，当在事实层面上具有实现构成要件的认识与意思且在内心层面上也呈现出对法秩序整体的社会性反抗的态度时，成立责任故意。要想作为故意犯进行处罚，行为人必须要有责任故意。在古典的犯罪体系与新古典的犯罪体系中，责任故意是包含事实认识与违法性认识的责任形式；而在目的的犯罪体系中，违法性认识则与故意相区别独立构成责任的构成要素。其结果，在现今的责任故意中并不包含违法性认识。

当遵循要求不法与责任一致的责任原则时，原则上不法故意与责任故意必须是一致的。然而，由于特殊的责任要素是责任故意固有的认识对象，所以责任故意是包含有不法故意与特殊的责任要素之认识的概念。

（三）故意的本质

现今，故意是指关于所有客观的构成要件要素之实现的认识与意思。因此，故意把认识这一知的要素与意思（意志）这一意的要素作为本质的构成要素。

实际上，在很久以前就存在关于故意的本质构成要素是知的要素（认识）还是意的要素（意思）的立场上的对立。弗兰克以来在故意的本质论名义之下存在的所谓认识说（Vorstellungstheorie）与意思说（Willenstheorie）的对立即是。

故意原本是认识到符合构成要件的事实并意欲实现所认识之结果的精神意义上的实体，因此只有在认识要素与意思要素的综合或统一的基础上才能够完全形成。韩国或其他国家的通说认为，在故意中知的要素与意的要素是同样必要的。

因为韩国刑法第13条规定"未认识到犯罪成立要素之事实的行为"不能作为故意犯来处罚，所以第一印象可能会产生韩国刑法是否采取了认识说的想法。但是，仅以故意的认识因素是不可能区别有认识的过失与未必的故意的，因为，两者均以认识为基础。只有当一同考虑意思（意志）方面时，才能区别两者。因此，无需考虑刑法第13条的用语（反对进行文理解释），应该把意的要素也一同作为故意的内容。韩国大法院也在涉及未必的故意时，把认识与意思两者视为故意的内容。

【判例】 如果要认定存在未必的故意，不仅要有对结果的认识，而且还要有容忍这种结果发生的内心的意思（大法院判决1985

年 6 月 25 日，85 DO 660）。

（四）故意的体系性地位

1. 责任要素说

（1）古典的犯罪体系严格区分犯罪的客观方面与主观方面，并且把犯罪的客观方面置于构成要件符合性与违法性之中，而把犯罪的主观方面置于责任之中。其依据的是，所有客观的、外在的东西均属于不法；所有主观的、内在的东西则属于责任的公式。故意作为精神的、心理的状态被视为责任的一种形式。

在体系的位置上，故意属于责任的领域，不法意识也被视为作为责任形式之故意的内容之一。构成要件错误与禁止错误只是在要件上存在差异，作为责任论的一部分同样具有排除故意成立的法律效果。

（2）新古典的犯罪体系在把故意也作为责任形式这点上，与古典的犯罪体系相同。但是值得特别注意的是，随着主观的构成要件要素的发现，"不法是客观的，责任是主观的"这一严格的模式开始崩溃。尤其是，麦兹格在目的犯、倾向犯与表现犯之外甚至在未遂犯中也确认了行为人的主观要素是不法的主观构成要件要素。

然而，麦兹格区分了故意与主观的不法要素，认为故意仍旧是对已经存在的客观的或主观的构成要件的反映。相反，主观的不法要素指的是在客观的构成要件中附加某种新的东西，因此，同等看待故意与不法犹如同等看待动物与植物。不仅如此，麦兹格认为，在未遂中并没有发生与故意相应的客观的结果，因此尽管故意作为外部行为的具有意义的意欲而成为主观的不法要素，但即使这时包含有故意的犯行决意（Tatentschluβ）也在基于行为被客观化的意义上，被视为主观的不法要素。

2. 构成要件要素说

在目的的犯罪体系中，故意已经以局限于因果过程之操纵的形式而成为构成要件要素。这是因为，该说认为，符合构成要件之行为的目的性与刑法意义上的故意概念是相同一的。而且，目的的犯罪论主张，故意作为一般的主观构成要件要素与其他特殊的主观不法要素一起属于构成要件而不是责任。在这点上，是与古典的犯罪体系正相反的立场。

这是因为，将不法意识视为其必要不可或缺的构成要素的故意，在古典的、新古典的犯罪体系中仅仅被理解为是责任形式。与此相反，在目的的犯罪体系中，故意被限制在符合构成要件之客观要素的认识与意思上，不法意识开始与故意相分离并作为独立的责任要素留守于责任范畴中。①

3. 故意的双重地位说

新古典的·目的的犯罪体系把故意视为既是构成要件要素又是责任要素。即故意在不法领域中不仅是决定行态方向之要素的行态形式（Verhaltensform），而且还是包括"行为人对外部犯行经过的知的与意的关联性"的概念。另一方面，在责任领域中其不仅是决定内心的动机过程的责任形式，而且还是指称行为人"对法秩序的有意识的错误态度"的概念。因此，作为构成要件要素的故意承担着行为无价值，而作为责任要素的故意则承担着心情无价值。

该说把故意区分为构成要件故意与责任形式的故意并不意味着存在两种毫无联系的故意，而是一个故意在双重地位上具有双重机能。因此，责任形式的故意即故意责任（Vorsatzschuld）由作为行态形式的故意即构成要件故意来征表。一旦成立构成要件故意，通常也就推定成立责任故意。但是，这种征表在如假想防卫这种行为人对违法性阻却事由之前提事实产生错误，即产生容许构成要件错误时，将被排除（多数说）。例如，误认邮递员为盗贼并以防卫行为造成其伤害时，虽然存在构成要件故意但排除责任故意的成立。

承认故意的双重地位及双重机能是韩国多数说的立场，本书认为是妥当的。②

4. 双重的故意概念说

洛克辛认为，具有双重地位的故意概念所能够解决的问题领域是有限的，因此，其基于目的论的、刑事政策的犯罪论主张故意不具有双重地位，而是存在事实上完全分离的两种故意概念。这是因为，洛克辛认为不法领域中的构成要件故意与责任领域中的责任故意绝不是同一的。③ 即构成要件故意（Tatbestandsvorsatz）是指对符合构成要件的客观的、外部的事实的认识与意欲，而责任故意（Schuldvorsatz）要比该范围宽泛，是甚至包括正当化事由之不存在的认识与附随刑法中的禁止认识的概念。但

---

① 在韩国，关于故意采取构成要件要素说立场的是郑盛根、朴光玟，161 页。

② 在故意是一个犯罪行为的构成要素，应该始终在整体上把握一个犯罪行为的前提下，有见解认为从目的论的角度来看把故意视为在构成要件阶段与责任阶段中具有双重意义及重要性是妥当的（金日秀，韩国刑法 I，365 页）。其实，该见解与通说立场是相同的。

③ Gillmeister, Bericht über Kolloquium, ZStW 93 (1981), S. 1047.

是，该说的缺点在于，这种意义上的责任故意究竟与不法故意有何不同，并不是明确的。

（五）故意的双重含义的区别

如果承认故意的双重地位，将会根据意思活动（Willensbettäigung）这一构成要件故意的要素与意思形成（Willensbildung）这一作为责任形式之故意的要素来进行区分。即在构成要件领域中，故意把行为意思是否指向所有客观的构成要件要素的实现即行为人意欲了什么或如何支配、控制自身行为作为为评价其性质或意义的重要要素。

与此相对，责任领域中的故意追问行为意思是如何形成的，行为人在行为决定当时处于何种动机状态。换言之，行为人为何形成了这种实现犯罪的意思，能否认为行为人的意思决定也与行为人真正的自我实践理性的良心相矛盾、冲突进而是值得在法上进行非难的心情无价值的表现，行为人的动机是否脱离了忠实于法的普通人的动机而成为不忠实于法的动机等，将成为评价的决定性要素。

（六）故意概念的构成要素

1. 知的要素

知的要素是指认识。而认识是指把握、认知或意识将客观的构成要件要素进行具体化的事态。认识的内容取决于客观的构成要件要素。对于已经在经验世界中具有内容的记述的构成要件要素，只要存在基于五官作用的感知即可。像因果关系这种没有被记述的构成要件要素则通过日常生活经验法则的思考来把握即可。

然而，关于内含有法的、社会的评价的规范构成要件要素的认识，是通过精神上的理解或正确的评价来形成其要素的社会意义的。这种理解或评价所需要的知的作用的程度无需达到专家的水准，是一般社会人的普通水准即可。这也叫做"存在于行为人自身当中的与非专家层面的评价相平行的评价"（Mezger）或"存在于行为人意识中的与一般人相平行的判断"（Welzel）。

2. 意的要素

故意的意的要素是指意思。这里的意思并不是指单纯的愿望、空想、希望或单纯的行为意思，而是指实现构成要件的希望、行为决定或意欲。在故意中，之所以要求行为意思应该时常是无条件的和确定的理由是，其始终指向构成要件的实现。弗兰克将这种情绪性状态以"无论事情是怎样或怎样发展，尽管如此我也要实施行为"的表述进行了公式化。

符合故意的意的要素的实现构成要件的意思依赖于作为故意的知的要素的认识。因为，只有认识到构成要件客观要素的人，才能意欲其实现。如此，认识与意思之间存在着相互关系。有时程度高的认识补充程度弱的意思，又有时程度强的意思补充程度低的认识，并以此作为整体成立故意。将两者的相互关系进行模式化，可以把故意区分为三种类型即所谓的意图故意、知情故意（直接故意）和未必故意。

考虑到意思的这种特性，也把意的要素称为故意的动的要素，而把知的要素称为故意的静的要素。

3. 认识与意思的关系

有议论者认为，在故意概念中严格区别认识与意思是为更正确地描述故意的所有现象形态的共同点，也是更有利于区别有认识的过失的方法。然而，现今的通说并没有把两者视为相互分离的故意的要素，而将其看做是认定故意的"复合的意识内容"（大法院判决 1956 年 11 月 30 日，4289刑上 217；1969 年 12 月 9 日，69 DO 1761）。与此相应，实现构成要件的意思（故意的意的要素）在概念上是把各构成要件要素的认识（故意的知的要素）视为前提的。从这种观点来看，也可以把故意定义为：基于认识所支配的意思或者认识到客观的行为状况并欲实现犯罪构成要件的意思。

（七）故意的种类

在故意中，知的要素的各阶段能够与意的要素的各阶段进行任意的结合，由此可以推导出故意的三种类型，意图故意、知情故意与未必故意即是。意图故意与其他两类的故意形态相比是意的要素的程度特别高的形态，知情故意与其他两类故意形态相比是知的要素特别高的形态。

1. 意图故意

（1）意义及样态　意图故意（Absicht）是指把实现该当构成要件作为目的并加以追求的最高强度的意思作为内容的故意。在这里，最高强度的意思是指意欲性意思。我们日常用语中的"恶意"就是指这种含义。

虽然意图故意中的意的要素始终把最高强度的意欲性意思作为内容，但却不考虑知的要素是确实性的还是盖然性的抑或真挚的可能性的。这也叫做目标指向性的意思（Zielgerichteter Wille）或第一级别的直接故意（dolus directus 1. Grades）或最高强度的故意。

以杀人本身作为目标并杀害他人或者意图放火并实施放火等就属于这

种情况。如果以图表表示依据知的要素能够成立意图故意的三种可能性，如下：

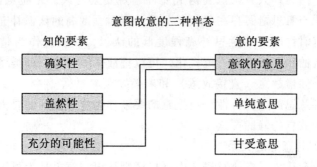

意图故意的三种样态

（2）**以意图故意为必要的构成要件**　意图故意属于目的性的典型形态。如果能够确定行为是指向所意图之结果而实施的意图故意的行为，不仅会提高对不法的行为无价值的评价，而且还会带来责任的质的强化。那么，在犯罪类型中以这种意图故意为必要的构成要件有哪些呢？

在外国立法例中，很多情况是明确表示"意图性"（absichtlich）。例如，德国刑法第 226 条 2 项（重伤害），奥地利刑法第 87 条（意图重伤害）、第 108 条（诈欺）、第 109 条 3 项（侵入住宅的重的情形）等。

如果不是这种情况，就应该通过对各构成要件行为的用语进行目的论解释来决定其是否以意图故意为必要的构成要件。在刑法分则的构成要件中，尤其存在"以……为目的"或"为了……"这一用语时，该当构成要件行为便与这种目的实现或倾向之表现相关联，在整体上具有意图故意行为的性质。除所有目的犯外，韩国刑法第 253 条（以诱骗等的嘱托杀人）、第 304 条（以婚姻为借口的奸淫）中的借口或诱骗行为等，由于其也是在借口或诱骗行为后面行为人的强烈意图在发挥作用的情况，所以在解释上应该视为具有意图故意行为的性质。国家保安法第 6 条 2 项（潜入、偷逃），同法第 7 条 3 项（赞扬、鼓励）也是以意图故意为必要的构成要件行为。

2. 知情故意

（1）**意义及样态**　知情故意（Wissentlichkeit）是指把行为人将一定的事情的存在或结果的发生看做是确实性的最高程度的认识形态作为内容的故意。该最高程度的认识是指认识的确实性或最高程度的盖然性。在韩国法律用语中表现为"明知其情况"，日常用语中则表现为"有意"、

"蓄意"。

不论知情故意的意的要素是意欲性意思还是单纯意思抑或甘受意思，至少知的要素把最高程度之认识阶段的确实性作为内容。这也叫做直接故意（dolus directus）或更为正确地说叫做第二级别的直接故意（dolus directus2. Grades）。例如，在以获取生命保险金为目的不可避免地杀人的情况中，虽然没有意欲死亡结果的发生，但确实性地认识到通过自身行为将发生符合构成要件的杀害之结果时，成立知情故意。

但是，在行为人不仅存在对实现某种犯罪构成要件特征的意欲，而且还存在确实性的认识的情况下，视为同时成立意图故意与知情故意。若以图表表示根据意的要素能够成立知情故意的三种可能性，如下：

《参考》最高程度之认识的确实性与最高强度之意思的意欲性意思相结合的，叫做第一级别的直接故意（Blei, §35 Ⅱ·Ⅲ）或上位的直接故意（Oehler, NJW 1966, S. 1633 ff.）。最高程度之认识的确实性与意欲性意思以外的其他意思阶段相结合的，叫做第二级别的直接故意或下位的直接故意。

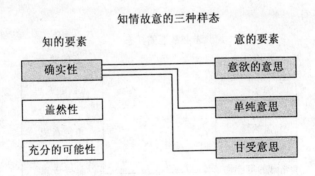

知情故意的三种样态

(2) **以知情故意为必要的构成要件** 在外国立法例中，大多情况是明确表示"明知……情况"（wissentlich）。即使在没有这种明文化的用语的情况下，通过对各构成要件行为的用语进行目的论解释也能够判断是否以知情故意为必要的构成要件要素。例如，在奥地利刑法的第 153 条 1 项（背任）、第 302 条 1 项（滥用职权）中，关于主体的身份性尽管没有特别要求知情故意的用语，但在解释上认为行为人必须要具有对这种身份性的确实性的认识。

在韩国刑法中，也存在很多明示知情故意的例子。例如，刑法第133条2项（贿赂物知情受领），第210条（取得伪造货币后知情使用）；国家保安法第5条2项（收受财物），第8条（会合、通信等），第9条1项、2项（提供方便），第10条（不告知），第11条（遗弃特殊职务）等即是。

3. 未必故意

（1）意义及样态   未必故意是指行为人认识到实现客观的构成要件的充分可能性并表明对此甘受之意思程度的故意形态。未必故意（dolus eventualis）并不把结果发生作为目标并意图性地加以追求，只内含有对此加以甘受的意思，因此，其特点在于故意的意的要素的程度非常弱。在这点上，未必故意与意的要素最强的意图故意相区别。

而且，未必故意在与结果发生相关联的认识的程度上，也不要求具有确实性或盖然性，仅具有充分的可能性即可，因此，故意的知的要素的程度最低也是其特点。在这点上，未必故意与知的要素最高的知情故意相区别。

未必故意在本质上知的要素与意的要素是处于萎缩状态这点上，是最弱化的故意形态。若以图表表示能够成立未必故意的知的要素与意的要素的结合可能性，如下：

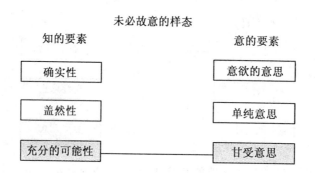

未必故意的样态

知的要素 | 意的要素
确实性 | 意欲的意思
盖然性 | 单纯意思
充分的可能性 | 甘受意思

韩国大法院最近也强调未必故意的成立需要"对结果发生可能性的认识"与"容忍结果发生的内心的意思"（大法院判决1987年2月10日，86 DO 2338）。

【判例】   在无许可情况下成立海外就业介绍所后，尽管明知美国的入境法规严格且很难取得就业签证，但基于如果使用非正式的方法使被害者们在海外就业就更好，如果不是这样掠夺钱款也无妨的想法，以海外就业为诱饵召集人后骗取了钱款。如果是这样，将肯定诈骗罪的未必故意。未必故意在结果发生不确实的情况下，即行为人虽然没有对其结果发生的确实性预见，但承认其可能性。这种未必故意在具有对结果发生可能性的认识与容忍结果发生的内心意思时，方可成立（大法院判决 1987 年 2 月 10 日，86 DO 2338）。

（2）与有认识的过失的区别

① 问题的提起　未必故意与有认识的过失的区别不仅在实务上而且在为遵守责任原则的理论学观点上也是十分重要的。这里的有认识的过失是指行为人虽然认识到实现构成要件的单纯可能性，但却完全不具有欲甘受结果发生之危险的意思，反而确信不会发生任何事情的情况。

如果用我们日常的语言来表现，未必故意是指行为人说"可能会那样的，但无所谓"的情况。有认识的过失是指"也许会那样吧，但是不一定"这种行为人过于自信的情况。

充分考虑实现构成要件可能性的人等于是充足了知的要素。但是，其并没有直接期待构成要件结果发生时，故意的意的要素便成为问题。与此相关联，未必故意是否果然需要意的要素，如果是需要其程度如何的问题成为历来论争的对象。

② 学说

Ⅰ 容忍说

（ⅰ）内容　该说认为，当行为人从内心上容忍所预见的发生可能的结果时，成立未必故意。这里的容忍是指行为人从内心上同意结果的发生并欣然接受的情绪性态度。容忍说（Billigungstheorie）也叫做任容说或同意说（Einwilligungstheorie）。

容忍说虽然也考虑故意的知的要素，但认为仅存在单纯的可能性认识即可。其结果，把行为人从内心上容忍所预见的可能发生的结果这一意的要素视为未必故意的本质特征。因此，当行为人从内心上拒绝结果发生或希望不发生结果时，不能认定为未必故意；只能考虑有认识的过失。这是韩国多数说①与判例（大法院判决 1968 年 11 月 12 日，68 DO 912；1987

---

① 裴钟大，209 页；孙海睦，321 页；申东云，167 页；安铜准，81 页；李炯国，138 页；任雄，134 页；郑荣锡，169 页；郑盛根、朴光玫，172 页。

年 2 月 10 日，86 DO 2388；光州高等法院判决 1979 年 2 月 22 日，78 NO 434）的立场。

【判例】   警察因街头活动的原因指示正在行驶中的出租车司机向左转，但因出租车继续直行，警察就在车前 30 厘米的前方向其说明理由。这时，司机突然发神经似地将出租车左转向，警察被车前保险杠所撞倒。从该事件的经过与事故当时的状况及司机的 15 年驾车经验来看，具有充分知识与经验的司机很容易明白如果不安全行车就那样左转向时，会撞到警察。这样看来，在经验法则上可以认为存在容忍这种妨害公务执行之结果发生的内心的意思即未必故意（大法院判决 1995 年 1 月 24 日，94 DO 1949）。

（ⅱ）批判   对该说的根本性的批判是，该理论由于把故意与过失视为责任形式，所以在责任阶段中区分两者的古典的、新古典的犯罪体系中是可以加以考虑的见解。但是，在构成要件阶段区分两者的目的的犯罪体系或新古典的·目的的合一体系中，却是困难的。① 据此，将存在如下具体的批判：

第一，容忍这一意的状态实际上是无法与意图故意的意的状态清楚地加以区分的内心态度。

第二，只对有意识的计算法益侵害进行抑制，是故意犯构成要件的任务。因此，在这个阶段中，没有必要甚至把行为人的情绪性态度也作为问题。

第三，依据内心的情绪性态度判断故意的存否，将存在混同作为主观构成要件要素的故意与作为责任形式的故意的危险。

Ⅱ 不关心说

（ⅰ）内容   不关心说（Gleichgültigkeitstheorie）主张，行为人肯定性的同意认为具有单纯可能性的附随结果或以漠不关心的态度接受时，成立未必故意。相反，并不期待这种附随结果或希望其不发生时，则不成立未必故意。

该学说由恩吉斯所主倡，其主张未必故意的成立必须要存在比容忍说更为严格意义上的对保护法益的漠不关心。因为恩吉斯认为，故意是比过失还要重的责任形式，因此仅存在单纯的容忍是不够的，至少还要具有对

---

① 金日秀，韩国刑法Ⅰ，387 页；李在祥，164 页。

结果发生毫不留情的漠不关心的表现，这样才能成立属于非难程度高的未必故意。

（ⅱ）批判　在该说中，对于行为人以故意实施的行为这点来说，不关心成了更为确实性的要素。从这点来看，该学说是有一定道理的。但是在相反情况下，认为在欠缺不关心时，始终排除故意的成立这点是不正确的。这是因为，该学说因不关心的欠缺而持有某种愿望或希望时，存在使过失的成立要比故意更为容易的危险。

Ⅲ 可能性说

（ⅰ）内容　可能性说（Möglichkeitstheorie）认为，行为人尽管认识到结果发生的具体的可能，竟然还实施行为时，成立未必故意。这时，对结果发生的意的要素并不成为问题。　"二次"大战后，由施罗德（Schröder）最先主张该学说以来得到了诸多追随者的支持，尤其是施密特豪瑟（Schmidhäuser）更是发展了该学说。

该学说的基础在于，如果已经具有单纯可能性的认识，行为人就不得不中断犯行，因此信赖结果的不发生内含有这种可能性的否定。另一方面，否认历来的有认识的过失的存在。因此，施罗德（Schröder）从这两点出发，主张"所有的过失均是无认识的过失"。

（ⅱ）批判　该学说认为，如果行为人尽管认识到了实现构成要件的可能性还继续实施行为时，始终能够断定行为人预见了结果的发生并作出了有害于保护法益的决定。在这点上，该学说是正确的。但是，现实并非如此。因为，不顾注意的警告随意扔掉带火烟头的人，可以在虽然清楚地认识到法益侵害的可能性但确信不会发生火灾结果的情况下实施行为。把这种情况也认定为未必故意，则有过于扩大故意范围的危险。试图把故意只限定在知的要素中的可能性说难免会面临过于知性化的批判。

Ⅳ 盖然性说

（ⅰ）内容　盖然性说（Wahrscheinlichkeitstheorie）主张，行为人认识到结果发生的盖然性时，成立未必故意；认识到单纯的可能性时，成立过失。该学说是 H·麦耶（H. Mayer）主倡的理论。根据麦耶的观点，盖然性是在"单纯的可能性以上""高度的盖然性以下"的概念。威尔滋尔也基于此盖然性说把"结果的预想"视为故意的根据。将此具体化的罗斯（Ross）认为，"当行为人预想犯罪构成要件即将实现时"，便能够认定未必故意。

（ⅱ）批判　盖然性说在主张当行为人认为具有结果发生的盖然性时，通常就能够征表欲甘受结果发生的可能性的态度这点上，是具有一定合理性的。然而，由于盖然性的含义并不明确，所以充分的可能性是否也是盖然性抑或其与单纯的可能性之间的界限如何就成了问题。甚至，在盖然性的判断中，由于起决定性基准的是单纯的知的预测，所以对于起死回生机率非常低的重患者只是祝愿手术成功而执刀的诚实的医生也将构成未必故意；相反，试着对似乎不可能被诈骗的社会债券公司实施了欺诈行为，但意外地骗取了许多钱款时，就会形成诈骗者只能构成有认识的过失的结果，这是不妥当的。

V 回避说

（ⅰ）内容　回避说（Vermeidungstheorie）认为，行为人虽然认识到结果发生的可能性却还没形成结果回避的操纵意思即回避意思时，成立未必故意；相反，行为人在行为时为使不发生认为可能发生的附随结果形成回避意思时，则成立有认识的过失。这是阿明·考夫曼从目的的犯罪体系出发所主张的理论。在这里，既然没有实施行为，回避意思就成为认定故意的重要的标准。

（ⅱ）批判　该回避说的区别标准并不能始终给予具体事例的解决以圆满的答案。因为，其不能提供标准以外的答案。标准在具体的结论中是始终能够反复的。例如人的过失不仅能够产生于虽然没有采取诸种特殊的预防措施但信赖运气的地方，而且当行为人不相信反作用措施的效果而继续实施行为时，即使存在反作用措施也不排除故意的成立。

Ⅵ 甘受说（默认说）

（ⅰ）内容　甘受说认为，行为人虽然认识到结果发生的可能性，但为所期待的目标而具有甘愿忍受或默认（Sich-Abfinden）结果发生的意思时，成立未必故意；相反，没有甘受的意思或相信不会发生结果时，则成立有认识的过失。而且，该学说在概念上区别慎重与轻率，认为行为人在慎重考虑结果发生之后，竟然还实施行为时，成立未必故意；行为人虽然认识到结果发生的可能性，但基于轻率的认识实施行为时，则成立有认识的过失。因此，也可以把慎重说包括在此范围中。

目前，甘受说在德国、奥地利、瑞士等国处于通说地位，在韩国则处于有力说的立场。①

①　金圣天、金亨俊，151 页；金日秀，韩国刑法Ⅰ，392 页；朴相基，109 页；孙冻权，130 页；李在祥，164 页；李廷元，129 页；曹俊铉，173 页；陈癸浩，221 页。在德国有 Jescheck/Weigend，S. 299；Roxin，§12 Rdn. 27；Rndolphi，SK，§16 Rdn. 43；Wessels，Rdn. 214。

（ⅱ）批判　虽然试图在意的层面上区别未必故意与有认识的过失是好的，但是有批判者认为，此说并没有对甘受、默认甚至慎重这些意的表现与容忍说中的容忍进行明确的区别。而且，甘受仍旧是只能包含行为人情绪性态度的概念。①

Ⅶ　其他的立场

（ⅰ）内容　事实上，很难区分未必故意与有认识的过失。基于这种理由，埃泽儿（Eser）提出应该从立法论上考虑结合两者的特殊的"第三种责任形式"。此外，也有学者试图借鉴英美法系中作为故意与过失中间领域之责任形式的 recklessness（轻率）（美国模范刑法典第1篇第2章第2条2项3号），并主张没有必要区别未必故意与有认识的过失，将此消解在该特殊责任形式的范畴中即可。②

（ⅱ）批判　即使忽视韩国刑法体系是大陆法体系这一点，如果想要肯定这种特殊的责任的种类，则必须要全面修订刑法各论。这在立法论上几乎没有实现的可能性。而且，韩国刑法既然区别对待故意与过失的处罚，区别两者就是在理论上或实务上无法放弃的操作。况且，已经存在的关于两者区别的诸种理论上的努力实际已经形成了近似的结论。即使从这一点来看也说明区别两者不是完全不可能。

③结论　原本，故意与无认识的过失在对结果发生有无认识上存在着一次性的差异。然而，有认识的过失是对结果发生的可能性存在认识的情况，这事实上在知的层面上与故意没有区别。结果，故意与有认识的过失的区别只能在意的层面上进行。其区别就在于，未必故意是行为人具有甘受所预见的结果发生的意思；而有认识的过失则是没有对这种结果发生的甘受意思的情况，即有认识的过失是对于结果发生欠缺积极的意欲甚至消极的甘受程度的意思的情况。如果从可能的法益侵害的观点来把握这些，未必故意就是指针对可能的法益侵害的确定性行为意思的实现，而有认识的过失是指欠缺针对可能的法益侵害的确定性行为意思的情况。

然而，在这里有必要思考一下容忍说这一韩国多数说中的结果发生的容忍意思与甘受说这一有力说中的结果发生的甘受意思之间能否进行概念上或经验上的明确区分。可以说，无论容忍或甘受在日常用语的层面上两者均具有欣然接受某种结果这种程度的意志或情绪性态

---

① 裴钟大，208页；任雄，132页；郑盛根、朴光玟，172页。

② 南兴佑，164页。

度的含义。在这点上，根本无法区别两者。因此，完全可以理解基于
这点把甘受说包含在既存的容忍说中并以相同见解进行分类的立
场。① 甚至，在韩国仍旧采取容忍说的学者们以容忍与甘受在概念上
或经验上无法进行明确区分为理由提出没有排斥容忍说的论据这点，
也可以在相同脉络上进行理解。② 如果说容忍说是基于古典的犯罪体
系或新古典的犯罪体系在故意是责任要素这一前提下所主张的话，故
意与过失在构成要件阶段就应该已经根据意的要素进行区别的甘受说
的批判是妥当的。但是，现在由于在把故意视为构成要件要素的新古
典的·目的的合一体系中主张容忍说，所以上述这种批判也是不妥当
的。目前，主张容忍说的立场对于应该在构成要件阶段基于意的要素
区别故意与过失的见解没有任何疑义。

　　在德国，以前一般性的做法是在概念上明确区分容忍
（Billigung, billigend in Kauf genommen）与强调消极意志的甘受
（Sich-Abfinden），但最近由于主张在内容上与甘受说相同含义的容忍
说，③ 因此也把容忍说评价为甘受说的一分类。④

　　从这些事实来看，至少在目前所议论的容忍说与甘受说是内容相
同但用语表述不同而已，实质上两者没有任何差异。因此，有必要指
出的是，本书虽然采取甘受说，但与以当前的合一犯罪体系为前提而
被主张的容忍说之间没有任何的实质性差异。⑤

（3）认定未必故意的具体事例　在刑法分则中除明文规定意图故意
与知情故意以外或者除在构成要件解释上能够视为以意图故意或知情故意
为必要的行为以外，在所有情况中故意犯的成立仅以未必故意为已足。为
区别未必故意与有认识的过失并进行客观的确定，应该以"行为人是否
想基于危险的行态实现不被社会所容许的危险"为标准进行探讨。

----

①　任雄，129 页便采取这种立场。
②　例如，裴钟大，208 页；郑盛根、朴光玫，172 页。
③　例如 Baumann/Weber, §20 Rdn. 54；Maurach/Zipf, AT/1, 22/34 f.
④　参照 Roxin, §12 Rdn. 36.
⑤　相反，采取容忍说的申东云教授认为，甘受仅仅具有无奈接受构成要件之实
现的消极的态度，而容忍则超越了消极的态度具有即使实现构成要件也可以的肯定的
态度。在这层面上可以区别两者（刑法总论 166 页）。但是，对该见解可以进行如下
批判：把不能成为构成要件故意之成立要件的对结果发生的行为人的情绪性态度与故
意的意的要素同一视之，在结果上具有把未必故意转变为一般故意的危险。

（ⅰ）当行为人以法益救助意思（Rettungsabsicht）实施行为时，因为不是以不被容许之危险的实现而使法益危殆化，所以不成立未必故意。例如，向扑向婴儿的猛兽开枪却命中婴儿的情况或为治疗患者实施手术行为的医生的情况，就不成立杀人故意或伤害故意。

（ⅱ）在社会所容许的危险范围内，不成立未必故意与有认识的过失。① 但是对于各执行业务时发生的具体事故，应该根据其是否基于行为人危险行态的构成要件之实现来决定故意或过失的有无。

（ⅲ）未必故意与危险犯中的危险故意是相区别的。危险故意只内含有结果引起的可能性或接近性。在这种意义上，危险故意并不能达到未必故意的充分可能性的标准。因此，在危险犯中，仅以危险故意是不能成立对危险的未必故意的。例如，仅以饮酒驾驶自身是不能成立一般交通妨害罪（第185条）的未必故意的。

（八）故意的时点

故意至少要存在于实行行为时。因此，行为人的故意存在于事前（事前故意）或在事后产生（事后故意）时，并不成立故意。但是，在一系列继续的行为中间时点产生故意时（承继故意），对其故意产生之后的行为成立故意犯。历来，时常依据这种时间范畴把故意划分为事前故意、事后故意与承继故意。

1. 事前故意

事前故意（dolus antecedens）是指行为人虽然具有在某一时间要实现一次一定的构成要件的意思，但在行为时却完全没有关于自身实现犯行计划的想法的情况。例如，二等兵A试图利用射击训练的机会计划杀害时常欺压自己的长官O，但在进入射击场前为确认枪机拉动枪栓时，恰好子弹打中O致使其死亡的情况即是。在这里，A虽然在事前具有杀人的故意，但在行为时却只有过失，因此只能成立过失致死。只要没有关于预备罪的特别处罚规定，在所有预备阶段中的犯罪实行意思都符合事前故意。

2. 事后故意

事后故意（dolus subsequens）是指行为人虽然无任何故意地实现了符合客观构成要件的事实，但事后却对其容忍的情况。例如，A在参观B

的收藏品时因一时失手打碎了青瓷罐。对此十分恼火的 B 在口无遮拦的谩骂中，A 即使产生有意打碎那种人的东西真是做得好的想法，其也不成立毁损财物的故意，是不可罚的。

即使在复行为犯中，故意也应该存在于两种类型的实行行为时。如果故意仅存在于其中后行为时，而前行为中只有事后故意，那么只对后行为成立故意犯。例如，在被某人绑架的 B 处抢夺钱包的 A，即使事后容忍暴行状态并将其纳入自己的犯行计划中，其也只构成盗窃罪的故意犯，而不成立抢劫罪的故意犯。

3. 伴随故意（承继故意）

只有在实行行为时拟定犯行计划，才能认定作为犯行计划之实现的故意。问题是，在一系列继续的行为的中间时点开始存在故意时，是否伴随先行部分而对整体构成故意。没有故意的先行部分跟随后起的故意行为从而对整体成立的故意叫做伴随故意（dolus superveniens）。然而，应该把这种情况视为仅对故意以后的行为成立故意犯，所以在概念上并不成立伴随故意。

如果是这样，就没有必要区别处理伴随故意的事例与故意的一般例子。例如，行为人因过失造成被害人伤害并预见其即将死亡，但并没有采取请来医生或送往医院等救助措施，反而以放置至死亡为止的计划放任不管，因而导致被害人死亡时，行为中间产生的故意只成立基于不作为的新的杀人行为的故意，后面的故意行为并不触及前面的过失行为。

即使在继续犯中也常常存在伴随故意的问题，但也没有必要另行认定。例如，行为人在不知晓办公室中还有人在的情况下，将门锁上后离开。但不久就发现女秘书还留在办公室内。尽管如此，行为人仍旧容忍其监禁状态的存在时，在该容忍瞬间之后，方可成立监禁罪的故意。

随着承认承继共同正犯，将出现承认伴随故意的结果。既然不承认伴随故意，同时也否定承继共同正犯的做法是正确的。因为只有对承继之后的行为，才成立共同正犯。而且，在共同正犯中各自均是正犯，因此在各自的故意范围内认定正犯性是妥当的。

（九）故意的特殊形态

1. 侵害故意与危险故意

根据犯罪构成要件是侵害犯还是危险犯将故意分为侵害故意与危险故意。侵害故意（Verletzungsvorsatz）是指行为人认识到对行为客体的侵害并意欲的情况，危险故意（Gefährdungsvorsatz）是指行为人认识到具体的危险或抽象的危险并意欲的情况（BGHSt 22，73f.）。虽然侵害故意内含有危险故意，但是危险故意却并不内含有侵害故意。

2. 择一故意与概括故意

虽然不是独立的故意种类，但从行为对客体的关联性中能够抽象出的故意形态有择一故意与概括故意（如果是两者的择一，就是择一故意；如果是多者的择一，就是概括故意）。历来把这两者与未必故意一起统称为不确定故意，但这两者却不是独立的故意种类之一。意图故意、知情故意与未必故意三者都能够表现为择一故意或概括故意。

（1）择一故意

① 意义　择一故意（dolus alternativus）是指行为人意欲实现两个以上的构成要件或结果中的任何一个，而且基于在其中任何一个中发生结果均可以的想法实施行为时的故意。对在择一关系中存在的行为客体而成立的故意，无论同种还是异种均可。

② 类型

（Ⅰ）针对一个行为客体的择一故意　是指行为人在具有两个构成要件意义的一个事态中，虽然希望实现其中的某一个构成要件，但认为即使实现其他构成要件也可以的情况。例如，为妨害礼拜，在正在礼拜中的礼拜堂里放置蜂窝致使多人被蜇的情况；认为昏倒在马路上的人不是死人就是意识昏迷者从而在其外套口袋中取出钱包的情况；猎人基于草丛中晃动的物体可能是猎物也可能是人的想法而开枪的情况；基于希望给被害人造成重伤但将其杀害也是没办法的想法而开枪的情况等。

（Ⅱ）针对两个行为客体的择一故意　是指行为人虽然希望在两个行为客体中的某一个上发生结果，但认为即使在其他客体上发生也可以的情况。例如，行为人虽然希望命中猎物，但预见到射中其旁边的人的可能性也是充分的情况；在有两人经过时，基于射中其中任何一个人均可以的想法而开枪的情况；受到警察与警犬追击的犯人为逃脱追击基于无论是警察还是警犬射中其中任何一个均可以的想法开枪的情况等。

（Ⅲ）针对诸多行为客体的择一故意　是指行为人认为在诸多行为客体中的哪一个上发生结果均可以的情况。例如，行为人在数百名群众聚集的场所投掷炸弹，并认为炸死其中任何一个人都可以的情况；偷偷把手伸进装有诸多邮包的邮政行囊中，取出其中任何一个物件的情况等即是。以前，把该类型解释为是概括故意的一种。然而，目前已经在理论上明确了概括故意的含义的情况下，则将其视为择一故意的一类型。①

③ 法律上的处理

（Ⅰ）至少一犯罪成立既遂的情况　这时，对所有择一可能性均成立故意。被实现的构成要件成立故意既遂，没有被实现的构成要件则成立未遂，所以行为人所考虑的所有事态至少能够作为未遂来进行处罚。因此，在实现可能的结果中只发生一个结果时，只要未遂不是处于对既遂的补充关系（针对杀人的伤害）中，未遂与既遂就形成观念的竞合。

（Ⅱ）所有犯罪都止于未遂的情况　在择一关系中的诸多事态中，即使没有发生任何的结果，也都成立故意的未遂；数个未遂间形成观念的竞合。

（Ⅲ）结论　是否成立择一故意首要是成立犯罪的问题，其次才是如何处罚的问题。从处罚的观点上忽视已经存在的故意，这在理论上是无法赞同的。因此，正确的做法是，无论只有一个犯罪成立既遂还是所有犯罪都是未遂，对所有存在于择一关系中的事态认定择一故意之后，具体的处罚再依据观念竞合的理论处罚一个重罪。

（2）所谓概括故意

① 意义　概括故意（dolus generalis）并不是特殊的故意形态，在当前是指如下一定的事例群的法现象。即行为人虽然意图实现一定的构成要件结果，但基于与其预想不同的其他连续性行为引起结果的情况。例如，诱拐犯将被害人装入汽车后备箱后，在行驶的过程中误以为被害人已经窒息死亡，遂为隐匿尸体将其投入河中。事实上，被害人在水中被溺死的情况即是。

【判例】　因愤怒于戏弄自己妻子的被害人的行为，以将其杀害的意图用石头殴打数次致使被害人因脑震荡昏迷。误以为被害人已经死亡的被告人为掩埋尸体毁灭证据将其埋在了小溪边，结果被害人因窒息而死亡。如果是这样，被害人并不是因为基于杀害意图的殴打行为而直接导致死亡的，而是基于以湮灭罪证之目的实施的掩埋行为而导致死亡的。即便如此，如果概括地看全过程，因为当初杀害被害人的预见事实最终被实现，所以不能免除杀人罪的罪责（大法院判决1988 年 6 月 28 日，88 DO 650）。

---

① 朴相基，110 页；裴钟大，210；孙冻权，132 页；申东云，160 页。

② 概念的沿革　最先把概括故意案例作为问题的是 1795 年普鲁士的柏林官方法院。1798 年克拉因从理论上整理了该问题，而最初将此以故意的一种进行体系化的是 1825 年发表的韦伯（v. Weber）的文章。① 韦伯把概括故意代称为特别故意（dolus specialis）的同时，其认定只限定在"犯行决意包括对一个行为结果产生影响的数个行为或者数个手段或行为阶段并通过这些行为构成一个故意犯罪时"。即把第一行为与第二行为包括为一个故意行为。然而，进入到 19 世纪后半叶，施泽（Schütze）、赫尔施内（Hölschner）、罗夫勒（Löffler）等一批学者把概括故意主要指称为行为人在明显不知道行为的法的意义前提下实施行为的情况，并把其理解为不确定故意的一种。这种状况一直延续到 20 世纪初期。如行为人在不明显知道放在椅子上的物品是遗失物还是附近某一旅客的物品的前提下实施窃取行为的情况就是其例子。因此，为把韦伯定义的概括故意与此进行区别称前者为"韦伯的概括故意"或"不真正的概括故意"。后来，到了威尔滋尔那里，确定了概括故意仅指韦伯的概括故意之后，把行为人在明显不知道行为的法的意义的前提下实施行为的不确定故意作为择一故意的一种就成了一般性的倾向。

当前，概括故意已经完全丧失了作为德国普通法时代的不确定故意之一种类的意义。其只具有为指称两个以上的连续行为产生一个构成要件结果的法形象的含义。②

③ 法律上的处理　在概括故意的事例中，问题是构成一个故意既遂犯，还是分为前后两部分行为，从而构成第一部分行为的故意未遂与第二部分行为的过失的观念竞合。

（Ⅰ）基于概括故意的单一行为说　即使到了威尔滋尔那里，也把这种事例作为基于概括故意的一个故意既遂犯来看待。即认为是第一部分行为的故意甚至概括性地包含第二部分行为的单一行为事件，所以这种事例构成一个故意既遂犯。

对此说的批判是，第一行为（杀人）与第二行为（为隐匿罪责的尸体遗弃）分别是基于不同的故意实施的，反而认定概括的一个杀人故意是不妥当的。因为，即使行为人在第二行为时认为是基于第一行为产生的

---

① v. Weber, Uber die verschiedenen Art des dolus, in: Archiv des Criminalrechts, Bd. 7, 1825, S. 549 ff.

② 朴相基，110 页；裴钟大，212 页；孙冻权，131 页；申东云，160 页；李炯国，研究Ⅰ，237 页。

既遂结果，在概念上也无法推定为与第二行为相关联的故意。

（Ⅱ）因果过程的非本质性偏离说　这是把概括故意的事例作为因果过程错误的一类型的立场。[1] 根据该学说，因果过程是故意的认识对象，所以因果过程的偏离在非本质性的情况下，并不妨碍故意的成立与否，成立一个故意既遂犯。如果是本质性的偏离时，则成立未遂与过失的竞合。即在存在本质性的偏离时，认定为构成要件错误。

这时，如果根据社会生活的经验，因果过程的偏离在预见可能的范围，且对连续的两个行为在法规范上进行不同评价是不妥当时，其偏离就是非本质性的偏离。这是韩国多数说的立场，德国的判例与通说也采取相同的立场。[2]

（Ⅲ）未遂说　该说认为，概括故意的事例始终成立未遂，而且根据情况还会产生与过失之间的实体性竞合（杀人未遂与过失致死的竞合）。因为故意应该始终存在于行为时，所以应该把第一行为与第二行为视为基于各自的不同故意实施的两个独立的行为。[3] 该说在外观上是与具体的事件经过最相符合的理论。但是，对此说可以提出如下批判：如果根据该学说，在存在非本质性的因果过程的偏离的情况下，通常都将否定故意既遂的成立，进而只能认定未遂与过失。不仅如此，即使在无法查明第一行为与第二行为中的哪一个是死亡的直接原因时，通常也只能考虑未遂与过失的责任。因为，只要存在基于第二行为发生结果的可能性，为使行为人承

---

[1]　虽然常常使用"因果关系"错误的用语，但因果关系错误是指像误以为白糖能够杀害人这种对因果关系（Kausalität）自身存在错误的情况。而概括故意的事例是指具体事件发展过程的偏差，因此叫做"因果过程"（Kausalverlauf）的错误是正确的。这种指摘参见金永焕，《所谓概括故意的问题点》，刑事法研究第 16 号（2001），8 页脚注 17；吴永根，《关于事件发展的错误》，汉阳大学《法学论丛》第 11 辑（1994），127 页脚注 1；李廷元，《关于构成要件故意的认识对象的小考》，刑事法研究第 13 号（2000），98 页以下。

[2]　朴相基，131 页；裴钟大，212 页；成时铎，《构成要件错误（下）》，考试研究 1995 年 7 月，128 页；孙海睦，324 页；申东云，196 页；安铜准，87 页；李在祥，176 页；郑盛根、朴光玟，188 页；河泰勋，《因果关系的错误类型与故意归属》，考试界 1996 年 7 月，43 页以下；Dreher/Tröndle，§16 Rdn. 7；Jescheck/Weigend，S. 312；Lackner/Kühl，§15 Rdn. 11；Sch/Sch/Cramer，§15 Rdn. 58。

[3]　金昌君，《对概括故意的考察》，安岩法学第 13 号（2001），176 页以下；吴永根，《事件发展过程的错误》，汉阳大学《法学论丛》1994 年，34 页；李用植，《所谓概括故意的刑法处理》，刑事判例研究（2）1994 年，35 页；Hruschka, JuS 1982, S. 319；Jakobs, AT 8/77；Maurach/Zipf, AT/Ⅰ，23/33。

担故意既遂的责任，就必须首先证明第一行为与结果之间的因果关系。因此该说认为，例如在杀人之后基于第二行为以无法发现原因行为的程度毁损或隐匿尸体时，通常就只能考虑杀人未遂与过失致死的责任。

（Ⅳ）计划实现说　该学说为解决概括故意的事例，首先区别行为人在第一行为时是具有不可逆转的意图故意（必须杀死的意图）还是未必故意（对死亡的甘受或默认意思）。如果是前者，即使构成要件结果是由第二行为所引起，也能将其评价为行为人的犯行计划的实现，从而认定故意既遂。然而，如果是后者的情况，即便基于第二行为引起了结果，其也只是失策的结果，不能评价为行为人的犯行计划的实现，从而只构成未遂。而且，即使在第二行为时产生新的犯行决意时，也认定为未遂与过失的竞合犯。该说是洛克辛主倡的理论。①

对于该理论存在如下批判：为什么根据第一行为时行为人的故意是确定性或未必性的与否而对于因第二行为所发生的结果的故意归属也不相同，必然的理由并不是明确的。而且，原则上计划的实现与故意的归属是不同的问题，因此被害人的死亡是否归属于行为人的故意并不取决于行为人是否实现了其计划。② 无论事件的进展如何，只要实现了意味着确定性故意的计划，就能够认定结果的故意归属这种想法的错误在于，在结果的故意归属判断中，忽视事实层面而过于关注规范的、评价的层面上的判断。

（Ⅴ）客观的归属说　该学说是主张概括故意的事例不是故意问题而是客观归属问题的立场。该学说认为，这时构成要件结果是由为隐匿行为人的罪证的第二行为所引起，而且只要能够依据一般的生活经验将其评价为为隐匿罪证的典型的行为，原则上客观归属就是可能的，③ 因此，成立一个故意既遂犯。但是，为隐匿罪证去往某处的途中，被害人因交通事故死亡，因而也不能将其结果客观地归属于第二行为时，整体上只成立第一行为的未遂。

针对此立场，有批判者指出：不能因为对于非类型的因果过程在客观的构成要件阶段上进行了归属评价，就因此替代在主观的构成要件阶段上所进行的故意归属的评价。即对于非类型的因果过程的事例即使认定客观

---

① Roxin, "dolus generalis," Würtenberger-FS, 1977, S. 120; ders. , §12 Rdn. 162 ff. 在韩国，参见金永焕，前文，12～13 页。

② 参照李廷元，《概括故意》，刑事法研究第 15 号（2001），6 页。

③ 金日秀，韩国刑法Ⅰ，402 页；李廷元，126 页；李廷元，前文，4 页。

的归属，在主观的构成要件阶段中仍旧残留有——与客观归属被认定的行为结果相关联——因行为人的认识与因果过程的差异而产生的故意归属问题即基于因果关系的错误而产生的故意归属问题。① 然而，这种批判是不妥当的。这是因为，客观归属说与通说不同，在区别因果关系与因果过程的前提下，把前者视为故意的认识对象，而不把后者视为故意的认识对象。所以在针对非类型的因果过程认定客观归属的情况下，在主观的构成要件阶段中原本也就不会发生因认识与过程间的差异而产生的有无故意归属的论争。即已经认定客观归属的因果过程之偏离的事例并不对故意的成立产生任何影响。② 当然，如果基于非类型的因果进程否认了客观的归属，在主观的构成要件阶段上也不会发生概括故意的问题。

（Ⅵ）单一行为说   该学说基于社会的、刑法的行为标准说认为：第一行为与第二行为不过是整体的部分动作，能够将两者放在一起评价为一个行为（暴行行为＋掩埋行为＝杀害行为），所以结果上能够认定为故意既遂犯。③

然而，即使是规范的观点，把故意与构成要件均不同的两个行为评价为一个行为也是过分的做法，因而是不妥当的。④

（Ⅶ）结论   在今天既然已经否定了作为德国普通法时代不确定故意形态的概括故意，把概括故意事例的解决作为客观归属问题而不是故意问题是正确的。

概括故意的事例当然属于因果过程错误事例中的一个。虽然后者比前者有着更为宽泛的概念内涵，但在法的处理上是相同的。因此，应该基于客观归属评价中尤其是"危险的相当实现原则"解决概括故意的事例。

《参考》所谓概括的过失   除概括故意外还存在所谓的概括的过失。概括过失由来于大法院的如下判决："被告人给被害人造成右侧胸骨骨折与肋骨骨折伤以及因此导致的右侧心脏壁戳伤和心囊内出血。由此，被害人因丧失知觉而昏倒在地并处于濒死状态。对此被告

---

① 持相同批判的有：朴相基，129 页；李在祥，176 页。
② 从这点来看，如下的指摘是不正确的："行为的结果归属于行为人虽然是可能的，但基于主观上无法包含于行为人（关于因果关系的）故意程度的变形的因果过程发生结果的情况，恰好是符合因果关系错误的情况。在这点上，因果关系的错误问题是与客观归属论相区别的"（朴相基，129 页）。
③ 任雄，154 页。
④ 相同批判，参见李在祥，177 页。

人误认为被害人已经死亡，为掩盖其罪行、伪装成被害人自杀的样子，就把被害人移至阳台后将其推下至约有 13m 距离的地面，致使被害人在现场因左侧头部粉碎性塌陷骨折的脑损伤和脑出血死亡。如果是这样，被告人的行为构成单一的伤害致死罪"（大法院判决 1994 年 11 月 4 日，94 DO 2361）。

大法院的立场是，重的结果即使不是由故意的基本犯罪行为而是由第二的过失行为所引起，整体上也能够认定结果加重犯的成立。然而，在此事例中，并不能把引起被害人死亡这一重结果的第二的过失行为（为伪装成自杀将被害人推下的行为）视为典型的为隐匿罪证的行为。不仅如此，在这里也没有满足在结果加重犯中作为为加重结果进行客观归属的特别要素的直接性原则。因为，在该事例中，死亡这一重的结果并不是由内含于作为故意基本犯罪行为的伤害行为中的典型的危险所实现的，而是因行为人追加的过失的介入而发生的。因此，对行为人追究伤害罪与过失致死罪的竞合犯的责任是妥当的。当然，这种处理可能要比认定伤害致死罪的成立追究更轻的责任，从而导致违反法感情的问题。但是，立足于处罚的要求科处超过个人责任的重的刑罚，是明显违反责任原则的。①

（十）故意的证明问题

故意和过失这一主观的构成要件要素与客观的构成要件要素一同符合主要事实（刑诉法第 307 条②），并成为严格的证明对象。严格的证明是指具有法律上的证据能力并依据经过合法的证据调查获取的证据所进行的证明。

要想在客观上证明作为行为人主观意识形态的故意，并不是件容易的事。然而，可以根据证明作为故意认识对象的客观的构成要件符合事实的方法来间接证明（大法院判决 1995 年 2 月 3 日，94 DO 3122）。例如，行为人把对自己没有实施任何危害的行人误认为是对自己搬弄是非的人并加

---

① 在此事例中，同样批判判例的立场主张认定伤害罪与过失致死罪的竞合的见解有：裴钟大，571 页；张荣民，《概括的过失？》，刑事判例研究，李在祥教授花甲纪念论文集 2003，241 页。

② 韩国刑事诉讼法第 307 条规定（证据裁判主义）：认定事实，应当根据证据。——译者注

以辱骂。即使这时行为人主张完全没有想侮辱他人的想法，侮辱罪的客观构成要件也将被立证，而且只要没有其他故意排除事由，也会得出具有侮辱罪所必要的故意的结论。

存在一定的事实时，就事实上推定故意的存在的理论虽说是德国普通法时代的产物，但早已基于法治国家的要求而克服了故意的事实上推定理论。提醒注意的是，故意的意识形态只是推论（extrapolation）的对象，而不是推定（presunmption）的对象。

三、构成要件错误

（一）序说

1. 意义

构成要件错误（Tatbestandsirrtum）是指针对属于法的构成要件范围内的客观情况，行为人欠缺成立故意所必要的明显意识程度的认识的情况。例如，行为人误认为关于某死者名誉的虚伪事实是真实的事实，公然进行散布毁损死者名誉的情况；或者行为人误认为他人的财物是无主物而加以毁损的情况等即是。

构成要件错误并不是对模糊的犯罪事实的错误，而是关于构成要件故意之认识对象的不法构成要件事实的错误。这里的错误是指针对客观的构成要件要素中的某一个要素，行为人欠缺认识的情况。认识的欠缺不问及是误认还是不知。

2. 法的效果

如果存在构成要件错误，将否定构成要件故意。因为，这时无法对行为人发挥"构成要件的提诉机能与警告机能"。因此，只能根据情况探讨有无过失的问题。在这种意义上，构成要件错误论正是故意论的一部分。

　　　　构成要件错误并不是如古典的、新古典的犯罪体系在责任阶段中所探讨的关于是否认定故意责任的问题，而是关于是否认定构成要件故意的问题。这点当然是由目的的犯罪体系所确立的结论。

3. 刑法的规定

韩国刑法首先在第 13 条中规定："未认识到犯罪成立要素之事实的行为，不罚。"之后，又在第 15 条 1 项中规定："未认识到特别重罪之事实的行为，不以重罪处罚之。"由此说明，没有认识到符合法律构成要件的犯行的客观特征时，将妨碍构成要件故意的成立。然而，关于构成要件错误的上述两条款在其标题与用语的含义及条文的排列形式等方面，并不具有体系性。因此，上述两条款的适用范围在具体的事例解决上有许多产生问题的余地。

（二）故意的认识对象

韩国刑法第13条只规定故意的认识对象是"犯罪成立要素的事实"，并没有言及具体的内容。原本故意应该涉及构成要件中所有的客观要素，因此"犯罪成立要素的事实"是指作为故意认识对象的客观构成要件要素的整体。如果将此进行体系上的区分，如下：

1. 特定的犯罪构成要件

故意把特定的犯罪构成要件作为对象，因此，在英美法系中所主张的一般的犯罪意思不能成为故意。因为，不具有与具体的犯罪构成要件之间的关联性。在加重的构成要件或减轻的构成要件中，故意把加重或减轻的事实作为认识对象。

　　《参考》这点在过失犯中也是相同的。过失也是对具体的构成要件的注意义务违反（crimen culpos），而不是指一般的过失（crimen culpae）。

如果行为人基于错误错误地理解了与实际实现的构成要件事实不同的事实，只有在行为人把握的构成要件完全被所实现的构成要件所包含时或者实现的构成要件完全被错误理解的构成要件所包含时，才成立故意。例如，以为是占有脱离物而实施了侵占，但实际上对象物不是占有脱离物而是在他人占有下的财物时，在所理解的范围内，成立占有脱离物侵占罪的故意·既遂犯。

2. 构成要件的本质部分

行为人必须具有关于该当犯罪构成要件之本质构成部分的行为、客体、结果、因果关系的认识。

（1）构成要件行为

① 无论是实质犯还是形式犯，所有犯罪构成要件上的行为作为犯罪行为都是行为人必须认识的内容。

② 在构成要件中存在以特别的行为样态为必要的情况。也把这种犯罪称为行态依存性犯罪（Verhaltensgebundenes Delikt）。在这些事例中，

行为人不仅要认识到构成要件行为的存在，甚至还要认识到围绕行为的这种特殊的事情。

> 如：特殊暴行罪（第261条）中的"以团体或聚众的威力"，强奸罪（第297条）与强制猥亵罪（第298条）中的"暴力或胁迫"，准强奸·准强制猥亵罪（第299条）中的"利用他人心神丧失或不能抗拒的状态"，基于业务上威力等的奸淫罪（第303条）中的"欺骗或威力"，以婚姻借口等的奸淫罪（第304条）中的"借口或欺骗"，毁损名誉罪（第307条）中的"散布事实"，毁损信用罪（第313条）中的"散布虚伪事实或欺骗"，诈欺罪（第347条）中的"欺骗"，恐吓罪（第350条）中的"恐吓"，背任罪（第355条2项）中的"违背任务行为"。

③ 在构成要件中存在行为与主体、时间、场所、手段及方法相结合的情况。在这些事例中，关于行为的构成要件符合性的探讨应该首先考虑这些特殊的事情。

> 如：作为身份犯特殊犯罪主体的受贿罪（第129条）中的"公务员或仲裁人"，侵占罪（第355条1项）中的"保管他人财物者"；
> 与犯行时间相关联的夜间侵入住宅盗窃罪（第330条）、特殊盗窃罪（第331条1项）、特殊强盗罪（第334条1项）等中的"夜间"；
> 与犯行场所相关联的侮辱法庭或国会会议场所罪（第138条）中的"在法庭、国会会议场所或其附近"，拒不退出罪（第319条2项）中的"管理居住的建筑物、船舶、航空器、他人占有的房屋"，海上强盗罪（第340条1项）中的"海上"，向国外移送掠取拐骗者罪（第289条2项）中的"国外"；
> 与犯行手段、方法相关联的特殊盗窃罪（第331条2项）中的"携带凶器或二人以上合同"等。

④ 在构成要件中存在行为与特殊的行为状况相关联的情况。这时，行为人必须要认识到与这些行为状况相关的要素。

> 如：不履行战时军需契约罪（第103条1项）中的"战时或事

变"，妨害消防罪（第 169 条）中的"火灾时"，毁损名誉罪（第 307 条）、侮辱罪（第 311 条）中的"公然"，骚扰罪（第 115 条）、聚众不解散罪（第 116 条）中的"聚众"。

(2) 构成要件结果 如果要成立结果犯的构成要件故意，行为人必须要有构成要件结果的认识。这里的构成要件结果的认识是指作为一般性的预见，对行为人希望通过构成要件行为对行为客体施加影响的结果的认识。因为，在故意的时点上，还没有发生能够具体实现的结果。如果行为人只是不法类型性地把握结果发生，并不妨碍故意的成立。只要是不法类型性的预见结果，即使具体与行为人所意图的结果或预想的结果并不完全吻合，也成立构成要件故意。

在构成要件中，也有详细记述结果的情况。例如重伤害罪（第 258 条 1、2 项）中的"对生命的危险"或"残废或者不治、难治的疾病"等即是。这时，行为人必须要对记述的结果具有不法类型性的预见。无论什么情况，对于甚至没有预见结果发生的行为或者当初就想止于未遂的行为，是不能认定成立构成要件故意的。①

(3) 行为客体 虽然行为客体与行为及行为状况相关联，但既然要对该行为客体造成构成要件结果，就有必要与构成要件结果的发生一起进行探讨。这里的行为客体指如杀人罪（第 250 条 1 项）中的"人"，盗窃罪（第 329 条）中的"财物"，背任罪（第 355 条 2 项）中的"财产上的利益"，侵入住宅罪（第 319 条 1 项）中的"管理居住的住宅、建筑物、船舶、航空器、他人占有的房屋"等。

也存在比一般情况更为详细记述与行为相关联的行为客体的情况。如对未成年人等的奸淫罪（第 302 条）中的"未成年人或心神微弱者"，基于业务上威力等的奸淫罪（第 303 条）中的"因业务、雇佣或其他关系而受自己保护或监督的妇女及依法被拘禁的妇女"，以婚姻为借口等的奸淫罪（第 304 条）中的"没有淫行常习的妇女"，拟制强奸、强制猥亵罪（第 305 条）中的"不满 13 岁的妇女或人"等即是。

关于行为客体只要存在不法类型性的把握，就不妨碍故意的成立。因此，只要认识到是人即可，没有必要甚至认识到具体的被害者是谁；只要认识到是他人的财物即可，没有必要认识到盗品是谁所有。只要存在对行为客体的不法类型性的把握，即使存在关于人的错误（erro in persona）、

---

① 李在祥，114 页。

方法错误（aberratio ictus）或因果过程的偏离，也不妨碍故意的成立。这是因为，其符合故意的特定性及具体化或故意归属的问题。

（4）行为与结果的关联性　作为所有结果犯中没有被记述的构成要件要素，需要存在行为与结果之间的关联性即因果关系（Kausalität）。因果关系在结果犯的构成要件中也是无法舍弃的重要的构成要件要素，所以是故意的认识对象。当然，这时故意的认识对象仅仅是自然法则的因果关系。为确定因果关系的因果过程（Kausalverlauf）与因果过程之规范评价的客观归属并不是故意的认识对象。相当因果关系说中的相当性因为也属于第三者（法官）的规范性评价概念，所以不能成为故意的认识对象。

① **因果关系**　因果关系自身作为行为与结果之间的自然法则的关联性是故意的认识对象。行为人对于自身行为对何种结果具有因果性至少要有充分可能的认识。在这里，作为故意准据点的因果关系自身是指与构成要件结果相应的某种结果和行为人的行为之间具有合法则的关联性。

这时，作为故意认识对象的因果关系将成为以经验法则为基础的思维范畴。即"从A中发生了B"或"B以A为基础"这样的思维范畴。该思维范畴可以借助逻辑的思维把前件与后件联系起来。如果行为人不能以充分可能的程度认识这种关联性，就会妨碍故意的成立。

② **因果关联**　因果过程是指确定因果关系所必要的因果链条的各组成部分。对于这种因果过程是否也是作为故意认识对象的构成要件要素，存在着见解上的分歧。但是，韩国的通说理论认为，因果过程作为客观的构成要件要素之一，也是故意的认识对象。只是由于对此不能进行100%的正确认识，所以只要认识到因果过程的"大概的轮廓"或"本质点"即可。即把无本质性差异的因果过程视为故意的认识对象。这也是德国与奥地利的通说立场。

在该立场中，只要因果过程存在于一般的经验知识与行为人的特别经验知识范围内，且至少在故意中把握到了这种可能性，就拟制对该因果过程的故意。因此，以杀人故意把他人推下桥的人，即使被害人与行为人自身所期待的不同，不是溺死而是头部撞在桥墩上导致脑出血而死亡时，同样成立杀人的故意既遂。同样，行为人以杀人故意打击被害人但只造成重伤，然而被害人在医院因被病菌感染而死亡时，也成立杀人的故意既遂。

　　　　德国、奥地利的新有力说　是主张因果过程不是故意的认识对象，而是客观归属的一部分的见解。即主张与行为人表象不同的因果过程不是故意问题而是客观归属问题。即使在经验知识范围内故意也不被拟制这点是与通说不同的该见解的优点。该见解认为，行为人的故意并不是本质性的包括实际发生的因果过程，而是在于把握构成要件结果与因果关系自身。所以，因果过程对于确定客观构成要件上的因果关系是必要的，而这本身正是客观归属的问题。因此，因果过程只要被客观的归属即可。而且，在关于是否成立主观构成要件的故意的探讨中，将排除因果过程的探讨。

细思量，在非主观构成要件层面上的客观的构成要件层面上，把因果过程作为结果的客观归属问题的新的立场是正确的。因为，是本质性的偏离还是非本质性的偏离的判断是在相当性观点中就已经应该进行的规范的评价，所以因果过程的偏离应该是对结果归属产生影响的客观归属的判断对象。韩国的通说尚未区别因果关系与因果过程，而是统称为因果关系。但这种进行区别后加以讨论的做法是值得借鉴的。

③ 客观的归属 客观的归属由于把规范的评价作为前提，所以也是一种规范的构成要件要素。但是，客观的归属并不像因果关系自身那样原本反映到行为人的故意中。因此，并不要求其成为故意的认识对象。行为人以杀人故意将被害人推下桥底，即使行为人认为被害人是由溺死以外的其他因果过程导致了死亡结果的发生是非类型性的且不能进行客观的归属，其同样也构成杀人的故意既遂。以杀人故意造成被害人重伤，但被害人因在医院感染病菌而死亡时，即使行为人认为其死亡的发生在生活经验之外，也不妨碍杀人的故意既遂的成立。

3. 特殊的主观构成要件要素的问题

特殊的主观构成要件要素也作为行为状况的一种，是否故意的认识对象。也就是说，在所谓目的犯中，存在目的范围的错误时，是成立构成要件错误还是只直接排除目的的问题。

特殊的主观构成要件要素自身是不能成为构成要件故意的认识对象的，只是在违法领得意思中，存在"违法性"这种要素的错误时，应该类推适用构成要件错误。当然，这里的违法性要素具有既是构成要件要素又是违法性要素的一面，所以如果行为人在事实层面上误解了违法性，就是构成要件错误；如果在规范判断层面上误解了违法性，那就是禁止错误。

4. 客观的构成要件要素以外的其他事情

存在既被法律的构成要件所记述又与不法和责任无直接关联性的情况。如客观的处罚条件、人的处罚阻却事由、追诉条件即是。由于这些不是客观的构成要件要素，所以不是故意的认识对象。

5. 关于违法性或刑罚法规之存在的认识的问题

故意的成立是否还要认识到违法性或刑罚法规的存在？对立的两种见解是，对此加以肯定的故意说与加以否定的责任说。故意说是古典的、新古典的犯罪体系的立场，责任说是目的的犯罪体系的立场。

目前，即使在承认故意的双重地位或双重机能的所谓新古典的·目的的犯罪体系中，也采取责任说认为违法性或刑罚法规之存在的认识不是故意的成立要素。因为，尤其是违法性的认识或不法意识只是与故意相独立的责任要素，并不包含在构成要件故意中。

（三）客观的构成要件要素的认识

客观的构成要件要素可以分为记述的要素与规范的要素。这两者的区别与构成要件错误背后的故意的知的要素相关联，在实务上具有重要的意义。

记述的构成要件要素的认识是基于五官作用的感知。说是这种肉感上的感知，也不是严格的仅指直接体认的感知。只要对在该当构成要件中被记述的对象或能够感知的过程具有表象，也视为存在基于感知的认识。

规范的构成要件要素的认识是指对其要素的精神性理解。精神性理解并不是指将法律上所使用的概念进行正确的法律上的包摄，而是指理解规范要素的社会意义的内容。

事件的社会意义内容的把握以"与行为人所属的非专家层面的评价相平行的评价"为标准。当行为人基于素朴的非专家水准理解事件的社会意义时，就存在成立故意所必要的认识。

实际上，在各构成要件中很少有单纯只描述记述性或规范性要素的情况。反而，大多是如盗窃罪中的"他人（规范的要素）的财物（记述的要素）"这种一起将两者规定为一定的客观行为状况的情况。这时，对各要素的感知与精神性理解的结合，方能形成故意。

（四）构成要件错误的适用

1. 原则论

在解决构成要件错误的问题上，历来的支配性倾向是，忽略刑法规定的指示而直接推出学说（如后述的具体的符合说、法定的符合说、抽象的符合说）。其理由是，第一，并没有把构成要件错误的对象局限在作为构成要件故意之认识对象的客观的构成要件要素上，而是广泛地扩大到犯罪事实（甚至包括与违法或责任相关联的事实）上从而转变为事实错误问题；第二，把刑法第 13 条这一构成要件错误的一般规定误解为故意的定义规定，从而只把第 15 条 1 项视为解决问题的法律根据。

然而，在韩国刑法上构成要件错误的规定中，存在刑法第 13 条与第 15 条 1 项，所以应该优先考虑关于该法律规定的解释论。只有在通过解释无法解决的界限事例中，才应该探讨学说的适用问题。结果是，构成要件错误的领域将还原为刑法第 13 条与第 15 条 1 项的直接适用及类推适用问题上。

2. 刑法第 13 条的直接适用

（1）作为构成要件故意之对象的客观的构成要件要素　构成要件故意只把属于客观构成要件中的情况作为对象。主观的行为情况不是对象。即行为人若想实施毁损财物（第 366 条），只要对作为客观构成要件要素的"以毁损、隐匿或其他方法侵害他人财物之效用"这点加以认识、意欲即可。故意以外的违法领得之意思，如目的犯的目的等其他主观要素及常习性这种行为人的要素，甚至符合客观的处罚条件或人的处罚阻却事由的情况等，均没有必要成为构成要件故意的认识对象。

刑法第 13 条中所说的"犯罪成立要素之事实"并不与刑法体系上构成要件所持有的意义相同。这是因为，体系构成要件（Systemtatbestand）除客观的行为情况以外甚至还能包括多数的主观要素。相反，刑法第 13 条中所说的"犯罪成立要素之事实"只是错误构成要件（Lrrtumstatbestand）的对象，即仅指能够成为构成要件错误之对象的行为情况。因此，犯罪行为及其样态、被限制范围的行为客体、结果、行为人的身份及归属所必要的客观的行为状况等当然包含于此。诈欺罪中的被欺骗者的错误等虽然其自身是主观的，但也包含在此中。

（2）行为状况的一部分与构成要件相关联，另一部分与违法性相关联的情况　职务遗弃罪（第 122 条）或脱逃、违反集合命令罪（第 145 条 2 项）中的"无正当理由"，或者公务员资格冒充罪（第 118 条）中的冒充行为及在一定空白刑法中把禁止内容委任于其他规定的情况等这些构成要件要素，一方面既是构成要件的一要素，另一方面又是违法性的一要素。因为理解这些要素需要综合评价性的判断，所以也叫做综合评价的要素。

对这些要素存在错误时，例如公务员对于不存在的正当理由误信为存在而遗弃职务时如何处理？这时应该区别错误是偏重于构成要件的事实层面产生的还是偏重于违法性的评价层面产生的，如果是在综合评价的要素中尤其偏重于构成要件事实层面产生的错误时，将成为构成要件错误从而排除故意的成立。对此的判断是应该考虑具体的事例与情况后进行个别探讨的问题。

（3）行为状况的一部分与构成要件相关联，另一部分与责任相关联的情况 早在麦兹格依据主观的构成要件要素分类出目的犯、倾向犯与表现犯这三种犯罪类型以来，现今耶塞克又把所谓不纯正心情要素（Die unechten Gesinnungsmerkmale）作为了另一个主观的不法要素。① 不纯正心情要素出现于把具有主观色彩的客观的构成要件要素作为内容的犯罪中，例如第 273 条中的虐待、第 277 条中的残酷行为、第 253 条（基于诱骗等的嘱托杀人罪）中的诱骗行为等内含有特殊的攻击或侵害方法的犯罪中。这些要素根据具体的行为结果有时属于不法构成要件有时又属于责任。

这时，这种心情要素如果与客观行为的实行种类和形态相关联，该要素就被视为是构成要件要素。因此，在刑法第 277 条中，行为人虽然实际实施了残酷行为但如果没有认识到给被害人造成了特殊的疼痛或痛苦，该残酷行为就作为行为实行的特殊的形态而成为不法构成要件。这时，就是构成要件错误。但是，如果在本条中表现出比残酷行为或残酷概念更为主观化的形态的冷毒且残忍的心情或心理状态时，这些心情状况就属于责任从而不能成为构成要件故意的对象。

3. 刑法第 15 条 1 项的直接适用

（1）没有认识到不法加重事由的情况

① 刑法的规定 韩国刑法第 15 条 1 项规定："未认识到特别重罪之事实的行为，不以重罪处罚之。"因此，从用语上明确把认识到轻的事实但却实现重的事实的情况视为直接的规制对象。

② 规定的适用范围 关于此规定的适用范围存在着学说上的分歧。一种学说认为，认识到轻的事实但却实现重的事实的情况（毁损罪与伤害罪）应该无条件地适用此规定。② 另一种学说认为，本规定只能适用于

---

① Jescheck, SS. 257, 382.

② 裴钟大，223 页；任雄，156 页；郑荣锡，190 页；郑盛根、朴光玟，179 页；陈癸浩，241 页。

两个构成要件是基本的构成要件与派生的构成要件的关系的情况（普通杀人罪与尊属杀人罪），① 或者与前一情况罪质相同的犯罪间（占有脱离物侵占罪与盗窃罪）。②

前一学说只是消极地限制了该规定，即主张只有在抽象事实错误中认识到轻的事实但却实现重的事实的情况下，才不能对重的犯罪事实追究故意既遂的责任。而对于具体的处理，前学说则认为应该委任于学说。实际上是在比较广的范围内把握了该规定的直接适用范围。

后一学说虽然也认为该规定仅涉及抽象的事实错误，但积极地看待法条中的"特别"这一用语，认为即使在抽象的事实错误中，也只有在两罪的构成要件具有基本的与派生的关系时，才适用该规定。其结果是，狭义地把握了第15条1项的直接适用范围，其他领域则由学说加以解决。

③ 原则的适用 原则上赞同后一学说。因此，刑法第15条1项将如下情况作为规制对象：即尽管实现了在如基本的构成要件（某一刑法规范原本要处罚的构成要件如普通杀人罪——第250条1项）与加重的构成要件（在基本的构成要件之上追加规定能够包含刑罚加重事由的构成要件如尊属杀人罪——刑法第250条2项）的关系这种同种或同质的构成要件中尤其包含不法加重事由的不法加重的构成要件，但对此没有认识而以实现基本的构成要件的认识实施犯行的情况。因为，"特别重罪之事实"就是指不法加重的构成要件。例如，以杀害一般人的意图实施的行为因错误杀害了自己的父亲的情况，便是关于不法加重事由的错误，所以应该直接适用第15条1项以普通杀人罪（第250条1项）的故意既遂进行处罚。

【判例】 在漆黑的夜晚因很多人聚集而处于混杂的状况中，由于犯行主谋者的急促的督促，致使在不知道犯行对象是岳祖母与岳母的情况下将其杀害。这种在没有认识到是配偶者的直系亲属的情况下实施的杀人，符合刑法第15条中的未认识到特别重罪之事实的行为（大法院判决1960年10月31日，4293刑上494）。

《参考》也有将此事例视为抽象的事实错误并从应该依据具体的符合说或法定的符合说的旨趣来解决的立场出发，主张"如果将两

① 金日秀，韩国刑法Ⅰ，422页；河泰勋，110页；黄山德，124页。
② 刘基天，242页；李在祥，168页。

者视为不同的构成要件故意，就应该以杀人未遂来处罚"的见解。①
这虽然是抽象的事实错误的例子，但由于是刑法第 15 条 1 项的直接
适用对象，所以不应该依据一般学说而是应该依据该刑法规定的指示
来解决。

此结论也与刑法第 13 条的基本立场相一致。即因为各自在自己认识
到的范围内对自己实施的犯罪接受故意既遂犯的处罚的思想是该条文的基
本立场。因为并不是针对基于错误而没有认识到符合加重构成要件之事实
的人，甚至排除基本的构成要件的故意与结果实现，所以应该以基本的构
成要件的故意既遂犯进行处罚。

　　成立基本的构成要件与不法加重的构成要件的关系的情况，作为
例子有：单纯盗窃（第 329 条）与携带凶器或合同盗窃（第 331 条 2
项）、夜间侵入住宅盗窃（第 330 条）、夜间毁损后侵入住宅盗窃
（第 331 条 1 项），单纯强盗罪（第 333 条）与携带凶器或共同强盗
（第 334 条 2 项），一般建筑物放火（第 166 条 1 项）与现住建筑物
放火（第 164 条），普通杀人罪（第 250 条 1 项）与尊属杀人（第
250 条 2 项），同意堕胎罪（第 269 条 2 项）与未经同意堕胎罪（第
270 条 2 项），业务上同意堕胎罪（第 270 条 1 项）与业务上不同意
堕胎罪（第 270 条 2 项），一般遗弃（第 271 条 1 项）与尊属遗弃
（第 270 条 2 项），一般虐待（第 273 条 1 项）与尊属虐待（第 273
条 2 项），单纯毁损名誉罪（第 307 条 1 项）与加重毁损名誉罪（第
307 条 2 项）等。

　　总之，刑法第 15 条 1 项直接适用的事例仅限于具有基本的构成要件
与不法加重的构成要件的关系的情况。此外如毁损财物与身体伤害等情况
这种单纯在法定刑上存在轻重的事例之间存在错误时，应该在理论上探讨
是否基于刑法第 13 条成立故意。
　　④ 相反事例的适用　刑法第 15 条 1 项并没有言及与前述未认识到刑
的加重事由正相反的情况，即误以为实现不法加重的构成要件并实施了犯
行，但实际上实现了符合基本的构成要件的事情时，如何加以解决？刑法
第 15 条 1 项并没有任何涉及。

---

　　①　沈在宇，《构成要件错误》，考试界 1982 年 11 月，63 页。

这种情况并不是适用刑法第 15 条 1 项的典型例子。但是，把刑法第 15 条 1 项的规定进行反适用，至少在轻的犯罪范围内认定行为人的故意既遂，并以轻的犯罪的故意既遂与重的犯罪的未遂之间的观念竞合处理行为人是正确的。因为，在同种或同质的构成要件中，可以说重罪的故意包括轻罪的故意。① 例如，误以为是自己的父亲并以杀害的意图开枪射击，但命中自己的弟弟致使其死亡时，就应该根据普通杀人罪（第 250 条 1 项）的故意既遂与尊属杀人罪的未遂（第 250 条 2 项，第 254 条）的观念竞合，以重的尊属杀害罪的未遂进行处罚。

这种解决方法所立足的原则是，不法的主观的或客观的构成要件的归属应该仅限于不法相对被实现的限度内。

《参考》这种情况如果依据具体的或法定的符合说，将成为尊属杀害罪的未遂与过失致死的观念竞合。这是应该适用于构成要件错误理论之限界事例的一般理论（对此参见后述）。能够依据刑法第 13 条与第 15 条 1 项解决的部分，应该尽量使该规定的指示优先适用于一般学说。

（2）没有认识到不法减轻事由的情况

① 问题的提起　韩国刑法第 15 条 1 项并没有包含如下情况：虽然客观上不存在减轻不法的要素，但行为人误认为其存在的情况；或者相反，虽然存在不法减轻事由，但行为人在对此没有认识的情况下实施行为的情况。其典型的例子出现在基本的构成要件与不法减轻的构成要件被一起规定时的两者的关系中。这时应该如何解决？

② 行为人基于不法减轻事由之存在的错误认识实施行为的情况　虽然不具有被害人的嘱托或承诺，但行为人误认为存在而实施杀害行为的情况即是。在没有不法减轻事由的认识时，也有立法例主张只作为不法减轻的构成要件的故意既遂来处罚（德国刑法第 16 条 2 项）。

由于韩国刑法并没有这种规定，所以只能从理论上来解决。即使这种情况也应该依照刑法第 15 条 1 项的旨趣，至少在轻罪范围内成立故意既遂的意义上仅以不法减轻的构成要件的故意既遂来处罚行为人。即以嘱托

① 河泰勋，111 页。在这点上，认为刑法第 15 条 1 项仅仅是进行了不以重罪处罚的消极宣誓而并不具有认定轻罪故意既遂的内容的批判（裴钟大，224 页）是没有多大说服力的。

或承诺杀人罪进行处罚。① 但从立法论的角度来看，像德国刑法那样明示明确的立场是值得借鉴的。

《参考》这种情况如果排除刑法第 15 条 1 项的适用，而只看做是不同价值的客体间的错误问题，就会成为嘱托、承诺杀人的故意既遂与普通杀人的过失犯的观念竞合。然而，由于是能够依照刑法第 15 条 1 项解决的事案，所以比一般学说优先适用该规定的旨趣是合目的的。

③ 行为人基于错误没有认识到不法减轻事由的存在的情况　这是与前述事例正相反的情况。如行为人虽然以普通杀人的意思实施了杀害行为但存在被害人的嘱托或承诺的情况即是。关于解决方法存在两种学说：主张由于客观上存在不法减轻事由，基本的构成要件结果无价值减少到了不能未遂的结果无价值的程度，所以应该以基本的构成要件（普通杀人罪）的不能未遂进行处理的学说；② 主张成立普通杀人罪的未遂与嘱托、承诺杀人罪的既遂的想像竞合的学说。③

如果把该事例简单化，实际上是以重罪的故意实施轻罪的情况。因此，这种情况也符合刑法第 15 条 1 项的反适用的情况，至少应该在轻罪范围内认定故意既遂，并以轻罪（嘱托、承诺杀人罪）的故意既遂与重罪（普通杀人罪）的未遂的观念竞合进行处理。

(3) 没有认识到责任减轻事由的情况　由于构成要件错误不包含责任减轻要素，所以行为人在没有认识到责任减轻事由的情况下实施行为的情况，就没有适用刑法第 15 条 1 项的余地。但是应该依据行为人主观上的表象解决问题。例如在产妇把自己分娩的嫡出婚儿误认为是私生子并在分娩后不久将其杀害的情况中，并不直接适用刑法第 15 条 1 项，而是在杀害婴儿罪构成要件的解释上依据行为人主观上表象的内容认定为杀害婴儿罪（第 251 条）而不是普通杀人罪（第 250 条 1 项）。这是因为，在第 15 条 1 项的用语的解释上，分明只能适用于关于符合不法构成要件（第 13 条）或充足轻的不法构成要件（第 15 条 1 项）之状况的错误中，相反杀害婴儿罪的刑罚减轻事由却仅仅与责任减轻相关联。

① 相同见解参见朴相基，116 页；李在祥，168 页。
② 金日秀，韩国刑法 I，425 页。
③ 朴相基，116 页。

像这样，即使是杀害婴儿罪，在杀人这点上也与普通杀人罪的不法故意相同。尽管如此，杀害婴儿罪的轻的可罚性却不是把最初就是私生子这一客观事由作为问题，而是因为把婴儿误认为私生子的产妇（法条文上是直系亲属）的值得斟酌的心情状态。与行为人的心情相关联的责任要素绝不是不法构成要件。

当然，在前述的例子中，产妇的可罚性无论是依据刑法第251条的解释还是依据刑法第15条1项的适用，都将以杀害婴儿罪进行处罚这点上是相同的。然而，依据哪一种处理方法的实务上的差异点就表现在，产妇尽管基于错误把客观上是私生子的婴儿误认为不是私生子却还要杀害该婴儿的相反事例中。如果依据第251条的解释进行处理，因为本条是把婴儿是私生子这一精神上的影响作为减轻责任的构成要件，所以在完全没有这种精神上的冲击状态下的杀害婴儿，是应该以普通杀人罪的故意既遂进行处罚。这点正说明，在解决的结果上是与将没有认识到不法要素的情况作为第15条1项的相反适用情况进而与普通杀人罪的未遂相联系的做法不同的。

4. 刑法第13条、第15条1项的类推适用

（1）关于领得意思要素的客观关联对象的错误　领得或利得犯罪的行为人时而会对领得意思要素的客观对象产生错误。如充足客观构成要件的人不认为自己的行为是领得行为或对所意图的领得行为的违法性产生错误的情况，或者在诈欺罪中不认为所意图的利得行为是违法的情况即是。

在特殊的主观意思与成为其对象的客观构成要素之间产生不一致时，这种错误应该类推适用刑法第13条，进而决定是否阻却主观意思。

盗窃犯即使以1年以后返还的想法取得了他人的财物，这时也应该认定违法领得意思的存在。这是因为，在1年以上的时间里关于其财物好像自己是所有者似的意图使用的人，至少从经济标准的角度来看，也无法否认已经排除了其财物的所有人这一点。

如果这时行为人完全没有将其行为理解为领得行为，那也仅仅是包摄错误的问题。相反，行为人以几小时后便返还或第二天就返还的想法暂时获取了他人财物，但由于完全忘记没有按照预想返还财物时，将类推适用刑法第13条排除违法领得的意思自身，从而排除盗窃罪的可罚性。

（2）不法中内含重要事情的加重事例　在刑法第258条1项、2项

（重伤害），第326条（严重妨害权利行使），第368条（严重毁损）等情况中，尤其在成立故意和作为与故意结合形式的不纯正结果加重犯时以及严重逮捕、严重监禁（第277条）的情况，也将类推适用刑法第13条、第15条1项。这种情况原本应该是行为人只有认识到对不法具有重要意义的情况才能对其成立构成要件故意，但如果基于错误对此没有认识时，则只能以普通伤害、普通妨害权利行使、普通毁损、普通的逮捕或监禁罪进行处罚。

（3）与不法相关联的量刑的前提条件　在法律上，特别重的事例或不法中内含有重要事情的加重事例实际上并不是关于法律上不法之成立的事情，只是不法的程度上内含有重要的量刑的前提条件。因此，应该把刑法第13条、第15条1项的类推适用范围扩大适用到关于作为量刑资料之不法程度的事情的错误上。在故意犯的情况下，行为人只有认识到在量刑中能够发挥刑罚加重作用的一定的犯行结果（第51条3项）时，其才能够发挥刑罚加重的作用。例如，盗窃犯误以为是秋史书法作品的赝品而实施了盗窃，但事实上是真品因而盗窃的是贵重物品的情况，也不能以盗取真品相当价格的财物进行量刑。

刑罚加重的要素也应该是故意的认识对象这点是责任原则的当然性要求。某一犯行的结果如果实际上起到了法官加重刑罚的效果，该要素虽然只是量刑的条件之一，但也应该是行为人的故意的认识对象。

（五）构成要件错误的例外事例

1. 问题的提起

（1）意义　历来，一提到构成要件错误就举出客体错误、方法错误和因果关系错误。然而，严格来讲，这些种类的错误并不是构成要件错误的问题，而是与故意认识内容的特定性、故意的归属及故意的具体化相关联的问题。换言之，是行为人认识到的内容与发生的结果不相一致时，何种程度的符合才能对发生的结果认定故意既遂的问题。当然，这虽然也是故意论的一部分，却是与错误论不同侧面上的故意论的一部分。

　　《参考》存在着故意认识内容的特定性与客体错误问题有着很深的关联性，故意的具体化问题与方法错误问题有着很深的关联性这种意义上的差异。

（2）例外事例 客体错误与方法错误中的重要要因是，行为人认识或意图的事实与现实发生的结果都应该是具有构成要件意义的事实。因此，如下情况并不是客体错误或方法错误的问题，而直接是过失犯或未遂及不能未遂的问题。

① 行为人认识到的事实并不是构成要件事实，但发生的结果是构成要件事实的情况：例如得到狩猎许可的猎人误认为另一猎人是猎物而开枪造成其重伤的情况即是。这时，仅仅是对刚刚发生的结果事实是否成立过失犯的问题。

② 认识到的事实是构成要件事实，但发生的结果却不是构成要件事实的情况：例如向他人财物投掷石块但打中树木的情况，这时虽然存在故意与着手实行但并未发生结果，所以仅仅是是否成立未遂犯的问题。

③ 对于实际上并不存在的构成要件事实，行为人误认为存在的情况：例如误认为是他人财物实施了窃取，但结果是自己财物的情况，这时作为构成要件错误的反例，仅仅是是否成立不能未遂犯的问题。

2. 具体的事实错误与抽象的事实错误

具体的事实错误是指行为人认识到的事实与现实结果发生的事实虽然都在同价值的行为客体中，但具体上不一致的情况（意图伤害甲但实际伤害了乙的情况）。与此不同，抽象的事实错误是指行为人认识到的事实与现实发生结果的事实属于价值相异的行为客体的情况（意图杀人但实际将狗打死的情况，意图杀害父亲但实际杀害了哥哥的情况）。即由于行为客体间的异价值致使认识事实与发生事实分别符合不同的构成要件的情况就是抽象的事实错误。

3. 客体错误

（1）意义 客体错误（Irrum über das Handlungsobjekt）是指行为人对作为构成要件要素的行为客体的特性尤其是同一性产生错误的情况。这里，构成要件的行为客体不论是人还是对象物均可。在这种意义上，客体错误常常也叫做"人或对象物的错误"（erro in persona vel in objecto）。

（2）样态

① 具体的事实错误（同价值客体间的错误）是指行为时行为人认识到的行为客体与发生结果的行为客体被认定为具有构成要件上同价值性情况下的错误。例如，行为人为杀害 A 夜晚在 A 家门口转来转去中误认为恰好打开 A 家大门进入的人是 A，便使用凶器向其头部打去，但实际上被害人是 A 的弟弟 B 的情况。

② 抽象的事实错误（异价值客体间的错误）是指行为时行为人认识到的行为客体与发生结果的行为客体被认定为不具有构成要件上同价值性情况下的错误。例如，行为人为杀害 A，漆黑的傍晚在接近于 A 家农田的地方向还在干活的 A 开枪，但实际上其不是 A 而是农田里的稻草人的情况。

4. 方法错误

（1）意义　方法错误（aberratio ictus）是指由于行为错误的进程致使在不是行为人所意图的行为客体的其他行为客体上发生结果的情况。将此称为打击失败更接近于原来的含义。

如果行为人选择特定的行为客体实施犯行，其故意当然也应该及于该特定的行为客体。如果由于行为进程的错误致使在该行为客体以外的完全没有进行意图的其他行为客体上发生构成要件结果，是否对此能够归属于故意就成为问题。

客体错误由于是故意认识层面的错觉所以使用错误这一用语是妥当的。但是，方法错误由于是故意意思层面的失败，所以使用错误这一用语是不恰当的。虽然历来学说上习惯使用方法错误这一用语，但应该注意的是其不是错误的例子。

（2）样态

① 具体的事实错误　是指行为时行为人所意图的行为客体与因行为进程的错误致使结果发生的行为客体之间被认定为具有构成要件上同价值性情况下的错误。例如，行为人为杀害 A 而向 A 开枪，但并没有射中 A 而是射杀了 A 旁边的妻子 B 的情况；或者行为人为杀害 A 将掺入毒药的面包寄送到 A 家，但到 A 家来玩的 B 吃下此面包而死亡的情况即是。

② 抽象的事实错误　是指行为时行为人所意图的行为客体与因行为进程的错误致使结果发生的行为客体之间被认定为不具有构成要件上同价值性情况下的错误。例如，行为人向 A 开枪，但没有射中 A 而是把 A 所带领的爱犬打死的情况；向自己的弟弟开枪，但射中旁边的父亲致使其死亡或相反的情况即是。

5. 解决构成要件错误之例外事例的学说

由于客体错误或方法错误等致使行为人认识或意图的事实与结果发生的事实并不相一致的情况中，对于发生的结果在何种范围内行为人要承担故意、既遂的责任，对此韩国刑法第 13 条及第 15 条 1 项并没有给出任何完整的答案。因此，可以说对该问题的解决委任给了学说，但与此相关联传统上存在具体的符合说、法定的符合说与抽象的符合说的对立。

（1）具体的符合说　　具体的符合说主张应该在行为人认识或意图的事实与结果发生的事实具体一致的范围内认定故意既遂犯。这是德国通说与判例的立场，① 即使在韩国也开始逐渐成为多数说。②

具体的符合说认为，① 在具体事实错误的客体错误中，由于认识到的事实与发生的事实具体的符合，所以成立故意既遂。这时，客体的混同不过是刑法上并不重要的动机错误而已。由于行为人的犯行意思正好指向了发生行为结果的行为客体（误把 B 当成 A 实施杀害时的 B）上，所以在认定故意既遂上不存在任何问题。② 在具体事实错误的方法错误中，由于认识到的事实与发生的结果具体的不符合，所以成立认识到的事实的未遂与发生的事实的过失的想像竞合。这是因为，犯行意思所指向的客体与实际结果发生的客体不一致。③ 在抽象的事实错误中，不论客体错误还是方法错误都以认识事实的未遂与发生事实的过失的想像竞合处罚。

对于具体符合说存在如下批判：① 由于只对具体事实错误中的客体错误认定为成立故意既遂犯，所以不当地缩小了故意既遂犯的成立范围。② 在认识事实与发生事实具体的不一致这点上，客体错误与方法错误之间没有差异，但对两者进行不同的法的处理，其理由是不明确的。③ 在方法错误上不顾以杀人故意实际杀害了人的事实，在法的评价上认定为杀人未遂与过失致死是有违一般人的法感情的。

（2）法定的符合说　　法定的符合说是在行为人认识或意图的事实与发生的事实在构成要件上相符合或罪质相符合时，对发生的事实认定故意既遂犯的见解。③ 该学说与具体的符合说相比扩大了故意既遂的成立范

---

① 在德国，叫做具体化说（Konkretisierungstheorie）。

② 金圣天、金亨俊，157 页；朴相基，139 页；朴良彬，《构成要件错误》，成时铎花甲论文集，153 页；裴钟大，233 页；白亨球，《构成要件错误》，考试研究 1989 年 11 月，130 页；成乐贤，《错误的体系与理论》，郑盛根花甲论文集，465 页；成时铎，《构成要件错误（上）》，考试研究 1995 年 7 月，119 页；李廷元，134 页以下；李炯国，研究 I，231 页；郑英一，《方法错误》，考试界 1997 年 3 月，44 页；车镛硕，932、935 页；河泰勋，121 页；许一泰，《构成要件错误》，考试界 1993 年 3 月，58 页。

③ 在德国，叫做同价值说（Gleichwertigkeitstheorie）。

围，是韩国历来的多数说与目前大法院的立场。①

针对应该在何种范围内认定法定符合的事实，法定符合说又分为构成要件符合说与罪质符合说。① 构成要件符合说认为，认识的事实与发生的事实属于构成要件同一事实范畴内时，成立故意既遂。② 其结果是在属于相同构成要件内时，认定故意既遂。② 罪质符合说认为，认识的事实与发生的事实不仅在属于同一的构成要件事实的情况下，而且在同一罪质的情况下，也成立故意既遂。③ 例如，根据该说，盗窃罪与占有脱离物侵占罪虽然在构成要件上存在不同，但罪质是同一的，所以在两者之间能够成立故意既遂。④ 因而比构成要件符合说扩大了故意既遂犯的成立范围。

依据法定符合说，具体来讲：① 在具体事实错误的客体错误中，由于认识事实与发生事实法定的相符合，所以成立故意既遂。② 在具体事实错误的方法错误中，仍旧认定认识事实与发生事实法定的相符合，成立故意既遂。⑤ ③ 在抽象的事实错误中，不论客体错误还是方法错误都将认定为认识事实的未遂与发生事实的过失的想像竞合。

对于法定符合数存在如下批判：① 忽视犯行意识（故意）的事实基础，② 在所谓并发事例中并没有给出妥当的结论。

（3）抽象的符合说　抽象的符合说是行为人认识或意图的事实与发

---

① 大法院判决 1958 年 12 月 29 日，4291 刑上 340；1984 年 1 月 24 日，83 DO 2813。

② 金钟源，《构成要件错误》，法政 1977 年 4 月，55 页；白南檍，228 页；申东云，188 页；李建镐，8 人共著，259 页；郑畅云，240 页；曹俊铉，240 页；陈癸浩，233 页。

③ 李在祥，173 页；任雄，147 页。相反，申东云教授对此提出了批判，认为罪质符合说中的罪质是指犯罪的性质或特质，而且罪质的内容是什么也不是很明确的，所以把立法者所设定的行为定型作为标准的"法定符合说"中并不能包含罪质符合说。即法定符合说仅意味着构成要件符合说。申东云，190 页。

④ 因此，误认为是占有脱离物而实施了领得，但事实上是他人占有的物品时，根据罪质符合说将成立占有脱离物侵占罪的故意既遂；而根据构成要件符合说由于是不同的构成要件，所以成立占有脱离物侵占罪的未遂与盗窃的过失，从而形成无罪的结论。

⑤ 大法院判决 1984 年 1 月 24 日，83 DO 2813："为杀害正在背着自己侄子的兄嫂，用木棒进行了殴打。当兄嫂流血昏迷时，再一次打向兄嫂，但却击中了背着的侄子头部，致使其脑骨折死亡。这种方法错误并不影响杀人故意的成立"。

生的事实抽象的相符合，就认定成立故意既遂犯的见解。这里的"抽象的符合"是指并不考虑在相比较的两事实（认识事实与发生事实）间存在的事实的具体性或构成要件的定型性的异同，只要两事实具有刑法上的罪这种一般的性质，就能够认定成立故意既遂犯。① 因此，该学说认定成立故意既遂犯的范围是非常宽的。目前，在韩国已不存在支持该学说的见解。

在具体的事例中，抽象的符合说的结论是，① 在具体的事实错误中，不论客体错误还是方法错误均成立故意既遂犯。② 在抽象的事实错误中，根据不论是客体错误还是方法错误至少应该认定为轻罪的故意既遂的旨趣，（ⅰ）在以轻罪故意实现重罪时，认为成立轻罪的既遂与重罪的过失的观念竞合（以毁损的意思伤害了人时，成立毁损的既遂与过失致伤的想像竞合）；（ⅱ）在以重罪的故意实现轻罪时，认为成立重罪的未遂与轻罪的既遂（以伤害的故意毁损财物时，成立伤害未遂与毁损财物的故意既遂），但由于重的故意吸收轻的故意，所以不成立两罪的竞合，而以重罪的未遂进行处罚。

对于抽象的符合说存在如下批判：不顾行为人的认识事实与发生事实的不符合，强行认定故意既遂犯是完全不符合法的逻辑的——由于对轻罪无条件地认定故意既遂犯，所以结果会造成对没有发生的事实认定故意和对没有意图的事实认定故意这种奇怪的结论，是以对行为人的过分处罚欲求为基础的见解。②

（4）结论 忽视故意的具体认识内容与发生事实间的事实的或规范的差异，而意图认定故意既遂犯的抽象的符合说当然完全没有说服力。这样，剩下的就是在具体的符合说与法定的符合说中采取何种立场的问题。但是，两学说在结论上的差异是在具体事实错误中的方法错误上。因为，这时具体的符合说认定成立认识事实的未遂与发生事实的过失，而法定的符合说认定成立发生事实的故意既遂。因此，在两学说中采取何种立场将取决于，在具体事实错误中的方法错误的事例中，哪种见解能够给出更具妥当性与说服力的答案。

---

① 申东云，191 页。
② 裴钟大，233 页。

《参考》以图表表示这三种学说的结论，如下：

		客体错误	方法错误
具体的符合说	具体的事实错误	故意既遂	未遂＋过失
	抽象的事实错误	不能未遂＋过失	未遂＋过失
法定的符合说	具体的事实错误	故意既遂	故意既遂/或未遂＋过失
	抽象的事实错误	不能未遂＋过失	未遂＋过失
抽象的符合说	具体的事实错误	故意既遂	故意既遂
	抽象的事实错误	重→轻（重罪未遂＋轻罪既遂） 轻→重（轻罪既遂＋重罪过失）	

如果考虑上述这些，具体的符合说要比法定的符合说更具说服力。在如下三种情况中考察一下具体的符合说的赞成根据。

①具体事实错误中的客体错误　这种情况，具体的符合说认定对发生的事实成立故意既遂犯的理由如下：

（Ⅰ）在存在构成要件同价值性时，即使关于具体行为客体的同一性产生了错误，其也仅仅是关于在构成要件上并不重要的个别化的错误。这是对构成要件上并不重要的对象的主观意义产生的错误，即动机错误，并不妨碍对结果认定故意既遂。因为，这种错误由于不是关于实现构成要件的重要要素的错误，所以没有必要作为构成要件错误来看待。

（Ⅱ）只要认识对象是"他人"，就能够成立普通杀人罪的构成要件故意，该他人无论是甲男还是乙女都不对构成要件故意的成立产生影响。

（Ⅲ）因为行为人的犯罪实现意思也指向基于错误看错的行为客体，所以发生结果的行为客体也因行为人的意思受到了侵害。

②具体事实错误中的方法错误　与前述的客体错误不同，在同价值的客体间存在方法错误时，对所意图的行为客体认定为未遂而对意外发生的结果认定为过失，并根据观念竞合的范例进行处理是更加符合责任原则的。其理由如下：

（Ⅰ）方法错误与客体错误不同，其不是行为人的认识与构成要件实在的不一致问题，而是行为人的意图与构成要件过程的不一致问题。因此，其也不是为排除故意的构成要件错误问题，而是属于对与故意的具体化相关联的因果过程产生错误的特殊例子。因为故意要指向特定的行为客体进行具体化，所以对事实上发生结果的意外的行为客体不能进行故意归属。尽管如此，对没有意欲的结果认定故意（所谓故意的转用）是违反责任原则的。

（Ⅱ）法定的符合说推出法感情主张，尽管以杀人的故意杀害了人并发生了死亡结果，对此也不认定为杀人的故意既遂是违反一般人的法感情的。然而，这时对没有进行意图的行为客体认定杀人故意反而会违反一般人的法感情。因为，如在为杀害仇家开枪射击但深爱着的妻子中弹死亡的情况中，从一般人的法感情角度来看，认定对深爱着的妻子的过失致死要比认定为杀人的故意既遂更为妥当一些。在法定的符合说中，主张在杀人罪的情况下只要存在杀"人"的认识与意图即可，没有必要对杀"谁"存在认识与意图。正如在前例中所看到的那样，这种主张是否符合一般人的法感情值得怀疑。

（Ⅲ）即使关于发生结果的行为客体不成立故意，在这点上同样还留有行为人是否成立过失的问题。而且，即使行为没有命中当初所意图的行为客体，也能够对该点充分认定着手实行的存在，所以成立未遂。如果是未遂与过失的处罚都是可能的情况，就必须要依据观念竞合的范例进行处罚。

> 但是，对于主张依据法益的性质对专属性的法益依据具体的符合说、对非专属性的法益依据法定的符合说来处理的见解是不能赞同的。这是因为，虽说在非专属性法益的情况中，如果依据具体的符合说将会产生刑事处罚的欠缺——例如，为射杀 A 的爱犬开枪但却命中 B 的爱犬时，因毁损未遂与过失毁损的想像竞合而成为不可罚——，能够成立其理由之一，但这时没有必要固执于刑事处罚。

③ 发生并发事故的情况 其次是，法定的符合说在方法错误的事例中并没有对发生所谓并发事故的情况给出令人满意的答案。因为，只认定对发生结果的故意既遂，而对于瞄准本来行为客体的攻击行为并没有进行任何的法的评价（如在为杀害 A 但实际杀害了 B 的情况中，只认定对 B 的杀人的故意既遂，而不另外认定对 A 的杀人未遂）。想来，可能发生的并发事例有如下几种情况：（Ⅰ）为杀害 A 射出的子弹穿过 A 的身体命中 B，两者均死亡的情况；（Ⅱ）在前例中 A 死亡 B 受伤的情况；（Ⅲ）在前例中 A 只受到贯穿伤，B 中弹死亡的情况。

对于这些事例具体的符合说在逻辑上当然能够给出圆满的解答。（Ⅰ）的情况成立对 A 的故意杀人与对 B 的过失致死，（Ⅱ）的情况成立对 A 的故意杀人与对 B 的过失致伤,（Ⅲ）的情况成立对 A 的杀人未遂与 B 的过失致死,并分别根据想像竞合的关系进行处罚。

相反,在依据法定的符合说时,在前（ⅰ）与（ⅱ）的事例中,由于发生了所意图的行为客体 A 的死亡结果,所以认定成立对 A 的杀人的故意既遂;对于没有预期的 B 的死亡或伤害的结果,能够认定为成立过失致死或过失致伤。① 但在（ⅲ）的事例（A 的伤害与 B 的死亡）中此说很难给出令人满意的解答。在该事例中,如果 A 甚至没有受伤而得出只认定对 B 的杀人的故意既遂的结论,也不会成为大问题。这是因为,尽管存在对 A 的攻击行为,但从外观上来看,A 并没有受到任何的法益侵害。但是,如并发事故的例子那样在 A 受伤的情况下,即使从外观上来看也是对一身专属的法益产生重大侵害的情况,所以不能单纯抹杀对其的攻击行为与法益侵害的结果——以对 B 的杀人罪吸收对 A 的杀人未遂与伤害的结果的方式②——从而只认定对 B 的杀人的故意既遂。不顾对某种保护法益主体所存在的重大的法益侵害行为与侵害结果,对此不进行刑法上的评价是重大的任务遗弃。如果举出更为极端的例子,如行为人对自己无端被解雇一直怀恨在心,遂为杀害聚在会议室的 5 名公司董事向会议室里投掷了炸弹。5 名董事均受到重伤,但恰好那时在会议室内端茶的女职员在预期外被炸死亡。那么这时果然能够依据法定符合说的结论评价为只成立对女职员的故意杀人而受重伤的 5 名董事在刑法上是没有任何意义的吗? 显然该结论不符合事理。

6. 因果过程的错误

（1）意义　因果过程的错误,原则上是指对于同一行为客体通过与行为人当初所表象的不同的因果过程,以其他方式产生构成要件结果的情况。

（2）样态

① 行为的作用方式的差异　行为人为溺死 A 将其推下桥底,但 A 是基于在坠落时头部撞到桥墩而造成的脑震荡死亡的情况;行为人为杀害 A 在掏出手枪之际,对此产生恐惧的 A 因心脏麻痹死亡的情况或者行为人以杀人故意向 A 开枪,受重伤的 A 在送往医院的途中因交通事故死亡或入院期间因火灾死亡的情况等即是。

② 实行行为开始以后产生瑕疵　A 为报复平日里与自己感情不好的

---

① 李在祥,173 页;郑盛根、朴光玫,185 页采取的就是此种解决方法。
② 例如李在祥,173 页;郑盛根、朴光玫,186 页。

K，遂以伤害意思用木棒向其头部击打数次。K 因重伤昏倒在地时，A 因担心自己的罪行被暴露遂决定杀害 K 并继续用木棒殴打。这时 A 已经陷入到杀人狂（Blutrausch）的状态，在对自己之后的行为没有任何意识的情况下拿起偶然放在旁边的矿工用斧头继续打击 K。虽然总计用木棒与斧头打了 30 次，但 K 是因斧头第 5 次的打击遭受致命伤而死亡的情况。

《参考》BGHSt 7，325（Blutrauschfall）：这时，实际的因果过程与预想的因果过程之间存在非本质性的偏离，能够视为是原本实现了当初计划的情况，所以行为人将受到杀人既遂的处罚。

③ 基于无故意的二次行为引起结果　所谓概括故意的事例就符合这种情况。虽然在今天概括故意并不以故意形态存在，但是指如下的事例：行为人与邻居发生口角后以将其杀害的想法用拳头殴打了一下对方的腹部，后者随后昏倒在地。行为人误认为邻居已经死亡遂将其埋在草丛中。实际上被害人并不是因为拳头的殴打而死亡，是因被埋藏而窒息死亡的情况。当然，概括故意也是因果过程之偏离的一个样态。

(3) 处理　在因果过程的错误中，多数说的立场是以因果发展过程与行为人的表象间是本质性的偏离还是非本质性的偏离为基准，在存在本质性的偏离的情况中，否认对结果发生成立故意既遂；在存在非本质性的偏离的情况中，则肯定故意既遂的成立。

然而，如前所述正确的做法是以客观归属问题解决因果过程的错误。这是因为，在因果过程的错误中，比起与因果过程相关联的行为人的主观表象，更为重要的是能否根据一般人的观点对发端于行为人的行为进而现实出现的因果过程与现实引起的结果进行客观的归属。当然，这时从危险实现（特殊的客观归属）的观点出发进行判断，能够认定客观归属时，成立故意既遂；否则将否认故意既遂的成立。

（六）关联问题

1. 逆向的构成要件错误

逆向的构成要件错误（Umgekehrter Tatbestandsirrtum）是指欠缺犯行对象或犯行手段、犯行方法的不能未遂。因为，在不知道因对象或手段、方法的不能性而不可能发生构成要件结果的情况下实施犯行，是与在不知道自身行为符合犯罪构成要件的情况下实施行为的构成要件错误正好相反的形态。虽然刑法上所有的错误都对行为人发挥着有利的作用，但只有该逆向的构成要件错误是唯一对行为人发挥不利作用的例子。构成要件错误被逆转，成立具有可罚性的不能未遂；如果禁止错误被逆转，则最初就成立不可罚的幻觉犯。

逆向的构成要件错误与构成要件错误完全处于不同层次。因此，严格分析来看前述中的客体错误并不是单纯的构成要件错误，而是逆向的构成要件错误与构成要件错误的竞合形式。例如，行为人以杀害特定人的意图在夜晚把大狗误认为此人而射杀了此狗的情况，其作为因欠缺对象的逆向的构成要件错误，而成为对所意图之杀人的不能未遂与对所射杀之狗的构成要件错误的问题。

这时，对于射杀的狗，从财物毁损的观点来看是意识与实在的不一致，所以排除构成要件故意的成立，只把过失作为探讨对象。但是，既然没有关于财物毁损的过失犯的处罚规定，虽然从行为上来看是杀人的不能未遂与过失毁损财物的观念竞合关系，处断上也只剩下杀人的不能未遂。

2. 没有认识到客观上存在的正当化事由的情况

虽然是夜间侵入住宅的盗窃犯，却误认为是半夜回家的佣人并以暴行的意思实施了暴行的情况；并没有认识到朋友的房间里充满了煤气，并以毁损的意思投掷石块打碎玻璃窗的情况等就属于没有认识到客观存在的正当化事由实施行为的情况。这时，是以不能未遂犯进行处罚，还是以既遂犯进行处罚抑或按照无罪处理，对此存在着见解上的分歧。

由于行为人的不知是能够与不能未遂相比较的状况，所以这时应该以不能未遂处理行为人。在行为人没有认识到客观存在的正当化事由的情况下，虽然存在行为无价值但因正当化状况将排除法益侵害或法益危殆化的结果无价值（第1或第2的结果无价值），从而只发生法益平稳状态的扰乱（第3的结果无价值）。这在不法的质上与不能未遂相同。因此，应该类推适用不能未遂的规定（第27条）。

四、特殊的主观不法要素

（一）意义

特殊的主观不法要素是指通过更加详细的特定行为人的行为意思从而与故意一起构成行为不法的故意以外的主观不法要素。与将故意称为"一般的主观构成要件要素"相对应，将此称为"特殊的主观构成要件要素"。作为这种特殊的主观构成要件要素的例子有：盗窃罪中的"违法领得之意思"，诈欺罪中的"违法利得之意思"，关于通货、有价证券、邮票、印花、文书、印章等罪中的"行使之目的"等。

（二）特殊的主观不法要素的类型

可以根据特殊的主观不法要素，在体系上区分构成要件。自麦兹格将此划分为目的犯、倾向犯与表现犯以来，最近耶塞克又增添了不纯正心情要素（Unechte Gesinnungsmerkmale）这一类型。

1. 目的犯

（1）意义

目的犯是指使行为人的主观目的超越作为构成要件故意之对象的客观的构成要件要素，进而产生更为广泛效果的犯罪构成要件。各种领得罪中的"领得意思"，各种伪造罪中的"行使意思"，内乱罪中（第 87 条）的"扰乱国宪之目的"，营利目的掠取诱拐罪（第 288 条）中的"营利目的"，各种预备、阴谋罪中的"以实施……罪之目的"等就属于目的犯。目的犯中的目的或意图与作为一般的主观不法要素的构成要件故意不同，是超越作为犯罪事实构成要件之客观要素的认识的意识形态，所以也叫做"具有超过的内在倾向的犯罪"（Delikt mit überschießender Innentendenz）。

（2）种类

① 基于目的内容的区分　目的犯作为具有超过的内在倾向的犯罪，可以根据目的如何被构成要件行为之实行所实现来划分为"短缩的结果犯"（Kupierte Erfolgsdelikte）与"不完全的复行为犯"（Unvollkommen zweiaktige Delikte）。

（Ⅰ）短缩的结果犯　是指直接由行为人的构成要件行为自身引起超过原本构成要件结果的"目的实现"这一附加结果，为产生"目的实现"这一附加结果并不需要其他个别行为的目的犯。

> **例**：内乱罪（第 87 条）中的"扰乱国宪之目的"，基于出版物等的毁损名誉罪（第 309 条）中的"以诽谤他人之目的"，准占有强取罪（第 325 条 2 项）、准强盗罪（第 335 条）中的"以抗拒夺回财物之目的"，各种伪造罪（第 207 条以下）中的"行使之目的"，对财产上利益的强盗（第 333 条）、诈欺罪（第 347 条 1 项）、恐吓罪（第 350 条 1 项）中的"违法利得之意思"。

（Ⅱ）不完全的复行为犯　是指仅以行为人的构成要件行为并不能够引起超过原本构成要件结果的"目的实现"这一附加结果，只能通过行为人或第三者的其他行为才能够引起的目的犯。

　　　　例：除各种预备罪以外，诬告罪（第 156 条）中的"为使他人受到刑事处分或惩戒处分之目的"，介绍卖淫罪（第 242 条）、营利目的掠取诱拐罪（第 288 条）中的"营利之目的"，盗窃罪（第 329条）、对财物的强盗罪（第 333 条）中的"违法领得之意思"。

　　区别两者的实际意义在于，在与目的相关联的认识程度上存在差异这点。即短缩的结果犯因为只通过构成要件行为就能够实现目的，所以以确定性的认识（确实性程度）为必要；但不完全的复行为犯则需要追加其他行为，所以以未必的认识（充分的可能性程度）为已足。

　　【判例】　　在客观上赞同协助作为反国家团体的北韩对南战线及其煽动活动，进而在认识到是有利于反国家团体及其活动或载有能够成为其利益内容的利敌宣传物的情况下，取得、制作或颁布了该宣传物。如果是这样，将推定行为人具有该利敌宣传物的内容可能成为利敌行为这种未必的认识。1991 年修订前的国家保安法第 7 条 5 项的违反罪是处罚以赞扬、鼓励反国家团体等的目的取得、制作或颁布利敌宣传物的行为的目的犯。这种目的并不以积极的意欲或确定性的认识为必要，以未必认识为已足（大法院判决 1992 年 3 月 31 日，90DO 2033）。

　　② 基于目的性质的区分　　目的犯还可以根据目的的性质区分为纯正目的犯（Echte Absichtsdelikte）与不纯正目的犯（Unechte Absichtsdelikte）。①
　　（Ⅰ）纯正目的犯是指目的的存在是犯罪成立要件的犯罪。例如各种伪造罪中的"行使之目的"或各种领得或利得罪中的"领得或利得的意思"等大部分的目的犯都属于纯正目的犯。
　　（Ⅱ）不纯正目的犯是指目的的存在成为刑的加重或减轻事由的犯罪。
　　（ⅰ）鸦片或鸦片吸食器具持有罪中的"以贩卖为目的"（第 198 条、第 199 条）相对于单纯的鸦片持有罪（第 205 条）来说，就是基于不法

---

　　①　郑盛根、朴光玟，第 78 页也区分真正目的犯与不真正目的犯。

加重的刑的加重事由的情况。此外，还有营利目的掠取诱拐罪（第 288 条）中的营利目的，谋害伪证罪（第 152 条）、谋害证据湮灭罪（第 155 条）中的谋害目的等。

（ⅱ）嘱托、承诺杀人罪（第 252 条 1 项）是行为人在明知被害人的嘱托或承诺的事实的情况下，"为被害人本人"而决定的行为样态，与被害人的承诺具有相似性，所以与普通杀人罪相比是基于不法减轻的刑的减轻事由。① 结婚目的掠取诱拐罪（第 291 条）中的结婚目的也是不法减轻事由。

2. 倾向犯

（1）意义　倾向犯是指行为人主观的行为倾向成为构成要件要素或同时决定犯罪类型的犯罪。例如虐待罪（第 273 条）中的虐待行为，残酷行为罪（第 125 条）中的残酷行为，公然淫乱罪（第 245 条）中的淫乱行为，准强奸罪（第 299 条）、准诈欺罪（第 348 条）中的利用行为等即是。②

倾向犯是具有如下特征的犯罪形态，即不仅构成要件行为被行为人强化的意思方向所支配而且该被强化的意思方向对保护法益产生特殊的危险性。因为倾向犯以行为人一定的内心倾向之表现为内容，所以也叫做"具有被强化的内在倾向的犯罪"（Delikte mit intensivierter Innentendenz）。

倾向犯又可以再次被划分为诸多类型。其中也有内在倾向并不仅仅是主观要素而是客观要素与主观要素的混合形态的情况。如虐待罪中的虐待行为即是。实际上，区分倾向犯与目的犯并不是很容易。但是也没有非要区别两者的实务上的必要性。

（2）种类

① 风俗或性犯罪的倾向犯　行为的性质不仅从外部侵害健全的风俗或诱发性的羞耻心，而且从内在方面以肉欲的目的实施的风俗犯罪或性犯罪，大部分都属于倾向犯的范畴。

典型的例子就是公然淫乱罪（第 245 条）。淫画等的散布、贩卖、公然展示（第 243 条）与淫画等的制作、持有、进口、出口（第 244 条）等也属于该范畴。

---

① 当然，这里的"为被害者本人"这一目的要素在韩国刑法上并不像盗窃罪（第 329 条）的"违法领得意思"那样被记述着，所以是特殊的主观构成要件要素。

② 在韩国承认倾向犯的学者有：朴相基，111 页；裴钟大，154 页；孙海睦，176 页；申东云，156 页；郑盛根、朴光玟，130 页等。

② 具有危险倾向的倾向犯　行为人的意思方向表现出对保护法益的特殊的危险倾向的犯罪，大部分都属于倾向犯的范畴。

（Ⅰ）虐待罪（第 273 条）中的虐待行为，残酷行为罪（第 125 条）中的残酷行为，募兵利敌罪（第 94 条）、破坏设施利敌罪（第 96 条）、间谍罪（第 98 条）中的"为敌国"这种要素就是意思方向带有危险倾向的典型的倾向犯。

（Ⅱ）准强奸、准强制猥亵罪（第 299 条）中的利用他人心神丧失或者不能抗拒的状态的行为，准诈欺罪（第 348 条）中的利用未成年人的无知或他人心神障碍的行为，不当利得罪（第 349 条）中的利用他人窘迫状态的行为等各种利用行为也属于该范畴。

（Ⅲ）单纯受贿罪（第 129 条 1 项），事前受贿罪（第 129 条 2 项），向第三者提供贿赂罪（第 130 条），单纯行贿罪（第 133 条 1 项），转达行贿物罪（第 133 条 2 项）等作为被强化的意思方向引起对保护法益的特殊的危险性的倾向犯，亦属于该范畴。

③ 具有营业性或常习性的倾向犯　具有营业性或常习性的犯罪如同基于职务的犯罪一样行为人的行为意思被强化到具有反复性、继续性、职业性程度的犯罪，大部分都属于倾向犯的范畴。

例：常习赌博（第 246 条 2 项），开设营利性赌场（第 247 条），营利性的介绍卖淫（第 242 条），对公务员职务犯罪的加重处罚（第 135 条）中的"利用职权"，斡旋受贿罪（第 132 条）中的"利用其地位"，公务员职权滥用罪（第 123 条）、非法逮捕监禁罪（第 124 条）中的"滥用职权"等。

④ 具有目的完成性行为要素的倾向犯　构成要件实行行为依据其用语的社会意义具有目的完成倾向的犯罪构成要件，大部分都属于倾向犯。

例：通敌（第 93 条），牟利（第 201 条 2 项），掠取或诱拐（第 287 条），强制猥亵（第 298 条），准强制猥亵（第 299 条），侵入（第 319 条），伪造等的行为，如果不考虑行为的内在方面，就不能成立不法的原本含义。在这点上属于广义上的倾向犯。

3. 表现犯

表现犯是指行为表现行为人内在的知识状态的歪曲、矛盾过程的犯罪构成要件。表现犯的构成要件要求行为人具有一定的内在知识状态，并且其外部行为是与该知识状态相矛盾的非真的意思表示。

代表性的例子是伪证罪（第 152 条）。在这里，并不是因为依据法律宣誓的证人只是客观地陈述了虚伪的事实，而是在主观上违背证人自身的记忆陈述了事实这点是构成行为无价值的特殊的主观不法要素。虚假鉴定、通译、翻译罪（第 154 条），国家保安法第 10 条的不告知罪等亦属于表现犯。

（三）特殊的主观不法要素与特殊的责任要素的区别标准

1. 问题的提起

自菲舍尔首次发现主观的不法要素以来，经过那格拉、多纳、黑格勒、M·E·麦耶、绍尔等一直到麦兹格在理论上确立其地位为止，是否能够认定主观的不法要素问题一直是刑法学上的重要的关注点。即使在麦兹格那里，主观的不法要素原则上还是具有基于外部的身体动作所规定的客观违法性之例外的含义。之后，在目的的犯罪体系中，因具有主观的不法要素才得以确证人的不法概念这一立场得到确立以来，承认主观的不法要素在今天已经在韩国与德国成为支配性的见解。

因此，在特殊的主观不法要素中，问题已经不再是是否能够认定这些要素的存在，而是与特殊的主观责任要素的区别界限问题。关于在一定的构成要件中规定的主观要素是特殊的不法要素还是特殊的责任要素的区别标准，存在着以下见解上的分歧。

2. 区别标准

（1）对犯行的社会无价值判断 该见解主张，构成要件中出现的特殊的主观要素为犯行的社会无价值判断提供根据或强化作用时，就是特殊的主观不法要素；如果只是表现对行为意思的非难可能性的特殊程度时，就是特殊的责任要素。

该标准将面临未能区别把握不法与责任的批判。因为，仅以某种情况对社会的无价值判断具有影响，是不能直接得出结论认为其就属于不法。这是因为，例如即使存在免责的紧急避难的情况，也能够在本质上减轻或排除社会的无价值判断。

（2）犯罪类型的无价值性 该见解认为，某一主观的要素通过与保护法益或构成要件之行为客体的侵害或危殆化相关联或者与行为实行的样态或不法的重要倾向相关联，构成犯罪类型的无价值性即结果无价值与行为无价值时，就是特殊的主观不法要素；相反表现出与犯罪类型不同的、只是加重或减轻刑罚的动机、感情、心情等行为人意思形成的无价值性时，就是特殊的责任要素。

该见解是在区分不法是行态无价值、责任是心情无价值的前提下，着眼于一定的主观要素与犯罪类型具有何种关联性的区别标准，而且其还具有具体化或细分化的可能性，所以是妥当的立场。例如，募兵利敌（第94条）、破坏设施利敌（第96条）、间谍（第98条）等构成要件中所出现的"为了……"为营利等的掠取、诱拐、买卖等的犯罪（第288条）中的"以猥亵、奸淫或营利为目的"，淫画等散布等的犯罪（第243条）中的"公然展示"，公然淫乱罪（第245条）中的"公然淫乱行为"等，就是与犯罪类型相关联的不法构成要件要素。

《参考》此外，基于诱骗等的嘱托杀人等的犯罪（第253条）中的"诱骗行为"，以婚姻为借口等的奸淫罪（第304条）中的"借口或者欺骗行为"等，由于在其诱骗、借口行为后面隐藏了行为人的原本目的，所以这作为表现攻击、侵害行为之样态的要素，仍旧属于主观的构成要件要素。

相反，杀害婴儿罪（第251条）中的"为隐瞒耻辱或者预想无法养育或者有特别值得斟酌的动机"，准占有强取罪（第325条2项）中的"逃避逮捕或湮灭罪证之目的"，准强盗罪（第335条）中的"逃避逮捕、湮灭罪证之目的"等作为与刑罚的加重或减轻等相关联的动机、感情或心情等的要素，属于特殊的责任要素。这是因为，这些心情要素并不是与犯罪类型直接相关联的构成要素，而是作为附加于犯罪类型的要素表现行为人的值得受到伦理性非难的内心态度。

（3）基于行为样态与行为动机的区别　该见解主张，在构成要件中规定的一定的主观要素与行为样态相关联时，就是特殊的主观不法要素；与行为样态没有直接关系的行为目的或行为动机相关联时，就是特殊的责任要素。

前者的情况：间谍罪（第98条1项）中的"为敌国"，基于诱骗等的嘱托杀人罪（第253条）中的"诱骗"，各种伪造罪中的"行使之目的"等。

后者的情况：准占有强取、准强盗罪（第325条2项、第335条）中的"湮灭罪证之目的"，杀害婴儿罪（第251条）中的"为隐瞒耻辱之目的"等。

该区别标准内含有不法要素与责任要素的一般性的区别标准。因此，在只有通过具体化才能区别特殊的主观不法要素与特殊的责任要素这点上，并没有脱离前述犯罪类型无价值性之区别标准的范畴。

3. 区别的实际意义

特殊的主观不法要素与特殊的责任要素的区别在如下两点上具有讨论的实际意义：第一，能够明确划定构成要件故意与构成要件错误的范围；第二，在共犯理论中尤其在目的犯等情况中在共犯从属性上存在差异。

第九节　不法构成要件中的行为无价值与结果无价值

一、序言

不法构成要件要素中存在主观的构成要件要素与客观的构成要件要素。在这里，当把构成要件故意与特殊的主观不法要素看做是主观的构成要件要素时，构成要件符合性就不能像古典的犯罪论时代所认为的那样仅限于结果无价值即引起不被法所认可的某种结果上，只有一同考虑主观的要素才有可能。

当然，行为无价值会根据具体事例中所要求的故意与过失的形态、行为倾向或行为性质而不同，结果无价值也在既遂与未遂、侵害犯与危险犯中形成不同的内容。尽管如此，所有可罚行为样态的不法构成要件符合性，无论其是故意犯还是过失犯或是作为犯还是不作为犯、或者是结果犯还是举动犯抑或是侵害犯还是抽象的危险犯，甚至无论是既遂还是未遂，始终当两者相结合时，才能被认定。例如，即使在单纯暴行罪（第260条）这种单纯的举动犯中，虽然外部的结果与行为自身无法相分离，也存在一种结果无价值。

如果是这样，主观的或客观的构成要件要素在构成要件符合性的判断中与行为无价值或结果无价值之间具有何种内在的关联性？而且应该如何整理行为无价值与结果无价值之间的关系？

主观的或客观的构成要件要素是事实的、静态的分析构成要件。对此在构成要件符合性的判断中以规范的、动态的加以把握的就是行为无价值或结果无价值的层面。因此，主观的构成要件要素是行为无价值、客观的构成要件要素是结果无价值的等式是不能成立的。

二、理论史的考察

（一）威尔滋尔的人的不法论

古典的、新古典的犯罪体系在把犯罪概念严格区分为客观的要素与主观的要素之后，确立了"行为的客观方面置于构成要件符合性与违法性上、行为的主观方面置于责任上"的命题。因此，不法仅由客观的要素构成，所有主观的要素都属于责任范畴。在这里，把不法的核心放在了追随客观要素的结果无价值上。

威尔滋尔流派的目的的犯罪体系由于把人类行为的目的性构造即目的性把握为犯罪体系构成的决定性要因，所以在故意作为犯中该目的性不仅已经与故意相同一，而且也把故意自身视为作为一般的主观不法要素的构成要件之主观要素。由此获得的结论是，在故意犯中不法并不存在于在内容上与行为人的人格相脱离的结果引起上，其是与行为人的人格相关联的人的行为不法。

目的的犯罪体系把不法的核心放在了行为无价值上。这样，在不法中行为无价值是首要的构成部分，相反结果无价值并不构成不法，其只是限制不法的附次性的要素。这就是人的不法论。

（二）一元的·主观的人的不法论

1. 内容

无论是古典的不法论还是威尔滋尔流派的人的不法论均是没有完全摆脱结果无价值的不法论。将此完全加以推翻，只把行为无价值作为刑法上不法与构成要件符合性的根据，并且把结果无价值驱逐出不法领域从而将其把握为与不法无关的客观的处罚条件的立场，便是波恩（Bonn）学派的一元的·主观的人的不法论。

该立场在只把行为无价值视为不法的全部内容这点上，是一元的人的不法论。而且，其与在行为无价值中尚包含有客观要素的威尔滋尔的人的不法论不同，在行为无价值中只包含有主观要素而全面排除以结果为首的客观要素这点上，又是主观的人的不法论。

对此给予简捷表达的是奇林斯基（Zielinski）的如下一句话："不法仅仅是义务违反的目的性行为，结果或结果无价值在不法中不具有任何机能"。[1]

《参考》Bonn 学派的首领是已故的阿明·考夫曼，但霍恩（Horn）、吕德森（Lüderssen）、萨姆松（Samson）、特里费德勒（Triffterer）、雅各布斯（Jakobs）等均追随该方向。

能够概括为行为无价值的主观化与从不法中排除结果的波恩（Bonn）学派的不法论具有如下两点根据：

第一，能够成为禁止对象的是行为不是结果。如果法秩序要求禁止杀人，只有在禁止杀人意图（故意犯的情况）或威胁人的生命的行为样态（过失犯的情况）时，才有可能。杀人的结果存在于这种禁止之外，所以结果无法进入构成要件和不法的领域。

第二，由于结果的发生或不发生大多依赖于偶然，所以不能成为不法的重要要素。例如，二人以杀人故意同时向第三者开枪，即使其中一发命中另一发偏离，二人也都是实现了同一的不法，要承担同一的责任。

2. 刑事政策上的归结

如果贯彻波恩（Bonn）学派的理论，将产生同一看待未遂与既遂、因从不法中排除结果而产生的与法感情之间的矛盾、正当化事由理论构成上的问题、量刑上的问题等一系列问题。这会导致在刑事政策上给行为人带来过重负担的结果。而且，也会导致违反韩国刑法第 25 条的规定，[2]相同处罚既遂与未遂，并且只把不能未遂视为不法原型的结论。即使在过失的情况下，可罚性也与结果发生无关，仅依赖于注意义务违反。

当然，波恩（Bonn）学派的理论家们并不否认现行刑法体系赋予了结果发生以可罚性上的重要意义，据此刑罚必要性也依存于法益侵害的现实存在这一点。尽管如此，仍旧认为刑罚必要性所需要的结果要素存在于

---

[1]　Zielinski, Handlungsunwert und Erfolgsunwert im Unrechtsbegriff, 1973, S. 5.

[2]　韩国刑法第 25 条：①已经着手实行犯罪，但行为尚未实行终了或者未发生结果的，以未遂犯处罚之。②对未遂犯的处罚，可以比照既遂犯予以减轻。——译者注

构成要件与不法领域之外。其结局是，想把结果视为客观的处罚条件或追诉条件。

3. 批判

禁止的只是行为而不是结果的命题主张结果是与人的行为无关的，而且是偶然的、无法预见的这一点是有一定道理的。因为，试图用规范禁止自然事态或不可避免的偶然是没有意义的。

然而，在刑法上根本无法成立无结果不法的行为不法。因此，行为无价值一元论的主张在把结果发生作为要件的过失犯罪体系上或在既遂与未遂的行为无价值是相同的这点上，始终不可能是妥当的。

（三）不法中的评价规范与决定规范

在今天，关于行为无价值与结果无价值中何者是不法的本质的议论，并不像经常误解的那样是行为论的逻辑性归结，而是把不同于行为论的规范逻辑的观点作为背景的。这是因为，所谓麦兹格（Mezger）的结果无价值一元论并不是因果行为论的归结，而是在逻辑上比起作为决定规范的刑法优先考虑作为评价规范的刑法的结果。同样，以威尔滋尔流派的人的不法论为出发点的同时采取单纯行为无价值一元论立场的波恩（Bonn）学派的主张也不是作为人的不法论之母体的目的行为论的归结，而是把意思决定规范理解为刑法规范本质的结果。

在规范逻辑的观点上，如果把刑法规范的本质仅看做是评价规范，就会得出只能在结果无价值层面上评价不法构成要件符合性的结论；相反，如果只把决定规范视为刑法规范的本质，就会得出只能在行为无价值层面上评价不法构成要件符合性的结论。

然而，法规范原本就是思维世界与现实世界的结合，而且不仅应该从评价规范的观点甚至还应该从决定规范的观点进行理解。为要求（接）受（规）范者进行一定的意思决定，不仅应该以法的评价为前提，而且违反决定规范的行为的结果也应该根据评价规范来进行判断。因此，应该从刑法上不法的本质是决定规范与评价规范的结合层面出发把握行为无价值与结果无价值的结合。

三、作为构成要件必要要素的行为无价值与结果无价值

作为不法类型的构成要件是所有主观的（内在）要素与客观的（外在）要素的意义统一体。与此相对，构成要件符合性就是对在法益危害行为的实行中所表现出的行为无价值与结果无价值的实现及实现可能性的

评价。构成要件的主观要素与客观要素也会随着行为无价值与结果无价值这种规范的评价而融入到构成要件符合性当中。

（一）结果无价值

既然具体的法益侵害是基于行为人的行为产生的结果，在构成要件符合性的判断中就不能排除对该结果要素的考虑。因果关系理论或客观归属理论的目的就在于把不属于行为人的结果排除在构成要件符合性的判断之外。因此，能够归属于行为人的结果是构成要件符合性所无法排除的要素。

行为与结果的分离、在构成要件符合性中排除结果，这从在刑法上不法如果没有外部的结果就无法存在这点来看，是不正确的。实际上，未遂也是以逾越着手实行的某种结果关联性为必要的概念。否则，就不能成立未遂，至多是预备或阴谋。甚至不能未遂也内含有某种具有刑法意义的"结果"。如果否认这一点，就不得不只能以反抗规范的内心的行为决断进行构成要件符合性的判断。如果真是这样，必将陷入法治国家所无法容忍的心情刑法中。

以夸大结果发生依存于偶然的理由，试图仅以行为人的意图或注意义务违反来评价构成要件符合性的行为无价值一元论的态度是不正确的。当然，偶然发生的结果并不符合构成要件。而且，因无法预见的状况而最终失败的结果不发生也属于偶然。然而，结果不发生大多并不是偶然，许多情况是原因在于行为人的犯罪促进力弱。

（二）行为无价值

对于故意与特殊的主观构成要件要素包含于行为无价值这点，是没有疑义的。然而，对于诸多构成要件所要求的犯行样态（例如诱骗或携带危险物品等）与客观的正犯要素（例如公务员身份）是否也属于行为无价值中，存在着见解上的分歧。

多数说把同时构成行为的客观的正犯要素也包含在行为无价值的概念中（德国的多数说：Jescheck，Wessels，Gallas，Stratenwerth）。与此相反，也有见解把故意犯的行为无价值视为单纯的主观的意图无价值（Intentionsunwert），而把与此相关联的行为样态与身份要素包含在结果无价值中。在这两种学说中，多数说更为妥当一些。

如果用图表表示关于行为无价值与结果无价值的概念构成的多样立场，如下：

行为无价值与结果无价值

狭义的行为无价值 ＝意图无价值（仅限于故意犯）： Rudolphi，Lenckner	广义的结果无价值 　＝事态无价值：Lenckner 　＝非人的价值：Lampe	
	第一次的结果无价值 ＝样态无价值： Nowakowski， Kienapfel	第二次的结果无价值 　＝实体无价值： Nowakowski，Kienapfel
		狭义的结果无价值： Jescheck Stratenwerth Gallas，Hirsch
广义的行为无价值： Jescheck，Stratenwerth，Gallas，Hirsch		
行为关系性行为无价值 —行为样态 —故意 —特殊的主观不法要素 —主观的义务违反性 　（过失犯的情况） —客观的义务违反性	行为人关系性行为 无价值 — 客观的正犯要素 　（身份等）	— 结果犯的结果 　（法益侵害及危殆化） — 举动犯的情况将否定结果无价值

四、行为无价值与结果无价值的内容

（一）行为无价值的内容

1. 客观的行为要素

实行行为的种类、方法、犯行手段、行为情况等属于客观的行为要素。将此统称为行为样态。

2. 客观的行为者（正犯）的要素

包括身份犯中的身份或正犯的要素等。

3. 主观的行为要素

故意、作为注意义务违反的过失是一般的主观的行为要素。目的、倾向、表现等特殊的主观不法要素是特殊的主观的行为要素。只在故意犯的情况中，也把该特殊的主观的行为要素与故意一起称为意图无价值。

（二） 结果无价值的内容

由于历来把结果无价值只看做是法益侵害（危殆化），所以认为在侵害犯中没有实现结果无价值只存在行为无价值时是未遂；相反情况即没有行为无价值只存在结果无价值时，不成立不法。从而导致结果无价值的机能在未遂犯中处于关注的对象之外。这种理论上的未成熟原因在于，尚未对结果无价值的意义与机能进行细分化。

应该注意的是，未遂犯也与既遂犯相同只有在同时具备行为无价值与结果无价值时，才能够认定不法构成要件符合性。只是，未遂与既遂在该结果无价值中存在质与量的差别而已。其理论基础只有在把结果无价值划分为法益侵害、法益危殆化与法益平稳状态的扰乱这三种时，才有存在的可能。

1. 法益侵害（第一 结果无价值）

法益侵害是指现实性的法益侵害（Rechtsgutsverletzung）结果。即指结果犯中的现实性的侵害结果与危险犯中的危险状态（Gefährlage）或危险结果（Gefährdungserfolg）。在举动犯中，现实性的侵害行为自身便包含有对行为客体或法益的侵害结果。该结果无价值就是区别既遂与未遂之标准的尺度。

2. 法益危殆化（第二结果无价值）

虽然没有形成现实性的法益侵害之结果，但在终了未遂与障碍未遂中尽管具有发生结果的可能实际却没有发生结果时，就叫做法益危殆化（Rechtsgutsgefährdung）。侵害犯或危险犯的未遂内含有这种程度的结果无价值。

3. 法益平稳状态的扰乱（第三结果无价值）

虽然没有达到法益侵害或法益危殆化的程度，但一旦指向法益侵害的行为人的主观犯罪意思逾越实行的着手阶段被客观化，即使根本不可能发生结果也会在社会意义上扰乱法益平稳状态。这种法益平稳状态的扰乱与法益侵害或法益危殆化相比构成最为弱的形态的结果无价值。在这种意义上也叫做第三结果无价值。①

这相当于是在可罚性未遂形态中不法程度最低的不能未遂的结果无价值。因此，应该根据法益危殆化或法益平稳状态的扰乱这种结果无价值的

---

① Mylonopoulos, Über das Verhältnis von Handlungsunwert und Erfolgsunwert im Strafrecht, 1981, S. 84f.

程度来区分障碍未遂与不能未遂。进一步讲，该第三结果无价值还可以作为可罚未遂最低形态的不能未遂与不可罚的预备之间的区别基准来使用。

五、行为无价值与结果无价值的机能

所有犯罪形态无论是结果犯还是举动犯或是既遂或未遂在同时具备行为无价值与结果无价值时，才能够评价为符合了不法构成要件。然而，并不能因为这两者的存在就一定能够确定不法自身的存在。因为，两者毕竟只是与不法构成要件符合性阶段中的评价相关联的问题。

不法的确定性的评价只有在对具备这两者的行为进行如下综合性探讨之后，才能够最终下结论：即是实质上表现出社会有害性的行为还是因存在阻却违法性的正当化事由从而不具有社会有害性的行为。这种观点也正是在违法性领域里探求不法实质内容的实质的违法论的立场。

总之，不法构成要件符合性在同时具备行为无价值与结果无价值时才成立。紧接着将继续在违法性领域探讨实质的不法评价。但是，在排除构成要件符合性的评价阶段中存在两个标准，这就是，排除行为无价值之认定的社会相当性的基准与同时排除结果无价值与行为无价值之认定的被害人承诺的基准。

第十节　构成要件符合性排除事由

一、社会相当性

(一) 序言

社会相当性理论（Die Lehre von der sozialen Adäquanz）是由威尔滋尔倡导和发展的理论。其内容是，属于"历史形成的社会伦理性共同生活秩序内"的行为在社会意义上是相当的，即使我们能够根据某一构成要件的用语包摄该种行为，其也决不符合构成要件。① 即把社会相当性视为构成要件符合性排除事由。

---

① 　Welzel, Studien zum System des Strafrechts, ZStW 58（1939）, S. 491 ff.（514）; ders. , Das Deutsche Strafrecht, 1947, S. 35; 11. Aufl.（1969）, S. 55 以下也坚持了相似的立场。

认定社会相当性的事例有，进入被容许的危险范畴内的行为与轻微的法益侵害行为。前者包括：参与铁路、道路、航空交通，工厂、企业设施物的运营，为学术、科学技术的进步而进行的危险实验，在建筑、矿山等作业中不可避免的爆炸物使用，为治疗、维持生命、健康的医疗上的剧药使用，拳击等运动竞技中的竞技活动等。后者包括：作为除夕或新年的节日问候给邮递员小小的礼物，一时的或以冷面为赌注的画图游戏或带有小量零钱的赌博，轻微的限制自由，在亲密的家族间所进行的对第三者带有侮辱或毁损名誉言词的玩笑，略微夸张的商品广告或宣传行为，巴士发车后乘错车的乘客要求停车但司机在下一站点才停车的暂时性的监禁行为等。

目前，在刑法理论学领域中对于社会相当性理论所具有的机能及体系性地位存在着不同的见解。

（二）关于社会相当性的诸种学说之探讨

1. 社会相当性否定论

该立场主张，社会相当性原则由于概念上的暧昧模糊性与标准的不确定性，具有侵害法的安定性的危险，不仅如此，试图用社会相当性理论解决的事例完全能够基于构成要件解释的方法或以被容许的危险法理为根据的正当化事由进行解决，所以其自身作为无用之物应该在刑法理论学上进行否定。[1]

社会相当性由于是暧昧模糊且难以设定界限的概念所以具有侵害法的安定性的危险这点是事实。但是，也不能忽视社会相当性试图从内容上把构成要件解释为"被一般性的禁止的犯罪类型性行为"这种对一定目的的追求。这是因为，构成要件只把"在社会意义上不相当的行为"作为其要素。

针对社会相当性否定论，存在如下批判：在与构成要件解释原理及被容许的危险法理的关系上，并没有探讨其能否充分替代社会相当性原本具有的所有机能的情况下，就断言社会相当性的无用性，这是对实体的一种歪曲。

---

[1] 裴钟大，269 页以下；孙冻权，85 页。

2. 作为解释原理的社会相当性理论

该见解认为，虽然社会相当性观点在犯罪体系内不具有任何自身的价值，但作为为进行构成要件用语的意义一致性解释的辅助手段及"一般解释原理"，是具有意义和作用的。①

　　当基于法律用语能够包摄于某一构成要件的行为样态与基于立法者事先设定的一定的犯罪类型不相当时，不能解释为符合构成要件。也就是认为，并不严重的伤害或监禁之类并不与刑法上具有保护价值的法益的危险之间存在直接的关联性，因此不能解释为是构成要件上的不法。因为，这种行态属于存在于历史形成的社会生活秩序范围内的、在社会意义上相当的行动样式。对于这种情况，如果解释为是依据社会相当性排除了构成要件自身或对其进行了规制、调整，那么作为解释原理来说是过分地评价了社会相当性所具有的这种原本的机能，因而是不恰当的。因此，必须停留于社会相当性只是解释构成要件的一个观点上。

作为解释原理的社会相当性理论通过在该当构成要件符合性当中排除在"用语可能具有的含义"范围内不能包摄于不法类型的轻微事例，从而发挥着基于解释方法制约构成要件的机能。

3. 作为构成要件符合性排除事由的社会相当性理论

该见解主张，社会相当性理论原本就具有排除或修正构成要件符合性的机能（多数说）。威尔滋尔把社会相当性理论引入刑法理论学的初期采取的就是该立场。即从构成要件是不法的类型化、不能视为犯罪类型性不法之具体实现的行态不具有构成要件符合性这一前提出发，认定"社会秩序范围内的行为绝不存在于犯罪构成要件之中。历史形成的共同生活的社会伦理性秩序范围内的一切行为之实行，在社会意义上都是相当的"。这样的行为之实行尽管在用语上能够包摄于某一构成要件当中，但无法符合犯罪构成要件。

　　作为其适例，通常例举运动竞技的情况。通说虽然尚在参加者个人的同意或承诺中寻求运动竞技的合法性，但该理论认为，因为承诺的法制度是抛弃个人法益的制度，所以并不符合现代社会运用竞技的

---

① 　朴相基，155 页；任雄，168 页。

社会现实与实际情况。因为，今天的运动竞技规则是国际上统一的公认规则，所以国家有意识地控制对此的法律规定，这样随之就会导致运动员对于在运动竞技中发生的死伤的承诺完全成为虚构式的、声明式的思维领域。因此，认为在这种情况下把各种运动竞技规则把握为社会相当性的适用例是更为适当的。在一定的运动竞技规则内发生的死伤作为行为无价值的欠缺，其仅仅是一个不幸而不是不法。

作为构成要件符合性排除事由的社会相当性理论正是试图把构成要件限制在狭义的不法构成要件即犯罪类型性行为之立场的逻辑必然的结论。然而，由于社会相当性概念的范围过于宽泛，所以以此区分犯罪类型性行为与非犯罪类型性行为是存在理论上的难点的。尤其会导致与违法性阻却事由之间的区分不明确。

例如，为教育目的殴打一次自己子女由于完全与法秩序或社会伦理秩序相一致，所以并不违法，但却是属于构成要件的或不法类型的行为。如果把这种行为视为具有社会相当性，就会导致构成要件与违法性的区分更加的不可能。①

4. 作为违法阻却事由的社会相当性理论

该理论主张，社会相当性是仅限于针对在"技术与交通领域"中通常发生的危险行为进行一般性适用的超法规的正当化事由。

该理论是把社会相当性视为阻却属于共同生活伦理秩序范围内的构成要件符合行为的违法性的"习惯法的正当化事由"的见解。如认为外科医生的手术行为虽然符合构成要件但在社会意义上是相当的行为，所以从实质的违法性观点来看是被正当化的行为。

然而，刑法上构成要件从价值关系的观点上被理解为是犯罪类型或不法类型，所以为何社会相当性的问题与构成要件无关仅停留于违法性领域，这在理论的解释上将是困难的。而且，由于社会相当性概念的模糊性与尺度的不确定性，在其成为习惯法的正当化事由时，违法性界限不明确的可能性也是相当大的。甚至与正当防卫、紧急避难等既存的正当化事由

---

① 金日秀，韩国刑法 I，467 页。

之间的作用及界限设定，也将成为难题。尤其与韩国刑法上作为一般正当化事由的社会常规之间的概念区别，实际上也会成为不可能。

5. 作为责任阻却事由的社会相当性理论

在社会相当性具有重要意义的体系上的领域是责任而不是违法的前提下，罗伊德（Roeder）把社会相当性理解为是责任阻却事由。罗伊德从按照规则驾驶的汽车司机虽然实施了社会相当的行为但社会没有必要甚至忍受基于其行为发生的某种危险的立场出发，主张其行为在社会意义上相当时，只是阻却责任。

如果对于按照往来交通规则驾驶的司机只认定责任阻却事由，那么将会得出面对危险的人能够对该司机进行正当防卫的结论。然而，正当防卫把法的确证（Rechtsbewährung）作为思考的基础，所以对于能够被社会评价为适当的行为是不能考虑正当防卫的。对于在社会意义上相当的正当行为，根本不可能实施正当防卫。

从这种观点来看，罗伊德的立场无论从理论上还是实务上都与能够从社会相当性中期待的稳妥的结论之间存在相当的距离。

6. 客观归属理论的替代

由于概念的暧昧模糊性与尺度的不明确性，所以该立场试图以客观归属论的尺度替代构成要件限制可能性相对不稳定的社会相当性的基准。该立场认为，客观的归属论能够比社会相当性理论在排除行为的可罚性与构成要件符合性的判断上提供更为明确的、客观的基准。① 在该立场中，基于社会相当性的行为的危险创出将否定客观的归属。

作为替代社会相当性的具体标准有，被容许的危险原则与社会相当且轻微的危险原则。

被容许的危险原则：由于被容许的危险类型仅仅是被容许的危险而不是指符合危险的创出，所以行为自身中原本就不具有行为无价值。因此，如果基于该行为产生了法益侵害，那也只是一个不幸而不是不法。在拳击比赛中即使发生了死伤的结果，那也仅仅是一个不幸事件而已。

社会相当且轻微的危险原则：由于轻微行为的类型也是行为人虽然没有减轻法益侵害的危险但至少也没有使其增加到具有法的意义程

---

① 金日秀，韩国刑法 I ，470 页以下；Roxin， § 10 IV Rdn. 38 ff.

度的情况，所以行为自身中原本就没有行为无价值。无法禁止社会相当的且没有一般性危险的行态的原因在于，这种行为类型即使例外性地侵害到了某种法益，也不具有作为犯罪类型性行为的意义。但是，这点即使在把社会相当性理解为解释原理或构成要件符合性排除事由的立场中也是相同的。

由于该见解把社会相当性理解为客观归属的一部分，所以实际上是近似于否定社会相当性理论的独立意义的无用论立场。

7. 结论

社会相当性理论属于构成要件符合性的问题领域。因为，所有不法构成要件只规制在社会意义上不相当的行态（Sozialinadäquates Verhalten）。如果试图把社会相当性理论局限在该问题领域，那么把社会相当性理解为构成要件符合性判断中的一般解释原理的立场是值得考虑的。然而，从该问题领域中前进一步把社会相当性理解为构成要件的修正要素即构成要件符合性排除事由时，原本社会相当性概念要素的范围就会与违法性阻却事由领域相重叠，这样在犯罪体系上区别不法构成要件与违法性并视为各自独立的评价阶段的立场上就会遇到难题。如果把社会相当性原则作为构成要件解释原则来适用，那么在某种程度上能够限制把不是犯罪类型性行为的、在社会意义上相当的行为评价为构成要件行为。这是因为，通过把社会相当性作为审查犯罪构成要件各要素的重要的解释之辅助手段来使用，能够在法条文可能具有的用语范围内限制构成要件（一般的解释原理）。相反，如果把社会相当性作为构成要件的修正工具（Tatbestandskorrektiv）来使用，就能够在比上述情况更宽泛的范围内修正构成要件（所谓目的论的限制）。然而，基于该修正工具的目的论限制，已经脱离了目的论限制解释的范围，所以已经不属于一般的解释原理的范畴。这种情况正好与基于客观归属论的构成要件符合性排除之间产生相同的结果。进入到该阶段就等于社会相当性理论的传统意义被客观归属理论所替代。

二、被害人的承诺

（一）问题的提起

虽然在韩国旧刑法时期也曾把被害人承诺理解为超法规的正当化事由，但是现行刑法第 24 条在正当防卫、紧急避难、自救行为之后紧接着就对此进行了规定，所以通说将其法律性质视为违法性阻却事由（正当化事由）。然而，在韩国刑法解释上并不能当然性地断定被害人承诺就是违法性阻却事由。被害人承诺是指法益的合法处分权者将其彻底抛弃的情况。因此，这里的问题是，依照各刑法规范的保护领域判断行为人的法益侵害结果或危险结果是否具有刑法上的意义。

这便是是否进行构成要件符合性中的结果无价值或行为无价值的认定的问题。依照这点来看，被害人承诺是构成要件排除事由的内容之一。

　　在德国，被害人承诺是经过三个阶段发展变化而来的。第一阶段是经过"二次"大战至 1950 年代为止。这个时期的学说与判例的见解一致认为，被害人承诺是并不局限于伤害罪甚至能够适用于对个人法益之侵害行为的大部分情况的违法性阻却事由。第二阶段形成于 1953 年格尔茨（Geerds）的博士学位论文《被害人承诺与谅解》。格尔茨在该论文中把被害人整体区分为排除构成要件符合性的谅解（Einverständnis）与作为违法性阻却事由的承诺（Einwilligung），从而使被害人承诺理论迎来了新的转机，即使在今天德国的判例与多数说还在支持这种区分。然而，进入 1970 年代之后，主张被害人承诺不论承诺与谅解都不是正当化事由问题而是构成要件符合性排除事由的见解逐渐成为有力学说。

（二）谅解与承诺的区别

1. 含义

韩国与德国的通说在区别谅解与承诺之后，把谅解作为构成要件符合性排除事由，而把承诺作为违法性阻却事由。①

谅解是指在构成要件上的犯罪记述中，在其语义上行为只能够成立于违反被害人意思的情况中；只要存在被害人同意，就无法成立行为自身，从而排除构成要件自身的情况。例如强奸在存在被害人同意时只成立和奸，侵入住宅在存在居住权人同意时也不成立侵入的情况即是。此外，一般认为在盗窃、强取、侵占、背任之类的行为中，本人的同意原本就是排

---

① 孙冻权，187 页；申东云，206 页；安铜准，125 页；刘基天，198 页；李在祥，258 页；李炯国，研究 I，330 页；任雄，227 页；张荣民，《被害人承诺》，考试界 1994 年 11 月，66 页；郑盛根、朴光玟，274 页以下；陈癸浩，357 页；崔又赞，《被害人承诺》，考试界 1999 年 10 月，109 页；黄山德，172 页。

除构成要件的谅解而不是阻却违法性的承诺。

相反，有可能依据被害人意思成立犯罪行为的情况就是承诺，因此承诺在本质上是带有违法性阻却效果的法益之抛弃，其有效范围只有在法秩序使被害者本人抛弃的自律权行使成为可能时，才能被认定。作为其代表之例的有，伤害、暴行、监禁、遗弃、名誉毁损、财物损坏的构成要件。

2. 区别的论据

通说试图依据性质差异即谅解具有事实的性质、相反承诺具有法的性质来区别两者。

（1）意思表示的样态 谅解只要存在内在的意思即可，并不需要其表现于外部。相反，承诺必须通过语言或行为能够对其加以认识程度的表现于外部。

（2）洞察能力的要否 谅解要求谅解者具有自然的意思即可，谅解者即使是无洞察能力的未成年者或精神病者也可。相反，承诺要求承诺者能够理性的比较衡量赞同与反对，并要求具有能够认识自我意思表示之影响力的判断力与洞察能力。

（3）存在意思的欠缺或瑕疵的情况 在谅解的情况中，即使存在错误、欺骗、强要等意思的欠缺或瑕疵也不妨碍其成立；但在承诺的情况中如果存在这种欠缺或瑕疵将无法成立承诺。

（4）是否适用禁止违背社会常规 谅解的情况因为其单纯的事实之性质所致，所以没有必要对其进行只有在没有违背社会常规的范围内才被允许这种限制。但承诺在其目的或方法具有反论理性时，是不被允许的。

3. 反对区别两者的见解

今天新的倾向性见解否认谅解与承诺之间的体系上的差异，认为存在法益享有者的有效地同意时，无论其具有谅解的性质还是承诺的性质无区别的都具有构成要件排除的效力或违法性阻却的效力。

新的倾向性见解主张，没有在体系上区别谅解与承诺的实务上的理由，而且因为性质上的差异也不是本质性的而是相对的，所以在体系上应该同等对待两者。甚至，因为没有能够严格区别两者的一般性的基准，所以无论是谅解或者承诺不过是应该依据各个构成要件的构造或特性进行个别判断的解释上的问题。① 本书支持该新的倾向性见解。

第一，从法律用语的日常用语性含义角度来看，全然没有区别谅解与承诺。取得所有者的谅解获取财物时排除盗窃罪的构成要件符合性，但获

---

① 朴相基，190 页；裴钟大，341 页；孙海睦，541 页。

得其承诺而取得财物时则阻却违法性的解释方式是不具有说服力的。甚至在盗窃或侵入住宅中成立谅解，在伤害或名誉毁损中成立承诺的解释也是难以理解的。因为，即使在盗窃或侵入住宅中使用承诺，在伤害或名誉毁损中使用谅解的概念，其含义也不会全然改变，

　　第二，谅解的情况因为是只要违反被害人意思就能够成立犯罪的情况，所以认为存在谅解便排除构成要件符合性。相反，在被害人承诺的情况中，其本质并不是不法内容单纯地违反被害人意思，而是与被害人意思无关的对行为客体的侵害自身就是在社会生活中具有重要性的犯罪，所以认为承诺只阻却违法性。① 然而，这种解释也是没有说服力的。因为，韩国刑法特别用法律明示了即使存在被害人承诺亦成立犯罪的情况——例如承诺杀人罪（第252条1项）、承诺堕胎罪（第270条1项）、对未满13岁妇女的奸淫·猥亵罪（第305条）、对被拘禁妇女的奸淫罪（第303条）等，因此应该视为其他所有犯罪只要存在被害人承诺就无法成立犯罪。② 尽管存在被害人同意，但因为"不法内容"的存在而符合犯罪构成要件并只把是否阻却违法性作为问题，是不符合实定法规定态度的解释的。

　　而且，多数说主张因为"不法内容"的缘故，身体的完整性、名誉等法益与其他所有法益不同，应该与被害人意思无任何关联下受到法秩序的强化保护。然而这时的"不法内容"到底具有何种含义也是非常不明确的。在盗窃罪、拘禁罪、强奸罪、伤害罪、名誉毁损罪等中的法益主体主动放弃权利与法的保护时，果真能够针对所有权、身体的自由、性意思的自由、身体的完整性、名誉等法益的侵害行为，为了因某种根据而被差别化的法之保护而认定不法的差别性，是值得怀疑的。

　　第三，谅解具有事实的性质而承诺具有法的性质这种一律性前提是没有根据的。因此，即使在区别谅解与承诺的立场中，最近的多数说也采取如下立场（个别探讨说）：并不是一律地确定谅解的法的性质，而是应该根据该当构成要件的立法旨趣与保护法益的性质进行具体的、个别的把

---

① 例如李在祥，258页、260页。

② 但正如下文所看到的那样，可能存在基于承诺的反伦理性的限制。在这种情况下，将认定构成要件符合性与违法性。只是，韩国刑法也应该像德国刑法第226条之a的规定那样有必要对以反伦理性为理由的承诺的限制进行明文化。

握。① 如果这样，事实上谅解或承诺的有效要件（谅解或承诺的能力）就会因各构成要件的特性与保护法益而不同，所以也就会丧失区别谅解与承诺的意义。

4. 应该将被害人承诺视为构成要件排除事由的理由

即使在反对区别谅解与承诺的见解中，关于应该把被害人承诺视为违法性阻却事由②还是构成要件符合性排除事由，③ 也存在着见解上的分歧。

主张应该视为违法性阻却事由的见解的论据是，被害人承诺既然与其他违法性阻却事由一起被并列规定，在刑法体系上就难以视为构成要件符合性排除事由；当把被害人承诺视为不法排除事由时，能够扩大对行为人的法治国家的人权保障；通过赋予被害人以与刑法执行相关的处分可能性，带来自由领域的扩大等。

然而，在这些论据中，如下几点是难以赞同的：被害人承诺是作为违法性阻却事由之一被规定的想法，相对于法条文的内容与法理来说仅仅是对形式的一种表面观察，其完全承袭了传统的偏见；行为人的人权保障与自由领域的扩大在将被害人承诺作为构成要件符合性排除事由时，将成为更为根本性的保障。

从自由主义的法益论角度来看，个人基于自由的意思处分了具有处分可能的法益时，国家刑罚权根本没有介入的必要；被害人承诺因为与其他违法性阻却事由相比具有很大的异质性，所以没有必须将其视为违法性阻却事由的实际意义；因为被害人承诺将导致结果无价值的欠缺，所以在结果无价值或行为无价值的限制或排除层面上评价构成要件符合性的立场来看，最初就将其视为构成要件符合性排除事由的做法更符合法理。

5. 在错误论中的体系上的差异

在犯罪体系上将被害人承诺视为构成要件符合性排除事由还是违法性阻却事由的实质差异就体现在错误论上。

（1）行为人没有认识到客观上存在的被害人承诺的事实，实施行为的情况 在体系上把被害人承诺视为构成要件符合性排除事由时，这种情

---

① 安铜准，127 页；任雄，228 页；李在祥，259 页；李炯国，199 页；郑盛根，朴光玫，275 页；陈癸浩，360 页。

② 朴相基，190 页；裴钟大，340 页以下。

③ 具沐英，《被害人承诺与犯罪体系论》，东亚法学 19（1995 年），94 页；金日秀，韩国刑法Ⅰ，476 页；孙海睦，540 页。

况成立不能未遂。

　　然而，在把承诺视为违法性阻却事由时，则存在见解上的分歧。主张违法性阻却事由的成立要件中无需主观的正当化要素的客观论者把这种情况视为违法性的阻却。相反，把主观的正当化要素作为违法性阻却事由必要要件的主观论者主张这种情况成立既遂犯。消极的构成要件要素理论或此外的折中立场着眼于这种情况虽然存在行为无价值但因客观上存在的正当化状况致使结果无价值明显缩小从而在构造上类似于不能未遂这一点，推导出成立不能未遂的结论。

　　（2）针对不存在的承诺事实误信为存在从而实施行为的情况　在把被害人承诺视为构成要件符合性排除事由时，这种情况将直接排除故意。与此相反，将其视为违法性阻却事由时，将依照错误的一般范例进行处理（关于违法性阻却事由前提事实的错误）。首先，严格责任说将此情况视为禁止错误，并认为错误是避免可能时，按照具有减轻刑罚之可能的故意犯处罚；如果错误是不可能避免时，则阻却责任。与消极的构成要件要素理论将此情况视为直接适用构成要件错误的范例相反，限制的责任说（类推适用说）则将此情况视为构成要件错误的类推适用。最后，限制的责任说中限制法效果的责任说虽然认定成立构成要件故意但责任却被限制在过失上。

　　（三）适用范围

　　1. 处分可能的法益

　　基于被害人承诺，处分可能的法益原则上是个人的法益。如所有权等的财产权、贞操、书信的秘密、身体的自由等即是。超越个人法益的普遍法益，如国家的、社会的法益就是在个人处分权之外的法益，所以在承诺的适用范围之外。例如夫妇一方即使承诺了另一方的通奸（第 241 条 1 项），也不排除构成要件，只是对追诉条件的限制产生影响而已（第 241 条 2 项）。

　　然而，在个人法益与普遍法益发生竞合的构成要件中，被害人承诺将排除构成要件。因为，这种情况只有在同时侵害两个法益时，才能够充足其犯罪类型。例如在对外国元首的暴行（第 107 条）、对外国使节的暴行（第 108 条）的情况中，存在被害人承诺时，将排除不法构成要件符合性。

　　2. 基于反伦理性的限制

　　即使是个人法益在其处分或放弃等的承诺行为具有反伦理性时，也不能够被承认。尤其是，即使放弃生命承诺了杀害行为，也是无效的。因为，禁止他杀是法与伦理的基本要求。刑法也处罚具有被害人承诺的杀人或堕胎，只是与普通杀人罪相比考虑不法减轻而已。也不承认积极的安乐死或以生命为代价的决斗。

是否承认对身体伤害的承诺也是问题。德国刑法依据宪法上的一般行为的自由权（德国基本法第 2 条 1 项）之限制这种基准制约违反善良风俗的伤害的承诺（德国刑法第 226 条之 a）。没有这种规定的韩国刑法也从身体的完整性是仅次于生命的重要的法益这点出发，认为在对伤害的承诺违反伦理时，将不认定其效力。因此，针对无端截断手臂或腿或者毁损五官的行为的承诺，或者其他对生命有危险的身体伤害的承诺，是不被认定的。

【判例】　针对给自己祛除病魔的劝说，被害人进行了承诺。这时被告人以驱赶家鬼为由摁住被害人用脚使劲踩踏其胸部，致使其内出血死亡。如果是这样，被害人的承诺是在损害个人的法益时，不仅是指法律上能够对此进行处分之人的承诺，而且该承诺也应该在道德上或伦理性上不违反社会常规。因此，这种暴行致死行为并不能因被害人承诺而阻却违法性（大法院判决 1985 年 12 月 10 日，85 DO 1892）。

3. 基于特别法律规定的限制

即使是个人法益，在被害人承诺成为犯罪构成要件的特定内容时，同样不能认定承诺。刑法第 24 条明示了这种情况。例如嘱托、承诺杀人（第 252 条 1 项），嘱托、承诺堕胎（第 269 条 2 项、第 270 条 1 项）的情况，虽然已经是基于其行为的反伦理性限制承诺的情况，但也可以说是基于刑法上的特别规定进行限制的一范例。

此外，为逃避或减免兵役义务的目的实施损害身体的行为（兵役法第 75 条）或者以逃避服役的目的伤害身体的情况（军事刑法第 41 条），因为无论是否存在本人的承诺均成立犯罪，所以在此限度内限制承诺的作用。

（四）承诺的表示·对象·时间·撤回

1. 承诺的表示

无论使用何种方法，承诺都要表示于外部。然而，对此存在着见解上的对立。

① 意思表示说 意思表示说（Willenserklärungstheorie）主张，承诺是民法上的法律行为，因此其必须以法律行为的意思表示传达于外部。并认为，这时将赋予作为承诺相对方的行为人以攻击权，而承诺人虽然将受到其意思表示的约束但能够撤回。然而，该学说忽略了如下一点，即在被害人承诺中重要的不是关于承诺者被约束性的民法上的规定，而是宪法上所要求的能够以个人的意思自律为基础享有一般的行动自由。

② 意思方向说 意思方向说（Willensrichtungstheorie）主张，承诺作为放弃法益意思的单纯的内心经过，其没有必要表示于外部，只要存在内在的赞同之意即可。当然，承诺者的内在意思是通过承诺行为加以表现的。但是，如果只把无表示的内在意思视为承诺，将对此难以进行认定。结果是，难免会受到侵害法的安定性这种非难。

③ 折中说 折中说主张，虽然不要求承诺具有关于意思表示的民法上的基准，但需要使用某种方法最小限度地表现于外部即可。此折中说比起意思表示说更加接近于意思方向说的立场。在这种意义上，也把折中说叫做"弱化的意思方向说"或"限制的意思表示说"。只要在外部能够认定承诺，就不问其方法是明示的还是默示的。

④ 结论 折中说是妥当的。在该立场中，被害人承诺没有必要对行为人进行表示或者行为人必须对此加以认识。例如物品的所有人虽然对勤杂工说："可以废弃该物品"，但不知该情况的勤杂工即使故意损害该物品，有效的承诺事实仍旧是存在的。这时，将排除客观的构成要件，行为人只受到不能未遂的处罚而已。如果是这样，被害人承诺是指，被害人自身的内心立场是与他人的立场相一致的表现。

2. 承诺的对象

承诺对象不仅要包括行为人的行为，甚至还应该包括其行为结果。甚至结果也是承诺的对象这点，虽然在故意犯中是自明的，但在过失犯中却存在见解上的分歧。这是因为，即使不承诺结果是否也能够只承诺行为与危险这点。既然在过失犯中结果也是构成要件的本质性要素，就应该把结果也视为承诺的对象。

3. 承诺的相对方

没有必要特定承诺的相对方。然而，在被特定的情况下，承诺的效力并不及于其相对方以外的第三者。

4. 承诺的时间与撤回

承诺在行为之前或最迟在行为时是可能的。事后承诺，更严格地说事后追认是不具有排除构成要件的效力的。但是，在亲告罪中事后的追认具有放弃刑事告诉权的意义。例如，通奸罪中被害当事人的事后追认将成为通奸的宥恕，进而无法进行告诉（第241条2项）。

甚至，承诺原则上能够自由地撤回。然而，对于撤回之前的行为，将原本适用承诺的效力。撤回也同样仅以单纯的内在意思方向是不够的，必须以某种方法表示于外部。

（五）承诺者的洞察能力

为成立有效的承诺需要承诺人具备能够理解放弃法益或法益侵害的意义与结果并对其加以判断的理性的判断能力。具体来讲，承诺人仅具有单纯的能够表示事实上或自然上的意思的能力是不够的，但却不要求具有民法上的法律行为能力。与民法上的法律行为能力相区别，将此称为在刑法上能够理解自我行为意义的"自然的洞察能力与判断能力"。

因此，不能理解承诺行为的意义与结果的年少者、精神病患者、酩酊者的承诺并不产生作为有效承诺的构成要件排除效力。例如他们即使在外部表示放弃名誉毁损或侮辱（第307条以下）、侵害秘密罪（第316条以下）的法益，也不具有效力。

> 一般认为，在符合谅解范例的逮捕、监禁罪（第276条），掠取、诱拐罪（第287条以下），强奸罪（第297条），强制猥亵罪（第298条），侵入住宅罪（第319条），盗窃罪（第329条），毁损罪（第366条）等犯罪中，只要具有被害人自然上的意思就能够认定有效的承诺。对此是难以赞同的。即使在这些犯罪中，也要具有以能够理解承诺行为的意义与结果的洞察能力为根据的承诺，才能认定为有效的承诺。无法理解自我行为意义之人的承诺不是有效的承诺，法秩序以此为理由放弃保护等于是遗弃任务。

但是，该洞察能力只是承诺的首要有效要件，而不是最终的有效要件。具有无欠缺的意思表示时，才能够具备最终的有效要件。

何时才能视为具备具体的洞察能力与判断能力？由于这是事实问题，所以没有一定年龄的限制。因此，不能认为刑事未成年者一律没有承诺能力。但是，有时刑法在一定情况下限制能够进行有效承诺的年龄。例如未成年者奸淫罪（第305条）中即使存在未满13岁者的承诺（大法院判决1970年3月31日，70 DO 291），或者在酷使儿童罪（第274条）中即使存在未满 16 岁者的承诺，亦成立犯罪。

（六）承诺的代理问题

承诺的意思表示当然由被害者自身作出，但被害者不具备必要的洞察能力时，法定代理人也可以为被害者本人的利益而作出承诺。例如未成年者要接受危及生命的手术且该未成年者没有承诺手术所必要的洞察能力时，父母作为亲权者可以代为承诺。

即使存在法定代理人，如果未成年者具有承诺所必要的洞察能力，那么该未成年者的承诺将优先于法定代理人的决定。因为这点是立足于承诺这种刑法上的意思表示不同于民法上的法律行为的观点得出的结论。

未成年者不具有具体的洞察能力时，并不是无限制地允许法定代理人为未成年者进行承诺代理。由于为进行脏器移植手术的身体器官的捐赠这种高度一身专属的、实存的行为不是亲近于代理的行为，所以原则上并不允许法定代理人进行承诺代理。

在认定处分权的范围内，通过代理人表示被害人的承诺在原则上是可能的。这可以主要围绕财产权的处分进行思考。但是，由于人格权并不亲近于代理，所以不能通过代理人进行对此侵害的承诺。

与代理不同，被害人通过使者或当差者表示、传达的承诺与是否具有承诺代理的可能性无关，是完全允许的。

（七）承诺中的意思欠缺

在刑法上的意思表示中，意思欠缺同样成为问题。在民法的用语上，虚假表示或错误等叫做"意思的欠缺"或"意思与表示不一致的意思表示"，而把基于诈欺或强迫的意思表示叫做"具有瑕疵的意思表示"。然而，在刑法上与被害人承诺相联系将此统称为"意思的欠缺"（Willensmängel）。

在被害人承诺中，承诺者必须能够基于自由的意思作出真挚的承诺表示。如果存在欺骗、错误或强迫等时，便存在意思欠缺。像这样在意思欠缺状态中所进行的被害人承诺并不是有效的承诺。

民法上关于非正常的意思表示的规定并不能原本适用于刑法上被害人承诺中的意思欠缺。这是因为，民法上基于错误、欺骗或强迫的意思表示也是暂时有效的，而且意思表示者可以在事后根据其选择进行取消（民法第 109 条、第 110 条）。相反，在刑法上必须要确定行为人的法益侵害时的行为是否可罚，换句话说被害人承诺是否有效。

在医生的手术行为或治疗行为中，被害人没有充分听取医生的说明就进行同意的意思表示时，也不能成立有效的承诺。① 这种情况将被认定为存在一种意思欠缺。

【判例】 医生过于自信自己的测试诊断结果，在没有实施为判断被害人的病情是子宫外孕还是子宫肌瘤的缜密检查情况下将病名误诊为子宫肌瘤，以此向没有医学专业知识的被害人只强调了子宫切除的不可避免性。并且从如果没有误诊则当然应该得到关于子宫外孕可能性之说明的被害人处获得了手术承诺，进而对没有必要进行子宫切除的被害人实施了子宫切除，以此造成了伤害。由于这种没有事前得到关于手术内容之充分说明的被害人的手术承诺是以不正确的或不充分的说明为根据的，所以不能视为被害人的有效承诺（大法院判决1993 年 7 月 27 日，92 DO 2345）。

(八) 关于是否存在承诺的错误

在这里存在两种类型的错误。首先是，在没有认识到客观存在的承诺而实施行为的情况。这时，虽然没有充足客观的构成要件，但因为行为人具有构成要件故意，所以存在不能未遂的问题。

相反情况是，针对不存在的承诺事实误信为存在而实施行为的情况。也将此称为假想被害人承诺。既然把被害人承诺自身视为构成要件排除事由，这种情况就直接成为构成要件错误。因此，无例外地排除构成要件故意，只存在是否成立过失犯的问题。

---

① 任雄，231 页。

第四章 违 法 性 论

第一节 违法性的含义与机能

一、违法性的概念

原本，犯罪行为是指符合构成要件、违法且有责的行为。违法性是可罚的行为在紧随构成要件符合性之后所应该具备的另一阶段的无价值属性。

违法性是指符合构成要件的人的行为与法秩序整体之间存在矛盾或冲突。法秩序设定社会共同生活的基本前提条件，并通过规范禁止或命令对此加以违反的行为样态来最终实现法益保护。把法秩序的禁止或命令的要求特别称为行为规范。某一行为与法秩序内的这种规范相冲突时，便可以说是违法。符合构成要件的行为的违法性是具体的规范侵害的归结。

二、构成要件符合性与违法性

构成要件内含有非常抽象的禁止或命令规范违反行为。构成要件符合性是从行为无价值与结果无价值的实现层面上评价禁止或命令规范违反行为的无价值判断。与此相比，违法性则是指构成要件符合行为逾越这种无价值实现从而与法秩序整体相矛盾或冲突，其结果是针对已经实现的刑法上的不法事实的确定性的无价值判断。是构成要件的无价值实现（Unwertverwirklichung）还是从法秩序整体的立场所进行的不法评价（Unrechtsbewertung），是区别构成要件符合性与违法性的核心。构成要件符合性是依据行为无价值与结果无价值被评价或确定的，而违法性则是依据行为不法与结果不法被评价或确定的。

作为具体规范之侵害的违法性的确认，首先在构成要件符合性的探讨中进行暂定的评价。行为人所实现的杀人、伤害、侮辱、诈欺等行为虽然存在程度上的差异，但暂定评价为违法的行为。在这点上，构成要件符合性是违法性的存在根据。

如果构成要件符合行为符合违法性阻却事由即正当化事由中的一个，暂定的违法行为将最终被评价为合法的行为。构成要件符合行为的正当化在具体情况中是通过作为不法构成要件之基础的禁止规范或命令规范与作为违法性阻却事由的容许规范之间的调整被确定的。在这种意义上，不法构成要件与容许构成要件是相对立的。基于容许构成要件被正当化的行为虽然暂时实现了构成要件的无价值但并没有产生不法，所以将被评价为法秩序整体立场所认可的行为。

在实际的事件解决中，违法性并不需要某种积极的确定程序，反而通过消极的确认不存在违法性阻却事由来进行判断。正是因为这种性质，不法领域的核心在于不法构成要件中，而违法性则是通过是否存在违法性阻却事由的确认来消极的评价构成要件符合行为是否具体的合法或违法的阶段。

三、违法性与有责性

违法性是对一般的当为规范（义务规范）的违反，而有责性则是对这种当为规范违反的个人的非难可能性。

如果某一行为符合构成要件且被判断为违法，随之就会产生其行为的有责性问题。行为的有责性也属于可罚性行为的法的无价值属性。

历来，刑法学从所谓垂直的二元论观点出发一直通用如下公式——构成要件与违法是对行为的无价值判断，责任则是对行为人的无价值判断。然而，从今天的威尔滋尔流派的人的不法论或迈霍弗流派的平面的二元论观点来看，不仅在不法判断中存在行为人关联性，而且在责任判断中也存在行为关联性，所以这种图式仅仅具有相对的意义：即违法性相对于行为人更加关注对行为的无价值评价，相反有责性则相对于行为更加关注对行为人的非难。

与构成要件符合性判断具有一般的、抽象的性质相反，违法性判断具有一般的、具体的性质，而责任判断则具有个别的、具体的性质。在这点上，可以找出各自的特征。

> 违法性判断具有一般的性质是指以一般人为基准归属于那个人的一般的价值判断，责任判断具有个别的性质是指以行为人自身为基准特别归属于那个人的价值判断。

区别违法性与有责性的实际意义在于，刑法上存在以如下内容为前提的制度：只需存在违法即可而无需存在有责的行为。即共犯是参与正犯违法行为的参与犯，所以正犯的行为没有必要有责。甚至，正当防卫条件之一的攻击行为也只需违法即可，无需有责。

四、违法性与不法

在古典的犯罪体系中，违法性概念曾经是一个形式概念。然而，经历新古典犯罪体系及目的的犯罪体系的现今犯罪体系理论却确立了违法性是实质概念的思考。违法性概念通过实质化已经具有与不法相同的意义。所谓不法构成要件（Unrechtstatbestand）这一用语自身便反映了这种观点的变化。法益概念在构成要件解释中能够发挥重要作用这点也意味着违法性概念被实质化。从现今的理论水平来看，是很难认可以前的违法性是形式概念、不法是实质概念这一思维模式的。

违法性是针对符合构成要件的行为是否违反法秩序整体的命令或禁止规范进行评价的概念特征，相反，不法是表现针对符合构成要件的违法的行为所进行的否定性评价自身的概念特征。

因此，违法性是从法秩序整体的立场所进行的一般的否定性价值判断；相反，不法是以违反刑法规范为前提的更为具体化的特殊的否定性价值判断。违法性在刑法与民法中应该是一致的，但不法在刑法与民法中却不要求必须一致。

五、形式的违法性论与实质的违法性论

形式的违法性论是把违法性视为对规范的形式性违反的见解。与此相对，实质的违法性论是从权利侵害、法益侵害或社会秩序违反这种实质内容出发理解违法性的见解。

然而，既然现今确认了违法性的内容已经被实质化从而具有与不法相同的意义这一事实，形式的违法性论与实质的违法性论的对立就没有特殊的实际意义。形式与实质在刑法上并不具有应该严格分离为不同东西的性质，而是应该进行合一的思考。因为，如果把形式假定为承载内容的器具，那么没有内容的器具或没有装入器具内的内容同样不过是空虚的概念。

六、主观的违法性论与客观的违法性论

主观的违法性论是把违法性视为对主观的意思决定规范的违反的见

解。该见解认为，法规范当然同时具有评价规范与决定规范的性质，但只有具备能够接受规范命令的精神能力之人才能够进行法意义上的意思决定，而且只有对其才可能进行法的评价。因此，由于无责任能力者不能成为规范的受命者，所以根本无法构成违法。

客观的违法性论则把法律的评价规范性质放在优越地位，而只在附次性意义上认定意思决定规范的性质。并以此为前提，认为违法性就是对该客观的评价规范的违反。

围绕不法与责任的分离发展而来的主观的违法性论与客观的违法性论的论争，在某种程度上接纳不法的主观化与责任的客观化进而在理论上完成不法与责任的分离的今天，已经没有特殊的实际意义。而且，已经确定法规范同时具有意思决定规范与评价规范的性质这一事实的今天，试图在两者中确立某一优越地位从而把不法仅仅理解为主观的或客观的做法是更加没有说服力的。

七、违法性判断

（一）违法性判断的性质

违法性是从法秩序整体的立场对符合构成要件的行为所进行的否定性价值判断。这种否定性价值判断或无价值判断的主体并不是法官这种作为某个个人的人，而是法秩序本身。

违法性判断在其是一般性的价值判断意义上被称为"一般性"判断。这是因为，针对符合构成要件的行为以法秩序的一般性尺度进行是否违法的评价。此外，违法性判断在其是对具体的各个构成要件符合行为进行不法归属的确定性判断的意义上，也被称为"具体的"判断。这点与从一般的、抽象的观点所进行的暂定无价值判断的构成要件符合性判断是相区别的。

（二）违法性判断的对象

违法性判断以行为的构成要件符合性为前提。因此，在违法性判断中，一方面首先要考虑被充足的构成要件符合性，另一方面还应该探讨基于该构成要件符合性所征表的暂定的无价值判断是否被确定。

行为的构成要件符合性是包含结果在内的构成要件的主观（内在的）要素与客观（外在的）要素的意义统一体。在此限度内，违法性判断并不仅仅把外部的行为结果或客观的行为要素作为对象，而是也把主观上的故意、过失、目的、倾向、表现、身份等作为其对象。进一步讲，基于构成要件符合性所征表的暂定的无价值判断必须通过行为是否被容许（正当化）来加以确定。在此限度内，违法性判断把客观的正当化事由与主观的正当化要素作为探讨的对象。

需要注意的是，构成要件的客观要素与主观要素是作为违法性判断的前提来加以考虑的对象；相反，违法性阻却事由的客观要素与主观要素是违法性判断的固有判断对象。

（三）违法性判断的基准

行为的违法性是从法秩序整体的立场所进行的统一的否定性价值判断，所以违法性阻却事由也将进入法秩序的整体领域。当然，重要的判断基准还是刑法上规定的正当化事由，但是也包括宪法、民法、劳动法、刑事诉讼法、行政法在内的成文法与习惯法及国际法。

不仅如此，其基准甚至会明显逾越这种实定法规的层面触及超实定法的原理。这种超实定法的原理也叫做"法的一般原理"、"法的伦理性基础"或"以共同体最上位的价值观为基础的超实定法的自然法"。韩国的学说与判例也把这种超实定法的原理叫做公序良俗、条理、社会通念等，韩国刑法则在第 20 条规定中将此表现为"社会常规"。

【判例】　不违背社会常规的行为作为以尊重国家秩序的认识为基础的、不违反一般国民健全的道义感情的行为，应该基于超法规的基准对此进行评价。因此，行为人在进口相当于 60% 税率的物品时，尽管认识到釜山海关适用规定上的税率但首尔海关基于错误采取 40% 税率的事实，亦根据首尔海关数年间惯行的做法申报了 40% 的税率。这虽然从外观上来看存在违法，但从一般国民的道义性情感来看符合决不能进行非难的、不违背社会常规的行为（大法院判决 1983 年 11 月 22 日，83 DO 2224）。

（四）违法性判断的方法

行为的违法性始终是通过在整体法秩序的立场中评价、比较衡量所有相关的理解关系或者调整在法律中出现的所有秩序观点与评价观点而被确定的。

应该考虑这种所有基准推导出统一的违法性判断的要求也叫做法秩序

的统一。据此，将从法秩序的整体领域中推导出在刑法上具有意义的违法性阻却事由，所以民法上或公法上的容许规范也具有排除构成要件符合行为的违法性的效果。

但是，这里需要注意的是，法秩序的统一（Einheit der Rechtsordnung）这一要求决不具有某种公理的性质，也因此刑法上的违法性阻却事由也可能不受其他法领域的约束。例如，未成年者即使承诺对自己财物的损害，也会因其受限制的法律行为能力，而导致损害行为在民法上违法并在此范围内产生损害者的损害赔偿义务。但在刑法上如果该未成年人具备事实上的洞察能力，则符合违法性阻却事由（立足于将被害人承诺视为违法性阻却事由的通说立场）。

与此点相关联，历来的通说固守基于法秩序的统一要求进行统一的违法性判断的同时，认为只有在刑法之外的其他法领域中才能够产生其他法律上的效果。即认为只有法效果能够在诸多法领域中是不同的。然而，需要注意的是，不法自身会随着法领域的不同作出不同的判断的可能性也不是全然没有的。例如，过失损害财物虽然在民法上构成不法，但在刑法上却不是不法。

（五）违法性判断的时期

违法性判断的时期是与实行行为的时期具有相同意义的犯行时（Tatzeit）。即从着手实行开始至既遂时。因此，犯行时已经违法的行为不可能在事后成为合法的行为，或者没有违法的行为也不会受到事后事态的影响而成为违法的行为。

如果立法者在犯行事后扩张了违法性阻却事由的适用范围，那么应该适用刑法第1条2项，依据变更的违法性阻却事由进行判断。然而，这种情况并不是犯行时存在的违法性消失，而是仅就行为人的处罚能够像已经存在违法性阻却事由那样进行判断。

第二节 违法性阻却事由的基本问题

一、违法性阻却事由的体系化问题

（一）问题的提起

违法性阻却事由的体系化操作在违法性论中属于尚未完结的领域。虽然存在构成要件符合性但阻却行为实质违法性的违法性阻却事由，由于其自身多样而且针对在所有法领域中产生的正当化事由的数量没有进行限定，所以能够成为体系化基础的原则也时常具有被限制的机能。

与在构成要件中记述的暴行、胁迫、伤害等犯罪类型具有一定的静态性质相反，违法性阻却事由则具有随着社会变动的动态性质。变化无常的警察行政法律的变化就能够直接以法律上的理由创设或废弃正当化事由便是典型之例。然而，历来不顾其动态性质试图依据一般原理将多样的违法性阻却事由进行体系化的努力一直没有中断过。这便是一元论（Die monistische Theorie）与多元论（Die pluralistische Theorie）的立场。

（二）一元论

该立场是试图把所有违法性阻却事由还原为一个包括性的、统一的指导思想的见解的统称。正因为如此，一元论的见解不得不停留于抽象的、没有具体内容的理论层面上。

1. 目的说

主张当符合构成要件的行为是"为了基于立法者所承认的正当目的的正当手段"时，阻却违法性；或者单纯是"为了正当目的的相当手段"时，阻却违法性的见解就是目的说（Zwecktheorie）。

对此存在如下批判：正当性或相当性等概念并不是明确的，其内容也是空虚的。

2. 利益衡量说

在相互冲突的利害关系中为消解社会矛盾的违法性阻却事由只能基于利益衡量牺牲较轻的利益维持优越的利益来进行调整。以此为共同出发点的立场便是利益衡量说。其中存在诸多见解。

绍尔（Sauer）把"凌驾于损害的有益原则"（Mehr Nutzen als Schaden Prinzip）视为法律学的基本法则，认为"依照整体性倾向给国家共同体带来比损害更大的理念上的、文化上的有益的行为是合法的"。

泽尔曼（Seelmann）也主张"在具体事例中为维持和保存优越的利益、法益或价值"的行为将被正当化的原则。

这种立场也无法避免抽象性。当然，虽然不能否认在正当化事由的基础上利益衡量的观点是重要的要素，但认为仅此而已是比较困难的。因

为，虽然存在程度上的差异，但即使在构成要件符合性排除事由或责任阻
却事由中利益衡量的观点也不是全然被排除的。

3. 价值衡量说

该立场试图通过价值的观点消解利益或法益的观点来统一把握违法性
阻却事由。其中，也存在诸多见解。

> 诺尔（Noll）在把正当化事由的原理视为价值衡量之后，认为在
> 违法性阻却事由中应该衡量的价值不仅有法益，而且还包括国家秩
> 序、司法秩序、家族秩序这种一定的社会关系。
>
> 施密特豪瑟（Schmidhäuser）也把"优先于法益侵害的法益尊重
> 原则"作为违法性阻却事由的统一的基础，并认为法益尊重的有价
> 值优先于法益侵害的无价值时，将阻却违法性。

对此，上述针对利益衡量说的批判也同样适用于此立场。

（三）多元论

多元论放弃试图依据一个基准划一地说明所有违法性阻却事由的一元
论的观点，试图通过对此进行某种程度的细分化来寻求类型上多样的原
理。然而，该立场仍旧残留有如下方法论上的疑问：即多元论自身能否在
体系上合理的组构每个违法性阻却事由，而且能否针对新的违法性阻却事
由的可能性提供方针。

1. 麦兹格（Mezger）的二分说

麦兹格把违法性阻却事由的一般原理二分为所谓的"优越利益原则"
（Prinzip des überwiegenden Interesses）与"利益欠缺原则"（Prinzip des
mangelnden Interesses），而布莱（Blei）对此进行了稍微的改动分类为
"优越的法的原则"与"欠缺不法的原则"。并认为，被害人承诺与推定
的承诺属于"利益欠缺原则"，此外的所有违法性阻却事由均属于"优越
利益原则"。

被害人承诺实际上属于构成要件排除事由，所以无法进入违法性阻却
事由的体系；推定的承诺也在其是利益衡量成为问题的情况这点上，"利
益欠缺原则"是否果然具有违法性阻却事由的一般原理的意义是存在问
题的。如果其是无意义的，那么二分说的存在也就成为无意义。

2. 雅各布斯（Jakobs）的三分说

雅各布斯把违法性阻却事由三分为攻击的被害者即在正当化状况中以

正当化目的实施行为之人的责任性原则（第 1 原则），基于攻击的被害者的利益限定原则（第 2 原则），攻击的被害者与替代其攻击的被害者采取正当化措施的行为人之间的连带性原则（第 3 原则）。

第 1 原则适用于正当防卫、防御性紧急避难、自力救济、现行犯人逮捕等情况，第 2 原则适用于推定的承诺、正当行为等基于法律特别规定允许侵害性权限的情况，第 3 原则适用于攻击性紧急避难的情况。

然而，问题是以这样的三种原则并不能解决违法性阻却事由的体系问题。认为每个违法性阻却事由固定的被分类为某一个原则的想法也是不切合实际的。

（四）新体系化的尝试

1. 体系化的方法论前提

如果想把违法性阻却事由这种具有动态性质的法素材进行体系化，则需要理念与素材的辩证论的合一。首先必须要抽象出包括每个特殊性的一般概念。而且，这种一般概念必须要依据个别原理重新在每个违法性阻却事由这一素材中被具体化。借助黑格尔的话来讲，该辩证论的合一形态是"具体的、一般的概念"。

以这种方法论前提为出发点，洛克辛并没有停留于一元论或多元论上，而是通过把诸种观点包括在动态的、辩证论的过程中，追求刑事政策性的、开放性的违法性阻却事由的理论体系。

2. 作为一般原理的社会调节性利益衡量

洛克辛着眼于违法性阻却事由的刑事政策性机能，认为所有正当化事由均把"在社会上正当调节相互冲突的利益与相反利益"为目的。这便是所谓在矛盾状况中社会调节性利益衡量的一般原理。

"在社会上正当调节存在矛盾的利益"这一包括性的一般原理预设了"即使存在于矛盾状况中的相互冲突的价值或法益是等价的，也能够发生正当化事由"这种情况，而且在社会上正当调节相互冲突的利益这点上，也内含有实质违法性的观点。因此，最终的排除不法的判断将依赖于构成要件符合行为的社会相当性（Sozialrichtigkeit）或欠缺社会有害性（Fehlende Sozialschädlichkeit）这一基准。

3. 作为个别原理的诸社会秩序原理

为从一般原理出发具体的体系化每个违法性阻却事由的范畴，多元论的观点是不可欠缺的。该多元论的观点并不是在内容上封闭的体系化的方法，而是引导出实质违法性之基础的诸多社会秩序原理及社会调节原理，或者使其结合或者使其替代的方法。

在这里，诸社会秩序原理不仅发挥着在内容上将每个违法性阻却事由进行具体化的解释基准的作用，而且也能够对每个正当化事由的构造进行无矛盾的体系化。这种社会秩序原理分为：（1）向促进正当化事由方向发挥作用的原理（促进原理），（2）对正当化事由进行一定限制的原理（限制原理），（3）依据正当化事由发挥积极或消极两方面作用的原理（共同原理）。

　　（1）属于促进原理的是：① 法的确证原理（Rechtsbewährungsprinzip），② 自我保护原理（Selbstschutzprinzip），③ 拥护正当利益原理（Wahrnehmung des berechtigten Interesses）。

　　（2）属于限制原理的是：① 比例性·均衡性原理（Verhältnismäßigkeitprinzip·Proportionalitätsprinzip），② 国家强制手段优越原理（Prinzip des Vorranges staatlicher Zwangsmittel）。

　　（3）属于共同原理的是：① 法益衡量原理（Güterabwägungsprinzip），② 意思自律原理（Autonomieprinzip）。

　　例如，在正当防卫中自我保护原理与法的确证原理成为促进原理，比例性原理成为限制原理。而且这三种原理成为社会调节的（实质的）秩序原理。紧急避难的情况则是自我保护原理与法益衡量原理成为促进原理，比例性原理与意思自律原理成为限制原理。作为名誉毁损罪（第 307 条 1 项）之违法性阻却事由的所谓事实的证明（第 310 条）是把拥护正当利益原理视为促进原理，而把意思自律原理作为其限制原理。

二、违法性阻却事由的竞合

针对一个构成要件符合行为，能够存在数个违法性阻却事由的竞合。违法性阻却事由在原则上是相互独立或个别存在的，因此，其相互竞合时，并不是基于优先顺位优先适用哪一个，而是能够并列的加以适用的。但是，存在例外的情况：即当着眼于违法性阻却事由规定的用语与目的时，某一违法性阻却事由作为特别规定排除具有一般性质的其他规定。

在韩国刑法上，尤其在正当行为（第 20 条）与其他违法性阻却事由之间可能发生这种情况。关于正当行为的规定对于其他所有违法性阻却事由来说具有一般法的性质，所以虽然正当防卫或紧急避险也是依据法令的行为，但由于其相对于正当行为的特别规定性，所以必须要优先适用。不仅如此，民法上的自力救济（民法第 209 条）作为依据法令的行为属于正当行为的一种，所以是与刑法上的自救行为（第 23 条）相区别的特别规定。而且也应该把民法上的正当防卫、紧急避难（民法第 761 条）解释为是与刑法上的正当防卫（第 21 条）和紧急避难（第 22 条）相对应的特别规定。

刑法第 20 条后半段"其他不违背社会常规的行为"的规定是最具包括性与一般性的同时又划定了违法性阻却与否的最后界限，所以不能因为不符合其他的违法性阻却事由就直接断定是违法行为。例如，盗窃罪的被害人不是物品的所有者而是占有者，其在过去相当时日之后，偶然在路上遇见犯人并将其暂时逮捕的行为虽然不符合正当防卫或自救行为或者刑事诉讼法上的现行犯人之逮捕（刑事诉讼法第 212 条）等，但如果存在当时当地无法得到国家公权力的帮助或若放置犯人就难以遇到再次逮捕的机会等情况，就可以根据刑法第 20 条后半段的规定最终视为阻却违法性。

在与正当防卫相关问题上也会产生相同问题。即因为攻击行为不违法也没有现实性所以应该否定对此进行正当防卫的情况中，仍旧保留有探讨是否作为"其他不违背社会常规的行为"进行正当化的余地。这是因为，作为正当防卫促进原理之一的"法的确证原理"并不是正当行为的前提，所以正当行为中关于社会常规的基准在这种场合可以缓和防卫行为的正当化条件。

三、主观的正当化要素

（一）问题的提起

违法性阻却事由的成立，仅存在客观的正当化状况是不够的。当行为人认识到存在这种正当化事情并以此为根据采取行为时，才能够被正当化。违法性阻却事由的这种主观方面叫做主观的正当化要素（Das subjektive Rechtfertigungselement）。

主观的正当化要素在构造上是与主观的不法要素尤其是故意相对应的概念，将此理解为违法性阻却事由成立要件是韩国与德国的通说。问题是，此主观的正当化要素是否必须是必要的；如果是必要的，那么应该在何种程度上认定其概念范围；当客观的正当化事由与主观的正当化要素不一致时，如何解决其错误问题。

（二）主观的正当化要素的要否

1. 纯客观的立场

纯客观的正当化理论是否认主观的正当化要素的必要性仅根据客观的正当化状况认定违法性阻却事由的立场。其理由是，法不论行为人的主观如何只要其结果有益就是全部有益。是从历来的客观的不法论推导出的理论。

无视行为的主观方面只要充足客观的构成要件就认定构成要件符合性，是与不法构成要件的实质意义的把握不相一致的。同理，在没有主观的正当化要素情况下认定容许构成要件的成立也是不适合的。现今关于违法性阻却事由的立法态度也说明了单纯根据客观方面是无法正确解释其内容的。

2. 主观的立场

把客观的正当化状况视为消极的构成要件要素的立场则把主观的正当化要素视为抵销故意的消极方面。因此，客观的正当化事由的认识是与故意相对应的消极的故意要素。该见解认为，故意行为的不法与客观的正当化要素的存在无关，只要在主观上认识到其存在的事实就能够被排除。该种结论是所谓人的不法论与消极的构成要件要素理论相结合的当然性归结。

如果依据这种主观的立场，故意行为人对正当化事由的前提事实产生错误时，便会得出排除不法的结论。这会导致把违法性阻却事由的前提缩小在主观方面这种结果，而且也具有混淆不法与责任之间区别的危险。

3. 结论

违法性阻却事由（正当化事由），当充足客观的正当化状况与主观的正当化要素这两个前提时，方能成立。因此，只有客观的要素与主观的要素相一致时，才充足排除不法的前提条件。依照这种观点来看，无论纯客观的立场还是主观的立场同样不过是把握了违法性阻却事由成立要件的一方面而已。

（三）主观的正当化要素的内容

1. 正当化状况认识要求说

该学说认为，主观的正当化要素原则上并不存在于目的要素中，而是存在于对每个正当化事由的客观要素的认识中。但是只有在逮捕现行犯人这种"不完全的复行为的正当化事由"中，才例外的存在于目的要素中。

然而，这种理论构成所持有的难点是，其与要求把个别的正当化目的作为主观的正当化要素的实定法的规定相背离的。不能因为关于正当化事由的实定法规定对行为人有利，就随意对其加以变更。

2. 正当化意思要求说

该立场主张，主观的正当化要素的内容是：行为人在主观上实现内含于各容许规范中的正当化事由的意思，即追求合法实施例如防卫、避难、自救、执行法律等行为的目的并加以实现。其理论根据在于，如果要求行为人必须正确认识正当化状况的所有前提，对于正当防卫者来说是过于苛刻的要求；当前规定正当化事由的法条文形式也只是要求目标指向性的意思（为了……），如果像故意中构成要件事实的认识那样另外要求正当化状况的正确认识，则会导致逾越用语可能具有的含义范围的、对行为人不利的类推解释。

该见解把该当正当化行为的意思即赋予该当行为以内容与意义的意思视为核心内容。因此，行为人在没有这种意思的前提下，即使实施了与攻击危险的防御在因果性上相关联的客观的行为，也不能成为防卫行为。

但是，该意思未必是行为的唯一意思。既然在容许规范上意思实现占据了重要的地位，那么即使基于其他意思实施了其行为，也是无碍的。例如，以防卫意思实施行为之人，即使持有愤怒、复仇等情感也不妨碍成立正当防卫。

3. 正当化状况认识与正当化意思要求说

该见解认为，主观的正当化要素除正当化状况的认识之外还应该具备特定的正当化意思。正如把构成要件实现的认识与意思作为内容的故意本质的构成不法构成要件的行为无价值那样，如果想抵销该行为无价值从而使某一法益侵害行为被正当化，那么必须要有对正当化事由之实现的认识与意思。但是，在这里，如果把正当化状况的认识视为正当化意思的基础，那么在对状况存在确实性认识的大部分情况中，能够认为也一同存在意思。

因此，认为实际上如果存在关于正当化状况的确实性认识，那么判断为具备主观的正当化要素也是可以的。但是，没有确实性地认识到存在对自身攻击事实的人，也不可能具有防卫意思。因此，这时无法成立正当化事由。

4. 良心审查的追加要求说

该见解认为，根据案件追加每个正当化目的，从而有必要把针对违法性阻却事由的客观要件的良心审查（gewissenhafte Prüfung）或义务一致的审查（pflichtmäβige Prüfung）追加到主观的正当化要素的成立当中。① 即虽然行为人追求的目的正当，但是以行为当时客观事实的不确实性为基础实施行为时，则要求特殊的良心审查成为追加的主观的正当化要素。

> 例如，在推定的承诺中只有存在针对被疑者真意的义务一致的审查、在刑法第 310 条适用例中只有存在对公布事实是否真实的义务一致的审查、在执行公务中只有存在对对象者是否真伪的义务一致的审查，才能够认定主观的正当化要素。

然而，在这种情况下，良心审查的要求与其发挥当无此审查时当然否定主观的正当化意思的机能，不如发挥如下机能：即行为人在对正当化状况之前提的事实产生错误时，在存在行为人的良心审查的情况下，以被容许的危险思想为基础即使不具备正当化的客观条件，也消除行为无价值致使从整体上阻却行为的违法性。因此，没有必要把正当化状况的义务一致的审查视为正当化事由的原则上的前提条件，只是在处理针对正当化事由客观前提事实的错误问题时，视为需要特别考虑的事项即可。②

如果是这样，首先在行为人没有进行良心的审查且主观的认识与客观的正当化状况相一致时，当然从整体上消除行为的违法性。相反，行为人对正当化状况产生错误时，在良心的审查先行的情况下，将不问其错误而从整体上就消除违法性；如果没有良心的审查时，则要探讨正当化状况之客观前提事实的错误问题。

5. 结论

在正当化状况的认识及以此为基础的正当化意思中寻求主观的正当化要素之内容的正当化状况认识与正当化意思要求说是妥当的。主观的正当

---

① 李在祥，213 页；任雄，178 页；Jescheck/Weigend, S. 331；Sch/Sch/Lenckner, vor § 32 Rdn. 19a.

② 相同见解，郑盛根、朴光玟，210 页。

化要素是与作为主观的不法要素的故意相对应的相反要素。如果想消解内含有对犯罪事实的认识与意思的主观的不法要素，主观的正当化要素虽然未必要具有与构成要件故意的知的要素及意的要素相同的比重，但在某种程度上正当化状况的认识与为实施正当化行为的意思是必要的。

而且，在过失行为的正当化中当然也需要主观的正当化要素。因为，在有意的正当化行为范围内过失行为与故意行为之间是没有多大差异的。

（四）欠缺主观的正当化要素时的法效果

1. 问题的提起

违法性阻却事由的成立，需要具备客观的正当化状况与主观的正当化要素。如果只存在客观的正当化状况，没有主观的正当化要素，就不成立正当化事由。例如并没有认识到被害人因煤气中毒而窒息的事实的情况下，投掷石块破窗逃亡的行为人，不能成立紧急避难。那么，应该如何进行处理呢？

2. 既遂犯说（主观说）

该立场认为，在没有主观的正当化要素且仅存在客观的正当化状况时，并不成立正当化事由，原本的保留有构成要件符合行为的违法性。不仅如此，因为该行为甚至产生了构成要件结果，所以应该以既遂犯处罚行为人。①

对此，存在如下批判：相同处理两个不同的法事态即存在正当化状况的情况与不存在的情况，因此是单纯的主观上的评价。违法性判断应该依据行为的具体不法内容进行有伸缩性的判断，但既遂说忽视这点从而在不法判断中丧失了这种灵活性。

3. 违法性阻却事由说（客观说）

客观的违法性论者由于认为违法性阻却事由的成立不需要主观的正当化要素，所以即使在行为人没有认识到存在客观的正当化状况而实施行为的情况下，也主张成立违法性阻却事由。因为该学说认为，客观的正当化状况的存在中和了已经形成的不法，所以主观的情况只是责任问题而已。按照施朋德尔（Spendel）的话讲，即使出于坏的动机实施行为，只要引起某种好的结果，对于法的立场来说也要比基于善的意图造成的灾难更加满意些。

对该立场也存在如下批判：并没有区分行为人没有认识到客观上存在

---

① 李在祥，214 页。

的不法排除状况而实施行为的情况与客观上存在这种行为状况且行为人在主观上也认识到这种状况而实施行为的情况；比照"以实施犯行之意图直接实现构成要件之人也是未遂犯"这一未遂犯规定来看，该客观论的立场过于宽大。

4. 不能未遂犯说（折中说）

该学说认为，行为人在没有认识到存在客观的正当化状况的事实从而在没有主观的正当化要素下实施行为时，应该以不能未遂犯进行处罚。因为，该事态虽然在主观上违法但因客观存在的正当化状况致使结果不法降至不能未遂的水准，所以在关于不法构成要件符合性的行为无价值与结果无价值的构造中，存在与不能未遂相类似之点，因此应该类推适用不能未遂的规定（多数说）。①

消极的构成要件要素理论也认为，客观存在正当化状况的无认识作为"为不能未遂提供根据的逆向的构成要件错误"当然成立不能未遂。因此，该立场也会得出相同结论。

5. 结论

无论从理论上还是实务上来看，按照不能未遂处理都是妥当的。这是因为，该见解站在立足于主观说立场的既遂犯说与立足于客观说立场的违法性阻却事由说的中间立场，恰当地评价了不法构成要件符合性。但是，不采用总体的不法构成要件概念的立场在这种情况下类推适用不能未遂的规定更符合逻辑。这是因为，行为人的犯行所具有的值得非难的不法内容并不在于客观的事件发生上，而在于反抗法的要求的行为人的意思上。也就是说这点与不能未遂的情况相类似。

四、违法性阻却事由的效果

（一）原则论

如果充足违法性阻却事由的所有客观要素与主观要素，就阻却违法性。即使行为具有构成要件符合性，如果欠缺违法性，其行为也是合法的、不可罚的。行为的合法性是所有违法性阻却事由所具有的同一效果。违法性阻却事由不论属于哪一法领域，成文的也好不成文的也罢，或不论是仅仅指例外的容许规范还是仅仅指例外的命令规范（例如警察逮捕犯

---

① 朴相基，142 页；孙冻权，143 页；安铜准，104 页；李炯国，160 页；任雄，181 页；郑盛根、朴光玟，211 页。

人），效果都是相同的。换句话说，该行为的合法性是通过阻却由构成要件符合性所征表的行为的违法性表现出的效果。

正当化事由还具有逾越行为的合法性这一效果，例外的保障行为的容许与攻击权（Eingriffsrecchte）的效果。其结果是，相对方必须承担对行为人攻击权的忍受义务（Duldungspflicht）。因此，针对被正当化的攻击行为，相对方不仅不能再次实施正当防卫（因为正当防卫只能针对违法的侵害行为），而且也不能援用紧急避难这种违法性阻却事由。

但是，在推定的承诺或所谓事实证明（第 310 条）这种属于被容许的危险领域的正当化事由的情况下，却不是在保障行为人的攻击权能（Eingriffsbefugnis）而只是在保障"单纯的行为权能"（Schlichte Handlungsbefugnis）而已。因此，相对方虽然不能对此进行正当防卫，但却能够进行基于紧急避难的防卫。对于这种被正当化的攻击行为，也不能成立可罚的共犯。这是因为，可罚的共犯原则上也仅仅针对主犯的违法行为而成立。

如果某一行为符合违法性阻却事由，那么对其行为就因没有探究有无有责性的必要，进而也排除适用刑罚甚至是保安处分。在正当化事由下实施行为之人，即使其处于精神疾病或毒品中毒状态中，也不能对其科以保安处分。

（二）所谓可罚的违法性论

1. 内容

可罚的违法性理论是指主张行为在外观上看似形式上符合某一构成要件但欠缺作为犯罪而科处刑罚的相当程度的违法性（可罚的违法性）时，尚不能成立违法的理论。该理论包含两方面的内容：一是，即使在其他法领域中违法也不能直接认为在刑法上也违法；二是，即使形式上符合构成要件但在轻微的情况下，尚不能成立违法。

> 该理论是在并不具有韩国刑法第 20 条（正当行为）这种包括性的违法性阻却事由，甚至没有采用针对轻微的法益侵害事例能够科处的宣告犹豫制度的日本实务界，为能够针对特别轻微的事件以无罪判决进行处理而提出的理论，之后基于学界的理论化操作被确定下来。即在邮局职员实施的罢工是否符合日本邮政法第 79 条规定的不管理邮件罪的东京中邮事件中，解释为"虽然因违反关于公共企业体等劳动关系法的第 17 条而违法，但在刑事上并不进行刑事罚的制裁"

这种旨趣，从而将违法性相对化。在为阻止日本首相访美而进行的无许可集团示威运动的成田机场游行之公安条例违反事件中，以"本案中的行动……并不是激烈的和恶劣的，反而是犯罪情节比较轻微的情况。因此，本案是没有可罚的违法性的情况"为理由，宣告为无罪。

关于可罚的违法性理论的体系上的地位，存在构成要件符合性阻却说、违法性减轻事由说与可罚的违法性阻却事由说的对立。

2. 批判

没有必要在构成要件符合性、违法性与有责性的范畴之外另行认定可罚的违法性。轻微事件的处理在构成要件符合性排除事由的层面上运用社会相当性解释原理进行解决即可，没有必要作为刑法上特殊的违法性引出可罚的违法性这一概念来重新把违法性概念进行相对化。这是因为，在刑法层面上没有处罚必要的违法性不是符合违法性阻却事由的被正当化的行为，就是符合免责事由的行为。

五、违法性阻却事由概观

在刑法上的正当化事由中，正当行为（第20条）、正当防卫（第21条）、紧急避难（第22条）、自救行为（第23条）等是被规定在总则中，事实的证明（第310条）等正当化事由是被规定在分则中的。

此外，还有民法上的正当防卫·紧急避难（民法第761条）、占有权人的自力救济（民法第209条）、亲权者的惩戒权（民法第915条），刑诉法上的紧急逮捕权（刑诉法第200条之3）、现行犯人逮捕（刑诉法第212条）及民诉法上的执行官的强制执行权（民诉法第495条）等，宪法理论上的政治性抵抗权或不违背社会常规的义务冲突等。像这样，正当化事由不仅散在于整体法秩序的各个领域，而且还会生成习惯法的形态或超法规的正当化事由，所以其目录表始终具有伸缩性。

对于违法性阻却事由中是否包括被害人承诺（第24条）虽然存在着论争，但将其理解为构成要件符合性排除事由是妥当的。然而，作为违法性阻却事由之一形态的推定的承诺并不属于刑法第24条规定的内容，而应该解释为是第20条正当行为的内容。这是因为，在理论上能够将其解释为作为不违背社会常规行为之一的、以被容许的危险为根据的正当化事由。

第三节　关于违法性阻却事由客观前提事实的错误

一、意义

该问题产生于行为人误认为存在关于违法性阻却事由的客观前提事实，进而采取了正当防卫、紧急避难、自救行为等措施的情况。亦将此称为容许构成要件错误（Erlaubnistatbestandsirrtum）。这里包括假想防卫、假想紧急避难、假想自救行为等。

容许构成要件错误在其是关于违法性阻却事由的客观正当化状况的错误这点上，与构成要件错误相类似；另一方面，在其错误的将禁止规范违反理解为是基于容许规范被允许的这点上，又是没有违法性认识的情况，所以与禁止错误相类似。因此，应该将此种错误视为构成要件错误还是禁止错误，抑或第三类的错误形态就成为了议论的核心问题。

二、相互区别的概念

（一）关于违法性阻却事由之存在的错误

这是指误认为存在法所不认可的违法性阻却事由的情况。例如，丈夫误认为自己具有对妻子的惩戒权，进而对妻子进行体罚的情况。这叫做容许规范的错误（Erlaubnisnormirrtum）。其作为广义上的容许错误（Erlaubnisirrtum）的一种，适用关于禁止错误的规定。

（二）关于违法性阻却事由之界限的错误

这是指行为人对违法性阻却事由的法律界限产生错误的情况。即行为人虽然认识到阻却违法性的行为状况，但超越容许的界限的情况。例如，认为私人不仅当然能够逮捕现行犯人甚至将其杀害也无所谓的情况；行使惩戒权的父母错误地认为即使对子女进行抽打致使其伤害也可以的情况等即是。这叫做容许界限的错误（Erlaubnisgrenzirrtum）。其也作为广义上的容许错误的一种，适用关于禁止错误的规定。

（三）双重错误

这是指关于违法性阻却事由客观前提事实的错误与关于其界限及存在的错误相互结合的情况。例如，国民学校教师甲把学生乙与丙的打闹误认为是学生 A 与 B 的打闹，进而对 A 与 B 实施了惩戒，但该惩戒行为超过了惩戒权的界限的情况即是。这也叫做假想正当行为过当。这种情况的特点在于，并不仅仅是单纯的假想正当行为的容许构成要件错误问题，甚至还包括禁止错误问题。

三、学说

（一）消极的构成要件要素理论

消极的构成要件要素理论把关于违法性阻却事由客观前提事实的错误视为构成要件错误。这是因为，该理论把违法性阻却事由视为形成总体不法构成要件的消极的构成要件要素，所以关于违法性阻却事由的错误也当然就成为构成要件错误的直接适用范例。因此，容许构成要件错误将直接适用构成要件错误的规定排除故意，如果存在过失且有过失犯处罚规定时，则按照过失犯进行处罚。

然而，应该注意的是，这里所说的故意并不是指构成要件故意，而是把构成要件事实与违法性阻却事由前提事实作为认识对象的不法故意。不法故意的对象逾越构成要件故意的对象范围甚至包括违法性阻却事由不存在的事实。因此，关于违法性阻却事由的前提事实存在错误时，便形成是否成立此不法故意的问题。

没有必要特别关注对该理论的结论及论理性构成的批判。只是由于该理论把构成要件与违法性合并为一个"总体的不法构成要件"的二阶段犯罪体系作为前提，所以主要是体系问题成为批判的对象。因此，只要采取目前所确立的三阶段犯罪体系，就难以采纳该见解。

（二）限制的责任说 1：构成要件错误类推适用说

该见解是在构成要件阶段限制故意犯成立的立场。即该见解认为，违法性阻却事由的客观前提事实虽然在体系上与构成要件的客观要素之间存在类似性但毕竟不是同一的，所以容许构成要件错误并不能成为构成要件错误的直接适用范例，但是进行类推适用加以解决却是可能的。因此，得出基于容许构成要件错误实施行为之人不是故意行为人的结论。当然，残留有过失责任的问题。

然而，在这里被阻却的故意并不是构成要件故意，而是消极的构成要件要素理论所说的不法故意。不法故意的认识内容不仅包括客观的构成要件要素的认识甚至还包括对违法性阻却事由不存在的认识，所以基于错误误信存在正当化状况时，将阻却该不法故意。该理论虽然否定把消极的构成要件要素理论所主张的总体的不法构成要件视为体系构成要件，但却肯定和接受将其作为为解决容许构成要件错误问题的错误构成要件。①

针对该立场，有批判者认为，援用作为体系构成要件被否定的总体的不法构成要件的不法故意，是没有逻辑一贯性的。不仅如此，也会导致承认两个故意的结果。② 也有批判者认为，在利用基于正当化状况错误实施行为之人的情况中，由于否认主犯的故意，所以将导致原则上排除处罚共犯可能性的不当结论。③ 因为，共犯者的成立是能够以故意的主犯作为前提的。然而，对此也有学者提出反论指出，没有必要固守必须处罚共犯者这种强迫观点。因为，利用、援助存在这种错误的人只要不是间接正犯，就没有必要必须以共犯来处罚。

（三）限制的责任说2：限制法效果的责任说

该学说是在责任阶段否认故意责任且限制过失责任的立场。限制法效果的责任说在容许构成要件错误的情况中虽然在构成要件阶段认定故意犯的成立，但其法效果即处罚上却进行与过失犯相同的处理。在故意中承认构成要件故意与责任故意的双重地位的立场看来，虽然构成要件故意具有征表责任故意的机能，但存在容许构成要件错误时，将排除这种征表。因此，该立场主张，虽然能够认定构成要件故意，但将否定责任故意，代之以产生是否存在过失责任的问题。这既是德国的通说，也是韩国多数说的立场。④

在以过失犯处罚故意行为人这一结论上，该立场与前述的构成要件错误类推适用说是相同的，但两者的差异在于，与构成要件错误类推适用说并不把基于容许构成要件错误实施行为之人视为故意行为人相反，限制法效果的责任说则将其视为故意行为人。其结果是，在恶意的共犯者参与到具有错误的行为人当中时如何处罚共犯问题上，是与构成要件错误类推适用说不同的。教唆犯或帮助犯是以正犯的故意行为为前提的，因此，限制

---

① 金日秀，韩国刑法Ⅰ，530 页；孙冻权，164 页；曹俊铉，201 页；河泰勋，《假想防卫》，考试界 1994 年 11 月，96 页。

② 郑盛根、朴光玟，349 页。

③ 申东云，409 页；李在祥，323 页。

④ 朴相基，228 页；裴钟大，397 页；申东云，409 页；李炯国，155 页；任雄，284 页。

法效果的责任说主张，既然基于容许构成要件错误实施行为之人是故意行为人，就能够处罚对此实施教唆或帮助的共犯者。

对此立场提出的批判是，针对基于容许构成要件错误实施行为之人，在构成要件阶段认定为故意行为的不法的同时，在责任阶段认定为以过失不法为前提的过失责任，这在理论上是相互矛盾的。① 即从要求不法与责任相一致的责任原则角度来看，是不妥当的。

(四) 严格责任说

严格责任说是目的的犯罪体系所主张的理论。该学说主张，应该在容许构成要件错误中直接适用禁止错误的规定。所有的违法性阻却事由并不排除构成要件符合性，而是只阻却违法性。因此，关于违法性阻却事由客观前提事实的错误也只能排除作为责任要素的违法性认识（不法意识），因此是禁止错误。②

严格责任说分别考虑故意与不法意识，把关于构成要件事实的认识视为构成要件故意的问题；而把此外的事实如违法性阻却事由的前提事实也视为是对不法意识产生影响的免责事由。其结果，把容许构成要件错误视为禁止错误。因此，当错误是避免不可能时，将进行免责；而避免可能时，则仅仅减轻责任而已。

然而，严格说来，关于违法性阻却事由的客观前提事实存在错误的行为人是对"其在实施何种行为"没有认识的前提下实施的行为，而存在禁止错误的行为人对其实施何种行为是存在认识的，只是对是否允许实施这种行为存在错误而已。前者是关于行为状况的错误，而后者是关于行为整体的社会伦理性评价存在错误的情况。像这样，两者存在着本质上的差异。因此，把容许构成要件错误的情况视为禁止错误因此在结果上甚至对不具有实施故意不法之想法的行为人也以故意犯进行处罚的严格责任说难免会遭到如下批判：相同地看待了在本质上不同的两种事物。

四、结论

本书在结论上支持构成要件错误类推适用说。因为，能够无理论瑕疵地推导出基于正当化状况错误实施行为之人的过失责任。

严格责任说同一看待关于事实性质很强的行为状况的错误与关于行为

---

① 金日秀，韩国刑法 I，528 页；孙冻权，164 页。
② 郑盛根、朴光玟，351 页。

禁止性的错误，因此虽然具有减轻的余地但在主张基于错误实施行为之人成立故意责任这点上，是违反法感情的。

作为多数说的限制法效果的责任说在无限制的开放成立共犯的可能性这点上，具有刑事政策上的优点，这是事实。而且，对于不法阶段中的故意与责任阶段中的过失不一致因而违反责任原则的批判也不是没有进行反论的可能性。这是因为，这时并不是使其承担提高不法程度的责任，而是使其承担没有触及到不法程度（故意）的轻的责任（过失）。毋庸讳言，在法治国家的观点上所不能容忍的责任原则的违反，实际上就是意味着使其承担提高不法程度的重的责任。然而，该学说在既认定成立故意不法又使其承担以过失不法为前提的过失责任这点在理论上是矛盾的这一批判之下，却不是很自由的。因为，要求不法与责任相一致是现代刑事责任论中的最为基本的要求。以故意不法为前提的故意责任只能根据责任状况进行减轻或阻却，而不应该转化为具有不同性质的过失责任。而且，为打开成立共犯的可能性而主张正犯的故意也是违反以正犯对共犯具有优越性这一基本原则为根据而展开理论的要求的。原本，之所以承认故意的双重地位是因为故意在不法与责任的领域中具有着不同的作用与机能，而不是因为为了在正当化状况错误的事例中推导出过失责任的必要性，① 才对其加以承认的。结果，该理论难免会遭受过于做作而且不必要地脱离了责任原则的批判。

历来，构成要件错误类推适用说在对基于错误实施行为之人认定过失责任这点上，结论是妥当的，但在援用消极的构成要件要素理论的总体的不法故意这点上受到了批判。因为，在构成要件错误概念没有被广泛认识的韩国理论状况中，虽然在犯罪体系要件上否认总体的不法构成要件，但为解决容许构成要件的错误问题却只借用了其不法故意，这显然欠缺论理的一贯性。

然而，如果既采取构成要件错误类推适用说又在正当化状况错误事例的事实性质类似于构成要件错误这点上寻求其根据，那么进行更具说服力的说明也是可能的。即，因为对违法性阻却事由的前提事实存在错误的行为人是在没有认识到"自己在实施何种行为"的情况下实施的行为——例如，误认为敌人作出的要求握手言和的举动是要伤害自己，便以防卫的意思进行反击的行为人并没有认识到自己当下实施的不是正当防卫而是不法的攻击——，所以，结果在对行为状况产生错误这点上，是能够认定与

---

① 朴相基，228 页中认为，认定故意双重机能的实际意义正是在于这种情况。

构成要件错误之间存在类似性的。这点就成为在对正当化状况存在错误的事例中虽然不能直接适用构成要件错误但却能够进行类推适用的根据。如果类推适用构成要件错误，则行为人在构成要件阶段中就不成立故意，而只产生过失问题。而且，也将以过失不法为前提在责任阶段追究行为人的过失责任。这种理论构成当然能够满足责任原则的要求。

甚至，像这样如果阻却体系构成要件故意，当然也将阻却构成要件错误类推适用说所援用的不法故意。这是因为，不法故意是以构成要件事实与正当化状况的不存在为认识对象的更为包括性的故意概念。因此，当历来的构成要件错误类推适用说主张将阻却不法故意时，应该在阻却体系构成要件故意与是对正当化状况不存在的认识错误这两点上寻求其根据。

在与共犯成立相关联上，针对利用、援助基于错误实施行为的过失正犯者的人，大部分以间接正犯进行处罚是可能的；如果存在认定不太顺利的情况，那就没有必要坚持必须要以共犯进行处罚的想法。

第四节 正当防卫

一、序说

（一）正当防卫的意义

正当防卫（Notwehr）是指为防卫自己或他人的法益遭受现实性的违法（不当）侵害而实施的具有相当理由的行为（第 21 条 1 项）。在刑法所认可的违法性阻却事由中，具有代表性的正当化事由就是正当防卫。

（二）与紧急避难的异同

正当防卫与紧急避难在同样是针对现实危难的紧急行为这点上是相同的。然而，前者在其是对违法侵害的防卫这点上，是不正对正的关系；而后者在不要求违法侵害这点上，则是正对正的关系。

（三）与自救行为的异同

正当防卫与自救行为在同样是针对违法侵害的自力保护行为这点上，具有着相同的性质。因为，都是不正对正的关系。然而，前者在其是针对明显侵害的事前紧急行为这点上，与作为为保全已遭受侵害的请求权的事后紧急行为的自救行为是相区别的。

二、正当防卫的构造

正当防卫由正当防卫状况（现实的不当侵害）与防卫行为（具有为实施防卫的相当理由的行为）构成。过失行为或不作为（产妇意图饿死婴儿时）也能够引起正当防卫状况。而且，在防卫行为中，主观的正当化要素是必要的要素。

三、正当防卫的根据

在能够使正当防卫成为违法性阻却事由的自然法根据中，有个人权根据与社会权根据。

（一）个人权根据

个人权根据（Individualrechtliche Begründung）是以自我保护思想（Gedanke des Selbstschutzes）为根据的。个人享有的财富（Güter）与法所认可的利益（Interesse）是受到保护的。这并不意味着必须是指刑法记述意义上的法益。

针对公共秩序或法秩序整体的侵害无法成立正当防卫的命题就是基于该个人权根据推导出来的。因此，针对无许可的驾驶行为、交通法规的违反、侵害法上往来安全的文书伪造、不侵害个人利益的近亲相奸、脱离一般礼节的行为等的紧急救助（为第三者的防卫行为），不能成立正当防卫。

（二）社会权根据

社会权根据（Sozialrechtliche Begründung）主要是以法确证思想（Gedanke der Rechtsbewährung）为根据的。防御自己的财富与法所认可的利益的人，与此同时在强化法秩序的效力。对于这点表现得淋漓尽致的是，德国帝国法院如下的古典判决用语："法律无须向不法让步"（Das Recht braucht dem Unrecht nicht zu weichen）。

正当防卫的威力就根源于该社会权根据。原则上，在正当防卫制度中没有必要比较衡量遭受攻击的法益与基于防卫所侵害的法益。例如，为了保护财产性价值也可以杀人。同时也允许在存在避免可能的情况下实施正当防卫。这是因为，法律不能指示遭受攻击的人进行卑怯的逃往（turpis fuga）。

《**参考**》通常存在替代法的确证使用法的守护这一用语的倾向。然而，原本用语的含义不是守护（Bewahrung），而是确证（Bewährung）。个人虽然能够通过权利实现来确证法律，但却不能贸然守护法律。因为法的守护是国家权力的占有物。

四、成立要件

（一）正当防卫状况

1. 攻击

威胁自己或他人的保护法益的所有人的行为都能够成为攻击。

（1）攻击概念的度 攻击仅限于人的行为，动物的攻击并不符合刑法第21条的规定，而符合民法上正当防卫（民法第761条1项①）的规定。然而，即使是动物的攻击，只要是由人进行唆使时，也能够视为是唆使其动物的人的攻击。这时，对动物的防卫甚至射杀也能够视为正当防卫。

（2）攻击概念的质 必须是符合行为概念的行为。对于没有达到此种程度的行为如反射的或无意思的动作等的攻击，只能实施紧急避难。

（3）保护法益 基于刑法典所保护的个人的法益均符合这里所说的保护法益。即使是社会性法益，当与个人的生命、身体、财产密切关联时，也将成为具有防卫适格的保护法益。放火罪、溢水罪、妨害交通罪等就是其例。

然而，虽然在外观上与个人的利益相关联，但在本质上却具有社会秩序、性风俗等内容时，就不具有防卫适格。因此，通奸罪的保护法益就不具有正当防卫的适格。这是因为，即使作为被害者的配偶一方在现场殴打配偶另一方及其通奸者，也是无法维持婚姻的纯洁性或配偶者的诚实义务的行为。基于同理，即使是为阻止贩卖淫秽文书或者上映淫秽电影或戏剧，也不允许实施正当防卫。

此外，由其他法所保护的，也能够成为保护法益。例如民法上的占有、在民法上成为一般人格权之对象的私生活领域等即是。因此，为保护

---

① 韩国民法第761条1项（正当防卫）规定：针对他人的不法行为，为防卫自己或第三者的利益而不得已给他人造成损害的人，没有进行赔偿的责任。然，被害者针对不法行为，可以请求损害赔偿。——译者注

私生活的秘密，对偷窥自己房间的行为也能够进行正当防卫。

（4）基于不作为的攻击　虽然承租人在租赁合同期限届满之后负有退出的义务，但仍旧赖在租赁房屋内生活的情况即是。问题是，该不作为成为对出租人所有权的攻击，是否允许出租人通过正当防卫的暴力使承租人退出。即承租人的不作为能否构成刑法第 21 条的攻击。

如果要将此视为攻击，首先，不作为行为人要具有作为的法定义务；其次，该义务的不履行必须是可罚的。因为上述例中不具备第二个要件，所以只能建议出租人实施民法上的权利救济。然而，房客不顾房屋主人的退出要求仍不退出的情况则是不同的。因为这时成立基于不作为的拒不退出罪。因此，为赶出拒不退出的房客，实施正当防卫是可能的。

（5）对攻击产生错误的情况　虽然不存在攻击或与攻击相应的行为，但却错误地认为存在相当于攻击的行为而实施防卫行为时，产生假想防卫的问题。

2. 攻击的现实性

攻击的现实性是指攻击直接迫近，即将开始或仍在继续中。

（1）直接迫近的攻击　直接迫近的攻击是指处于如果不想遭受到攻击就应该立刻进行反击状态的攻击。例如，举起装有子弹的手枪的行为就是对生命的直接迫近的攻击，不顾森林警察放下武器的警告仍旧持有武器的不法猎人就是处于现实性攻击的状态。

（2）现实性的存续期间　攻击存续至能够视为法益侵害最终发生的时点。甚至根据情况能够越过原本的犯罪既遂（Vollendung）存续至其实质的完成（Beendigung）的时点。例如，虽然盗窃犯夺取他人的钱包开始逃跑就构成盗窃罪的既遂，但是既然一直受到他人的追击，就不能视为其犯罪已经完成，所以应该视为仍旧存在攻击的现实性（侵害的现实性）。①

（3）现实性存在问题的情况　针对过去的攻击或将来预想的攻击，并不成立正当防卫。然而，由于判断现实性的时点不是防卫行为时而是攻击行为时，所以为应付将来的攻击而事先设置的触电装置只要在攻击行为时产生防卫效果，就将认定为具有现实性。

问题是，对于在将来有反复危险的攻击是否允许实施正当防卫（或者称为预防性正当防卫）。例如杀害一旦饮酒就进行殴打的丈夫的情况或

① 朴相基，158 页；裴钟大，281 页；孙冻权，149 页；孙海睦，448 页；申东云，256 页；安铜准，106 页；李在祥，217 页；任雄，194 页；陈癸浩，195 页。

者为避免遭受持续的性暴力而杀害继父的情况即是（大法院判决 1992 年 2 月 22 日，92 DO 2540）。判例的判旨虽然认定具有攻击的现实性与防卫意思，但却主张因欠缺相当性从而不成立正当防卫。对此，虽然也存在承认具有现实性的见解，① 但对其加以否定的见解②是妥当的。所谓长期性危险虽然能够成为紧急避难的事由，但却不能充足攻击的现实性这一要件。预防性正当防卫或针对将来危险的正当防卫的概念是与攻击的现实性无法调和的概念。

（4）忽视现实性的防御行为 逾越正当防卫的时间性界限，无视或忽视并不存在的攻击的现实性而实施防卫行为的情况叫做外延性过当防卫。虽然关于外延性过当防卫是否为防卫过当之一种存在见解上的分歧，但是现今的通说立场认为，由于正当防卫状况已经不存在，所以防卫过当的前提已经消失，不能成立防卫过当；可以根据情况只产生假想防卫的问题。

3. 攻击的违法（不当）性

（1）必须是违法的攻击 这里的违法并不仅仅是指刑法上符合构成要件的违法，甚至还包括违反整体法秩序的一般性的违法行为。但是，攻击行为如果想成为违法，必须要具备结果无价值与行为无价值。只具备结果无价值的攻击或只具备行为无价值的攻击是不能称为违法的攻击的。因为针对违法攻击的防卫行为是能够被正当化的，所以针对正当防卫的正当防卫在任何情况下也是无法成立的。甚至针对以被正当化的紧急避难为主的其他正当化事由，也不能成立正当防卫。

（2）必须是不当的攻击 即使不符合构成要件，但只要是客观的义务违反行为，也能够成为不当的攻击。如果是这样，虽然没有构成要件符合性但符合民法上的不法的情况；没有过失犯处罚规定的过失行为；没有未遂犯处罚规定的未遂行为也符合不当的攻击。

（3）当然无效的行政行为 因具有重大的、明确无误的法规违反之瑕疵进而成为当然无效的行政行为也符合不当的攻击。但是，具有撤销事由的行政行为在依据具有权限的行政机关进行撤销之前，由于行政行为的公定力和不可争辩力而不能成为违法或不当的攻击，所以对此的正当防卫也是不可能的。

（4）有责性之不必要 攻击没有必要是有责的。诚然攻击行为人必

---

① 朴相基，159 页；孙冻权，150 页。

② 李在祥，218 页。

须具备作为主观不法要素的故意或过失，但并不需要具备作为责任条件的故意或过失。此外，攻击行为人也不需要具备作为责任构成要素的责任能力或不法意识、免责事由的不存在等要件。因此，针对精神病患者、癫痫性行为人或刑事未成年者的攻击，也能够实施正当防卫。因为，这里所说的不当（违法）是指攻击者不具备任何的正当化事由。

（5）相互打架的情况　在两人相互扭在一起打架的情况下，虽然具备相互攻击的违法性，但并不成立正当防卫。这是因为，在打架的情况中，不仅攻击与防御相互交织在一起而且也无法判断哪一方是正当的或不当的（大法院判决 1960 年 2 月 17 日，4292 刑上 860；1960 年 9 月 7 日，4293 刑上 411；1984 年 5 月 22 日，83 DO 3020）。但是，针对在打架中超过当然能够预见的程度突然使用杀人凶器等这种过格的攻击行为的反击，是能够成立正当防卫的（大法院判决 1968 年 5 月 7 日，68 DO 370）。

　　【判例 1】　　酒馆老板因酒菜价格与一行客人发生争吵的过程中，打了一行客人中一人的脸颊进而发生格斗并相互实施了暴行，最终受伤。像这样，在争吵过程发展为打架的情况中，其打架行为对相对方来说既是防御行为同时也是攻击行为。因此，无法把相对方的行为视为不当的侵害而把另一相对方的行为视为防御行为（大法院判决 1993 年 8 月 24 日，92 DO 1329）。

　　【判例 2】　　在打架过程中，相对方在格斗中超过当然能够预见的程度使用了能够杀人的凶器时，"作为不当的侵害"应该允许对此实施正当防卫（大法院判决 1968 年 5 月 7 日，68 DO 370）。

（6）对于攻击的违法或不当产生错误的情况　错误地认为适法的攻击是违法的或不当的攻击，进而实施防御行为时，则产生假想防卫的问题。

（二）防卫意思与防卫行为

　　防卫行为在主观上必须具备为防御现实之不当侵害的目的即防卫意思，在客观上要具备对此所必要的及被要求的具有相当理由的行为。前者是主观的正当化要素，后者是防御的必要性与要求性的问题。

　　防卫行为不仅包括单纯的守备性防御而且还包括进行积极反击的反击防御的形态。而且，防卫行为的相对方只能限于攻击者。当对攻击者以外的第三者实施加害是进行防御所必要不可或缺的选择时，并不成立正当防卫，只能成立紧急避难的问题。

（三）具有相当理由的行为（＝防卫行为的必要性）

正当防卫行为必须是事实上防卫所必要的行为。防卫行为的必要性构成防卫行为的事实要素。既然是防卫事实上所必要的行为，原则上就没有必要进行法益衡量。所以，允许实施对防卫所必要的所有行为。因此，在正当防卫中原则上并不适用补充性或均衡性原则。

1. 防御必要性的原则上的根据

正当防卫的情况并不适用补充性原则。因此，防卫者在遭受攻击时，原则上没有必要进行逃避或躲避。这是因为，依照正当防卫的两原则即自我保护原则与法确证原则，以自我的法益保护为基础，当出现不法的攻击时，法没有必要向不法作出让步。如此实施正当防卫之人不仅是在防卫自己自身，而且还相当于同时在确证法秩序的权威。例如，即使能够作为避难行为躲避现实的攻击，也能够实施正当防卫。

2. 防御手段的原则上的容许性

针对攻击没有必要只使用事前不充分的防卫手段，也可以使用最初就能够充分保护自身安全的手段。如果是这样，针对挥动拳头进行攻击之人，如果防卫者也仅以拳头进行防御是力所不能及的话，即使其攻击者没有携带武器进行攻击，也允许防卫者为进行防卫而使用武器。这是因为，在这种状况中法并不期待只能够使用安全的手段进行防御。对于女子咬断强行亲吻的男子的舌头的行为，判例主张具有防卫手段的容许性（大法院判决 1989 年 8 月 8 日，89 DO 358）。

【判例】 在人迹稀少的深夜，从身后突然袭击独自回家的被害人，将其强行拽入阴暗的小巷并踢踹反抗中的被害人、强行亲吻。被害人情急之下咬断了行为人的舌头。被害人为保护贞操和身体的安全而实施的舌断伤的行为作为为摆脱被告人对身体的现实之不当侵害的行为，是欠缺违法性的行为。因此，被害人的行为并不符合暴力行为处罚法上的伤害罪，作为正当防卫是无罪的（大法院判决 1989 年 8 月 8 日，89 DO 358）。

3. 防御手段的均衡性

为实施有效的防御，原则上允许采取所有的手段，但是防卫者必须要尽可能地选择为阻止攻击的轻微的手段。而且，在能够采取的诸多有效的防御手段中，防卫行为不能超越有效果地防御攻击所必要的程度（相对的最小防卫原则①）。

> 这种探讨必须要合理地进行。这是因为，虽然没有比杀害攻击者更有效果的防御手段，但如果进行理性的考察，即使是比其轻微的手段始终也会有产生同一效果的时候。因此，如果防护防卫（Schutzwehr）是充分的话，就不允许进行攻击防卫（Trutzwehr）。如果威胁是充分的话，就不允许使用暴力。甚至在装置自我保护器具的时候，如果无害程度的电流是充分的话，就不允许设置触电死程度的致命性的电流。
>
> 这种防卫手段的均衡性（Proportionalität der Verteidigungsmittel）是根据客观的事后预测的方法进行判断的。即进行健全思维的第三者（法官）应该站在被攻击者（防卫者）的立场考虑在防卫行为时"为确实的、安全的防御攻击，利用何种手段进行怎样的应对才是最为合理的"之后，进行判断。

需要注意的是，在这里所探讨的是防卫手段的均衡性问题，而不是遭受攻击的法益与防卫行为所侵害的法益之间的均衡性（法益均衡性）问题。

4. 必要之外的防卫行为

超过必要性时，不成立正当防卫而成立防卫过当。防卫过当并不被正当化，而且根据情况成为责任减免或免责事由（第21条2项、3项）。

（四）正当防卫的社会伦理性限制（＝防卫行为的要求性）

1. 问题的提起

防卫行为必须是立足于法秩序整体的立场所要求的行为。没有被要求的防卫行为不是正当防卫而是权利滥用。这就是针对正当防卫权的严格主义从规范的观点所进行的限制。

对于该规范限制的探讨，必须要以前面所言及的正当防卫的两个根据即个人权根据与社会权根据为出发点。与个人权根据相关联的正当防卫的规范限制原则是"比例性原则"。与社会权根据相关联的正当防卫的规范

---

① 任雄，199页。

限制原则认为，在法秩序例外的不把基于防卫行为的效力确证作为必要时，不仅社会权根据将会消失而且也将会排除防卫行为的要求性。也把这种基于防卫行为的要求性的限制叫做正当防卫的社会伦理性限制。

作为该社会伦理性限制问题的事例有"极端的法益不均衡"、"无责任或责任明显减少之状态中的人的攻击的情况"、"有责挑拨的正当防卫状况"、"夫妻·亲族间的攻击"等。在这里成为问题的正当防卫的社会伦理性限制也叫做正当防卫权的内在性限制。

【判例】 由于继父长时期持续性的强迫要求发生性关系，便与自己的男友共谋杀害继父并商定伪装成强盗现场进而实施的杀害行为，很难将此视为符合刑法第 21 条所规定的正当防卫或防卫过当。成立正当防卫必须要在考虑基于侵害行为所侵害的法益的种类与程度、侵害方法、侵害行为的种类与程度等所有具体的情况之后，能够认为正当防卫在社会上是相当的。甚至，即使作为正当防卫成立要件的防卫行为不仅包括单纯的守备性防御而且还包括积极性的反击行为，其防卫行为也必须是作为为防卫自己或他人的法益侵害的行为而具有相当的理由。然而，事前共谋犯行进而用刀杀害因熟睡无法反抗的被害人的行为，即使可以斟酌考虑犯行的动机或目的，也难以认定其具有社会通念上的相当性（大法院判决 1992 年 12 月 22 日，92 DO 2540）。

2. 极端的法益不均衡

当基于防卫行为所引起的损害与攻击行为相比形成极端的不均衡时，不仅正当防卫的个人权根据将会消失而且也将排除防卫行为的要求性，所以这时并不允许实施正当防卫。如果不顾相比较的法益间所存在的极端的不均衡进而实施防卫行为的话，其就是权利滥用而不是正当防卫。在这里，"极端的"这种表现是相当重要的。这是因为，正当防卫中在遭受攻击的利益与防卫行为所侵害的利益之间普通产生的不均衡并不影响正当防卫的成立。作为极端的不均衡的例子有攻击非常细小且轻微的情况。

例如，在对随意摘吃苹果的学生大声喊叫进行阻止也不听劝的情况下用气枪进行射击的情况，对偷窃价值 100 韩元饮料而逃跑的盗窃犯实施致命性的射击的行为，为防御对鸡的质权而用斧头砍攻击者头部的行为，对随意进入没有警戒标识的私设道路的步行者施以枪击或放出猎犬的行为等。

这种情况作为针对单纯的轻犯行为即损害并不大的轻微的法益侵害行为的防御，是违反比例性原则的。进一步讲，由于该种轻微的事例把"没有保护细小的价值"（minima non curat praetor）这一古法谚作为其基础，所以原本就不能将其评价为攻击，因此也将否认防卫行为的要求性。在这种事例中也只能允许实施没有被正当化的单纯的轻犯性防御（Unfugabwehr）。

例如随意照射手电筒的行为、在无犯行意图的进行争吵的过程中抓住相对方衣领的行为，没有内容的行为，略微带有侮辱性的言词等。

【判例1】　如果作为战斗警察队员的行为人是由于受到长官的过分训斥而感到激愤射杀了长官，那么无法将此行为视为为防卫对自身身体侵害的行为。正当防卫的成立，必须要在斟酌所有具体情况之后能够认为正当防卫在社会上是相当性的（大法院判决1984年6月12日，84 DO 683）。

【判例2】　离婚诉讼中的丈夫来找妻子，用剪刀施以暴行并强迫实施变态的性行为，对此激愤的妻子用刀刺入丈夫的腹部致使其死亡的情况，该行为并不成立正当防卫或防卫过当（大法院判决2001年5月15日，2001 DO 1089）。

3. 无责任或责任明显减少之状态中的人的攻击的情况

即使存在儿童、未成熟的青少年、酩酊者、精神病患者的攻击及在错误、过失或免责的紧急避难中实施行为之人的攻击时，法秩序也不要求基于防卫行为确证有效性。因此，防卫者不能援用以法确证原则为基础的社会权根据，而只能作为最后手段援用以自我保护原则为基础的个人权根据。

即针对无责任或责任明显减少之状态中的人的攻击，反而防卫者要事先进行躲避。只有在无法进一步躲避的绝境中，才允许实施防卫行为。但是，对于在一般上已经能够对自身行为承担刑事责任的青少年的攻击，并不限制实施正当防卫。

4. 有责挑拨的正当防卫状况
(1) 意图性挑拨

① 意义 意图性挑拨（Absichtsprovokation）是指行为人为了以正当防卫为借口加害第三者，对其实施意图性的挑拨行为，使其首先向自己实施违法的攻击的情况。

> 俗称燕子族①的人不仅预想自己情妇的丈夫回家并为等待其回家去了情妇的家里。而且此人还认为如果情妇的丈夫看见自己定会实施攻击，这时恰好是利用正当防卫对其实施加害的绝好机会。回到家的丈夫看见自己的夫人与情夫在一起便拿起棍棒开始实施攻击，情夫作为防卫行为的手段扔出水果刀将其杀害。

② 法律上的处理

（Ⅰ）法律确证理论（Rechtsbewährungstheorie） 该理论主张即使在防卫行为人意图性的挑拨正当防卫状况的情况下，防卫行为也基于正当防卫权被正当化。即因为法确证理论主张，既然是以违法·有责的攻击行为侵害法秩序，即使其攻击行为是被挑拨的，也无法改变法确证。

（Ⅱ）自我保护理论（Selbstschutztheorie） 该理论主张当作为正当防卫之基础的自我保护原理不能通过其他方法加以贯彻时，尤其是没有回避可能性时，即使是意图性的挑拨攻击之人，也能够适法地实施防卫行为。

（Ⅲ）原因上的不法行为理论（Lehre von der actio illicita in causa）该理论认为，因为挑拨行为并不排斥正当防卫权，所以实施防卫所必要的行为将被正当化；但是针对防卫人意图性诱发的犯行，该理论主张防卫人将针对与所谓原因上的不法行为即基于根源上被禁止的行为的思想而不法的原因行为具有因果关系的所有结果，承担刑事责任。

（Ⅳ）权利滥用理论（Rechtsmißbrauchstheorie） 该理论主张，为了在正当防卫美名之下侵害他人的法益而意图性的挑拨他人攻击之人是权利滥用，不能援用正当防卫。

（Ⅴ）承诺说（Einwilligungstheorie） 该理论认为，挑拨者基于意图性的挑拨行为放弃了对自身的法益保护，所以针对基于挑拨所诱发的攻

---

① 燕子族是指专门以美貌或爱情欺骗女性进而骗取钱财为职业的男性。——译者注

击，挑拨者所采取的防卫措施并不能成为正当防卫的防卫行为。事先计划好相对方的攻击进而实施挑拨行为的人是以默示方式放弃对自身法益的保护或承诺法益侵害，因此被挑拨者的攻击行为将因欠缺结果无价值而成为不是违法的行为。

（Ⅵ）结论　权利滥用理论是妥当的。法确证理论或自我保护理论由于将正当防卫权绝对化，所以其缺点在于忽视了原本权利自身所应该具有的社会伦理性限制。而且，在意图挑拨的情况下，反而应该认为将丧失法秩序的确证或自我保护的利益。甚至原因上的不法行为理论也存在如下矛盾：一旦防卫行为被正当防卫所包摄，那么作为可罚行为之原因的挑拨行为也将同时成为合法行为的原因而不是什么别的犯罪原因。从法益放弃或承诺侵害是构成要件符合性排除事由的观点来看，承诺理论在解决违法性阻却事由之一的正当防卫的界限问题上也并不是很令人满意。

其结果是，在被意图性挑拨的正当防卫状况中实施防卫行为之人是在不当地滥用正当防卫权，而且应该对意图性的先行行为负有保证人义务，因此其正当防卫权的援用在社会伦理上是不被认可的。

（2）基于过失的挑拨

由于迷恋于跳舞的家庭主妇的丈夫提前回家恰好撞见了该主妇与其情夫的情事现场。看到此种情况，丈夫边喊着要杀人边持厨房用刀奔过来，情夫情急之下将其杀害。

在上述事例中，由于丈夫已经对情夫开始实施了不当的攻击，所以对情夫来说已经存在正当防卫状况。而且，由于情夫无法实施此外的其他防卫，所以将其杀害也是必要的防卫行为。尽管如此，在社会伦理上是否允许援用正当防卫？对此，主动陷入无法受到认可的状况中的防卫行为人不能援用法确证原则而只能援用自我保护原则。因此，情夫应该尽可能地采取逃避措施。基于过失引起正当防卫状况的人不能以防卫来保护自己，而是应该通过尽可能的避免攻击来保护自己。如果没有采取避免措施而是在防卫过程中造成了伤害，那么就将以故意行为进行处罚。然而，如果是无法进一步避免的极端状况，作为最后手段允许使用正当防卫。

在基于过失的挑拨情况中所考虑的这种限制同样也适用于基于未必故意的挑拨行为的情况或基于知情故意实施挑拨行为的情况和基于甘受意思实施挑拨行为的情况。

5. 夫妻·亲族间的攻击

稍微不注意就有可能杀死人的手段的选择，在属于无法将其自身想像为敌人的同一生活圈内的人们（也将此称作具有保证关系的人们）之间即在夫妻或亲族之间是不能成为相当的手段的。对于在尚存有保证关系的亲密家族间发生的能够预见的一方的攻击，另一方不应该根据法确证原则而应该根据自我保护原则进行防卫。防御者应该暂时避开其攻击，且只有在无法躲避的极端状况下才可以为自我保护采取防御手段。即使是这种情况，比起一方采取与另一方攻击相同一的防御手段进行阻止，更为轻微的防御手段能够发挥充分的防御的话，那么应该采取后者的防御手段。

问题是，在夫妻间的一方对另一方的生命或身体实施了应该接受医生治疗程度的重大攻击或动辄就使用暴力的情况中，是否也要限制另一方的正当防卫。这种类型的攻击因为破坏了保证关系，所以将解除被攻击人对攻击人的保护义务。因此，为防御使生命受到威胁的极端性攻击而实施的正当防卫即使是夫妻间的问题（虽然也把夫妻间吵架称作抽刀断水），其容许始终也以存在相当理由为前提。

6. 脱离社会伦理性限制的防卫行为

在上述事例中，脱离此限制的防卫行为并不能成立正当防卫，而且，原则上也不产生防卫过当的问题。但是，在无责任能力或责任能力明显减少之人的攻击、基于过失挑拨的攻击中所要求的防卫行为在脱离其所要求的程度时，有可能成为免责事由的防卫过当。

（五）紧急救助（为他人法益的正当防卫）

紧急救助（Nothilfe）是指为他人法益的正当防卫。如为救助即将遭受强奸的妇女而击退强奸犯的情况即是。紧急救助者与处于正当防卫状况中的人具有相同的权限。在这里，显然正当防卫并不仅仅以自我保护原则为根据，而且还以法确证原则作为根据。

为国家的紧急救助是否可能。有见解认为，原则上并不允许实施为国家的紧急救助，但是在针对能够对国家法益造成重大危害的攻击行为国家无法亲自动手的例外的紧急状况中，将允许基于私人的正当防卫。[1] 然而，紧急救助只有在个人法益或个人权利遭受侵害时，才是可能的。因

---

[1] 孙海睦，450 页；申东云，255 页；李在祥，220 页；李炯国，175 页；任雄，206 页。

此，在任何情况下也不允许实施为国家的紧急救助、对公共秩序或法秩序的紧急救助。例如即使在间谍即将携带绝密的国家秘密文件跨越国境时，为国家的紧急救助也是不可能的。① 甚至在国家动乱等情况下，为了国家，宪法上的防御权或抵抗权也不能基于为国家的紧急救助行为而被正当化。当然，上述两事例并不是正当防卫而是原本就符合紧急避难行为的一类型，所以能够基于紧急避难行为被正当化。

【判例】 在没有正式人事命令的情况下被分配至保安司令部西冰库分部并协助进行了所谓的革劳盟（革命性劳动阶级斗争同盟的简称——译者按）事件搜查。但仅以此情况不能认为在军务脱离行为中没有逃避军务的目的。因此，即使以曝光保安司令部对民间人进行政治调查的名目脱离军务，也不能认为作为为防卫对自己或他人之法益的现实的不当侵害的行为符合在社会上相当的刑法第 21 条所规定的正当防卫（大法院判决 1993 年 6 月 8 日，93 DO 766）。

（六）防卫意思（主观的正当化要素）

防卫行为是以防卫意思为基础的。法条文将此表述为"为防卫的行为"。防卫意思作为使防卫行为正当化的主观的正当化要素，具有消除防卫行为的行为无价值的作用。如同客观的正当防卫状况消除防卫行为的法益侵害结果即结果无价值那样，防卫意思通过消除防卫行为的行为无价值，使正当防卫成为阻却防卫行为违法性的正当化事由的一例。

防卫意思是指以正当防卫状况的认识为根据追求防卫行为的目的并加以实现的意思。对此，也有见解认为防卫意思只以正当防卫状况的认识为已足，并不以更为进一步的一定的意思内容为必要。然而，为使防卫意思作为故意的相反要素发挥作用，仅以单纯的防卫状况的认识是不够的，至少还需要具备以防卫状况的认识为根据的追求或实现防御行为的意思。

并不是说防卫意思超过这种意识程度只能停留在一定的主观的意

---

① 相同见解参见：朴相基，162 页；裴钟大，280 页；孙冻权，152 页；郑盛根、朴光玫，229 页。但这种情况存在将逮捕间谍评价为基于法令的正当行为（逮捕现行犯）的余地。

思方向上。因为只要存在以状况的认识为根据的行为意识就存在防卫意思，所以在这里即使掺杂有其他动机或目的如由于攻击者是仇人所以为复仇的目的，也不排斥防卫意思。而且，防卫意思不仅在基于故意行为的情况甚至在基于过失行为的防卫行为中也是必要的。只是在这时只具备一般性的概括的防卫意思即可。

五、效果

因为具备要件的防卫行为成立正当防卫，所以虽然符合不法构成要件但阻却违法性。如果违法性被阻却，则将排除实质的不法；不构成不法也就不成立犯罪，从而不能进行处罚。如果某防卫行为被认定为正当防卫，就不允许对此行为再次实施正当防卫。

六、效力的范围

正当防卫的效力仅及于攻击者，并不及于对此没有参与的第三者。例如甲意图杀害某政治家并以手枪进行了威胁，但政治家的反击不仅杀害了甲而且也杀害了甲周围的人。在此事例中，只有杀害甲才能基于正当防卫被正当化；对于周围牺牲的人并不成立正当防卫，但只能成立免责的紧急避难。

七、防卫过当

防卫行为超过相当性程度时，就是防卫过当。这时，防卫行为人是否对超过相当性具有认识，并不影响防卫过当的成立。

防卫过当并不是违法性阻却事由而是基于责任减轻的刑之减免事由（第21条2项）或基于免责的不可罚事由（第21条3项）。因为防卫过当仅仅是责任减轻或免责事由，所以将在责任论中对其进行详细探讨。

八、错误问题

正当防卫人基于错误没有认识到客观存在的正当防卫状况进而实施行为时，应该类推适用不能未遂；相反，基于错误没有正确认识客观上不存在的正当防卫状况（正当防卫的前提条件）时，即假想防卫（Putativnotwehr）情况将根据构成要件错误类推适用说阻却故意并认定过失责任。

第五节　紧急避难

一、序说

(一) 紧急避难的意义

紧急避难 (Notstand) 是指为避免自己或他人的法益遭受现实的危难而实施的具有相当理由的行为 (第 22 条 1 项)。例如，为避免疯人或狂犬的追赶贸然进入他人住宅，因礼拜中的教堂附近发生了火灾，所以为事先通知教堂内的人们让其躲避在教堂内大声喊叫"着火啦!"等情况即是。

(二) 与正当防卫的异同

紧急避难与正当防卫的相同点在于，均是紧急状态下的紧急行为。但是，由于正当防卫以违法 (不当) 的侵害为前提，所以表现为"不正对正"的关系；与此相反，由于紧急避难不问及危难的原因是正还是不正，所以也表现为"正对正"的关系。

之所以说紧急避难是"正对正"的关系，只不过是为刻画与正当防卫之间的差异点的一种表现而已，因此不能错误地认为紧急避难只能针对不是违法或不当的攻击实施。应该注意的是，紧急避难对违法或不当的攻击与非此情况的攻击均是可能的。

不仅如此，防卫行为与避难行为虽然都同样立足于相当性原理，但其内容却是不同的。避难行为的情况将受到比防卫行为的情况更为严格的限制。

二、紧急避难的法律性质

(一) 单一说

1. 在法上自由的领域的思想

该思想主张，当法秩序面临无法解决的矛盾状况时，只能是束手无策。因此，这时应该在保留违法与适法或有责与无责等法判断的前提下向后退让一步。由于该理论针对一定的紧急状况要求抛弃法秩序的规制，所以也叫做抛弃说。

该思想在紧急避难理论中依旧没有受到重视。这是因为，历来的刑法学思考无法接受在法中存在无论是肯定还是否定在法上无法进行评价的领域。

2. 责任阻却说

该见解认为，由于紧急避难状况中的避难行为是针对不违法的原因引起者或与违法无任何关联的第三者的法益的侵害，所以其自身虽然暂时违法但因欠缺对适法行为的期待可能性，因此只阻却责任。

3. 违法性阻却说

该见解主张，在紧急避难状况中避难行为将被正当化。该思想是以黑格尔率先提出的利益冲突理论（Kollisionstheorie）为根据的。其内容是，应该在受到保护的利益与受到侵害的利益之间进行一定的衡量，其衡量的结果能够确定受到保护的利益具有价值优越性时，行为人的避难行为就将被正当化。

（二）二分说

该学说认为，紧急避难根据具体的内容具有正当化的紧急避难与免责的紧急避难的双重性质。该学说由黑格勒（Hegler）、戈尔德斯密特（Goldschmidt）、麦兹格（Mezger）、亨克尔（Henkel）、绍尔（Sauer）等主张，当前的德国刑法就是将此二分说进行了立法化。

德国刑法第34条（正当化的紧急避难）："为使自己或他人的生命、身体、自由、名誉、所有权或其他法益免受正在发生的无其他方法加以避免的危险而实施行为之人，当衡量相互冲突的利益即相关利益与急迫的危险程度能够认定被保护的利益在本质上优越于被侵害的利益时，不是违法的实施行为。但是，其行为必须是为避免危险而采取的适当的手段。"

德国刑法第35条（免责的紧急避难）："为使自己、亲属或其他与此具有密切关系者的生命、身体或自由免受正在发生的无其他方法加以避免的危难而实施违法行为之人是在无责任地实施行为。根据状况，尤其是行为人自己引起了危难或基于特殊的法律关系能够期待行为人甘受其危难时，不在此限。但是，即使考虑特殊的法律关系行为人也无法甘受危难时，依据第 49 条 1 项之规定减轻处罚。"

（三）结论

有见解基于单一说的立场认为韩国刑法上的紧急避难仅仅是正当化的
紧急避难。① 由于韩国刑法关于紧急避难的规定与德国的不同并没有采取
二分说，所以该见解认为在解释上采取二分说是没有道理的。在该见解
中，将把免责的紧急避难事例视为基于期待不可能性的超法规的责任阻却
的情况。

然而，应该依照二分说的观点解释韩国刑法第 22 条。② 这是因为，
二分说的观点不仅能够更加切合地说明紧急避难的本质，而且比起引入期
待不可能性这种超法规的责任阻却事由来解决免责的紧急避难事例更加合
理。

其区别是，应该将如下情况作为正当化的紧急避难：为了在法益的无
限制的利益衡量成为可能的异价值利益之间确保优越利益的情况，而将至
少不是为了在异价值利益之间确保优越利益的情况或者在同价值的利益之
间存在冲突的情况作为免责的紧急避难。而且，法条文上的"相当的理
由"在正当化的紧急避难与免责的紧急避难中也应该作不同的解释。在
前者情况中，意味着利益衡量上的严格的相当性；而在后者情况中则意味
着欠缺对规范一致行为的期待可能性。

三、紧急避难的正当化根据

关于正当化的紧急避难的根据，历来的通说采取法益（利益）衡量
说与目的说。即衡量相互冲突的两个法益或利益，当基于行为人所保护的
利益在本质上（明显的）优越于被侵害的利益时；同时从社会伦理的观
点能够将避难行为评价为是为正当目的的正当手段的使用时，紧急避难将
被正当化。

然而，有必要以社会秩序原理为基础将此进一步具体化。韩国刑法中
的紧急避难是把为避免自己或他人的法益遭受现实的危难而实施的行为作

---

① 金圣天、金亨俊，283 页；朴相基，176 页；李在祥，234 页；李炯国，184
页；任雄，211 页。

② 在韩国采取二分说的学者有裴钟大，307 页；孙海睦，473 页；申东云，277
页；李廷元，169 页；曹俊铉，206 页；陈癸浩，331 页。

为前提的。在与自己的法益保护相关联上，自我保护原理与利益衡量原理将成为正当化的根据；而在与他人的法益保护相关联上，连带性原理与利益衡量原理将成为正当化根据。只是这种正当化根据也应该在不侵害比例性原理与意思自律原理的范围内进行考虑。

四、紧急避难的基本构造

紧急避难是由紧急避难状况（对自己或他人的法益的现实危难）与避难行为（为避免而采取的相当理由的行为）构成的违法性阻却事由。

> 例如，为护送患者擅自使用他人自家用车的行为、或者烧毁传染病患者的衣物的行为、或者为到医院给急诊患者进行手术的医生违反单行线的交通规则逆向驾驶车辆的行为等即是。

紧急避难事例中所表现出的共同的基本构造，在能够判明如下四点时，侵害行为才被正当化：

（1）被保护的利益与被侵害的利益必须要相互对立；（2）被保护的利益面临现实的危难；（3）这种危难的阻止必须要侵害他人的法益；（4）利益衡量的结果被保护的法益必须优越。

五、成立要件

（一）紧急避难状况

1. 自己或他人的法益

能够成为紧急避难保护对象的是自己或他人的所有法益。既然是基于法律所保护的利益，未必要局限在刑法上所保护的法益。这点与正当防卫的情况是相同的。因此，不仅是生命、身体、自由、名誉、财产，而且稳定的事业或劳动条件等也能够包含在具有紧急避难适格的法益概念中。在更广的范围上，也能够把比较衡量成为可能的义务包括在这里所说的法益概念中。

他人意味着自己以外的所有自然人或法人等的总称，所以他人的法益中不仅包括个人的法益甚至原则上还包括社会的、国家的法益。在这点上，与仅限于保护个人法益的正当防卫是不同的。

2. 现实的危难

（1）危难的概念　危难是指具有发生法益侵害可能性的状态。在紧急避难中所说的危难并不同于刑法上一般所使用的危险概念。危险犯中的具体的危险是程度高的危难，在这里没有发生结果只是偶然的情况；相反，在紧急避难中由于危难是决定是否允许采取救助措施的概念，所以即使极其低程度的危险性的存在也是充分的。

（2）危难的原因　不问及危难的原因。无论是基于人的行为还是基于动植物的原因所引起，抑或基于战争状态或自然现象等天灾地变的原因所引起，在所不问。而且，也不要求危难必须是违法的或不当的。即使针对适法的危难，紧急避难也是可能的。这点也与正当防卫不同。在违法或不当的危难的情况下，不仅能够成立正当防卫而且也不妨碍成立紧急避难。

（3）危难的现实性　危难必须是现实的。现实的危难是指接近于发生损害的状态，即能够预见到马上或即刻就要发生法益侵害的情况。虽然损害的发生尚未处于直接现存的状态，但稍迟一点就会无法避免危难或面临更大的危险时；或者虽然已经发生了侵害但如此进行放置就存在增大损害的危险时，存在现实的危难。正当防卫中的攻击的现实性意味着直接迫近或即刻开始这点上，是与紧急避难中的危难的现实性相区别的，后者的范围要比前者更为宽泛。

继续性危难（Dauergefahr）也成为现实的危难。继续性危难是指危险状态长时期的持续或反复的同时每次都能够预见相同损害的情况。例如具有塌崩危险的建筑物或危险的精神病患者的出入等即是。

（4）危难的判断标准与时期

① 判断的标准　是否存在现实的危难应该以包括行为人的特殊知识在内的、具有能够解决成为问题的矛盾状况的适格的专家的判断为基准。如果专家的知识也不能够提供任何帮助作用时，应该依据作为行为人所属社会的理性观察者的法官的判断来决定，而不是单纯把避难行为人的主观作为基准。

② 判断的时期　危难的判断时期是比避难行为提前的某一时点（ex ante），而不是事后的裁判时（ex post）。应该在此时点上客观地预测将来是否存在危难。这种判断的标准与时期叫做"客观的、事前的标准"（Objektiver ex-ante Maβstab）。①

---

① 　Roxin, § 16 A Rdn. 12.

（二）避难意思与避难行为

避难行为在主观上必须要具有为避免危难的目的即避难意思，在客观上必须要具有对此所必要的具有相当理由的行为。前者是主观的正当化要素，后者是避难的补充性与均衡性问题。

（三）具有相当理由的行为的第一要素：避难的补充性

与正当防卫的防御行为不同，在紧急避难中应该在侵害被害者法益之前事先采取为避免危难的其他可能的措施。即只有在如果不依据该当避难行为就无法另外避免危难的情况中，才能允许作为最后手段使用避难行为。而且，在为避免危难的方法上，必须要选择在最小限度内损害被害者法益的最轻微的手段（相对最小侵害原则）。例如，能够妨碍驾驶程度醉酒的医生在能够利用出租车的情况下，即使为急诊患者的手术驾驶自家用车的过程中肇事，也不能以紧急避难被正当化。

与防卫行为不同，之所以在避难行为中要求严格的补充性，是因为在紧急避难中将侵害与危难之引起无关的第三者的法益。

【判例】　血蚶养殖场的渔民要求停泊于该养殖场附近的船舶的船长移动该船舶。但是船舶的移动不仅需要得到许可而且还要花费许多费用，因此没有移向其他海面。在这当口，船舶遭遇台风。船长为阻止船舶遇难不得已抛锚，结果船舶被台风推向附近的养殖场使其遭受了损失。在这种危急的状况中，如果为船舶与船员的安全采取了能够认定为是在社会通念上最为适当的、必要不可或缺的措施，那么作为紧急避难将不具有违法性，也不成立财物毁损罪（大法院判决1987 年 1 月 20 日，85 DO 221）。

（四）具有相当理由的行为的第二要素：避难的均衡性

在紧急避难中，被保护的利益与被侵害的利益之间应该具有均衡性。该均衡性的探讨则需要利益衡量。利益衡量的结果，被保护的利益必须要在本质上优越于被侵害的利益。

1. 利益衡量的观点

在紧急避难中，历来主要重视法益衡量。从刑法第 22 条 1 项规定的法条文上来看，法益衡量是最为重要的比较因素。然而，需要注意的是，法益衡量只不过是比其更为包括性的利益衡量的部分要素而已。因此，利益衡量应该在相互冲突的法益之外，甚至还要考虑围绕具体事案所存在的所有情况。

（1）法定刑的比较 在利益衡量中，法定刑的比较将成为重要的要素。如果比较杀人罪与堕胎罪的量刑，就可以得知立法者把人的生命进行了高于胎儿生命的评价（大法院判决 1976 年 7 月 13 日，75 DO 1205）。甚至，为救助某人生命，违反死者家属的意思在刚死亡的尸体中摘取肾脏进行移植手术的情况中，如果比较杀人罪（第 250 条 1 项）与尸体毁损罪（第 161 条 1 项）的法定刑，就能够得出生命优先于死者家属对尸体完整性的爱慕感情的结论。然而，这种观点在一般上并不是通用的。

（2）法益的价值 在利益衡量中具有重要意义和作用的是法益的价值。法定刑的范围当然也是与法益的价值关系相关的重要的补充资料。而且，刑法所保护的法益要优先于一般行政规则或秩序罚所保护的法益。人的生命、身体、自由、名誉等人格价值优先于所有权、财产上利益这种财产性法益。此外，人的生命、身体的保护将成为比人的其他人格价值如自由、名誉等的保存更为优越的利益。

（3）法益侵害的程度 在具体的利益衡量中，也存在得出与法益的抽象的价值关系相矛盾的结论的例外事例。即在法益的价值之外，在具体的冲突状况中威胁法益的侵害程度也能够成为利益衡量的重要资料。例如，人身自由在抽象的价值关系中是要比财物的所有权更高的法益，但是为阻止非常大的财产上的损害在几分钟的短时间内的剥夺自由，是能够基于紧急避难被正当化的，从而不成立监禁罪（第 276 条 1 项）。

甚至，在法益相互间不能进行任何本质性的价值区别时，法益侵害程度也能够成为利益衡量的重要要素。例如，在相同的财产利益相互冲突时，具体的损害的大小将成为衡量的重要标准。①

（4）生命与生命的衡量 由于生命是每个人只能拥有一次的至高的价值，所以不成为衡量的对象。这是因为，宪法上所保障的人的尊严与价值说明了在法律面前所有人的生命均是等价的，不可能存在生命价值的等次。

"人的生命是无法衡量的法益"这种命题同样适用于所谓的危难共同命运体（Gefahrengemeinschaft）的情况，即处于共同危难的数人为避免全部死亡，则通过使其中部分人死亡的方法拯救其他人生命的情况。例如，

———————

① BGHSt 12, 299.

将同一绳索绑在身上一同攀岩的两登山人，在一人坠落之际，另外一人为避免一起坠落通过切断绳索牺牲他人来使自己安全的情况中，并不能阻却避难行为的违法性。只是存在考虑期待不可能性的免责的可能性。

　　　　人的生命不能依据其生存余生或价值来进行等次的评价这点并不意味着人的生命在紧急避难中不能成为所有衡量的对象。在所谓的防御性紧急避难（Defensivnotstand）中，故意的杀人也能够基于紧急避难被正当化。

　　（5）危险发生的程度　发生法益侵害的危险的程度在利益衡量中也应该成为考虑的对象。例如，某自家用车司机在高速公路上发现前面行驶中的货车后轮间夹有大石头，为将此警告给前面的货车司机，违反高速公路主行速度的规定超车的情况，也将基于紧急避难被正当化。这是因为，货车在行驶中因石头崩出而发生无法预期的重大损害的危险的程度，要比暂时违反限速规定的危险更大一些。同样，为把煤气中毒者送往具备氧气呼吸器的医院进而超速行驶的司机，也成立紧急避难。但是，相反在将事故被害人急速送往医院途中诱发新的交通事故使他人受害时，不能成立紧急避难。

　　（6）自律性原理与人的尊严性的保障要求　在引起侵害个人法益的紧急避难尤其是将侵害与危难引起无关的第三者法益的攻击性紧急避难（Aggressivnotstand）的情况中，其法益享有者的自我决定权即自律性将为利益衡量提供重要的观点。在单纯的法益衡量中，只要被保护的法益比被侵害的法益价值高，就能够被正当化。但是，与危难之引起无关的第三者却是因避难行为不仅遭受到了财产上的损害甚至自律性的意思决定之自由也遭受到了侵害，所以只有在被保护的法益具有比被侵害的法益无法比较程度的更大的价值时，才能够被正当化。尤其是，因避难行为侵害到被害者作为人的尊严价值时，法益衡量自身便成为不可能，紧急避难也不能被正当化。

　　例如，为救助生命危在旦夕的人质的生命，通过严刑拷问被逮捕的人质犯来获取人质的所在，作为正当化的紧急避难是不被允许的。因为，即使是救助生命的目的，虐待人质犯的身体仍旧是侵害作为人的尊严的行为。这种情况由于严重地侵害了被害人（人质犯）的自律性与作为人的尊严性，所以即使是救助生命的目的，法益衡量自身也是不被允许的。

　　基于相同理由，即使为救助生命的目的，违反第三者意思造成其重大身体伤害时，也不能被正当化。例如，为救助肾病患者的生命，违反某人的意思摘除其身体内的一个肾脏进行移植手术，即使挽救了患者的生命，也不能作为紧急避难被正当化。虽然生命的价值大于肾脏的价值，但相当于严重侵害当事者人格权的强行移植肾脏的行为作为违反自律性原理的行为，是不能成立紧急避难的。

结果，自律性原理与人的尊严价值在正当化的紧急避难中具有作为利益衡量的限制要素的作用。①

在韩国，一般不是在利益衡量的观点而是在作为相当性要素之一的手段的社会伦理适合性这一观点中构建自律性原理的。即认为，即使是为保护更大的利益，如果不把人作为目的而是将其视为单纯的手段从而侵害到自律性的话，结局将成为侵害人的尊严性，进而也就不能成为将紧急避难行为进行正当化的适合的手段。②

强制采血是否也作为违反自律性原理始终被排除在紧急避难之外？

在德国的通说与1962年政府草案的立法理由中，认为强制采血不仅是强制他人的自由权及其具有责任的伦理性自我决定，而且还是将其身体的一部分作为虽然是有益却是其他目的的单纯的手段，结局侵害到的是人的尊严。因此，当稀有血型的人拒绝向急需这种血型来挽救生命的血液患者输血时，法律不能对此加以强制。即使在韩国一般也认为，强制采血欠缺手段的适合性，进而不符合正当化的紧急避难。③

然而，如果强制采血是救助患者生命不可欠缺的手段而且无法通过其他方法即刻输入其血液，那么在自律性原则之前考虑利益衡量就成为可能。因为，虽然关于自身身体的自律性决定是更高的价值，但却不是在所有价值衡量中占据优越地位的绝对价值。人是一种自律性存在的同时，也

① 相同见解，陈癸浩，339页。

② 金圣天、金亨俊，293页；朴相基，181页；孙冻权，172页；李在祥，239页；任雄，214页；郑盛根、朴光玟，253页。

③ 金圣天、金亨俊，293页；朴相基，181页；孙冻权，172页；李在祥，239页；任雄，214页；郑盛根、朴光玟，253页。

是一种与他人共同生活的连带性存在。

（7）自招危难的情况　对紧急避难状况的诱发具有责任的人，同样允许其援用正当化的紧急避难。宾丁（Binding）基于"主动自招危难的人应该付出其代价"这种严肃主义否认了对有责的招致紧急避难状况进行正当化的可能性。然而，既然想把紧急避难作为不幸来侵害他人的法益，那么至少不是以意图性故意或未必故意自招危难的人，是能够援用正当化的紧急避难的。

例如，因不注意酿成交通事故的司机害怕受到愤怒的作为相对方的被害人的暴行，进而为加以避免暂时逃离了事故地点时，逃逸车辆司机的加重处罚规定之侵害（特许法第 5 条之 31 项）或道路交通法违反，就能够基于紧急避难被正当化。

《参考》如果是直接遭受被害者的暴行或即将面临暴行，正当防卫也将成为可能；但如果不是这种状况如只是具有遭受暴行的危险性的状况，实施紧急避难就将成为可能。

自招危难中的责任也是利益衡量中所考虑的对象。由于利益衡量不仅把抽象的价值关系而且还把具体事案中的利益的保护价值作为问题，所以招致紧急避难状况之人的责任应该包含在避难行为的利益衡量中。因此，基于意图性挑拨行为的自招危难即使以避难所要保护的自身利益在本质上具有优越性，也不能被正当化。甚至在基于未必故意的挑拨行为引起自招危难的情况中，避难行为人事先有计划的设想了危难及其从该危难中所派生的法益侵害性危难时，并不允许实施紧急避难。在自招危难中具有责任的避难行为人的行为即使以紧急避难被正当化，试图在其具有责任的先行行为中推导出刑事责任的所谓原因上不法的行为（actio illicita in causa）原则也如同正当防卫的情况一样，同样不能适用于紧急避难的情况。

【判例】　为强奸就寝中的被害人，在伸出手的瞬间，用手捂住了因惊吓大声喊叫的被害人的嘴。针对被害人咬手指的反抗，在拽出手的过程中弄断了被害人的牙齿。这种因针对行为人犯行的反抗行为而发生的对被害人的伤害行为，不能视为是刑法上的紧急避难行为（大法院判决 1995 年 1 月 12 日，94 DO 2781）。

（8）特殊的义务地位　韩国刑法第 22 条 2 项规定，对于不得逃避危难的责任者不适用紧急避难。这些人作为所谓具有特殊的义务地位之人，如军人、警官、消防员、医生、护士、船员等，是指在履行其职务时当然负有比一般人更高的危难甘受义务的人。也有不在正当化的紧急避难中明示这种特别规则而是将其纳入到免责的紧急避难的立法例（德国刑法第35条2项）。尽管如此，见解上一致认为，即使在正当化的紧急避难中也应该同样考虑关于该特殊义务地位的规定。

这些特殊义务者在大多情况下即使为保护或救助财产性价值也不得不忍受自身生命与具体的危险。这种危险忍受义务当然仅仅是指不得逃避危险的义务，而绝不是牺牲义务。因此，对于这些人并不是绝对地排除适用紧急避难。只是与职务履行上所要求的义务履行相关联，在一定限度内与普通人相比限制其避难行为的相当性。例如，当对这些人的死亡或重大的身体伤害的危险确实时，即使不顾特殊的义务地位没有排除危险而单纯加以逃避，也能够以紧急避难被正当化。

（9）攻击性紧急避难与防御性紧急避难的情况　根据为脱离危难的避难行为所侵害的法益享有者是谁，可以分为攻击性紧急避难与防御性紧急避难。攻击性紧急避难（Aggresivnotstand）是指避难行为人为从危难中救助自己或他人的法益，侵害与其危难无关的第三者的法益的情况。这种情况作为紧急避难的一般之例，在其解决上没有特别问题。防御性紧急避难（Defensivnotstand）是指避难行为人为从危难中救助自己或他人的法益，将诱发危难的当事者作为牺牲者侵害其法益的情况。紧急避难的一般情况是攻击性紧急避难。

通过侵害诱发者本人的法益避免基于此人诱发的危难，符合防御性紧急避难。这是因为不是现实的违法攻击，所以对其的防御不可能是正当防卫，因此只能评价为防御性紧急避难。例如，为救助产妇的生命使胎儿死亡的情况，为阻止因在积雪路面打滑冲进人行横道的汽车所采取的防御措施致使司机死亡的情况，或者因为稍微迟疑防御就将成为不可能或相当困难，所以对于所预见的攻击以预防措施进行阻止的所谓预防性正当防卫（Präventiv-Notwehr）的情况即是。

在防御性紧急避难的情况中，即使是本质上并不具有很高价值的法益在利益衡量中也将被评价为优越的价值。因为，没有必要优待危险的诱发者。甚至，防御性紧急避难者为避免对生命或健康的威胁，给危难诱发者造成重伤或在极端的情况中将其杀害，也能够基于紧急避难被正当化。

2. 被保护利益的本质性优越

在韩国，历来认为即使在被保护的利益与被侵害的利益相同时，也具有相当性。① 但近来多数见解根据德国刑法第 34 条中的被保护的法益"在本质上"要比被侵害的法益"优越"（wesentlich überwiegt）的规定，纷纷主张被保护利益的"本质性优越"。

然而，不能把被保护的利益应该在本质上优越这句话理解为其在质上或量上具有很高的优越。这是因为，在衡量所有情况之后被保护的利益具有比被侵害的利益更加受到保护的价值时，其保护的价值虽然没有达到很高的程度，也能够被正当化。因此，被保护利益的本质性优越意味着利益的价值优越性应该"没有怀疑余地的"（zweifelsfrei）明确。②

在德国，一般见解认为，德国刑法第 34 条的"本质上"这一用语揭示了仅以利益衡量的结果不能被正当化的立法者的明确意思，是以法的安定性为基础的。因此，不是没有多大用处的。

（五）具有相当理由的行为的第三要素：手段的适合性

避难行为是否必须是为避免危难的适合性手段？虽然也有将此点进行明文规定的立法例（德国刑法第 34 条后段），但也有全然忽视的见解。③ 也有见解认为，其只具有提示法适用者在进行利益衡量时应该加以特别注意的统制条项（Kontrollklausel）的机能。④ 在韩国，一般把手段的适合性作为判断紧急避难之相当性的独立要素来进行说明。⑤

然而，没有必要像利益衡量原则那样也把适合性原则视为评价具有相当理由的行为的独立的、积极的构成要素。这是因为，为避难的适合手段

① 南兴佑，187 页；郑荣锡，136 页；黄山德，166 页。

② Dreher/Tröndle，§ 34 Rdn. 8；Jescheck/Wekgend S. 362；Roxin，§ 16 A Ⅲ，Rdn. 77～78；Sch/Sch/Lenckner，§ 32 Rdn. 45.

③ Sch/Sch/Lenckner，§ 34 Rdn. 46；Baumann，S. 360 f.

④ Hirsch，LK § 34 Rdn. 79；Krey，ZRP 1975，S. 98.

⑤ 金圣天，金亨俊，293 页；裴钟大，313 页；孙冻权，172 页；孙海睦，484 页；申东云，283 页；李在祥，239 页；李炯国，188 页；任雄，214 页；郑盛根、朴光玖，253 页；曹俊铉，208 页。

的范围极其广泛，因此避免危难的行为在结果上被认定为"适合性"的可能性是相当大的。① 相反，在适合性要求与自律性原理、人的尊严性保障要求相结合时，正如在前述中所考察的那样，将其把握为限制利益衡量的要素更为合理一些。适合性原则通过与自律性原理及人的尊严性保障要求相结合提示法适用者慎重进行利益衡量，同时还具有确证如下一点的机能：即不能将人的尊严或正义自身纳入利益衡量的对象之中进行相对化。② 因为，人的尊严或正义自身具有在任何情况下都不能成为为其他目的的手段或贬低为辅助性价值程度的绝对价值。

从沿革上来看，德国刑法第 34 条前段是以法益衡量说为根据的，相反对此进行补充的其后段的适合性条款是以目的说即"应该是为在法上得到认可之目的的适合性手段"这一原理为基础的。然而，德国刑法第 34 条前段并不只是法益衡量的观点而是包括性的利益衡量的观点这种主张已经得到确定的今天，关于后段的适合性条款是否还有另外存在的必要则存在着见解上的分歧。

（六）避难意思（主观的正当化要素）

避难行为是以避难意思为基础的。法条文将此表述为"为避免危难的行为"。避难意思是指以危难状况的认识为根据进而追求、实现避难目的的意思。仅以单纯的状况之认识或单纯的动机是不够的。然而，具有避难意思的某行为人即使同时还具有其他的动机或目的也不妨碍避难意思的成立。这点与防卫意思的情况相同。

六、效果

充足要件的避难行为将成立紧急避难，所以即使符合不法构成要件也因阻却违法性而不受处罚。因此，不允许对此进行正当防卫。但是再次实施紧急避难却是可能的。例如，在小巷中被疯狗追赶的甲因没有逃脱的路不得已闯进了乙的店铺，看见此种情况的乙因为自己店铺的窗户、商品等

---

① 相同指摘参见裴钟大，314 页。因此，裴钟大教授认为适合性要求难以在法治国家角度上限制避难行为，所以又重新以必要性原则限制着手段。

② 相同见解：朴相基，180 页。

具有破损的危险性，就在此瞬间将甲推出了店铺，致使甲被疯狗咬伤。这种情况，甲的行为是紧急避难，同时乙的行为也符合防御性紧急避难。

七、避难过当

避难过当是指避难行为超过相当性程度的情况。避难过当不是违法性阻却事由。根据情况只减轻或免除刑罚（第 22 条 3 项、第 21 条 2 项），或成为因免责而不被处罚的事由（第 22 条 3 项、第 21 条 3 项）。因为，避难过当只是责任减轻或免除事由，所以将在责任论中详加探讨。

八、错误问题

避难行为人基于错误没有认识到客观存在的危难状况进而实施行为时，应该类推适用不能未遂；相反，基于错误没有正确认识到客观上不存在的危难状况进而实施行为时，即在假想紧急避难的情况中将根据构成要件类推适用说阻却故意并认定过失责任。这点与假想防卫的情况相同。

九、与紧急避难相类似的情况

存在所谓类似紧急避难状况的问题。类似紧急避难状况作为正当化的紧急避难的限界事例，包括例如正当化的义务冲突、轻微的利益间的冲突、在侵害生命的紧急避难状况中牺牲无生存希望的人等。[1] 对此，有见解主张，应该将此情况视为紧急避难的特殊情况，进而在韩国刑法体系上依据紧急避难的规定加以解决。[2]

德国在 1975 年刑法修正时，将历来认定为超法规的正当化事由的做法实定化为刑法第 34 条的正当化的紧急避难。韩国刑法并不是在第 22 条紧急避难中而是在第 20 条正当行为中的"其他不违背社会常规的行为"中将超法规的正当化事由进行实定化的。因此，不应该将这种法形象构建为紧急避难的一种，而是应该构建为不违背社会常规的行为的一种。

---

[1]　Roxin，§ 16E Rdn. 12.

[2]　将双重义务的冲突视为紧急避难的特殊情况是韩国多数说的立场。金圣天、金亨俊，284 页；裴钟大，326 页；孙冻权，176 页；申东云，284 页；李在祥，245 页；郑盛根、朴光玟，256 页；陈癸浩，344 页。相反，将此视为正当防卫之一种的见解有：安铜准，121 页；任雄，217 页。

第六节　自 救 行 为

一、序说

（一）自救行为的意义

自救行为（Selbsthilfe）是指一旦请求权受到侵害的人在其之后处于不可能受到国家权力的保护或极其困难的紧急状况时，为恢复或保全其权利直接行使私力的情况（第 23 条 1 项）。民法上将此称为自力救济或自助。

如果绝对禁止正当权利者的自救行为，那么就不能适时地得到国家机关的保护，而且即使在此之后能够得到这种保护，也存在权利救济的实现已经不可能或极其困难的情况。在这种紧急状况下，承认自救行为是符合正义与公平的理念的。

（二）与正当防卫、紧急避难的区别

1. 类似点

（1）正当防卫、紧急避难与自救行为存在如下几个类似点：都是在紧急状况中实施的紧急行为，各自都以主观的正当化要素为必要，必须是具有相当理由的行为。

（2）自救行为作为针对不法侵害的请求权保全行为，在不正对正的关系上与正当防卫相类似。

2. 差异点

（1）正当防卫与紧急避难是针对现实的侵害或危难而实施的事前的紧急行为，自救行为是为实现已经遭受侵害的请求权而实施的事后的紧急行为。

（2）正当防卫与紧急避难以侵害或危难的急迫性为必要，自救行为则以不能即刻得到国家公权力的帮助的急迫性与请求权的行使不可能或行使明显困难的急迫性这种双重的急迫性为必要。

（3）正当防卫与紧急避难能够为所有法益的保护而实施，因此即使为保护他人的法益也能够实施。但是，自救行为仅局限于自己请求权的实现。

（4）自救行为将严格适用补充性原则。但是，在正当防卫中并不要求严格的补充性原理；在紧急避难中虽然要求利益均衡性与最小牺牲的原

理，但却不以对公权力救济的补充性为必要。

（5）与要求现实的急迫性的正当防卫与紧急避难相比，只要求事后的急迫性的自救行为相对来说相当性有些弱。

二、自救行为的法律性质

违法性阻却事由具有为解决社会矛盾状况的刑事政策性机能，所以其始终以事后的利益调整为目的，而不以积极的权利赋予为目的。因此，自救行为不可能是权利行为。

作为违法性阻却事由的自救行为虽然是私人主动保全自己权利的行为，但因具有在无法得到国家权力之帮助的例外性紧急状态中代行国家权力的行为性质，所以被正当化（多数说）。

三、自救行为的成立要件

自救行为是由自救行为状况（无法基于法定程序保全请求权的情况）与自救行为（为避免请求权的行使不能或明显的行使困难的、具有相当理由的行为）构成的违法性阻却事由。

（一）自救行为状况

1. 请求权

（1）请求权的意义　请求权是要求他人实施一定行为（作为或不作为）的私法上的权利。主要是指债权，但也包括占有恢复请求权或所有物返还请求权这种物权的请求权。甚至还包括婚外出生子的认知请求权（民法第863条）或夫妻相互间的同居请求权（民法第826条）这种身份法上的请求权。

（2）请求权的范围　虽然有见解认为应该限定在财产上的请求权中，但没有必要局限于此。因此，不仅包括债权或物权的请求权，而且还包括在无体财产权、亲族权、继承权等中产生的请求权。然而，由于只把保全可能的请求权作为保护对象，所以不可能恢复原状的生命、身体、自由、贞操、名誉等的权利就不能被包含在请求权的范围之内（大法院判决1969年12月30日，69 DO 2138）。

（3）请求权的归属主体　请求权必须是自己的请求权。因此，为他人请求权的救济行为不是自救行为。但是，从请求权者中得到自救行为之实行的委任时，可以视为自救行为。例如，旅馆主人让服务员抓回没有支付宿费而逃跑的客人时，服务员的行为就属于自救行为。

　　※ **注意**：作为基于法令的行为而符合正当行为的占有者的自力救济不仅适用于直接占有者，而且还适用于占有辅助者。但是间接占有者由于并不直接支配物品，所以没有必要对其加以适用。

2. 对请求权的不当侵害

（1）不当的侵害　虽然法条文中没有明示该要件，但必须要具备针对请求权的不法或不当的侵害。可以与正当防卫的"不当的侵害"作相同的解释。因为两者均是不正对正的关系。

　　《**参考**》自救行为的侵害并不是指不法的侵害行为而是指不法的侵害状态。这是因为，自救行为是事后救济行为的缘故。如果是不法的侵害行为即刻要实施的状况或是现实继续实行中的状况，那么符合事前紧急行为的正当防卫就成为可能。一旦侵害行为实施完了，形成恢复原状义务的不履行状态时，正当防卫状况将转化为自救行为状况。

（2）成为问题的事例

① 盗窃被害人的夺回财产行为

（Ⅰ）在现场追赶盗窃犯人夺回财物的情况　即使是犯罪在形式上达到既遂，只要法益侵害在现场是继续的状态，就能够将其视为现实的不当的侵害，因而实施正当防卫就将成为可能。多数说将此种情况的夺回财物与此所伴随的加害行为整体视为正当防卫。[①] 然而，盗窃的被害人再夺回财物的行为自身并不是基于窃取或强取的故意或违法领得的意思实施的，所以难以评价为符合刑法上构成要件的行为。因此，既然只对在再夺回财物的过程中所伴随的暴行、胁迫、伤害等的加害行为认定相当性，作为正当防卫阻却违法性的见解是可取的。[②]

（Ⅱ）盗窃的被害人在经过相当时日之后夺回其盗品的情况　这种情

---

　　① 裴钟大，333 页；李在祥，252 页；李炯国，研究 Ⅰ，307 页；任雄，223页；郑盛根、朴光玟，206 页；陈癸浩，352 页；黄山德，157 页。

　　② 也有见解认为，盗窃被害人的财物再夺回行为不符合盗窃罪的构成要件，所以只要能够认定所伴随的暴行、胁迫、伤害等的加害行为具有相当性，就应该视为是不违背社会常规的正当行为的一种（金日秀，韩国刑法 Ⅰ，580 页）。然而，为防御对保护法益的现实的不当侵害而实施的行为，比起一般规定将其评价为正当防卫是正确的。

况将根据被害人是被盗品的所有者还是单纯的占有者而出现不同情况。被盗品的所有者在经过相当时日之后偶然发现其被盗品的持有者而实施夺回的情况，成立自救行为。然而，如果盗窃被害人是占有者，即使没有保护法益自身的侵害，由于存在外在的占有侵夺行为，所以视为刑法第 20 条正当行为中不违背社会常规的行为为宜。

当夺回盗品时存在暴行、胁迫、伤害等的加害行为时，如果加害行为是具有相当理由的行为且被盗品夺回行为是自救行为，那么也应该将加害行为解释为自救行为；当被盗品夺回行为是正当行为时，则应该将加害行为解释为正当行为。

（Ⅲ）犯人的逮捕行为 当犯人是现行犯人或准现行犯人（刑诉法第 211 条）时，因为是现行犯人逮捕（刑诉法第 212 条），所以将根据刑法第 20 条正当行为中的依据法令的行为被正当化。此外，偶然发现不是现行犯人的犯人并加以逮捕时，只有在其是为保全请求权的具有相当理由的行为时，才能依据自救行为被正当化。

② 针对拒不退出者的强制退出行为 主张针对基于不作为的法益侵害只能够实施自救行为的立场将此种情况视为自救行为。然而，在正当防卫中没有理由必须把不当的侵害视为基于作为的积极的侵害。因此，将此视为现实继续中的不当的法益侵害进而认定为正当防卫是妥当的。

3. 不能依据法定程序保全请求权

（1）法定程序 法定程序是指像各种权利保护制度或民事诉讼法上假扣押、假处分这种能够基于保全程序、警察管理或其他国家机关受到法律救济的所有手段或程序。

（2）不能保全请求权 自救行为只能限于在基于上述的法定程序不可能保全请求权时，才被允许实施。自救行为的允许是针对基于公权力的法定程序内的权利保全的例外。即必须要具有不可能正常保全请求权程度的紧急状况。这就是自救行为的补充性。

（二）自救意思与自救行为

1. 自救意思（主观的正当化要素）

行为人必须要认识到请求权的行使不能或明显的行使困难的状况并以避免的意思实施行为。

2. 请求权的行使不能或行使困难

自救行为是为避免请求权的行使不能或行使困难的行为。因此，首先必须要具有请求权的行使不可能或明显困难的状况。虽然基于法定程序的救济是不可能的，但由于确保了对债权的人的、物的担保权因而具有行使请求权的可能时，不允许实施自救行为。请求权自身的行使虽然不是不可能但明显困难时，允许实施自救行为。

3. 自救行为的手段

刑法第 23 条并没有明示自救行为的手段。解释上可以引入德国民法自力救济中所列举的物品夺回、破坏、损伤、义务者的逮捕或排除抵抗等。此外还可以附带考虑强要、监禁、侵入住宅、暴行、伤害等手段。

但是，由于自救行为是为避免请求权的行使不能或明显行使困难的行为，所以单纯为避免证明上的困难而实施行为不是自救行为。这是因为，自救行为始终是请求权的保全手段，而不是充足手段。

【判例 1】   被告人与妓女商定嫖资为 10 马克并支付了 10 马克。妓女在做完准备后坚持再增加 10 马克否则不同意进行性行为，随即被告人抓住妓女的辫子强要其交出 10 马克并得到了返还。这时，被告人担心如果被警察发现妓女一口否定的话将会导致证明上的困难，便实施了为返还钱款的暴行。德国联邦最高法院认为，为避免证明上的困难而实施的自救行为是不被正当化的（BGHSt 17, 331）。

【判例 2】   被告人作为酒馆老板有从某客人处要回相当于 20 马克酒费的账目。某一天，在路上偶然遇见该客人的被告人与其同行者一起边抓住客人的手臂边从其口袋中抢夺了 15 马克。德国联邦最高法院认为，即使是充足自救行为要件的情况，其行为也应该局限在债权保全上，而不是通过主动行使处分权来获取执行的满足。因此，物品或金钱的独自取得并不能基于自救行为被正当化（BGHSt 17, 89f）。

【判例 3】   石膏贩卖商虽然向画廊提供了货物，画廊主人却在没有支付价款的情况下关闭画廊之后逃之夭夭。被告人随即在夜间用事先准备好的螺丝刀撬开画廊的门悄悄拿走了画廊主人的东西。不能认为这种强制性债权催缴目的的物品拿取行为是自救行为，反而从行为手段与方法上来看，能够认定为盗窃的故意（大法院判决 1984 年 12 月 26 日，84 DO 2582）。

（三）具有相当理由的行为

自救行为必须具有相当的理由（相当性问题）。相当性是指在客观上依照社会常规当然能够被允许的性质。其基准应该考虑权利侵害行为与行为人的性质、救济手段的性质与顺序、救济行为人的性质、法益的大小、急迫性的程度及其他在法秩序整体立场上所看到的诸多情况等。

自救行为为保全请求权应该在必要的范围内行使。然而，即使是这种情况，也应该考虑行为时的具体的情况选择给相对方造成最为轻微损害的最小限度的请求权保全方法。

如果自救行为将造成比请求权的保全利益更大的损害进而形成明显的不均衡时，不允许实施自救行为。此外，如果请求权保全行为在社会伦理上不被容许或符合权利滥用，也不能成立自救行为。

但是，针对具有取得权利的财物或财产上的利益，当存在请求权的保全不能、行使不能或明显的行使困难的情况时，即使为其请求权的保全使用了暴行、胁迫、诈欺、恐吓等手段，也能够视为具有相当理由的自救行为。

四、效果

一旦成立自救行为，便阻却违法性，从而不成立犯罪。因此，针对自救行为不能实施正当防卫。如果义务者不忍受自救行为以暴力进行防御，其自身就成为现实的不当侵害，对此实施正当防卫是可能的。

五、过当自救行为

过当自救行为是指自救行为超过相当性程度的情况（第23条2项）。过当自救行为不是正当化事由而是基于责任减轻的刑的减免事由。但是，在过当自救行为的情况中，与紧急避难不同并不准用关于防卫过当的刑法第21条3项，因此并不依据自救行为人主观状态的如何而另行免除责任。

六、错误问题

基于错误没有认识到客观上存在的自救行为状况进而实施行为时，应该类推适用不能未遂；基于错误没有正确认识到不存在的自救行为状况进而实施行为（假想自救行为）时，仍然应该依据构成要件类推适用说认定过失责任。

第七节　推定的承诺

一、序说

（一）推定的承诺的意义

推定的承诺（Mutmaβliche Einwilligung）是指虽然没有被害人的现实的承诺，但如果被害人知晓行为当时的所有客观情况，能够推定其当然作出承诺的情况。例如，为阻止因邻居的水管破裂造成的房屋损害，翻墙过去关闭水阀门的情况；医生为救助无意识的伤者的生命而实施的手术等情况即是。

《参考》曾经一个时期运用民法上的事务管理理论来解决推定的承诺问题。但自麦兹格（Mezger）将推定的承诺引入到违法性阻却事由中以来，判例也对此给予了支持。

（二）概念上的区别

1. 与被害人承诺之间的区别

两者的区别在于，推定的承诺没有现实性的承诺，而被害人承诺具有现实性的承诺的意思表示。

2. 与正当化的紧急避难之间的区别

推定的承诺与紧急避难的类似点在于，遭受法益侵害的法益主体的假定的意思是与客观的利益衡量的结果相一致的。然而，两者的区别点在于，推定的承诺辅助性的或暂定性的考虑客观上优越的利益的观点，而紧急避难重点考虑客观上优越的利益的观点。

二、推定的承诺的构造性质

（一）视为紧急避难之一种的见解

即把推定的承诺视为正当化的紧急避难的见解。早先，威尔滋尔主张推定的承诺的主要的正当化根据并不是基于被害人承诺的一般性的利益放弃，而是为被害人利益的积极的行为。进而将其视为以利益冲突与利益衡量为基础的紧急避难的一种。

然而，该见解受到了忽视两者间存在的构造上的差异这种批判。

（二）视为被害人承诺之一种的见解

该见解认为推定的承诺与被害人承诺相类似。① 该见解由麦兹格所主张。麦兹格认为，在能够解释为如果被害人完全认识到事态便作出承诺这种情况中，能够依据利益欠缺原理将推定的承诺像存在被害人现实性承诺那样进行处理（承诺替代说）。

然而，将推定的承诺替代为现实的承诺或在其延续线上进行理解是不正确的。

（三）援用事务管理的见解

该见解依据民法上的事务管理规定来认定违法性阻却事由。早先，海波尔把虽然没有被害人承诺但为被害人利益或依据推定的承诺干涉其法益的情况视为推定的承诺的同时，在民法上的事务管理规定中寻求了其正当化的根据。是把紧急避难与被害人承诺相结合的观点。

然而，从刑法的补充性的法益保护的任务上来看，是不妥当的。

（四）视为独立的违法性阻却事由的见解

该见解认为，推定的承诺既不是被害人承诺也不是紧急避难，而是独立的违法性阻却事由。② 在能够为正当化事由广泛提供所必要的诸种观点上，目前受到了广泛的支持。

（五）私见

除在韩国刑法上被实定化的各个违法性阻却事由以外，能够在超法规上被认定的违法性阻却事由只能全部作为第20条"社会常规"中的正当行为被正当化。如果是这样，立足于被容许的危险原理的推定的承诺这一违法性阻却事由，也将此视为不违背社会常规的正当行为的一种是妥当的。③

---

① 朴相基，195页；裴钟大，357页。

② 金圣天、金亨俊，313页；安铜准，132页；李廷元，196页；李在祥，265页；李炯国，研究Ⅰ，370页；任雄，236页；郑盛根、朴光玫，285页。

③ 相同见解：李基宪，《推定的承诺》，《刑事判例研究》（6），1998年版，123页。

三、推定的承诺的类型

（一）在被害人的生活领域中存在利益冲突的情况（为他人利益的情况）

该种情况是指在被害人的权利或法益领域中发生了危险但无法期待被害人的措施，结果只能通过外部的介入才能够加以解决的事例。总之，是为他人的利益侵害其法益的情况。

> 医生为不能再耽搁的意识昏迷的重患者进行手术的情况，妻子在丈夫出差时打开丈夫的信件处理丈夫的紧急事宜或者为修复主人在旅行中的邻居家的破裂的水管，侵入其住宅的情况等即是。

该类型虽然与紧急避难之间存在类似点，但在如下几点上是与紧急避难相区别的：即该当利益归属于相同的人，基于原本没有被邀请的第三者作出选择，法益主体的推定的意思将成为决定性基准。

（二）能够推定被害人为行为人或第三者放弃利益的情况（为自己利益的情况）

该种情况是指被害人遭受侵害的利益轻微或考虑到与行为人之间的信赖关系能够视为被害人放弃自己利益的事例。

> 为赶火车时间不得已随机骑走好朋友的自行车的情况，家庭主妇事先把丈夫打算处理掉的旧衣服赠给乞丐的情况，在水果丰收之年孩子们在他人的果树下随意拣拾果物的情况，到亲戚家做客未经允许吃客厅茶几上的糖果或吸茶几上的烟的情况即是。

四、成立要件

（一）与现实的被害人承诺相共同的要件

1. 作为被害人的法益主体应该具有能够处分法益的能力。被害人的处分能力可以由代理权者代理。
2. 作为对象的法益在性质上是处分可能的。

3. 即使是推定的承诺，承诺也应该存在于行为时。不承认事后的承诺。仅以期待以后的承诺的行动，并不成立推定的承诺。

4. 基于推定的承诺实施的行为不得与法令相抵触或违反社会伦理。

（二）推定的承诺所特有的要件

1. 推定的承诺的补充性

只有在不可能取得现实的承诺时，才允许进行推定的承诺。这就是推定的承诺的补充性要求。

"不可能"并不意味着被害人的拒绝，反而是指因无法克服的障碍无法适时的取得被害人承诺的情况。因此，医生对一时昏迷后因重新恢复意识进而能够恢复其健康的重患者实施手术，就不构成推定的承诺。

※ **注意：** *应该区别推定的承诺与默示的承诺。因为，默示的承诺属于现实的承诺的一形态。例如，在路边报刊亭中的卖报人暂时离开亭子之际，放下 300 韩元拿走一张日报的行为就不是推定的承诺而是作为现实承诺之一例的默示的承诺。*

2. 推定的意思的确定基准

承诺的推定必须是在客观评价所有状况之后如果被害人知晓行为的内容或承诺是可能的话肯定作出承诺是非常明确的情况。这叫做对被害人真实意思的假定的盖然性判断。[1] 为确定承诺的客观的推定，进行如下分类考察为宜。

（1）为他人利益的行为　这种情况，推定的承诺的条件将根据如下状况而不同。

① 是与事物相关联的决定的情况　行为人在客观上依据明显的事态决定法益侵害行为时，原则上将判断为具有对推定的意思的盖然性。因此，被害人本人的个人见解如何在假定的盖然性判断上并不重要（例如水管的紧急修理）。

在是与事物相关联的决定（Sachgebundene Entscheidung）的情况下，即使行为人不知晓曾存在法益主体的反对意见这种情况，也可以认定为推定的承诺。只要客观的利益衡量的结果，是为法益主体的明显优越的利益实施的行为，便认定推定的承诺。

---

① Roxin, FS-Welzel 1974, S. 453.

② **是与人相关联的决定的情况** 行为人在考虑人的特别的事由或极其个人的交情之后决定法益侵害行为时，原则上将判断为没有对推定的意思的盖然性。在这种情况中，被害者本人的个人的见解如何在对被害人真实意思的假定的盖然性判断中是重要的。因此，在存在被害人同意法益侵害的特别的事由时，能够作为例外认定推定的承诺。

例如，惩戒父母外出中的他人家的孩子的情况中，只有在即使日前其父母外出前也分明说出了如果自家孩子还这样淘气可以给我进行打骂这种话，因此行为人知晓其父母的训育原则的情况下，才能够作为例外认定推定的承诺。也同样适用于开启他人信封的情况中。

在是与人相关联的决定（Persönlichkeitsgebundene Entscheidung）的情况中，如果行为人不是把能够存在法益主体的赞同意见这种特别的事由作为念头实施的行为，就不能援用推定的承诺。

③ **实存性决定的情况** 在与他人的生死相关联的重大的状况中，行为人决定实施作为救助生命的手段的侵害他人法益的行为时，原则上存在对推定的承诺的盖然性。例如，为救助因自杀未遂而昏迷的重患者，进行对身体有重大影响的手术的情况即是。

在实存性决定（Existentielle Entscheidung）的情况中，如果行为人对不具备能够表现自我意思的现实能力的患者实施了救助生命的手术行为，就将认定推定的承诺。

（2）为自己利益的行为 在行为人为自己的利益实施行为的情况中，做与"是与人相关联的决定的情况"相同的处理即可。例如为赶火车时间任意骑走他人自行车的情况，只要不是具有被害人能够同意法益侵害的特别事由的情况，就不能认定推定的承诺。具体的事由是指具有个人上的很深的交情或特殊的信赖关系的情况。

【判例1】   在不动产所有权纠纷中为使诉讼向有利于自己的方向发展组建了以自己为会长的宗亲会，并作成了将作为纠纷对象的自己长男所有的林地赠与给宗亲会为内容的决意书，并在此决意书上记载了由自己的弟弟、侄子等构成的宗亲会6名会员的名字。在该决意书制作当时，行为人的弟弟们承诺了决意书的制作，而就其余部分并不存在明确具体的委任或承诺其制作的事实。之后，行为人随意盖上事先刻好的6名会员的印章伪造了一份关于事实证明的决意书，并将此决意书提交给了郡厅公务员。平时，宗亲会的所有案件均由行为人与其兄弟们进行决意并赋诸实施。为实施依据这种通常惯例所决定的事项任意以宗亲会员名义制作文书，就此点来看，虽然行为人的宗亲会决意书之制作行为事前没有得到部分会员的承诺，但却是在相信行为人的儿子或侄子们如果知晓该事情当然会进行承诺的前提下实施的行为。因此，存在对行为人的行为认定推定的承诺的余地（大法院判决1993年3月9日，92 DO 3101）。

【判例2】　被解雇的职员平时以复职协议或工会活动的名义从公司警卫室中获得出入证明并进出公司的过程中，由于发生劳资纠纷在工会会员占据公司的状况下出入了由工会干部无端占据并设置的工会临时办公室。如果是这样，将因违反公司方的意思或推定的意思构成建筑物侵入罪。将平时解雇职员的公司的出入视为仅限于在公司业务正常运转情况下与复职协议等相关联的必要范围内的出入是相当的。因此，出入工会临时办公室的行为是违反公司方的意思或推定的意思的（大法院判决1994年2月8日，93 DO 120）。

《参考》此外，还可以设想如下情况：被害人因法益侵害所受到的损害与如果没有这种侵害在行为人身上所要发生的损害之间存在巨大差异，因而被害人方的损害轻微但行为人方的损害重大的情况。这种情况并不是以推定的承诺加以解决的问题，而是应该将其视为正当化的紧急避难或不违背社会常规的情况。

五、审查义务与错误的问题

有见解认为，当行为人推定被害人的承诺时，必须要对所有的情况进行良心上的审查。甚至也将此称为推定的承诺的主观的正当化要素。①

然而，不把良心上的审查视为推定的承诺的构成要件是妥当的。因为，良心上的审查问题大部分能够融入到在前面所言及的推定的承诺的确定基准中进行判断。而且，与其使良心上的审查要求发挥当没有此良心上的审查时当然否定主观的正当化要素这种机能，不如使其发挥如下机能更为妥当一些：当行为人对推定的承诺的前提事实产生错误时，如果存在良心上的审查，即使不具备正当化的客观条件，也将排除行为无价值从而在

---

① 朴相基，196页；裴钟大，349页；安铜准，134页；李在祥，267页；李炯国，206页；任雄，237页；郑盛根、朴光玟，287页；陈癸浩，370页。

整体上阻却行为的违法性。因此，没有必要将对推定的承诺状况所进行的良心上的审查视为为正当化的原则性前提条件，只是在解决对推定的承诺状况的错误问题时，将其视为需要特别考虑的事项即可。①

如果依据此立场，设想应该能够存在推定的承诺而实施行为之人即使在没有进行良心上的审查的情况下实施了行为，只要事实上存在能够认定为推定的承诺的其他情况，就能够被正当化。虽然不具备推定的承诺的条件，但如果行为人错误地认为条件具备的话，将成为假想的推定的承诺。这种情况，行为人如果存在良心上的审查，将会不问及错误问题能够在整体上排除违法性进而被正当化；如果不存在良心上的审查，将探讨对客观的前提事实的错误成立问题。

如果探讨客观的前提事实的错误问题，则应该依据法效果限制的责任说虽然成立构成要件故意但认定为过失责任。相反，在行为人没有慎重的考察客观上存在的推定的承诺的状况，进而基于错误在没有认识到的情况下实施行为时，将成立不能未遂。

六、效果

如果认定成立推定的承诺，将依据刑法第 20 条正当行为的规定阻却违法性。将此按照被害人承诺之一种进行处理是不妥当的。

第八节 正 当 行 为

一、序说

（一）意义

正当行为是指在法共同体内依照支配性的法确信或社会伦理具有在一般上被认可的价值的行为。韩国刑法第 20 条将此规定为："依照法令的行为或业务上的行为、其他不违背社会常规的行为"。即使符合构成要件，如果符合上述事由就将成为正当行为进而阻却违法性。

如果说韩国刑法上的正当防卫、紧急避难、自救行为等是特殊的、个

---

① 相同见解参见郑盛根、朴光玟，210 页。该教授在 287 页中的论述与 210 页的论述不同，进行了如下相反的论述：在推定的承诺中良心上的审查将成为主观的正当化要素。

别的违法性阻却事由，那么正当行为就是具有一般的、包括的性质的违法性阻却事由。韩国刑法通过规定这种正当行为将所有可能的超法规的正当化事由转变为了法规的正当化事由。

（二）构造

正当行为包括依照法令的行为、业务上的行为、其他不违背社会常规的行为。关于这三种行为之间的关系，韩国的通说认为是以不违背社会常规的行为为核心的，依照法令的行为或业务上的行为不过是例示而已。

当然，不违背社会常规的行为无疑在违法性阻却事由中是最具包括性的、最终的正当化事由。因此，某种法益危害行为即使不成立正当防卫或紧急避难的事由，也应该最终性地探讨是否成立不违背社会常规的行为，进而确定是否构成不法。在依照法令的行为或业务上的行为的情况中也是相同的。然而，不能因为不违背社会常规的行为是包括性的、最终性的正当化事由，就甚至包括基于正当行为其他两要素的法令与业务的行为。反而应该理解为正当行为中所列举的三种构成要素各自具有独立的意义、机能与范围。

（三）正当行为的法律性质

关于正当行为的法律性质存在如下多种见解。

1. 构成要件符合性排除事由的见解

该见解认为，正当行为原本就是适法行为，而且作为有无违法性判断之前的问题是不符合构成要件的行为。因为该见解认为，在逻辑上无法使适法行为符合构成要件。

2. 构成要件排除事由及违法性阻却事由的见解

该见解认为，刑法第 20 条所包摄的范围过于宽泛，其中既包括符合构成要件但只阻却违法性的情况又包括在社会常规上原本就不存在构成要件符合性问题的情况。

3. 违法性阻却事由的见解

该见解认为，正当行为对符合构成要件的行为只阻却违法性而已。这是韩国压倒性的多数说。

4. 结论

将其视为违法性阻却事由的多数说立场是妥当的。将正当行为视为对暂时符合构成要件的行为只阻却违法性的正当化事由，更符合体系上的要求。

二、正当行为的正当化根据

使正当行为成为正当化事由的根据是整体法秩序的理念或善良的风俗、其他社会秩序的观点。即当依照法秩序整体的理念或善良的风俗、其他社会秩序的观点能够容忍具体的构成要件符合行为时，将阻却违法性。这实际上是最终决定实质的违法性与适法性的评价尺度。将此具体化的个别的基准就是利益或义务的衡量、目的的正当性与手段的相当性、急迫性、补充性等。这些基准的具体适用实际上是关于正当行为各构成要素的解释问题。

【判例】　为能够认定某一行为符合正当行为，其行为必须要具备动机或目的的正当性、行为的手段或方法的相当性、保护法益与侵害法益的法的均衡性、急迫性、在其行为之外没有其他手段或方法的补充性要件（大法院判决 1999 年 4 月 23 日，99 DO 636；1986 年 9 月 23 日，86 DO 1547）。

※ 注意：正当行为是在违法性判断中具有甚至包括所有超法规的违法性阻却事由的总括性质的违法性阻却事由。而且，由于时常接触实质的违法性的内容与界限，所以在违法性阻却事由的探讨中也时常具备补充性与严格性。

三、依照法令的行为

（一）意义

依照法令的行为是指行使法令所规定的权利或履行其义务及执行法令的行为。法治国家通过所制定的法令规定所有产生权利或义务的生活设施，并通过对其的执行保护法的安定性、预见可能性及对法的一般人的信赖。

可以将此分为"法令上要求的行为"与"法令上容许的行为"。

《参考》这里的法令不仅包括实定法律，而且还包括具有管辖权的机构所制定或公布的一般性的、抽象的法规与行政命令等。产生权利或义务的法律除刑法、民法、行政法之外还包括刑事诉讼法、民事诉讼法等所有实定法律等。条例或习惯法这种法源则属于业务上的行为或其他不违背社会常规的行为。

※**注意 1**：但是，这里所说的法令仅指韩国的法令或依据韩国的法令被认定为具有国内法效力的外国法的规定。

※**注意 2**：在存在法令上的冲突时，在宪法→法律→命令→规则这种一般的法阶段之外还应该根据"对一般法的特别法优先原则"与"对旧法的新法优先原则"进行调整。

（二）法令上要求的行为

法令上要求的行为是指即使其行为是符合构成要件的法益侵害行为，也强制受范者实施的行为。因此，法令上要求的行为一般排除被禁止的法益侵害行为的违法性从而确保正当性。属于这类行为的有公务执行行为、命令服从行为、精神病患者监护行为等。

1. 公务执行行为

（1）意义 公务执行行为是指公务员为履行基于法令所要求的职务，行使法益侵害的强制力的情况。因为职务履行自身符合法令的执行，所以也可能与业务上的行为相竞合。

（2）实例

① 刑法之例 有与刑的执行相关联的死刑执行（第 66 条）、自由刑的执行（第 67 条、第 68 条）、财产刑的执行（第 69 条）、劳役场留置（第 70 条）等。此外还有保安观察法上的保安观察处分（保安观察法第 4 条）及治疗观察法上的治疗监护处分（治疗观察法第 6 ~ 16 条）、保护观察处分（治疗观察法第 32 条）。

② 刑事诉讼法之例 有与检事或司法警察的强制搜查处分相关联的紧急逮捕（刑诉法第 200 条之 3）、羁押（刑诉法第 201 条）、现行犯人逮捕（刑诉法第 212 条）、扣押·搜查·勘验（刑诉法第 215 条）等，与法官的强制处分相关联的羁押（刑诉法第 70 条）、扣押·搜查（刑诉法第 106 ~ 112 条）、勘验（刑诉法第 139 条）、对传唤不到的证人的拘传（刑诉法第 152 条）、鉴定上必要的处分（刑诉法第 173 条）等。

③ 其他 有民事诉讼法上的执行官强制执行时的强制力使用权（民诉法第 496 条），依据关于集会及示威的法律的管辖警察署长或地方警察

厅长的集会或示威的时间与场所的限制（关于集会及示威的法律第 8 条），警察职务执行法上的不审检问（该法第 3 条）、保护措施（该法第 4 条）、犯罪的预防与制止（该法第 6 条）、手铐或警绳或警棍等警械用具的使用（该法第 10 条）、催泪弹的使用（该法第 10 条之 2）、武器使用（该法第 11 条），军人作战履行中的行为，战争中军人的战斗行为，基于宪兵武器使用令的宪兵的武器使用（该令第 3 条），税法上的各种强制处分，行政代执行法上的代执行（该法第 2 条）等。

（3）作为正当行为的要件

① 公务执行必须是正当的。首先，公务执行必须要在职权的事务管辖范围内进行。而且，只要没有如同刑事诉讼法第 210 条（司法警察管理的管辖区域外的搜查）这种特别的规定，必须要在区域内进行。

② 公务执行必须要符合作为其根据之规定的法令的形式要件，而且要依据适当的程序进行。

③ 公务执行行为必须要依据必要性与比例性的原则。如果没有充足此要件，就将成为职权滥用进而不会排除违法性。

④ 公务执行时，没有必要存在防卫意思或避难意思这种主观的正当化要素。只要具有是以公务员资格履行职务的认识即可。

2. 命令服从行为

（1）意义　即使是针对相关命令的服从行为，如果具有法令上的根据，就将成为依照法令的行为。例如军人服务规则第 3 章第 2 节、检察厅法第 7 章 1 项或国家公务员法第 57 条就规定有这种命令与服从关系。因此，针对基于法令上的根据所下达的适法的上级命令进行服从的行为，将成为正当行为而阻却违法性。

（2）服从具有约束力的违法命令的行为　命令即使具有违法性，其也具备约束力。既然命令具有约束力，受令者必须要服从。对这种服从具有约束力的违法命令的行为如何进行处理，存在着见解上的分歧。

① **虽然违法但免责的见解**　该见解认为，依据违法命令的，就是违法的行为。依据无法违抗的命令的行为只阻却责任。这是韩国的通说①与判例②的立场。当具有约束力的命令是重大的违法时，该见解是妥当的。然而，在轻微的违法时，是否应该断定为违法是存在疑问的。

---

① 朴相基，145 页；裴钟大，255 页；孙冻权，203 页；孙海睦，415 页；李在祥，270 页；任雄，183 页；郑盛根、朴光玟，213 页。

② 大法院判决 1961 年 4 月 15 日，4290 刑上 201。

② 阻却违法性的见解 该见解认为，因为具有服从义务的命令接受者具有履行命令的义务，所以援用所谓的义务冲突，当对上级命令的服从义务比对一般的法秩序的服从义务重大时，命令服从行为将被正当化。具有约束力的命令是轻微的违法时，该见解是妥当的。但是，在重大的违法时，是否也能够阻却违法性是存在疑问的。

③ 结论 应该区分命令的违法性轻重进行考察。认为即使是具有约束力命令，当违法性轻微时，也将阻却违法性的见解是妥当的。因为，这种情况存在义务间的冲突，所以有必要从违法性评价的观点出发进行慎重的衡量之后进行正当的调节。①

然而，在韩国刑法解释上却不能把服从具有约束力的违法命令的行为看做是依照法令的行为。因为这种情况是作为义务与不作为义务相冲突的情况，所以视为正当化的紧急避难的一种更为妥当一些。在基于命令服从的利益在本质上并不优越只是稍微优越的情况中，应该从免责的紧急避难的观点出发探讨是否能够阻却责任。

相反，在具有约束力的命令的违法性重大时，以免责事由进行处理是妥当的。这种情况应该探讨因免责的紧急避难或免责的义务冲突或期待不可能性而产生的超法规的免责的可能性。

(3) 服从没有约束力的违法命令的行为 不仅不阻却违法性而且也不阻却责任（通说·判例）。对于这种命令服从行为，实施正当防卫将成为可能。不能认定命令的约束性的情况是把基于命令使其实施刑法上的犯罪行为或明显侵害人的尊严性作为内容时（大法院判决 1967 年 1 月 31 日，66 DO 1581；1966 年 1 月 25 日，65 DO 997；1955 年 1 月 28 日，4287 刑上 230）。

【判例】 公务员在履行其职务时，上级没有职权命令部下职员实施犯罪行为等违法行为；部下职员虽然具有服从所属上级的适法命令的义务，但是命令如果是让其对以参考人身份被传唤的人实施残酷行为等是明显违法或不法的命令时，就不能称之为职务上的命令，也没有服从的义务。即使搜查团的搜查官必须绝对服从上级的命令是绝对的不成文规定，但从禁止侵害作为国民基本权的身体自由的拷问行为等我国的法秩序角度来看，不能把拷问致死这种依据重大且明显的违法命令的行为作为正当行为或被强逼的行为进而认为其是符合不具

① 相同见解参见孙海睦，415 页。

有对适法行为的期待可能性的情况（大法院判决 1988 年 2 月 23 日，
87 DO 2358）。

3. 精神病患者监护行为

在法律上或契约上具有保护精神病患者义务之人怠慢其监护致使精神
病患者在屋外任意徘徊时，将受到一定的处罚。因此，监护义务者必须要
实施法律上要求的监护行为。该行为虽然约束精神病患者的自由而且监禁
其身体，但被认定为正当行为。

（三）法令上容许的行为

即使是刑法上禁止的行为，但在刑诉法或此外的其他法令明确表示允
许时，将被正当化。例如私人逮捕现行犯人的行为、占有者的自力救济、
学校校长等的惩戒行为、劳动争议行为、母子保健法上的堕胎行为等即
是。

1. 私人逮捕现行犯人的行为

任何人即使没有令状也可以逮捕现行犯人（刑诉法第 212 条）。虽然
搜查公务员逮捕现行犯人的行为是公务执行行为，但私人逮捕现行犯人的
行为作为所谓的"为了官方的行为"在法令上是例外地被允许的。这里
的为了官方的目的要素相当于超过的主观的正当化要素。

【判例】　被告为阻止损害其车辆并意图逃跑的被害人逃跑，抓
住其脖领加以摇动给被害人造成了需要 2 周才能完全治疗程度的胸部
擦伤。这种情况作为现行犯逮捕行为符合正当行为（大法院判决
1999 年 1 月 26 日，98 DO 3029）。

2. 惩戒行为

（1）意义　惩戒行为是指能够看做为法令上所容许的惩戒权的适当
行使的行为。惩戒权作为为维持特殊的人际关系或特殊的共同体内的秩序
而依据法令所认定的制裁手段，是与国家为统制犯罪一般上所科处的刑罚
等刑事制裁相区别的。

在正当行为中成为问题的惩戒行为分为伴随公务员职务执行行为所容
许的情况与对一般人所容许的情况。作为前者之例有：初·中等学校校长
在教育上必要时能够对学生行使的惩戒或处罚（初·中等教育法第 18
条），少年院长在保护少年中能够对纪律违反者科处的训诫或谨慎的惩戒

（少年院法第 15 条）等。作为后者之例有：亲权者为保护或教养子女而实施的惩戒（民法第 915 条），监护人作为代行亲权对未成年者实施的惩戒（民法第 945 条、第 948 条）等。

（2）惩戒权的适用与界限

① 父母的惩戒权与体罚　一般地容许父母作为训育目的对子女实施体罚。在这里，训育目的是超过的主观的正当化要素。瑞典在 1979 年制定了禁止父母拥有惩戒权的法律。受此影响，在德国也有部分人提出家族法上父母的养育权中应该完全排除体罚权。然而，父母的体罚权发展至虐待子女程度的情况是极其例外的。而且，刑法介入家庭内的事情反而违反刑法的补充性要求。

② 学校校长的惩戒权与体罚　判例的立场认为，韩国初·中等教育法第 18 条中规定的学校校长的惩戒权中甚至包括体罚权。① 然而，初·中等教育法施行令第 31 条将初·中等教育法第 18 条的惩戒权具体明示为"学校内的服务、社会服务、特别教育履修、退学处分"的权限。应该通过将这些条文进行目的论上的限制解释进而认为学校校长的惩戒或处罚中不包括体罚。②

③ 少年院院长等的惩戒权　也将少年院法上认定的少年院院长的惩戒权局限在训诫、谨慎的惩戒上进而否认包括体罚的解释是妥当的。以前，存在根据所谓特别权力关系理论甚至认可对基本权的过度制约的倾向，但目前已经基于法治国家理论几乎克服了特别权力关系理论。

（3）成为问题的情况

① 对他人子女的惩戒权　无论何种理由都不认可对他人子女的惩戒权。这是因为，父母的惩戒权是作为亲权者所具有的一身专属的权限。因此，即使以民法上的事务管理理论或所谓的公共利益为根据，也不能违反亲权者的意思代为行使惩戒权。但在能够视为存在父母的推定的承诺的情况中，能够作为例外给予认定。

② 惩戒权的委任问题　惩戒权是一身专属的权利，因此，原则上不得委任或代理。然而，亲权者可以委托或暂时让渡给具有特别信赖关系或

---

① 大法院判决 1976 年 4 月 27 日，75 DO 115。

② 主张在法条文解释上学校校长的惩戒内容中无法包括体罚的见解有：朴相基，146 页；裴钟大，258 页；孙冻权，204 页；曹俊铉，185 页。但朴相基教授与孙冻权教授把学校中的体罚视为不违背社会常规的行为从而阻却违法性（朴相基，147 页；孙冻权，214 页）。曹俊铉教授也主张体罚肯定论（曹俊铉，185 页）。

保护关系的人代为自己行使惩戒权。例如父母外出时委托邻居如果自己子女过分淘气可以给予惩戒或者向幼儿园老师或家庭教师暂时让渡自己的惩戒权的情况即是。然而，不得在任何情况下解释为父母的惩戒权包括性的委任给了初·中·高校的教师。

3. 占有者的自力救济

韩国民法第 209 条①中规定的占有者的自力救济是具有无法被刑法第 23 条的自救行为所包含的独立要件的法制度。这是民法特别容许占有者代行国家权力的情况，所以是法令上容许的行为的一种。

4. 劳动争议行为

劳动三权，即劳动者的团结权、团体交涉权、团体行动权是宪法上的基本权。将团体活动具体化的法律就是"劳动组合及劳动关系调整法"。该法第 2 条 6 号规定："争议行为是指作为罢工、旷工、关闭厂房及其他劳动关系的当事者以贯彻其主张为目的实施的行为及与此相对抗的行为，阻碍业务正常运营的行为。"第 4 条（正当行为）则明确规定："刑法第 20 条的规定适用于劳动组合作为团体交涉、争议行为及其他行为为实现第 1 条之目的的正当的行为。但在任何情况下也不得将暴力行为或破坏行为解释为正当的行为。"

通说认为，依据宪法及劳动关系法的争议行为是依照法令的行为，所以阻却违法性。但应该认为，正当的争议行为虽然在外观上看似依照法令的行为但在内容上却是不违背社会常规的行为，因此被正当化。② 在劳动法学者中还存在主张这种情况原本就排除构成要件符合性的见解，但是存在疑问。

劳动者的争议行为的正当性具备如下条件时，方被认定（大法院判决 1996 年 1 月 26 日，95 DO 1959；2001 年 6 月 12 日，2001 DO 1012）：（1）主体作为团体交涉的主体必须是适合的主体；（2）目的必须是为促成为劳动条件之维持或改善的劳资间的自治交涉；（3）必须开始于雇佣者针对劳动者关于劳动条件改善的具体要求拒绝进行团体交涉时；（4）

---

① 韩国民法第 209 条（自力救济）规定：① 占有者针对不正侵夺或妨害其占有的行为，可自力对此进行防卫。② 在占有物被侵夺的情况中，是不动产时，占有者可在侵夺后即时排除加害者夺回此物；是动产时，占有者可在现场或进行追踪从加害者中夺回此物。——译者注

② 金日秀，《劳动者的争议行为与业务妨碍罪》，高丽法学，第 36 号（2001），39 页。

如果没有特别的情由，必须要经过组合人员的赞成决定及劳动争议发生申报等程序；（5）其手段与方法必须存在于不是伴随暴力或破坏行为的反社会行为的正当范围之内。

【判例】 争议行为不仅包括劳动者消极地拒绝或停止提供劳务的行为，而且还包括积极的为贯彻其主张进而阻碍业务正常运营的行为。因此，争议行为在本质上作为具有雇佣者的正常业务被阻碍的情况是不得已的行为，雇佣者具有对此加以忍受的义务。但是，劳动者的争议行为脱离正当性的界限时，不能免除劳动者的业务妨碍罪等刑事责任。（大法院判决 1996 年 2 月 27 日，95 DO 2970）。

《参考》劳动争议行为是劳动者为改善劳动条件和提高工资以团结之力为基础进行交涉并在交涉失败时对雇佣者所使用的最后的压力手段。因此，与劳动者的劳动条件等经济事项无直接关系的、为政治目的或意识形态的争议行为不是正当行为。而且，即使是为正当目的，其手段是暴力或破坏活动时，也不能成为正当行为。同时也不允许实施停止、废止或妨害正当维持或运营工厂、厂房及其他车间的安全保护设施的行为（劳动组合及劳动关系调整法第 42 条）。

5. 母子保健法上的堕胎行为

母子保健法第 14 条规定，（1）本人或配偶具有总统令所规定的优生学或遗传学上的精神障碍、身体疾病、传染病的情况；（2）因强奸、准强奸怀孕的情况；（3）法律上不能结婚的血亲家族或婚戚间怀孕的情况；（4）怀孕的持续因保健学上的理由严重侵害到母体的健康或存在侵害的危险时，医生可以在征得本人或配偶（也包括事实上的婚姻关系者）的同意进行人工堕胎手术。因此，基于此规定的堕胎行为作为依照法令所容许的行为阻却违法性（该法第 28 条）。

【判例】 妇科专家医生诊断为孕妇的持续妊娠存在侵害母体健康的重大危险而且也有产出畸形儿的可能性，遂不得已进行了堕胎手术，结果孕妇死亡。这种医生的母体健康维持与畸形儿产出防止目的的堕胎手术行为符合紧急避难乃至正当行为，所以不符合业务上堕胎致死罪（大法院判决 1976 年 7 月 13 日，75 DO 1205）。

6. 关于器官等移植法律上的脑死者脏器摘除行为

关于器官等移植的法律第 18 条 2 项规定,在脑死前本人已经同意且其家族或死者家属没有明确表示拒绝的情况,在无法确认脑死前本人是否同意的状况中其家族或死者家属同意的情况(但未满 16 岁者在其父母同意的情况),可以摘除脏器等。而且,该法律第 17 条规定,脑死者因脏器摘除死亡时,视为因脑死之原因的疾病或事故而导致的死亡。该规定并不是将脑死亡断定为死亡的时期。但是,即使因依此实施的脏器摘除手术导致的死亡,也应该认为作为依照法令所容许的行为阻却违法性。

(四) 其他依照法令的行为

基于传染病预防法第 4 条 1 项的医师或中医师的传染病报告义务、基于韩国马事会法第 6 条的乘马投票权出售行为、基于住宅建设促进法第 17 条的住宅彩票的出售行为等是依照法令所要求或容许的行为。因此,不符合业务上泄露秘密罪(第 317 条)或关于彩票的犯罪(第 248 条)。

四、业务上的行为

业务上的行为是指为正当履行职业义务及职业伦理而被合目的的要求的行为。原本,业务是指人们根据社会生活上的地位基于反复持续的意思实行的事务。该事务追求营利时,就是营业;是专门性的活动时,就是职业。

(一) 教师的惩戒行为及体罚

教师的惩戒权并不是亲权者或学校校长的惩戒权这种法律上所容许的权限。然而,至少在初·中·高校中以教育儿童或学生为业务的教师为实现有效的教育目的在所必要的范围内使用适当的惩戒手段,是能够被业务上的行为所包含进而被正当化的。例如使学生进行扫除、因让学生留下来补习致使很晚回家的情况、或者打手板的情况乃至跪罚或强制写检讨书的情况即是。在这里,教育目的是超过的主观的正当化要素。

问题是,教师能否对儿童或学生进行体罚。韩国的多数说①与判例②

---

① 刘基天,192 页;孙海睦,416 页;郑盛根、朴光玟,214 页;郑荣锡,144 页;黄山德,149 页;朴相基,147 页;孙冻权,214 页;任雄,184 页:主张教师的体罚作为不违背社会常规的行为成为正当行为。

② 大法院判决 1976 年 4 月 27 日,75 DO 115。

因把教师的体罚视为惩戒权的实施，进而采取了容许的立场。然而，在韩国初·中等教育法第18条与初·中等教育法施行令第31条的目的论解释上，应该认为体罚行为不能成为教师的惩戒行为。① 但是，教师的体罚在其是为教育目的所必要的最小限度的措施时，将作为业务上的行为被正当化。

【判例1】 依据教育法的规定，各学校校长在教育上必要时能够对学生进行惩戒或处罚。所以，中学校长职务代理者以训诫之目的对违反校规的学生打几个耳光的行为，这从监护教育上的角度来看作为惩戒的方法并没有达到能够成为社会观念上的非难对象程度的脱离社会常规，因此，将作为校长的惩戒行为成为正当行为（大法院判决1976年4月27日，75 DO 115）。

【判例2】 教师为惩戒初等学校5年级学生用木制指挥棒对臀部打了两下，学生因为疼痛屈膝并向外扭腰之际，又对腰部进行了殴打致使造成了痊愈需6周的伤害。这种惩戒行为的方法与程度已经脱离了教师行使惩戒权所容许的限度，因此不能视为正当行为（大法院判决1990年10月30日，90 DO 1456）。

（二）律师与神职者的职务履行行为

1. 律师的辩护活动

律师为被告人进行辩护活动属于正当的业务履行，因此，律师在法庭上进行辩护活动过程中，为辩护的必要揭示毁损他人名誉的事实或泄露在业务处理中所获得的他人的秘密时，虽然是在实施符合名誉毁损罪（第307条）或业务上秘密泄露罪（第317条）的构成要件的行为，也将成为业务上的行为阻却违法性。

2. 神职者的犯罪不告知

神职者通过告解圣事听取了他人的犯罪告白或秘密也不予以告发或表示沉默的行为，是业务上的正当行为。但是，积极的隐匿犯人或对其给予帮助就超出了业务行为的范围，因此不能将此作为业务上的行为进行正

---

① 相同见解，金圣天、金亨俊，252页；裴钟大，258页；李在祥，272页；陈癸浩，300页。

当化。

　　【判例】　天主教祭司给美国文化院放火事件后避难来的大学生提供了食品与避难资金，并在物色藏身处所的过程中对为逮捕而来的搜查官隐瞒了隐藏的事实且拒绝为新兵进行祷告。神职者的业务行为之所以作为不违背社会常规的行为被正当化并不是因为其是神职者的行为，而是因为承认其职务行为中具有正当性。虽然引导或训导犯罪者使其悔改是祭司的责任，但积极的提供藏身处所甚至避难资金的行为已经超出了其正当的职务范围，不能将此视为不违背社会常规的正当行为（大法院判决 1983 年 3 月 8 日，82 DO 3248）。

（三）医生的治疗行为

　　韩国历来的通说①与判例（大法院判决 1978 年 11 月 14 日，78 DO 2388）的立场主张，医生在实施治疗行为（尤其是外科手术）的过程中即使伤害到了他人的身体，只要主观上具有治疗的目的，客观上是依照医术（lege artis）实施的，就将作为业务上的行为，阻却违法性。

　　【判例】　妇科医生为产妇检查的结果，认为由于骨盆间距过于狭窄不能进行自然分娩，便使用了人工分娩机进而给产妇与胎儿造成了痊愈需 1 周的伤害。然而，如果使用人工分娩机通常存在这种程度的伤害，所以难以将其视为冒险使用人工分娩机所造成的结果。因此，不能视为超出医生的正当业务范围的违法行为（大法院判决 1978 年 11 月 14 日，78 DO 2388）。

　　对此，也存在将医生的治疗行为按照被害人承诺或推定的承诺的问题进行处理的见解②与判例（大法院判决 1993 年 7 月 27 日，92 DO 2345）。德国的学说与判例将医生的治疗行为作为被害人承诺或推定的承诺的问题来看待。

----

　　①　南兴佑，8 人共著，153 页；裴钟大，262 页；刘基天，193 页；郑荣锡，145 页；黄山德，152 页。
　　②　朴相基，149 页；任雄，188 页；郑盛根、朴光玟，219 页。

【判例】　从如果没有诊断上的错误当然应该得到关于子宫外孕方面内容的说明但实际上没有得到此说明的被害人处获得了手术承诺。但该承诺是以不正确的或不充分的说明为根据形成的，所以不能视为阻却违法性的有效的承诺（大法院判决 1993 年 7 月 27 日，92 DO 2345）。

想来，医生通常的治疗行为不是侵害患者的健康而是使其改善或恢复的行为。因此，在探讨是否欠缺基于有无被害人承诺的结果无价值之前就已经不存在伤害的故意，所以不符合伤害。即使没有治疗行为的效果，但只要是符合客观上的医术的治疗行为，也不成立过失。即应该认为，因欠缺行为无价值而排除构成要件符合性。①

但在如同手术这种能够引起重大结果的非通常的治疗行为中，却应该重视患者的意思或自我决定权。在手术之前，医生应该对患者履行关于手术过程、危险度的充分的"说明义务"，在此前提下患者应该主动决定是否同意进行手术。以患者之同意为基础的医生的手术行为作为被害人承诺将排除构成要件符合性或作为推定的承诺阻却违法性。

无许可的医生的通常的治疗行为在其是为恢复患者健康的行为时，也不能认定伤害的故意。但这种行为是持续反复实施的营业行为时，将作为医疗法第 66 条规定的无许可治疗行为进行处罚。这是医疗法的特别规制。

但是，医师、牙科医师、中医师、兽医师在没有经过药师之手直接调制治疗用的医药品时，其医药品的调制自身是业务上的行为。因此，虽然不是药师的人不能调制医药品（药事法第 21 条 1 项），但在这种情况中医师等的医药品之调制作为业务行为并不违法。

（四）安乐死

1. 积极的安乐死与消极的安乐死

安乐死（Euthanasie）一般是指为减轻无法康复的濒临死亡的重患者的痛苦，人为的提前生命的终期（积极的安乐死）或中断其可能的延长措施的情况（消极的安乐死或基于不作为的安乐死）。

此中，在从濒临死期的不治的患者中获得"患者的同意"，进而不采

---

① 相同见解，安铜准，138 页；李在祥，275 页；李炯国，170 页；陈癸浩，304 页。

取延长生命措施的消极的安乐死，作为不违背社会常规的行为将阻却违法性。这是通说的立场。相反，医生在没有患者的同意或违反其意思而没有采取延长生命的措施时，将承担基于不作为杀人罪的罪责。

至于是否允许实施缩短生命的积极的安乐死，存在着学说上的对立。首先，存在主张缩短生命的积极的安乐死绝对不能被正当化的见解，本书也支持这种见解。然而，通说立场认为，当具备如下日本名古屋高等法院判决中的6个条件：即（1）患者因不治之症濒临死期；（2）患者具有极大的痛苦；（3）实施是为缓解其痛苦之目的；（4）患者的意识明了时，需具有本人真挚的嘱托或承诺；（5）原则上由医师来实施；（6）其方法在伦理上能够认定为妥当的等时，安乐死将成为一种业务行为阻却违法性。①

然而，应该认为积极的安乐死在任何情况下都是违法的。虽然具有尊严死或慈悲死这种美妙的名称，但提前自然死亡时期人为地缩短生命的行为都是违法的。②

2. 真正安乐死与间接安乐死

此外，不伴有缩短生命的真正安乐死例如为解除临终的痛苦使用适当量的镇定剂或麻醉剂使其安然的自然死亡的情况，原本就不符合安乐死的问题。而且，间接安乐死的情况，即虽然存在导致缩短生命之结果的危险，但以缓解不治或难治患者濒死痛苦之目的进行处置（加大吗啡注射量等）的结果，基于其所预想的副作用引起死亡时，能够作为不违背社会常规的行为被正当化（通说）。

五、其他不违背社会常规的行为

（一）社会常规的意义

社会常规是指公正思维的平均人在健全的社会生活中认定为正确的正常的行为规则。判例定义为："法秩序整体的精神或存在于其背后的社会伦理或社会通念。"

【判例1】　刑法第20条规定的"不违背社会常规的行为"是指

---

① 刘基天，194 页；李炯国，研究Ⅰ，276 页；任雄，刑法各论，25 页；郑荣锡，162 页；郑盛根、朴光玟，291 页；陈癸浩，307 页。

② 相同见解，朴相基，152 页；裴钟大，267 页；李在祥，276 页。

依照法秩序整体的精神或存在于其背后的社会伦理或社会通念能够容忍的行为。某一行为是否作为不违背社会常规的正当的行为阻却违法性，应该在具体的情况中进行合目的的、合理的考察之后个别地判断。认定这种正当行为应该具备如下五种条件：第一，其行为的动机或目的的正当性；第二，行为的手段或方法的相当性；第三，保护利益与侵害利益之间的法益均衡性；第四，急迫性；第五，在其行为之外没有其他手段或方法的补充性（大法院判决 2001 年 2 月 23 日，2000 DO 4415）。

【判例2】 刑法上不处罚的不违背社会常规的行为是指即使是在法规定的用语上看似符合犯罪构成要件的情况中，只要能够认为其作为极其正常的生活形态之一种存在于历史上形成的社会秩序范围内，便阻却其违法性进而不能被处罚。而且，认识到某法所规定的作为处罚对象的行为从社会发展的角度来看是完全不违法的，而且达到能够认为其处罚不仅无价值甚至违反社会正义程度的情况时；或者依照国家法秩序所追求的社会目的价值，能够评价为是为实现此目的价值实施的具有社会相当性的手段时，才将此评价为不违背社会常规的行为（大法院判决 1994 年 11 月 8 日，94 DO 1567）。

刑法第 20 条后段通过规定"不处罚其他不违背社会常规的行为"，进而提示了正当行为的第三个构成要素。这里的其他不违背社会常规的行为是指依照法秩序整体的精神或其背后支配性的社会伦理原则上能够容忍的行为，即指认定为具有社会上的有用性或至少是不引起社会有害性的行为。

虽然具体的内容只能依照法秩序整体的支配性理念进行历史的、动态的规定，但在理论上重要的是，将此包括性概念具体化的个别性指导原理进行类型化的操作。

（二）与社会相当性的区别

社会常规具有通过将对此不违反的行为视为没有实质的违法性进而排除违法性的法的性质；与此相反，社会相当性作为"属于历史上形成的社会伦理共同生活秩序内的行为"的判断基准，具有构成要件符合性排除事由的法的性质。

即两者的区别点在于，社会相当性作为解释构成要件基本原理的一种，具有如下构成要件符合性的消极的一面：在判断构成要件符合性中通过否定行为无价值的成立排除行为的构成要件符合性。与此相反，社会常规具有如下不法的消极的一面：以行为的构成要件符合性为暂定的前提，在实质的违法性阶段中排除行为的违法性。

（三）社会常规的机能

社会常规与所有违法性阻却事由相比，是最终性的正当化事由，而且也是最具包括性的违法性阻却事由。如果想正确把握社会常规的机能，首先必须要消除韩国刑法理论中所通用的一个谬误，其就是，即使是所谓依照法令的行为或业务上的行为，在其违背社会常规时，将不阻却违法性的主张。这种见解是将依照法令的行为与业务上的行为视为不违背社会常规的行为的例示性规定的立场。① 然而，法令上的行为与业务上的行为是具有不同于社会常规的另外评价基准的正当行为的构成要素。一旦成立法令上的行为，就成为正当行为，而不是再行不得违背社会常规。② 即法令上的行为与业务上的行为是与社会常规相独立的规定，是并存要素。

不违背社会常规的行为是违法性评价的消极的排除原理，而不是积极的介入原理。社会常规作为解决社会矛盾最后手段的秩序原理，对积极的违法性评价具有自制原理的机能。意图通过将不违背社会常规的行为正当化，最小限度地确定实质违法性的领域，进而复归为自由社会原理的刑法原理就是社会常规。

（四）社会常规的判断基准

社会常规虽然在内容上与刑法中所列举的各个典型的违法性阻却事由之间存在竞合的一面，但其独自的机能就是，能够包括所有即使某构成要件行为不符合典型的正当化事由但却不能视为具有实质的违法性的情况在内的最终性的正当化事由的基准。在这里，作为不违背社会常规的行为的判断基准，有利益及义务衡量的原则、为正当目的的正当手段的原则等。

韩国大法院判决提示了将此更加具体化的判断基准（大法院判

---

① 例如南兴佑，154 页；朴相基，154 页；孙海睦，刑事法讲座Ⅰ，312 页；刘基天，195 页；李在祥，268 页；李炯国，研究Ⅰ，267 页；郑盛根、朴光玟，212 页；郑荣锡，143 页；黄山德，151 页。

② 相同见解，裴钟大，268 页。

决 1986 年 10 月 28 日，86 DO 1764；1983 年 3 月 8 日，82 DO 3248）。必须要具备如下要件：第一，行为的动机或目的的正当性；第二，行为的手段或方法的相当性；第三，保护法益与侵害法益之间的法益均衡性；第四，急迫性；第五，在此行为以外无其他手段或方法的补充性（大法院判决 1999 年 2 月 23 日，98 DO 1869；1999 年 1 月 26 日，98 DO 3029）。

【判例】 作为市场繁荣会的会长了解到部分店铺主违反了市场繁荣会所规定的商品陈列管理规定的事实之后，为确立市场机能对违反规定的店铺实施了断电措施。作为依据获得会员们同意而施行的规定为市场运营所采取的有效的规制手段，拒绝供给电气的行为不仅存在正当的事由，而且从诸多情由来看作为具有法益均衡性、急迫性、补充性的行为是具有社会通念上被容许程度的相当性的正当行为，所以不符合业务妨害罪。某一行为作为正当行为是否阻却违法性，应该依据具体的情况进行合目的的、合理的考虑。认定正当行为需具备如下要件：第一，其行为的动机或目的的相当性；第二，行为手段或方法的相当性；第三，保护利益与侵害利益之间的法益均衡性；第四，急迫性；第五，此行为之外无其他手段或方法的补充性（大法院判决 1994 年 4 月 15 日，93 DO 2899；相同旨趣的判例有大法院判决 2004 年 8 月 20 日，2003 DO 4732）。

这种基准，结果不过是确认公正思维的平均人在健全的社会生活中原则上认定为正确的到底是何物的秩序原理。因此，应该在与现实的各个事例相关联确定价值合理的、目的合理的判断类型中寻求能够适用于问题解决的基准。

（五）适用对象

1. 义务冲突的情况

（1）义务冲突的意义 义务冲突（Pflichtenkollision）是指义务者虽然具有同时应该履行的两个以上的作为义务，但义务者只能履行其中某一个义务，而不能履行的其他义务将成为符合构成要件的可罚行为的情况。例如，因交通事故造成致命伤的两重患者虽然被送往附近的医院，但由于该医院只有一台人工心肺机只能治疗其中一重患者的情况；或者在发生火灾的高层住宅中，被火焰包围的房中有三个子女的父亲只能用两臂抱住其中两个孩子躲避的情况。

与此相反，有见解认为在作为义务与不作为义务相冲突的情况中也能够认定义务冲突；也有见解认为，义务冲突没有必要必须是对法上的作为义务的侵害甚至包括更为广泛的义务冲突的情况。但是，义务冲突只是作为义务间相互冲突的问题。① 这是因为，义务冲突原本作为不作为犯的特殊情况，将作为义务的侵害作为问题。

相反，作为义务与不作为义务（法的命令与法的禁止）的冲突将根据一般性的正当化原则尤其是正当化的紧急避难被正当化。如果医生为从传染病中保护其他患者（命令履行：承受关系中的保证人义务）泄露业务上的秘密（侵害第 317 条的禁止），就将基于正当化的紧急避难行为被正当化。这是因为，其基于泄露行为保护了比秘密更加优越的生命或身体这种利益。然而，在法益是同价值时，不作为义务将优先于作为义务。当只有通过积极的杀害他人才能救助自己孩子的生命时，杀害他人将不被正当化。只是根据情况能够免责而已。

(2) 法律性质 义务冲突区分为正当化的义务冲突与免责的义务冲突。正当化的义务冲突是法定义务间的义务冲突问题，而免责的义务冲突并非必须是法定义务间的冲突，而是法定义务与非法定义务间的冲突问题。尤其是，后者作为超法规的免责事由之一例，属于责任论领域的问题。因为，行为人在特殊的身份或地位上通过根据自己个人的信念或宗教上的确信使非法定义务优先，进而引起了义务冲突，这时无法期待行为人作出其他选择这点将成为免责的基准。

在正当化的义务冲突的情况中，关于是将此视为紧急避难的一种还是视为不违背社会常规的正当行为的一种，存在着见解上的分歧。多数说将正当化的义务冲突视为紧急避难的特殊的情况，② 但义务冲突分明与法益冲突不同，所以以法益衡量为基准的紧急避难中并不能包含以义务衡量为基准的义务冲突。因此，将义务冲突视为不违背社会常规的行为的一种是

---

① 相同见解，柳仁模，《义务冲突与不作为犯的行为可能性》，刑事法研究，第 12 号（1999），103 页；裴钟大，325 页。

② 金圣天、金亨俊，284 页；裴钟大，326 页；孙冻权，176 页；申东云，284 页；李在祥，245 页；郑盛根、朴光玟，256 页；陈癸浩，344 页。

妥当的。①

（3）种类

① 逻辑上的冲突与实质上的冲突 逻辑上的冲突是指由于产生义务的法规间存在矛盾或抵触，因此所推导出的法义务在逻辑上相互冲突的情况；实质上的冲突是指与产生义务的法规自身无关，在与行为人一身性情由相关联的具体情况中存在两个以上义务冲突的情况。例如，医生基于传染病预防法第4条的报告义务与刑法第317条的保守秘密义务就是前者之例；某医生在同一时日和地点预见若不当场采取应急措施就会危及生命的两个患者，但只能对其中一人实施应急措施的情况，就是后者之例。

逻辑上的冲突实际上作为作为义务与不作为义务间的冲突，原则上是正当化的紧急避难的适用对象。即使在没有充足紧急避难要件的情况中，也能够以其是基于法令所要求的行为为理由进行正当化，所以将其排除在义务冲突之外是妥当的。

② 可以解决的冲突与无法解决的冲突 可以解决的冲突是指行为人可以选择适法行为或违法行为的情况，无法解决的冲突是指行为人没有选择适法行为或违法行为的余地，即使履行某一义务，其他义务的不履行也必将与法规相抵触的情况。这种情况，由于义务衡量对行为人是否可能这点成为区别的基准，所以也叫做衡量可能的冲突或衡量不可能的冲突。然而，由于义务衡量是否可能又重新归着为是异价值的义务冲突还是同价值的义务冲突的问题，所以最终的问题是将无法解决的同价值的义务冲突视为正当化的义务冲突的情况还是免责的义务冲突的情况。

想来，也应该把无法解决的义务冲突视为正当化的义务冲突的一例。这是因为，依据对于不可能的事情任何人都不承担责任（impossibiliumnulla obligatio）的原则，法秩序不能要求不可能的事情，所以无论行为人履行哪一义务，也应该将这时的不履行其他义务的不作为视为不违法。例如，医生要在两个重患者中的一人身上使用仅有的一台人工心肺机时；医生同时从两名患者处得到因为他们的状态已经恶化到危及生命的程度希望马上出诊的通知时；针对同时掉进河中即将溺死的两个儿子，父亲只具有救助其中一人的装备时，就是无法解决的同价值的义务冲突之例。

---

① 相同见解，安铜准，121页；任雄，217页。

（4）要件

① 必须是因两个以上的法定义务相互冲突而履行其中的一个义务，另一义务的履行不仅不可能且与刑法相抵触的情况。

② 行为人必须要履行高价值或同价值义务中的一个。这里成为问题的是义务衡量的观点。

（Ⅰ）异价值的义务相互冲突时，法益价值的大小首先发挥着重要的作用。比起财物，人命具有更高的法益价值。甚至，危害的轻重或危险的程度也将成为考虑的对象。与比起轻伤者应该优先救出重伤者的情况是相同的。此外，危险的急迫性、法益救济的可能性程度也将成为考虑的对象。

（Ⅱ）在保证人义务成为问题的情况中，也应该考虑有无履行义务的可能性。例如，在自家孩子与邻居家孩子一起乘坐耙犁的过程中由于冰层破裂掉进河里即将溺死之际，赶到事发地点的父亲选择救助自家的孩子，即使存在其他动机，也是正当的。

（Ⅲ）在生命与生命的救济义务相互冲突的情况中，比较生命价值的质与量是无意义的。例如，善人与恶人的生命成为问题时；或者上级与下级的生命或国家级运动员与残疾人的生命成为问题时，是不能比较高低的。即使行为人救助了恶人或下级或残疾人的生命，也不妨碍被正当化。

③ 行为人是否不能对冲突状况的导致负有责任？对此，有见解认为行为人只承担原因行为的责任即可，没有必要作为义务冲突的要件。① 也有见解认为，冲突状况不能由行为人有责任的事由产生。②

一般而言，在基于行为人有责任的事由诱发的正当防卫状况中，虽然限制防卫行为的实施，但在紧急避难的情况中，原则上并不限制避难行为。由于同价值的义务间所引起的义务冲突与紧急避难的情况相类似，所以即使是有责地引起义务冲突的状况，也不应该限制正当化的义务冲突的成立。

④ 行为人必须在主观上认识冲突状况，并从义务衡量的观点出发以

---

① 李在祥，246 页；郑盛根、朴光玟，259 页。

② 南兴佑，8 人共著，193 页；朴在允，《义务冲突》，考试界，1976 年 7 月，35 页；孙海睦，《义务冲突》，月刊考试，1988 年 8 月，115 页；安铜准，121 页；李炯国，研究Ⅰ，328 页；如果依据这种见解，基于行为人的故意或过失引起义务冲突的状况时，对于没有履行的部分将认定为存在违法性。

履行更高的义务或同价值义务中的某一急迫的义务为目的履行义务。只要存在这种目的，行为人的内心中有无在伦理上值得非难程度的某种其他动机，是不成为问题的。例如，在两儿子中讨厌低能儿大儿子的父亲，即使在火灾中只能救出一个儿子的情况中选择了小儿子，只要其是为救命目的实施的行为，就将被正当化。

2. 被容许的危险的情况

被容许的危险在构成要件符合性排除层面上也作为所谓社会相当性的一类型或客观归属的一尺度而成为问题。具有一定的危险创出之危险性的行为既是正常的又是在历史上形成的社会秩序范围内一般被容许的行为，所以不能视为在构成要件上具有意义的危险创出行为。

作为违法性阻却事由属于社会常规一类型的被容许的危险虽然不是在社会秩序范围内一般被认可的行为，但在社会秩序范围内却是原则上被认可的正常的符合行为规则的行为，所以例外地阻却违法性。作为正当化事由的被容许的危险由于在个别事例中能够引起足以成为纷争原因程度的危险，其结果具有很大的发生利益冲突的余地，所以从社会秩序的观点上来看并不具有当然默示或被容许的性质。虽然当然应该禁止这种程度的高的危险，但在社会常规的观点上却将其视为被容许的危险。

作为其代表之例有，推定的承诺的情况与名誉毁损罪中的事实的证明（第310条），又如劳动法上正当的争议行为（劳动组合及劳动关系调整法第4条）这种所谓正当的利益维护的情况。此外，在宾馆发生火灾时，直升机试图向楼顶上的遇难者放下绳索进行解救这种方法上的救出策略，即使对遇难者的生命具有很大的危险，也能够以被容许的危险被正当化。

3. 其他不违背社会常规的行为

其他韩国判例所认定的不违背社会常规的行为有以下几种：（1）如邻居的大人惩戒犯错误的他人子女的情况这种法令上无惩戒权之人的惩戒行为客观上在惩戒行为的范围之内、主观上也被认定存在教育目的的情况；①（2）如果不履行被害赔偿义务就进行告诉或拘留的情况这种为行使权利的行为虽然具有胁迫的内容但没有达到脱离社会常规的程度时；②

---

① 　大法院判决 1978 年 12 月 13 日，78 DO 2617。
② 　大法院判决 1971 年 11 月 9 日，71 DO 1629；1977 年 6 月 7 日，77 DO 1107。

（3）为躲避相对方的挑拨、暴行、强制拽走等的消极的防御行为的情况①等。

六、效果

符合正当行为，将阻却行为的违法性。因为正当行为对正当防卫或紧急避难或者自救行为来说具有一般法（lex generalis）的性质，所以在与后者相竞合时，应该先于正当行为考虑后者。进一步而言，即使在正当行为的探讨阶段，由于其他不违背社会常规的行为最具有包括的或一般的性质，所以不能在探讨依照法令的行为与业务上的行为之后即刻断定是否违法，应该最终性地探讨是否成立不违背社会常规的行为。当构成要件行为违背这种社会常规时，其行为就是实质上违法的行为，进而进入到责任判断的阶段。

---

① 大法院判决 1992 年 3 月 10 日，92 DO 37："家庭主妇为阻止因醉酒来回晃动的被害人的耍酒疯行为，对其推了一下肩膀，被害人随即倒在水泥地面上因碰到额头而死亡的情况。上述行为符合正当行为。"

大法院判决 1990 年 1 月 23 日，89 DO 1328："被害人突然跑过来无正当理由地抓住被告人的脖领说是要去派出所并继续拽拉，如果被告人是为制止这种被害人的行为抓住其两衣袖进行的推搡，这种被告人的行为不过是为脱离被抓住脖领状态而实施的消极的抵抗行为。从其行为的这种轻微程度等情况来看，作为具有社会通念上被容许程度的相当性的行为，符合刑法第 20 条所规定的正当行为。"

大法院判决 1989 年 11 月 14 日，89 DO 1426："出租车司机正要按照乘客的要求发车时，被害人为从车中强行拽出因夫妻吵架逃出来的上述乘客，边辱骂司机边把身体伸进车内用两手用力抓住司机的脖领并实施了上衣纽扣掉下来程度的摇晃行为。对此司机边甩开被害人的手边开始启动车子驶走。如果司机的行为仅此而已，应该视为是不违背社会常规的行为。"

大法院判决 1985 年 11 月 12 日，85 DO 1978："被害人边要求偿还债务边大声辱骂，甚至闯进里屋拽拉没有任何举动的被告人的衬衫并加以撕毁。这种状况下被告人为甩开被害人对其向屋外推搡的行为作为社会通念上所容忍的行为，不具有违法性。"

大法院判决 1983 年 4 月 12 日，83 DO 327："为从诸多人的包围、压迫的状况中逃脱，即使拽住其中一人的胸部将其拉倒（因此受伤），也应该将这种行为作为具有社会通念上被容许程度的相当性的行为，视为欠缺违法性的行为"。

大法院判决 1982 年 2 月 23 日，81 DO 2958："为避免强制拽走，在用胳膊用力甩开的同时抓住对方胸口推向墙壁的行为，作为消极的抵抗行为并不违背社会常规。"

然而，上述事例全部是符合正当防卫的事例，所以将消极的防御事例全部视为不违背社会常规的行为的判例立场是存在问题的。

第五章 责 任 论

第一节 责任的概念

在体系的犯罪概念中，最为重要的实质要素就是不法（Unrecht）与责任（Schuld）。不法作为包括构成要件符合性与违法性的上位概念，与责任相对应。但是，在事物的逻辑上，不法应该始终先行于责任。虽然能够成立无责任的不法，但却不能成立无不法的责任。

那么，到底什么是责任？德国联邦最高法院为此提出了一个标准的公式，即责任是非难可能性（Schuld ist Vorwerfbarkeit）。① 责任是指行为人尽管处于能够作出符合规范的决定的境地，却没有依照法规范行动而是实施了其他行为，因而具有的非难可能性。

作为讨论的出发点来描述责任概念，可以概括为选择不法的行为人的决定。

第二节 责任论的基本问题

一、责任与意志自由

（一）意义

责任原则以人的意志决定的自由为前提。这是因为，只有当行为人具有实施犯罪以外的其他适法行为的能力时，才能对没有抑制犯罪冲动进而实施的违法行为承担责任。对于人是否存在这种意思决定的自由，历来存在着激烈的见解上的对立。所谓决定主义（Determinismus）与非决定主义（Indeterminismus）的对立即是。

---

① BGHSt 2, 194（200）.

（二）决定主义与非决定主义

决定主义认为，由于人的行为全部决定于因果法则，所以犯罪也是人的素质与环境的必然产物。相反，非决定主义认为，人的意志是绝对的自由的，因此人能够在法与不法之间无限制地进行自由的选择。

然而，可以从存在论的人类学层面对决定主义提出如下反论：人是在被造物中能够控制作用于自身的本能性冲动并依据价值决定其行为的唯一的存在。同样，对非决定主义也可以提出如下反论：即使能够大致地证明意志自由，但在具体的各个事例中，经验实在的证明则是不可能的。

如果是这样，此两极端的见解中哪一个也没有提供自身具有说服力的论据，而我们则处于无法就哪一立场是否正确提出立论或反论的困难境地。其结果是，决定主义还是非决定主义的立场选择不是论证的问题而是确信的问题。

从人的尊严与价值的保障这种层面来看，意志自由的肯定作为规范的、社会的价值设定，是正当的。这是因为，通过认定人的意志自由，能够形成人是自由与责任意识的存在这种确信。其结果是，国家应该通过法律保护个人在这种自由范围内能够实现自我。即使是刑法也应该针对人的自由的实现，保障不滥用只有部分任务的国家刑罚权。

（三）意志自由的证明问题

在具体的事件中无法积极地证明意志自由。但是，所谓相对的非决定论立场认为，并不是依据各个具体的犯人的"个别的他行为可能性"（Individuelles Anders-Handeln-Können），而是通过确定是否脱离了在一般意义上所设定的他行为可能性（Generell vorausgesetztes Anders-Handeln-Können），是能够推导出责任非难的。在这里，将根据对现实的具体行为人与假设为标本的类型性平均人或正常人进行比较的"类推程序"进行责任确定。

然而，法官的责任判断这时只能是法官代理行为人进行的一种"代理的良心判断"（Stellvertretendes Gewissensurteil）。在这种意义上，将认定责任原则的不可或缺的界限。这是因为，法官基于对行为人的完全理解，把与行为人共有的良心作为基准进而能够代理表明其责任的事情毕竟是并不多见的事例。

（四） 刑法的人间像

不是精神病患者的正常之人具有意思决定与选择的自由这点是无法否认的规范的前提或出发点。这种自由是指人能够把自身的行为依照其本来的意义形成其作品的能力。换言之，人的自由是指能够脱离本能性冲动的因果强制，进行符合意义的自我决定的能力。这"并非指对因果决定的消极的否定，反而是指对其的支配决定"。这种自由决不意味着自由放任或无制约的恣意。因此，针对自由，应该时常有责任相伴随。所以，自由与责任是只有人类存在才固有的。

二、刑法责任与伦理责任

（一） 法的责任

刑法上的责任不是伦理责任（Sittliche Schuld）而是法的责任（Rechtsschuld）。在刑法规范中，作为前提的命令或禁止的内容在相当程度上是与伦理规范相一致的，但毕竟法规范与伦理规范原本是相互独立的，因此，刑法规范即使在没有被肯定为伦理性义务的情况中，对受范者个人也具有拘束力。法的责任具有如下的性质：

（1）刑法上的责任是与法规范相关联的，责任非难的对象也是违反法规范的心情无价值。在这点上，是法的责任。

（2）在刑法上的责任是依据法的基准测定这点上，是法的责任。因为法的基准是形式上的，所以无论内在的动机如何，只要行为人的行为具备合法性，就没有产生刑法上的责任的余地。

（3）在刑法上的责任必须要按照法定程序的司法上的审判以公的形式加以确认这点上，又是法的责任。这是因为，伦理责任无须经过基于司法程序的公的确认，而是在行为人自身的良心法庭中得到确认的。

（二） 对伦理责任的批判

反对法的责任与伦理责任之区别的立场提出了如下的反论：在真正意义上，拘束的义务在其基于人类被认定为伦理性义务且基于自由的选择成为行为规则时，同时也能够成为法的义务。也就是认为，因为拘束的义务是指"生成内在当为而绝不是指只生成某种强制的必然性"。

然而，法与伦理的混同不仅具有忽视法与正义的固有价值的危险而且还会在责任确定问题上偏重法感情的要求，其结果存在侵害审判公正性的危险，因此是应该给予否认的。虽然杀人、盗窃、伪证禁止这种基本的伦理性（Einfache Sittlichkeit）很早就被法规范化，而且在此范围内承认法与伦理具有重叠性，但以此来主张法的责任与伦理责任在一般上是一致的见解是没有道理的。正如耶林内克所说的那样，"法是伦理的最小限度而已"。

只是，经常提及与该问题相关联的确信犯问题。例如，信徒因宗教上的确信为挽救濒死状态的子女的灵魂拒绝为其输血或加以妨害；作为和平服务团体成员的学生以政治上的理由拒绝履行兵役义务等即是。这种情况，即使存在作为善的动机的确信，也不免除法的责任。

（三）法的责任的界限

法秩序并不认可个人主观上的确信的优越地位。虽然刑法原则上在与基本的伦理相一致的范围内承担保护法益的机能，但该基本的伦理却不是仅仅依存于单个个人的良心，而是附着于与他人一起共有的公的良心中。因此，伦理法则并不是依照共同生活的正当秩序甚至以个人的良心相一致的行动为理由容许违反正义法律的行动。因此，虽然确信犯其自身立足于善的动机与个人的良心，也是与法秩序和伦理法则相冲突的。

但是，当某一法律明显违背正义，进而只能将其自身视为恶法（Unrecht）或无法（Nichtrecht）时，情况就会有所不同。例如，纳粹时期的反犹太人法这种明显反人道主义的人种法律，因其自身是恶法，所以不服从此法律之人并不是犯罪者而仅仅是良心上的抵抗而已。即使这种抵抗者基于现实的法律受到处罚，也不是因其罪责而受到处罚，单纯是基于强制性暴力受到压迫而已。

问题是，什么样的法律是违反正义的恶法或无法。在法治国家的宪法秩序之下，既然判别法律是否违宪的宪法机关在发挥着作用，在基于违宪判决被取消或被判无效之前，只能将不是明显违反正义与人的尊严性的法律推定为是符合社会秩序机能的法律。这是因为，在法治国家的宪法秩序内，将为个人自由的起点推定与法律的合宪性推定视为同价位的秩序原则。

三、行为责任与行为人责任

（一）行为责任

当前作为支配性责任概念的规范责任概念又重新根据作为核心要素的

非难（Vorwurf）的参照点是基于行为人所实施的各个行为，还是行为人的生活经营、生活决定乃至性格这种人格的态度，划分为行为责任（Tatschuld）与行为人责任（Täterschuld）。行为责任又划分为忠实于责任原则的意思责任（Willensschuld）与既忠实于责任原则的自由理念又意图在此基础上进一步确保基于预防性考虑的责任限制之可能性的所谓罚责性观念（Verantwortlichkeit）。

1. 意思责任

意思责任在针对具体的各个犯行的值得非难的意思决定（Willensentschluβ）中把握责任。其非难的根据是行为人具有实施其他行为的可能性即他行为可能性。

意思责任首先发端于戈尔德施密特（Goldschmidt）的期待可能性理论。即能够期待实施其他行为时，其犯行就是非难可能的。然而，关于能够期待什么不能期待什么的内容，在此期待可能性理论中并没有提及。将此略微进行具体化的是加拉斯（Gallas）的"不被法所认可的心情"这一基准。此基准也没有说明为何法认可某种行为或不认可某种行为。

在此之后，意思责任把他行为的可能性把握为责任非难的实体。因此，认为在行为人能够实施其他行为且应该实施其他行为的情况下，竟然实施了违法行为时，其犯行就将成为非难的对象。

2. 罚责性论

罚责性论试图在历来的责任范畴中引入刑罚目的论的观点，进而通过结合责任与预防性处罚的必要性这两个要素，替代历来的责任范畴将罚责性范畴构建为犯罪成立的最后阶段。该罚责性理论作为洛克辛（Roxin）提倡的理论，并不像意思责任论那样把责任理解为他行为可能性，而是在极其实用的意义上理解为规范的感应可能性（Normative Ansprechbarkeit des Täters）。更确切地讲，把责任理解为：行为人在犯行时虽然能够实施符合刑法规范要求的行为，但却实现了不法。

然而，仅以责任即行为人规范的感应可能性是尚不能认定作为处罚前提的罚责性（Verantwortlichkeit）的。当在此责任之外具备特殊预防或一般预防的处罚必要性时，才能确定行为的罚责性。甚至认为，与该预防的处罚必要性相关联，行为人的人格或生活经营等也能够特别在无认识的过失或禁止错误、量刑等中得到考虑。①

---

① Roxin, Schuld und Verantlichkeit als strafrechtliches Systemkategorien, FS-Henkel, S. 171 ff.

《参考》在韩国与日本学者中也有把洛克辛教授的罚责性概念称为答责性的，但这在内容上并不是恰当的。因为，洛克辛的罚责性中一个核心要素就是预防的处罚必要性。

（二）行为人责任

行为人责任与行为责任不同，作为行为中所表现的整体，试图将行为人的人格一面视为责任非难的对象。该行为人责任又划分为生活经营责任（Mezger）、生活决定责任（Bockelmann, Dias）与性格责任（Engisch, Burkhardt）。

1. 生活经营责任

生活经营责任（Lebensführungsschuld）把责任规定为虽然不是行为人的天生，却是基于其后天的失策发展为犯罪行为的错误的生活经营（Mezger）。因此，既然能够把行为人违法的犯行视为错误的生活经营的结果，就能够进行非难。

2. 生活决定责任

生活决定责任（Lebensentscheidungsschuld）把责任理解为错误的生活决定，即行为人站在先行的资质与恶的习性的岔路口时，选择了错误的人生之路（Bockelmann）。也有立场在同样使用生活决定责任这一用语的同时，把责任理解为是对作为实现不法构成要件之基础的人格的负担（Dias）。后者的出发点是，人是在主动进行决定的同时通过形成自我本质的基础选择实现其人格。因此，如果行为人的违法行为是其错误的生活决定的表现，就不能免除对其责任非难。①

3. 性格责任

性格责任（Charakterschuld）把责任规定为在各个行为中所表明的行为人的性格（Engish）或性格欠缺的表明（Burkhardt）。尤其经常作为对常习犯、无认识的过失的责任非难的根据被援用。

（三）刑法的立场

韩国刑法采取的是与行为刑法理念相一致的行为责任，因此，不能接受单纯的行为人责任。尽管如此，在责任的实际问题中存在无法脱离行为人来把握行为的情况。因此，不能全面地否认生活经营责任理念所指向的

---

① Dias, Schuld und Persönlichkeit, ZStW 95 (1983), S. 220 ff.

行为人刑法的观点能够影响行为刑法这点。

> 虽然经常提及将犯罪的生活方式（犯罪人类型：例如介绍卖淫
> 者、赃物取得者、常习盗犯等）视为刑事责任出发点的行为人刑法
> 的思想，但未曾被一次真挚的主张过。对该思想的最大反论就是其违
> 反法治国家的原则这点。即无法明确地描述犯罪人类型。正因为如
> 此，发展著名的犯罪人类型理论的李斯特也坚持着行为刑法，并把刑
> 法表现为犯罪人的大宪章。因此，刑法也必须要捕捉非类型的犯人
> （例如作为机会犯的单纯盗窃）。

行为责任的概念适合于在故意犯与有认识的过失中解释责任非难。但
是，在无认识的过失与禁止错误的回避可能性判断、常习犯或累犯的加重
（第35条）及量刑中将面临限界问题。因此，不得不考虑作为行为人责
任之观点的生活经营责任或性格责任的范畴的根据就在于此。

责任概念的分类

四、刑罚根据责任与预防

（一）问题的提起

刑法在传统上是责任刑法。责任原则的基础是"无责任则无犯罪亦
无刑罚"的思想。然而，最近关于是仅仅在责任中寻求国家刑罚权的正

当性根据还是也在预防目的中寻求成为了激烈讨论的对象。

这种讨论不仅在以意志自由问题为出发点并把成为国家刑罚权之基础与限界的责任现象自身视为讨论核心的所谓责任理念（Schuldidee）层面上展开着，而且在为犯罪与刑罚提供理论学根据的责任理论学（Schulddogmatik）层面即刑罚根据责任（Strafbegrü－ndungsschuld）上，甚至也在决定量刑的种类与程度的量刑责任上展开着。①

（二）刑罚根据责任的概念

刑罚根据责任是指为处罚具体的犯人提供根据或排除的要素的总称。即以实定刑法为基础在刑法理论学上对成为主观归属之基础的故意或过失这种责任构成要件、责任能力、禁止的认识、期待可能性这些积极的责任要素与此外的无责任能力、禁止错误、期待不可能性成为问题的责任阻却事由这种消极的责任要素进行讨论的便是刑罚根据责任。

责任概念自身是否具有独立的实体内容或是与预防目的相关联，如果两者具有关联，其具体关系如何，便是刑罚根据责任与预防的关系问题。根据讨论的倾向可以分为保守的立场、进步的立场和中立的立场。

（三）保守的立场

因为人各自具有自由的自我决定的能力，所以人的行为中伴随有责任。因此，以此为前提的刑法上的责任概念是具有他行为可能性这种实体内容的事物。

只有此责任，才能够为刑罚提供根据或将其正当化，而且还能够在赋予刑罚以正当性的范围内发挥限制刑罚的机能。责任的本质是针对不法有责的进行的决定。如果认为只有责任才能够将刑罚正当化，那么所谓无认识的过失事实上就应该是刑事责任根据贫弱的结果责任的残存。而且，伤害罪同时犯的特例（第263条）也将逾越个人责任作为扩张不法的制度而成为要求不法与责任相一致的一个例外。

更进一步，这种责任不仅成为制约责任的条件，其自身也将刑罚作为必要。这样，刑罚必须始终成为与行为报应相适应的一部分。责任已经逾越制约刑罚的明确的逻辑正当性，进而已经不是刑罚的单纯的正当性根

---

① 将责任体系化为责任理念、刑罚根据责任、量刑责任的学者是阿亨巴赫（Achenbach, Historische und dogmatische Grundlagen der strafrechtssystematischen Schuldlehre, 1972）。

据，而是进入到甚至要求刑罚的层面。如果说责任所具有的这种刑罚限制机能与刑罚要求机能就是责任原则的两面性，那么保守立场中的刑罚根据责任就是忠实于该责任原则两面性的立场。

（四）进步的立场

该立场与将个人的他行为可能性与个人的责任非难作为出发点的保守的责任观念不同，试图主要在预防法（Präventionsrecht）的观点理解责任刑法的努力都属于该进步的立场。即主张，科刑的对象应该是在社会上危险的他行为可能性，而不是个人的他行为可能性。

首先，该立场主张责任概念是纯粹的形式上的概念，并不是基于具有某种内容的基准被规定的，因此"只有目的为责任概念提供内容"，"只有介入目的的责任才能为刑罚提供根据"。在这里，目的被理解为意味着秩序信赖之稳定化的所谓积极的一般预防。因此，认为责任概念是一般预防概念的从属物。[①]

更进一步，试图利用民法上的负责（Haftung）概念在以个人非难为基础的传统的责任概念中排除非难性的学者们提出了应该将责任原则替代为比例性原则的提案。首先，他们认为，为了责任的根据，目前为止的基于预防观念的单纯的目的合理性是不适当的，因此作为对没有充足社会性要求的反作用，设定了使刑事制裁成为可能之要件的"刑法的负责"（Haftung）这一价值合理的范畴。而且认为，为了这种刑事制裁的合理性限制，应该使用比例性原则。[②]

在这种进步的立场中，即使是责任确定（Schuldfeststellung）问题也不会再以回顾的形式追问犯行时的行为能力，而是以前瞻性的形式追问关于规范之正当性的信赖的确证与关于刑法所保护的法益的不可侵害性的国民法意识的保全。因此，在这里并不是把与非难性相密切关联的个别的他行为可能性，而是把普遍的他行为可能性依照所谓的"相对的"刑罚理论进行具体化。也就是说，在犯人的社会化与改善中寻求刑罚意义的特殊预防和在刑罚的设定与执行中谋求潜在的犯人之威吓与社会性规范意识的稳定化的一般预防的目的，将与责任判断相结合。

只有在实现这种预防性刑罚目的的地方，才能够进行将脱离普遍的他

---

① Jakobs, Schuld und Prävention, 1976, S. 32.

② Ellscheid/Hassemer, "Strafe ohne Vorwurf", in: Lüderssen/Sack（Hrsg），Abweichendes Verhalten, Bd. , 1975, S. 280.

行为可能性归属于犯人的责任判断。如果是这样，在无论如何也无法实现这种刑罚目的的地方，追问有无他行为的可能性就将成为无意义的事情。

（五）中立的立场

以刑罚根据责任与预防的合一可能性为出发点，试图取代从历来一直被视为犯罪成立之最终阶段的刑法体系上的责任（Schuld）范畴，代之以将包括此责任与预防的另外范畴即罚责性（Verantwortlichkeit）这一范畴确立为新的体系范畴的立场都属于该中立的立场。即主张在刑法中由责任限制责任刑罚，甚至应该在预防的必要性与合目的性的限界内科处刑罚。该立场放弃了对自由意志的信念、伦理的非难与报应要求，甚至抛弃责任原则的两面性。而且，在责任并不具有刑罚要求的机能而只具有刑罚限制的机能这种意义上，主张责任原则的一面性。甚至认为，基于责任所限制的刑罚应该再次基于预防性处罚的必要性这一观点受到更为严密的限制。因此，该立场主张使可罚性正当化的责任的影响力，现在应该基于刑罚的预防的必要性得到补充。①

在这里，试图将责任概念从过度的意识形态负荷中解放出来并在详细确定其法的内容之后正确摆正此责任概念与刑罚的预防性目的之间的关系。而且也不像在前述中所考察的进步的立场那样，仅以积极的一般预防目的规定责任的内容进而导致责任原则的虚无化。反而，通过"既不毁损或不变形责任，又维持其作为可罚性的前提"，来强化责任原则所具有的刑罚限制机能。在这点上，明显保持了与进步的立场之间的界限。

该立场也是主张当为刑罚提供根据的责任与预防在相互制约的发挥作用时，形成最为自由且最为人道的刑法就将成为可能的观点。

（六）结论

当直视责任概念是通往刑罚论的最后阶段这一事实时，责任与预防的有机结合在刑法的机能层面上将具有实践性的意义。无疑，在这种意义上，关于责任与预防的新的构想将能够被评价为刑法理论学（Strafrechtsdogmatik）的一个发展。问题是，在法治国家刑法的限界内如何调和责任与预防。

想来，自由与责任的实体必须把为个人自由领域的根本性保障作为前

---

① Roxin, "Schuld, Prävention und Verantwortlichkeit", FS-Bockelmann, 1979, S. 285.

提。然而，为更实质地保障个人的自由，必须以刑罚根据责任不是刑罚要求的责任而只是刑罚限制的责任这一责任原则的一面性为出发点。

在这点上，刑罚根据责任将确证只有存在于责任限界内的刑罚才是正当化的刑罚。通过承认只有在责任中而不是预防中才存在刑罚正当化的机能和同时把握在预防性处罚的必要性上只存在补充性的刑罚限制机能，进而有必要在责任论的基础上再构成罚责性论的观点。

总之，如果说传统意义上的责任是刑罚的正当性根据，那么预防性处罚的必要性就是其合目的性的根据。在现实上妥当的刑罚是能够从这种正当性与合目的性的合一中获得根据的。

五、责任判断

(一) 责任判断的对象

刑法在原则上是行为刑法而不是行为人刑法，因此，责任判断的具体对象是基于行为人所实施的犯行，即符合构成要件且违法的行为自身。换言之，把尽管存在不法意识却违法地实施行为的行为人非难可能的意思形成视为责任非难的对象。在这种意义上，也将此称为个别的行为责任（Einzeltatschuld）。然而，这种犯行却不是与行为人无缘的。因此，足以使行为人形成犯罪人格的生活经营这点在责任判断中在一定情况下也能够产生其影响。这就是所谓的人格责任（Persönlichkeitsschuld）、性格责任或生活经营责任。

> 《参考》这种名称最先由麦兹格提倡，但正如前所述博克尔曼（Bockelmann）将此相对于意思责任（Willensschuld）称为生活决定责任（Lebensentscheidungsschuld）。

刑法上，行为责任概念适合于故意与有认识的过失的领域，但在无认识的过失、禁止错误中的避免可能性、累犯加重·常习犯加重等关于量刑的规定、原因上自由的行为等领域中，一直同时考虑着生活经营责任。因此，作为责任判断的对象，此两者的结合是妥当的。

> 尽管责任概念的核心是个别的行为责任，但是为了在理论上解明基于刑事政策的必要没有彻底排除在刑法上不得已的结果责任的残存这一立法的现实状态，在生活经营责任的立场上考虑行为人人格的整

体是不可避免的。这是因为，责任原则的具体的现实化是存在限界
的。但是，对常习犯进行刑罚加重的情况，由于是应该限制责任原则
这一刑事政策的必要性不存在的情况，所以不引用生活经营责任，而
是为严格遵守行为责任或行为刑法的原则将此进行删除是妥当的。①

（二）责任判断的基准

在责任判断中，与通常基于一般性尺度进行判断的违法性不同，而是
应该彻底考虑"完全的个别化"即个人的特性或每个行为人的能力（通
说）。然而，这种个别化只有在责任能力与禁止认识的情况中才成为可
能，试图在此外的作为责任要素的故意、过失或期待可能性的判断中也加
以贯彻是极其困难的。

反而，在后者中，不应该把行为人个别的他行为可能性而是应该把平
均人站在行为人的立场是否能够实施其他行为的所谓"平均的可能性"
（Durchschnittliches Können）或"一般的当为性"（Generelles Sollen）作为
标准。即行为人的心情与意思能力不及平均的国家市民所期待的程度时，
恰好这点就成为能够使行为人承担责任的标准。换言之，行为人没有实施
如同平均人站在行为人的位置上能够实施的行为那样的行为这点，在责任
判断中就成为对行为人的非难的基准。这比起说是责任非难的完全的个别
化，不如说在以刑事政策性考虑为基础的规范限界内意味着其普遍化。

六、刑事责任与民事责任

民事上的责任（Das Verschulden）与刑事上的责任（Schuld）无任何
关联，两概念是被独立的规定的。因为，两个法律领域所规范的对象与任
务是不同的，因此，只能区别地构建刑事责任与民事责任的典型构造。应
该注意的是，民法上的故意或过失未必与刑法上的故意或过失相一致。

第三节　责任理论上的责任概念

一、心理的责任概念

古典的犯罪体系在犯行的客观层面上把握行为与不法，而把责任把握

---

① 　金日秀，韩国刑法Ⅲ，171页。

为统合犯行的所有主观要素的精神的、心情的事由。而且，在没有解明责任概念的内容及具体的意义要素的情况下，就把责任定义为"针对法的有责性所要关联的违法结果，行为人的所有主观的关联性"或"意思的能够受到非难的内容"。

古典的犯罪体系把责任能力把握为"责任条件"，而把故意与过失把握为把责任分为两个种类的"责任形式"。因此，责任是指对犯行的犯人的心理关系。故意是犯人希望实施犯行时成立的责任形式，而过失是犯人不希望犯行时成立的责任形式。这样，两责任形式的区别是根据意思这一基准进行划分的。

对心理的责任概念的批判如下：

（1）过失这一责任形式不能按照所定义的那样表现出犯人对犯行的心理关系。尤其在无认识的过失中更是如此。因为，这是指行为人全然没有预想到结果发生之可能性的情况，但却仅以能够预想这一理由作为可罚性的对象。

（2）正如卡尼德斯（Karneades）木板事例或情人链（Mignonnette）号事件那样，即使全部具备责任的前提条件，也存在无法进行处罚的违法行为。这种事例虽然是免责的紧急避难的规制对象，但是既然承认这种免责事由，就已经无法再坚持心理的责任概念。

二、规范的责任概念

在新古典的犯罪体系中，责任概念已经从心理的责任转变为把针对意思形成的非难可能性或规范的评价视为本质内容的责任。这就是所谓的规范的责任概念。对此概念的发展起到决定性作用的是弗兰克（Frank）与戈尔德施密特（Goldschmidt）。这里的重要论点是，对于行为人违反法律进而指向不法的意思形成，能否进行非难。弗兰克（Frank）把责任定义为：能够对行为人进行非难的违反义务的意思形成（Pflichtwidrige Willensbildung）。即主张"针对实施的某一被禁止的行态，能够非难行为人时，才能够归属其责任"。

规范的责任概念内含有诸多责任要素。责任概念中不仅包括心理的要素，而且还包括规范评价的要素。意味着实现构成要件的认识与意思的故意已经再也不是单纯的责任形式，而是成为构成责任概念的一个责任要素。此外，责任能力与特殊的责任阻却事由的不存在也将成为责任要素。只是，违法性的认识尚且还作为故意的一个要素被包含在故意概念中。这些要素在内含有关于行为人对犯行的内在关联性的价值判断这种意义上，仍旧是规范的要素。

规范的责任概念受到了来自目的行为论尤其是多纳（zu Dohna）的批判。即多纳认为，此责任概念是无法相互融合的事物的混合体，尤其是混淆了对象的评价与评价的对象。故意是评价的对象，但在这种对象以外还同时包括评价自身的规范的责任概念不过是一个混合体而已。而且，意味着心理关联性的故意也应该被认定为行为概念的要素而不是责任概念，这时规范的责任概念可以纯化为纯粹的规范的、评价的概念。

三、纯粹规范的责任概念

目的的犯罪体系不仅把"以目的性所理解的行为概念"作为犯罪体系的基础，而且把作为行为本质的目的性视为构成整体犯罪体系的决定性要素。

在犯罪体系上最为决定性的分歧点是，在古典的、新古典的体系中把不法意识视为必要不可或缺之构成要素的故意一直被理解为是责任形式（种类）或责任要素；相反，在目的的体系中，与不法意识相分离的事实的认识、意思将转化为构成要件要素。这是因为，符合构成要件的行为的目的性是与故意概念同一的。故意与其他所有主观的不法要素一起属于构成要件而不是责任的主张，意味着体系上不法的更广泛的主观化和责任的更为增加的脱主观化的规范化。在这点上，目的的犯罪体系是与古典的犯罪体系正相反的立场。

这样，目的的犯罪体系的责任概念并不把故意或过失这种心理的要素视为责任的构成要素，而是视为行为或构成要件要素。因此，责任将单纯作为对行为意思的评价或非难可能性而成为"纯粹的"规范的责任概念。而且，通过分离故意与违法性认识并将后者再构成为独立的责任要素，从而与历来的事实错误（Tatsachenirrtum）与法律错误（Rechtsirrtum）这种错误划分不同，将错误划分为构成要件错误（Tatbestandsirrtum）与禁止错误（Verbotsirrtum）。

禁止错误是指否定违法性认识的情况，威尔滋尔则根据避免可能性与避免不可能性的尺度，主张避免不可能的禁止错误虽然完全阻却责任非难，但避免可能的禁止错误却根据程度只弱化责任非难（所谓责任说）。

因此，在此纯粹的规范的责任概念中，只有责任能力、违法性认识及作为责任阻却事由之不存在的期待可能性，才是责任的构成要素。

然而，纯粹规范的责任概念由于严格区别评价的对象与对象的评价进而只把评价即非难可能性视为要素，所以规范的评价对象并非存在于责任概念自身之中，而是只存在于不法即"他人的大脑里"，其结果导致责任概念的虚无化。

四、复合的责任概念

当前大部分的刑法学者们都为新古典的犯罪体系与目的的犯罪体系的合一而努力着。在其具体内容中作为行为论拒绝了目的的行为论，同时接受了其最为重要的体系性成果，即把故意与过失（注意义务违反）理解为构成要件要素的构想。

拒绝接受目的的行为概念的理由在于，某一存在论的行为概念在以价值决定为基础的刑法体系中不可能具有任何的拘束力。相反，受容故意与过失是构成要件要素这一目的主义要点的理由是，在目的主义中所设想的存在论的目的性恰好能够发展成为规范的、社会的目的性。这样，将承认作为主观的不法要素的故意与作为构成要件要素的过失同时也成为责任要素的这种双重地位。

在这种规定之下，责任概念就不能作为单纯的规范的责任概念而存在。反而，应该是要求故意或过失这种责任要素作为评价的对象，同时也一起考虑作为对该对象的评价的非难可能性的所谓复合的责任概念（Komplexer Schuldbegriff）。

责任概念不应该只局限在非难可能性上。责任还把非难可能性以外的某种事物作为构成要素包含在自身中，在这种意义上，责任还包括非难可能的行为自身。正是这种规范的责任概念作为针对行为人之行为的内在关联性，将故意、过失及违法性认识、责任能力与责任阻却事由的不存在作为构成要素。

《参考》通说虽然承认故意与过失的双重地位，但各自不同的理解其意义。故意的双重机能是构成要件故意的成立将成为对责任故意的征表，但作为构成要件要素的客观的过失与作为责任要素的主观的过失则是根据不同的评价尺度进行区别的。因此，在有无征表机能这点上，故意与过失的双重机能也会表现出差异。

第四节 责任的理论学构造

一、责任构造的框架

作为责任对称概念的不法，可以细分为构成要件符合性与违法性这两个下位概念。与此相比，责任是无法像不法那样形成均衡性细分的复合概念。然而，即使在责任概念中，也不得不区别五种概念：即责任能力、责任形式、不法意识、免责事由的不存在、特殊的责任要素。关于这点，请参考如下图表。

责任的构造

责 任			
责任能力	责任形式	不法意思（＝违法性认识）	免责事由的不存在（对适法行为的期待可能性）
作为任何人都能够承担责任之前提的 14 岁以上犯罪人的精神上或心理上的状态	与主观的不法要素相对应，在责任领域中作为心情无价值的要素出现的故意或过失（故意或过失的双重意义）	在目的的犯罪体系之后成为独立的责任要素。当然也是责任的核心要素（责任的核心要素是对欠缺法意识的明显表现）	附随情由的正常性：非典型性情由的不存在（根据非典型性情由，不法与责任在当罚性的范围内得到减轻）

这些责任概念即使在否定性的层面上也会受到影响。如果责任之存在所必需的这些要素被否定，那么将会排除或阻却责任。因此，在考察责任的理论学构造时，不应该只考虑责任存在的肯定性一面，而且还应该同时考虑存在否定性的层面。否定的层面又由各个要素的性质上原本就排除责任自身之成立的所谓责任排除事由与虽然暂时存在非难可能性的余地但因特殊的期待不可能性的理由进而阻却其责任非难的所谓免责事由构成。关于这点，请参考如下图表。

此外，目前的理论还将所谓特殊的责任要素认定为独立的责任要素。下面，将详细论述各个要素。

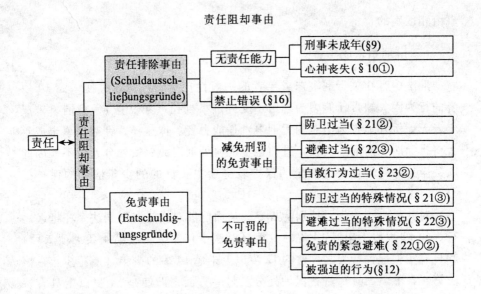

二、责任能力

(一) 序

责任能力是指能够依照法规范实施行为的能力（Normative Ansprechbarkeit）。关于什么样的人在行为时才能够承担刑事责任的问题，首先年龄（第9条）将成为标准，其次依据第10条与第11条无心神障碍状态下的洞察能力（Einsichtsfähigkeit）与控制能力（Steuerungsfähigkeit）将成为标准。①

不符合一定年龄条件的刑事未成年者与因心神障碍丧失洞察能力与控制能力的心神丧失者（第10条1项）是无刑事责任能力者。在无刑事责任能力的情况原本就不成立责任自身这点上，与因所谓违法性错误进而欠缺不法意识的禁止错误是同一的（责任排除事由），相反是与针对暂时成立的责任以没有对适法行为的期待可能性为理由阻却责任非难的所谓免责

---

① 韩国刑法第9条（刑事未成年者）规定：未满14岁之人的行为，不罚。

第10条（心神障碍者）规定：① 因心神障碍，没有辨别事物的能力或没有决定意思的能力之人的行为，不罚。② 因心神障碍，前项能力微弱者的行为，得减轻处罚。③ 前二项之规定，不适用于已预见危险之发生且有意引起心神障碍之人的行为。

第11条规定（聋哑者）：聋哑人的行为，得减轻处罚。——译者注

事由相区别的。

（二）刑事未成年者

刑法中存在关于刑事未成年者的一般性规定，进而通过使未满 14 岁者的行为因欠缺责任能力为理由不受到刑事处罚（第 9 条），将刑事未成年者无一例外地视为绝对的无刑事责任能力者。像这样，针对刑事未成年者将排除所有的刑事责任，进而也不能科处刑罚或保安处分，但不能因此就甚至排除以不良少年健全的保护教育为主要目的的少年法上的保护处分。

对此，少年法作了特别的规定，从而能够对实施与刑罚法令相抵触之行为的 12 岁以上未满 14 岁的少年（触法少年，少年法第 4 条 1 项 2 号）和具有实施这种行为之危险的 12 岁以上未满 14 岁的少年（虞犯少年，该法第 4 条 1 项 3 号）进行保护处分。另一方面，即使是 14 岁以上具有责任能力者，只要是未满 20 岁的少年，少年法从对该少年的健全的保护教育观点出发对刑事处分也采取了特别的措施。即少年实施了相当于法定刑期限为 2 年以上有期刑的犯罪时，在法定刑范围内宣告设定有上限与下限的不定期刑，而且规定这种情况上限不得超过 10 年、下限不得超过 5 年（该法第 60 条 1 项）。但是，对刑的执行犹豫或刑的宣告犹豫进行宣告时，规定必须宣告定期刑（该法第 60 条 3 项）。此外，还有关于审理的分离（该法第 57 条）、换刑处分的禁止（该法第 62 条）、分界场所中的惩役·禁锢刑的执行（该法第 63 条）、假释放条件的缓和（该法第 65 条）、排除适用关于资格的法令（该法第 67 条）等特别规则。尤其规定有，对犯罪时不满 18 岁的少年不得科处死刑或无期刑，以死刑或无期刑进行处罚时应该将刑期缓和为 15 年的有期惩役（该法第 59 条）。但对犯有特定暴力犯罪的不满 18 岁的少年处以死刑或无期刑时，可以不考虑少年法第 59 条的规定处以 20 年的有期惩役（关于特定暴力犯罪之处罚的特例法第 4 条 1 项）。

（三）心神障碍者

1. 刑法上的规定

对年龄在 14 岁以上之人原则上认定为具有责任能力。但是，在因心神障碍没有洞察能力与控制能力的情况或其被制约的情况中，将对责任能力产生影响。

韩国刑法上所认定的心神障碍者有如下三种类型:心神丧失者(第10条1项)、心神微弱者(第10条2项)、聋哑者(第11条)。

其中,心神丧失者与刑事未成年者一起被称为无责任能力者。心神微弱者与聋哑者则是限定责任能力者。限定责任能力者是责任能力者与无责任能力者的中间形态。虽然暂时认定具有责任能力,但由于处于不完全的状态,所以将减轻责任。在这点上,是与无责任能力者相区别的。

在刑法上规定无责任能力及限定责任能力的方法有如下三种:(1)基于人体生物学上的非正常及精神病理学上的要因之有无所决定的所谓生物学的方法;(2)以辨别事物或意思决定能力为基准的所谓心理学的方法;(3)综合上述两种方法,首先把行为人的非正常状态规定为无责任能力的生物学基础,进而探讨这在何种程度上影响了行为人的辨别事物或意思决定能力这种心理学问题的所谓混合的方法。

当因心神障碍(生物学的方法)没有辨别事物的能力或决定意思的能力(心理学的方法)时,刑法将根据第10条1项的规定排除责任。甚至,在因心神障碍的原因辨别事物的能力或决定意思的能力微弱时,将基于刑法第10条2项的规定减轻责任;作为聋哑者在上述的能力微弱时,同样基于第11条减轻责任。

显然,刑法上关于无责任能力者或限定责任能力者的规定,依据的是混合生物学与心理学之方法的所谓混合的方法。混合的方法当前已经被诸多国家刑法所广泛采用,德国、瑞士、美国的模范刑法典也采用了该种模式。

2. 生物学要因(心神障碍)的要件

(1) 心神丧失的要件 心神障碍的要因包括:精神病、精神薄弱、深度意识障碍或其他心神障碍异常等。精神病中包括内因性精神病与外因性精神病,作为前者的原因有精神分裂症(大法院判决1983年7月26日,83 DO 1239)、躁郁症等;作为后者的原因有渐进性脑软化症、脑损伤、癫痫(大法院判决1984年8月21日,84 DO 1510)等。精神薄弱是指白痴这种先天性知能薄弱。深度精神障碍是指在自我意识与外界意识之间精神性关联断裂的状态。作为后者的原因有失神、麻醉、昏睡状态、深度催眠状态、极度的疲劳、强烈刺激或极度的激动状态、酩酊状态(大法院判决1974年1月15日,73 DO 2522)等。严重的心神障碍异常包括严重的神经官能症、严重的冲动障碍及其他严重的精神神经症等。

【判例1】 至一审为止被告人对犯行过程进行了逻辑清晰的陈

述，且在犯行前后也没有表现出精神异常的症状。但是，认定存在如下情况：在犯行当时作为高等学生曾经有过因转换性神经症入住精神病院的病历，甚至对于细小之事很容易兴奋，即使在责骂中也能够表现出像癫痫患者的症状等。因此，应该参照专家的精神鉴定结果审理犯行当时被告人有无心神障碍（大法院判决 1983 年 7 月 26 日，83 DO 1239）。

【判例 2】 鉴于行为人否认犯行的同时，所作的如下陈述："因饮酒丧失了记忆所以也不知道是自己所为，因此请斟酌考虑醉酒这点"，应该视为作为刑法第 10 条心神障碍的主张，是关于法律上刑之减免事由的事实的陈述（大法院判决 1974 年 1 月 15 日，73 DO 2522）。

当然，完全可以从韩国刑法第 10 条 1 项的解释中推导出以上所例举的心神障碍的要因，但是在用语明确性的意义上，更值得期待的立法态度是将基于心神障碍的无责任能力的要件进行细分并进行例举。这是在修正刑法时必须要进行修订的部分。

（2）心神微弱的要件 心神微弱也是心神障碍的一种，其只是与心神丧失之间存在程度上的差异而已。因此，轻微的大脑麻痹、轻度的精神分裂状态、轻度的癫痫、普通以上的醉酒状态、普通的中毒、普通的催眠状态、具有普通以上的神经官能症或普通以上的冲动障碍的状态等均符合成为限定责任能力之原因的心神微弱的要因。

（3）聋哑者的要件 聋哑者作为听觉和发声器官两方面均存在障碍的人，是不问其原因是先天性的还是后天性的。将聋哑者规定为限定责任能力人是在外国立法例中难以看到的韩国刑法中特有的规定。然而，随着现今聋哑教育的发展人们开始提出疑问，是否应该把聋哑者一般规定为限定责任能力者。从立法论的角度来看，倒是应该删除关于聋哑者第 11 条的规定。如果这些人中存在心神障碍，那就按照程度依据心神丧失或心神微弱中的某一规定加以解决即可。

3. 心理学要因的要件

责任能力的心理学要因是指人的精神状态已经达到能够洞察事物并以此支配或控制意思的一定的成熟度。韩国刑法并没有积极地规定这种能力，而是通过消极的规定当行为人在行为时没有辨别事物的能力或决定意思的能力时，将成为无责任能力者；当程度轻微时，则将成为限定责任能力者。

(1) 辨别事物能力的欠缺　辨别事物的能力是指能够认识行为不法的洞察能力（德国刑法第 20 条、第 21 条）。这在责任能力的心理学要因中特指知的能力。无法辨别事物程度的欠缺知的能力的情况，就是陷入精神疾病或精神异常状态的情况。在英美法系中，历来根据所谓麦纳顿规则（M' Naghten Rule）把行为人是否具有判断事物的能力与辨别善恶的能力作为基准进而根据其有无来决定刑事责任能力的有无。

> 《参考》1843 年英国所采取的麦纳顿规则的内容是，被告人在犯行当时在基于精神疾病的原因所导致的知的能力欠缺状态中，没有认识到自身行为的性质或即使有认识但没有认识到自身行为的恶时，没有刑事责任能力。

欠缺知的能力，就会成为无责任能力者。但是，并不是完全欠缺而只是微弱时，并不排除责任能力而只是减轻责任而已（第 10 条 2 项）。

这点在聋哑者的情况中也是相同的。即聋哑者的心神障碍状态遭致这种知的能力的微弱，进而作为聋哑者的行为人在这种状态中实施犯行时，与心神微弱者相同，同样会作为限定责任能力者减轻责任（第 11 条）。

> 【判例】　刑法第 10 条第 1、2 项的心神丧失或心神微弱是与心神障碍的样态相关联的，只存在程度上的差异而已。心神丧失是指因心神障碍进而没有辨别事物善恶的能力或依据其辨别进行活动的能力，而心神微弱是指虽然没有达到这种无能力的程度但其能力微弱的情况。因此，若想成为刑法上的心神丧失者必须在其犯行当时因心神障碍而没有辨别事物的是非善恶的能力或依据其辨别进行活动的能力，因而处于没有认识到其行为的违法性并无法以此实施行为的状态中。仅以无法记忆犯行的事实是不能断定犯行当时是处于心神丧失状态的（大法院判决 1985 年 5 月 28 日，85 DO 361）。

(2) 意思决定能力的欠缺　意思决定能力是指依据事物的洞察支配或控制自身行为的能力。这在责任能力的心理学要因中特指意的能力。关于这种意的能力，德国刑法第 20 条规定为"依据不法之洞察实施行为的能力"，美国模范刑法典 §4.01（1）规定为"能够使行为符合法的要求的能力"。

像这种因欠缺意的能力而判断为无意思决定能力者的做法在美国法上是以德赫姆规则（Durham Rule）为基础的。德赫姆规则在刑事责任中是指不可抑制的冲动判断法，内含有判断行为人犯行当时的意思决定能力的基准。即有证据表明被告人在不法行为当时是受疾病或精神障碍事由的影响实施的犯行，且其犯行是这种精神异常状态的产物能够被确证时，将排除责任能力。

德赫姆规则最早在 1954 年 Durham v. US 中被采用，但在 1972 年 US v. Brawner Case 中因采用了美国模范刑法典 §4.01（1）的精神异常基准，进而被废止。之后，美国模范刑法典的责任能力规则就取代了德赫姆规则被广泛采用。

在英国，麦纳顿规则历来把所谓有无"理性的欠缺"作为基准判断是否存在排除责任能力或使其低下的精神疾病或精神异常。但是，该法则由于把焦点放在了犯法者的无知上而不是关注其自制力的欠缺，因此受到了批判。这样，因受德赫姆规则影响而进行修正的麦纳顿规则（M' Naghten Rule）开始在知的要素之外也把意的要素考虑为判断责任能力的重要要素之一。1957 年的杀人罪法（Homicide Act）也作了如下规定：某人"在对自身行动的精神上的责任意识是遭受非常大的损伤程度的在精神上非正常时，不能成立杀人罪"。

在完全欠缺意的能力时，将成为无责任能力者。但是，在其不是完全欠缺而只是处于微弱程度时，责任能力因被限定进而将减轻责任（第 10 条 2 项）。这点在聋哑者的情况中也是相同的。即因为是聋哑者所以在犯行时这种意的能力微弱的话，应该作为限定责任能力者减轻其责任（第 11 条）。

4. 要点整理

韩国刑法在关于无责任能力与限定责任能力的规定上依据的是将生物学与心理学的方法相混合的混合方法。在该混合方法中，首先根据两种包括性的生物学的、心理学的特征群进行分析将成为可能。当充足该两种特征群时，就等于充足了刑法上的心神障碍者的要件。但是，由于在各自的特征群中所列举的每个特征在该当特征群中具有择一的性质，所以只要具备其中的某一个特征，就将充足该当特征群。

即使因依据法的、规范的判断的无责任能力或限定责任能力的原因，而不受到刑事处罚或被减轻处罚，也能够根据社会保护法第 8 条 1 项的规定单处或择一科处治疗监护处分。

【判例】 随着行为人一直患有的癫痫病发作的深化，进而转化为偏执性精神病。由于其精神病症状的恶化，在杀人行为当时陷入了深度的妄想之中，因而处于丧失判断现实能力的状态。对此能够进行认定时，作为基于刑法第 10 条 1 项的心神障碍而没有辨别事物能力与决定意思能力之人的行为，是无罪的。但是，由于能够认定符合治疗监护要件的事实，所以将成为治疗监护措施的对象（大法院判决1984 年 8 月 21 日，84 DO 1510）。

(四) 立证问题

是否为刑事未成年者，根据如下基准进行判断：基于单纯的生物学方法判断出生后的年龄是否未满 14 岁。虽然大体上以本人的陈述为基础进行判断，但对年龄存在疑问时，也可以参考户籍副本或居民登记副本等资料。但是，能够证明这种公文书上的记载与事实上的年龄不一致时，则应该以事实上的年龄为基准最终决定是否为刑事未成年者。

为决定是否存在心神障碍，一般法官要借助专家的帮助。但是，是否存在责任能力的确定是法官应该最终负责任的法的、规范的问题（大法院判决 1981 年 5 月 26 日，81 DO 1344；1982 年 7 月 27 日，82 DO 1014；1983 年 7 月 12 日，83 DO 1181；1984 年 4 月 24 日，84 DO 527；1985 年8 月 20 日，85 DO 1235 等诸多判例认为，在心神障碍的判断中专家的鉴定是没有必要的）。因此，法官并不是必须拘泥于专家的精神鉴定或年龄鉴定的结论，而是应该将此作为参考资料在规范上判断在该当行为状况中行为人有无行为能力。这时，法官在综合犯行的经过、手段、犯行前后被告人的行为等记录中所表现的诸般资料与公审法庭中被告人的态度等之后，能够独立进行有无精神障碍的判断（大法院判决 1991 年 9 月 13 日，91 DO 1473）。

【判例】 被告人因数次的盗窃行为而受到刑之宣告，在执行犹豫期间的状态下又重新在大学图书馆里常习性的窃取了学生们的钱包。但是，该常习盗窃犯一直以来却因冲动调节障碍的病态性盗癖，即使在进行正常的社会生活中只要进入大学图书馆就进行盗窃。有无刑法第 10 条规定的心神障碍作为法院应该参照刑罚制度的目的等进行判断的法律问题，为进行这种判断专门鉴定人的精神鉴定结果虽然将成为重要的参考资料，但作为法院来说却不是必须要拘泥于其意见的。即不仅是鉴定结果，而且还应该综合犯行经过、手段、犯行前后的被告人的行为等记录中所表现的诸般资料等之后独立进行有无心神障碍的判断。原则上，冲动调节障碍这种性格的缺陷是不符合作为刑之减免事由的心神障碍的。但是，能够认为这种性格上的缺陷与原本意义上的具有精神疾病的人相等同时；或者其与其他心神障碍事由相竞合时，存在认定心神障碍的余地（大法院判决 1995 年 2 月 24 日，94 DO 3163）。

责任能力是可罚性根据的一个要素，因此，将适用"存疑时有利于被告"的所谓"in dubio pro reo"原则。这样，在根本上存在疑问时，应该认定行为的无责任能力；不能因为存在怀疑而认定限定责任能力。而且，判断的基准时点是行为时；判断的程度则应该以平均人的一般能力为基准判断行为人是存在重度的精神障碍还是轻度的精神障碍。

【判例】   平常具有癫痫病症状的行为人如果在妨碍执行公务的犯行当时处于癫痫病没有发作的状态，这就不符合作为责任减轻事由的心神丧失或心神微弱的情况（大法院判决 1983 年 10 月 11 日，83 DO 1897）。

《参考》有时会存在法官的法的、规范的判断与鉴定人所判明的事实问题相对立的情况。这是因为，所有的事实中都会存在盖然性程度上的差异，绝不是确实性的。与此相反，在法的问题中只存在两种可能性，即法官要么确信要么不确信，两者取其一。这种确信是与"in dubio pro reo"原则相关联的。

（五）原因上自由的行为

1. 意义

（1）概念   原因上自由的行为（actio libera in causa）是指尽管犯行时处于无责任能力或限定责任能力的状态，但犯人是基于故意或过失使自身陷入这种责任能力欠缺状态并在此状态中引起构成要件结果的情况。在这种情况下，并不排除行为人的责任，反而根据刑法第 10 条 3 项的规定认定为具有责任能力的人。

(2) 沿革及立法例 原因上自由的行为原本是由习惯法所认定的原则。最先在理论上构建此概念的学者是 18 世纪末的克莱因施罗德（Kleinschrod）。克莱因施罗德将原因上自由的行为理解为"与自由相关联的犯行"，即虽然在直接的实行行为中（in actu）并不是自由的，但是在其原因中（in causa）却是自由的行为。将此最先立法化的是普鲁士的一般法（§§22，78），现今各国则广泛的将此进行了实定化。

(3) 基本的事例 作为原因上自由的行为的例子有：欲实施杀人者为获得勇气大量饮酒并在酩酊状态中实施犯行的情况，或者汽车司机没有充分认识到要进行驾驶这点，在过度饮酒之后以满醉的状态驾驶汽车的过程中造成业务上过失致死的事故的情况等。

2. 关于可罚性根据的论据

在原因上自由的行为中如何寻求具有刑法意义的可罚性行为？该问题就是关于可罚性根据的问题。关于这点，历来在与"行为与责任同时存在原则"的要求相关联上存在着如下见解上的对立：即应该在与此原则相一致的范畴内把握原因上自由的行为，还是应该作为此原则的例外进行把握。

(1) 一致说 该学说认为，在原因上自由的行为中有意排除或弱化自身责任能力的原因行为将成为可罚性的根据。这里又存在几种观点：

① 扩张模式 该观点认为，由于行为人是在具有责任能力的自由状态中为构成要件结果的引起提供了决定性的原因（causa），所以此自由的先行行为（actio praecedens）就成为认定可罚性的行为时点。[1]

② 间接正犯模式 该观点认为，与间接正犯相似，把自身作为工具加以利用的原因行为是认定可罚性的行为时点。[2]

③ 构成要件模式 此种观点认为，行为人基于故意或过失使自身陷入责任能力的欠缺状态并在此状态中实施了事前所认识到的或能够认识到的犯行，因此排除自身责任能力的原因设定行为就是犯罪实行行为。该构成要件模式从前是韩国多数说的立场。[3]

---

[1] Maurach/Zipf, AT Ⅰ, S. 470；Haft, S. 100.

[2] v. Hippel, Bd. Ⅱ, S. 296 Anm. 1；Welzel, S. 156.

[3] 权文泽，《原因上自由的行为》，考试界 1970 年 1 月，20 页；金日秀，韩国刑法Ⅱ，59 页；南兴佑，162 页；白南檍，178 页；孙海睦，《原因上自由的行为》，考试界 1969 年 3 月，63 页；廉政哲，328 页；李建镐，8 人共著，216 页；郑荣锡，173 页；黄山德，199 页；Jakobs, S. 508（17/68）；Roxin，§20 C Rdn. 55 ff.

针对这种一致说，存在着如下批判：

首先，由于把尚不能视为构成要件实现行为的原因行为视为认定刑事责任的犯罪实行行为，所以具有扩张可罚性的危险。

其次，原因上自由的行为是将自身作为工具加以利用的行为，所以在构造上不能与把他人作为工具加以利用的间接正犯相同一视之。在间接正犯中只要存在排除作为工具之第三者责任的某种事由即可，与此相比，在原因上自由的行为中则需要工具自身的责任能力之排除。在前者中，由于把他人作为工具加以利用，所以其工具脱离于行为人。因此，原因行为是重要的。相反，在后者中，由于是行为人将自身作为工具加以利用，所以既然维持了动机的连续性，工具就始终存在于行为人之中。因此，原因行为未必是重要的。

（2）例外说 该学说认为，在原因上自由的行为中，在无责任能力状态下实施的实行行为是可罚性的根据。该见解由于把不自由的行为视为认定责任的契机，所以是"行为与责任同时存在"原则之例外的立场。在这里也存在如下几种观点：

① 语义分析的例外模式 从语义分析的观点上来看，原因上自由的行为作为其自身来说是不自由的行为（actio non libera in se）。将责任归属于这种虽然在原因上是自由的但作为其自身来说是不自由的行为的做法，实质上是对只有针对其自身是自由的行为（actiones liberae in se）责任归属才是可能的原则的一种例外。因此，在不自由的责任能力欠缺状态下实施的行为将成为可罚性的根据（语义分析的例外模式）。

② 深层心理学的例外模式 该见解认为，从深层心理学的观点上来看，原因行为不过是预备阶段，在半无意识状态（penumbra situation）中实施的犯罪实行行为是认定责任的时点。①

③ 原因行为与实行行为之不可分的关联性模式 该见解认为，与行为人有责的先行行为之间存在值得非难的关联性的责任能力欠缺状态下的构成要件实行行为是责任能够归属的论理性根据。即构成要件实现行为自身虽然是无责任能力状态中的行为，但由于是在与原因设定行为不可分的关联性中产生的，所以受到非难是应当的。这是当前韩国的多数说，也是

---

① 刘基天，138 页。

德国通说的立场。①

针对这些见解，存在着如下批判：第一，由于承认行为与责任同时存在这一责任原则的例外，所以不必要的脱离了刑法的法治国家的限制。第二，由于在实行行为时行为人没有认识到规范命令的违反，所以如果将此作为可罚性的根据，就会破坏责任与规范命令违反之间的关系。

(3) 结论 严格来讲，原因上自由的行为是指从自由的原因开始的不自由的行为。因此，比起在无责任能力的不自由的行为时点上寻求可罚性的根据，在使自身陷入责任能力欠缺状态并作为犯行工具加以利用的自由的原因行为上寻求可罚性的根据的一致说（尤其是构成要件模式）更符合责任原则的要求。而且，行为人只有在自由的原因设定时点上才与规范命令相冲突，之后则是在对规范命令之违反的无意识情况下自动地放置于构成要件的实现过程中，所以即使从规范论的观点上来看，在自由的原因设定行为中寻求可罚性的根据也是更适当的。

对于一致说没有区别原因设定行为与预备行为进而存在扩张可罚性的危险的批判，可以通过在动机的连续性所涉及的法益危害的接近点上设定实行的着手时期来进行解决。这时，应该在哪一阶段判断法益危害的接近点？

行为人使自身陷入无责任能力状态（先行行为），且在动机的连续性所存在的范围内将自身作为工具来把握并加以利用的一系列的所有行为，都属于可罚性被认定的犯罪实行行为的范畴。其中，实行的着手时期已经脱离原因设定行为，进而应该将"为法益危害的实行"作为开始的时点。

3. 行为类型

存在基于故意的原因上自由的行为与基于过失的原因上自由的行为。在责任能力欠缺状态中实施的行为人的法益危害行为是基于故意还是基于过失并不重要。原因设定行为时是否就已经存在针对构成要件之实现的故意或预见可能性（过失）是重要的判断基准。

---

① 金圣天、金亨俊，346 页；朴相基，209 页；裴钟大，373 页；孙冻权，239页；孙海睦，612 页；申东云，348 页；安铜准，155 页；尹龙奎，《过失的原因自由行为》，刑事法研究第 11 号（1999），47 页；李基宪，《原因自由的行为》，考试界1993 年 10 月，39 页；李用植，《原因上自由的行为》，考试界 1994 年 5 月，122 页；李在祥，306 页；李炯国，225 页；任雄，263 页；郑盛根、朴光玟，322 页；曹俊铉，228 页；陈癸浩，398 页；崔又赞，《基于原因自由的行为》，刑事法研究第 9 号（1997），176 页；Jescheck/Weigend, S. 446；Rudolphi, SK §20 Rdn. 28；Sch/Sch/Lenckner，§20 Rdn. 34；Stratenwerth, S. 166；Wessele, Rdn. 415.

（1）基于故意的原因上自由的行为　是指具有责任能力的行为人故意使自己陷入责任能力欠缺状态的同时，至少在未必故意的程度上认识到在此状态中所实施的犯行（这时的犯行包括故意犯与过失犯）并希望的情况。行为人已经意识到能够充足一定犯罪构成要件的趋向，尽管如此使自己陷入这种状态中的情况也将成为基于故意的原因上自由的行为。在这里，故意应该与 ① 责任能力欠缺状态的引起和 ② 在此状态中所要进行的构成要件行为之实行的可能性之间均有关联。与前者相关联的故意必须是确定性故意，但与后者相关联的故意则以未必故意为已足（双重故意）。

（2）基于过失的原因上自由的行为　尽管行为人故意或过失地使自己陷入责任能力欠缺状态中，但基于过失尚未预见到在此状态中要实施何种犯罪（这时的犯行包括故意犯与过失犯）或者过于轻信不会发生结果的情况。在这里，责任形式具有双重的关联性。即对于先行行为应该存在故意或过失，对于在责任能力欠缺状态中将要实施何种犯行的结果发生可能性应该存在过失（预见可能性）。

对于在责任能力欠缺状态中将要实施的犯罪存在事前故意，但基于过失引起其状态时，即基于过失引起了无责任能力状态进而实现了平时所计划的犯罪时，将根据事案也可以归属于基于过失的原因上自由的行为的类型中。例如，对于当服用酒精或麻药陷入责任能力欠缺状态时就会付诸实施平时的犯罪计划，在基于过失的原因行为设定时就已经预见可能时，也能够成为基于过失的原因上自由的行为。然而，在与基于过失所引起的原因设定行为全然没有内在关联性的情况下，在无责任能力状态中发动平时的故意实现犯行时，仅仅成为无责任能力状态者的行为，应该评价为无罪。①像这种在责任能力欠缺状态中实施没有预见到的故意犯罪的情况，德国刑法第 323 条 a（酩酊状态下的犯罪）这种特别规定将会成为有效的对策。

_____

　　①　因此，如李在祥 309 页、任雄 265 页那样通常视为基于过失的原因上自由的行为是不妥当的。而且，在这种情况中，是基于过失引起的原因设定行为的表述也是不正确的。在基于过失的原因上自由的行为的情况中，在原因设定行为时，对无责任能力状态中的犯罪行为的预见是可能的，所以将被赋予不得使自身陷入这种危险状态的注意义务。而且，因为违反了该种注意义务进而引起了无责任能力状态，所以将这种不注意评价为过失。相反，在无责任能力状态中发生与原因设定无任何关系的其他故意犯罪的情况中，在原因设定行为时，因为行为人没有预见犯行的可能性，所以不承担不得使自身陷入无责任能力状态这种注意义务。因此，不存在没有注意义务的过失。应该注意的是，因单纯一杯两杯的饮酒一旦最终陷入无责任能力状态，就将此视为基于过失的原因上自由的行为是对概念的错误把握。

基于过失的原因上自由的行为只有在存在过失犯的处罚规定时，才进行处罚。因为，基于过失的原因上自由的行为在构造上是与一般过失犯的构成要件相同的过失犯。基于这种理由，也有见解认为基于过失的原因上自由的行为是不必要的概念，① 但因为不法构造的类似性而试图将关于责任能力的特别规定进行无用化的观点是不正确的。

4. 着手实行的时期

（1） 学说 由于原则上不承认过失犯的未遂，所以在基于过失的原因上自由的行为中没有讨论着手实行时期的实际意义。因此，在基于故意的原因上自由的行为中，着手实行时期尤其成为问题。原因上自由的行为的原因设定行为与预备行为的不同点在于，行为人只是基于故意或过失使因果链条开始发展而已，并没有掌握此外的事件经过。

关于着手实行时期，存在着学说上的对立。① 历来的多数说由于将原因上自由的行为视为将陷入责任能力欠缺状态的自身作为工具加以利用的间接正犯的一种，因此着手实行时期也认为是原因行为。② 与此相反，在责任能力欠缺状态中，在构成要件的直接的实行行为上认定着手实行时期的立场是现今的多数说。这是例外说立场的主张。

（2） 私见 想来，原因行为自身只不过是预备阶段，而且尚不具备构成要件实行行为的定型性。这是因为，例如很难把饮酒行为视为已经是伤害或暴行的实行的着手。在这里，认定着手实行时期的历来的多数说由于具有过分扩张可罚性的危险，所以是不足取的。相反，承认责任能力欠缺状态中的构成要件行为的实行的着手时期的现今的多数说由于过于缩小了原因上自由的行为的不法类型，所以在刑事政策上是不值得考虑的，而且也违反了行为与责任同时存在的原则。

结果是，原因上自由的行为的着手实行时期是，预备性的原因设定行为已经完全结束，陷入责任能力欠缺状态（无责任能力或限定责任能力状态）中的行为人指向实行行为决定开始实施的时点。例如，基于杀人的故意饮酒之后在酩酊状态或限定责任能力状态中向着杀人目标离开座位的时点就是杀人罪的着手实行时期。这是因为，即使依据关于着手实行时期的主观的客观说这一通说的见解，也恰好在该时点上行为人的主观的犯行意思明确地表明于外部，且也能够认为针对法益保护的自动的侵害已经开始。

---

① 李廷元，225 页。

5. 刑法上的规定

韩国刑法第 10 条 3 项规定："已预见危险之发生且有意引起心神障碍之人的行为，不适用前两项的规定（基于心神障碍的免责或基于心神微弱的刑的减轻）。"在解释上，如下几点将成为问题。

(1) 危险发生的预见及预见可能性　刑法规定行为人应该预见到危险的发生。如果是这样，原因上自由的行为是否只能成立于故意的情况？如果考虑原本在原因上自由的行为中基于过失的情况是通常的事例、基于故意的情况是例外的事例这一点的话，在目的论上应该解释为（通说）不仅包括预见到危险发生的情况（故意），而且还包括能够预见的情况（过失）。

这里的预见及预见可能性的意识程度，达到如同参与他人犯行情况中行为人对犯行所具有的意识程度即可。如果没有该程度的意识，在自由的原因行为时就因已经欠缺主观的构成要件要素而不能成为处罚的对象。

(2) 有意引起心神障碍　因为韩国刑法规定是有意引起心神障碍（心神丧失、心神微弱），所以就如何理解有意的含义就成为了问题。有见解认为，因为不能把基于过失引起心神障碍状态的人视为是有意引起心神障碍状态，所以刑法只规定了基于故意引起心神障碍状态进而实现故意或过失犯的构成要件的情况。①

然而，有意是指"行为人在具有责任能力状态下自愿"的意思，所以将此与故意或过失相关联进行解释是不正确的。反而，这是指与故意或过失之间不具有直接关联性的意识状态，所以只要不是非有意的，故意或过失的任何一种均能够引起心神障碍状态。②

大法院也认为，刑法第 10 条 3 项的规定不仅包括基于故意的原因上自由的行为，而且还包括基于过失的原因上自由的行为（大法院判决 1992 年 7 月 28 日，92 DO 999）。

【判例】　刑法第 10 条 3 项规定："已预见危险之发生且有意引起心神障碍之人的行为，不适用前两项的规定。"该规定不仅包括基于故意的原因上自由的行为而且还包括基于过失的原因上自由的行为，所以虽然能够预见到危险的发生但有意引起心神障碍的情况也能

---

①　南兴佑，《原因上自由的行为》，《法政》1975 年 10 月，75 页；朴相基，212 页；裴钟大，376 页；李廷元，225 页；李在祥，310 页；郑荣锡，161 页。

②　相同见解有：孙冻权，243 页；孙海睦，615 页；申东云，359 页。

够成为其适用对象。被告人基于酒后驾驶的意思在饮酒醉酒后进行驾驶的过程中引起了交通事故。如果是这样，被告人符合在饮酒时虽然预见到发生交通事故的危险性但有意引起心神障碍的情况，所以不能根据上述法条项进行因心神障碍的减轻等（大法院判决 1992 年 7 月 28 日，92 DO 999）。

(3) 无责任能力·限定责任能力规定的排除 如果在这种条件下实行构成要件行为，虽然是在心神丧失状态下实施的，其实行行为也不免责；即使是在心神微弱的状态下实施的，也不减轻刑罚。

> 　　**【判例】** 驾驶私家车走进酒馆饮酒后，在下雨的深夜难以看清前方的状况下以醉酒状态继续驾驶，进而发生交通事故而逃逸。如果是这样，符合在饮酒当时虽然预见到可能发生交通事故的危险性但自觉引起心神障碍的情况。因此，即使在当时处于心神微弱状态中，也不能基于刑法第 10 条 3 项进行因心神微弱的刑之减轻（大法院判决 1995 年 6 月 13 日，95 DO 826）。

如果欠缺上述条件中的任何一种，在韩国的刑法上都是不可罚的，但是德国刑法却作为酩酊状态下的犯罪（德国刑法第 323 条 a）进行处罚。因此，德国学者们将该酩酊状态下的犯罪的处罚视为客观的处罚条件从而认定为是责任原则适用范围的例外。不仅如此，还将其与原因上自由的行为相区别。即原因上自由的行为与酩酊状态下的犯罪之间的差异在于，在前者中作为责任形式的故意或过失必须要与具体的违法行为相关联；与此相反，在后者中并不要求这种关联性。因此，如果依据酩酊状态犯罪的处罚规定的话，即使无任何理由的陷入酩酊状态进而最终实施了其未曾认识也无法认识的某种犯行，也将受到处罚。这点是基于在责任刑法中非常有疑问的结果责任的一种形态或刑事政策上的必要在立法上进行的特别规定。

对于无法根据原因上自由的行为进行规制的无责任能力的酩酊或中毒状态或极度的激动状态下的犯行，采取德国刑法第 323 条 a 那样的例外性立法措施在刑事政策上也应该是值得考虑的。

三、责任形式（故意或过失）

（一）问题的提起

在刑法上所有重要的行为必须是基于故意或过失发生。根据目前的通说，故意或过失具有双重机能。即故意或过失作为行为无价值之表现的行为形式，是构成要件要素；同时作为心情无价值之表现的责任形式，也是责任要素。当然在事物逻辑上应该在责任之前的构成要件领域中探讨故意或过失的存在与否，问题是在其之后的责任领域中，其是否仍然具有独立的意义。

（二）作为责任形式的故意

作为责任形式的故意是指行为人在自由领域内违反构成不法的当为规范主动所下的内心的决定。

根据多数说的见解，构成要件故意作为主观的不法要素及行为形式，是具有与之相应的意义与机能的故意责任（Vorsatzschuld）的征表。这种征表作用的结果，一旦认定构成要件故意，一般就能够直接认定故意责任的存在。但是，这种征表在存在容许构成要件错误（Erlaubnistatbestand-sirrtum）时，是被排除的。

> T 错误地认为情敌 B 寻求和解的握手是在拿出匕首，进而实施了防御行为对其造成了伤害（假想防卫）。在这里，虽然存在构成要件故意，但不成立与之相应的故意责任。

在这里，作为责任形式的故意既然在法上不被认可，就表现为犯行的心情无价值。这种心情无价值包括构成要件故意和对违法性阻却事由之不存在的故意（根据情况是指欠缺正当化要素），进而是行为人对法秩序整体所呈现的社会性反抗的心情上的态度。这里还包括构成要件故意和对在不法故意的认识对象中被排除的特殊责任要素（杀害婴儿罪中的值得斟酌的动机等）的内在认识和意思态度。

作为该心情无价值的故意如同不法概念那样是能够区别轻重的一个实体性概念。因此，除不法的质与量以外，在本质上还依据责任要素（故意或过失）一同形成责任非难的程度。

（三）作为责任形式的过失

作为责任形式的过失是指行为人尽管能够根据自身的义务与能力满足构成不法的当为规范的要求，但是因怠慢对此加以违背的情况。通说的立场认为，与构成要件故意不同，过失不具有双重地位，而是具有双重形式。因此，针对构成要件过失并不认定存在对责任过失的征表作用。反而，在过失犯中成为问题的是，两种不同的尺度。即在构成要件阶段中客观的尺度（对一般人所要求的注意义务）、在责任阶段中主观的尺度（对行为人所个别要求的注意义务）将成为问题。因此，与故意的情况不同，在过失中应该分为两类进行考察，即首先应该在构成要件阶段中、其次在责任阶段中分别进行是否存在过失的考察。

　　乡下的某一妇女领着儿子生平第一次坐地铁。但是，在该妇女不注意的监护之际，儿子被自动门夹到造成了伤害。在这里，首先在构成要件阶段中，客观的尺度将成为基准。如果依据此基准，将肯定过失的成立。但是，在责任中主观的尺度将成为基准。在这里，将考虑乡下妇女的主观的认识程度，如果依据此基准，将否认过失责任。这种二阶段的过失审查是始终被要求的。

过失犯中作为主观构成要件要素的过失，在过失犯的构成要件符合性中是行为无价值的表现；作为责任要素的过失如同责任故意是心情无价值的表现一样是态度无价值（Einstellungsunwert）或性格欠缺（Charaktermängel）的表现。不法过失是指不顾具有构成要件实现的一般的认识或预见的可能性反而指向结果实现的行为人的不注意；责任过失是指不顾具有构成要件实现的个人的回避可能性反而达到结果实现的行为人的不注意。

责任过失虽然应该依据主观的尺度进行评价，但是主观的尺度绝不可能完全是主观的。这是因为，没有任何人能够正确地洞察他人的主观的认识程度。即使在过失责任领域中，结果也是将一般的经验判断作为问题。在该判断中，应该把通常的一般人作为标准直接探讨个别的行为人的情况。因此，即使在这里法官也必须要进行代理性的良心判断。

　　※**注意**：在是否认定故意存在疑问的事例中，不能因为否定故意而自动地推导出将认定过失的结论。反而，在过失中与故意不同的某

种质的差异将成为问题。过失的成立与否应该与故意相区别进行独立的探讨。

四、不法意识

（一）概念与体系上的地位

1. 概念

不法意识是指行为人关于自身行为因为在社会上有害进而被法所禁止的事实的认识。也将此称为违法性认识。规定"针对自身所实施的不法的行为人之洞察"的立法例恰当地说明了不法意识的内容。不法意识（Unrechtsbewuβtsein）与作为责任形式的故意或过失一起构成责任非难的核心要素。

2. 体系上的地位

目的的犯罪体系把故意与不法意识置于不同的犯罪体系的领域中。即把故意置于构成要件领域中，而把不法意识置于责任领域中。但是，古典的、新古典的犯罪体系却把故意视为责任要素，而不法意识则是故意的一个要素（故意说）。今天，作为通说的新古典的·目的合一体系则肯定故意的双重机能，从而把故意视为主观的不法要素与责任要素。因此，不法意识是与责任故意相独立的其他责任要素。这样，新古典的·目的合一体系主张，如果没有不法意识则成立禁止错误；禁止错误并不影响故意的成立，只对责任产生影响（责任说）。

（二）不法意识与故意的关系

关于不法意识与故意的关系，很早就存在故意说与责任说的对立。故意说是古典的、新古典的犯罪体系主张的理论，责任说是目的的犯罪体系所主张的理论。

1. 故意说

依据故意说，不法意识是故意的构成要素，因此，在不存在不法意识的禁止错误的情况中，并不成立故意。但是，禁止错误是基于过失时，只要存在法律的特别规定，就能够以过失行为进行处罚。

故意说又根据存在何种程度的不法意识才能够认定故意进而划分为严格故意说与限制故意说。严格故意说是主张不法意识应该达到现实的意识程度才能够认定故意的立场，而限制故意说则是主张只要存在潜在的不法意识就能够认定故意的立场。

2. 责任说

责任说把不法意识视为与故意无关的独立的责任要素，因此，即使不存在不法意识，对故意的成立也不会产生任何影响。这样，在禁止错误的情况中，错误是不可避免时，将排除责任；但在避免可能时，则残留有基于故意行为的可罚性，只是影响到这种程度而已。责任说又根据不法意识的程度与范围划分为严格责任说与限制责任说。

（1）严格责任说 严格责任说主张不法意识以潜在的意识程度为已足，而且把关于违法性阻却事由的客观前提事实的认识也视为不法意识的一种。因此，把容许构成要件错误视为禁止错误的一种。

（2）限制责任说 与严格责任说相同，限制责任说同样认为只要是潜在的不法意识即可。但却认为，关于违法性阻却事由的客观前提事实的认识不是不法意识的一种，而是关于客观不法要素的认识的一种。因此，主张容许构成要件错误应该类推适用关于构成要件错误的规定。

（三）内容

1. 法的意识

不法意识是关于在社会意义上行为所具有的"法的"禁止性的认识，因此，仅以行为在"伦理上"受到非难的认识是不成立不法意识的。行为人没有必要充分认识到只有专家才能够知晓的被侵害的特别的法规定。只要存在使法秩序所保护的某种实质的利益（Gut）遭受危害的大体上的认识即可。但是，在科学技术、经济、行政领域的附随刑法中，存在行为人的不法意识以所侵害之规范的认识为必要的情况。

2. 禁止意识

不法意识是针对行为的法的"禁止性"（Verbotensein）的认识，因此，不法意识是与认识实质的违法性即被侵害之法规范的实质内容价值相关联的。由于实质的违法性是指社会有害性的法益侵害，所以不法意识也意味着是关于以社会有害性的行为侵害法益这点的认识。行为人对社会有害性的认识，只要是行为人进行了与普通人日常语言意义上的理解相应的理解即可。例如，即使没有把高额的商品权认识为刑法上的贿赂，但只要在理解上达到其成为负担的不自然的礼物这种程度，就存在贿赂罪的不法意识。

※**注意**：应该区分对责任产生影响的禁止错误与对责任不产生影

响的可罚性错误。

3. 与良心之间的关系

行为人把违反法律的某种行为视为在伦理上、宗教上或政治的确信上是正确的行为，进而加以实施时（确信犯）；或者依据良心感觉到是不可避免的行为进而加以实施时（良心犯），并不排除不法意识。

> ※ **注意**：可根据其他法的观点减轻或排除确信犯或良心犯的责任。例如，行为人基于错误确信其所侵害的法规范是无效时，可认定为禁止错误。

4. 禁止构成要件关联性

违法实施行为的"一般性"认识是与刑法上成为禁止错误对象的不法意识不同的。不法意识始终应该是与每次的具体的禁止构成要件（Verbotstatbestand）相关联的。在一个行为实现两个构成要件时，不法意识必须应该与每个构成要件实现的实质的不法内容相关联。因此，一个行为同时充足数个禁止构成要件时，不法意识是能够根据各构成要件进行分离的，而且也可以根据各构成要件而部分地成立禁止错误。

> 以暴力方法奸淫未满 13 岁幼女的人虽然具有对未成年者的奸淫（第 302 条）的不法意识，但在与对未满 13 岁者的奸淫、猥亵（第 305 条）相关联上，可以在没有不法意识的情况下实施行为。

5. 特殊的不法内容关联性

在加重的犯罪或身份犯的情况中，不法意识还应该与成为处罚行为人之根据的构成要件的特殊的不法内容相关联。尤其在加重犯罪中的加重原因与基本构成要件所保护的法益之间存在质的差异时，应该对加重原因具有不法意识。这时，行为人只要在未必的、潜在的意识水平上认识到被实现的不法的性质与种类、程度等，就能够认定不法意识的存在。然而，基本构成要件虽然与法益相同一但却因较强的侵害这种行为样态加重刑罚时，即使没有对特殊的不法内容的认识，也认定存在不法意识。

即使在不法加重构成要件中，也可以分别成立针对不法加重部分与基本构成要件部分的不法意识。

> 甲确信因为尊属杀人罪的加重处罚违反宪法上的平等原则而归于

无效所以即使杀害自己的父亲也只成立普通杀人罪，进而实施了杀害行为。即使这种情况也属于作为禁止错误之一种的效力错误，所以如果错误是不可避免的，将排除对不法加重部分的不法意识，只成立普通杀人罪。

(四) 形态

不法意识取决于作为故意的知的要素的认识的程度。无论是采取故意说还是责任说都是相同的。

1. 确定的不法意识与未必的不法意识

行为人在行为时清楚地、确实地认识到行为的违法性的情况就是确定的不法意识，虽然认识到自身行为违法的可能性但却存在对此要加以忍受的认识的情况就是未必的不法意识。前者是能够与第一级别的直接故意（意图性故意）与第二级别的直接故意（相当于知情故意的直接故意）相对比的不法意识，后者是与未必故意相应的不法意识。仅以未必的不法意识就能够充分满足作为责任构成要素的不法意识。

2. 现实的不法意识与潜在的不法意识

行为人在行为时现实的持有不法意识的情况就是现实的不法意识，行为人在行为时只具有非常低程度的不法意识的情况就是潜在的不法意识。仅以潜在的不法意识也能够充分认定作为责任要素的不法意识。

※**注意**：在这点上，不法意识是与要求具有关于所有客观行为情况的现实性认识而仅以潜在的认识是无法充足知的要素的故意相区别的。

3. 作为伴随意识形态的不法意识

依据联想心理学，行为人无法与行为的社会伦理的、法的意义相脱离来认识基于感性所知觉到的或在意识中所表象到的外在的行为经过。因此，行为人在行为时与行为经过的认识一起也一同认识其事件经过的违法性。这就是伴随意识。这种心理现象也会出现在行为人没有清楚地考虑其行为的违法性时，而且还会促使行为人进行关于法的禁止或命令的赞反决定。这种作为伴随意识形态的不法意识通常出现在常习犯与不作为犯的情况中。然而，不能将此扩大适用于所有的事案。

※ **注意**：因激情性冲动这种心理的或身体的极限状况，在行为

时甚至连伴随意识也没有时，虽然不能基于心神障碍充足无责任能力的要件，但却对不法意识的存在产生影响，进而能够成为减轻或排除责任的条件。这是因为，这种情况如果至少对潜在的不法意识产生影响的话，就能够成为禁止错误的问题。

（五）不法意识的排除

不法意识必须存在于行为时。行为时不存在或排除不法意识的情况就是禁止错误的事例。在禁止错误中，如果依据责任说的话，只有在错误不可避免时，才排除责任与可罚性。如果行为人能够避免禁止错误，将作为故意犯进行处罚。但是，能够基于责任减少进而减轻刑罚（责任说）。如果依据禁止错误的这种规律的话，不法意识不仅作为现实的不法意识甚至作为潜在的不法意识也能够成为责任要素。

即使在过失犯中也应该存在现实的不法意识或潜在的不法意识，因此，在过失犯中也将产生禁止错误的问题。在不作为犯中，不法意识必须要与作为的命令相关联，因此，在不作为犯中，关于违法性认识的错误并不指禁止错误而应该称为命令错误。

五、禁止错误

（一）意义

禁止错误（Verbotsirrtum）是指行为人在行为时基于错误没有认识到自身行为因违反禁止或命令规范而违法的情况。即指行为人虽然对构成要件事实存在认识，但却因错误没有认识到其事实的违法性的情况。

《参考》在韩国刑法的规定（第16条①）中，关于禁止错误使用的是法律错误的标题。然而，事实错误是被限定在不是一般事实的构成要件事实的认识上，法律错误也不是关于法规定的错误，而是意味着没有关于实质的不法即禁止的认识。威尔滋尔在目的的犯罪体系中将此称为构成要件错误与禁止错误以来，随着德国联邦最高法院判例（BGHSt 2，194）采用该立场，在今天已经在学术界广泛地使用着该用语。

---

① 韩国刑法第16条（法律错误）规定：误认自身行为是依照法令不构成犯罪的行为，如果其误认存在正当理由时，不罚。——译者注

禁止错误在广义上可以划分为如下两种：一种是将不违法的行为误解为是违法的行为的违法性的积极的错误，另一种是将违法的行为误认为不违法的违法性的消极的错误。前者就是所谓的"幻觉犯"，因原本就不具备构成要件符合性，所以不能成为刑法上的问题。成为禁止错误问题的正是关于违法性的消极的错误。

《参考》根据禁止错误的种类，幻觉犯的种类也会表现出与其相应的逆向形态。即作为（1）逆向的抽象禁止错误与逆向的效力错误，（2）逆向的包摄错误，（3）逆向的容许错误，（4）逆向的容许包摄错误的形态的幻觉犯。

（二）禁止错误的对象与种类

1. 直接的禁止错误

（1）关于禁止规范之存在的错误　是指行为人完全没有认识到存在禁止规范的情况。这种情况叫做抽象的禁止错误。是符合所谓法律的不知的情况。

阿拉伯人甲在韩国实施了通奸行为。因为在阿拉伯国家并不禁止通奸行为，所以甲不知道韩国存在禁止通奸的规定，而且也不知道通奸罪在禁止什么。然而，由于甲是在认识到通奸罪行为状况的情况下实施的行为，所以充足了通奸罪的构成要件。但是，甲是在没有认识到禁止（规范）的情况下实施的行为，所以欠缺不法意识。

大法院判例认为："第16条的法律错误（禁止错误），是指错误的认为虽然在一般上是构成犯罪的行为但在特殊情况下作为依据法令的容许的行为是不构成犯罪的，并且这种错误的认识存在正当的理由时，是不可罚的。而不是指单纯的法律上的不知"。进而大法院判例否定了关于禁止规范之存在的错误。①

---

① 大法院判决2001年6月29日，99 DO 5026；1985年5月14日，84 DO 1271；1985年4月9日，85 DO 25；1980年2月12日，79 DO 285；1979年6月26日，79 DO 1308等。追随判例立场的学者有孙海睦，635页。

【判例】　被告人作为具有 20 年警察经历的刑事课凶案组组长，在致力于逮捕毒品犯罪组织成员的过程中，以紧急状况为理由在没有受到检事的搜查命令的情况下制作了嫌疑人质讯书。该警察误认为只要按照检事的搜查命令行使就是适法的，进而误认为自身行为不构成制作或行使虚假公文书罪。但是，没有检事的命令任意制作虚假公文书的行为，难以将其视为是具有在一般人的通念上能够得到容许程度的相当性的行为；而且也难以视为是在不必谋求以紧急状况为理由通过电话获得检事的口头搜查命令等的方法进而应该制作虚假公文书程度的不得已的情况中。甚至，由于 20 年以上的警察经历，所以比一般人更了解刑罚法规。因此，只要获得检事的搜查命令即使制作虚假公文书也不构成犯罪的错误认识并不具有与之相应程度的正当的理由。

　　即在刑法第 16 条中，误认为自身行为是依据法令不构成犯罪的行为是不可罚的规定，并不是指单纯的法律的不知。其旨趣是指，虽然是在一般上构成犯罪的情况，但却错误地认为只有在自身的情况中作为依据法令所容许的行为是不构成犯罪的，并且这种错误的认识存在正当的理由时，是不可罚的。（大法院判决 1995 年 11 月 10 日，95 DO 2088）。

　　然而，禁止错误应该包含对行为的禁止性产生错误的所有情况，因此不知道存在禁止法规进而对自身行为的禁止性产生错误的法律上的不知，当然也应该成为禁止错误的对象（多数说）。[1] 尤其在科学技术、经济、行政领域的附随刑法中，行为人完全不知道所侵害的规范时，便构成禁止错误。

　　此外，行为人视为其禁止规范没有效力的情况（效力错误）也成立禁止错误。

　　例：甲错误地认为其违反的刑法上的禁止规范因违宪而没有效力，进而实施了违反行为。

---

　　[1]　金圣天、金亨俊，361 页；朴相基，223 页；裴钟大，386 页；安铜准，160 页；李在祥，321 页；李廷元，239 页；李炳国，235 页；任雄，268 页；郑盛根、朴光玟，337 页。

(2) 关于禁止规范效力范围的错误 是指行为人由于过于限制解释了禁止规范，所以认为自身行为与其禁止规范无关的情况。换言之，是指基于错误未将自身的行为包摄在禁止规范中的情况。将此称为包摄错误。

> 例：甲将灵柩车驶入了禁止货车行驶的区域。因为甲认为灵柩车不属于货车概念中，所有并不认为自身行为是被禁止的。这种情况，甲就属于包摄错误。这是因为，甲正确地认识了充足"货车"这一构成要件要素的行为事实。其错误在于，过于限制解释了法的禁止。

相反，大法院判例认为，不动产中介者在介绍公寓出让权买卖的过程中，因错误地解释了关于中介手续费之确定的地方自治团体的条例，进而收受了超过法所容许之金额的中介手续费的情况（即被告人确信在介绍公寓出让权买卖当时，介绍的不是"一般住宅"的"除一般住宅以外的中介对象物"，所以收受的手续费是在法所容许范围内的情况），并不符合法律的错误（大法院判决 2005 年 5 月 27 日，2004 DO 62）。

2. 间接的禁止错误

(1) 关于容许规范的存在及界限的错误 是指行为人虽然明知违反了禁止规范，但却把现实上不存在的正当化事由误认为存在（存在错误）或者误认为其行为例外地被容许的情况（限界错误）。这种禁止错误因为与作为违法性阻却事由的容许规范相关联，所以也叫做容许错误，更为正确地叫做违法性阻却事由错误或容许规范错误。

> 例：公务员甲虽然明知禁止受贿（第 129 条），但却认为接受昂贵的新年礼物在习惯法上是被例外地容许的。这是错误的认定并不存在的习惯法上的正当化事由的情况。

(2) 关于容许规范效力范围的错误 是指行为人虽然明知违反了禁止规范，但却扩大解释了既存的正当化事由的效力范围，因而认为其行为是被例外地容许的情况。行为人由于过于扩大解释了其所知晓的正当化事由，所以将其行为包摄在了正当化事由中。也叫做容许包摄错误。

> 例：甲已经实施完彻底粉碎乙的攻击的决定性行为。但甲却进一步用脚踹向倒在地上的乙。这时，甲认为这种行为也属于正当防卫

（第 21 条）。

（三）禁止错误的效果

1. 原则论

禁止错误并不排除构成要件符合性或违法性，而是只排除或减轻责任。因为没有不法意识，所以对成立责任的核心部分产生了影响。

2. 见解上的对立

（1）故意说　依据故意说，在故意犯中故意是责任要素；故意的本质构成部分是不法意识，即对法的当为命令的意识性反抗。其结果是，故意在认识犯行状况的过程中只具有连接禁止认识的机能。因此，认为对故意犯罪的实现所科处的刑罚仅与犯行故意中所表现的不法意识相关联。其结果是，行为人虽然例外地存在犯行故意（对犯罪事实的认识）但如果没有不法意识，就将排除故意的责任形式及故意罚（Vorsatzstrafe）。但是，禁止错误是避免可能的且对此存在过失处罚规定的话，就以过失犯进行处罚。结果，法律错误的处理与事实错误的情况相同。

　　※**注意**：判例表现出采取故意说（大法院判决 1961 年 2 月 24 日，4293 刑上 937；1970 年 9 月 22 日，70 DO 1206；1974 年 11 月 12 日，74 DO 2676）。也有对此给予支持的见解。①

因为行为人原本就极其不关心法秩序的要求，所以故意说甚至连没有不法意识的情况也不进行故意罚，是有违事理的。甚至，由于把作为客观秩序而存在的法的效力依赖于行为人极其主观的表象中，所以也存在牺牲法的命令的难点。这在刑事政策上有可能误导市民在沉睡中生活而不是在觉醒中生活。

　　《**参考**》为避免这种不当的结论，历来存在自然犯与法定犯的区别说。该学说是主张在自然犯中不需要不法意识而在法定犯中则以其存在为必要的学说。然而，根据韩国刑法第 16 条的解释，即使在自然犯中，当禁止错误存在正当理由时，也能够排除或减轻责任。因此，难以与该学说相一致。

---

①　郑荣锡，190 页。

而且，在故意说中，针对严格故意说还有人主张所谓的限制故意说。即存在如下学说：（1）故意中只要存在违法性的认识可能性即可的立场（违法性认识可能性说），（2）故意的成立虽然以违法性认识为必要，但对没有认识到违法性的情况存在过失时，主张应该将此与故意同等处理的立场（法过失准故意说），（3）只要行为人表现出敌对法的或不关心法的态度，即使没有违法性的认识，也与故意作相同处理的立场（法敌对性说）等。但是随着责任说的出现，这些主张便成了无意义的见解。

（2）责任说 责任说强调构成要件错误与禁止错误之间存在内容上的差异。即认为，即使在没有不法意识的情况下实施行为的故意犯，也始终存在对法的禁止或命令所意图规制的犯行状况的认识。尽管如此，如果行为人没有认识到行为的违法性的话，这种错误通常要比与为不法提供根据的状态相关的构成要件错误还要不可原谅。因此，禁止错误在任何情况下也无法脱离故意罚的范畴。但是，在具体的事例中，行为人没有认识到法的禁止的错误是完全不可能避免时，将排除责任；在避免可能时，将根据其程度减轻责任而已。

结果，由于责任说以故意罚为出发点，所以具有克服故意说的不合理性能够按照刑事政策的要求考虑排除或减轻责任的优点。

（3）韩国刑法的立场 韩国刑法并没有明示采取故意说还是责任说。但是，根据具有依据故意罚而不是法过失（所谓限制故意说的立场）处罚不关心法之行为人的刑事政策机能的责任说立场解释第 16 条是正确的（通说）。

《参考》原本韩国刑法草案（第 16 条）中规定："误认自身行为是依照法令不构成犯罪的行为，如果其误认存在正当理由时，可减轻或免除刑罚。"但（法典编纂委员会刑法草案，法定 1950 年 4 月，36 页）在法制委员会中，却把"可减轻或免除刑罚"修订为无特别理由"不罚"（许日侨编：新刑法，1953 年，197 页）。

因此，禁止错误在完全不可能避免时，将排除责任（因不成立犯罪而无罪）；在避免可能时，则可以根据情况减轻处罚。但是，韩国刑法上关于禁止错误的规定并没有言及任何关于减轻基准方面的内容。当基于避免可能的禁止错误减轻处罚时，为使与行为人的责任程度相适应，原则上应该进行法律上的减轻（第55条），而作为附加应该同时考虑酌定减轻（第53条）。

问题是，在各事例中应该根据何种尺度判断禁止错误的避免可能性。

3. 避免可能性的内容与判断标准

禁止错误的避免可能性（Vermeidbarkeit）首先以行为人能够认识自身行为的具体的违法性为前提。尽管具有可能性却没有充分发挥自身的知的认识能力（Intellektuelle Erkenntnisfähigkeit）因而没有认识到违法性，其结果作了错误的行为决定的人应该对避免可能的禁止错误承担责任。① 尽管调动了知的认识能力，但不具有能够认识行为违法性的可能性时，就成为不可能避免的错误进而被认定为刑法第16条中的正当理由。

关于避免可能性的标准，经常会提及德国联邦最高法院所提示的良心上的紧张（Gewissensanspannung）。良心上的紧张是以深思熟虑义务（Nachdenkenspflicht）与咨询义务（Erkundigungspflicht）为内容的。即判断行为人如果对法状况的容许与否进行了深思熟虑或必要的咨询是否就能够认识到不法，来决定禁止错误是否具有避免可能性。② 然而，由于良心上的确信并不是与法相一致的，所以良心上的紧张也不能成为能够认识不法的唯一的契机（Anlaß）。良心犯或确信犯越使良心紧张，且不说禁止的认识，只是强化故意而已。因此，所有法律上的禁止尤其是秩序违反法与附随刑法等的禁止因为积累于市民的良心中所以把禁止的认识把握为良心上紧张的表露，是不可能的。③ 而且，如同良心上的禁止那样，赋予应该不断探讨自身行为违法性的一般性义务也是不合理的。这是因为，如果是这样几乎很难认定避免不可能的错误。

在是否存在避免可能性的判断中，首先应该确认的是行为人是否具有能够持有对行为违法性与否的疑问的具体的契机（Anlaß）。这是因为，如果没有这种契机，行为人对自身行为的违法性也不会具有最小限度的疑心，同时也不会具有为解除其疑问的知的、精神上的努力。在这点上，良

---

① Arm. Kaufmann, Unterlassungsdelikte, S. 144 f,; Rudolphi, Unrechtsbewuβtsein, Verbotsirrtum und Vermeidbarkeit des Verbotsirrtums, 1969, 193 ff.

② BGHSt 2, 209; 4, 5.

③ 金日秀，韩国刑法Ⅱ，84页。相同见解，孙冻权，259页；李在祥，325页。

心上的紧张将会成为抱有对行为是否具有适法性之疑问的一个契机。① 在一般上，认为行为人负有在过失犯中行为人所负有的注意义务程度的洞察不法的注意义务，而且只要判断是否存在省察违法性的契机即可。② 当然，在判断是否存在省察不法性的契机的同时，还应该考虑行为状况、行为人的生活圈及职业领域、被侵害的规范的特性等。

一旦确认存在这种契机，下一步就要评价行为人是否运用了自身的知的认识能力为解除疑问进行了努力。在这种行为人的努力中，应该动员能够判断事物的存否及对错的知的认识能力与价值观念、深思熟虑等所有个人的精神上的力量；在必要时，还应该履行求助于相关部门或专家之忠告的咨询义务。③ 其结果是，在完全不具有省察自身行为是否具有不法性的契机或者即使存在这种契机且尽管作出了为消除疑问的努力但还是没有认识到违法性时，将认定为错误是不可能避免的。

《参考》鲁道夫认为，禁止错误的避免可能性是以如下三个内容为前提的：④

① 行为人必须具有能够现实地认识自身行为违法性的可能性。

② 行为人必须具有能够想到自身行为法律性质的具体的契机。

③ 行为人能够认识行为违法性的客观期待必须是可能的。

4. 避免可能性的具体判断标准

以前面的议论为基础，根据个别事例来分析认定避免可能性的具体标准的话，如下：

（1）行为人如果存在于容易判断行为违法性的情况中或者如果存在于即使是平凡之人也容易知晓行为法律性质的情况中，就能够认定为存在认识违法性的契机。因此，行为人的禁止错误就是避免可能的错误。

例如存在暗示行为违法性的事由或处于如果是具有责任意识的人

---

① 李在祥，325 页也认为，良心并不是认识违法性的根源，而仅仅是认识过程中的一个动机而已。

② 裴钟大，393 页；李在祥，326 页；Jescheck/Weigend, S. 458；Rudolphi, Sk § 17 Rdn. 30a.

③ 申东云，395 页；李在祥，325 页；任雄，274 页。

④ Rudolphi, Unrechtsbewuβtsein, Verbotsirrtum und Vermeidbarkeit des Verbotsirrtums, 1969, S. 221 ff.

就会至少考虑一次关于自身行为法律性质的情况，或者行为人的行为是反道德的或反社会性的情况等即是。

（2）法律、大法院的判决、法律专家的值得信赖的商谈情报等将成为使行为人容易认识到自身行为是否存在违法性的契机。这时，关于避免可能性的判断并不是以行为人对事案自身的认识能力为基准的，而是应该以行为人对立法者、大法院或者法律专家的权威与信赖性的认识能力为基准的。

大法院也作出判决认为，信赖专利律师关于是否违反专利法的解答时，① 信赖律师及公务员关于是否存在债权的解答时，② 符合第 16 条规定的存在正当理由时。

【判例】　其他袜业者以侵害专利权为理由要求作为制造袜业者的被告停止生产自 1975 年以来一直生产的脚趾袜。当就此问题被告询问专利律师时，得到了没有侵权的解答。但是，基于 1977 年大法院判决的变更却被认定为侵害了专利权。然而，对于特许或专利权关系法律问题完全是门外汉的制造袜业者只能依据专利律师的解答确信自己生产的袜子没有侵害到他人的专利权，因此误认制造贩卖脚趾袜的行为依据法律不构成犯罪是存在正当理由的（大法院判决 1982 年 1 月 19 日，81 DO 646）。

（3）具有许可或认可权的部门因进行错误的法解释，致使行为人对其所作出的无需进行许可或认可的意思表示产生信赖时，不存在违法性认识。因此，行为人的禁止错误是不可能避免的。

【判例】　食用油制造业者针对所面临的炒面制造行为是否为食品卫生法上的许可对象这一难题，通过食用油协同组织对关系当局的有权解释产生了依赖。据此，从首尔市厅和管辖区厅那里得到的确定性答复是，单纯熘炒作为天然原料的谷物并进行加工贩卖的行为并不是食品卫生法上的许可对象。因此，确信制造炒面行为也没有必要得到专门的许可并在没有营业许可的情况下，将他人带来的谷物进行捣

---

① 　大法院判决 1982 年 1 月 19 日，81 DO 646。
② 　大法院判决 1976 年 1 月 13 日，74 DO 3680。

搅之后制作了炒面。如果综合考虑这些情况，行为当时是误信自身的行为不构成食品卫生法上的犯罪而且对于这种误信也不存在任何的过失，所以符合刑法第 16 条规定的存在正当理由的情况（大法院判决 1983 年 2 月 22 日，81 DO 2763）。

（4）判例是值得一般人信赖的。这是因为，其内容具有很高的正当性，而且能够充足秩序的任务。因此，不能期待行为人甚至要审查判例的内容是否与法律相一致。

《参考》存在相互不同的判决时，可分为如下两种情况进行考察：
① 多数的不同判决是由同级法院作出的情况：在多数的高等法院或大法院的诸刑事部针对相类似的事案作出各自不同的判决时，即使行为人对有利于自身的某种判决产生信赖，也不能认定其信赖价值。
② 多数的不同判决是由不同审级的法院作出的情况：这时，应该对上位的审级法院的判决给予更高的信赖价值与秩序价值。

（5）情报只有在专家或能够提供切实情报的人关于事件或法律问题提供能够视为具有说服力程度的情报时，才被评价为是值得信赖的。因此，行为人对著名的法律专家所主张的且大法院也没有反对意见的情报产生信赖时，就成立不可能避免的禁止错误进而是无责任的。

（四）刑法第 16 条的解释

刑法第 16 条规定："误认自身行为是依照法令不构成犯罪的行为，如果其误认存在正当理由时，不罚。"

1. 误认依照法令不构成犯罪的行为

"依照法令不构成犯罪"是指依据禁止·命令规范及容许规范的存否及效力范围不构成犯罪的情况。

这种情况包括作为禁止错误之种类的关于禁止规范之存在的错误及效力错误，关于禁止规范效力范围之错误的包摄错误，关于容许规范之存在及界限之错误的违法性阻却事由的错误（间接禁止错误）以及关于容许规范之效力范围之错误的容许包摄错误等。关于违法性阻却事由之前提事实的错误即假想防卫、假想避难、假想自救行为等，只有在理论上依据严格责任说时，才能够成为禁止错误的一范例。

在这里，"法令"是与实质不法的根据及其排除相关联的。关于法令的范围中是否包含判例，对此加以否定的见解是正确的。① 这是因为，判例既不是法令也不是法源，所以不能成为禁止规范或容许规范的根源。

※ 但是，判例对于之后的"正当理由"之判断来说，具有作为误认的契机或回避可能性的尺度加以充分考虑的价值，所以因信赖判例而欠缺对自身行为违法性的认识时，应该认为具有成立禁止错误的可能性。因此，直接得出结论认为因为法令的范围中不包括判例所以信赖判例时不能成为禁止错误的事例②是不正确的。

韩国刑法仅表述为："误认不构成犯罪的行为。"因此，在这里也会产生如下疑问：是否也包含关于免责事由的错误。然而，关于免责事由的存在或界限的错误是与禁止错误不相同的另一问题。在这种情况中，立法者需要另外决定的问题是，行为的不法及责任内容的明显减少能否排除责任非难。因此，韩国刑法上的关于免责事由前提事实的错误不能直接适用关于禁止错误的规定形式，只能类推适用。

甚至，由于本文只规定了积极的法误认的情况，所以消极的不知法律的情况是否也符合禁止错误也将成为问题。韩国大法院判例一贯否认这种情况成立禁止错误。因为，判例认为法律的不知是无须辩解的。然而，依据今天所确立的禁止错误理论，既然法律不知也存在正当理由，当然应该包含在禁止错误当中。

2. 正当的理由

正当的理由是指其错误是不可能避免的。关于刑法第 16 条的解释，也可能发生故意说与责任说之间的论争，但应该依据责任说的立场进行解释。因此，禁止错误在错误存在正当理由时，将排除责任（不可能避免的禁止错误）；如果不存在正当理由，则仅仅减轻责任而已（避免可能的禁止错误）。虽然刑法第 16 条规定"不罚"，从而只明示了不可能避免的禁止错误，但这是一个示例，进而应该解释为还包括避免可能的禁止错误。

---

① 相同见解，裴钟大，74 页；河泰荣，《不利于被告人的判例变更之问题点及其改善方案》，刑事法学会 2001 年度冬季学术会议资料，15 页。

② 裴钟大，74 页；河泰荣，前文 15 页便采取了该种立场。

六、免责事由的不存在（对适法行为的期待可能性）

（一）免责事由的基础理解

1. 意义

与欠缺责任能力或欠缺不法意识（不可能避免的禁止错误的情况）原本就是排除责任之成立的责任排除事由（Schuldausschlieβungsgründe）不同，与此相区别的免责事由（Entschuldigungsgründe）是指针对成立的责任，通过免除责任非难进而使犯罪不成立的事由。如果说前者是责任的内在限制事由，那么后者就是责任的后发的减免事由。

2. 正当化事由与免责事由

依据整体法秩序的立场，将认定符合正当化事由的行为是适法的。在这里，特定的构成要件符合行为由于与整体法秩序的理念相一致，所以从整体法秩序的立场将给予容许。符合免责事由的行为虽然从整体法秩序的立场来看是被否定的，但是从行为人所处的特殊的内在冲突状况来看则与行为人自身的实践理性上的良心相一致，所以以从法秩序的角度将对行为人施以宽容。即使存在免责事由也能够成立可罚的共犯的理由便在于此。

3. 免责事由的根据

在今天占有支配地位的新古典的·目的的犯罪体系是在因非通常事由的不法与责任的减少中寻求免责事由的根据的。该体系认为，这种行为事由并不是仅仅减少责任内容，甚至也将减少行为不法与结果不法。这点在作为免责事由之代表例子的免责的紧急避难范围中将结构性地明确表现出来。下表很好地说明了此问题：

免责事由的根据

	不 法	责 任	
无 价 值	行为无价值	结果无价值	心情无价值
减轻的根据	基于行为人所追求的目的的正当性	基于行为人所救助的法益的有利的较量	使符合规范的自我决定困难的行为人的非正常的状况
例（第22条，德国刑法第35条）	行为人～以救助为目的	～自己生命的～	从现在的危险开始～

4. 韩国刑法上的免责事由

刑法上所认可的免责事由包括第 22 条 1 项的免责的紧急避难、第 21 条 2 项的过当防卫、第 21 条 3 项的非通常状态下的过当防卫、第 22 条 3 项的过当避难以及非通常状态下的过当避难、第 23 条 2 项的过当自救行为、第 12 条的被强迫的行为、第 26 条中止未遂中的刑之减免事由等。

在刑法分则中也规定有个别的免责事由，如亲属间的犯人隐匿与湮灭证据（第 151 条 2 项、第 155 条 4 项）以及犯人自身的犯人隐匿与湮灭证据，就是以没有期待可能性的理由被阻却责任的情况。甚至，自身脱逃的单纯脱逃罪（第 145 条）比带有帮助性质的协助脱逃罪（第 147 条）处罚要轻；取得伪造通货后知情使用罪（第 210 条）比普通使用罪（第 207 条 4 项）的处罚轻，是因为行为期待可能性的减少减轻了责任的缘故。此外，根据情况也可以极其例外地承认前面所言及的超法规的免责事由。

在这里需要详述的是，免责事由的发现并不像正当化事由的发现那样是广范围的和自由的。因为免责事由是"例外"的规定，其必须在原则上用法律来实定化。因此，作为例外规定应该尽量对免责事由进行"限制解释"。

而且，还应该注意的是，刑法上的免责事由不仅包括作为绝对的免责事由的不处罚的情况即应该进行无罪判决（刑·诉法第 325 条）的情况，还包括作为相对的免责事由的"责任的减少"并据此减轻或免除刑罚进而应该进行刑的法律上的减轻（第 54 条、第 55 条）或刑的免除的判决（刑事诉讼法第 322 条）的情况。

（二）期待可能性

1. 意义

期待可能性是指能够期待行为人实施适法行为的可能性。这是将责任视为非难可能性的规范责任论的核心内容。这是因为，行为人因非正常的事态完全不能够期待其实施适法行为时，是不能进行非难的。

2. 期待可能性思想与超法规的免责事由

这是围绕是否应该把期待不可能性视为超法规的免责事由的问题而展开的论争。

（1）故意作为犯   针对在故意作为犯中是否应该把期待不可能性视为超法规的责任阻却事由存在着肯定说与否定说的对立。

① 肯定说 肯定说将期待可能性的不存在视为超法规的免责事由。[1]
肯定说认为，由于韩国刑法关于责任阻却事由的规定不充分，所以在 A
符合免责的紧急避难的情况；B 相当性不被认定的义务冲突；C 服从具有
约束力的违法的上级命令的行为；D 针对生命、身体以外的法益，在强制
状态下所实施的被强迫的行为的情况等中，不得不认定以期待不可能性为
理由的超法规的责任阻却。

② 否定说 否定说并不把期待不可能性视为一般的、超法规的责任
阻却事由，而是作为解释实定法的辅助手段将其视为在具体的事例中划定
不法与责任之界限的规制的法原则（Ein Regulatives Rechtsprinzip）。否定
说不把期待可能性的不存在视为超法规的责任阻却事由的理由是："规范
一致性行为的期待可能性"的内容模糊，且如果一般性地承认前提或界
限不明确的免责事由，就会损害到法规范的一般预防机能与法的稳定性，
甚至也会存在破坏法适用上的平等的危险。

在德国，自从亨克尔（Henkel）指出期待不可能性不是关于不法或
责任之归属的构成的、规范的原则，而是规制的法原则以来，[2] 期待不可
能性不是超法规的免责事由而是在各个事例中根据具体的情况划定不法与
责任之界限的规制的原则这一理解已然成为现今的通说。[3]

③ 私见 在期待不可能性不具有实定法根据且其前提与界限不明确
这点上，将其认定为一般性的超法规的责任阻却事由是存在问题的。因
此，期待不可能性在与原则上被实定化的免责事由之间的关系中作为解释
原则发挥作用才是可取的。然而，虽然在现实法上是极其罕见的情况却存
在必须要将期待不可能性认定为超法规的责任阻却事由的必要性的事例，
而且事实上实定法的规定并没有全部包含这些事例。甚至，即使不把期待
不可能性认定为超法规的免责事由，如果不只是赋予其刑法上被实定化的
各个免责事由所共同的基本思想的意义，而是更为广泛地将其认定为限定

---

① 金圣天、金亨俊，378 页；孙冻权，266 页；孙海睦，663 页；李在祥，331
页；李炯国，研究Ⅱ，441 页；任雄，290 页；郑盛根、朴光玟，363 页；陈癸浩，
423 页。

② Henker, FS-Mezger, S. 267 f.

③ Hirsch, LK vor §32 Vorbem. 196；Jescheck/Weigend, S. 504；Roxin，§22
Rdn. 139 ff.；Rudolphi, SK §19 Vorbem. 10；Sch/Sch/Lenckner, vor §32 Vorbem.
122；Wessels, Rdn 451 等。

不法及责任之成立的规制原则的话,① 其仍旧内含有使用前提与界限不明确的问题点。② 在这点上,不把对适法行为的期待不可能性认定为一般的,而是严格限于例外情况将其认定为超法规的免责事由是必要的也是可能的。

例如,在服从具有拘束力的上级违法命令的行为、相当性不被认定的义务冲突、基于对自由·情操·财产等生命·身体以外的法益进行胁迫的被强迫的行为、不可能比较衡量的紧急避难的事例等中,就能够例外地认定以期待不可能性为基础的超法规的免责的可能性。

(2) 不作为犯

① 意义　不作为犯与作为犯的情况不同,其可罚性一般取决于规范一致性行为的期待可能性。如果保证人应该基于一定的行为使对自身具有价值的利益处于明显的危殆化,那么这时对作为的期待就是不可能的。因此,即使存在不作为,也不能够处罚行为人。例如,如果是保证人因为基于法律实施了命令行为,致使自身或亲属只能处于刑事追究的危险状况时,命令行为就是期待不可能的。

② 适用范围　如果行为人基于赋予伦理性义务的良心上的判断,认为作出符合规范的行动是对自身人格的严重侵犯,那么这时存在良心上的压迫。关于这种良心上的压迫能否被认定为免责事由,如果能够被认定需要何种前提条件存在着论争。根据情况也能够将良心上的压迫视为期待不可能性的事例。

期待不可能性的观点不仅适用于不纯正不作为犯的情况,而且还适用于纯正不作为犯的情况。这是因为,与作为犯的情况相比,在纯正不作为犯中法律自身已经更为广泛地为期待不可能性思想提供了一定的领域。

---

① 例如在把期待不可能性视为规制原则作为通说立场的德国存在如下诸种见解:认为在纯正不作为犯中期待不可能性将限制作为义务进而阻却构成要件符合性的见解 (Jescheck/Weigend, S. 634),认为阻却纯正、不纯正不作为犯的构成要件符合性的见解 (Dreher/Tröndle, §13 Rdn. 16;Sch/Sch/Lenckner, vor §32 Vorbem. 125),认为除不作为犯的情况以外在过失犯中限制作为不法要素的客观的注意义务、作为责任要素的主观的注意义务的成立的见解 (Wessels, Rdn 451;Haft, S. 139;Eser, I, S. 39)。

② 在这点上,拒绝将期待不可能性认定为超法规的免责事由,而且主张期待不可能性由于如同被容许的危险概念那样没有期待可能性,所以仅赋予其表现阻却责任的个别事例群的共同要素这种限制意义的见解是妥当的 (朴相基,238页)。

例：德国刑法第323条 c（救助不作为）以及韩国刑法第145条2项（集合命令违反罪）中的"无正当理由"等。

③ **体系上的位置** 在不纯正不作为犯中，由于期待不可能性典型的与个人的非难可能性相关联，所以将其视为对不纯正不作为犯的超法规的责任阻却事由是妥当的。

该问题尤其在以须符合构成要件且违法但无须有责的正犯的犯行为前提的共犯中有着重要意义。在以限制从属形式为基本模式且将不纯正不作为犯的期待不可能性把握为一般的免责事由的立场来看，对期待不可能的不作为犯进行加功的人也能够按照共犯进行处罚。

(3) 过失犯 在故意犯中，即使在存在较强的压迫动机的情况下，也只严格限制在若干例外的情况承认免责。与此相反，在过失犯中，符合规范的行为的期待不可能性将成为一般的免责的理由。即在过失犯的情况下，期待不可能性将被认定为一般的超法规的免责事由，所以行为人面临使个人履行义务极其困难的矛盾状况时，将免除责任。

> **【判例】** 癖马事件：受雇于马车业者的马夫在赶性情暴躁的马的途中，给行人造成了伤害。在此之前，马夫曾向主人说明此马性情暴躁并要求更换马匹。但主人没有听取此意见。马夫也不能再次与主人进行争执，因为担心会被主人解雇。在这里，帝国法院如下地否定了责任："为认定过失责任，仅以被告人存在有可能伤及行人的认识是不充分的，而且还需要雇主能够拒绝使用性情暴躁的马匹的状况。然而，被告人存在失去生活来源的担心，所以不能期待其违反雇主的意思而拒绝使用马匹"（RGSt 30，25）。

作为这种情况加以考虑的有：瞬间的身体上或精神上的控制不能，兴奋状态，过度疲劳等。既然受外界状况影响的情绪不稳定、歇斯底里状态也不在主观的注意义务违反中进行考虑，那么可以在免责的期待不可能性的判断中进行考虑。

3. 体系上的地位
关于期待可能性的体系上的地位，存在着学说上的对立。

(1) 故意或过失的构成要素说 这是把期待可能性视为故意或过失的构成要素的见解。该见解主张，如果没有期待可能性，将阻却故意或过失，因而在结果上也将阻却责任。

（2）独立的责任要素说　这是把期待可能性视为与责任能力或故意、过失相等同的独立的责任要素的立场。

（3）消极的责任要素说　该学说认为，例外的没有期待可能性时，将阻却责任。是现在的多数说。

4. 期待可能性的判断标准

（1）行为人标准说　该学说主张，应该站在行为人所处的具体的状况中，以行为人的能力为标准来判断是否能够期待其做出适法行为。

（2）平均人标准说　该学说主张应该以社会平均人为基准判断行为人在其状况中能否实施适法行为（多数说）。

（3）国家标准说　该学说主张应该根据国家控制法秩序及现实的国家理念来判断有无期待可能性。

（4）结论　目前，行为人标准说与平均人标准说之间存在着尖锐的对立。然而，平均人标准说因为消解了行为人标准说所具有的极端的个别化从而能够维持责任判断的确实性与均衡性，所以是妥当的学说。

【判例】　在一次偶然的机会从某人处得到了高等学校的入学考试卷并事先记下了其正确答案。在实际考试中一发现符合事先记下的答案的试题便将此答案记载在了答题纸上。然而，期待一般应试之人不得在答题纸上记载事先记下的答案，这从应试生的心理状态来看通常情况是绝对不可能的，因此，不构成妨害业务罪，而构成无罪（大法院判决 1966 年 3 月 22 日，65 DO 1164）。

5. 关于期待可能性的错误

关于期待可能性错误，可以分为如下两种事例进行考察：

第一，是关于期待可能性的存在或界限的错误。期待可能性的有无是法秩序进行客观的判断的。因此，即使行为人自己判断为因期待不可能性的理由能够免责，也不能得到刑法上的任何恩惠。

第二，关于作为期待可能性之基础的事由的错误。这种情况与禁止错误相类似，因此，应该类推适用禁止错误的规定，只在没有避免可能性的情况中阻却责任。①

———————————

① 裴钟大，411 页；李在祥，335 页；郑盛根、朴光玟，362 页。

（三） 免责的紧急避难

1. 意义

免责的紧急避难是指虽然是针对明显不优越的自己或他人的法益为避免现实的危难而实施的行为，但考虑到无法期待行为人实施其他适法行为的特殊情况进而认定免责效果的情况。在只肯定正当化的紧急避难的一元说立场中，把免责的紧急避难视为期待不可能性发挥超法规的免责事由的机能的情况。

免责的紧急避难在其要件与效果上与正当化的紧急避难存在着如下的区别：

第一，在要件层面上，免责的紧急避难是一身专属性或同价值性利益相互冲突的情况，或者至少不是在价值衡量成为可能的异价值性法益之间为确保优越利益的情况，所以原则上并不需要法益衡量。而且，自招危难者虽然因为自身原因不能援用免责的紧急避难，但却能够援用正当化的紧急避难。

第二，在效果层面上，因为免责的紧急避难下的行为也保留着违法的状态，所以对其进行正当防卫就成为可能，而且也能够成立共犯。

早在古代就曾经讨论过在免责的紧急避难事例中法益衡量不会起到任何的有益作用。卡尼德斯（Karneades；希腊哲学家，214～129 B.C.）木板事例就是一个很好的例子。即两名遇难者同时抓住了只能承载一人重量的木板，其中一力量强大的人将弱者推入大海将其溺死的事例。康德在其《道德形而上学》中探讨了该事例并主张无罪。

情人链（Mignonette）号事例也是另一关于此的古典事例。情人链号于 1884 年 5 月在向澳大利亚濠洲的航海途中，于 7 月 5 日在距离希望峰 1600 里的地方遭遇风暴而遇难。船长杜德力（Dudley）与其他 3 名船员一起坐在一艘救生艇上在海上漂流了 13 天后已经完全没有食物。数日后，被告人向布鲁斯（Brooks）提议牺牲一名少年但遭到拒绝。2 日后即完全没有食物的第 8 天，被告人等杀害了濒临死亡的一名少年，并依靠死者的血和肉维持了 4 天后得救。被告人等虽然以谋杀罪受到死刑的判决，但作为特赦却受到了禁锢 6 个月的减轻处罚。

在现实生活中能够发生的实际例子有，如对其他家族成员长期一贯实施生命足以构成威胁程度的饮酒暴行的一兄弟被其他兄弟杀害的情况即是。此外，为避免杀害的威胁进行伪证的情况或者为从以告发自身的犯行为内容长期进行胁迫或恐吓的威胁中摆脱出来而实施的犯罪虽然成为问题，但这些行为在韩国刑法上均是依据被强迫的行为而免责的事例。

2. 构造

免责的紧急避难在构造上需要现实的危难状况与为避免危难的避难行为，这点与正当化的紧急避难相同。但与其在构造上不同的是，免责的紧急避难并不需要利益衡量。关于这点希望参考如下图表：

免责的紧急避难的构造

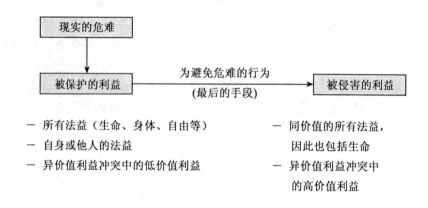

也有的立法例（德国刑法第 35 条 1 项前段）在免责的紧急避难的构造上将保护的法益限制在生命、身体或自由上，保护的客体也被限制在自己或亲族及其他与自己有密切关系的人上。在立法论上，与正当化的紧急避难相区别，将免责的紧急避难规定在另一条文上，并且将其要件也进行如此限定的规定是更为合理的。

3. 要件

（1）紧急避难状况   必须是为避免自己或他人的法益遭受现实的危难而实施的行为（第 22 条 1 项）。在免责的紧急避难中，危难的现实性的概念范围要比正当化的紧急避难中的概念范围宽泛得多。

所谓长期性危难即虽然危难状况尚存有转变为现实危难的可能性，但却无法正确判定其何时现实化的危难的范围，也可以在比正当化的紧急避难中的范围更广的意义上进行认定。例如，对于从 9 岁开始就遭受继父性暴力的大学生金宝银小姐，就能够认定这种现实的危难状况。

（2）避难行为

① 避难行为首先必须是最后的手段（ultima ratio）。不可能有其他方法来避免针对自己或他人的法益的现实危难。此要求是事实问题。

② 避难行为必须要使用损失最小的手段。此要求是规范性问题。对保护法益的侵害越急迫越可能发生引起重结果的避难行为（比例性原则）。虽然在此范围内进行利益衡量，却并不像正当化的紧急避难那样严格。

③ 欲救助的法益与因避难行为被侵害的法益之间不得存在明显的不均衡。

④ 在主观上，行为人必须要认识到危难状况，并且以避免危难的目的实施行为（避难意思）。必须为避免危难实施行为的法条文的旨趣也表明了这一点。

⑤ 行为人必须要在良心上审查运用其他手段能够避免危难的可能性（避难行为越是导致重结果，越有必要在良心上进行审查）。此点与正当化的紧急避难不同，是免责的紧急避难的特有要件。

虽然具备以上要件，但为避免危难的行为在原则上是因为没有对他行为的期待可能性才具有免责效果的。

4. 效果

如果充足这些前提要件，所有的法益侵害均能够被免责。因此，与正当化的紧急避难的情况不同，杀人也能够被免责。

5. 基于期待可能性条项（Zumutbarkeitsklausel）的限制

避难行为导致不法与责任的减少。然而，却存在不顾及不法与责任的减少，由于存在特殊事由，因此例外的否认免责的紧急避难进而期待忍受危难的情况。即韩国刑法第 22 条 2 项中的"负有不得逃避危难的责任者"的规定，及德国刑法第 35 条 1 项后段规定："主动引起其危难或者具有特殊法律关系之行为人"。可以将这种规定的基本思想类推适用于其他类似的事例中。

（1）行为人主动引起危难的情况 危难引起虽然无须故意或过失（Verschulden），但却以客观的注意义务违反为必要。虽然自招危难者因为自我责任不能援用免责的紧急避难，但是却能够在被限制的范围内援用正当化的紧急避难。

（2）行为人存在于具有克服危难之义务的特殊法律关系中的情况
消防员、警察、海上救助员、军人等在职业活动中面临危难（职业活动中的典型的危难）且没有忍受危难时，不能进行免责，只具有刑罚的任意减轻的可能。上述所言及的并不是免责事由的事项的全部。即使在此外发生了类似的事情，也能够期待危难的忍受。

> **例**：适法的公务员的侵害，即基于具有既判力的判决所执行的刑罚，虽然其是不当的判决，也必须加以承受。因此，打倒狱警进行脱逃或抵抗刑罚执行的人是不能被免责的。而且，即使在保证人地位中也能够发生承受危难的期待可能性。例如家里遭受火灾的家长不能以牺牲全家族的生命来进行自救。存在于这种法律关系中的行为人的避难行为由于不是最后的手段，所以不能被免责，但是可以考虑酌量减轻。

6. 错误的情况

基于错误没有正确地认识客观的免责的紧急避难状况进而实施行为时，如果错误是不可能避免时，就将被免责。然而，错误是可能避免时，且错误如果是以行为人的过失为基础的话，只要存在过失犯的处罚规定，就应该以过失犯进行处罚。

（四）防卫过当

1. 意义

防卫过当是指实施正当防卫时防御行为超过防御的相当性的情况。刑法第 21 条 2 项规定，防卫行为超过其程度时，根据情况减轻或免除刑罚；同条第 3 项规定，防卫过当行为"系在夜间或其他不安状态下，由于恐怖、惊愕、兴奋或慌张而引起时，不予处罚"。

2. 法律性质

防卫过当是争论比较多的免责事由中的一个。一部分见解将此视为人的处罚阻却事由，也有见解将此视为以减少不法与责任为内容的免责事由。

然而，从罚责性论的观点来看，除不法与责任的减少之外，也把欠缺一般预防及特别预防的处罚必要性作为主要事由。

3. 构造

从正当防卫的构造来看，防卫过当状况在构造上分明分为其他不同的两种状况：即外延性防卫过当（Der Extensive Notwehrexzeβ）与内含性防卫过当（Der Intensive Notwehrexzeβ）。依据通说，只有内含性防卫过当才是免责事由。关于这点，请参照如下图表：

防卫过当的构造

	攻击 ──────────→ 防御	
	外延性（扩张的）防卫过当：欠缺攻击的现实性，防卫人有意识地无视这一点	内含性（强度的）防卫过当：防卫行为的强度超过必要限度的情况
实例	踢已经失去意识的攻击者的行为	在即使射击腿部也充分的情况下射击下腹部的行为
处理	韩国、德国及奥地利的通说认为，不能援用防卫过当。德国的少数说主张正当防卫的界限即使在时间上也能够在与内含性（强度的）防卫过当情况相同的根据上被超越，所以应该与内含性（强度的）防卫过当作相同处理。 通说是妥当的。这是因为，外延性防卫过当因不存在正当防卫状况，所以丧失了过当的前提。	行为人在所谓心弱性冲动（Der Asthenische Affekt）——惊慌、恐怖、惊愕中是免责的——但是，与此相反，在攻击倾向性冲动（Der Sthenische Affekt）——愤怒、憎恶、发狂——中是不免责的。 根据：在是攻击的牺牲者的情况中，由于将减少不法与责任，所以给予宽容是合适的。 ＊虽然韩国刑法第21条3项规定兴奋状态的行为也将被免责，但是由于这是接近于攻击倾向性冲动的行为，所以将该种情况也作为免责事由在立法论上是存在疑问的。

4. 法的效果

防卫过当是免责事由中的一个，因此，在适用刑罚上当然表现为对行为人有利的效果。在效果层面上，刑法区分为减免刑罚的防卫过当（第21条2项）与不可罚的防卫过当（第21条3项）。

（1）不可罚的防卫过当除减少不法以外，由于恐怖、惊愕、慌张这种心弱的冲动明显提高到防卫行为无法形成与规范一致的意思的程度，所以甚至也是责任减少到被阻却程度的情况。也有见解将此种情况视为责任的消灭，但此种情况仅仅是责任自身的极度减少，而不应该视为是完全的消灭。这是因为，即使军人、消防署、警察这种被期待克服危险的特殊身份者在同一程度的明显心弱的冲动状态下实施了防卫过当，也不是当然的不可罚。

　　一般而言,对普通人在极甚的心弱的冲动状态下实施防卫过当不进行处罚,其理由并不仅仅是极度的责任减少。除责任减少以外,而且还是因为即使从一般预防或特殊预防的观点来看也全然不存在进行处罚的必要性。对于特殊身份者来说,其预防性处罚的必要性要比普通人高,所以将限制适用不可罚的防卫过当,根据情况只能够适用减免刑罚的防卫过当。

　　【判例1】　平时就经常因暴虐的性格使家人痛苦的人在某一夜因醉酒在母亲面前胡乱挥舞着菜刀并用手勒紧了前来阻止的弟弟的脖子。看到这种情况,以为弟弟有生命危险的妹妹跑来持续勒紧了哥哥脖子,致使其窒息死亡。这种行为符合欠缺相当性这一正当防卫要件的防卫过当行为。然而,当时在夜间家人遭受到威胁生命和身体的暴行,由于是在这种不安状态中因恐怖、兴奋、慌张而实施的行为,所以无罪(大法院判决 1986 年 11 月 11 日,86 DO 1862)。

　　【判例2】　被告人在遭到被害人一行的暴行中,与其说是对被害人一行进行反击,更是以摆脱他们攻击的目的拎出酒瓶进行威胁时,与从后面抱住被告人的被害人一起跌倒在地,并在相互滚打的过程中酒瓶被打碎且碎酒瓶致使被害人受到了耳介骨折等伤害。与其说是被告人为对抗被害人一行而相互施加暴行,不如说当被害人一行施加殴打自己等危害时,对此进行对抗的反击不仅在人数上处于绝对的劣势,而且由于被告人自己需要保护 2 名女性的缘故,当从被害人一行处突然无理由地遭受用拳头殴打自己等暴行且尤其不仅自己而且自己的妻子也遭受到威胁时,更是为使被害人一行不要再进一步实施加害行为进而以威胁的目的手里拿了近处的酒瓶。尽管如此,被害人一行并没有退缩反而扑向被告人,在跌倒后的暴行持续的状况下,因瞬间的恐怖、兴奋或慌张等原因进而实施了上述行为。如果对此能够认定,被告人的行为就符合刑法第 21 条 3 项不可罚的情况(大法院判决 2005 年 7 月 9 日,2005 DO 2807)。

　　(2) 减免刑罚的防卫过当在减少不法的层面上与不可罚的防卫过当没有差异。然而,其与不可罚的防卫过当相比减少责任的程度要低,预防性处罚的必要性要高。

　　在减免刑罚的防卫过当的情况中,首先成为问题的是与行为人一身专属相关联的免责状况。行为人的智能、性格、经验、能力、身份等将成为状况的考虑对象。根据情况，攻击性状况与防御性状况的急迫性也应该成为考虑对象。如果是这样，在夜间及其他不安状态下实施的防卫过当的情况也应该是考虑的对象。虽然减免刑罚的防卫过当也能够由心弱的冲动状况所引起，但由于与不可罚的防卫过当相比其程度低，所以并不消解对行为人的非难可能性只是被弱化而已。

（五）假想防卫过当

1. 意义

假想防卫过当是指虽然不存在现实的不当的侵害但行为人误认为其存在（假想防卫），并实施了超过相当性程度的防卫行为的情况（防卫过当）。这是假想防卫与防卫过当相结合的情况。

2. 法律性质

严格来讲，假想防卫过当是双重错误的问题。首先，对与假想防卫层面相关联的事实存在错误。另一方面，对与防卫过当相关联的被容许的防卫行为的程度存在评价上的错误。

3. 关于法律处理的讨论

将假想防卫过当视为假想防卫之例还是防卫过当之例存在着见解上的分歧。

有见解将此视为假想防卫并试图根据严格责任说作为故意犯中的禁止错误的一例进行解决；[1] 也有见解将此视为假想防卫并试图根据限制责任说作为过失犯的一例进行解决；[2] 也有见解将认识到过当性的狭义的假想防卫过当视为防卫过当，并将因错误超过其程度的广义的假想防卫过当处理为假想防卫。[3]

这种见解上的差异正是来自于如何理解假想防卫过当的法律性质。想解决这一点，比起假想防卫首先应该根据多样的防卫过当的样态区别假想防卫过当的种类。

4. 依据种类的解决

对于故意的、攻击倾向性的假想防卫过当的行为人，既不能适用防卫过当也不能援用假想防卫。这是因为，既然在正当防卫状况中所实施的有

---

[1] 郑盛根、朴光玟，239 页；陈癸浩，328 页。
[2] 裴钟大，299 页；孙海睦，464 页；安铜准，111 页；李在祥，230 页；任雄，208 页。
[3] 车镛硕，625 页。

认识的防卫过当也被评价为故意的不法，那么就不能比此更好地评价在比其更具不法的假想防卫状态中所实施的防卫过当。

过失的、心弱的假想防卫过当的行为人在行为人的精神性特殊情由上与在正当防卫状况中实施防卫过当的人相类似，而且过失行为中存在过失性要素，所以按照假想防卫进行处理是可取的。这时，比起按照严格责任说适用对故意犯的禁止错误规定，按照限制责任说以过失犯进行处理更符合事理。

（六）避难过当

避难过当是指正当化的避难行为超过相当程度的情况，即欠缺补充性或均衡性的情况。例如，存在避免危难的其他方法或者在不是同价值的法益中为保全小的法益而侵害大的法益的情况。由于避难过当（Notstandsexzeβ）不成立正当化的紧急避难，所以并不阻却违法性。因此，对此进行正当防卫是可能的。

然而，刑法规定即使在避难过当的情况中也与防卫过当的情况相同，从不法与责任的减少以及预防性处罚必要性的观点出发，根据情况可以减轻或免除其刑（第22条3项、第21条2项）。而且规定避难过当行为是在夜间或其他不安状态中由恐怖、惊愕、兴奋或慌张引起时，不予处罚（第22条3项、第21条3项）。其理由是，在这种不安状态达到极点时，责任已经减少到完全没有对适法行为的期待可能性的程度，也没有预防性处罚的必要性。

根据情况减少责任（第22条3项、第21条2项），其由于不法及责任的减少与预防性处罚必要性的弱化而仅仅成为法律上刑的减轻（第54条、第55条）或刑的免除判决（刑诉法第322条）的对象；而特殊状态下的避难过当的免责（第22条3项、第21条3项），其由于不法减少及极度的责任减少与预防性处罚必要性的消解而成为无罪判决（刑诉法第325条）的对象。在这点上，两者的免责存在量上的差异（这在防卫过当中也是相同的）。

在这里，与假想防卫过当相同也能够成立基于错误的假想避难过当。在法律处理上，其与假想防卫过当相同，即仅限于过失的、心弱的假想避难过当上与假想紧急避难做相同处理。

（七）自救行为过当

自救行为过当是指作为请求权之保全手段的行为超过相当性的情况。

虽然不能阻却违法性，但是可以根据情况减轻或免除刑罚（第 23 条 2 项）。在这里，是否"超过了相当性"的问题并不是依据自救行为人的主观判断进行决定的，而应该依据客观的考察进行决定。

然而，自救行为过当（Selbsthilfeexzeβ）与避难过当不同，并不适用关于防卫过当的刑法第 21 条 3 项的规定。如果自救行为人存在恐怖、惊愕等情况，也只能够按照免除刑罚的状况进行处理。

在这里，也与假想防卫过当相同能够成立基于错误的假想自救行为过当。而且也仅限于在过失的、心弱的假想自救行为过当上与假想自救行为做相同处理。

（八）被强迫的行为

1. 意义

刑法第 12 条规定："因无法抵抗的暴力，或者因无法防御危害自己或亲属的生命、身体的胁迫，而被强迫的行为，不予处罚。"这在立法论上被视为受到了德国旧刑法第 52 条（Nötigungsnotstand）的影响。然而，德国旧刑法第 52 条由于其自身存在诸多立法上的不完备受到 M. E. 麦耶（M. E. Mayer）的"是总则篇中最糟糕的规定"这种批判，后来被删除。

在韩国，被强迫的行为数次被适用于在北朝鲜共产统治下不得已违反国家保安法及反共法的行为（大法院判决，1954 年 9 月 28 日，4286 刑上 109；1954 年 12 月 24 日，4287 刑上 49；1956 年 3 月 6 日，4288 刑上 392 等）与在渔捞作业中被绑架至北方的渔民们在压迫状态下违反国家保安法·反共法等的行为（大法院判决，1960 年 10 月 7 日，4292 刑上 829；1961 年 7 月 13 日，4293 刑上 194；1968 年 11 月 5 日，68 DO 1334；1968 年 12 月 6 日，68 DO 1329；1968 年 12 月 17 日，68 DO 1319 等）中，进而留下了诸多判例。在今天，其已经成为以期待可能性为基础的责任阻却事由的重要之例。

【判例 1】 解放前就已经开始在沙里院铁路车站工作过，解放后仍旧继续在北朝鲜地域工作的过程中，依据民青委员长的命令不得已加入了民青，甚至参加了颠覆大韩民国政府的讨论会。尽管如此，由于一旦拒绝民青委员长的命令，就将被征兵为人民军，所以是在无力抵抗的强压下并非基于本意实施的行为，因此这种情况的违反国家保安法的行为作为无故意的行为是无罪的（大法院判决 1954 年 9 月

28 日，4286 刑上 109）。

【判例 2】   在东海捕捉明太鱼的过程中，由于机械故障与风浪的缘故在海上漂流中被北朝鲜舰艇强制扣留于北朝鲜领域。同时根据北朝鲜工作人员的指示制作了赞扬北朝鲜政权的感想文并接受了进行间谍活动的指令。这些违反反共法的行为是受到生命威胁并在不被遣返韩国的担心中根据指示进行的，之所以接受指令不仅是为生存的不得已，甚至认为即使接受指令不加以实施也会有生命危险。因此，由于是在没有自由的北朝鲜领域中无法拒绝的行为，所以认定为无罪（大法院判决 1967 年 10 月 4 日，67 DO 125）。

【判例 3】   即使认为是陷入哥哥设下的圈套在不知情的情况下乘坐北朝鲜工作船逃往北朝鲜的行为不是出于本意，但依据从北朝鲜中接受特工费潜入韩国后并没有直接向侦查机关自首这一点来看，不能认定间谍帮助行为是被强迫的行为或无期待可能性的行为（大法院判决 1967 年 9 月 24 日，67 DO 481）。

2. 法律性质

被强迫的行为虽然与免责的紧急避难均是具有类似性质的责任阻却事由，然而两者的区别却是存在问题的。虽然有否认韩国刑法上存在免责的紧急避难的立场，但是承认两者如下的特殊性并进行区分的立场是正确的：

第一，与只要存在针对自己或他人的法益的现实危难就成立免责的紧急避难相反，被强迫的行为把基于暴行、胁迫等不法不当原因的强迫状态作为要件。

第二，在免责的紧急避难中相互冲突的利益之间的均衡也是重要的基准，与此相反，被强迫的行为与此并没有任何关联，而只是把由强迫状态引起的针对适法行为的期待不可能性作为基准。

3. 成立要件

（1）无力抵抗的暴力

① 暴力是指为抑制相对方的抵抗而行使的力。这里包括绝对的暴力（vis absoluta）与心理的暴力（vis compulsiva）。

绝对的暴力是指作为使人无法用肉体进行抵抗的暴力，遭到绝对暴力的人只是作为"无意识的工具"（Willenloses Werkzeug）被利用而已。例如，抓住他人之手强行在文书上摁手印的行为或者弱女子被力大的男子抓住手腕拽走等即属于此。这种被强迫之人的行为已经不能视为刑法上的行为，因此本条无力抵抗的暴力中所说的暴力并不包含这种暴力。①

与此相反，心理的暴力是指作用于被强迫者的心理使此人不得不实施一定行为（被强迫的事实）的间接性有形力的行使，即指意思暴力。基于心理暴力的行为并不是单纯的作为工具的行为而且能够被评价为刑法上的行为，因此本条中所说的暴力就是这种意义上的暴力。

【判例】 听到自己的妻子与同事有染的风言风语，在对妻子产生怀疑之后，即以暴力、胁迫的手段强迫妻子承认虚假的通奸事实并以通奸罪进行了告诉。然而，在裁判过程中因妻子否认通奸事实而被释放之后，又重新强迫妻子制作、提出关于其同事的虚伪内容的告诉状，致使妻子因诬告罪被起诉。

刑法第12条中的无力抵抗的暴力在心理的意义上意味着在肉体上绝对的不得不实施某种行为的情况和在伦理的意义上意味着被强压的情况。而且，胁迫是指无其他方法阻止危害自己或亲属的生命、身体的威胁行为，而强迫是指使被强迫者不能进行自由的意思决定的同时，使其实施特定的行为。因此，应该将这种制作、提出告诉状的行为视为依据暴力或无法阻止危害自己的生命、身体的胁迫而实施的被强迫的行为。（大法院判决1983年12月13日，83 DO 2276）

② 无力抵抗的暴力的标准 "不可能抵抗"是指不仅无法击退暴力自身，而且无法拒绝被强迫的行为的状况。被强迫者并非必须试图抵抗，即使存在能够排除暴力的力量，如果没有处于能够将其排除的境地，就是这里所说的无法抵抗的暴力。这时，对于暴力的手段、方法没有任何的限制。关于能否抵抗暴力行使的判断，应该在综合考虑暴力的性质、手段、方法以及暴力者与被强迫者的性质等所有情况后以行为人为标准进行决定。

(2) 无法防御危害自己或亲属的生命、身体的胁迫

① 胁迫 胁迫是指能够引起相对方恐怖程度的告知害恶。这与告知即将到来自然发生的吉凶祸福的单纯警告相区别，也与内含有害恶自身的暴力相区别。即使胁迫者没有要实现胁迫的意图或者不可能加以实现，只

---

① 相反，将绝对的暴力包含在本条暴力中的见解参见刘基天，247页。

要提醒相对方胁迫是真挚的这一事实，就成立胁迫。

本条的胁迫应该与"危害自己或亲属的生命、身体"相关联。因此，危害生命、身体以外的法益成为胁迫的内容时，虽然不符合本条的规定，但根据情况可以成为免责的紧急避难或基于期待不可能性的超法规的免责事由的问题。

亲属的范围虽然只能依据民法的规定（民法第 777 条）进行决定，但内缘关系①中的夫妇与私生子也应该按照亲属来看待。是否存在这种关系，应该以被强迫行为当时为标准进行判断。

② 危害的防御不可能性　无法防御的危害是仅指称无法避免的，即无法补充的胁迫的补充性原理（Prinzip der Subsidiarität）。当危害亲属的生命、身体被告知时，即使其亲属自身能够避免危害，对被胁迫者也能够成立无法防御的侵害。而且，关于是否无法防御的判断，应该在综合考虑胁迫者的性质，胁迫的内容、手段方法以及被胁迫者的性质等所有情况后进行决定。

(3) 被强迫的行为

被强迫的行为是指因暴力或胁迫侵害被强迫者的意思决定或行动自由，进而使被强迫者实施强迫者所意图或要求的一定的行为。

【判例】　出生在北朝鲜并受到思想教育之后，被选拔为对南特工接受了特殊训练，而且从北朝鲜劳动党中接受爆炸大韩航空客机的指令并付诸实施。这是在确信是为所谓"祖国统一"的光荣行为的情况下实施的行为，因此，不能视为是基于无力抵抗的暴力或对生命、身体的胁迫被强迫实施的犯罪行为。这种错误的确信即使是形成于违反其自由意志的成长教育过程中，也不能把以此为基础的犯罪行为视为被强迫的行为或是无期待可能性的行为因而是不可罚的行为。

即刑法第 12 条中所说的被强迫的行为是指基于无力抵抗的暴力或对生命、身体加以危害的胁迫等他人的强迫行为而实施的行为，而不能视为甚至包括基于某人成长过程中所形成的内在的观念乃至确信导致产生行为人自觉的意思决定事实上被强制的结果这种情况（大法院判决 1990 年 3 月 27 日，89 DO 1670）。

---

①　内缘关系是指非正式的婚姻关系。——译者注

4. 处理

（1）被强迫者的责任 被强迫的行为因为没有对适法行为的期待可能性，所以阻却责任，不予处罚。然而，仅仅是阻却责任而已，对此实施正当防卫是可能的。

（2）强迫者的责任 强迫者在这种情况中通常是以优越的意思支配被强迫者，因此成立间接正犯。但是与强要罪（第 324 条）构成想像竞合。

（九）关联问题

1. 依据有拘束力的违法命令的部下行为

勤务指示不能使可罚的行为被正当化。尽管如此，可以将其考虑为免责事由。即虽然明确认识到指示没有法的拘束力，但因具有事实上的拘束力从而无法避免时，可以将其依据违法命令的行为考虑为免责的紧急避难或基于期待不可能的超法规的免责。例如，行为人担心如果拒绝命令就会被罢免、降职或枪杀，进而执行命令的情况等即是。

没有明确认识到指示没有法的拘束力时，可以依据该法律的基准考虑为特殊的免责事由（军事刑法第 44 条（抗命）、第 47 条（违反命令）等规定）。这种特别法上的免责事由的前提条件如下：第一，部下必须认为指示具有拘束力；第二，部下没有充分认识到指示没有法的拘束力。

※**注意**：只要执行命令符合犯罪的事实不是公知的事实，即使士兵能够充分地加以认识，也能够被免责。

《**参考**》有见解认为，在依据违法命令的行为中，行为人不知其违法时，将依据禁止错误阻却责任；在知其违法时，由于没有期待可能性 所以阻却责任。① 然而，判例主张只要没有符合第 12 条，就不认定依据违法命令的行为免责（大法院判决 1983 年 12 月 13 日，83 DO 2543）。

【**判例 1**】 即使非法出售作为军用物资的汽油是依据人事系上司的指示，也不能认定这种指示相当于无力抵抗的暴力或无法防御危害自己或亲属的生命、身体的胁迫，因此，不能作为被强迫的行为阻

---

① 刘基天，248 页；李炯国，研究 Ⅱ，456 页。

却责任（大法院判决1983年12月13日，83 DO 2543）。

【判例2】　在没有把芝麻作为100%的原料生产、贩卖芝麻油的过程中，指使部下职员变造了针对芝麻油的制品检查依赖书。在这种情况中，即使工厂上司对加入犯法行为的部下职员具有职务上的指挥服从关系，也具有不加入犯法行为的期待可能性（大法院判决1986年5月27日，86 DO 614）。

2. 不能在法上解决的义务冲突中的超法规的免责事由

（1）作为超法规的免责事由的免责的义务冲突　实际存在不能在法上解决的非正常的义务冲突状况时，不能援用超法规的免责事由。这些情况属于并不存在此外的能够解决冲突状况的法的可能性的情况。

即 ① 在无法充足免责的紧急避难要件的同价值作为义务中，选择某一义务的情况，② 在无法充足免责的紧急避难要件的同价值的作为义务中，没有履行任何一个义务，只能旁观的情况；③ 在同价值的作为义务与不作为义务之间，尽管应该选择不作为义务但具有只能选择作为义务的无法避免的情由的情况；④ 在异价值的作为义务中，行为人具有不履行高价值的行为义务的特殊情由的情况；⑤ 在异价值的作为义务与不作为义务中，具有只能给低价值的义务以优先权的特殊情由的情况；⑥ 在异价值的不作为义务之间，具有只能选择低价值的不作为义务的特殊情由的情况等均是作为超法规的免责事由的义务冲突成为问题的情况。①

（2）成为问题的事例　义务冲突状况应该在首先探讨法的解决的可能性之后，再行例外地考虑超法规的免责事由。例如在某士兵在违反命令时具有自己被射杀的危险，因此依据上司的命令射杀俘虏的情况中，由于首先能够考虑免责的紧急避难，所以不能首先提举超法规的免责事由。尤其成为问题的事例如下：

① 行为人对相互冲突的义务的法的序列产生错觉的情况　这种情况作为对义务的意义产生错误的情况，属于禁止错误。因此，错误存在正当理由时，将阻却责任。

② 尽管行为人认识到低价值的义务，但由于无法克服与此相关联的

---

① 不把期待不可能性认定为超法规的免责事由的立场认为，这种情况免责的根据并不在于期待不可能性的观点，而在于法秩序不能自我解决的地方只能给予宽容的理由中（金日秀，韩国刑法Ⅱ，136页）。

不得已的情由而履行此义务的情况 在这种情况中，责任问题作为超法规的免责事由将成为期待不可能性的问题。如果不能期待行为人履行高价值的义务，就将阻却责任。

③ 尽管行为人依据法秩序与社会一般的价值观认识到某一义务的价值更高，但却依据自己的宗教乃至伦理的信念履行低价值的义务的情况 这是确信犯的问题。这时，虽然牺牲高价值义务的行为在原则上违法、有责，但只有在法秩序能够给予宽容的极其例外的状况中，才能够考虑超法规的免责。

④ 在构成要件、违法性、被法确定的免责事由中的任何一处均不能找到解决方法的情况 即使在这种情况中也能够考虑超法规的免责事由。在判例中出现的某一有趣的事件便符合这种情况：初婚人甲女与已婚人乙男在举行完结婚典礼并在履行结婚登记的状态下同居，甲女在明知乙男的前妻受到撤销与乙男离婚的判决因而前婚姻关系复活的事实的情况下，继续与乙男同居。对此，乙男前妻以通奸罪起诉了甲女与乙男。判例中的判旨认为，尽管甲女的行为是符合通奸罪构成要件的违法行为，但因对适法行为没有期待可能性，所以不构成犯罪（仁川地方法院 1993 年 1 月 6 日，92 高断 4640）。

这尤其在不作为犯中起着重要的作用。这是因为，只有超法规的免责事由，才能够提供走出这种迷宫的出路。

《参考》从根本上来讲，前述所言及的卡尼德斯木板事例也是无其他方法加以解决的事案。这是因为，通过确认强者将被免责，才开始出现问题。法秩序能否在法律上要求一人或两人均应该溺死？如果两人打架，是否适用正当防卫？确实各自在实施违法的攻击，因此，各自均能够实施正当防卫。然而，并不承认针对正当防卫的正当防卫。如果是这样，只有超法规的免责事由，才能提供走出这种迷宫的出路。

3. 关于免责事由的错误

对此在构造上可以想像如下两种情况：

（1）行为人对免责事由的前提状况产生错误的情况（关于免责的行为事实的错误）

例：甲误认为发出了具有拘束力的命令，并为执行其命令实施了违法行为。

德国刑法第35条2项（免责的紧急避难）用法律规定了此种情况，因此在立法上对此进行解决。在结论上与禁止错误相同，因此，能否避免将成为重要的标准。如果错误是可能避免的，虽然不被免责但可以考虑减轻刑罚。如果是不可能避免的，将被免责。这在立法论上也是韩国刑法有必要引入的制度。

（2）行为人错误地认定法秩序所不承认的免责事由的情况（关于免责事由的存在或法的界限的错误）

> **例**：行为人误认为从期待可能性的观点来看杀害患有精神病的家人能够被免责进而实施了杀害行为。

通说认为，这种错误不是重要的错误因而不免责。这是因为，责任非难与否及时期的决定并不取决于行为人个人的主观判断，而是属于客观的法秩序的领域。通说是妥当的。

4. 良心犯问题

（1）良心犯的意义   良心犯是指在良心与法律相互冲突的极端性宗教上的或良心上的矛盾状况中，为避免人格泯灭追随良心的召唤实施违反法律行为的行为人。

> 例如，作为耶和华信徒的父亲以宗教为理由阻止医生为因交通事故受重伤的儿子进行输血与手术的情况，或者以祈祷的力量就能够进行治疗为理由对重患者妻子没有采取任何医疗措施致使其死亡的情况，或者以良心上的矛盾为理由逃避兵役义务或拒绝持枪的情况等即是。

良心犯是确信犯的特殊情况。因为，确信犯是指由于自我内在的信念与宗教上的、政治上的、思想上的确信致使无视法律的拘束力，实施违反法律行为的行为人。由于确信犯是因为主观上的确信违反的法律，所以对不法与责任不产生任何影响，只是在一定情况下成为量刑的斟酌理由。根据情况确信能够在量刑上对行为人产生有利的作用，但也能够发挥不利作用因而受到重的刑罚。

然而，虽然良心犯在良心的矛盾状况中依据法律就能够成为适法行为，但由于良心的法庭所下的最为残酷的罚（斥责），进而能够达到人格的破坏与人的实存的没落，因此，在这种极端的良心矛盾状况中，期待所有人放弃良心追随法律是不可能的。

难题是，在这种使人格遭到破坏的良心矛盾状况中，对顺从良心的命令而拒绝法律的命令的良心犯考虑免责是否可能？如果可能，在何处寻求其根据？

（2）学说概观

① 奥地利的学说与判例 奥地利的学说与判例主要在不法意识的范畴内解决良心犯的问题。通说认为，良心犯至少存在潜在的不法意识，因此，否认成立免责的禁止错误的可能性。

而且，关于宪法上的信教与良心自由的考虑是极其受限制的。其理由在于，宪法上具有针对此基本权的明确的限制，即奥地利宪法第 14 条 2 项规定："不得因信教与良心的自由，使国民的义务产生决裂"；欧洲人权公约第 19 条也规定："基于民主社会必不可缺的措施容许"基本权的法律限制。因此，支配性的见解认为，至少对于故意的作为犯来说，不能从信教与良心的自由中推导出独立的免责事由。只有针对不作为犯，才有可能适用以良心为理由的免责事由。

② 德国的学说与判例 在德国，学说与判例的一般倾向性见解是，把良心的窘况认定为免责事由。德国联邦宪法法院曾认为，国家应该尊重信教与良心的自由，因此行为人因良心上的理由陷入精神上的窘况时，对其进行刑法上的有罪判决是侵害人的尊严性的过度的社会性对策，进而否决了有罪判决。[1] 基于同样的理由，多数的刑法学者也在德国宪法第 4 条 1 项的良心自由中推导出免责事由。

与此不同，也有立场试图通过类推适用免责的紧急避难规定（德国刑法第 35 条）来认定良心犯的免责事由。在前述的耶和华证人事例中所强调的是，由于父亲认为比起儿子的现实的短暂生命，永远的生命更加具有重要的意义，所以才作出了那种行为决定。[2]

另一方面，在德国从宪法上良心的自由中推导出良心犯的免责事由时，是否仅限于不作为犯对此加以认定，还是对故意的作为犯与不作为犯共同加以认定，存在着理论上的争论。

传统的优势立场反对在故意的作为犯中将良心作为独立的免责事由。

---

① BVerfGE 32, 109.

② Peters, FS-H. Mayer, 1966, S. 257; Stratenwerth, AT, S. 183 Rdn. 618.

从免责的观点上来看，比起因良心而积极的侵害法律之禁止的情况，消极的不遵守法律命令的情况更加容易得到同情。在这点上，该种立场是具有一定道理的。然而，良心的自由原则上只有在不作为犯中才成为考虑对象，其根据是薄弱的。因此，近来主张应该在作为犯与不作为犯中相同适用以良心为理由的免责事由的见解开始渐渐有力起来。①

（3） 刑法上的处理

从把他行为可能性作为基础的传统的责任（Schuld）观点来看，与其说良心犯原本就被免责，不如更应该说其是有责的。这是因为，不仅认识到与法规范之间的冲突，而且也不能认为全面排除了避免冲突进而实施适法行为的可能性。也是因为，无论如何良心犯也是无视了宪法上的基本的价值秩序与民主的多数决原理相应的法律。如果是这样，宪法上的良心的自由并不直接阻却或减少针对良心犯的刑法上的责任，针对在良心的矛盾状况中行为人因顺从良心的命令而对法律的违反，也应该从预防的观点来探讨是否存在排除处罚的必要。

自由法治国家的刑法秩序并不要求毫不宽恕地处罚刑法规范违反者。尽管这些人侵害了一定的刑法规范，但只要没有在原则上无视最上位的宪法原则与他人的基本权，而且没有侵害到国家法秩序的稳定，针对一定范围的刑法规范之侵害，国家是能够给予宽容的。尤其是，即使个人良心上的决定侵害到现实的实定法，但如果这种实定法能够随着社会的发展与进步在将来被改废从而处于多数决的支持被变更的状况时，国家对良心犯的处罚给予更大的宽容也是符合法治国家的理念的。

尤其在现实的实定法是引起与良心之间的冲突的恶法时，与此相抵抗的良心犯将会层出不穷。在今天这种多元主义的社会中，国家应该保持世界观的中立性。但在特定的实定法固执于世界观上的倾向性进而自招良心上的抵抗时，则有必要得到司法府与宪法法院的支持。

无论何种情况，良心犯在本质层面上承认法律的同时，却又以良心上的理由抵抗每个现存的规范。因此，局限于这种情况认定对良心犯的免责可能性是正确的。与实定刑法相冲突的信仰上的诫命或良心上的召命为避免破坏人格，在促使拒绝刑法所要求的一定的行为样式程度上行使了内在的力量，所以因行为人意思决定能力的弱化减少了责任，而且即使从法治国家的刑事政策的观点来看，也不存在预防性处罚的必要性。毋庸讳言，

---

① Roxin, FS-Maihofer, S. 394; Rudolphi, FS-Welzel, S. 628 f.

应该在这种观点①中寻求以信教与良心的自由为理由的免责的可能性。

第五节　特殊的责任要素

一、意义

在刑法分则中，有许多情况是只有具备特殊的责任要素才能够充足犯罪构成要件。杀害婴儿罪（第 251 条）就是其代表例。这并非是犯罪行为的不法要素，而只是个人的责任非难的要素而已。即与针对具体的犯罪、行为人能够受到非难程度的态度相关联。这在刑法理论中虽然是重要的部分，但在韩国刑法的解释论中却是很少有意识到特殊的责任要素并展开讨论的情况。

在这些犯罪中，对行为人进行普通的责任非难还是加重、减轻的责任非难，则取决于这些特殊的责任要素的存在以及样态的性质。

由于特殊的责任要素是责任构成要素，所以没有必要依据故意或不法意识来进行把握。然而，由于是形成行为人的动机，所以在此限度内以责任故意中的意识为前提。②

二、种类

（一）纯粹主观的责任要素（心情要素）

纯粹主观的责任要素是指行为人对自身犯行所具有的内在的态度。例如准强盗罪中的"逃避逮捕、湮灭罪证之目的"，杀害婴儿罪中的"值得参酌的动机"等即是。

因为纯粹的主观责任要素能够与考虑对事件的内在参与阶段部分和评价可能性的责任原则相一致，所以能够作为刑罚根据上的、刑罚加重上的或刑罚减轻上的事由来使用。

（二）限制的主观责任要素

限制的主观责任要素在与行为人内在的态度相关联这点上具有主观的

---

① 　郑盛根、朴光玫，363 页认为，在量刑中考虑良心犯的特殊性即可。

② 　权奉浩：《特殊责任要素研究》，高丽大学博士学位论文（2000 年 6 月），105 页以下。

性质，但在法律将达到这种内在态度的一定的外部动机状况作为附加前提这点上，又与主观的责任要素相区别。例如杀害婴儿罪或遗弃婴儿罪中的"以隐瞒耻辱或无法养育之理由"的要素，窝藏犯人罪（第151条2项）或湮灭证据罪（第155条4项）中，亲属、户主或同居家族为人犯而犯此罪时，"为人犯"的要素等就属于此。

限制的主观责任要素也能够与责任原则相一致，所以能够作为刑罚根据上的、刑罚加重上的或刑罚减轻上的事由来使用。

（三）客观的特殊责任要素（推定的责任要素）

客观的特殊责任要素是指立法者以一般的生活经验为基础所规定的一旦产生附随的行为状况就能够推定对责任产生影响的动机状况的一定的责任要素。对行为人内在态度所产生的事实上的影响是否能够得到立证并不是重要的。在这点上，客观的特殊责任要素是与纯粹主观的责任要素、限制的主观责任要素相区别的。在这里，一旦存在一定的附随行为状况，就推定为对行为人的动机形成产生影响。在这点上，客观的特殊责任要素也叫做推定的责任要素。

由于是客观的特殊责任要素的责任推定力，所以不能将此作为刑罚根据上的或刑罚加重上的要素来使用，只能作为刑罚减轻上的或刑罚排除上的要素来使用。因为，只有在此限度内才能够与责任原则相一致。

作为客观的特殊责任要素的典型之例有，杀害婴儿罪中的"分娩中或分娩后"这种要素，取得伪造货币后知情使用罪中的"取得后"这种要素等即是。而且，在窝藏犯人罪与湮灭证据罪中，存在一定的家族关系也是其例。另一方面，在韩国刑法中，各种常习犯中的常习性也是作为刑罚根据上的或刑罚加重上的要素来使用的客观的特殊责任要素之例，因此，这点在立法论上成为了批判的对象。

三、具体的适用

（一）犯罪参与形态

犯罪参与者无论其是共同正犯还是共犯，均根据责任个别化原则只对具有各自特殊责任要素的人追究责任。产妇为隐瞒耻辱在分娩后立即杀害婴儿时，帮助者如果没有这种动机，只能以普通杀人罪的帮助犯来处罚帮助者。

（二）责任故意

特殊的责任要素不是构成要件故意的对象而是责任故意的认识对象。在这里，由于行为人应该在认识到存在该特殊的责任要素并以这种动机实施行为，所以至少有必要认识到该要素。与内心的意思一样，内心的动机也是以意识为前提的。这是因为，无意识的动机并不是责任中作为重要的心理要素的动机，而仅仅是本能的冲动而已。

（三）错误

由于关于特殊的责任要素的错误只能消解行为人受非难程度的心情，所以不是与故意相关联的构成要件错误。特殊的责任要素并不具有关于客观对象的参照点，而只是与行为人的心情相关联而已。因此，在这里只能依照行为人主观上的想法解决问题。在杀害婴儿中，产妇错误地认为作为私生子的婴儿不是嫡出的婴儿，进而为消除将来的教育费将其杀害时，应该以普通杀人罪进行处罚。

然而，关于客观的特殊责任要素（推定的责任要素）的错误却应该以客观上存在的附随的行为状况为基准。即客观上是否存在附随的行为状况，将决定着是否存在特殊的责任要素。例如，在杀害婴儿中，产妇即使错误地认为是刚分娩后的婴儿，但如果是出生后已经经过了几天，那么由于不存在客观的附随的行为状况，所以其错误只不过是在刑法上并不重要的动机错误，构成普通杀人罪。相反，产妇错误地认为分娩后已经经过了几天，进而杀害了婴儿时，如果存在刚分娩后这种客观的附随的行为状况，其错误就是在刑法上并不重要的动机错误，所以构成杀害婴儿罪。

第六章　客观的处罚条件及人的处罚条件

一、序说

国家刑罚权能够适法地适用于符合构成要件且违法、有责的行为。这是因为，这种行为已经在可罚性的范围内充足了当罚性的要件。然而，这种情况并不是必须无一例外地发动国家刑罚权。由于刑罚权的作用不仅是对市民生活的自由而且也是对个人的生命、身体、名誉、财产、家族关系等造成莫大的损害，所以其发动必须始终是最后、最小限度的。

即使针对具有当罚性的犯罪行为，刑罚权也必须要在政策上重新检讨是否具有动用刑罚的必要性或刑罚的有用性。例如，不能因为国会议员在议会政坛上发表了侮辱国家元首的言论就随意发动刑罚权，否则会对以权力分立为基础的法治国家原理造成巨大打击。握有权力的人会根据情况滥用这种刑罚权，从而按照自己所希望的方向统制政治秩序并陷入深度的诱惑当中。因此，在成立犯罪的地方并不是始终要发动刑罚权，必须要重新检讨发动的条件。与这些条件相关联的便是客观的处罚条件及人的处罚条件。

二、客观的处罚条件

（一）意义

客观的处罚条件是指与犯罪的成立与否无关，只左右暂且成立犯罪的可罚性的外部的、客观的情况。例如，在事前受贿罪（第 129 条 2 项）中，即将担任公务员或仲裁员的人接受与其即将担任的职务相关的请托，收受、索取或约定贿赂时，成立受贿罪。然而，如果此行为要想被可罚，则需要行为人实际成为公务员或仲裁员的事实。这时，成为可罚条件的"成为公务员或仲裁员的事实"就是客观的处罚条件。

客观的处罚条件并不是故意或过失的认识对象，也不是包含不法意识的行为人的责任关联对象，因此，故意或过失没有必要涉及属于客观的处罚条件的事实。虽然从前曾认为客观的处罚条件是结果责任的残存，但现今的一般倾向性见解认为，其只是限制刑罚权的刑罚必要性的条件。

（二）与责任原则之间的关系

当散见于分则上的构成要件中的客观的处罚条件具有赋予刑罚以根据或加重刑罚的性质时，便会与责任原则相冲突。这是因为，如果应该根据当罚性以外的情由加重刑罚，就会导致在没有责任的情况下受到处罚，从而违反责任原则。然而，如果客观的处罚条件所规定的不是处罚行为状态自身而只是当发生客观的处罚条件时才进行处罚的条件，其便不与责任原则相冲突。

既然客观的处罚条件起到限制刑罚的作用，在理论上就不成为问题，反而是在法政策上具有意义的。然而，存在作为其自身没有当罚性的行为状态当发生客观的处罚条件时具有当罚性的情况。这时，将会引起与责任原则之间的冲突。例如，按照韩国刑法第 263 条①（伤害罪同时犯的特例）的规定，A 与 B 两人均对 C 具有过失致伤，但其结果由谁的行为所引起无法判明时，如果不存在伤害结果，由于不处罚过失未遂，所以将不予处罚；但发生伤害结果时，将成立过失致伤的共同正犯。耶塞克（Jescheck）也把这种与责任原则之间具有冲突危险的客观的处罚条件称为伪装的刑罚加重事由。

三、人的处罚条件

（一）意义

人的处罚条件是指由于行为人特殊的身份关系或态度，阻止对已经成立的犯罪发动刑罚权的情况。这种例外的情况既可以产生于最初就开始排除刑罚必要性的情况也可以产生于事后的消灭。

（二）种类

1. 人的处罚阻却事由

人的处罚阻却事由是指虽然成立犯罪但由于行为当时存在特殊的身份关系进而排除可罚性的情况。例如亲属相盗例（第 344 条、第 328 条）

---

① 韩国刑法第 263 条规定：因数个独立行为竞合发生伤害结果而无法判明孰为死伤原因的，以共同正犯处罚。——译者注

中的直系亲属、配偶、同居亲属、户主、家属或其配偶者，国会议员的免责特权（宪法第 45 条），外交使节的外交特权等即属于此。

其理由是，比起一般预防的刑罚目的，立法者试图通过尊重特殊的身份上的地位与关系谋求刑罚权自制的立法政策上的理由。

2. 人的处罚消灭事由

人的处罚消灭事由是指由于在可罚的行为之后所发生的行为人的特殊态度，消极地消灭已经成立的可罚性的情况。例如，刑法第 90 条 1 项①但书及第 101 条 1 项②但书所规定的因自首免除处罚的情况即是。

（三）效果

虽然人的处罚阻却事由及处罚消灭事由排除可罚性，但由于其只依据特殊的人的事由进行个别的适用，所以即使是共犯者也只对具有这种事由的人产生效果（第 328 条 3 项③）。

四、追诉条件

客观的处罚条件以及人的处罚条件虽然是实体法上的要件，但从刑事诉讼法上的观点来看，则把与提起公诉及追诉相关联的要件称为追诉条件。例如亲告罪中的告诉，反意思不罚罪中所明示的不处罚意思等即是。此外，税收犯处罚法（第 6 条）、关税法（第 200 条）等特别法中的告发也是追诉条件的重要一例。

在欠缺可罚性的客观的或人的要件时，应该作出作为与实体相关联之审判的免诉判决（刑诉法第 326 条）。但是，欠缺追诉条件时，应该依据驳回公诉等形式审判终结程序（刑诉法第 327 条）。

---

①　第 90 条（预备、阴谋、煽动、宣传）1 项规定：预备或阴谋犯第 87 条（内乱罪）、第 88 条（意图内乱杀人罪）之罪的，处 3 年以上惩役或禁锢。但实行犯罪前自首的，减轻或免除处罚。——译者注

②　第 101 条（预备、阴谋、煽动、宣传）1 项规定：预备或者阴谋犯第 92 条至第 99 条（包括诱致外患罪、通敌罪、募兵利敌罪、提供设施利敌罪、破坏设施利敌罪、提供物品利敌罪、间谍罪、一般利敌罪）之罪的，处 2 年以上惩役或禁锢。但实行犯罪前自首的，减轻或免除处罚。——译者注

③　第 328 条（亲属间的犯罪和告诉）：（一）直系亲属、配偶、同居亲属、户主、家属或其配偶之间，犯第 323 条（妨害行使权利罪）之罪的，免除处罚；（二）前项以外的亲属之间，犯第 323 条之罪的，告诉的才处理；（三）对无前二项身份关系的共犯，不适用前二项。——译者注

第七章 过失犯论

第一节 序　论

一、刑法上的规定

关于过失，刑法第 14 条的规定如下："因怠慢正常的注意，而未认识到犯罪成立要素之事实的行为，其处罚以法律有特别规定者为限。"据此，过失是指"因怠慢正常的注意，而未认识到作为犯罪成立要素之事实的情况"。

与故意地认识、意欲构成要件之实现相比，过失是行为人尽管不希望但因不注意而引起构成要件结果的情况，所以其不法与责任的程度要比故意低。因此，与故意不同并不是始终处罚过失，而是仅限于法律有特别的处罚规定时，才例外地进行处罚。

> 刑法上的过失犯处罚规定有：失火（第 170 条），业务上失火、重失火（第 171 条），基于过失、业务上过失或重过失的爆炸性物品破裂，煤气、电气等放流，煤气、电气等供给妨害（第 173 条 2 项），过失决水（第 181 条），基于过失、业务上过失或重过失的交通妨害（第 189 条），过失致伤（第 266 条），过失致死（第 267 条），业务上过失、重过失致死伤（第 268 条），业务上过失、重过失取得赃物（第 364 条）等。在这里，过失致死伤、过失取得赃物等的行为属于过失侵害犯的范畴，对自己所有物的失火（第 170 条 2 项）、过失一般建筑物等的决水（第 181 条后段）属于具体的危险犯的范畴，其余均属于抽象的危险犯的范畴。在韩国刑法上，并不存在德国刑法过失伪证罪（第 163 条 2 项）这种关于过失举动犯的规定。

二、过失的概念

(一) 过失的内涵

过失是指行为人在具体的行为状况中违反了为避免发生构成要件结果在社会生活上所要求的注意义务。刑法第 14 条中的法条文则将此表达为"怠慢正常的注意"。过失作为过失犯 (Fahrlässigkeitsdelikte) 之特征的本质性要素，是过失犯的不法要素。如同故意作为故意犯之特征的主观的构成要件要素，过失也是过失犯的构成要件要素。在此过失概念中，本质性内容是注意义务违反。韩国通说立场认为，注意义务的内容包括结果预见义务与结果避免义务。

然而，作为过失犯之特征的本质性要素的注意义务中，存在客观的注意义务与主观的注意义务。客观的注意义务是指在经营社会生活中对任何人所一般要求的、在社会一般平均人的水平上所要求的注意义务，主观的注意义务是指依照行为人个人的能力与特性，行为人遵守可能水平上的注意义务。然而，关于在过失犯中应该对客观的或主观的注意义务违反认定何种机能以及在体系上应该位于何处等问题，存在着学说上的争论。

(二) 过失的体系性地位

1. 责任要素说

在古典的犯罪体系与新古典的犯罪体系中，过失与故意一同属于责任的种类或责任形式。在古典的犯罪体系中，与故意是认识或意欲犯罪事实相对应，过失是指在无故意情况下因不注意引起构成要件结果的情况。在新古典的犯罪体系中，由于责任把针对义务违反的意思形成行为能否非难行为人这种规范的评价作为本质内容，所以在过失中责任非难针对的并不是行为人对引起结果欠缺认识这点，而是行为人在履行其注意义务过程中所表现出的怠慢。总之，过失不过是与故意一同属于责任的种类，所以一旦基于有意的动作引起法益侵害的结果，就暂且认定过失行为的构成要件符合性与违法性，在责任阶段中只限于否定故意的情况，过失这一责任种类才成为考察的对象。[①]

---

① 南兴佑，173 页；白南檍，182 页；廉政哲，329 页；郑荣锡，174 页；车镛硕，873 页。

2. 构成要件要素说

目的的犯罪体系认为，过失行为的本质要素并不在于结果，而在于实施行为的方法即注意义务违反，因此，过失犯的构成要件符合性由针对构成要件结果的目的性行为的实施方式即忽视往来交通上为保护他人法益所要求之注意地构成要件行为（Tatbestandshandlung），与因忽视必要的注意而无故意地引起法益侵害的结果要件（Erfolgssachverhalt）所构成。

与故意犯的情况相同，只要存在构成要件符合性，就暂时征表着违法性的存在，并且可以根据违法性阻却事由例外地排除此征表。过失犯的责任，则意味着针对行为人即使在主观上也能够预见法益侵害之可能性的前提下而引起法益侵害的客观的注意义务违反行为，进行个人非难的可能性。在目的的犯罪体系中，强调的是纯粹的规范的责任概念。而且，在这里责任意味着针对行为人虽然可以不实施违法行为但竟然对此加以实施这点所进行的个人的非难。

如此，目的的犯罪体系中的过失是指客观的注意义务违反。因此，这里的过失与过失是单纯的责任形式的古典的、新古典的犯罪体系不同，已经成为过失犯的构成要件要素从而构成了过失犯的本质性行为无价值。①

3. 构成要件·责任要素说（客观的·主观的双重地位说）

新古典的·目的的犯罪体系的合一体系拒绝接纳目的的犯罪体系中的存在论行为概念的方法论要求，同时吸纳了作为其最为重要的体系性成果的、将故意或过失把握为构成要件要素的构想。因此，原原本本地接纳了在目的的犯罪体系中把客观的注意义务违反（过失）把握为过失犯的构成要件要素的做法。在把客观的注意义务违反作为构成要件要素整序在过失犯的构成要件中之后，又重新把主观的注意义务违反（主观的过失）作为责任要素编入在过失犯的责任之中。这是多数说的见解。②

---

① 在韩国，将过失的体系性地位置于构成要件上的学者是陈癸浩，239 页。
② 在这种意义上承认过失具有作为不法要素与责任要素之双重机能的立场有：金圣天、金亨俊，162 页；裴钟大，573 页；孙冻权，282 页；孙海睦，700 页；申东云，208 页；李在祥，182 页；李炯国，375 页；任雄，432 页；郑盛根、朴光玟，420页；曹俊铉，276 页；Jescheck/Weigend, AT, § 54 I 3; Wessels, AT Rdn. 664ff., 692; Sch nemann, Neue Horizonte der Fahrlässigkeitsdogmatin, FS-Schaffstein, S. 160ff., ders., Moderne Tendenzen in der Dogmatik der Fahrl ssigkeits-und Gef hrdungsdelikt, JA 1975, S. 512ff.; Donatsch, Sorgfaltsbemessung und Erfolg beim Fahrl ssigkeitsdelikt, S. 138; Hirsch, Der Streit um Handlungs-und Unrechtslehre, ZStW 94 (1982), S. 266ff. 反对合一体系的同时，承认过失的双重地位的见解有：金钟源，《过失犯》，刑事法讲座 I , 338 页以下；郑盛根，415 页。

在这里，过失与具有双重地位的故意的构造相类似，是构成要件要素
的同时，又是责任要素，因而具有双重机能。然而，过失应该根据双重的
客观的、主观的尺度顺次分别进行评价，所以不能说作为构成要件要素的
客观过失具有征表作为责任要素的主观过失的机能。主张构成要件故意征
表责任故意的学说也在此点上寻求故意与过失所具有的双重机能的差异。

4. 过失犯体系的新倾向

与多数说的见解不同，最近有见解主张：客观的注意义务违反不是过
失的构成要素，而只是作为在故意犯与过失犯中所共同的客观归属的一尺
度而成为过失犯的客观的构成要素。另一方面，代之以只有主观的注意义
务违反作为过失犯的本质性要素而成为主观的构成要件要素。① 然而，即
使在少数说中，在过失犯的体系构成上也出现了略微的差异。具体而言，
存在如下见解：① 主张客观的注意义务违反是在故意与过失中所共同的
客观归属的一尺度，而主观的注意义务违反是过失犯的主观的构成要件要
素的见解；② ② 主张客观的注意义务违反是在故意与过失中所共同的客
观归属的一尺度，而主观的注意义务违反是过失犯的主观的构成要件要素
的同时，也具有作为责任要素的双重地位的见解；③ ③ 主张主观的注意
义务违反具有作为主观的构成要件要素及责任要素的双重地位的同时，客
观的注意义务违反也作为过失犯的客观的构成要件要素对过失判断具有意
义的见解。④

---

① 金成敦《过失概念中的注意义务违反性与预见可能性》，刑事政策研究第 6
卷第 4 号（总 24 卷 1995 年冬），167～168 页；金成焕《关于过失体系性地位的一考
察》，孙海睦教授花甲纪念论文集，158 页；金日秀，韩国刑法Ⅱ，388 页；李昊重，
《过失犯的预见可能性》，刑事法研究第 11 号（1999），73 页以下；赵相济，《过失犯
论的体系性再构成》，考试界，1995 年 10 月，116 页；Stratenwerth, AT Ⅰ, Rdn.
1097; ders., Zur Individualisierung des Sorgfaltsmaβstabes beim Fahrlässigkeitsdelikt, FS-
Jescheck, S. 285ff.; Jakobs, Studien zum fahrlässigen Erfolgsdelikt, S. 48, 64ff.; ders.,
AT 9/1ff.; Samson, SK Ahn 16 Rdn. 13ff.; Gössel, Norm und fahrlässiges Verbrechen, FS-
Bruns, S. 51f.

② 金成敦，前书，179 页；赵相济，《刑法上过失的体系性精书》，考试界，
1998 年 9 月，57 页；李昊重，前书，73 页。

③ 金日秀，韩国刑法Ⅱ，388 页；Wolter, Objektive und personale Zurechnung, S.
156, 157. 主张与故意犯中的故意不同，承认过失犯中的主观过失具有构成要件要素
与责任要素的双重机能是没有实际意义的批判性见解。参照金成敦，前书 179 页。

④ 李用植，《过失犯中注意义务的客观尺度与个人尺度》，首尔大学法学，第
39 卷 3（1998 年 11 月），60～62 页。

如果采取其中第二种见解，主观的注意义务即个别的认识可能性与预见可能性就会成为过失犯的主观的构成要件要素，这样与多数说不同，在构成要件阶段就会导致故意犯与过失犯体系的逻辑构造相一致。

作为参考，目前还寻不见关于过失体系性地位明确揭示其立场的判例。然而，在大法院 1983 年 12 月 13 日，83 DO 2467 （违反电气通信法第 110 条 1 项损坏通信设备的事件）的判决中使用了 "作为责任要件的过失" 这种表达方式，因此好像给人一种追随的是在把因果行为论作为基础的古典的犯罪体系论中把故意或过失视为责任要素或责任形式的立场。① 如果将过失置于责任阶段，注意义务的判断基准就会是行为人个人的注意能力。然而，由于韩国大法院把过失的本质理解为客观的注意义务违反（大法院判决 1960 年 4 月 30 日，4292 刑上 618；1969 年 10 月 23 日，69 DO 1650；1971 年 5 月 24 日，71 DO 623 等），所以是否必须要将过失视为责任要素这一点是不明确的。

5. 评价与结论

最近的少数说试图改变客观的注意义务（尤其是作为其要素之一的 "客观的预见可能性"）的作用与地位，其理由不能说与客观归属论的出现没有关系。如果依据该理论，客观的注意义务就有可能成为判断是否 "创出不被容许的危险" 的、在故意犯与过失犯中所共同的一般的客观归属的尺度。即对构成要件的实现，行为人在客观上是预见可能时，就能够将危险的创出归属于在法上不被容许的危险之中。这种把客观的注意义务视为在客观构成要件的结果归属阶段中判断不被容许之危险的创出的一般的归属尺度的同时，之后又重新把客观的注意义务置于决定过失行为之不法性的构成要件要素地位上的做法，确实是机能的重复。② 因此，如果在过失犯中接纳客观归属论，必然会带来客观的注意义务的机能与体系性地位的变化。依据这种逻辑性体系，少数说因把客观的注意义务视为在故意犯与过失犯中所共同的客观归属的尺度，进而将其排除在过失概念之外。

---

① 关于这种指摘参见申东云对前一事件的判例评析，判例百选 刑法总论，159 页以下。

② 这种批判参见金成敦，前书 165 页；朴相基，259 页；李用植，前书 34 页；李昊重，前书 71 页以下。

而把主观的注意义务违反认定为过失犯的主观的构成要素。

细思量，因为客观归属理论的出现，进而产生了应该考虑客观的注意义务的地位变化的动因是事实。尽管如此，关于过失的体系性地位仍旧依据多数说的立场采取客观的·主观的注意义务双重地位说是正确的。但从体系论的观点来看，由于客观的注意义务具有作为一般归属的尺度的机能，所以将自动丧失作为过失犯构成要件要素的地位。这具有逻辑的一贯性。然而，在过失犯的构成要件中是否应该把客观的注意义务配置在构成要素上，还是应该以主观的注意义务代替其位置的问题，是与在不法构成要件阶段中应该客观地理解还是主观地理解过失的本质这一更为重要的问题相关联的。因此，草率地得出客观归属论的出现将同时自动使主观的过失替代客观的过失的结论是要不得的。正如在后面的讨论中将会涉及的那样，在过失犯的不法构成要件阶段中，将过失的本质视为客观的注意义务违反是正确的。因此，仍旧将客观的注意义务置于过失犯的构成要件要素上是妥当的。相反，主观的注意义务作为过失犯的责任要素位于责任构成要件上。

如果这样，就会导致如下结论：在过失犯中将会并列把握作为一般归属之尺度的危险的创出与客观的注意义务违反，其判断也将会同时进行。正因为这种理由，最近有见解主张能够依据客观归属的判断全面替代过失犯的不法构成要件符合性的判断。[1]

三、过失的种类

（一）无认识的过失与有认识的过失

1. 无认识的过失

无认识的过失（negligentia）是指行为人违反对其所要求的注意义务进而没有认识到法上的构成要件之实现可能性的情况。韩国刑法第14条所规定的"没有认识到犯罪成立要素之事实"便指无认识的过失。尽管行为人依其个人能力能够认识到实现符合法上的构成要件的某种事态这种事实，但因不注意没有认识到，进而实施了行为这点是此过失行为的

---

[1]　例如 Roxin，§ 24 Rdn. 8~10. 朴相基，259页。因此，朴相基教授承认过失的双重地位的同时，关于客观的注意义务的机能采取少数说的立场（即客观的预见可能性与注意义务违反不是过失犯所独有的构成要件要素，而是故意犯与过失犯中所共同的客观归属的一般尺度）。

特点。

2. 有认识的过失

有认识的过失（luxuria）是指尽管行为人认识到实现法上的构成要件的可能性，但违反对其所要求的注意义务，相信在自己的情况中不会实现构成要件的情况。虽然韩国刑法第 14 条只明文规定了无认识的过失，但其当然以有认识的过失为前提。行为人虽然认识到实现构成要件的可能性，但因过于相信自己的能力或其他的不注意，进而相信不会发生构成要件结果这点是此过失行为的特点。

3. 区别两者的意义

刑法分则中所规定的各过失犯的构成要件并不分为有认识的过失与无认识的过失，因此，既然规定处罚过失犯，就应该相同考虑这两种过失。而且，两者是在刑法上不存在本质性价值差异的相同的过失，在不法或责任的程度上也不是确实性地存在轻重的差异。

因此，不应该认为有认识的过失一般始终要比无认识的过失在不法或责任的程度上重。这是因为，比起基于有认识的过失所引起的轻结果一般把基于无认识的过失所引起的重结果评价为重犯罪。如果说存在区别两者的实践性意义，那就是通过区别有认识的过失与未必故意来划清故意与过失之间的界限这点。

（二）普通过失与业务上的过失

业务上的过失是指一定的业务从事者怠慢因该业务的性质或业务上的地位所特别要求的注意义务的情况。因为与普通过失相比加重了不法与责任，所以将被重处罚。这时，行为人具体的主观认识和能力与普通过失犯中的不同并不是该当过失的基准，其基准是作为一定的业务从事者的社会身份或职业，因此将提高具体的行为人的过失基准。

即使行为人实际上不具备集中业务上所必要之注意程度的能力，只要其是业务承担者，就不排除过失。因此，业务上的过失是指行为人因为怠慢了该业务履行上所要求的注意义务，进而没有预见或避免结果发生的情况。在韩国刑法上，业务上过失妨害交通（第 189 条），业务上失火（第 171 条），业务上过失致死伤（第 268 条），业务上过失取得赃物（第 364 条）等即属于此。

（三）轻过失与重过失

在民法上，区分重过失（Grobe Fahrlässigkeit）与轻过失（Leichte

Fahrlässigkeit)。历来，支配性的见解认为，与民法上的重过失相应的是刑法上的重过失（Leichtfertigkeit）。这是指行为人如果略微地集中注意就不会违反所要求的注意义务的情况下采取的轻率的态度。然而，近来把重过失理解为具有加重的不法与责任内容的过失的特殊形态的见解逐渐有力起来。

韩国大法院的立场主张，是否存在重过失应该在具体的情况中考虑社会通念之后进行决定（大法院判决 1960 年 3 月 9 日，4292 刑上 761；1980 年 10 月 14 日，79 DO 305）。例如，在雪后结冰的斜坡上骑着车闸发生故障的自行车下坡时，撞到行人造成伤害的情况，就能够认定重过失。此外，没有认识到构成要件实现的显著危险的情况，有意识地不理睬非常迫近的危险等的态度也是其一例。业务上的过失包含业务从事者的重过失。在韩国刑法上，重失火罪（第 171 条），重过失妨害交通罪（第 180 条），重过失致死伤罪（第 268 条），重过失赃物罪（第 364 条）等即属于此。

【判例1】 被告人以 84 岁女性老人与 11 岁女孩为对象进行按手祈祷的过程中，让她们平躺在地上进行祈祷之后，大声叫喊"魔鬼啊~退去吧!"、"为什么不走啊"的同时，用一只手或两只手用力拍打两被害人的腹部与胸部，在老人身上持续了 20 分钟，在女孩身上持续了 30 分钟，致使两被害人死亡。对高龄的女性老人或较小年龄的软弱女孩即使施加略微的物理力，也很容易造成骨折或殴打伤。更何况，在腹部或胸部造成那种伤势很容易导致致命的结果，这对于具有被告人的年龄或经验、知识的人来说只要进行稍微的注意，就很容易能够预见的。尽管如此，对这种结果没有加以注意致使人死亡的行为成立重过失致死罪（大法院判决 1997 年 4 月 22 日，97 DO 538）。

【判例2】 酒店娱乐室的经营者在娱乐室天花板上进行安装荧光灯的作业中，在事前没有通知酒店电气保安责任者的情况下指使无资格电工技术员进行电工作业。然而，对于对电没有专业知识的娱乐室经营者来说，很难预见施工者的不良施工或者由于电气保安责任者事前没有得到电气施工的通报，进而没有进行电气设备是否异常的检查导致不良施工被放置，并因此发生因混线的火灾。因此，即使娱乐室经营者存在过失，也很难在社会通念上将其评价为关于火灾发生的重大过失（大法院判决 1989 年 10 月 13 日，89 DO 204）。

重过失既可能是有认识的过失，也可能是无认识的过失。与有认识的过失和无认识的过失的情况不同，重过失与轻过失的区分在特别重的构成要件符合性的充足以外，在量刑上也具有实务性的重要意义。

第二节　过失犯的不法构成要件

刑法上的不法构成要件符合性在具备作为法益侵害的结果无价值与作为规范侵害的行为无价值时，才完整地成立。结果无价值与行为无价值不能独自地充足不法构成要件，只有在两者的相互关系中，才存在可能。这是因为，不法构成要件符合性自身始终意味着客观要素与主观要素的意义一体性。此命题即使在过失犯中也是适用的。

根据多数说，过失犯的行为无价值的基础在于客观的注意义务违反。相反，最近的新的倾向性见解把历来视为过失责任要素的主观的注意义务违反作为过失犯的不法过失像故意犯的故意那样把握为形成行为无价值的主观的不法要素。而且，过失犯中的结果无价值主要是依据在构成要件上能够被类型化的结果的发生形成的。当然，在这种情况中并不是只有结果的因果性引起才是决定性的基础，重要的是是否基于违反注意义务的行为引起的这种结果。

一、客观的注意义务违反

（一）注意义务的内容

注意义务的具体内容是结果预见义务与结果避免义务。① 即行为人具有预见从自身不注意的行为中可能发生的结果（法益侵害的危险性）并为避免这种结果的发生采取预防措施的义务。结果预见是为避免结果的当然性前提，所以也有见解只把结果避免义务视为注意义务的本质。②

---

① 裴钟大，589 页（但裴钟大教授把结果预见义务与结果避免义务区分为内在义务与外在义务）；李在祥，182 页；任雄，436 页；陈癸浩，242 页；黄山德，128 页。

② 郑盛根、朴光玟，426 页。

（二）注意义务的判断标准

1. 客观说

多数说与判例①将刑法第 14 条中的"正常的注意"解释为社会生活上所要求的客观的注意义务。因此，注意义务的标准将会是客观的、一般的。而且，成为标准的一般人是"专心的、谨慎的、诚实的平均人"。依据客观说，履行在社会生活上一般要求的注意义务所需的个人能力不足的人的过失行为，也将被认定为具备构成要件符合性与不法性。行为人个人能力的不具备只在责任阶段中进行考虑。客观说将注意义务的基准设定为客观的、一般的理由在于，法规范应该是对任何人都具有约束力的一般性原则，而不应该是个人的规范。②

2. 主 观 说

由于主观说认为只有因没有履行依据自身的注意能力能够履行的注意义务而成立的主观的过失才构成过失犯的不法，所以其必然把行为人个人的主观的注意能力作为基准判断注意义务的违反与否。主观说将注意义务违反的标准进行主观化或个别化的理由在于，法规范不能对个人要求不可能的事情，而且应该依据行为人个人的注意能力赋予可能的注意义务。如果依据主观说将主观的注意义务违反把握为过失犯的构成要件要素，那么将会导致在构成要件阶段上与将故意作为主观的构成要件要素的故意犯具有相同的犯罪体系性逻辑构造。

3. 争论点与评价

（1）法规范只能要求可能遵守的事情的主张　　主观说认为，法规范只能对（接）受（规）范者要求可能的事情，只有在对受范者个人所赋予的注意义务在个人遵守上是可能时，才能够认定过失行为的不法构成要件符合性。③ 其结果，将会导出如下结论：在过失犯中形成不法构成要件

----

① 参照大法院判决 1960 年 4 月 30 日，4292 刑上 618；1969 年 10 月 23 日，69 DO 1650；1971 年 5 月 24 日，71 DO 623（"在高速公路主行道上存在无任何危险标志的为养护路面的砂堆，因为这不是一般能够预见的情况……"）等。

② 郑英一，《过失犯中的人的不法论的研究》，首尔大学博士论文，89、93 页。

③ 金日秀，韩国刑法 Ⅱ，398 页；Stratenwerth，AT，Rdn. 1097. 1099. Jakobs，Studien zum fahrlässigen Erfolgsdelikt, S. 2f. 认为，无法设定针对结果避免的动机之人，无法实现侵害犯的构成要件。以此为前提，认为只有依据个人能力能够设定行为动机的人，才能够充足过失犯的构成要件。Renzikowski, Restrikitver Täterbegriff und fahrlässige Beteiligung, S. 243，247，248 认为，处罚因为欠缺预见发生构成要件结果的能力从而不具备选择其他不危险行为的动机的行为人，是违反"impossibilium estnulla obligation（没有必要实行不可能的事情）"原则的。

的注意义务只能是把个别的行为可能性作为判断基准的主观的注意义务。

然而，在不纯正不作为犯中由于规范命令实施作为，所以个别的行为可能性必须要成为前提，但在过失作为犯的情况中，由于命令的内容是禁止实施违反注意义务的行为（不作为），所以应该认为命令是与个别的行为可能性存在与否无关的。① 然而，即使依据客观说，也认为在过失的不作为犯中与过失作为犯的情况不同，考虑到过失"不作为犯"的特殊性，个人的行为能力应该成为注意义务的标准。②

（2）设定客观的注意义务的困难性 有批判性见解认为，客观说作为指导形象所推出的"专心的、谨慎的、诚实的平均人"在实际上是很难适用的基准；③ 也有批判者认为根据这种基准并不能充分地推导出正确的客观基准。④ 而且，也有学者指出，如同自然科学的研究领域等那样在没有形成一定生活圈的地方是难以赋予行为人抽象的注意义务的。⑤ 其结果是，不考虑行为人个人的要素是难以设定客观的注意义务的。

然而，客观说所推出的"专心的、谨慎的、诚实的平均人"并非是全然不具备实体或不可能客观化的空洞形象。这是因为，这种平均人与法秩序在各社会生活领域对其成员所期待的典型作用相关联，能够被形象化为社会地位。⑥ 这时，成为基准的是，法共同体是否在期待一定生活领域中的行为人实施"具有某种注意的行为"。而且，这种期待能够形成在一般的或业务上的生活圈中对思虑程度深的一般人或业务者所客观要求的注意规范——刑法规范、道路交通法规这种特别法令，判例，医术的一般原则，一般所认可的技术，科学上的规定或经验法则等⑦——的形态。

---

① 郑英一，前书 96 页；李用植，前书 36 页；Armin Kaufmann, ZfRV 1964, S. 47; Hirsch, ZStW 94（1982），S. 269; Schünemann, FS-Schaffstein, S. 163; ders., JA 1975, S. 514; Wolter, Adäquanz- und Relevanztheorie, GA 1977, S. 268; P. Frisch, Das Fahrläsisgkeitsdelikt und Verhalten des Verletzten, 1973, S. 81.

② 相同见解：任雄，441 页。

③ Freund, §5 Rdn. 24ff.

④ 金成敦，前书 173 页；李昊重，前书 71 页，77 页；Samson, SK, Ahn. 16 Rdn. 13. 立足于客观说的立场的同时，指摘这种问题点的见解有：Maiwald, Zum Maβstad der Fahrlässigkeit bei trunkenheitsbedingter Fahruntüchtigkeit, FS-Dreher, S. 450f.

⑤ 金成敦，前书 173 页；金日秀，韩国刑法 Ⅱ，417 页；赵相济，考试界，1998 年 9 月，58 页脚注 29；Samson, SK, Ahn. §16 Rdn. 13.

⑥ 李用植，前书 37 页；郑英一，前书；Wolter, GA 1977, S. 260; Vgl., Sch/Sch/Cramer, §15 Rdn. 137.

⑦ 参照李在祥，184 页；李炯国，379 页。

（3）客观的·一般的行为规范的解体与行为义务的相对化　由于主观说在过失不法判断中把行为人个人的能力作为判断的标准，所以其受到的批判是：无视法规范的抽象性与一般性，并将应该对规范受范者一般有效的行为义务进行了主观化与相对化。① 如果是否违反注意义务规定决定于行为人个人的主观能力，过失犯规定就不能进一步成为对所有人都妥当的一般的行为规范，进而也会丧失其指导形象的机能。

而且，对其他行为人的行为结果的法律评价也会丧失相互间的客观的判断基准，从而陷入全然不能预测的状态。② 这是因为，例如当适用道路交通上的注意义务规定不是对所有道路交通参与者均有效的一般规定，而是根据每个参与者的主观的驾驶能力、注意能力决定其有效性时，道路交通法规就不是针对万人的一部法律，而将是针对万人的万部法律。如果是这样，不仅在交通、医疗、其他分业性职业领域中不能维持信赖原则，而且也会因行为义务的相对化导致法益保护的弱化与法生活的不安定。为维持法规范作为一般的、客观的行为规范的机能，在不法构成要件阶段上过失的判断基准只能是客观的。③

（4）正当防卫权的限制　依据主观说，由于在正当防卫状况中被攻击者难以知道攻击者是否违反主观的注意义务，所以不能够进行正当防卫。④ 而且，即使在能够认定客观的过失无法认定主观的过失的情况中，

---

① Lampe, Täterschaft bei fahrlässiger Straftat, ZStW 72 (1959), S. 607; Donatsch, 前书, S. 139f. ; p. Frisch, 前书, S. 82; Hirsch, ZStW 94, S. 271; ders. , Die Entwicklung der Strafrechtsdogmatik nach Welzel, FS-Köln, S. 410; Roxin, § 24 Rdn. 53; Schünemann, JA 1975, S. 513; ders. , FA-Schaffstein, S. 163.

② Hirsch, ZStW 94 (1982), S. 270f.

③ 相同见解，李用植，前书 40 ~ 41 页。另一方面，也存在如下批判：过失的主观化由于没有表明对受范者所要求之注意的客观的最小限度，所以破坏了法规范的一般预防机能与保障机能（Wessels, § 2 I 1; Jescheck, § 15 Ⅲ. 李用植，前书 42 页）。而且，也有主张者认为，规范的预防机能要求依据客观基准判断法与不法，当以平均化的个人作为对象时，规范的效力将被最大化（李在祥，184 页）。对此，主观说提出了如下反论：没有资料表明，如果不是依据行为人个人的标准而是依据一般人标准评价被禁止的行为，就会进一步扩大一般预防的效果。而且，从规范意识的强化与稳定化的层面上来看，是能够推测将行为人个人作为基准更能够提高一般预防效果这一结果的（金成敦，前书 177 ~ 178 页；Castaldo, Offene und verschleierte Individualisierung im Rahmen des Fahrlässigkeitsdelikts, GA 1993. 11, S. 498-499）。

④ 李用植，前书 43 页；Hirsch, ZStW 94 (1982), S. 271; ders. , FS-Köln, S. 410; Donatsch, 前书, S. 139f. ; Herzberg, Die Schuld beim Fahrlässigkeitsdelikt, Jura 1984, S. 408.

由于不具备过失行为的违法性，因此也不允许进行正当防卫。其结果是，不当地限制了正当防卫权者的防卫权。①

（5）宣告保安处分的可能性　虽然因为没有责任能力或个人能力的不足，不能认定主观的过失，但对于再犯可能性大的行为人将认定为防卫社会之目的科处保安处分的必要性。然而，这种情况如果依据主观说，将否定行为的不法构成要件符合性自身，从而也不能宣告保安处分。因为，作为科处保安处分的前提条件，必须要存在符合构成要件的违法的行为。②　对此，主观说认为，在社会防卫这种保安处分法的目的上，仅以过失行为中所表现出的行为人的危险性为根据，也能够科处保安处分。③　然而，在不存在符合不法构成要件的行为的前提下仅以行为人的危险性也能够科处保安处分，这在保安处分的行使上不仅难以防止国家的恣意，而且还会破坏刑法的保障机能。因此，是难以赞同的。

（6）考虑特殊知识·特殊能力的问题　在把行为人个人的主观能力作为判断基准的主观说的立场来看，行为人的特殊能力当然成为考虑的对象。④　即认为法秩序不应该关照尽管具备特殊能力但不关心他人法益没有尽到全部注意的人。⑤　相反，如果在论理上彻底贯彻客观说，行为人的特殊能力将不会成为考虑的对象。在具备特殊能力的行为人的情况中，否定应该关注比依据客观的、一般的基准的注意义务更高的注意。⑥　如果因为行为人具有比平均人更高的注意能力，进而具有针对他人不注意行为的应

---

①　对此，主观说的反论是，虽然因为排除主观的不法进而不允许实施正当防卫，但因为允许实施紧急避难，所以限制正当防卫权并不会出现任何的弊端（赵相济，考试界，1989 年 9 月，59 页）。虽然能够认定对基于过失的攻击者可以实施正当防卫，但从正当防卫权的社会伦理性限制这一观点上来看，针对过失行为者或预见能力不足的人所实施的正当防卫事实上必然带有防御性紧急避难的性质。在这点上，这种反论是具有意义的。

②　李用植，前书 43 页；任雄，440 页；Schönünemann, JA 1975, S. 515；Roxin, §24 Rdn. 52；Hirsch, ZStW 94（1982），S. 272；Herzberg, Jura 1984, S. 407；Schönke/Schröder/Cramer, §15 Rdn. 142.

③　参照 Samson, SK, Ahn. §15 Rdn. 14；Renzikowski, 前书，S. 255；Jakobs, AT, 9/10.

④　Otto, §10 I 3；Samson, SK, Ahn. §16 Rdn. 15；Stratenwerth, Rdn. 1098.

⑤　Stratenwerth, FS-Jescheck, S. 301.

⑥　李在祥，169 页；任雄，440 页；Hirsch, ZStW 94（1982），S. 273.；Jescheck/Weigend, S. 564 页；Schroeder, LK, §16 Rdn. 147；Schnünemann, JA 1975, S. 514；Burgstaller, Das Fahrlässigkeitsdelikts im Strafrecht, S. 65f.

对能力，所以不适用信赖原则；而且要求其在日常生活中应该始终倾注不同的注意进行生活的话，这会给此人过度的负担，所以是不正确的。① 因此，法秩序并不以特殊才能为理由要求进一步追加注意义务，行为人是否发挥了其所要求程度以上的自身的能力，应该取决于行为人自身。②

相反，在折中说的立场中，也有见解采取注意义务的下限维持客观说中的一般化、上限则是主观说中的个别化的方法。如果依据这种见解，行为人的特殊能力就将被包含在符合构成要件的义务的判断范围之内，相反行为人只具备平均人以下的能力时，将根据以平均人为基准的一般基准决定注意义务违反。③ 其结果是，在上限中行为人没有发挥特殊能力时，将被认定存在不法性（主观说）；在下限中即使是具备平均以下的能力者，只要存在客观上所要求的注意义务违反，就将被认定为存在不法性（客观说）。这种模式的优点在于，既维持了过失犯规定的作为一般规范的性质，又因没有考虑特别的能力而避免了优待特殊能力拥有者的不合理性。然而，其弊端在于，由于该模式是依据必要的客观与主观的单纯结合，所以在体系逻辑的观点上来看，欠缺一贯性。

细思量，客观说由于对国民赋予同等的注意义务，所以有利于贯彻平等原则与刑法的法益保护机能，而且也不会使法秩序所要求的注意义务过高，因此，其这种优点要比主观说更具说服力。然而，即使追随客观说，也能够认为由于特殊知识严格来讲是与个人的主观能力相区别的"知识"或"经验"，所以应该与客观的注意义务判断一同进行考虑。④ 与此相反，不考虑特殊能力在追随客观说的逻辑上不仅具有一贯性，而且在不能过于优待特殊能力的拥有者也不允许赋予其与一般人不同的负担这点上，是妥当的。然而，没有必要过分扩大考虑特殊能力问题。这是因为，虽然拥有特殊能力却在行为时意图性地只使用了平均人程度的注意能力进而侵害法

---

① 任雄，440 页。

② Hirsch, ZStW 94 (1982), S. 273f. Jescheck/Weigend, S. 564 页认为，过失基准的客观化通过设定个人承担责任的界限之上限，从而防止赋予个人以过度的负担，而且也有利于平等原则的贯彻。

③ 采取这种折中说的见解有，李用植，前书 61 页以下；Roxin, §24 Rdn. 50.

④ 例如，司机在经验上认识到一定地域上的车道上会有玩球儿的孩子突然出现的事实时，应该考虑该司机个人的特殊知识来判断是否违反客观的注意义务。参照李在祥，169 页；任雄，441 页；金钟源，《过失犯》，刑事法讲座 I，339 页；Burgstaller，前书，S. 66. 与特殊能力一样，不考虑特殊知识的立场有 Schroeder, LK, §16 Rdn. 147. Jescheck/Weigend, S. 596 页中，在责任阶段上考虑特殊知识。

益的情况中,大部分事实上能够被评价为基于未必故意的法益侵害形态。①

(7) 结论 如前论争中所看到的那样,客观说与主观说各有优点与弊端,因此,其结果是,围绕注意义务判断基准的一般化与个别化的论争只能从法政策上的、规范要求上的立场出发进行决定。从这一观点来看,客观说要比主观说更具妥当性。

第一,当考虑"法规范应该是一般性原则而不应该是个人性规范"这一当为性要求时,应该依据客观的、一般的尺度判断过失行为的违法性。因为,为强化法规范的引导机能与一般预防机能、充实法益保护的任务,引导、评价行为的基准必须是同一的。

第二,过失判断基准的主观化是违背今天的过失犯罪的大部分是业务上过失犯罪这一倾向的。在交通、医疗、产业、建筑等大量发生过失事故的职业生活领域中,行为人作为业务者所应该遵守的注意义务已经被定型化或标准化,而且个人的、主观的能力在过失判断中也不具有重要意义。这种情况下,在内含大量法益侵害危险性的业务上过失犯的领域中,放弃一般的注意义务而将是否遵守规范委任于个人的主观能力,事实上等于是放弃法规范的法益保护任务。

第三,没有必要陷入在不法构成要件的体系构成上必须使故意犯罪与过失犯罪两体系一致的顽固观念当中。由于故意犯罪与过失犯罪在其成立要件与构造上存在着本质性的差异,所以不存在在构造上统一两体系的理由与特殊的必要性。因为,与故意犯罪不同,过失犯罪所要求的是依据其特性的成立要件与体系。

(三) 客观的注意义务的根据

1. 法规与行政规章

与法规范相一致的行为,不仅是在社会上相当的行为,而且还是属于被容许的危险范围内的行为。因此,在遵守法规实施行为时,即使因不可预测的方法发生了结果,也将排除客观的注意义务违反。因为是被容许的危险范围内的行为,所以其结果只是一种不幸,而不可能是不法。

成为判定客观的注意义务违反之基准的法规散见于道路交通法规领域中。例如,道路交通法第44条(安全驾驶的义务)就规定:"自家车司

---

① 例如,虽然主观说认为,对于具有特殊能力的外科医生在进行危险手术时只发挥对一般的外科医生所要求的最小限基准的技术与能力即可,是不能理解的。但这种情况的法益侵害事实上是能够认定未必故意形态的情况。

机应该正确操作车的调向装置、制动装置及其他装置，而且不得依据道路
交通的状况及该车的构造、性能以危害他人的速度或方法进行驾驶。"

2. 往来的习惯、规则及社会规范

关于行为要求，没有法上的规定时，往来的习惯、规则或社会规范将
成为发现或限制客观的注意义务的基准。这种基准既可能是由书面所确
定，也可能是口头的传承。无论其是往来的习惯、规则还是社会规范，共
同点是不具备法上的性质。例如，运动规则、内部的勤务指南、医疗技术
的规则、商人的习惯、商事往来规则等即是。

3. 判决的限制

当欠缺法规范或社会规范时，可以根据法官的判决个别的确定客观的
注意义务及被容许的危险的界限。在这种判决中，从行为人所处的状况出
发，以规范上所详定的标准型为基准运用推定行为人的行为的方法确定界
限。即思虑深、有洞察力的人在行为人的立场上为认识、避免法益侵害的
危险所倾注的注意将成为基准。

为使这种标准型不成为脱离现实的观念型，必须要根据行为人所属的
往来范围具体地判断每个时点。在具体的事案中，必须要探讨行为人是否
实施了在法秩序与社会秩序中对正常的司机、正常的运动员、正常的商
人、正常的医生等所要求程度的行为。如果行为人作为正常的职业者实施
了符合往来习惯或社会规范的行为，即使因不可预测的事情发生了结果，
也将排除客观的注意义务违反。

二、构成要件结果的发生

原则上，过失犯以发生构成要件结果为必要。在这点上，过失犯原则
上是结果犯。虽然在理论上不是不可能存在过失举动犯，但在韩国刑法中
没有关于此的规定。因此，在韩国刑法上，与构成要件结果相关联的过失
犯的构成要件有以下几种：过失作为犯，过失不作为犯，过失危险犯
（例如刑法第 181 条的过失决水罪）等。

另一方面，需要注意的是，在过失结果犯中，在其特性上必须要在所
发生的构成要件结果中实现该注意义务违法性。即所实现的构成要件结果
必须是注意义务违反性的直接结果。尽管是基于注意义务违反行为发生了
构成要件结果，如果是即使不存在注意义务违反也会发生相同结果的情
况——即即使存在符合规范的行为也会发生相同结果这种状况能够被认定
的情况——由于其结果并不是以注意义务违反性为基础的，所以将否认过

失犯的结果不法。① 如前所述，这与所发生的构成要件结果在思虑深的平均人所能够客观预见的范围之外的情况是相同的。

三、因果关系与客观归属

构成要件结果至少是以行为人的注意义务违反行为为原因引起的。首先，在原因与结果之间必须要成立合法则的条件关系。再进一步，构成要件结果作为过失行为人的"作品"必须能够归属于此人。

需要注意的是，因果关系与客观归属事实上是在故意犯与过失犯中原则上同等适用的规则。因此，在故意犯的客观构成要件中所探讨的客观归属的基准在过失犯的客观构成要件中也是适合的。

因此，意味着客观的注意义务违反的危险的创出（被容许的危险原则，危险减少原则，社会相当且轻微的危险原则，构成要件结果的客观的支配可能性原则）与成为特殊的客观归属之基准的具体的危险的实现（危险的相当实现原则，法所不容许的危险实现原则，合法的替代行为与义务违反关联性论或危险增大理论）以及规范的保护目的（参与故意的自损行为，对存在谅解的被害人的加害行为，属于他人责任领域的行为，保护目的思想的其他适用例）将原本的作为过失犯客观归属的基准加以适用。

四、主观的构成要件要素

根据多数说的见解，由于主观的注意义务违反是在责任领域中进行探讨，所以过失犯的情况并不另外存在主观的构成要件要素。因此，过失犯的行为无价值只能由客观的注意义务违反构成。

相反，根据少数说的见解，由于过失犯的行为无价值是由作为主观的构成要件要素的主观的注意义务违反所构成，所以主观的注意义务违反将成为在主观的构成要件阶段所探讨的主观的构成要件要素。而且，过失犯的行为无价值也将由主观的注意义务违反所规定，因此在构造上将与故意犯中依据主观的构成要件要素的故意规定行为无价值相同。

五、客观的注意义务的限制原理

（一）被容许的危险

1. 意义

在现代社会中，汽车、飞机的运行以及工厂的运营等机械操作或企业

---

① Welzel, Das Deutsche Strafrtecht, S. 136.

活动虽然是不可欠缺或期望的行为，但是却包含有即使遵守了最高的注意义务也难以避免的诸多危险。尽管如此，立法者针对伴随有危险的诸多行为样态并没有探讨个别事例，而是基于公共利益这一上位根据，以为了安全遵守一定的规则为前提，在一般上给予了容许。这叫做被容许的危险（Erlaubtes Risiko）。这是为使人类的日常生活自由、顺利或者为保障个人的决定与活动的自由，进而从社会的有用性与必要性的观点出发促使社会忍受一定程度的法益危殆化的结果。

2. 法律上的处理

（1）视为违法性阻却事由的见解　该见解在概念上严格区分被容许的危险与社会相当性，认为社会相当性是构成要件符合性排除事由，而被容许的危险是指根据法益衡量的观点例外地将接近危险的或因一定利益而视为危险的，甚至在原则上被禁止的行为进行正当化的情况。所谓危险的救助行为就属于该种情况之例。例如，在火灾中，父亲对于是放任自己孩子被火烧死，还是将孩子扔向 20 米以下已经打开救助网随时准备救助的救助员，正在犹豫彷徨时，仓皇之余在两者之间选择了危险的救助行为即是。

（2）视为构成要件符合性排除事由的见解　该见解在同一范畴内理解被容许的危险与社会相当性，认为被容许的危险在社会上是相当的，是符合往来习惯的行为样态（Das verkehrsrichtige Verhalten）。并且认为这种行为因为遵守了客观的注意义务，所以将排除构成要件符合性。

（3）结论　针对被容许的危险即在社会上相当的危险，通过否认客观的注意义务违反来排除构成要件符合性的见解是妥当的。在这点上，可以说被容许的危险是限制客观注意义务的原理。然而，不是社会上相当的危险或符合往来交通上的行为，原本就因危险的行为被禁止，但依据利益衡量的观点应该例外地视为被容许的情况时，应该将其视为属于刑法第 20 条正当行为中的"其他不违背社会常规的行为"的违法性阻却事由。

3. 适用上的基准

前述限定客观的注意义务违反范围的基准同时也是确定被容许的危险及社会相当性的界限的基准。因此，依据法规、行政规章、往来习惯、规则以及社会规范、判决实施的行为即使带来了无法预见的法益侵害的结果，其作为被容许的危险也将否认客观的注意义务，进而也将排除构成要件符合性。

（二）信赖原则

1. 意义

信赖原则（Vertrauensgrundsatz）是指依照交通规则行动的人只要信赖其他交通参与者也会遵守交通规则即可，而且只要不存在能够认识他人违反交通规则事实的特别的事由，就没有必要事先预见其他人会实施违反交通规则的行动并履行注意义务的原则。例如，在行车线上正常行驶的司机没有预见对面的车辆违反交通规则越过中间隔离线驶入自己驾驶车辆前方的事实，并采取减速等冲突预防措施的业务上的注意义务（大法院判决 1976 年 1 月 13 日，74 DO 2314）。在主干道上行驶并具有优先通行顺位的司机只要信赖在交叉路口中狭窄道路上的车辆能够依据交通法规采取适当行为的基础上驾驶即可，没有必要要求其事先预见从狭窄道路上进入主干道的车辆没有暂停直行进入主干道的事实，并对此采取预防措施（大法院判决 1977 年 3 月 8 日，77 DO 409；1984 年 4 月 24 日，84 DO 185）。

在这里，其他交通参与者并不仅仅指其他车辆的驾驶司机，而且还包括一定的步行者。当然，并不是对所有不在人行横道上横穿马路的行人都要认定司机的信赖，例如针对无故横穿高速公路的行人（大法院判决 1977 年 6 月 28 日，77 DO 403）、无故横穿天桥下面的行人（大法院判决 1985 年 9 月 10 日，84 DO 1572），在红灯信号中横穿马路的行人（大法院判决 1987 年 9 月 8 日，87 DO 1332）等，就能够认定司机的信赖。

信赖原则尤其在道路交通领域的判例中得到了发展。最初的判例是 1935.12.9 字德国帝国法院的判决（RGSt 70，71），之后基于德国联邦最高法院的判例（BGHSt 4，47；7，118；8，201；9，93；12，83；173）继续得到了发展。在瑞士（BGE 91 32，214；78 73；85 48）、奥地利（ZVR1973/66）等地也采纳了这种判例倾向。日本也是在 1950 年后半叶开始对此问题进行了探讨，并在 1966 年得到了判例的确认。在韩国，自大法院判决 1957 年 2 月 22 日，4289 刑上 330 中，针对机械助手实习生因错误导致的事故灾害对火车司机适用信赖原则否认业务上的过失致伤以来，在大法院判决 1971 年 5 月 24 日，71 DO 623 中的判决认为，在高速公路上驾驶汽车一般没有减速慢行等的注意义务，进而确立了信赖原则。

目前，该原则已经超越道路交通领域适用于各自承担责任状态下实施分工活动的领域中。例如，医疗中的共同手术、科学上的共同实验等情况即是。

【判例1】   驾驶车辆的人在没有能够窥伺相对方向行驶过来的车辆越过中间隔离线进而驶入自己驾驶车辆前方等状态的特殊事由的状况下，不能认为其具有甚至预见相对方向车辆越过中间线驶入自己驾驶车辆前方的事实，进而不得不要求其采取减速等事前防止冲突措施的业务上的注意义务（大法院判决1976年1月13日，74 DO 2314）。

【判例2】   在没有交通管理的交叉路口上，行驶在主干道上具有优先通行顺位的车辆司机是在信赖交叉路口中的狭窄道路上的车辆能够依据交通法规采取适当行为的基础上驾驶。因此，既然在这种信赖之下采取了相当的注意，即使因相对方车辆的不注意而引起的冲突事故导致乘坐该车辆的被害人受伤，也不能以业务上的过失致伤罪来进行处罚（大法院判决1977年2月28日，88 DO 1689）。

【判例3】   在夜间道路交通频繁的天桥底下的单行4车线中行驶在2车线的司机只要在确信没有无故横穿马路者的情况下进行驾驶即可，没有甚至要预见到存在违反道路交通法规试图要横穿汽车前面的人，进而应该注意驾驶的注意义务（大法院判决1989年2月28日，88 DO 1689）。

【判例4】   作为车辆驾驶司机当然会信赖在干线道路人行横道上的步行信号为红灯时不会有步行者无视信号突然横穿马路的情况存在。因此，没有事先甚至要预见到这种情况进而应该注意驾驶的注意义务（大法院判决1985年11月12日，85 DO 1893）。

【判例5】   在禁止左转道路上，试图通过人行横道逾越相反车线，进而在经过中央隔离带部分的相反车线左转驶入左边的小路时，在尚未到达人行横道的中央隔离带部分与在相反车线上直行过来的摩托车相撞。在道路上设置的中央线作为相反方向行驶车辆的境界线，只要司机没有特别的情由就会在信赖相反车线的车辆不会超越此境界线的基础上驾驶。然而，尽管不存在不得已的事由，却故意进入中央线进而实施了与被侵犯的车线上的司机的信赖相违背的驾驶，因此导致了事故。因此，符合交通事故处理特例法上的中央线侵犯事故（大法院判决1995年5月12日，95 DO 512）。

2. 法律上的处理

信赖原则作为被容许的危险的特殊情况，通过对在社会生活上所要求的客观注意义务划定界限，进而作为排除过失犯构成要件符合性的原则来发挥作用。

3. 适用上的限制

作为限制客观注意义务原理的信赖原则并不是在所有情况中都是时常有效的。在具体事例的适用上，存在若干限制。

（1）存在能够认识到他人的违反交通规则事实的特殊事由的情况

在他人事先违反客观的注意义务，进而现实已经存在法益侵害的危险时，遵守交通规则进行驾驶的交通参与者只要能够认识到该种情况，就应该加以避免。如果在依旧驾驶的过程中造成了事故，当然不能否认提供先行原因的他人的客观注意义务违反，但也不排除正常驾驶的交通参与者的客观注意义务违反。例如，发现前方20米有相反方向的车辆侵犯中央线驶入的司机一旦没有采取避免冲突的措施，就难以排除客观的注意义务违反。

> **【判例】**　在设有危险禁止的黄色中央线的道路上，依照自己行车路线驾驶的司机通常会信赖从相反方向驶过来的车辆也会依照其那边的车线行驶。因此，没有甚至要预见到侵犯中央线进而突入这边车线的情况进而驾驶的注意义务。然而，在目击到在相反方向驶过来的车辆已经侵犯中央线进而正在进行非正常的驾驶时，就具有预见突入自己车线前方之危险的可能性，进而具有通过采取留意该车辆减速慢行等适当措施事先防止事故发生的业务上的注意义务（大法院判决1986年2月25日，85 DO 2651）。

（2）存在能够认识到他人的客观注意义务违反的特殊事由的情况

残障者、老弱者、年少者等在具体的状况中很容易导致无法依照交通规则作出适当行为。对于能够认识到这种情况的交通参与者，将排除适用信赖原则，进而成立客观的注意义务违反。

在其他交通参与者因饮酒等的原因无法依照交通规则实施行为的盖然

性高的情况也是如此。例如，既然能够通过驾驶方法确认前车司机处于饮酒驾驶中的事实，后车司机在超车时就不得信赖前车司机能够进行正常驾驶。醉酒状态的步行者在横穿马路时也是如此。

在看到表示交通事故多发地带的警示牌时，如果没有对此考虑进行驾驶，就难以适用信赖原则。在某种特殊事由加重道路交通危险或在注视前方困难的道路路口上，并不适用信赖原则。

【判例】　与白天正常天气下行驶高速公路的情况不同，夜间在高速公路上驾驶车辆的人具有依据路面状态、可视距离状态等减速或慢行至高速公路最高时速以下速度的注意义务。因此，在撞到夜间因先行事故停车于前方的家用车与站在旁边的被害人的事案中，司机既然没有减速驾驶至高速公路最高时速以下的速度，就存在过失（大法院判决 1999 年 1 月 15 日，98 DO 2605）。

有见解主张，在因频发交通规则违反进而应该对此加以留意的地方，也将排除信赖原则。然而，如果依据交通事故的频繁度来排除信赖原则，就会导致客观的注意义务违反的范围过宽的结果，进而具有产生极大的限制高度技术产业社会活动节奏的结果的危险。因此，应该认为单纯统计上的道路交通规则违反的频繁度这种事由并不排除信赖原则。

（3）注意义务与对他人行动的保护、监督或监视相关联的情况　在业务分担者之间存在指挥、监督关系时，对监督负有注意义务的监督者并不适用信赖原则。这时，不能在对他人失误的一般预见可能性与单纯的侵害可能性中推导出监督义务。在存在为防止他人失误而负有特别的指挥、监督责任的特别事由时，将限制信赖原则的适用。否则，在危险手术的情况中，具有成效的分工将是不可能的。

此外，负有小孩的带领责任或精神障碍者的监护责任或残障者的保护责任以及患者的治疗责任的人，也被负有特殊的注意，所以针对这些被保护、监督者，将限制保护、监督责任者的信赖原则。尤其在患者的治疗中，治疗措施能够在生命或身体上产生重大结果，而且患者一般也不处于能够很好地判断治疗措施的合目的性与有害性的境地，所以需要医生的特别注意。因此，医生在采取治疗措施时，即使患者信赖会采取适当行为，也将不排除客观的注意义务违反。

（4）主动违反注意义务之人的情况　对于主动违反交通规则的人，

并不适用信赖原则。这是因为，任何人不得信赖他人会克服因自己违反客观的注意义务而主动引起的危险之实现，进而能够给予很好地解决。像这样，信赖原则仅仅设定客观的注意义务的界限，并不意味着因信赖他人的注意，进而可以主动实施违反客观的注意义务的行为。

六、被害人的承诺

（一）要件及法律上的处理

基于与故意犯相同的根据，即使在过失犯中被害人承诺也将成为构成要件符合性排除事由。承诺必须及于过失行为与过失结果。然而，在过失犯中被害人大体上承诺的是行为人违反注意义务的行为之实施与因此而导致的危殆化，而不是针对过失的侵害结果实施的承诺。因此，基于被害人承诺而排除过失犯构成要件符合性的情况是不多见的。

依据客观归属论的多数说，违反注意义务的行为之实施与因此而导致的危殆化的情况并不是被害人的承诺，而是作为基于规范的保护目的而否认客观归属的所谓针对存在谅解之被害人的加害行为的情况进行处理。

（二）适用上的限制

对于过失致伤（第 266 条 1 项）或业务上过失取得赃物（第 364条），被害人的承诺将排除构成要件符合性这一点是不存在疑问的。然而，针对失火（第 170 条）、过失决水（第 181 条）、过失妨害交通（第189 条），却不能有效地成立被害人的承诺。这是因为，在侵害社会法益的情况下，承诺是无法排除结果无价值的。

针对能够导致死亡的生命的危殆化进行的承诺是否有效？目前的通说否认具有有效性。与此相反，也有少数见解认为，在例如使生命危殆化的手术情况这种一定范围内，对生命危殆化的承诺是有效的。这时，作为论据的并不是针对死亡的承诺问题，而是只针对危险的行为自身的承诺问题。然而，应该认为通说见解是正确的。作为法益的生命原本就是不能抛弃的。被害人的承诺只有存在对行为与结果的承诺时，方可成立。单纯只承诺危险行为自身，并不能视为是对导致死亡的生命危险的整体的承诺。这是因为，只要存在针对死亡结果的过失，即使其是医疗过失，也不能否认过失致死行为的构成要件符合性。

第三节　过失犯的违法性

一、一般原则

（一）违法性的征表

与故意犯的情况相同，即使在过失犯中不法构成要件的实现也征表着违法性。即只要不存在例外的正当化事由，将认定违法性的存在。因此，正当化事由将阻却过失犯的违法性这点是与故意犯的情况相同的。原则上即使对于过失犯也可以考虑所有的正当化事由。尤其正当防卫、紧急避难等是时常成为问题的正当化事由。

（二）主观的正当化要素

即使在过失犯中，为认定正当化事由也需要存在主观的正当化要素。因为，行为人至少要认识到充足容许构成要件的状况并以其容许为根据实施行为。

基于过失的正当化行为，其出发点当然应该在于主观的正当化意思。问题是，具体的行为结果是否也必须由主观的正当化意思引起。如果贯彻该要求，毋庸说会给基于过失的正当防卫者等带来不利的结果。因此，行为人即使基于一般的防卫意思或一般的防卫倾向引起了事先没有预见的结果，只要其结果能够停留于将故意的法益侵害正当化的范围之内，就基于正当防卫被正当化。

相反，在过失犯中，针对正当化状况即充足容许构成要件的状况自身，欠缺认识时，不可能存在一般的防卫意思或防卫倾向是自明的。例如，A 在没有留意图要杀害自己的 B 的企图的状况下，基于过失击发枪栓杀害 B 的情况；O 在屋顶上因过失掉落花盆，正好砸在正欲杀害他人的 P 身上，因此 P 的杀人企图也因其昏倒而失败的情况（基于过失的紧急避难）等即是。这时，在过失犯中因为不存在一般的防卫意思，所以过失行为自身是不能被正当化的。

然而，在该事例中能否以过失犯处罚行为人则是另外的问题。如果说对于没有认识到正当化状况进而基于故意实施正当行为的行为人追究不能未遂的责任是妥当的话，针对过失行为人追究所发生结果的不能未遂的责任则是论理一贯的。其结果是，作为基于过失的不能未遂，只能是无罪的。①

二、个别的正当化事由

（一）过失犯中的正当防卫

在过失犯中所能够考虑的正当化事由中，正当防卫起着最为重要的作用。虽然某一行为违反了其自身的注意义务且因此符合构成要件，但停留于被赋予的正当防卫权的范围之内时，将成立正当防卫。

> **例**：受到违法攻击的人虽然意图实施单纯的开枪警告，但因不注意命中攻击者致使其受伤。这种过失致伤（第266条）的防卫行为即使是依据故意的反击，也能够被正当化，因此符合正当防卫。

过失行为自身在包含有与行为相结合的危险的情况下，是为防卫所必要的话，防卫性的过失行为将依据刑法第21条1项被正当化。

> **例**：为阻止盗窃物品而逃跑的盗窃犯，单纯的伤害是适当的也是必要的。然而，由于在较远距离状态下实施的逃跑，因此向其开枪因不注意致使其受到致命伤的情况。
> 在这里，既然开枪射击自身是必要的，就将依据刑法第21条1项被正当化。

根据刑法第21条1项进行考察的结果，防卫行为因不具有必要性等理由不能被正当化时，基于过失的法益侵害性防卫行为就不能被正当化。这时，只能依据刑法第21条2项、3项考虑减轻责任或免责的防卫过当。

如果防卫行为中错误地使第三者受到伤害时，并不成立正当防卫，而只能从与正当行为（第20条）中的"其他不违背社会常规的行为"相关联的所谓被容许的危险的观点出发考虑是否存在正当化。

> **例**：开枪警告错误地命中无关的行人的情况。紧急救助者错误地

---

① 在这里放弃历来所主张的应该以过失犯处罚没有认识到正当化状况进而基于过失实施正当行为的行为人的见解。

命中防御者而不是攻击者的情况。

　　＊应该注意的是，这时并不是防卫过当的问题。

（二）过失犯中的紧急避难

过失行为也可以依据紧急避难（第22条1项）被正当化。其主要发生在道路交通领域。即行为人试图通过违反交通规则要保存的利益大于交通安全规则的遵守利益时，成立紧急避难。

　　例：行为人利用自家车试图尽可能快地把生命垂危的受伤者运送至医院。这时，即使因超速行驶违反注意义务在交叉路口上犯下了过失妨害交通罪（第189条），也因紧急避难被正当化。

（三）被容许的危险的情况

被容许的危险通过限制客观的注意义务，尤其在过失犯中将主要成为构成要件符合性的排除事由。然而，也存在与有认识的过失相关联进而被容许的危险成为过失犯的违法性阻却事由的情况。通常被推定的承诺便是其代表之例。此外，还包括以下情况：医生在事故现场以不充分的医疗手段临时救治重伤者的情况，飞机驾驶员在原定着陆机场因大雪无法使用的情况下在滑行道狭窄的简易机场着陆的情况等。

第四节　过失犯的责任

一、责任要素的构成

与故意犯行相同，在过失犯行中通常也不认可责任，换句话说就是针对符合构成要件的违法行为的个人的非难可能性。为这种责任非难，过失犯也与故意犯的情况相同需要存在作为责任要素的责任能力、责任过失、特殊的责任要素、（至少是潜在的）不法意识以及责任阻却事由的不存在。而且，还附加有作为过失犯特有责任要素的个人的过失（Die Individuelle Fahrlässigkeit）。

二、责任能力与不法意识

(一) 责任能力

过失犯与故意犯相同，需要具有责任能力。关于责任能力请参照故意犯的情况。

(二) 不法意识

不仅在故意犯中，即使在过失犯中不法意识无论其是现实的还是潜在的（避免可能的禁止错误），也将成为责任要素。为成立过失犯的不法意识，行为人必须要在主观上认识到或能够认识到违反的注意义务是法的义务。

在有认识的过失犯的情况中，行为人针对其行为危险性的实质违法性的认识没有达到故意犯的不法意识程度时，成立禁止错误。

在无认识的过失的情况中，只要存在潜在的不法意识，就能够进行责任非难。这是因为，这时，行为人对行为的具体违法性的认识通常是潜在的。由于无认识的过失行为人并没有现实地认识到自身将实现某种法律构成要件的事实，所以通常对于其具体行为的特殊违法性也不能给予任何的认识。行为人如果欠缺抽象的不法意识甚至是具体违法性的潜在认识时，就存在禁止错误。因此，应该减轻或完全地排除对其的责任非难。

三、责任阻却事由的不存在

原则上无论对于故意行为还是过失行为均相同适用免责事由。然而，即使在实定化的免责事由中，由于期待不可能性始终成为问题，所以从思维的便利角度考虑，一般在探讨期待不可能性之前探讨免责事由。

在故意犯中，即使在具有强烈动机的压迫的情况下，也只严格限制在若干例外情况中成立免责。相反，在过失犯中，合规范的行为样态的期待不可能性是一般的免责事由。与故意犯的情况相同，在过失犯中期待不可能性也被认定为一般的超法规的免责事由。因此，如果行为人个人的注意义务的履行处于极度困难的矛盾状况中时，将免除责任。

这种情况包括瞬间性的身体上的或精神上的控制不能、兴奋状态、过劳等。受到外界状况影响的不安定情绪、压力态度既然不在主观的注意义务违反中进行考虑，那么在免责的期待不可能性的判断中也是能够被考虑进来的。

有认识的过失的情况与故意犯的情况相同，是否能够期待行为人按照自身认识实施行为将成为判断基准。在无认识的过失的情况中，除能否期待行为人按照自身认识实施行为之外，能否期待其避免其行为也将成为判断基准。

多数说将主观的注意义务违反视为过失犯的责任要素的同时，赋予期待可能性以独立的意义。将主观的注意义务违反把握为主观的构成要件要素与责任要素这种双重意义的少数说的观点在责任领域中也分别区分两者。

四、主观的注意义务违反（责任过失）

（一）意义

主观的注意义务违反是过失犯行的责任要素。与作为不法要素的客观的注意义务违反以一般人为标准探讨构成要件事实的认识或预见可能性不同，作为责任要素的主观的过失则意味着尽管依照行为人个人的能力能够认识或预见构成要件结果，但对其没有避免。

（二）行为人的个人能力

行为人必须处于个人（主观上）要履行注意义务的立场。即对具有洞察力和谨慎的人所赋予的规范要求，即使行为人个人也必须要能够认识并履行。行为人的个人能力，即行为人的精力与体力、行为人的知识及行为人的经验将对此成为基准。

1. 行为人欠缺能力的情况

行为人因身体性缺陷或精神性缺陷或者因错误的知识或经验不足等原因未能履行注意义务时，就不能以注意义务违反谴责行为人。

> 例：因过劳或驾驶实习的不充分而导致的重大交通事故（第266条、第267条），由于医生没有继续受到职业教育而没有达到其职业上所要求的一定的医疗水平，致使发生致命的手术结果（第267条）。

2. 接受责任的情况

即使在上述事例中，在行为人接受了与其能力相差甚远的事情这点上，也能够对其进行责任非难（Übernahmeverschulden）。行为人个人能够认识到其无法履行所接受之事情的要求时，其应该避免危险行为。尽管如此，如果肆意实施了其危险行为，那么这种接受行为就是有责的，也叫做接受过失。

在上述所言及的交通事故与手术的事例中，接受行为是有责的。在先行行为中与责任非难相关联这点上接受责任是与原因上自由的行为相类似的。

第五节 关联问题

一、过失犯的未遂与共犯

在过失犯中，无法成立未遂与共犯。也有少数见解认为，在有认识的过失的情况中存在成立未遂的可能性。然而，学说与立法尚未涉人这一阶段。

二、过失犯的共同正犯

关于能否成立过失犯的共同正犯，请参见本书第十章第五节共同正犯部分中围绕过失犯的共同正犯之成立而展开的详细论述。

三、过失犯的不作为犯

不作为犯也能够由过失实施。当然，在纯正不作为犯中很少有过失犯构成要件。只存在基于道路交通法上的事故等的措施（该法第 61 条），座席安全带携带（该法第 62 条 1 项）等之例。

过失的不纯正不作为犯（忘却犯）在存在过失犯的处罚规定时，始终是成立的。基于过失的不纯正不作为犯的要素尤其以保证人地位（Garantenstellung）为必要，在这点上是与基于故意的不纯正不作为犯的要素相一致的。因此，过失必须及于包括保证人地位在内的所有构成要件要素。保证人地位的产生根据，无论在故意犯中还是在过失犯中都是同一的。此外，应该保护何种法益或应该防止何种危险，是从保证人义务及注意义务中产生的。这两种义务既相互规定又相互限制刑法上的责任。

第六节　结果加重犯

一、序说

（一）意义及种类

结果加重犯（Erfolgsqualifizierte Delikte）是指原本可罚的故意犯罪行为逾越本来的构成要件结果引起行为人没有预见的重结果时，规定与其相适应的重刑罚的犯罪构成要件。韩国刑法第 15 条 2 项与此相关联规定有："在因结果加重刑罚的犯罪中，其结果之发生是无法预见时，不以重罪处罚之。"

在这里，将成为其基础的可罚的故意犯罪行为部分称为基本构成要件或基本犯罪，将重结果之产生部分称为结果构成要件。在韩国刑法上，基本构成要件始终局限在故意的情况，与此相比，结果构成要件则大部分是过失的情况（故意＋过失）。然而，在若干构成要件的解释上，除过失的情况外也存在基于故意发生重结果的情况（故意＋过失/故意＋故意）。前者称为纯正结果加重犯，后者则称为不纯正结果加重犯。

纯正结果加重犯之例包括：伤害致死罪（第 259 条），暴行致死罪（第 262 条），堕胎致死伤罪（第 269 条 3 项、第 270 条 3 项），遗弃致死伤罪（第 275 条），逮捕监禁致死伤罪（第 281 条），强奸致死伤罪（第 301 条之 2、第 301 条），人质致死伤罪（第 304 条之 4、第 304 条之 3），强盗致死伤罪（第 337 条、第 338 条）等。不纯正结果加重犯之例包括：妨害特殊公务致伤罪（第 144 条 2 项前段），现住建筑物放火致死伤罪（第 164 条 2 项），现住建筑物决水致死伤罪（第 177 条 2 项），妨害交通致伤罪（第 188 条前段），重伤害罪（第 258 条），重妨害权利行使罪（第 326 条），重毁损罪（第 368 条 1 项）等。在后者之例中，认定不纯正结果加重犯虽然是比起故意与故意的想像竞合犯具有更高法定刑的该当构成要件解释上不得已的措施，但并不因此而全面排除在这里成立纯正结果加重犯的可能性。

（二）法的性质

结果加重犯虽然是故意犯与过失犯在一个构成要件中相结合的结合犯，但却不是作为构成部分的故意犯与过失犯的单纯的加重构成要件，而是具有独立不法内容的独立的犯罪（delictum sui generis）。在这里，加重结果是独立的犯罪构成要件要素，与不法与责任篇中的客观的处罚条件是不同的。

在结果加重犯中，之所以要比单纯的过失犯加重处罚基于过失的重结果，是因为重结果是故意基本犯罪所典型包含的潜在危险的实现，在这点上行为无价值要大于单纯的过失犯的结果引起。①

（三）立法态度

刑法第 15 条 2 项是依据日本改正刑法假案的模式以对重结果的预见可能性要素为基础的。然而，日本刑法假案第 12 条却是积极地认定"限于能够预见结果之发生的情况"成立结果加重犯。与此相比，韩国刑法则是消极地规定在"无法预见结果之发生时"否定结果加重犯的成立。该规定的旨趣在于，当不可能预见重结果时，不成立结果加重犯。因此，该规定反之内含有如下意思：至少对重结果具有预见可能时即存在过失时，或者虽然是例外但预见到重结果时即即使存在故意时，一般也认定结果加重犯的成立。

德国刑法第 18 条规定，对重结果"至少存在过失"时，以重刑罚处罚之。② 在结果加重犯中，既然将过失仅限于结果的预见可能性上且过失的其他要素则内含于基本犯罪的实行中，那么这里的过失是能够与韩国刑法上的预见可能性要素做相同理解的。

（四）与责任原则的调和

结果加重犯作为只有存在对基本犯罪的故意与对重结果的过失才能够成立的"故意与过失的结合形式"，目前正谋求与责任原则之间的调和。然而，至今仍有批判者认为，尽管正在努力谋求与责任原则之间的调和，但很多情况是结果加重犯中刑罚加重的程度大体上要比基本犯与结果构成要件上的过失犯的刑之总和还要重，因此仍旧没有满足责任原则的

---

① 郑盛根、朴光玟，444 页。

② 德国刑法第 18 条（结果加重犯）："在法律对行为之特别结果规定有加重刑的情况中，只限于正犯或共犯对其结果至少承担过失责任时，方以重刑罚处罚之。"因此，即使在德国刑法的解释上，不仅是基于过失即使是基于故意产生重结果时，也将成立结果加重犯（Jescheck/Weigend, S. 572）。

要求。①

最近，德国立法例的明显倾向是，在结果加重犯的个别规定上试图通过对重结果要求具有在主观上提高其注意义务的重过失或轻率性（Leichtfertigkeit）而不是单纯的过失，来谋求立法上的解决。② 另一方面，德国的判例试图通过仅限于在重结果是基本犯罪的直接结果时才认定其结果的客观归属，将所谓直接性原则与重过失的要求作为限制结果加重犯的附加要件。③

在韩国，对重过失的要求虽然存在怀疑的态度，④ 但为了能够使结果加重犯的重刑罚与责任原则相调和，仅限于在基于行为人的重过失或轻率性产生重结果的情况认定结果加重犯的成立，也可谓是恰当的方法。⑤ 而且，直接性原则通过将结果加重犯的加重处罚根据局限在内含于基本犯罪中的特别危险中即与基本犯罪行为相直接结合的典型的危险中，从而起到更加密切调和结果加重犯与责任原则的机能，因此可以视为是理所当然所要求的原则。⑥

二、构成要件符合性

（一）基本犯罪行为

在结果加重犯中，本质性的构成部分是基本犯罪行为。由于韩国刑法仅限于在基本犯罪是故意的情况认定结果加重犯的成立，所以基本犯罪行为也当然必须是故意的。与基本犯罪行为相关联的行为主体、行为客体、

---

①　正因为这种理由，瑞典在 1965 年之后在刑法典上全部删除了结果加重犯。

②　StGB §176 Ⅳ（基于重过失致使儿童死亡时），§177 Ⅲ（基于重过失致使被害人死亡时），§178 Ⅲ，§239a Ⅲ，§239b Ⅱ，§310b Ⅲ，§311 Ⅲ，§311a Ⅲ，§316c Ⅱ等。

③　BGHSt 19，387；20，230；22，362；Geilen, FS-Welzel, S. 655.；Küpper, Der unmittelbare Zusammenhang, S. 45ff.

④　金日秀，韩国刑法Ⅱ，446 页；裴钟大，605 页。

⑤　相同见解：李在祥，196 页；赵相济，《结果加重犯的问题点》，刑事法学的现代课题，398 页；许一泰，《结果加重犯与责任主义》，金钟源教授花甲纪念论文集，235 页。

⑥　裴钟大，605 页；安庆玉，《结果加重犯的直接性原则》，刑事法研究第 12 号（1999），137 页以下；安铜准，284 页；李在祥，198 页；赵相济，《结果加重犯的限制解释》，刑事判例研究 3（1995），49 页以下。

行为手段、地点、时间等在构成要件上有特别规定时，应该具备这种要素。例如，作为遗弃致死伤罪（第 275 条）之基本犯罪行为的遗弃行为就被特定为只有在法律上或契约上具有保护义务的主体才能够实施。在通常情况下，与一般犯罪行为的要素没有不同。

原则上，应该基于基本犯罪行为产生其行为所固有的行为结果。然而，即使基本犯罪行为止于未遂，如果产生了重结果，也不妨碍成立结果加重犯的既遂（通说）。例如，即使强奸犯止于未遂，但基于此致使被害人受伤时，亦成立强奸致伤罪（第 301 条）。

然而，为在结果加重犯中更加彻底贯彻责任原则，在立法论上值得考虑的是，依据基本犯罪的既·未遂来区分不法与责任的量。

（二）重结果的产生

基于基本犯罪行为产生重结果时，能够成立结果加重犯。在这里，由于重结果已经符合内含于基本犯罪行为的典型危险的实现，所以构成结果加重犯的本质性不法内容。在这点上，与一定结果之产生只构成可罚性的前提条件且与不法或责任无关的客观的处罚条件相区别。

大部分的重结果都符合法益侵害，但也有符合具体的危险结果的情况。如重伤害罪（第 258 条 1 项）、重妨害权利行使罪（第 326 条）即是。

重结果的产生大部分是基于过失的情况，但在不纯正的结果加重犯的情况中，也存在是基于故意的情况。

（三）因果关系与客观归属

1. 因果关系

在结果加重犯中，如果想在客观上将重结果归属于行为人的"作品"，首先是要在故意的基本犯罪行为与重结果的产生之间存在因果关系。这时的因果关系意味着合法则的条件关系。

也有主张以相当因果关系为已足的立场。[①] 如果依据相当因果关系说，只要确认存在因果关系，就没有必要再行探讨客观的归属问题。这是因为，相当因果关系说是把自然的因果关系之确定与评价性归属问题一次

---

① 权文泽，《结果加重犯》，考试界 1972 年 7 月，65 页；南兴佑，179 页；裴钟大，611 页；廉政哲，《结果加重犯论》，釜山大学校法学研究，4－2，78 页；刘基天，161 页。

性进行解决的一元的因果关系的确定方法。

韩国判例在初期由于受到德国和日本判例的影响从而表现出依从条件说的倾向（大法院判决 1955 年 2 月 18 日，4287 刑上 194；1955 年 6 月 7 日，4288 刑上 88），但之后由于受到支持相当因果关系说的学说倾向的影响，开始逐渐依从相当因果关系说（大法院判决 1967 年 2 月 28 日，67 DO 45；1968 年 4 月 30 日，68 DO 365；1978 年 11 月 18 日，78 DO 1691；1995 年 5 月 12 日，95 DO 425；1996 年 7 月 12 日，96 DO 1142）。

2. 客观的归属关系

基本犯罪行为·结果与结果构成要件的重结果之产生之间即使存在合法则的因果关系，也只有在把重结果能够客观归属于行为人时，方可认定结果加重犯的客观的构成要件符合性。[1]

为认定客观的归属，将原原本本地适用危险创出及客观的注意义务违反这种一般的归属尺度，法所不容许的危险的实现、义务违反关联性、危险增大理论，以及规范的保护目的等特殊的客观归属的尺度。然而，在结果加重犯的结果归属上，只有在该种犯罪形态中，才从特有的特殊客观归属的观点出发探讨直接性原则。[2] 一旦否定客观的归属关系，尽管产生了重结果，也将否定客观的构成要件符合性。因此，也就没有必要再行探讨行为人对重结果的发生是否具有过失，从而否定结果加重犯的成立。

（四）直接性原则

由于在结果加重犯中基本犯罪被限定在具有原本就能够产生重结果的一般倾向的犯罪中，所以重结果通常必须是内含于基本犯罪中的典型危险的实现。因此，重结果必须是未经过中间原因直接由基本犯罪行为·结果所引起。这就是直接性原则。

由于仅以对重结果的单纯的预见可能性来宽泛认定结果加重犯的成立，则存在违反责任原则的危险性，所以为通过限制结果加重犯的成立范围来谋求与责任原则之间的调和，进而引入了直接性要求。因此，直接性

---

[1]　金圣天、金亨俊，188 页；孙海睦，760 页；孙冻权，301 页；申东云，226 页；李在祥，198 页；李炯国，393 页；任雄，460 页；郑盛根、朴光玟，446 页；陈癸浩，265 页。

[2]　也有见解把统一看待直接性原则与客观归属观点中具体的该当规范所固有的规范的保护目的这一要素（朴相基，274 页；赵相济，《结果加重犯的问题点》，刑事法研究 1992/93，91 页）。

原则与相当因果关系及过失的问题不同，当重结果是内含于基本犯罪中的典型危险的实现时或者是基本犯罪的相当的且典型的结果引起时，才被视为直接的结果发生。

据此，至少对于介入中间原因的重结果的产生来说，将限制结果加重犯的成立。例如，伤害的被害者为逃避伤害自顾逃往时从高处摔下而死的情况，强盗的被害者为摆脱强取急于逃跑中受重伤的情况，第三者进一步对伤害的被害者进行残酷行为致使其死亡的情况或强奸的被害者自杀的情况等不成立结果加重犯。

然而，如被害人在车厢内为避免持续追过来的威胁性暴行从而在逃往其他车厢的过程中坠下列车而死亡的情况或者逮捕、监禁或强奸、强制猥亵等情况那样，在仅以行为的部分实现也能够使对加重结果的原因充分的犯罪中，被害人为逃避行为人的基本犯罪行为自身而死亡时，将认定直接性。判例也采取了相同立场（大法院判决 1990 年 10 月 16 日，90 DO 1786；1991 年 10 月 25 日，91 DO 2085；1996 年 7 月 12 日，96 DO 1142）。但是，判例却把直接性要求包含在相当因果关系的判断中进行探讨。

【判例 1】 被告人等共同对被害人实施暴行致使其躲藏在台球厅三楼的洗手间。为继续对被害人施以暴行，被告人甲看守洗手间、被告人乙则利用台球器具用力砸门。感觉到有威胁的被害人在试图藏身于洗手间窗外时一时失足坠楼而亡。对此，能够认定被告人等的上述暴行行为与被害人的死亡之间存在原因关系，故成立暴行致死罪的共同正犯（大法院判决 1990 年 10 月 25 日，91 DO 1786）。

【判例 2】 被监禁于公寓寓所内的被害人为逃避残酷行为在通过窗户下跳至草地的过程中死亡的情况，因重监禁行为与被害人的死亡之间存在因果关系，所以成立重监禁致伤罪（大法院判决 1991 年 10 月 25 日，91 DO 2085）。

【判例 3】 施加暴行或胁迫进而欲实施奸淫的行为与对此产生极度兴奋进而以恐怖心在对此进行逃避的过程中造成死伤的事实之间存在所谓的相当因果关系，故能够以强奸致死伤罪进行处罚（大法院判决 1995 年 5 月 12 日，95 DO 425）。

【判例4】　欲以暴行或胁迫强取他人财物的行为与对此产生极度兴奋进而以恐怖心在对此进行逃避的过程中受伤害的事实之间存在相当因果关系。这时，强取行为人如果能够预见伤害结果的发生，就能够以强盗致伤罪进行处罚（大法院判决 1996 年 7 月 12 日，96 DO 1142）。

（五）预见可能性

刑法第 15 条 2 项明确规定，对重结果的预见可能性是结果加重犯的要件。韩国通说则将此理解为过失的含义。在规定有"至少存在过失"的德国或奥地利也将过失含义理解为对重结果的客观的预见可能性。这是因为，重结果不过是内含于基本犯罪中的典型危险的实现而已，在行为人基于故意实施基本犯罪这点上，已经充足了过失的其他要件，所以过失的判断仅依赖于预见可能性。

问题是，如何把握预见可能性的内容。对此存在如下见解：① 将客观的结果预见可能性视为构成要件要素，将主观的结果预见可能性视为责任要素的见解；①　② 认为相当因果关系的预见可能性意味着客观的预见可能性，对结果的预见可能性则意味着主观的预见可能性的见解；②　③ 认为刑法第 15 条 2 项中的对重结果的预见可能性是逾越作为一般的客观归属尺度的客观的预见可能性（第一意义 = 客观的注意义务违反）与作为特殊的客观归属尺度的"针对具体发生之结果的客观的预见可能性"（第二意义 = 相当性关联）的、甚至包含以行为人精神上的或身体上的能力与认识为基准的主观的预见可能性（第三意义 = 过失）在内的更广意义上的预见可能性的见解。③

本书支持依据过失犯的一般体系将对结果的客观的预见可能性视为结果加重犯的构成要件要素，将主观的预见可能性视为责任要素的立场。然而，由于相当因果关说（客观的或折中的相当因果关系说）或客观的归属论均已经内含有客观的预见可能性的观点，所以结果将使相当因果关系

---

① 申东云，226 页；李在祥，199 页；任雄，461 页。

② 裴钟大，612 页；沈在宇，《结果加重犯》，月刊考试 1979 年 11 月，73 页；陈癸浩教授也认为，对重结果来说，只存在主观的预见可能性问题（刑法总论，266 页）。

③ 金日秀，韩国刑法Ⅱ，454 页。

及归属的判断与过失的判断同时重合进行。① 预见可能性的判断时期是基本犯罪的实行时期。

如果将过失视为针对结果的主观的预见可能性，这时的过失就会具有既是结果加重犯的主观的构成要件要素同时又是责任要素的双重地位。

三、违法性

故意的基本行为当然要被认定存在违法性。如果基本犯罪行为中存在违法性阻却事由，将不成立结果加重犯。虽然实属罕见，但如果在基本行为时，针对与内在于此的典型危险之实现相关联的过失，能够成立违法性阻却事由，这时仍旧作为整体将不成立结果加重犯，而只存在基本犯罪行为问题。

四、结果加重犯的责任

在结果加重犯的责任中当然也应该具备一般犯罪论上的责任要素。作为责任要素的过失与作为构成要件要素的客观的过失不同，是对结果发生的主观的预见可能性，即主观的过失。即指依据行为人个人的精神上的、身体上的能力与认识的主观的预见可能性。

结果加重犯的法定刑要比故意基本犯罪的法定刑重，但原则上要比对重结果之产生具有故意的情况轻（不纯正的结果加重犯的情况并非必须如此）。这是因为，考虑到责任原则，基本上依据故意或过失等责任要素决定责任归属之轻重的差异。然而，问题是，现行刑法规定暴行致伤罪之刑依从伤害罪之例（第 262 条）这一点。如果考虑到暴行致伤罪是结果加重犯、伤害罪是故意犯，则在立法论上规定前者的法定刑轻于后者的做法是妥当的。

五、结果加重犯的正犯及共犯

（一）共同正犯

否认过失犯的共同正犯的多数说同样也否认结果加重犯的共同正犯。即认为结果加重犯因为是故意与过失相结合的结合犯，所以对于故意的基本犯罪来说适用共同正犯原理是可能的；但对于结果构成要件来说行为人

---

① 正因为该种理由，也有见解主张在刑法第 15 条 2 项中只进行过失的判断即可，没有必要另行再进行因果关系的判断（朴东熙，170；黄山德，139 页）。

各自存在过失时，则只成立过失的同时犯。① 然而，肯定过失犯的共同正犯之成立的立场认为，在参与基本犯罪行为者之间能够认定对重结果之发生的注意义务的共同时，将成立结果加重犯的共同正犯。②

细思量，在理论上成立过失犯的共同正犯是可能的，因此以对重结果之发生的共同的注意义务违反为要件认定结果加重犯的共同正犯之成立也不是不可能。但是，在结果加重犯的情况中通过确认基本犯罪的参与者是否对重结果之发生存在过失，进而分别以结果加重犯的正犯处罚具有过失的每个人即可，因此并不存在必须要在行为参与者之间认定共同正犯关系的特殊的理论上的或实务上的必要性。

承认共谋共同正犯与过失犯的共同正犯的韩国大法院也曾认为只要存在共同实施基本犯罪的意思即可成立结果加重犯的共同正犯（大法院判决 1978 年 1 月 17 日，77 DO 2193；1988 年 9 月 13 日，88 DO 1046）。但后来认为"如果不是无法预见"重结果的情况，则不能免除结果加重犯的罪责（大法院判决 1991 年 11 月 12 日，91 DO 2156）。这是意识到如果使没有过失的人也承担结果加重犯的责任则过于扩大了可罚性这种批判之后的判例的变化。

【判例1】　强盗共犯者之一人借强盗之机会对被害者施以暴行或伤害进而将其杀害时，其他共谋者针对将施以作为强盗之手段的暴行或伤害这一点存在相互认识，所以即使不存在共谋杀害的事实，也不能免除强盗致死罪的罪责（大法院判决 1988 年 9 月 13 日，88 DO 1046）。

【判例2】　强盗共犯者之一人借强盗之机会对被害者施以暴行或伤害进而将其杀害时，其他共谋者即使没有进行杀人的共谋，只要不是无法预见其杀人行为或致死结果的情况，就不能免除强盗致死罪的罪责（大法院判决 1991 年 11 月 12 日，91 DO 2156）。

---

① 例如金日秀教授，韩国刑法Ⅱ，296 页；裴钟大，615 页；任雄，462 页。
② 因为过失犯的共同正犯把注意义务的共同作为要件，所以在结果加重犯中对重结果存在共同的过失时，能够成立结果加重犯的共同正犯的见解（李在祥，185 页）。

（二）教唆犯·帮助犯

在结果加重犯中，既然基本构成要件是故意犯，因此即使结果构成要件是过失也以故意犯的一种来看待其整体。尽管不可能存在对过失犯的教唆或帮助，但在此限度内却可以考虑结果加重犯的教唆或帮助。即基本犯罪的教唆者或帮助者对重结果之产生存在过失时，能够以结果加重犯的共犯进行处罚。① 这时，没有必要把正犯对重结果之发生是否存在故意或过失抑或全然无罪过作为问题。

六、结果加重犯的未遂

如前所述，为在结果加重犯中彻底贯彻责任原则在立法论上依据基本犯罪的既·未遂来区分不法与责任的量是妥当的。与此问题相关联，围绕是否认定结果加重犯的未遂、如果认定将如何定义、在现行刑法规定的解释上处罚结果加重犯的未遂犯是否可能等问题存在着见解上的分歧。

能够设想为结果加重犯的未遂的行为样态有如下三种情况：

① 在纯正结果加重犯中重结果是未遂的情况　在纯正结果加重犯中，没有产生重结果时，将不成立结果加重犯。因此，在这种行为类型中，不可能存在结果加重犯的未遂。这是因为，在韩国刑法上过失犯通常是以既遂为前提的。

② 在不纯正结果加重犯中重结果是未遂的情况　在结果加重犯中对重结果存在故意时，即在不纯正结果加重犯（例如刑法第258条的重伤害，第164条2项的现住建筑物放火致死罪，第188条的妨害交通致死伤罪）的情况中在理论上是能够成立结果加重犯的未遂的。然而，即使对于这种情况，韩国刑法也没有关于未遂犯的处罚规定，所以在刑法解释上并不存在结果加重犯的未遂问题。②

③ 基本犯罪是未遂的情况　目前多数说的见解认为，即使基于基本犯罪行为的未遂直接产生重结果，其整体也成立结果加重犯的既遂。例

---

① 相同见解：朴相基，284页；裴钟大，617页；李在祥，201页；李炯国，研究Ⅱ，688页；郑盛根、朴光玟，450页。

② 在朴相基，283页；李在祥，357页；郑荣锡，222页；黄山德，141页；裴钟大，620页中力主如下见解：由于在不纯正结果加重犯中本质性的概念要素是"重结果的产生"，所以即使存在故意，只要没有产生重结果，其一开始就没有进入结果加重犯之范畴的余地。

如，已着手强盗者在尚未劫取财物之前致使被害者死亡时，虽然作为强盗行为是未遂，但在整体上却成立强盗致死罪（第 338 条后段）的既遂。然而，对此结论只能评价为脱离责任原则进而扩大了可罚性。这是因为，如果说把强盗行为止于未遂时与达到既遂时区分为既·未遂并分别进行处理符合责任原则的话，即使在因强盗行为由过失引起重结果的情况中依据故意基本行为的未遂·既遂分别进行处理，也是符合责任原则的。

细思量，由于基本犯罪行为是否为既·未遂对整体的结果加重犯的不法的量与行为人的责任程度均产生相当的影响，① 所以当能够认定基本犯罪行为是未遂，重结果是由基本犯罪的未遂行为所直接引起时，② 认定结果加重犯的未遂而不是既遂并考虑处罚上的差异是妥当的。③

问题是，在现行刑法上处罚这种类型的结果加重犯的未遂是否可能。与此相关联，有见解认为，由于改正刑法关于强盗致伤（第 337 条）、强盗致死（第 338 条）、海上强盗致伤（第 340 条 2 项）、海上强盗致死（第 340 条 3 项）、人质致伤（第 324 条之 3）、人质致死（第 324 条之 4）等犯罪规定有结果加重犯的未遂（参照第 342 条、第 324 条之 5）④，所以能够以未遂犯进行处罚。⑤ 然而，应该认为第 342 条与第 324 条之 5 关于未遂犯的规定仅限制适用于作为故意结合犯的强盗伤害（第 337 条）、强盗杀人（第 338 条）、海上强盗伤害（第 340 条 2 项）、海上强盗杀人（第 340 条 3 项）、人质伤害（第 324 条之 3）、人质杀害（第 324 条之 4）等上。⑥ 在故意犯罪（强盗伤害、强盗强奸等）中不考虑基本犯罪的既遂与未遂，只要产生重结果便视为既遂犯；在结果加重犯中尽管产生了重

---

①   在强盗致伤罪中，劫取作为职员工资的 1 亿韩元且又受伤的情况与只是受伤但保住钱财的情况在犯行的不法的量与行为人的责任的量上是当然存在区别的。妇女实际遭到强奸且又受伤的情况与在抵抗过程中虽然受伤但免遭性暴力的情况，对这两种情况的不法与责任的评价当然也是不同的。

②   例如 A 欲强奸 B 用力勒紧该女的脖子，在进行性交前致使 B 窒息死亡的情况，成立强奸致死的未遂。C 为攻击 D，举起拳头正欲出击，D 见此情景在向后退的过程中滚下山坡死亡的情况，并不成立伤害致死的未遂，而只是伤害未遂与过失致死的想像竞合。这是因为，这时重结果并不是基本犯罪行为的直接结果。

③   金日秀，韩国刑法 Ⅱ，458 页；任雄，460 页。

④   此外，在关于性暴力犯罪处罚及被害人保护等法律的第 12 条中也有相类似的处罚未遂犯的规定。

⑤   金日秀，韩国刑法 Ⅱ，458 页；任雄，460 页。

⑥   相同见解：孙海睦，304 页；郑盛根、朴光玟，449 页。

结果，只要基本犯罪是未遂就认为其整体也是未遂犯的见解是欠缺一贯性的。对于此见解试图依据基本犯罪的既·未遂与否来区别对整体的不法评价的旨趣是能够赞同的，但这应该共同适用于故意犯与过失犯，因此，否定结果加重犯的未遂是妥当的。应该将改正刑法的未遂犯规定包括结果加重犯这一点视为是立法上的失误。

第八章　不作为犯论

一、序论

（一）意义

不作为犯是指行为人因没有实施个人能够实施且被命令为应该实施的行为进而成立的犯罪形态。即不作为犯（Unterlassungsdelikt）并不是不实施任何行为的无为（Nichtstun），而是因消极的不实施法规范所命令的行为进而实现的犯罪。在这点上，是与因积极的违反被禁止的行为进而实现的作为犯（Begehungsdelikt）相区别的。不作为犯具有使对行为人可能的一定的行为期待丧失（Enttäuschung der Erwartung）的含义。

（二）不作为与作为的区别

作为犯与不作为犯在可罚性的要件上存在着差异，因此，在各个事例中某种行为样态是作为还是不作为的问题在实务上具有着重要的意义。这是因为，为谋求具体事案的解决，必须事先确定在行为人整体的行为过程中在刑法上重要的部分是作为还是不作为。

1. 一般情况

在一般例子中，作为与不作为的区分不会成为大问题。因为，很容易能够根据事件的自然理解进行解决。这时，大体上应该以外在的现象形态为基础进行区别。通过投入身体的能量变更事件进程的人是在实施某种行为，与此相反，尽管能够变更事件的进程但因没有投入身体的能量进而放任进程的人则是没有实施某种行为。例如，产妇勒死婴儿的情况是作为，不给婴儿喂奶水致使婴儿饿死的情况则是不作为。

2. 多义的行为样态的情况

（1）问题的提起　存在一个行为样态同时具备作为要素与不作为要素的情况。可以将这种多义的行为样态的情况分别视为故意犯与过失犯的两种事例群。在过失犯中，注意义务常常既是安全义务（请集中注意实施行为！）又是不作为义务（请不要实施危险的事情！），因此能够同时产生作为与不作为。即使在故意犯中作为在先不作为在后的情况也成为问题。例如，丈夫虽然具有应该救助溺水中的妻子的义务，但却隐藏救助工具使其溺死时，便产生应该以作为还是不作为评价丈夫行为的问题。像这种在一个行为样态中混合有作为与不作为时，应该以何种行为作为刑法判断的基准便成为问题。

（2）判断基准 有见解认为，在作为与不作为的区分不明确时，首相应该探讨作为部分。当不成立作为时，再行探讨不作为。[①] 然而，作为与不作为的区分并不是自然科学上的或因果意义上的分类，而是考虑构成要件的解释与作用的法的评价的问题。因此，应该在考虑行为样态的社会意义的基础上根据对其行为样态的法的非难的重点是在作为要素上还是在不作为要素上来规范地区分作为与不作为。[②] 当然，由于不作为具有对作为的补充性地位，所以在区分多义的行为样态是否为作为或不作为时，可以补充性地考虑"作为优先原则。"

（3）具体的适用例

① 过失犯的情况 在过失犯中，作为要素即过失行为的实施始终伴随有不作为要素即所要求之注意义务的不履行。这时，所要求的注意义务为的只是维持作为的无害性，所以法的评价的重点在于作为上。这是因为，在过失犯中并不是要求行为人认识到可能的结果，反而是禁止针对认识可能的结果预防欠缺适当注意的行为。因此，多义的行为样态整体将被评价为作为。

【事例】   ① 夜间，司机在没有打开前灯行车的过程中撞到行人的情况中，对伤害这一事实进行非难的重点并不是不作为即没有打开前灯，而是作为即在没有打开前灯的情况下行车的行为。② 在灭火器等防火设备与非常出口等避难设备不完善的情况下经营旅馆的过程中，因旅馆火灾造成死伤者的情况，对旅馆经营者所进行的针对死伤的非难的重点并不是没有具备安全设备这一不作为，而是针对预防

---

① 裴钟大，626 页；李在祥，115 页；李廷元，433 页；Jescheck/Weigend, S. 603；Rudolphi, SK, vor §13 Rdn. 7.

② 相同见解：申东云，108 页；李炯国，396 页；任雄，465 页；郑盛根、朴光玟，454 页；陈癸浩，《刑法上的不作为犯论》，成时铎花甲论文集，34 页以下；Sch/Sch/Stree, vor §13 Rdn. 158；Wessels, Rdn. 700.

火灾事故的监督不注意这一作为。③ 让雇员加工未经消毒的中国产山羊毛，致使感染炭疽病而死亡的事例（RGSt 63，213）及违反法定间距超车的过程中造成事故的事例（BGHSt 11，1）也是以同样理由评价为作为。④ 然而，将具有侵害健康之危险的商品提供流通的人不仅处于应该防止此种危险的保证人地位，而且从这种地位中也产生应该回收此有害商品的保证人义务，所以将被评价为基于不作为的死伤（存在未必故意的情况）或基于不作为的过失死伤（存在注意义务违反的情况）。

② 阻止他人救助活动的情况　积极阻止他人救助活动或使其中断的行为即使存在不作为要素，在法上也将被评价为作为。因为，法的非难的重点在于积极操纵或变更因果性的事件进程。不仅如此，即使在行为人处于保证人地位时，原则上不作为犯也处于对作为犯的补充性地位中，因而适用"作为优先"（Primat des Tuns）原则。

　　例：① 在 T 用暴力阻止欲向溺水中的 O 扔出救生袋进行救助的 R，或取走 R 扔出的救生袋的情况中，T 将承担基于作为的杀人罪的罪责。这时，尽管 T 处于保证人的地位，也不是基于不作为的杀人，而单纯构成基于作为的杀人。② 作为对上述例子的若干变动，可以设想快艇主人拒绝 R 使用自己的快艇救助溺水中的 O，致使 O 溺水死亡的情况。这时，由于快艇主人拒绝实施必要的救助，所以非难的重点在于不作为。

③ 原因上自由的不作为　某人依据积极的作为致使自身的救助行为成为不可能的情况便是原因上自由的不作为（omissiolibera in causa）。这时，原因作为中尽管存在作为要素，在法上也应该视为不作为。这是因为，这时重要的并不是此人为何实施不作为的理由，而是其没有实施所要求的行动的事实。

　　例：铁路路口巡视员 T 欲在火车经过时基于醉酒不放下隔离杆进而造成相撞事故，遂以未必故意饮酒大醉，进而也没有放下隔离杆。其结果刚好经过路口的汽车与火车相撞，汽车司机当场死亡。这时，T 将以基于不作为的杀人罪受到处罚。

④ 事后积极将自身救助活动的效果进行无效化的情况　　这是指某人没有继续维持自己在以往所采取的救助活动的效果，事后基于积极的行为进行阻止或使其无效的情况。问题是，将这种情况视为作为还是不作为。

　　例：井水溺死事例：（Ⅰ）T 为救助掉进井水里的 O 扔下了绳索，但当发现 O 就是对自己女儿施以暴行的前科者时，便在 O 抓住绳索之前又抽回了绳索。（Ⅱ）T 在相同情况下，在 O 抓住绳索后扔下了绳索。

　　例：邮寄物回收事例：（Ⅰ）T 以揭发组建反国家团体的谋议计划为内容给检察总长写了封信，并将此信投入到邮筒里。随后，又改变想法巧妙地从邮筒里取出此信件进行销毁。（Ⅱ）T 在相同情况下，在寄送的此信达到检察总长之前悄悄回收此信件并进行销毁。

为解决此种事例，作为具体的判断基准重要的是救助手段是否到达了接受救助者的领域中。即在救助手段到达接受救助者的领域后，行为人所采取的无效化或阻止行为是从相对方手中夺取自身救助活动的效果，在结果上与使他人的救助活动无效化的情况有着相同的程度，因此，这时应该评价为作为。相反，救助手段尚未到达接受救助者的领域或在产生实效之前行为人使其救助手段无效化时，则应该评价为不作为。①

据此，前述井水溺死事例（Ⅰ）的情况将成立不作为，行为人没有特殊的保证人地位时，至少对于其死亡不负杀人罪的罪责。相反，井水溺死事例（Ⅱ）的情况则构成作为，应该承担杀人罪的罪责。邮寄物回收事例（Ⅰ）的情况将成立不作为，单纯符合不告知罪（国家保安法第 10 条），相反邮寄物回收事例（Ⅱ）的情况则成立作为，可以构成反国家团体组建罪（国家保安法第 3 条）的帮助犯。

⑤ 消极的安乐死的情况　　医生截断附着于治疗中的重患者身上的作为延长生命装置的人工心肺机，或者对可能延长生命的重患者没有采取安置人工心肺机等治疗措施放弃了延长生命的可能性进而使其死亡时，应该如何处理？

如果依据单纯的因果性标准将重点放在截断人工心肺机的行为上，则

---

① 相同见解：任雄，466 页。

应该视为作为（通说）。然而，受委托进行治疗的医生放弃治疗为缩短患者的生命截断人工心肺机时，法的非难的重点并不在于截断人工心肺机，而是中断了作为医生应该实施的治疗行为。因此，正确的是，应该将医生的消极的安乐死评价为不作为而不是作为。

【判例】   为患者进行手术并负责治疗的医生答应因顾忌恢复可能性很高的患者的治疗费而要求出院的患者或家属的要求，中止治疗行为或解除人工呼吸装置，致使其成为造成患者死亡的直接原因时，将成立基于不作为的杀人罪（首尔地裁南部支院判决 1998 年 5 月 15 日，98 告合 9）。

（三）不作为犯的种类

1. 纯正不作为犯

纯正不作为犯是指基于不作为违反针对行为的命令规范的犯罪。换言之，基于单纯不履行或拒绝法所命令的活动所成立的犯罪。从作为犯的角度来看，举动犯符合此种情况。

作为纯正不作为犯之例，有战时军需契约不履行罪（第 103 条 1 项）、聚众不解散罪（第 116 条）、战时公需契约不履行罪（第 117 条 1 项）、违反集合命令罪（第 145 条 2 项）、拒不退出罪（第 319 条 2 项）等。此外，还有国家保安法上的不告知罪（第 10 条），轻犯罪处罚法上的诸种行为样态等（第 1 条 7 号、36 号、42 号、51 号等）。

【判例】   被告人不是以礼拜的目的而是以对此进行妨害的目的进入了教堂。对此教会作出了禁止进入教堂的决意，而且当教堂管理员要求其退出教堂时，被告人并未给予回应。既然教会欲阻止进入教堂的意思已经明确地表现出来，对此不予回应进而不退出的行为就将成立拒不退出罪（大法院判决 1998 年 4 月 28 日，91 DO 2309）。

2. 不纯正不作为犯

不纯正不作为犯是指具有防止结果发生之义务的保证人基于不作为实现作为犯的构成要件的犯罪。也将此称为基于不作为的作为犯（delicta commissiva peromissionem）。在不纯正不作为犯中，可罚性的法的基础在于基于积极的作为的结果之引起成为前提的刑法分则上的所有构成要件。

尤其韩国刑法第18条（不作为）在一定前提下将没有防止结果发生的不作为与基于积极的作为的结果之引起同等视之，从而起到双倍扩大刑法分则上的构成要件范围的作用。

　　像这样，在不纯正不作为犯中能够明确的是，尽管作为与不作为在存在论上具有有·无的差异，但在刑法上两者却均是对等的基本形态。例如，杀人罪中的"杀人的行为"并不仅仅包含用刀刺死这种积极的作为，也可以由不喂奶这种不作为来实施，所以由作为犯形式规定的杀人罪基于不纯正不作为犯的形态被扩张至双倍。

　　【判例】　护送炸药的人在货车内点着被禁止的蜡烛睡觉的过程中，致使炸药箱着火的瞬间，对此加以发现的被告人尽管很容易采取反扣箱子等灭火措施，却进行逃跑，因此，构成基于不作为的爆炸物爆破罪（大法院判决1978年9月26日，78 DO 1996）。

　　尽管存在法律确定性的要求，但立法者为何还要使用不纯正不作为这种方法？这是因为，在不作为的领域中生活现象过于多样，所以无法基于与作为犯相同的水准来完全记述可罚行为样态的要件。[1] 在作为犯中始终存在能够进行记述的作为行为样态（例如杀人、盗窃、强盗等）。然而，在不纯正不作为犯中并不存在能够以此方式进行记述的生活现象，所以只能通过刑法总则上的一般条款和对此的学说或判例上的具体化操作来满足法律确定性的要求。

　　《参考》以图表表示这种关系的话，如下：

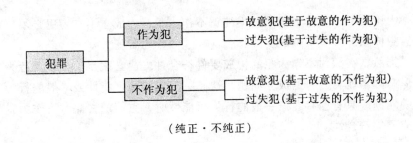

（纯正·不纯正）

---

① 　相同指摘：朴相基，287页。

3. 两者的区分标准

(1) 实质说　主张单纯基于不作为实现被命令的行为的犯罪是纯正不作为犯，在不作为之外发生构成要件结果才成立的犯罪是不纯正不作为犯的立场就是实质说。此区别与作为犯中的举动犯和结果犯相对应，纯正不作为犯相应于单纯的举动犯，不纯正不作为犯相应于结果犯。因此，在纯正不作为犯中结果之防止虽然是立法者的立法动机却不是构成要件要素；相反，在不纯正不作为犯中结果之防止却是构成要件要素。这是目前德国及奥地利的判例与多数说的立场。①

(2) 形式说　这是依据实定法的规定方式进行区别的立场。即不论构成要件结果之发生是否为构成要件要素，法律明文规定处罚不作为的情况是纯正不作为犯；法律没有明文规定不作为之处罚的情况就是不纯正不作为犯（韩国的多数说）。② 即法律上的规定形式虽然是作为犯，但通过总则上的不作为犯之一般规定的解释适用也能够基于不作为加以实现的犯罪就是不纯正不作为犯。

(3) 结论　在韩国刑法解释上，原则上应该采取多数说这种形式说的立场，但在例外的情况中也应该同时考虑实质说的观点来谋求两者的区别是合目的的。在这种立场中，拒不退出罪或不告知罪当然是纯正不作为犯，但也能够将诈欺或背任等理解为是作为犯与纯正不作为犯的结合形态。而且，虽然以作为犯的形式规定了遗弃或婴儿遗弃等，但也能够根据行为样态理解为作为犯、纯正不作为犯或不纯正不作为犯。

二、不作为犯的构造

(一) 不作为犯的共同构造

无论是纯正不作为犯还是不纯正不作为犯，为成立不作为犯必须要像作为犯体系那样具备构成要件符合性、违法性与责任。

当然，在探讨不作为犯的构成要件符合性之前必须要探讨作为行为之一形态的不作为自身的成立问题。这是一般的行为可能性或一般的行为能力的问题。只有当存在该一般的行为可能性时，方能随之探讨不作为犯的构成要件符合性。

---

① 在韩国主张此立场的有：朴相基，288 页；李廷元，430 页。
② 裴钟大，627 页；李在祥，122 页；任雄，467 页；李炯国，397 页；郑盛根、朴光玫，456 页。

作为客观的构成要件要素，应该探讨构成要件的状况与被命令之行为的不作为、个别的行为可能性、构成要件结果以及（假设的）因果关系、客观的归属关系等。当然作为主观的构成要件要素，要探讨不作为的故意与过失。只是，故意由于不作为与作为的客观存在方式的差异在构造上并不始终是相同的。尤其关于意图故意与目的犯的目的这种特殊的主观不法要素是否可能立足于不作为犯中这一点，存在着见解上的分歧。

不作为犯的违法性也是基于构成要件符合性被征表这一点是与作为犯相同的，因此，适用于作为犯的违法性阻却事由同样适用于不作为犯。

不作为犯的责任原则上是与作为犯的情况相同的。当然需要具备责任能力、违法性认识及责任阻却事由的不存在。但是，在不作为犯中关于期待可能性在不纯正不作为犯作为限制保证人义务的一般原则已经是构成要件要素还是单纯的责任要素（因此期待不可能性是超法规的责任阻却事由）存在着见解上的分歧。

（二）　不纯正不作为犯特有的构造

不纯正不作为犯是基于不作为实现刑法上以作为形式规定的构成要件，所以这时基于作为义务者的不作为而实现的犯行必须相当于基于作为实现法的构成要件。这就是不纯正不作为犯的同置性（Gleichstellung）问题。目前，一般见解认为，此同置性问题是不纯正不作为的构成要件符合性问题。

在同置性中存在两种要素：一是作为同置性第一要素的保证人地位。与此保证人地位不同，还存在保证人义务。就两者的关系以及保证人义务的体系性地位，存在着见解上的分歧。二是作为同置性第二要素的行为样态的同价值性（Gleichwertigkeit）。也将此称为相应性（Entsprechung）。当然，关于此同价值性的体系性地位及适用范围也存在着见解上的对立。然而，目前大体上认为，同置性问题是不纯正不作为的构成要件符合性问题，因此一般倾向性见解认为保证人地位与同价值性要素是不纯正不作为犯的客观的构成要件要素。

（三）　一般的行为可能性的探讨

应该在探讨不作为犯的构成要件符合性之前探讨行为人的一般的行为可能性。在此阶段中，应该探讨行为人是否处于某种基于积极的作为才能够从自身的消极的不作为中相脱离的一般的情形与境地。虽然亦将此称为一般的行为能力，但从严格的教条主义立场来看，还是将此称为一般的行为可能性妥当些。

一般的行为可能性通常与一定的时间性、场所性状况相关联。例如住在首尔城北洞的父母无法救助掉进汉江里的孩子这种情况即是。此外，可以依据对一般人来说是否可能的行为这一基准来否定不作为概念的成立自身。在例如被绑架犯劫持为人质的父亲无法救助同样被绑架犯劫持的濒临死亡的孩子这种情况中，在绝对的暴力之下，无为并不能成立不作为。

> 一般的行为可能性作为不作为概念之成立的问题，是在不作为构成要件符合性之前探讨的对象，所以是与不作为构成要件符合性要素之一的个别的行为可能性（Individulle Handlungsmöglichkeit）相区别的。①

用图表表示以上所论述的不作为犯的构造，如下：

Ⅰ. 构成要件符合性		Ⅱ. 违法性		Ⅲ. 责任
1. 客观的构成要件要素	2. 主观的构成要件要素	违法性阻却事由的探讨		
① 构成要件的不作为 —构成要件状况 —被命令行为的不作为 —个别的行为可能性 ※仅限于不纯正不作为犯 —保证人地位 —同价值性 ② 构成要件结果 ③ 不作为与结果之间的因果关系及客观的归属关系	① 故意 （或过失） —构成要件的不作为 —构成要件结果 —不作为与结果之间的因果关系及客观归属关系 ② 特殊的主观不法要素	客观的正当化要素	主观的正当化要素	1. 责任能力 2. 故意、过失等责任形式 3. 不法意识 4. 特殊的责任要素 5. 免责事由的探讨 6. 期待可能性

---

① 裴钟大，628 页；申东云，110 页；李在祥，117 页；郑盛根、朴光玟，458页。

三、不作为犯的不法构成要件

（一）客观的构成要件要素

1. 构成要件的不作为

在不作为犯的客观构成要件中，需要具备与作为犯的构成要件行为相应的构成要件不作为。在此构成要件的不作为中，存在构成要件状况、被命令行为的不作为、个别的行为可能性等要素。这些都是一般不作为所共同具有的构成要件不作为的要素。此外，也存在只有在不纯正不作为犯中才具有的构成要件不作为的要素。即保证人地位与同价值性的问题。

（1）构成要件状况　在不作为犯中，能够认识作为义务的内容与作为义务者身份的事态就叫做构成要件状况。即指行为人因为停留于不作为，进而能够为当罚性提供根据的状况的构成要件性记述。如果要成立构成要件的不作为，首先必须存在这种构成要件状况。

① 纯正不作为犯的情况，在构成要件中比较详细地规定了构成要件状况。例如战时军需契约不履行罪（第103条1项）中的"战争或事变"，战时公需契约不履行罪（第117条1项）中的"战争、天灾及其他事变"，违反集合命令罪（第145条2项）中的"天灾、事变及其他依据法律暂时被解禁的情况"等即是。

② 不纯正不作为犯的情况，构成要件状况意味着发生构成要件结果的危险即法益侵害及法益危殆化。

③ 犹如作为犯中只有特定的行为人才能成为正犯那样，即使在不作为犯中特殊的行为人要素有时也被包含在构成要件状况中。在纯正不作为犯的情况中，聚众不解散罪（第116条）中的"聚众"，违反集合命令罪（第145条2项）中的"依据法律被逮捕或拘禁的人"便是其例；在不纯正不作为的情况中，杀害婴儿（第251条）或遗弃婴儿（第272条）中的"直系亲属"等即是。换言之，在杀害婴儿的情况中，犹如只有为隐匿耻辱而杀害婴儿的直系亲属尤其是产妇才能够成为正犯那样，即使在不纯正不作为犯中也是只有具备这种行为人要素的人才能够成立正犯。

（2）被命令行为的不作为　行为人在具体状况中没有实施被命令的避免实现构成要件的行为时，成立构成要件的不作为。由于此被命令的行为不具有作为犯情况中的定型性，所以有可能是数个行为类型。在此情况下，行为人没有实施被命令的数个行为中的任何一个行为时，方才成立构成要件不作为。如果实施了其中的某一行为，就不成立不作为。

行为人尽管实施了被命令的行为，但没有阻止构成要件之实现时，至少不能成立基于故意的不作为犯。如果行为人存在过失，则将成立基于过失的不作为犯。

（3）个别的行为可能性   个别的行为可能性或个别的行为能力是指行为人在客观的危机状况中能够个人实施被命令的行为。与一般的行为可能性是成立不作为概念自身的一要素相反，个别的行为可能性则是不作为犯客观构成要件要素中的构成要件不作为的一要素。

个别的行为可能性需要为履行被命令的行为的外在条件（例如现场性、存在适当的救助手段等）与身体能力（例如具备身体性条件、技术性的知识、一定的技能等），因此，半身不遂或不会游泳的父亲即使在孩子的溺死现场中没有实施任何的救助行为，也不成立构成要件的不作为。

如果要成立个别的行为可能性，是否也需要在知的水准上所可能的行为方向、行为目标、行为客体、构成要件状况的认识及行为手段的认识可能性？对此存在着见解上分歧，也存在对此进行肯定的见解。然而，只要存在能够认识行为目的及行为手段的可能性即可。这是因为，行为人是否对此有认识或是否能够认识的问题，只有在是基于故意的不作为还是基于过失的不作为的主观的构成要件的探讨中才具有意义。在客观的构成要件要素中的个别的行为可能性的探讨中并不重要。

> 应该将个别的行为可能性与行为人的责任能力或基于合规范的动机决断行为的能力即动机能力区别开来。因为，与这些都是责任要素相反，个别的行为可能性是客观的构成要件要素。

当然，个别的行为可能性的判断应该依据从具有洞察力的第三者立场出发事前（exante）探讨事态的客观基准。

（4）保证人地位（同置性的第一要素）

① 意义   在不纯正不作为犯中为防止构成要件之实现的行为人的特殊地位就叫做保证人地位。例如岩洞导游就具有应该防止在观光岩洞过程中可能发生的危险的保证人地位。保证人地位是不纯正不作为犯的构成要件不作为的一要素。法的性质既然没有被不纯正不作为犯所记述，就是规范的构成要件要素。基于此保证人地位这一客观的行为人要素不纯正不作为犯具有纯正身份犯的特性。

一般保证人地位具有如下三种特征：（Ⅰ）保护法益的主体没有应对针对法益侵害威胁的保护能力，（Ⅱ）不作为行为人具有应该从威胁性的危险中保护法益的特殊的法律义务（保证人义务），（Ⅲ）不作为行为人在这种保护人地位中支配着发生法益侵害的事态。

基于此三种特征，不作为行为人将针对他人法益之侵害以与积极行为的作为行为人相同的样态产生影响。在这点上，作为与不作为的同置将成为可能，将保证人地位作为同置性的第一要素的理由也在于此。然而，在此三种特征中，尤其重要的是作为义务即保证人义务。

② 与保证人义务之间的关系

（Ⅰ）保证人义务的意义 从保证人地位中行为人将会承担避免或防止构成要件之实现的特殊的法定义务，这就是保证人义务（Garantenpflicht）。该保证人义务至少要具备如下两种要件：

第一，至少应该是法定义务。立法者大体上并不在每个构成要件中明确规定保证人义务，而是从一般的法秩序中进行类推。

> 该种情况与无法在每个构成要件中明确规定"注意义务"的过失犯情况相类似。这时，当然需要法官广泛地补充构成要件。罪刑法定原则中的禁止适用类推并非把这种立法者主动容许其可能性并提示要件的情况（第18条）作为问题。

总之，既然要求保证人义务必须是法定义务，单纯的道德义务或伦理义务就是不充分的。

第二，保证人义务必须是基于行为人身份上的地位而特殊赋予的义务。对任何人都能够赋予的义务虽然也是法定义务，但却不是保证人义务。因此，所有人都具有的一般的扶助义务这种法定义务并不是保证人义务。例如，轻犯罪处罚法第1条7号（不履行在管理场所发生的需要扶助者等报告义务）及36号（灾害或火灾、交通事故等犯罪发生时，不履行援助公务员的义务）作为与德国刑法第323条C或奥地利刑法第95条的善良的撒玛利亚人规定具有相类似性质的一般的救助义务规定，仅仅是纯正不作为犯而不是不纯正不作为犯的特有的保证人义务。在这点上，不纯正不作为犯的保证人义务在概念上也与对所有人都同样适用的过失犯的客观的注意义务相区别。

（Ⅱ）保证人义务的体系性地位

（ⅰ）学说 保证人地位是指成为保证人之基础的诸种事实的、规范的情况，保证人义务则是指基于前者所发生的具体的防止结果的作为义务。目前，对于区别保证人地位与保证人义务进而将前者视为构成要件要素的做法几乎持一致意见。因为具有防止结果义务的保证人地位符合具有纯正身份犯性质的不纯正不作为犯的行为主体的要件，所以当然应该视为其属于构成要件要素。

然而，对于保证人义务是与保证人地位相同属于构成要件要素还是属于违法性要素的问题，存在着见解上的分歧。

（a）构成要件要素说（保证人说）　该学说一概将保证人义务与作为其基础的保证人地位视为构成要件要素。主张此学说的理由在于，只有处于保证人地位的人的不作为才能够被认定为与基于作为的构成要件之实现之间具有同价值性，进而符合作为犯的构成要件。① 例如，在没有给婴儿喂奶致使其饿死的情况中，只有处于应该保证婴儿不被饿死的一定法律地位的人（保证人）才作为刑法上的作为义务者具有授乳的义务，而且只有此人的作为义务违反行为才能够符合构成要件。②

（b）二 分 说　该学说主张保证人地位是构成要件要素，保证人义务则是违法要素。该学说主张，因为在作为犯中不得实施一定的违法行为的义务（不作为义务）是违法性要素，而且对此存在的错误也以违法性错误处理，所以把不纯正不作为犯中的结果防止义务（作为义务）也理解为违法性要素更具有逻辑一贯性。依据二分说的立场，关于保证人地位的错误将成为构成要件错误，而关于保证人义务的错误则将成为禁止错误。目前，二分说是通说。③

（ⅱ）结 论　二分说是妥当的。既然将保证人地位理解为构成要件要素并将保证人义务从保证人地位中分离出来，那么在犯罪体系上将后者整序为与构成要件不同的犯罪要素的做法无论在理论上还是实务上都是妥当的。保证人义务在体系上并不是作为构成要件故意之认识对象的构成要件要素，而是作为与违法性相关联的一般的犯罪要素，仅仅是不法意识的认识对象而已。正如在作为犯中对禁止义务违反的认识成为不法意识那样，在不纯正不作为犯中对命令义务违反的认识也将成为不法意识。其结果，

---

①　南兴佑，93 页；李建镐，61 页；郑荣锡，107 页；黄山德，67 页；Nagler, Der Problematik der Begehung durch Unterlassung, Gerichtssal, Bd Ⅲ, 1938, S. 1 ff.

②　郑荣锡，107 页。

③　朴相基，290 页；裴钟大，631 页；孙冻权，318 页；孙海睦，793 页；安铜准，296 页；李在祥，121 页；任雄，472 页；郑盛根、朴光玟，463 页。

关于保证人义务的命令错误（相当于作为犯中的禁止错误①）依据责任说时将成为排除责任或减轻责任的事由。是与保证人地位作为构成要件故意的认识对象，对此的错误将成为构成要件错误的问题相区别的。②

③ 保证人地位的产生根据

（Ⅰ）分类方法

作为刑法分则所规定的不纯正不作为犯之一例的遗弃罪（第271条1项）规定："具有保护需要扶助之人的法律上或契约上的义务者"，因此显然采取的是依据形式说的观点划分遗弃罪的保证人地位的立场。与此相对，刑法第18条则规定："具有防止危险发生的义务或因自身行为引起发生危险之原因的人"，因此并没有提示任何关于保证人地位之分类的确实性的参照点，因此，分类方法委托给了学说。

（ⅰ）形式说　该学说认为保证人地位及由此推导出的作为义务形式上产生于四种类型，即法令、契约、先行行为、条理。也叫做法源说。是历来的通说。③

　　ⓐ 基于法令的作为义务　民法上亲权者的保护义务（第913条）、亲族间的抚养义务（第974条）、夫妻间的抚养义务（第826条）等即属于此。法律并不仅限于私法，即使基于公法也能够产生作为义务。基于警察职务执行法的警察的保护措施义务（第4条）、基于医疗法的医生的诊疗与应急处置义务（第16条）、基于道路交通法的司机的救护义务（第50条）便是基于公法产生作为义务的情况。

　　ⓑ 基于契约的作为义务　基于契约而承担养育或保护义务的情况也产生作为义务。基于雇佣契约的保护义务、监护人的患者监护义务、信号手的职务上的义务等便是基于契约的作为义务之例。

　　ⓒ 基于条理的作为义务　通说认为，除法令与契约而外基于社

---

① 在作为犯中因为是关于禁止规范（Verbotsnorm）的错误所以才是禁止错误（Verbotsirrtum），但在不作为犯的情况中，由于是关于命令规范（Gebotsnorm）的错误，所以叫做命令错误（Gebotsirrtum）。

② 与其说保证人义务是违法性的积极的构成要素，不如说其只是在不纯正不作为犯中规制不法意识的关联对象与禁止错误问题的参照点。尽管承认实质的违法性概念，违法性论实际上却将重点放在消极的探讨违法性阻却事由的存否上，因此将保证人义务置于违法性的积极的构成要素这一位置上的必要性不是很大。

③ 现在主张此说的有：裴钟大，632页。

会常规或条理也会产生作为义务，如雇佣主对同居的雇佣者的保护义务、管理者的防止发生危险的义务、对目的物之瑕疵的信义原则上的告知义务等即是。判例也承认基于条例的作为义务。① 对此，也有见解基于如下理由否认基于条例的作为义务：作为义务不是伦理义务而是法律义务，因此承认基于条例的作为义务将会使作为义务不明确，不仅如此，事实上也可以将基于条例的作为义务包含于其他类型中。②

　　ⓓ 基于先行行为的作为义务 基于自身行为引起发生危险之原因者具有应该防止其危险不向构成要件结果方向发展的作为义务（刑法第 18 条）。因此，驾驶汽车伤害他人者将成为应该救助被害人的保证人（BGHSt 7，287），因过失引火的人将成为应该采取灭火措施的保证人（大法院判决 1978 年 9 月 26 日，78 DO 1996），监禁未成年人的人将成为应该救助虚脱状态的被害人的保证人（大法院判决 1982 年 11 月 23 日，82 DO 2024），带领幼小侄子到水库并往较滑的堤坝方向诱引的人将成为掉进水里的被害人的保证人（大法院判决 1992 年 2 月 11 日，91 DO 2951）。

　　【判例1】 诱引自己担任班主任的班级学生到家中并将其监禁起来。尽管该学生已经陷入虚脱状态也没有将其送往医院致使其死亡。像这样，诱引未成年者并进行监禁后，只是原本维持其状态也导

---

　　① ①大法院判决 1996 年 7 月 30 日，96 DO 1081；1984 年 9 月 25 日，84 DO 822："作为诈欺罪之要件的欺骗广泛包括在财产上的往来关系中背弃应该遵守的信义与诚实义务的所有积极的或消极的行为。既然在经验法则上已经明确如果交易的相对方得到关于一定情况的告知，就不会进行当下交易，那么基于其交易得到财物的人在信义诚实原则上就具有事先向相对方告知与其相同情况的义务。因此，没有告知此情况作为对应该告知事实的缄默，将成为对相对方的欺骗，因而构成诈欺罪。"②大法院判决 1998 年 12 月 8 日，98 DO 3263："作为诈欺罪之要件的欺骗是指广泛包括在财产上的往来关系中背弃应该遵守的信义与诚实的义务在内的所有积极的或消极的行为。基于这种消极行为的不作为而实施的欺骗是指在法律上具有告知义务的人尽管知道关于一定事实相对方陷入了错误中，也没有进行告知的情况。在一般往来的经验法则上已经明确相对方如果知道该事实就不会实施当下法律行为时，将依照信义原则认定具有应该告知其事实的法律上的义务。"③大法院判决 1993 年 7 月 13 日，93 DO 14："没有向买受人告知关于此土地已经被列入城市规划不久将要被协议买受或征收的事实的行为构成基于不作为的诈欺罪。"

　　② 金圣天、金亨俊，202 页；陈癸浩，180 页；车镛硕，307 页。

致被监禁者死亡时，将承担监禁致死罪的罪责。然而，在监禁状态持续的时点上因产生杀害的犯意没有防止发生针对濒临死亡的被监禁者的危险并加以放置致使其死亡时，将这种不作为评价为杀人罪的构成要件行为是充分的。因此，成立基于不作为的杀人罪（大法院判决1982年11月23日，82 DO 2024）。

【判例2】 以杀害侄子们的目的将他们带领至事先物色好的人迹稀少的水库中。因情势所逼诱引他们在比较滑的堤坝上走的过程中，其中一侄子滑下水中，另一侄子被抓住衣袖拽下了水中，均溺死。这是具有防止发生刑法所禁止的法益侵害结果的法定作为义务者尽管能够通过履行其义务防止结果发生，却容忍其结果的发生且没有履行义务的情况。如果是这样，其不作为与基于作为的法益侵害之间就具有同等的刑法上的价值，如果能够被评价为其犯罪的实行行为，就能够与基于作为的实行行为同样的处罚不作为犯。因此，基于杀害的犯意而且尽管作为溺水中的被害者的叔父具有应该救助的法定作为义务，却容忍、旁观其溺死时，无异于直接推入水中使其溺死的行为，应该视为在刑法上足以被评价的杀人行为（大法院判决1992年2月11日，91 DO 2951）。

（ⅱ）实 质 说 该学说与形式说不同，试图构建能够依据实质的标准认定保证人地位与义务的模式。实质说的创立者阿明·考夫曼（Armin Kaufmann）根据能够产生保证人地位与义务的两种实质性的指导观点提出了保护义务（Obhutspflicht）与安全义务（Sicherungspflicht）。由于这两者基本义务是从保证人义务的机能性观点中推导出来的，所以亦将实质说称为机能说。①

（ⅲ）结 论 为正确解决此问题，目前采取结合形式说与实质说之观点的折中说的见解占据优势。由于形式说存在无法明确设定作为义务的内容与界限的缺点且实质说具有过于扩大保证人义务的范围的危险，所以结合两者的折中说的立场是妥当的。折中说是当前韩国的通说。②

---

① 支持机能说的学说是：李炯国，414页。
② 朴相基，296页；孙冻权，318页；孙海睦，795页；申东云，114页；李在祥，122页；任雄，478页；郑盛根、朴光玟，465页；曹俊铉，301页；陈癸浩，179页。

即使采取折中说，关于如何构建和划分诸种保证人地位与义务也会根据每种观点的不同而出现多样化。在这里，存在首先探讨方法论的理由。

即使采取折中说，也会根据其重点在于何处而使实际上的构成出现差异。即使在韩国采取折中说的阵营中，也会因不同学者而出现多样的对保证人地位与义务进行构成、分类加以说明的方法。多数采取并列形式说的分类与实质说的分类进行说明的方法。① 相反，有学者使用既采取形式说的分类又以实质说的观点作为补充的说明方法，② 也有学者采取从实质说的观点进行说明的方法。③

作为参考，奥地利与瑞士的学者们，从传统的形式说立场出发，在此追加新的事例群的同时，为保持明确性与界限性具有倡导实质说的实质性基准即保护义务与安全义务的观点的倾向。与此相比，德国的学者们从现代的实质说立场出发，为避免扩大危险，具有考虑形式说的形式的分类方法的倾向。

细思量，作为方法论首先将阿明·考夫曼（Armin Kaufmann）提出的两大分类即保护义务与安全义务作为为规制保证人地位的指导性观点且以此为出发点是妥当的。

多数学者所采取的单纯并列形式说的分类与实质说的分类的方法并不值得赞同。因为，两者的范围虽然存在部分的竞合但未必必须是一致的，所以有可能加重体系与思维上的混乱。尤其是警察职务执行法第4条规定："能够采取适当措施"，便以此直接推导出警察的保证人地位与义务是困难的。警察处于为保护他人法益的保护人地位或安全监视员地位是依据实质性的事实关系所决定的事项，而不是依据此法律在形式上所决定的事项。同样，基于医疗法第16条的医生的诊疗与应急处置义务、基于关于应急医疗的法律第4条的应急医疗义务也不是不纯正不作为犯的保证人地位的产生根据。

---

① 朴相基，291页以下；孙冻权，319页以下；孙海睦，795页以下；李在祥，122页以下；任雄，473页以下；陈癸浩，179页以下。

② 申东云，114页以下；曹俊铉，306页以下。

③ 郑盛根、朴光玟，465页以下。

此两大分类的基准具有暂且总括个别性的保证人地位与义务进而与集合事例群相区别的指导性作用。在此指导性的观点之下，重要的是发现能够评价个别的事例群的更为详细的观点目录。

目前，在保护义务指导下的观点目录有：自然的结合关系、紧密的共同关系、危险的主动承受；在安全义务指导下的观点目录有：先行的危险行为、对自身支配领域内存在的危险源的监视、对第三者行为的监督行为等。

这种发现两大指导性观点与在其之下细分的观点目录的方法论，即使对于与韩国刑法第 18 条的解释相关联分类保证人地位与义务也是有益的。即刑法第 18 条中的"防止危险发生之义务"是指对法益的保护义务，而"因自身行为引起危险发生之原因者"则是指对危险源的安全义务。至于此指导性观点的具体化与细分化的观点目录则委任给了学说。

（Ⅱ）保证人地位的种类

（ⅰ）与对法益的保护义务相关联的保证人地位　这是指法益的享有者与保证人之间由于存在特殊的结合关系、连带关系或保护关系等依存关系，所以保证人对法益及法益享有者具有特殊的保护责任。可以再次依据三种观点目录对此进行细分。

（A）特殊的结合关系　基于自然的结合关系而处于特殊的相互依存关系中的人之间将产生相互防止针对相对方之法益的危险的保护保证人地位。

（a）家族的血缘关系　首先存在基于家族的血缘关系所产生的保证人地位。即使依据夫妻间的相互扶养义务（民法第 826 条 1 项）、对亲权者子女的保护义务（民法第 913 条）及子女的特有财产管理义务（民法第 916 条）、禁治产者监护人的疗养义务（民法第 947 条 1 项）及财产管理义务（民法第 949 条 1 项）、亲族间的相互扶养义务（民法第 974 条）等法律规定，在家族间也会成立相互防止针对生命与身体的危险及在一定条件下管理财产的保证人地位。尤其重要的是，具有依存关系的父母与子女、祖父母与孙子女或夫妻之间相互针对生命与身体所具有的保证人地位。

《参考》基于 1990 年 1 月 13 日的民法修正删除了户主对家族的扶养义务（修正前民法第 797 条）。

然而，基于家族血缘关系的保护保证人地位除对保护法益及被保护者的法律关系之外，还需要以事实的关系为前提，因此，现实并不存在相互间的信赖关系与依存关系的分居中的夫妻之间将不予认定保护保证人地位。① 相反，针对胎儿这种法的、事实的关系尚不明确，但由于存在确实性的依存关系，所以丈夫对产妇的自我堕胎具有应该进行阻止的保证人地位。②

（b）紧密的自然结合关系　虽然不存在法律所保护的家族上的血缘关系，但也有基于紧密的自然结合关系认定保证人地位的情况。例如，具有事实婚姻关系的夫妻间或同居者间、定婚者之间、兄弟姐妹之间存在紧密的个人间的纽带与团结及信赖关系时，应该在相互间认定个人的保护保证人地位。③

当然，由于这种情况没有被实定化为法的义务，所以既然充分贯彻形式说的观点就很难对此认定保证人的地位。然而，在韩国刑法这种没有关于善良的撒玛利亚人的规定进而不处罚一般的扶助义务不履行的法制之下，既然存在基于紧密的自然结合关系的实质性信赖及依存关系，广泛认定保证人地位是值得赞同的。

（B）特殊的连带关系　在一同进行探险、登山这种危险事情的人们之间主动形成以为更好地克服危险状况为目的的危险共同体时，成员间期待存在危难时关于帮助的信赖。基于这种信赖关系相互间将产生一定的保护保证人地位。例如，登山或海底探险队的事实上的队长对所属队员在危险共同体生活中所遭受的生命或身体的危险承担保护责任。不仅如此，作为参与者的每个人也具有为他人的安全应该采取所期待的措施的保护责任。

不是以为更好的克服危险状况为目的的单纯的食宿共同体、钓鱼或围棋等共同爱好人协会、单纯的社团法人或非社团法人等团体不是以特殊的连带关系为基础的危险共同体。

非自愿的连带关系虽然其形成了特殊的连带关系性共同体，也不是危险共同体，不产生保护保证人义务。例如，监狱设施内的在监犯人之间、军内务班的同僚军人之间就不存在保证人责任。或者，如因沉船或自然灾害的原因多人以一艘救命皮划艇为核心形成命运共同体的情况，仅以偶然

---

① 相同见解：郑盛根、朴光玟，466 页。

② 相同见解：郑盛根、朴光玟，466 页。

③ 相同见解：裴钟大，634 页；郑盛根、朴光玟，466 页。朴光玟教授认为，在定婚者之间很难认定保证人地位与义务（刑法总论，292 页）。

处于共同危险的事实是不产生保证人地位的。①

（Ｃ）主动接受的保护关系　基于契约、事务管理或事实上的关系主动接受对被害人法益的保护机能致使被害人与接受人之间产生保护与依存关系时，接受人将具有保证人地位。例如，针对基于契约的保护义务的接受者、接受患者监护的护士或女佣、接受登山向导任务的登山向导员、接受岩洞观光向导任务的岩洞观光向导员、进行游泳指导的游泳教练、治疗患者的医生等，将能够认定具有保护保证人地位。

在这里，重要的是接受人是否在事实上主动地接受了一定的保护义务，因此，接受关系虽然基于契约或事务管理而产生，但并不是必须以契约上或此外的私法上的根据为必要。契约无效或被取消时，即使是契约的有效期限终了之后，如果至少在事实上承担着保护机能，保证人地位也将继续。②

　　医生在接受治疗患者的任务时，通常是基于契约产生保护关系，当患者拒绝继续治疗时，基于契约的保护关系将结束。然而，在医疗观点上出院自身就意味着死亡，面对昏睡状态的患者，患者家属因治疗费负担原因欲强行出院时，对此进行放弃的医生便因基于主动接受关系的保护义务违反承担不作为杀人或伤害的罪责（首尔地裁南部支院判决 1998 年 5 月 15 日，98 告合 9）。

一般在接受保护机能的情况中，也将认定保证人地位。然而，这种保证人地位只有在因此将对被害人排除其他救助的可能性或产生新的危险时，方被认定。③ 例如，医生已经开始实施治疗进而没有机会再找其他医生或基于手术产生对被害人的新的危险的情况即是。

　　德国联邦最高法院在夜间当值医生的被告人接到应急患者的出诊要求后，只是简单交给了服用药的事件中，认定当值医生的被告人违反了访问义务，成立基于不作为的过失致死罪（BGHSt 7, 221）。

　　如前所述，医生的诊疗与应急处置义务（医疗法第 16 条）、应急医疗从事者的应急医疗义务（关于应急医疗的法律第 4 条）等只

---

① 郑盛根、朴光玫，467 页。
② 李在祥，125 页。
③ 李在祥，125 页。

是针对医疗人的一般的法定义务，而不是与他人的法益保护义务相关联的特殊的保证人义务。因此，这种义务的违反并不成立不纯正不作为犯。当能够认定基于接受关系的保证人地位时，不纯正不作为犯才成为问题。

存在事实上的契约关系或尽管录用公务员的程序无效但事实上处于一定的公职关系时，也能够产生保证人地位。相反，尽管存在契约上的义务，但在事实上如果不是基于承担保护关系而开始实施活动的情况，就不产生保证人地位。例如，约定出任登山向导的向导员并没有出现在约定地点，致使若干名攀登人在没有向导员的情况下向攀登路线行进的过程中遭遇事故，这时没有在现场的违反契约的向导员并不负有防止此事故的保护责任。

（ⅱ）与对危险源的安全义务相关联的保证人地位 存在威胁不特定多数人的法益的特定的危险源时，对该危险源具有特殊的控制、支配关系的人将处于保证人地位中。保证人为防止从此危险源中法益侵害结果发生具有采取安全措施或加以监视的责任。与对危险源的安全义务相关联的保证人地位可以再细分化为如下三种观点目录。

（A）先行行为 基于自身行为针对法益创出接近的、相当的危险的人，为使其法益不遭受侵害将处于应该排除危险或防止结果发生的保证人地位。韩国刑法第18条中的"因自身行为引起危险发生之原因者"便是指基于先行行为（Ingerenz）的保证人地位。例如，为构筑地下设施深挖地坑的人应该在周围设立禁止通行的告示板或在夜间设置照明设施以保证危险不会向构成要件结果方向发展。或者，基于故意或过失给他人造成伤害的人作为保证人对被害人具有采取医疗措施或实施必要的救助生命的援助的责任。交通事故司机的救护义务（道路交通法第50条）便是其例。

在这里，接近的、相当的危险的创出是指先行行为对新的危险源的产生具有直接的、一般的适合性或者与危险典型性的相关联。因此，只是把还在着火的烟头扔进草丛中的行为并不是接近的危险的创出，但尽管落叶已经开始着火却没有采取灭火措施的行为，就是对山火的接近的危险的创出。

而且，接近的、相当的危险的创出还包括先行行为者的放任使危险的程度或灾害的范围增大的情况。例如，劝酒致使自我驾驶的司机处于酩酊状态的人具有应该挽留其实施驾驶行为的责任。

重要的争论点是，先行行为是否必须是客观上违反义务的违法行为。

例如在遵守交通规则行进的汽车驾驶员撞到突然闯入车道的行人造成其伤害的情况或者在路上遭遇强盗的行人反而基于正当防卫造成强盗重伤的情况即是。适用信赖原则的司机或实施正当防卫行为的人是否具有应该救助造成伤害或重伤的被害人的保证人义务，对此虽然存在肯定说，① 但否定说是妥当的。② 这是因为，即使对被害人存在一般的扶助义务（Hilfspflihct），也不会逾越此义务而产生特殊的救助义务（Rettungspflicht），所以从适法的先行行为中并不产生保证人的地位与义务。因此，在存在适法的先行行为时，并不产生保证人义务。只是没有必要甚至是有责的行为。

　　然而，韩国道路交通法即使对于不违法的事故的司机也赋予了使其采取必要救护措施的一般的扶助义务。因此，即使是造成没有违法的事故的司机，只要没有实施一定的扶助义务，就将作为纯正不作为犯依据道路交通法第 106 条、第 50 条 1 项（交通事故司机的救护义务）受到处罚。而且，没有过失的事故司机没有实施道路交通法上所赋予的扶助义务逃离现场时，就是没有实施公法上所赋予的扶助义务，所以符合刑法上的遗弃罪（第 272 条），而且两罪处于想像竞合的关系。

　　然而，特定犯罪加重处罚法第 5 条之 3 规定的所谓"逃逸犯罪"因为只能由触犯刑法第 268 条所规定的业务上过失致死伤罪的人，才能够成为其行为主体，所以，对事故自身无过失的司机即使在没有实施救护义务逃离现场时，也不符合逃逸罪。

（B）危险源的监视　　在自己管辖的支配领域内占有或持有一定危险源的人具有采取不致于使他人从该危险源中受到法益侵害的安全措施或进行监视的保证人地位。这里的一定危险源是指危险的物品、设施、机械或动植物等。

　　这种监视或安全义务大部分基于法令或契约而产生。此外，也有基于

---

① Lackner, § 13 Rdn. 13; Sch/Sch/Stree, § 13 Rdn. 43.

② 朴相基，294 页；裴钟大，634 页；孙冻权，325 页；申东云，121 页；李在祥，126 页；任雄，474 页；郑盛根、朴光玟，467 页；陈癸浩，194 页；Celle VRS 41, S. 98；Gallas, 「Studien zum Unterlassungsdelikt」, 1989, S. 92；Hirsch, ZStW Beiheft 81, S. 30；Rudolphi, JP 1987, S. 162；Wessels/Beulke, § 16 Rdn. 725.

事实上的生活关系而产生的情况。例如，警察、消防员、具有维修检查义务的汽车所有者、出租·租赁建筑物的所有者在黑暗的台阶上安装照明设施的义务、建筑施工现场的监督员、棒球场·高尔夫练习场这种运动设施的设置安全网的义务、生产企业体内部的安全管理责任者等就属于前者，事实上接受在冰面的私道上铺盖沙石的事情的人、接受为不使危险物品接近于他人而进行监督的事情的人或者持有危险的猛犬的人等就属于后者。

　　危险源的监视责任在比起实际的侵害是对即将可能发生的危险的事前监视这点上，与基于先行行为的保证人地位相区别。即建筑物或动植物的所有者、占有者及管理人具有事前控制或防止能够从此中直接发生的危险的义务，即往来安全义务。例如，建筑物所有者如果因没有修缮具有崩塌危险的建筑物的若干间房屋，进而致使其部分脱落造成行人伤害时，便是安全义务违反，应该承担基于不作为的过失致伤的责任。

危险源具有居住、建筑物这种场所性质时，从对此具有支配关系中产生的保证人地位的范围仅限于危险源的场所性封闭义务。因此，从危险之中仅限于保护适法进入的外部人，对于侵入其场所的人并不成立安全保证人。

　　关于是否具有监视这种场所不被第三者利用为犯罪场所的义务，存在着见解上的分歧。由于其场所自身的场所性属性，当发挥了犯罪实行的匪巢这种标准的作用时，不妨认定为保证人地位。例如，主人并没有阻止在自家中进行高额赌金的赌局时，当然成立开设赌场罪（第247条）。但根据情况也能够承担基于不作为的赌博帮助的责任。

（C）对他人行为的监视　　基于从管辖权或支配领域中产生的特殊的身份上的权威而具有统率他人的责任之人，具有应该监督这些行为不致于侵害他人法益的保证人地位。例如，无责任能力者的亲权者或监护人、指导或监督学生的教师、监督部下职员的上司、统率船员的船长、指挥部下士兵的军指挥官、监督在监犯人的狱警等即是。

对无责任能力人的监督仅限于具有法律上的根据的情况。例如，监护人对禁治产人的监护义务（民法第947条1项）、亲权者对未成年人的保护或教养义务（民法第913条）等即是。虽然大部分情况是存在法律上的根据的情况，但在此外也有依据契约上或事实上的接受行为的情况。例如，律师明知法律事务所职员实施了违反律师法的行为而加以放任时，就能够成立基于不作为的帮助。这时，对职员的监督责任就来自于契约上。而且，主动接受对精神薄弱儿的保护的情况，就是基于事实上的接受行为产生监督责任的情况。

基于监督权的保证人义务的范围，仅限于防止被监督者实施犯罪行为，并不甚至要求其具有应该救助因被监督者之行为已经造成被害的被害人的义务。因此，明知未成年子女在实施伤害行为而加以放任的父母，只能以基于不作为的伤害帮助犯而受到处罚，不能因为没有救助被害人而承担基于不作为的伤害的责任。明知部下职员的犯罪行为而加以放任的上司，也能够成立基于不作为的帮助犯。然而，在同一作业场中工作的劳动者之间，前任劳动者并没有应该阻止后任劳动者的犯罪行为的法定义务。

在夫妻之间也不相互承担应该阻止另一方犯罪行为的义务。这是因为，基于婚姻而产生的夫妻之间的责任是为保护另一方法益的保护义务，而不是监督另一方的安全义务。在夫妻之间认定安全义务违背当前的婚姻观念。

（ⅲ）保证人地位的竞合　基于多种原因保证人地位能够出现2个以上的竞合。这种情况就叫做保证人地位或义务的竞合。例如，基于自然结合关系而具有保护义务的父亲使未成年子女陷入危险状况时，基于先行行为的安全义务又重新与此相竞合。这时，并不强化其义务自身。因为，义务并不是具有伸缩性的增大的概念。然而，当然会提高救助行为的期待可能性。

（5）行为样态的同价值性（同置性的第二要素）

① 意义　构成要件的不作为如果要与作为具有同置性，仅以处于保证人地位之人的行为义务违反是不够的，不作为还必须要与在构成要件中被类型化的行为样态之间具有同价值性或相应性，这就是不纯正不作为犯中的行为样态的同价值性。原本，不纯正不作为犯的同置性就是包括保证人地位（第一要素）与行为样态的同价值性（第二要素）的概念。前者是指与构成要件结果相关联的作为与不作为的同置，后者是指与构成要件结果之引起的样态相关联的作为与不作为的同置。

同价值性将成为不纯正不作为犯之客观构成要件要素的构成要件不作为的一要素，既然不像保证人地位那样被记述，就具有规范的构成要件要素的性质。韩国刑法虽然没有明示该同价值性的条款，但在德国刑法第 13 条中规定有相应性的内容, 奥地利刑法第 2 条中规定有同一处理性 (Gleichhaltung) 的内容, 以此只把与作为具有同价值性的不作为理解为犯罪形态。

在这里, 关于行为样态的同价值性的含义存在着见解上的分歧: 有将其理解为必须具有不作为是能够与作为做相同评价的行为这种强烈的要素, ① 也有将其理解为不作为必须与基于作为的构成要件之实现之间具有相同程度的违法性 (不法性)。② 然而, 这些见解是将对行为的 "样态或定型的同价值性" (结果是手段或方法等的同价值性) 的评价升格为对行为样态的 "不法程度" 的相应性评价, 进而过于增加了负担的同时, 针对具体基于何种基准才能够将不作为的不法性同等评价为作为的不法性, 也没有提出明确性的基准。应该注意的是, 行为样态的同价值性的含义不过是指要求基于不作为的构成要件结果必须要依据构成要件所要求的手段与方法来实施。③

韩国刑法第 18 条并不具备这种同价值性的条款, 这点与当前所确立的不作为犯理论相比照时, 只能说是立法上的不完善。因此, 是需要基于解释进行补充的部分。实际上, 在韩国刑法的解释上, 当能够认定同价值性时, 不作为将能够符合作为犯的构成要件 (通说)。

② 适用对象　因为同价值性基准是与行为样态相关联的行为无价值要素, 所以其适用对象并不是所有的结果犯, 而是仅局限于其中的特殊的行为样态在构成要件上具有重要意义的犯罪。即在杀人罪、伤害罪、毁损罪、放火罪这种 "纯粹的结果引起犯" (Reine Verursachungsdelikte) 中, 一旦基于行为引起结果, 就将进行处罚。所以没有必要适用行为样态的同价值性基准。因此, 这种结果犯的不纯正不作为犯仅以处于保证人地位之人的作为义务违反而成立构成要件的不作为。④

与此相反, 在构成要件上特定了行为手段或方法, 只有基于一定的行

---

① 刘基天, 126 页。

② 车镛硕, 309 页; 任雄, 479 页 (尤其在任意的结果犯中, 也要求不法的相应性, 所以其结果是要求具备与作为的不法程度相应的不作为的不法); Lackner/Kühl, §13 Rdn. 16 (同样主张在所有的结果发生中均需要同价值性)。

③ 朴相基, 298 页; 裴钟大, 637 页; 孙冻权, 326 页; 申东云, 121 页; 李在祥, 128 页; 曹俊铉, 309 页。

④ 相反, 主张在任意的结果犯中也以不法的相应性为必要的见解是: 任雄, 479 页。

为样态才能够产生构成要件结果的犯罪就是"行态依存的结果犯"（Verhaltensgebundene Delikte）。在这里，当不作为与作为犯的构成要件行为样态之间相应时，方能够成为构成要件的不作为。① 这种行态依存的结果犯虽然是基于分则上的每个构成要件的解释进行解决的问题，但诈欺罪（第 347 条）的"欺骗"、侮辱罪（第 311 条）中的"侮辱"、强要罪（第 324 条）中的"强要"、恐吓罪（第 350 条）中的"恐吓"、强制猥亵罪（第 298 条）中的"暴行、胁迫"与"威胁"、特殊暴行罪（第 261 条）中的"团体或多数人的威力"与"携带危险物品"等的行为样态即属于此。这种行态依存的结果犯的构成要件在不作为不仅与结果引起自身之间具有同价值性时，而且还与结果引起之行为的构成要件样态之间具有同价值性时，方能够被评价为构成要件的不作为。

如果是这样，可以说同价值性的要求在行态依存的结果犯中发挥着不作为是否具备与作为相匹敌的形象，即通过审查其是否以同样种类的方式实施来限制刑事处罚的机能。

③ 体系上的地位　关于同价值性要素的体系上的地位，既然即使在结果犯中也仅限于行态依存的结果犯中限制性的适用同价值性要素，那么将其置于与保证人地位相同的体系地位上，视为限制构成要件不作为之成立的客观的不法构成要件要素更为妥当一些。

④ 判断基准　不作为的样态达到何种程度时，方能够与作为犯的行为样态相同一视之。一般从探讨作为判断对象的不作为的社会意义内容出发审查同价值性。即首先确认不作为行为样态所具有的社会无价值的意义内容，而且，还要进一步考察不作为与积极的作为犯的行为样态之间在其行为无价值层面上是否具有相同的社会意义。当然，这种探讨应该与刑法分则上每个构成要件的行为样态的解释一同进行。②

　　例如，诈欺罪中欺骗的成立，不仅单纯是导致相对方的错误，而且其行为还应该能够被评价为违反了往来上所通常要求的信义规则。因此，在基于不作为的诈欺罪中，只有告知义务的不履行达到能够被评价为违反了往来上所要求的信义规则时，方能够被评价为欺骗。③

----

① 朴相基，297 页；裴钟大，637 页；孙冻权，326 页；申东云，121 页；李在祥，128 页；任雄，478 页。
② 郑盛根、朴光玟，470 页。
③ 申东云，121 页。

【判例】   在签订物品的国内垄断买卖契约过程中，如果存在往来上的告知义务违反，就能够认定诈欺罪。这是因为，作为诈欺罪之要件的欺骗广泛包括在财产上的往来关系中背弃应该遵守的信义与诚实义务的所有积极的或消极的行为。既然在经验法则上已经明确交易的相对方如果得到关于一定情况的告知，就不会进行当下交易，那么基于其交易得到财物的人在信义诚实原则上就具有事前向相对方告知与其相同情况的义务。因此，没有告知此情况作为对应该告知事实的缄默，将成为对相对方的欺骗，因而构成诈欺罪（大法院判决 1996 年 7 月 30 日，96 DO 1081）。

2. 构成要件结果

在刑法分则各构成要件中，结果犯的结果与作为犯的情况相同亦属于不纯正不作为犯的构成要件。既然是与客观的构成要件结果相关联，在作为犯与不作为犯之间就没有差异。因此，此构成要件结果在刑法上所具有的意义，在作为犯与不作为犯中也是相同的。在基于重结果产生加重效果的问题上，既遂、未遂问题上都是相同的。

然而，需要注意的是，纯正不作为犯的情况大部分是符合单纯举动犯的情况。由于在单纯举动犯的情况中没有必要探讨结果、行为与结果之间的因果关系及客观归属，所以在相当于单纯举动犯的纯正不作为犯中，原本也不把结果以及不作为与结果之间的关联性作为问题。

（二）主观的构成要件要素

当然，不作为犯的主观的构成要件要素也以故意、过失、特殊的主观不法要素（如：目的犯的目的等）为必要。然而，当下不作为是以何种主观的构成要件要素为必要的探讨将决定于每个特殊的命令构成要件的内容。

1. 故意

无论是作为犯还是不作为犯，在故意犯中的不法内容在行为人决定实现构成要件的不法这点上，本质上是相同的。然而，作为的故意是为积极引起构成要件结果的目的实现意思，相反，不作为的故意通常欠缺这种积极的意思的介入。正因为作为与不作为之间具有这种存在样态上的差异，所以即使在作为的故意与不作为的故意之间当然也存在构造与对象上的差异。

原则上，不作为的故意也需要存在关于每个命令规范的客观不法要素的认识。这是因为，只有当不作为行为人认识到所有客观的构成要件要素进而还实施不作为时，才能够说存在实现构成要件不法的决定。

（1）认识的对象　在所有的不作为犯中，故意都以对客观的构成要件要素即构成要件状况的存在、被命令行为的不作为以及个别的行为可能性存在认识为必要。此外，在可能引起结果的纯正不作为犯及不纯正不作为犯中，还需要对构成要件结果以及构成要件不作为与结果之间的关联性存在认识。

在与个别的行为可能性相关联上，故意的成立需要行为人认识到自身处于能够在身体上实施被命令行为的状况中这一事实。尤其关于对防止结果的可能性的认识程度，存在着诸多争论。

① 通说认为行为人应该认识到所有具体的可能性，而且在大概的范围内以伴随意识的程度进行认识即可。② 也有少数说认为，只要存在行为人能够实际认识被命令行为的实现方式的可能性即可。其理由在于，如果不是这样，不加以注意的、对他人不关心的不作为行为人在构成要件错误的适用上要比集中注意力的不作为行为人更为有力。③ 采取上述两种见解的折中路线的见解认为，行为人即使没有认识到一定的具体的救助行为，但认为救助是概略的可能时，便是充分的。即其根据在于，只要存在救助可能性的概略性认识，行为人就已经不得不采取关于行为可能性与否的立场。

细思量，行为人没有必要对所有防止结果的具体的可能性存在认识，相反，既然有意识的不关心能够认定为故意，也就没有必要主张必须要存在认识可能性。只要对结果防止可能性存在概略性认识即可（折中说的立场）。

（2）不纯正不作为犯特有的认识对象　在不纯正不作为犯中，故意在此外还需要对保证人地位及同价值性存在认识。在与保证人地位及同价值性的认识相关联上，重要的是行为人是否理解了能够推导出这些要素的事实上的情由以及这些情由的社会意义。因为，既然原本这些要素就没有被记述，就是符合规范的构成要件要素的。因此，与此相关联，行为人只要具有与非专家层面的评价相平行的评价，便视为具有充分的认识。

虽然保证人地位是不纯正不作为犯的客观的构成要件要素，但是以此推导出的保证人义务却不过是与故意无关的一般的犯罪要素。因此，关于保证人地位的错误虽然是排除故意的构成要件错误，但是关于保证人义务的错误却是与故意无关的命令错误（Gebotsirrtum）而已。关于保证人义务的命令错误（相当于作为犯的禁止错误），依据责任说时将成为排除或减轻责任的事由。

（3）**意的要素的问题** 不作为犯的故意在构成要件状况的认识及个别的行为可能性的意识中能够被充分的认定，而在不作为犯的故意中只能限制性地认定意的要素的见解历来占据优势。

所意图的犯行以及为实现目标的犯行的实质的不法内容在于，行为人将结果作为自身行为的目标加以追求。无论依据作为还是不作为，均同样能够实现这种不法内容。因此，即使在不作为犯中，原则上也可能存在基于意图故意的意图的、目的的行为的实施。

并不是所有的目的犯均能够基于不作为实施。其界限就在于，在目的犯中欲实现目的的行为样态在客观上是否也能够基于不作为实施。在韩国刑法中，内乱目的杀人罪（第 88 条）、聚众不解散罪（第 116 条）、帮助脱逃罪（第 147 条）、隐匿犯人罪（第 151 条 1 项）、诈欺罪（第 347条）、背任罪（第 355 条 2 项）等情况中，就有可能成立基于不作为的目的犯。然而，盗窃罪中的领得意识或各种伪造、变造罪中的行使目的等就是基于不作为也难以实现的目的。

（4）**未必故意的问题** 即使在不作为犯中也与作为犯的情况相同能够认定未必故意，与有认识的过失的界限也与作为犯的情况相同，采用相同标准。因此，不作为行为人认为可能引起构成要件的不法结果，而且表示出愿意接受这种可能性的意思时，就是未必故意；相反，过于自信地认为能够防止这种结果之引起时，便是有认识的过失。

2. 过失

依据刑法第 14 条，无论是纯正不作为犯还是不纯正不作为犯在具有处罚过失犯的特别规定时，方可考虑基于过失的不作为。过失的本质无论在不作为犯中还是在作为犯中均同样是指客观的注意义务违反。然而，过失行为的构成要件不法是针对实现构成要件之危险的行为人的客观的注意义务违反；与此相反，过失的不作为是行为人基于客观的注意义务违反没有阻止这种危险。这种注意义务违反既能够与行为人应该把握的构成要件状况的认识相关联，也能够与保证人地位的误认相关联。

四、不作为犯的违法性

即使在不作为犯中也与作为犯的情况相同，一旦实现构成要件，就将征表违法性。因此，被征表的违法性只有在存在正当化事由时，才被排除。在正当化事由中，重要的是构造上（存在诸多行为义务相冲突的情况）尤其在不作为中具有意义的义务冲突。

五、不作为犯的责任

一般的责任要素能够原本适用于不纯正不作为犯中。因此，应该具备责任能力、故意或过失等责任形式、如杀害婴儿罪中"值得参酌的动机"这种特殊的责任要素、不法意识、免责事由的不存在等要件。相反，能够根据无责任能力、无法避免的命令错误或其他发生的免责事由排除不作为犯的可罚性。不作为犯的免责事由中尤其重要的是期待不可能性。

六、不作为犯的处罚

与不作为犯的处罚相关联，有见解认为，由于消极的不作为与积极的作为相比一般"不法的程度"与责任都要低，所以即使能够认定行为样态或定型的同价值性，在立法论上将不作为之刑规定为任意的减轻事由也是值得考虑的。① 例如，认为比起针对契约中的重要部分积极的欺骗相对方，单纯没有向主动陷入错误的交易相对方进行告知的情况；比起积极将人推入水中使其溺死，因放置主动掉入水中之人使其溺死的情况，一般不法与责任的程度要低。实际上，德国刑法第 13 条 2 项与奥地利刑法第 35 条已经将不纯正不作为犯的刑罚规定为任意的减轻事由。

在不纯正不作为犯中，因为很难以作为犯的相同程度期待行为人形成不实施违法行为的反对动机，所以不法与责任的程度相对来说低的可能性是大的。然而，在不纯正不作为犯中，当存在这种不法与责任的减轻事由时，能够在量刑阶段以酌量减轻的方法进行充分的考虑，所以不存在必须要在立法论上设定刑之减轻规定的必然理由。②

① 李在祥，129 页。
② 裴钟大，638 页；曹俊铉，310 页。

第九章　未　遂　论

第一节　故意犯的时间性进程

所有犯罪均能够根据进行过程的时间性顺序分为各阶段进行说明。尤其在故意犯中，根据事件的经过划分为 ① 决心阶段，② 预备阶段，③ 未遂阶段，④ 既遂阶段，⑤ 完成阶段等诸多阶段是合目的的。

1. 决心阶段

这是指在内心中下定决心要实施某种犯罪的阶段。所有的故意犯罪都需要行为人的实现构成要件的决意。单独对犯罪下定决心在刑法上不会成为问题。然而，接受教唆的人仅以承诺实施犯罪也能够依据刑法第 31 条 2 项（企图的教唆）受到处罚。

2. 预备阶段

预备是指为有效果地实施所决心的犯罪，在事前实施的人的、物的准备行为。例如，物色对象、勘查犯罪地点、准备犯罪工具等。原则上并不处罚预备行为。因为尚不存在对法益的危害。然而，行为人具有特殊的危险性时，将例外地受到处罚（第 28 条）。

3. 未遂阶段

虽然充足了犯行的主观的构成要件要素，但却没有充足客观的构成要素的情况便是未遂。刑法将此称为已经着手犯罪的实行但行为没有终了或没有发生结果的情况（第 25 条 1 项）。未遂的种类及其处罚的区别规定于刑法第 25 ~ 27 条当中。在此阶段中，有可能成立共犯。

4. 既遂阶段

是指充足所有构成要件要素的阶段。法条文将此规定为行为的终了（第 25 条 1 项）。虽然也将既遂称为形式上的犯行的完成，却是与实质上的犯行之完成的完成（完了）阶段相区别的。越过既遂阶段，就不可能成立教唆，但能够成立帮助（事后帮助）与包庇犯罪。

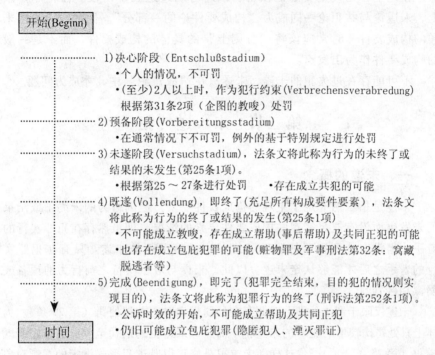

依时间流程的故意犯的进行过程

开始(Beginn)

1) 决心阶段（Entschlußstadium）
- 个人的情况，不可罚
- （至少）2人以上时，作为犯行约束（Verbrechensverabredung）根据第31条2项（企图的教唆）处罚

2) 预备阶段（Vorbereitungsstadium）
- 在通常情况下不可罚，例外的基于特别规定进行处罚

3) 未遂阶段（Versuchstadium），法条文将此称为行为的未终了或结果的未发生（第25条1项）。
- 根据第25～27条进行处罚　·存在成立共犯的可能

4) 既遂（Vollendung），即终了（充足所有构成要件要素），法条文将此称为行为的终了或结果的发生（第25条1项）
- 不可能成立教唆，存在成立帮助（事后帮助）及共同正犯的可能
- 也存在成立包庇犯罪的可能（赃物罪及军事刑法第32条：窝藏脱逃者等）

5) 完成（Beendigung），即完了（犯罪完全结束，目的犯的情况则实现目的），法条文将此称为犯罪行为的终了（刑诉法第252条1项）。
- 公诉时效的开始，不可能成立帮助及共同正犯
- 仍旧可能成立包庇犯罪（隐匿犯人、湮灭罪证）

时间

5. 完成阶段

达成犯罪目的、完全实现犯罪目标这种犯罪的实质性完成、完了叫做完成阶段。在目的犯中，就是指实现目的时。法条文将此称为犯罪行为的终了（刑诉法第252条1项）。之所以在刑法上承认完成概念，其必要性在于是否成立正当防卫或帮助以及公诉时效的计算点等。一旦进入完成阶段，就将开始计算公诉时效，而且也不能够成立正当防卫或帮助，但有可能成立包庇犯罪（隐匿犯人或湮灭罪证）。

　　继续犯的情况：在侵入住宅罪中，甲通过侵入乙的住宅，成立既遂。然而，只要甲停留于乙的住宅中，行为就没有完了；一旦退去时，甲的侵入住宅罪才算完了。另一方面，也有批判者认为完了理论违背罪刑法定原则。①

———————————

① 朴相基，309页；《作为犯行阶段的终了理论》，刑事法研究1988年，169页以下；Hruschka, JZ 1983, S.

在这里，尤其重要的是预备、未遂与既遂这三个阶段。在犯罪体系上，未遂论与共犯论一同成为"构成要件论的一部分"。因此，为论述未遂的构成要件，时常应该将"分则上"的具体的构成要件，而不是一般的构成要件作为出发点。

不可能存在过失犯的未遂，未遂只在"故意犯"中，才成为问题。

第二节　未　遂　犯

一、未遂的概念

未遂是指虽然充足了主观的构成要件要素，但因行为的未终了或结果的未发生而没有充足客观的构成要件要素的情况。即虽然存在犯罪实行的着手，但没有达到犯罪的既遂（终了）的情况就是未遂。只有在犯罪实行的着手之后才能够认定未遂。以此，未遂与着手实行之前行为的预备或阴谋相区别。

未遂仅限于刑法分则上对此存在处罚规定时，方被处罚（第29条）。大体上只处罚比较重的犯罪的未遂犯。而且，未遂犯的刑罚至少能够减轻于既遂犯（第25条2项）。像这样，未遂犯是修正以既遂犯形式设定的规制对象与处罚范围的形式。因此，未遂犯与共犯共同称为构成要件的修正形式或修正的构成要件。然而，基于特殊的刑事政策上的考虑，也存在以同等刑处罚未遂犯与既遂犯的情况（关于特定犯罪加重处罚等的法律第5条41项）。

二、未遂犯的处罚根据（本质论）

未遂犯的本质论是关于未遂犯的处罚根据与可罚性的理论。围绕该理论长期存在着主观说与客观说的对立。

（一）客观说

以客观主义犯罪论为基础的客观说认为，未遂犯的处罚根据不是行为人意思，而是接近于构成要件结果之实现的危险。依据客观说，未遂犯的不法决定于特殊的事态无价值而不是行为无价值。在这里，起决定性重要意义的是结果无价值而不是行为无价值。

即使在客观说中，也存在诸多立场。首先，存在在对受攻击的法益的抽象的危险中寻求未遂犯的可罚性的立场（旧客观说或抽象的客观说），与在对受攻击的法益的具体的危险中寻求未遂犯的可罚性的立场（新客观说或具体的客观说）。由于在抽象的客观说中所主张的绝对的不能未遂与相对的不能未遂的区别基准暧昧的理由，目前在德国刑法学界已无一人支持该学说。相反，具体的客观说由于将危险思考具体化到能够适用于实务的程度，所以存在诸多追随者。

像这样将客观的危险性作为核心问题的客观说，可以说是李斯特、贝林的古典的犯罪体系的结晶。这是因为，在该体系中，将犯罪行为的所有主观要素都归属到了责任中，而不法则是由具体的法益危殆化或侵害这一客观要素所构成。

构成要件欠缺理论（Die Lehre vom Mangel am Tatbestand）也是客观说之一。依据此理论，只有在没有发生犯罪既遂所必要的"构成要件之最终要素"的结果时，方才成立未遂。欠缺此外的客观的构成要件时，就是欠缺构成要件，因此在概念上无法成立未遂。作为这种构成要件欠缺之例的有：手段的绝对不能（欲利用白糖实施杀人的情况）、对象的绝对不能（窃取自己的财物或杀害尸体的情况）以及行为主体所要求具备的资质欠缺（非公务员实施公务员犯罪的情况）等。然而，如果将未遂犯理解为犯行意思表现于外部的话，上述之例也存在成立未遂可能。

（二）主观说

以主观主义犯罪论为基础的主观说在犯人通过其行为所实际表现出的敌对法的意思中寻求未遂犯的处罚根据。依据此学说，处罚未遂犯仅以表现犯罪意思的行为无价值即可，对保护法益没有引起任何危险的行为样态也是可罚的。

在这里，未遂行为是否使法益面临客观的危殆化、行为是否适合于引起危险这些是不重要的。因此，即使是手段或客体不能的未遂，只要行为人认为其可能且实施了行为，就能够作为未遂进行处罚。所以，在主观说的立场中，未遂犯的不法仅由行为无价值构成，事态无价值是没有必要的。

如果依据主观说过于强调行为人意思，有可能使犯人替代犯行而全面登场。然而，仅以恶的意思并不能成为作为具有社会意义之事件的不法或对某一行为可罚性的充分的根据。只有确证为在构成要件上具有重要意义的恶的意思才是可罚的。如果主观说对犯人没有要求关

于自身犯罪表象的某种客观实现, 就会导致心情刑法
(Gesinnungsstrafrecht) 的结论。

因为不考虑行为人意思无法判断是否存在未遂, 所以在未遂犯中毋庸
说主观要素具有重要的意义。在这点上, 将呈现出强调主观要素的主观说
的优势。然而, 如果过于强调主观要素, 将在未遂犯中难以适当界定可罚
性的界限。如果是这样, 未遂在时间上会过于提前甚至会把物色杀人工具
也视为杀人未遂, 不仅如此, 也会在质上过于扩大未遂的范围, 进而甚至
会把确信白糖也能够杀人从而拿出白糖的行为 (不能) 也作为未遂进行
处罚。因此, 目前没有一人主张纯粹的主观说。

(三) 折中说·印象说

该学说是试图结合主观说与客观说进而将两者进行折中的立场。目前
在韩国是多数说的立场。[①]

即使在折中说中也存在诸多种类, 其中以印象说 (Eindruckstheorie)
为代表, 是目前德国多数说的立场。[②] 印象说虽然以主观说为出发点, 但在
这里通过结合犯行给一般人所留下的犯罪印象这种客观要素, 进而从客观的
观点修正、补充主观的出发点。因此, 虽然在犯罪意思中寻求未遂犯的处罚
根据, 但也考虑其意思基于犯罪指向的意思表示破坏了一般人对法秩序效力
的信赖, 并达到了能够侵害法的安全感与法的稳定程度这点。在这里, 并不
像主观说那样只在敌对法意思的行为无价值中寻求未遂犯的可罚性, 也不像
客观说那样只在犯行的特殊的事态无价值中寻求未遂犯的可罚性, 而是在因
为主观的犯人的犯罪意思 (行为无价值) 至少使客观的法的稳定发生了混乱
(结果无价值), 所以在整体上导致 "犯罪印象" (Der verbrecherische Eindruck)
或 "动摇法的印象" (Der rechtserschütternde Eindruck) 中寻求未遂犯的可罚
性, 所以叫做印象说。因此, 印象说在行为无价值与扰乱法益稳定状态的第
三结果无价值的折中与结合中理解未遂犯的不法。

---

① 金圣天、金亨俊, 407 页; 朴相基, 315 页; 裴钟大, 423 页; 孙冻权, 343
页; 孙海睦, 844 页; 安铜准, 177 页; 李廷元, 256 页; 李在祥, 345 页; 李炯国,
272 页; 任雄, 306 页; 曹俊铉, 253 页; 陈癸浩, 446 页。

② Maurach/Gssel/Zipf, II, §40 Rdn. 40 ff.; Jescheck/Weigend, SS. 541, 522;
Roxin, JuS 1979, S. 1; Sch/Sch/Eser, Vorbem. 23 vor §22; Rudpiphi, SK, Vorbem.
1314, vor §22; Wessels, Rdn. 594 等。

印象说关注维持法秩序这一一般预防的刑罚目的，在欲从社会上防御危险的攻击而不是在对个人伦理的非难可能性的制裁中寻求未遂的可罚性，所以目前有诸多的支持者。而且，该理论已经能够在既遂之前的阶段中依据主观的·客观的基准构建构成要件性法益侵害或危殆化的行为，所以具有逻辑一贯性的优点。本书认为，印象说是妥当的。①

三、现行法上未遂犯的体系

韩国刑法在第 25 条、第 26 条、第 27 条中分别规定有障碍未遂、中止未遂与不能未遂。由于这三种未遂犯作为各自独立的未遂形态具有独立性，所以将第 25 条中的障碍未遂与第 27 条中的不能未遂合并称为广义的障碍未遂，以此区别于中止未遂的做法，从这些未遂形态的独立性角度来看并不能视为是符合事理的适当的体系构成。

应该认为,在韩国刑法上的未遂犯体系中障碍未遂(第 25 条)、不能未遂(第 27 条)、中止未遂(第 26 条)是以各自独立的形态存在的。不能认为这些形态能够依据某一观点放弃独立性从而竞合或包摄于另一形态中。

第三节　未遂的种类及内容

一、障碍未遂（狭义的未遂）

（一）意义

障碍未遂是指行为人违反自身意思没有完成犯罪的情况（第 25 条 1 项）。

（二）成立要件

1. 主观要件

（1）故意　未遂犯与既遂犯的情况相同，同样以认识客观的构成要

---

① 在韩国支持印象说或相同看待折中说与印象说并进行赞同的学者有：金圣天、金亨俊，407 页；朴相基，315 页；裴钟大，423 页；孙冻权，343 页；安铜准，177 页；李廷元，256 页；李炯国，272 页；曹俊铉，253 页。相反，也有见解主张折中说意味着应该全面考虑主观要素与客观要素而不是意味着印象说，并将折中说与印象说进行区别的立场（孙海睦，844 页；李在祥，345 页；郑盛根、朴光玟，382 页等）。

件要素、欲实现构成要件的故意为必要。虽然经常说作为未遂的主观成立要件需要存在犯行决意（Tatentschluβ），但犯行决意是指包括故意在内的所有主观的不法构成要件要素的总括性概念，所以还是应该与故意相区别开来使用。

由于既遂犯也能够由未必故意来充分实现，所以未遂犯的故意也以未必故意为已足。然而，由于单纯的未遂故意（Versuchsvorsatz）不是犯行故意，所以未遂犯的故意必须是既遂意思（Vollendungswille）。因此，在陷阱搜查（Lockspitzel，agent provocateur）中，由于行为人的意思不是既遂意思，所以原则上是不可罚的。

由于未遂犯的故意必须是以实现犯行意思为内容的犯行故意，所以不可能存在过失犯的未遂。

（2）确定的行为意思　与既遂犯相同，在所有未遂犯中也必须存在与故意相区别的确定的行为意思（Unbedingter Handlungswille）。该确定的行为意思意味着"无条件"的犯行意思。因此，行为人对是否要实施犯行尚未下定决心的未必的行为意思（Bedingter Handlungswille）无法在主观上充足未遂犯的成立。

（3）特殊的主观不法要素　在构成要件故意之外，根据当下犯罪的种类以特殊的主观构成要件要素为前提时，主观的不法要素也将成为未遂犯的主观的构成要件要素。因此，如盗窃罪中除故意之外还需要具备特殊的目的即违法领得的意思时，如果犯人不具备此意思或追求的是其他目的，作为欠缺犯行决意甚至不成立未遂。

如果是犯人误认为对当下财物具有请求权的情况，则是构成要件错误。这时，由于已经欠缺构成要件故意，所以无法成立未遂。

2. 客观要件

（1）构成要件实现的直接开始（着手实行）　作为未遂的客观要素，最为重要的是着手实行。着手实行是指行为人直接开始实现构成要件。这里的直接开始（Unmittelbares Ansetzen）是指不再经过中间准备环节而采取的某种立即实现构成要件的行为样态。

以着手实行时期为核心，关于在时间上区别不可罚的预备与可罚的未遂的基准，历来存在着客观说与主观说的长期争论。关于着手实行的学说对立虽然在外延上与关于未遂可罚性的客观说、主观说及折中说的对立不相一致，但在内涵上却具有意义上的论理一贯性。

①形式的客观说　形式的客观说认为，行为人开始实施法律所记述的构成要件行为时，才是着手实行。这时，只有实施根据每个构成要件所记

述的包含结果在内的所有举动要素的法律用语来理解的行为的一部分，才存在着手实行。例如，在盗窃罪的情况中，用手抓住财物时，才被认定为着手实行。这是最为古老的学说。该学说虽然符合罪刑法定原则的法治国家的要求，但由于过于扩大了不可罚的预备领域，所以相对也缩小了可罚的未遂的范围，因而在刑事政策上难以形成令人满意的结论。

②实质的客观说　实质的客观说与形式的客观说不同，试图依据实质性观点将可罚的未遂领域扩充至构成要件之实现的前阶段的立场。这里存在两种形态。

（Ⅰ）弗兰克公式　依据弗兰克的观点，只要存在从自然角度来看因与构成要件行为必然的相结合从而能够视为其构成要素的举动时，即使是属于实现构成要件之前阶段（Das Vorfeld der Tatbestandsverwirklichung）的行为，也能够认为存在着手实行。例如，开始实施为打开金库门的行为时，就能够视为已经着手实行对金库里面物品的盗窃。

（Ⅱ）危险的法益侵害的公式　这是依据对保护法益的直接危险探讨着手实行的立场。例如，当打开金库门时，便能够认为已经着手实行对金库里面物品的盗窃。在这里，法益侵害的危险性代替形式上的构成要件成为了区别预备与未遂的实质性基准。

然而，实质的客观说面临着如下批判：不考虑行为人的主观的观点（主观的犯行计划）很难确定是否存在对法益侵害的实质的危险。①

③主观说　主观说认为，应该依据行为人的意思（Der Wille des Täters）决定有无着手实行。例如，以撬开金库的目的进入建筑物内时，就认为已经存在盗窃罪的着手实行。然而，由于主观说无视客观基准的结果，受到了过于扩大未遂可罚性的范围这种批判。因为，进入到了当然不应该可罚的预备的领域。

④个别的客观说（主观的客观说）　从无法再支持纯粹的客观说或纯粹的主观说的观点出发，折中两者的立场成为当前学说与判例的主要倾向。代表这种倾向的见解便是所谓的个别的客观说。

依据此学说，依照行为人主观的犯行整体计划（主观企图），能够认为明确表明了犯罪意思的某种行为直接对各构成要件所保护的法益造成危险（客观基准）时，便是着手实行。即着手实行虽然在本质上以开始产生对保护法益的直接危险时才加以认定，但是否开始产生其直接危险的判断，却是依据行为人的主观犯行计划进行确定的。例如，为撬开特定的金

---

① 相同批判：李在祥，349页。

库进入有金库的建筑物内，进而打开金库所在的特定的房门锁头进入房间时，便认为存在盗窃罪的着手实行。德国刑法第22条规定："基于其意思直接开始实施实现构成要件之行为者，是未遂"，进而明确了个别的客观说立场。目前，是韩国①与德国的通说立场，是关于决定未遂犯的着手实行最为妥当的见解。

⑤具体的适用基准　具体的着手实行时期原则上是通过对分则个别的构成要件的实行行为进行解释后加以确定的。而且，关于着手实行时期的构成要件解释，还应该依据个别的客观说的立场进行。

（Ⅰ）开始实施构成要件符合行为或符合其一部分的行为时，当然认定存在着手实行。在这点上，采取与形式的客观说立场相同的轨迹。

（Ⅱ）内含保护法益之侵害的直接危险的行为不仅包括构成要件符合行为，而且还包括直接与构成要件之实现相联结的构成要件前阶段的行为。也将此称作与构成要件之实现相密接的行为或接近的行为。这种行为意味着已经在时间上或场所上接近于被害对象或即使没有此外的中间行为也能够直接侵害保护法益的行为（所谓密接行为说）。在这点上，实质的客观说的观点是通用的。即使在韩国判例中也出现了依据密接行为说的观点认定着手实行的判例。②

（Ⅲ）是否内含有保护法益之侵害的直接危险的行为，并不单纯从客观上进行决定，还要在参考行为人的主观的犯行计划的基础上进行决定。在这点上，与实质的客观说存在着区别。因此，即使是客观上与保护法益之侵害相密接的行为，也可能依据行为人的犯行计划不认定为着手实行。③

【判例1】　以窃取停在路边车内物品的想法通过车窗用手电筒向车里照射而已，而且尽管为摘除玻璃窗戴上了棉手套并持有刀具，也仅仅是成立盗窃的预备行为，不能视为是与侵害他人对财物之支配相密接的行为。即不能视为已经着手实行了盗窃行为（大法院判决

---

① 金圣天、金亨俊，412页；朴相基，317页；裴钟大，429页；孙海睦，851页；安铜准，181页；刘基天，257页；李在祥，351页；李炯国，276页；郑盛根、朴光玟，388页；陈癸浩，450页。

② 大法院判决1985年4月23日，85 DO 464页；1986年12月23日，86 DO 2256；2001年7月27日，2000 DO 4298。

③ 参照裴钟大，430页；孙海睦，851页。

1985 年 4 月 23 日，85 DO 464)。

【判例 2】 盗窃罪的着手实行时期是开始实施与侵害他人对财物的事实上的支配相密接的行为时。发现被害人所有的车内的貂皮大衣后，以窃取的想法在共犯人在此车旁望风的过程中，为打开右侧前车门拽拉车门把手的过程中被被害人发现。如果是这样，视为已经着手实行盗窃是相当的(大法院判决 1986 年 12 月 23 日，86 DO 2256)。

【判例 3】 以盗窃之目的通过被害人家的玄关上到地板炕上，并朝仓库门方向走的过程中被被害人发现并被逮捕。如果是这样，不能视为已经着手实行了盗窃行为 (大法院判决 1986 年 10 月 28 日，86 DO 1753)。

【判例 4】 接近为牛进行讨价还价的被害人的后面，用手中的提包蹭过被害人装有现金的下衣口袋的同时，擦肩而过。这种行为不过是为分散被害人的注意力进而偷取口袋内的现金的预备阶段的行为而已。因此，不能以此视为已经着手实行了盗窃罪 (大法院判决 1986 年 11 月 11 日，86 DO 1109)。

【判例 5】 夜间以实施强盗之目的侵入他人家中，在观察动静的过程中正好遇见从洗手间出来的被害人，遂引起性欲持刀将被害人拖入房间将其推倒、抑制反抗后强行实施了奸淫。刑法第 334 条规定的特殊强盗罪的着手实行是指开始实施强盗的实行行为即能够抑制他人之反抗程度的暴行或胁迫行为时。然而，仅以夜间侵入他人住宅观察屋内动静，是不能视为特殊强盗罪的着手实行的。因此，不能将着手实施特殊强盗之前所实施的强奸行为视为符合旧特定犯罪加重处罚法上的特殊强盗强奸罪 (大法院判决 1991 年 11 月 22 日，91 DO 2296)。

【判例 6】 如果说存在强奸罪的着手实行，必须要存在实施作为强奸手段的暴行或胁迫的事实。然而，仅以强奸之目的侵入被害人的家中，进入房间后抚摸正在睡觉的被害人的胸部并意图实施奸淫的过程中，因被害人的大声喊叫而逃跑的事实难以视为已经着手实施了强奸罪 (大法院判决 1990 年 5 月 25 日，90 DO 607)。在这里，仅从事实关系上来看，虽然难以视为强奸罪的着手实行，但应该认为存在准强奸罪（第299条）的着手实行。

【判例7】　不进行在外汇交易法第28条第1项第3号中规定的申报或进行虚假申报进而出口支付手段、贵重金属或证券的行为，其着手实行是开始实施与为向国外出口支付手段等的行为相接近、密接的行为。在被告人将日币500万日元作为寄托货物进行了邮送，而将400万日元装入随身携带的提包内意图带出国外的情况中，对500万日元作为寄托货物进行邮送时，就已经构成了与为出口国外的行为相接近、密接的行为，因而能够认为存在着手实行。然而，对于装入随身携带的提包内欲搭乘飞机出国的剩下400万日元，只有将其随身携带的提包放在安全检查带上，或携带此提包通过时，方能认为存在着手实行。被告人拿着随身携带的提包在进入安全检查带之前在机场等待搭乘飞机的过程中，被逮捕。如果是这样，对于日币400万日元，并不存在着手实行（大法院判决2001年7月27日，2000 DO 4298）。

⑥ 依据犯罪类型的着手实行时期

（Ⅰ）共同正犯　多数说认为，应该以共同正犯人的整体行为为基础进行综合判断。然而，个别判断各行为人是否逾越了预备阶段是妥当的。

（Ⅱ）间接正犯　多数说以利用者的利用行为为基准认定着手实行。相反，有见解认为，应该以利用者的利用行为已经结束被利用者脱离利用者的行为圈开始独立实施行为时为基准（利用者的行为→脱离利用者行为圈的阶段→被利用者的行为）。① 也有见解认为，应该以被利用者的实行行为为基准。② 另有见解认为，被利用者是善意的工具时，以利用者的利用行为时；是恶意的工具时，以被利用者的实行行为时为着手实行。③ 在把基于利用者优越意思的行为支配作为正犯性要素的间接正犯中，至少在利用者对工具产生影响进而使被利用者进入到利用者的优越意思支配的影响力之下，并基于此自动开始实施对保护法益的侵害时，方能够认定着手实行。这一时点恰好就是利用者的利用行为在实质上已经完了，被利用

① 　金日秀，韩国刑法Ⅱ，168页。
② 　李炯国，研究Ⅱ，503页。
③ 　金圣天、金亨俊，434页；裴钟大，434页；郑盛根、朴光玟，389页；陈癸浩，451页。也是德国的通说与判例的立场。

者脱离利用者的范围开始独立实施行为时。

（Ⅲ）原因上自由的行为　历来的多数说将原因上自由的行为理解为行为人自身将自身的欠缺责任能力状态作为工具加以利用的间接正犯，所以仍旧将原因行为时视为着手实行。相反，目前的多数说立场认为，由于不能脱离构成要件的定型来认定着手实行时期，所以应该将在半无意识状态下实施构成要件行为时视为着手时期。细思量，与间接正犯的情况相同，行为人引起半无意识状态，进而将欠缺责任能力状态的自身作为工具脱离原因行为开始实施行为时，认定为着手实行（原因行为→将自身作为工具并脱离原因行为圈开始实施行为的阶段→作为无责任能力的工具的构成要件实行行为）是妥当的。

（Ⅳ）隔离犯　隔离犯（Distanzdelikt）是指构成要件行为与结果发生之间存在时间上、场所上的间隔的犯罪。如将装有爆炸物的小包邮寄于远距离的他人致使受领者被杀害的情况即是。客观说认为，至少在小包达到时，才存在着手实行。主观说认为，在邮寄小包时，才存在着手实行。个别的客观说则认为，原因实行行为终了时（例如向邮局委托寄送时），才存在着手实行。

（Ⅴ）结合犯　结合犯是指将能够成立数个各自独立犯罪的行为规定在一个犯罪构成要件中的犯罪。强盗罪、强盗杀人罪、夜间入室盗窃罪等就是其例。客观说认为，第一行为着手时，便存在着手实行。主观说认为，当对结合犯整体的故意明显表现出来时，方存在着手实行。个别的客观说则认为，基于结合犯整体之故意着手实行第一行为时，便是结合犯的着手实行。在夜间入室盗窃罪中，以盗窃故意侵入住宅时；在强奸罪中，以强奸故意开始实施暴行时，各自成立着手实行。

（Ⅵ）不作为犯的着手实行　即使在不作为犯中也能够成立未遂，因此，原则上应该依据未遂的一般规定（第 25~29 条）进行处罚。然而，在不作为犯中，犯行的直接开始并不呈现为作为形态，所以就如何把握着手实行时期存在着见解上的分歧。

（ⅰ）最初的救助可能性基准说　不作为行为人错过最初的救助可能性时，换言之，一旦对行为产生法定义务，便立即成立着手实行。[①]例如，看到落水中正在挣扎的人，扶助义务者处于能够给予帮助的境地时，便立即成立着手实行。

（ⅱ）最后的救助可能性基准说　不作为行为人错过最后的救助可能

---

① 裴钟大，642 页。

性时，换言之，在依据行为人的表象如果不立即实施行为就会放弃救助机会的情况下，放弃救助机会时，认为存在对犯行的直接的开始。例如，与落水人之间的距离达到手臂无法触及到的程度，不可能再行救助时，方存在着手实行。

（ⅲ）引起·增大对法益的直接危险基准说　该学说认为，因依据行为人的表象"拖延实施作为行为的结果，已经不需要更多的行为部分而引起或增大对法益的直接危险时"，便是着手实行。因此，在前述例子中，是否已经在不需要更多的部分动作的情况下引起对法益的直接危险将成为决定性基准（多数说①）。

（ⅳ）结论　由于行为人的作为义务是以排除对需要保护人的危险为内容的，所以以引起或增大对法益的直接危险为基准的多数说见解是妥当的。被害人是不会游泳之人时，救助作为的拖延作为增大对被害人法益的直接危险，将成立着手实行。因此，这时救助义务者没有立即参与时，至少成立未遂。与此相反，被害人是会游泳之人时，根据状况救助义务者的拖延还可能停留于不可罚的预备阶段中。然而，因救助义务者逃离现场已经不可能继续支配因果过程时，即使经过很长时间现实的危险才被增大，也将视为救助义务者已经达到未遂阶段。

（2）法益危殆化（结果无价值）　如果作为区别未遂与预备的实质性基准引入危险思考的话，问题是如何依据各未遂形态的特性将这种包括性的、不确定性的危险要素进行具体化。有学者主张，由于法益危殆化是已经在预备行为中产生并至既遂为止带有持续性量的增加的不确定概念，所以为使用该基准需要直接的危险或重危险这种修饰上的限制。然而，法益危害的质的、量的差异可以分类为：其程度最高的法益侵害与中间程度的法益危殆化以及其程度最低的法益平稳状态的扰乱。

法益危害中间形态的法益危殆化作为第二的结果无价值形态是规定包括障碍未遂或中止未遂在内的所有可能未遂之不法的要素。因此，障碍未遂的结果不法存在于作为构成要件之实现的直接开始，引起了法益危殆化这点上。

《参考》　作为障碍未遂结果无价值的法益危殆化在规定量刑的

---

① 金圣天、金亨俊，416 页；朴相基，302 页；孙冻权，352 页；孙海睦，807 页；李在祥，357 页；李炯国，278 页；任雄，304 页；郑盛根、朴光玟，474 页；陈癸浩，187 页。

程度时，虽然能够与作为结果犯之一种的危险犯的危险结果相同等处理，但由于该危险结果是危险犯的法益侵害的结果，所以当下犯罪之故意必须要及于此结果（具体危险犯的情况）或能够及于此结果（抽象危险犯的情况）。在这点上，与表现障碍未遂结果无价值的法益危殆化相区别。因此，将成为具体危险犯既遂的结果无价值是指危险状态的客观的存在，而障碍未遂的结果无价值则是指引起此危险状态的危险。

（3）行为未终了或结果未发生　虽然已经进入着手实行阶段，但由于他律性的事由行为人没有终了行为（举动犯·抽象危险犯的情况）或因其他事由最终没有发生构成要件结果时或者即使已经发生也因行为人的行为之缘故不能将其结果进行归属时（结果犯的情况），成立障碍未遂。这时，并不问及原因（手段错误、客体错误）的内容与行为人是否达成目的。即使已经发生结果，但没有因果关系或从通说的立场来看欠缺客观归属关系时，犯罪仍旧成立未遂。

（三）处罚

1. 与既遂犯处罚之间的轻重

主观说采取应该以同等刑罚处罚未遂与既遂的立场，客观说则采取应该比照既遂犯进行必要的减轻后处罚的立场。由于不法的程度相互不同，所以在立法论上将未遂之刑进行必要的减轻是妥当的。

2. 在韩国刑法上是否处罚未遂犯由分则进行个别的规定（第29条）。而且，规定其处罚比照既遂犯之刑进行任意的减轻（第25条）。任意的减轻的对象仅限于主刑，对于附加刑或保安处分是不能进行减轻的。虽然可以说任意的减轻是主观未遂论的逻辑性归结，但从印象说的观点来看，也可以理解为是试图采取中立性解决的结果。

二、不能未遂

（一）意义

1. 不能未遂的概念

不能未遂（Untanglicher Versuch）是指虽然原本不可能发生结果但因存在危险性而以未遂犯进行处罚的情况。韩国刑法第27条规定："即使因实行手段或对象之错误不可能发生结果，但存在危险性时。"

【判例】在共谋制造作为抗精神性医药品俗称白粉（Philopon）之后，试图在其制造原料的盐酸中混入各种药品制造白粉，但因药品配置的不成熟未能制造出成品。不能犯是指在犯罪行为的性质上发生结果的危险绝对不可能的情况。上述行为在其性质上具有发生结果的危险，所以成立习惯性医药品制造罪的不能未遂犯（大法院判决1985年3月26日，85 DO 206）。

（1）不能未遂与不可罚的不能犯的区别　不能犯是在着手实行阶段之前的状态中就原本不具有刑法意义的行为，不能未遂是已经进入着手实行阶段且具有能够形成实质不法的危险性的犯罪现象。

（2）不能未遂与迷信犯的区别　迷信犯是指试图依据非现实性手段（幻术工具）或非现实性行为（祈求杀害）实施犯罪，或者试图对非现实性对象（灵魂）实施犯罪的行为。因此，迷信犯是在刑法上甚至不具备行为无价值的行为，而不能未遂是甚至达到实质不法的犯罪现象。

（3）不能未遂与幻觉犯的区别　不能未遂是对象或方法不可能或不存在的情况。幻觉犯是指将事实上被容许的行为误认为禁止或被处罚的行为进而实施犯行的情况。欠缺对象或方法的不能未遂称为逆向的构成要件错误，是在刑法上将构成要件事实错误不利的适用于行为人的唯一之例。然而，幻觉犯成立逆向的禁止错误，因而原本就不进行处罚。

（4）不能未遂与构成要件欠缺理论的区别　构成要件欠缺理论将未遂的成立限制在构成要件要素中欠缺对结果的因果关系的情况中。欠缺此外的构成要件要素时，当然成立不可罚的不能犯。然而，由于在韩国刑法中明确规定即使欠缺客体、手段或行为状况只要存在危险性就进行处罚，所以不存在构成要件欠缺理论的有用性。

（5）不作为犯与不能未遂　当然在理论上有可能存在不纯正不作为犯的不能未遂。然而，这种情况大体上作为主体不能是指没有处于保证人地位的人将自己想像成处于这种地位的情况，或错误地认为因自身的实行行为引起了危险的情况。这种情况并没有脱离幻觉犯的范畴，因此，应该认为不纯正不作为犯的不能未遂是不可罚的。

2. 不能未遂与障碍未遂的区别

障碍未遂是具有发生构成要件结果的可能性的情况，因此，与原本（着手实行时期）就不具有这种可能性的不能未遂相区别。障碍未遂作为除行为无价值之外还具备法益危殆化这种第二的结果无价值的情况，在未遂形态中不法程度最高。

【判例】在汤里混入农药以此试图毒杀丈夫，但因被害人吐出汤水，未达其目的。在犯行中使用的毒药的量明显未达致死量。刑法在区别已经着手实行犯罪但未发生结果的障碍未遂与尽管因实行手段之错误不可能发生结果但具有危险性的不能未遂之后进行处罚，因此在此事件中应该通过慎重审理农药的致死量来决定犯行符合何种未遂的类型（大法院判决 1984 年 2 月 14 日，83 DO 2967）。

3. 不能未遂与中止未遂的区别

中止未遂是指以实现构成要件之决意着手实行犯罪的人自动中止犯行或防止结果发生的情况。在障碍未遂与不能未遂中，无论何时都能够成立中止未遂。这是因为，中止未遂因心情价值减轻责任，所以逾越障碍未遂与不能未遂的不法进而进入到刑的必要的减免当中。

因此，不能未遂的行为人错误地认为能够发生结果，在一旦开始实施犯行的过程中自动加以中止或防止（不能未遂的实行未遂的中止）时，比起不能未遂的规定要优先适用中止未遂的规定。历来的多数说认为，这种情况并不是因为行为人的中止行为才没有发生结果，所以并不认定不能未遂的中止未遂，而只认定成立不能未遂。然而，中止未遂已经逾越不能未遂的不法减免事由包含着基于心情价值的责任减免事由，所以认定不能未遂的中止未遂是正确的，不仅如此也有利于行为人。这也是目前多数说的立场。

（二）成立要件

1. 主观的成立要件

与障碍未遂的情况相同。

2. 客观的成立要件

（1）构成要件实现的直接开始 不能未遂也是未遂犯的种类之一，所以也需要具备构成要件之实现的直接开始这一客观要素。虽然在客观上不可能实现构成要件，但在当下构成要件中所要求的行为人的犯行决意必须处于实现的阶段。

（2）法益平稳状态的扰乱 从危险思考的观点来看，法益平稳状态的扰乱作为第三的结果无价值，是最轻的危险程度。这是在内容上区别不能未遂与不可罚的不能犯的要素。

（3）结果发生的不可能　该要素是区别不能未遂与障碍未遂的决定性基准。韩国刑法第 27 条虽然明确规定不可能发生结果的原因是实行手段或对象的错误，但这不过是例举而已。因此，也可以设想基于对象不能、方法不能的不能未遂的情况。判断不可能发生结果的时点是直接开始实施实行行为的时点。正是在此时点上，行为人应该根据事实的或法的理由以及以行为的性质或状况的制约为理由判断是否能够到达既遂。

①**实行手段的错误**　是指行为人所试图采用的犯行手段或方法不可能发生构成要件结果的情况。例如，以妨害交通的目的将原本放置错误的隔离杆放回原位的情况即是。

②**对象错误**　尽管不存在行为客体或其处于无法被侵害的状态，行为人仍旧实施构成要件行为的情况。例如以杀人故意向尸体开枪的情况，误把自己物品视为他人物品实施盗窃或毁损的情况即是。

③**行为主体的错误**

（Ⅰ）**问题的提起**　韩国刑法第 27 条并没有例举作为不可能发生结果之原因的主体错误与主体的不可能性。因此，在解释论上成为问题的是：能否把基于主体错误的结果发生之不可能视为不能未遂。例如，公务员的任用成为无效的人不知其事实收受贿赂或者一般人误认为自己是公务员进而收受贿赂的情况，不处于保证人地位的人实施不纯正不作为犯的情况等将成为问题。

（Ⅱ）**主体不能起因于对象不能的情况**　主体不能起因于对象的欠缺或对象的不能时，成立不能未遂。例如，尽管不是受自己保护监督的妇女，却误认为是基于业务、雇佣或其他关系受自己保护监督的妇女，进而欲以威力实施奸淫的情况（第 303 条 1 项）中，不能以没有保护监督职责为理由立即主张成立不可罚的不能犯。这时，应该与行为客体的特性同时考虑犯罪主体所具有的资质，因此，应该认定为可罚的不能未遂。

（Ⅲ）**纯正身份犯的情况**

（ⅰ）**不能未遂说**　该学说将纯正身份犯的行为主体视为构成要件要素，而且也将主体的错误视为逆向的构成要件错误，所以作为不能未遂犯进行处罚。① 该学说认为，应该将刑法第 27 条中的实行手段或对象的错误视为例示规定，而且身份是与手段或对象相同等的构成要件要素，所以在错误中没有将此进行另行处理的必要，既然存在危险性，以不能未遂进

---

① 　朴相基，339 页；李廷元，287 页；李炯国，298 页。

行处罚是妥当的。① 也是德国多数说的立场。②

（ⅱ）不能未遂否定说   该学说认为由于身份构成不法构成要件，所以没有身份的人因欠缺行为无价值进而没有处罚的必要。而且，针对非手段或对象错误的主体错误，刑法第 27 条保持了缄默，所以如果认定为不能未遂，将违反罪刑法定原则。该学说是韩国多数说的见解。③

（ⅲ）幻觉犯说   该学说主张，如果行为人不具备身份，尽管对其存在错误，也不是不能未遂，而是幻觉犯。其理由是，纯正身份犯中的身份是特殊的义务要素，所以事实上只能适用在具有这种身份的人上。④

（ⅳ）结论   将主体错误作为不可罚的幻觉犯进行处理的立场是妥当的。这是因为，不处罚主体错误符合法的客观目的。⑤ 然而，由于在不进行处罚这点上与否定说相同，所以其结果可以将幻觉犯说包含在不能未遂否定说中。

3. 危险性

（1）问题的提起   刑法第 27 条规定，即使不可能发生结果只要存在危险性便进行处罚。危险性在韩国刑法中是区别不可罚的不能犯与可罚的不能未遂的要素。关于危险性的内容，多数说认为是指"发生构成要件结果的可能性"。⑥ 然而，在不可能发生结果的不能未遂中使用"发生结果的可能性"这一概念是存在问题的。因此，不能未遂的危险性是指"敌对法的行为人的意思实行通过扰乱法的平稳状态，阻碍一般人对法秩序的信赖的动摇法的印象"（印象说的立场）。

---

① 朴相基，338～339 页。

② Jescheck/Weigend, S. 535；Maurach/G ssel/Zipf, S. 35；Rudolphi, SK §22 Rdn. 26；Sch/Sch/Eser, §22 Rdn. 76；Wessels, Rdn. 623. 然而，在德国，在身份错误的情况中也存在逆向的包摄错误的情况，例如不是公务员的人误认为自己是公务员进而收受贿赂或者没有处于保证人地位的人误认为自己是保证人进而实施不作为的情况等，认为成立幻觉犯（Jescheck/Weigend, S. 535）。

③ 金圣天、金亨俊，460 页；孙海睦，905 页；申东云，478 页；安铜准，201 页；李在祥，382 页；任雄，329 页；河泰勋，《不能未遂》，刑事法研究第 4 号（1991 年），79 页。

④ 郑盛根、朴光玟，411 页认为，作为幻觉犯的一种，最初就不符合构成要件。

⑤ 申东云，478 页认为，身份犯是对具备一定身份关系的人赋予一定法定义务的犯罪类型，所以立法者没有特别用明文表示出要处罚针对身份犯的不能犯之意思时，就不能处罚实行主体的错误。

⑥ 孙海睦，907 页；李在祥，383 页，注 1；任雄，303 页；郑盛根、朴光玟，411 页。

问题是，基于何种基准与方法判断这种危险性的有无。对此存在着学说上的论争。

（2）危险性的判断基准与方法

① 旧客观说（绝对不能·相对不能区分说）　该学说主张，以法官事后（ex post）认识到的情况为基础，将发生结果的不能区分为绝对不能与相对不能，进而只有相对不能才具有危险性。绝对不能是指在概念上不可能发生结果的情况，相对不能是指虽然在一般情况下可能发生结果，但在个别的特殊情况下不可能发生结果的情况。是韩国判例采取的立场（大法院判决1973年4月30日，73 DO 354；1984年2月28日，83 DO 3331；1985年3月26日，85 DO 206①）。例如，在手段错误中，误把感冒药当做毒药使人服下时，就是绝对不能；将未达致死量的毒药使人服下时，就是相对不能。在对象错误中，误把尸体当做活人向其开枪时，是绝对不能；向射程以外的人开枪时或向无人的办公室里投掷炸弹使其爆炸时，则是相对不能。

然而，绝对不能与相对不能的区别未必是明确的，在其区别是相对的这点上该见解存在着缺点。这是因为，即使是相对不能，在个别的事例中绝对不可能发生结果这点上，也可以视为绝对不能（例如，绝对不可能射死射程以外的人，不在房间的人即使向房间投掷炸弹也绝对不会被炸死。）；绝对不能也可以根据观点的不同判断为相对不能（例如，如果没有把感冒药误认为毒药，而是使人服下真正毒药时，发生结果就是可能的）。目前，已没有学者采取此见解。

② 具体的危险说（新客观说）　以行为时（ex ante）行为人特别认识到的情况和一般人能够认识到的情况为基础，从一般人的立场出发依据

---

① 　大法院判决1984年2月28日，83 DO 3331："此事件是将针对老鼠的农药推定致死量对人体进行推定的极其一般的、抽象的事件。如果说根据喝下之人的年龄、体质、营养及其他身体状况的如何会产生相当的差异的话，行为人在一瓶酸奶中所混入的1.6CC的农药即使稍微没有达到致死量，将此喝下时，也不能说将排除发生死亡结果的可能性。"

大法院判决1985年3月26日，85 DO 206："不能犯是指在犯罪行为的性质上发生结果的危险绝对不能的情况。为制造出抗精神性医药品甲基安非他明即俗称'希洛苯'，在其原料的盐酸中搅拌了数种药品以此试图制造出'希洛苯'，但由于其药品配置的不成熟未能制造出其成品。如果是这样，上述行为在其性质上具有发生结果的危险性，以习惯性医药品制造未遂犯对此进行处罚是正当的"。

日常的经验法则进行判断，如果判断存在发生结果的具体的危险性，便成立不能未遂。① 是日本多数说与判例的立场。如果行为人认识到的情况与一般人认识到的情况存在差异时，以一般人认识到的情况为基础，同时考虑行为人特别认识到的情况判断危险性。具体的判断如下：（Ⅰ）以一般人与行为人均可能误认的情况为基础的行为，通常将被认定为存在具体的危险性，例如，对一般认为是怀孕但实际上没有怀孕的女子实施堕胎行为，用看似装有子弹但实际上是空枪实施射杀行为，利用未达致死量的毒药实施毒杀行为等情况中，将被认定为存在具体的危险性。（Ⅱ）行为人误认一般人认识到的情况时，以一般人认识到的情况为基础判断行为有无危险性。通常将不被认定存在具体的危险性，例如，一般人均认识到死亡的事实但只有行为人误认为是活人而实施杀害行为的情况，对明显处于射程之外的人确信在射程之内实施枪击行为的情况，一般人认识到是单纯肥胖之人但只有行为人误认为是怀孕的妇女进而试图实施堕胎行为的情况等，均不被认定存在具体的危险性，因而成立不能犯。（Ⅲ）当存在一般人没有认识到但行为人特别认识到的情况时，以行为人特别认识到的情况为基础判断有无危险性。例如一般人误认为已经死亡但行为人认识到被害人尚未死亡进而向其开枪恰好没有子弹的情况，以行为人认识到的事实为基础进行判断，将认定存在具体的危险性。

　　针对具体危险说的主要批判是，当行为人认识到的事实与一般人认识到（可能认识到）的事实存在差异时，以何者的认识事实为基础判断危险性是不明确的。② 然而，这种批判依据前面所言及的原则加以解决即可，所以没有多大说服力。另一方面，也有批判者认为，在不能未遂中通常只把行为人的认识水准比一般人的认识水准低的情况作为问题，而行为人的认识水准比一般人的认识水准高的情况并不作为不能未遂的问题。③ 然而，这种批判也不是经常正确的。例如，在一般人认为被害人明显处于射程之外，但行为人认识到是射程远的特殊枪支进而开枪的情况中，或者一般人认为是空枪但行为人认识到是装有子弹的枪进而开枪的情况中，明显不发生手段错误的问题。然

---

①　金钟源，《不能未遂》，刑事法讲座Ⅱ，628 页；朴相基，340 页；裴钟大，460 页；安铜准，204 页；李在祥，385 页；河泰勋，343 页。

②　孙海睦，910 页；任雄，332 页。

③　任雄，332 页。

而，如其他人认为被害人已经死亡但行为人认识到尚未死亡以射杀之目的开枪恰好是空枪的情况这种在只对行为状况的一部分行为人的认识优越于一般人时，有可能产生不能未遂的问题。

③抽象的危险说（主观的客观说）　该学说主张，以行为当时（ex ante）行为人认识到的事实为基础依据一般人的立场判断如果实际存在这种事实能否认定存在危险性。① 也存在以此学说为基础的法院的判例（大法院判决 1978 年 3 月 28 日，77 DO 4049；2005 年 12 月 8 日，2005 DO 8105②）。例如在行为人误把白糖当做毒药意图实施毒杀的事件中，依据抽象的危险说，将会把行为人认识到的情况假设为实际存在，然后依据一般人判断危险性。因此，按照行为人所认识的如果白糖实际是毒药的话，使人服下毒药的行为就能够认定为存在危险性，因而成立不能未遂。相反，即使行为人确信感冒药也能够杀害人或确信用迷信的方法也能够杀害人，但从一般人的立场来看无法认定危险性，所以成立不能犯。

　　针对抽象危险说的批判是，由于把行为人轻率判断的情况也作为判断危险性的资料，所以将会不当地扩大不能未遂的成立范围。③

---

①　金圣天、金亨俊，465 页；孙冻权，379 页；任雄，333 页；郑荣锡，225 页；郑英一，《不能未遂》，考试研究 1998 年 5 月，62 页；郑盛根、朴光玟，414 页；陈癸浩，476 页；黄山德，240 页。

②　大法院判决 1978 年 3 月 28 日，77 DO 4049："作为不能犯的判断基准，危险性的判断应该以被告人在行为当时所认识到的情况为基础，依据客观上一般人的判断来追问是否存在发生结果的可能性。因此，如果想认定为了制造希洛苯将艾啡特磷混入盐酸的行为不是不能犯，针对上述情况，依据客观上知晓制药方法的科学一般人的判断，应该具备发生结果的可能性。"

大法院判决 2005 年 12 月 8 日，2005 DO 8105："作为不能犯的判断基准，危险性的判断应该以被告人在行为当时所认识到的情况为基础，依据客观上一般人的判断来追问是否存在发生结果的可能性。另一方面，民事诉讼法上规定，诉讼费用的请求依据诉讼费用额确定程序。不依据上述程序，而依据损害赔偿金，请求之诉讼等谋求诉讼费用的支付，作为没有诉讼权益的不合法的诉讼，是不被允许的。因此，尽管以骗取诉讼费用的意思提出了谋求诉讼费用之支付的损害赔偿请求之诉讼，但这依据客观上知晓关于诉讼费用请求方法的法律知识的一般人的判断，是没有发生结果的可能性的，因而不能认定为存在危险性。"

③　李在祥，386 页；李炯国，《不能未遂》，考试研究 1983 年 7 月，91 页；河泰勋，342 页。

④ 纯主观说　该学说主张以行为人认识到的事实为基础，依据行为人的立场判断危险性。是德国的通说与判例的立场。因此，对尸体的杀害行为（RG 1，451）、利用头疼药的堕胎行为（RG 17，158）、没有怀孕妇女的堕胎行为（RG 8，198；47，65）、对不是赃物的财物的取得行为（RG 64，130）、使用未达致死量的毒药的毒杀未遂（BGHSt 11，324）等皆视为不能未遂。

针对纯主观说的批判是，将行为人的主观认识作为基础的同时，只把迷信犯排除于不能未遂之外的理由是不明确的。由于完全没有考虑客观要素而只依据主观要素判断危险性，所以不能未遂的成立范围过于宽大。

⑤印象说　印象说认为，行为人敌对法之意思的实现给一般人对法秩序与法的安全感的信赖带来动摇时，将认定存在危险性。① 印象说是把行为人实际认识到的构成要件事实与客观上实现的法益平稳状态的扰乱作为危险性判断的基础资料的见解。如果行为人具备比一般人更高的事实认识能力（例如医生或枪械专家），将以此为基准。而且，判断的基准是具有洞察力的平均人。②

然而，印象说虽然在说明不能未遂甚至是未遂犯的一般处罚根据上是适当的，但是仍旧遗留有尚未解决的危险性的判断方法以及法的平稳扰乱的确定方法等问题。因此，其受到对于说明危险性之判断来说是不适当的这种批判。③ 这是因为，如果说印象说把动摇法的印象称为危险性，其必须要提出依据某种基准与判断方法来评价发生了动摇法的印象的明确的基准。而且，由于印象说判断危险性的基础在于以行为人的主观认识为基础的犯罪实行是否对一般社会的法的信赖造成了动摇，所以其结果是接近于抽象危险说的立场。

① 　金日秀，韩国刑法Ⅱ，190 页；孙海睦，914 页；申洋均，《不能未遂的法律性质》，金钟源教授花甲纪念论文集，425～426 页；李廷元，290 页；李炯国，302页。

② 　金日秀，韩国刑法Ⅱ，190 页。

③ 　任雄，335 页；河泰勋，343 页。

⑥结论　具体的危险说适合作为判断危险性的基准。这是因为，既考虑到行为人主观的认识又考虑到一般人能够认识的情况，进而能够在合理的范围内限制不能未遂的成立范围。抽象的危险说由于只把行为人的主观认识作为判断的基础，所以将导致不当扩大可罚性范围的不合理结论。在这点上，是难以赞同的。

（3）概要　如果总结具体危险说的立场中为解决问题的基准，如下：

①在纯正身份犯中，主体的错误或欠缺的情况，始终是不可罚的。这是因为，错误的情况成立幻觉犯；欠缺的情况成立不能犯。公务员在退职后，即使针对在职中的行为接受了贵重谢礼，也是不能犯。

②在对象的错误或欠缺的情况中，既然实行手段并不相当于不可罚的不能犯，大部分是不能未遂。误认怀孕的妇女通过喝大量的浓咖啡试图实施堕胎的情况，是不能犯。然而，将手伸入他人的空衣袋内试图实施窃取的情况或者误把尸体当做生存者试图开枪杀害的情况，将成立不能未遂。

③实行手段的错误或欠缺的情况，当其具备破坏法益平稳状态程度的潜在的危险性或者行为人的危险性被证明时，成立不能未遂；如果不是这种程度，则是不可罚的不能犯。相信阿司匹林也能够造成伤害使人服用的情况，成立不可罚的不能犯。然而，原本想把毒药投入食物中但基于错误却把放置在旁边的白糖投入食物的情况，或者在稍微脱离弹着距离的地方开枪试图实施杀害的情况等，则成立不能未遂。

（三）处罚

关于不能未遂的处罚，刑法第 27 条规定："可减轻或免除刑罚"。与韩国刑法任意减轻处罚障碍未遂、必要减免处罚中止未遂相比，不能未遂的处罚程度位于其中间状态。

三、中止未遂

（一）意义

1. 中止未遂的概念

中止未遂（Rücktritt vom Versuch）是指已经着手实行犯罪之人在完成其犯罪之前自动中断犯行或防止结果发生的情况（第 26 条）。中止未遂的核心要素是自动性，其作为责任减免事由在犯罪体系论上归属于责任领域，因此，中止未遂（第 26 条）是一种免责事由。

2. 立法例

英美法原则上认为即使是犯罪意思的抛弃（abandonment of purpose）也存在责任，因此无区别地处罚中止未遂与障碍未遂。相反，德国（第24条）、奥地利（第16条）、希腊（第44条）等国刑法并不处罚中止未遂。韩国刑法（第26条）规定处罚中止未遂的同时，进行必要的减免。

3. 必要的刑罚减免的法律根据

（1）刑事政策说

① "为退却的黄金桥"理论（Eine goldene Brücke zum Rückzug） 该理论认为，使已经着手实行的行为人自动阻止到达犯罪既遂的刑事政策上的考虑才是中止未遂制度。

对此，存在如下批判：第一，行为人大部分在行为时全然不具备这种考虑；第二，与不处罚中止未遂的德国刑法不同，在将其作为必要的减免事由的韩国刑法解释上，其效果不会很大；第三，并没有揭示具体的减轻与免责的基准。

② 功绩说（Verdienstlichkeitstheorie）或报偿说（Prämientheorie） 该学说认为，针对防止结果发生回到合法性世界，法律将给予行为人以恩惠。所以此说也称作施恩说（Gnadentheorie）。然而，施恩这种表达对于解释刑法（规范）问题是不适合的。

③ 刑罚目的说 该学说主张，中止未遂是没有必要比照一般预防或特别预防的目的进行处罚或其必要性缩减的情况。这是全面表现刑事政策性考虑的理论。对此可能存在的批判是，处罚根据是应该客观考虑的规范的事项，而非仅仅是甚至要考虑行为人个别情况的纯政策性问题。

总之，刑事政策说中的各理论所面临的共同批判是"只在刑事政策的效果上说明刑法这一规范问题"。

（2）法政策说 该学说认为，因为中止未遂是从具体的刑罚必要性的观点出发排除处罚的制度，所以其是人的处罚阻却事由或客观的处罚条件之一（德国的多数说）。

（3）法律说 该学说认为，中止未遂消灭或减少某一犯罪构成要件。

① 违法性消灭·减少说 该学说认为，由于未遂犯的故意既是主观的不法要素又是违法性要素，所以对此的中止的决意是消灭或减少违法性的主观的要素。对此，存在如下批判：第一，一旦产生不法，只要不是违法性阻却事由，就不能被消灭或减少。第二，在共犯者中某一人的中止效果只及于该人，因此违反了这种一身专属的性质。第三，如果违法性被消灭，当然应该宣告无罪判决，免除刑罚是与刑法的态度不相吻合的。

② **责任消灭·减少说**   该学说认为，中止未遂的刑罚之减免是因为责任的减少或消灭。对此存在如下批判：第一，基于自动中止，责任只是在事后丧失一定程度；第二，如果责任被消灭，因为不成立犯罪应该进行无罪判决，只弱化刑罚是与刑法的态度不相吻合的。

（4）结合说   该学说是将刑事政策说与法律说进行折中的立场。这里存在 ① 违法性消灭·减少说 + 刑事政策说，② 责任消灭·减少说 + 刑事政策说，③ 违法性消灭·减少说 + 责任消灭·减少说 + 刑事政策说等相结合的立场。在韩国，折中责任消灭·减少说与刑事政策说的结合说是多数说。

最近还出现了如下新的见解：赞同刑罚目的说的同时，主张在犯罪体系上是不法与责任的双重减少的见解，① 认为是量刑上的责任减少的见解，② 认为是特殊的量刑基准的见解。③ 虽然能够认为自动防止结果发生减少了结果无价值，但是难以认为甚至减少了行为无价值。如果是这样，依照不法非难的重点在于行为不法这点来看，不法减少这种主张很难避免重点混沌这种批判。而且，如果说量刑责任说或量刑基准说也是试图将自动性与刑罚根据责任作区别的立场，也很难避免比起价值实在的当罚性（Strafwürdigkeit）更加偏重刑罚必要性（Strafbedürftigkeit）这种批判。

（5）结论（刑罚目的论的责任减少说）   将韩国刑法上对中止未遂减免处罚的法律性质把握为考虑刑罚目的说的责任减少是正确的。虽然不能基于事后的中止行为消灭基于着手实行已经发生的责任，但中止行为中所表现出的自动性将减少责任。由于责任与刑罚目的是相关概念，所以因责任减少而进行必要的刑罚减轻是可能的。必要的刑罚免除在自动性之外从一般预防或特别预防这种刑罚目的论的观点上来看，在处罚的必要性被弱化时，是可能的。如果完全没有预防性处罚的必要性，就将消灭刑罚之根据的罚责性，其结果成立无罪。

（二）成立要件

1. 主观要件

（1）一般的主观要件   因为中止未遂也是未遂之一种，所以首先需要具备作为一般的主观要件的故意、确定的行为意思，而且根据情况还需

---

① 追随 Rudolphi 教授见解的孙冻权教授（刑法总论，356 页）。
② 柳仁模，《中止未遂的法律性质》，金钟源教授花甲纪念论文集，369 页。
③ 申洋均，《判例中的中止未遂》，考试研究 1998 年 5 月，66 页。

具备特殊的主观不法要素（关于此部分请参照障碍未遂）。

（2）特殊的主观要件——自动性

① 自动性的意义与性质　为成立中止未遂，犯人需自动放弃犯行。自动性是指行为人基于自律性动机中断已经着手实行的犯行或防止结果发生。自动性并不是与不法相关联的主观要件，其作为与责任减少相关联的主观要件，是中止未遂所特有的主观要件。

　　※注意：未如愿的或白费工的未遂（Fehlgeschlagener Versuch）是指行为人在认识到或错误地认为自身的实行行为不可能发生结果进而放弃犯行的情况。由于犯行计划未能发挥作用而中断犯行的情况也符合上述情况。例如，欲窃取 100 万元而打开金库，却发现里面只有 1000 元，遂干脆放弃窃取行为的情况即是。由于这种情况原本就不能成立中止未遂，所以应该视为障碍未遂的一种。

　　与此相比，失败的未遂（Mißlungener Versuch）是指与行为人的认识无关，犯行在客观上失败的情况。这时，根据结果发生是否原本就不可能，而成立障碍未遂或不能未遂。例如，基于杀人意图掏出手枪进行瞄准的过程中，恰好被害人因突发心脏病而昏倒在地的情况；或者虽然扣动了扳机但子弹偏离方向或子弹根本没有射出的情况。与前述的白费工的未遂不同，失败的未遂可以再次构成中止未遂。

　　也将前者未如愿的未遂称作主观的失败未遂，将后者失败的未遂称作客观的失败未遂。

② 判断"自动性"的一般基准　关于依据何种基准判断"自动性"存在着诸多见解。大体上分为心理学的理论与规范的理论。

（Ⅰ）心理学的理论　该理论忽视中止动机的伦理性质，只根据其动机是否对行为人的自由选择产生影响判断是否存在自动性。因此，认为存在排除自由意志的心理性抑制时，就是非自动性。历来在韩国刑法中作为自动性之基准进行争论的客观说、折中说、弗兰克（Frank）公式、主观说等即属于此。

（ⅰ）客观说　该学说区别外部的情况与内在的动机，认为犯罪的未完成是因为外部的情况时，成立障碍未遂；是因为内在的动机时，则成立中止未遂。然而，内在的动机大部分诱发于外部的情况，所以客观说具有难以明确区别外部情况与内在动机的问题点。而且，如果重视行为人的内在动机，例如在没有警察出现却误认为警察出现进而中止的情况中，只能认定为中止未遂，从而过于扩大了中止未遂的成立范围。①

（ⅱ）**主观说**　该学说与客观说不同，认为只有基于后悔、同情、怜悯及其他与此相类似的伦理性动机中止的情况，才成立中止未遂；其余情况则成立障碍未遂。该学说所面临的批判是，认定中止未遂的范围过于狭窄，并同等看待自动性与伦理性。目前，已无学者支持该学说。

（ⅲ）**折中说**　该学说主张，在社会一般人的经验上，通常基于外部障碍中止的情况是障碍未遂，基于不能视为通常外部障碍的情况的中止是中止未遂。是韩国多数说的见解。② 然而，折中说具有作为判断基准的"社会一般人的经验"、"一般社会通念"等概念不明确，且可能根据判断者的主观而使判断不同的问题点。③ 判例也表现出折中说的立场。

【判例1】　中止未遂是指已经着手实施犯罪的实行行为，在其犯罪完了之前，基于自己自由的意思中止犯罪的实行行为，是与障碍未遂相对称的概念。在区分中止未遂与障碍未遂上，应该依据犯罪的未遂是基于自动的中止还是基于某种障碍的未遂。尤其在基于自动的中止中，除在一般社会通念上视为是基于障碍的未遂的情况以外，一般均解释为中止未遂（大法院判决 1985 年 11 月 12 日，85 DO 2002）。

【判例2】　被告人甲、乙、丙在实施强盗行为过程中，被告人甲、乙为强奸被害人将其拽至小房间强行脱其紧身内裤抚摸阴部的过程中，由于被害人哀求称"刚刚做完手术肚子疼"，遂没有如愿。既然是在强盗行为的继续中欲强奸已经陷入恐怖状态的被害人，就是已经着手了强奸的实行；被告人等中断奸淫行为并不是因为可怜被害人，原因在于认为被害人的身体条件对实施强奸具有障碍。这不过是基于一般的经验上对实施强奸行为具有障碍这种外部的情况中止的犯行，所以欠缺作为中止犯要件的自动性（大法院判决 1992 年 7 月 28

---

① 相同批判：朴相基，322 页；裴钟大，439 页；孙冻权，357 页；李在祥，363 页；任雄，319 页；河泰勋，355 页。

② 裴钟大，440 页；孙冻权，358 页；安铜准，190 页；吴庆植，《犯行中止的自动性与共同正犯的行为归属》，法定考试 1996 年 10 月，81 页；李在祥，364 页；李廷元，269 页；李炯国，289 页；陈癸浩，461 页。

③ 相同批判：郑盛根、朴光玟，398 页。

日，92 DO 917）。

【判例 3】 以强奸被害人之意图实施暴行之后，在欲实施奸淫行为的过程中，被害人恳切地请求不要实施强奸，如果下次见面要求的话一定会给予满足。遂被告人用自己的车将被害人送回了家。这种情况，是基于自动中止的强奸行为，被害人的请求在社会通念上并不认为是对犯罪实行的障碍，因此，这种情况符合中止未遂（大法院判决 1993 年 10 月 12 日，93 DO 1851）。

【判例 4】 被告人放火点着衣柜里的衣物，欲烧毁建筑物。但看到窜出的火焰便产生恐惧，泼水浇灭了火焰。上述这种情况，对窜出的火焰产生恐惧或者担心危害到自身的人身安全或犯行被发现时的处罚等，在一般社会通念上应该视为其是对完成犯罪具有障碍的情况，因此不能将此视为基于自动的中止未遂（大法院判决 1997 年 6 月 13 日，97 DO 957）。

【判例 5】 被告人为杀害被害人用刀在其脖子和左胸部位上捅了数刀，当发现从被害人的胸部流出很多血时，因恐惧停止了行为进而止于未遂。上述这种情况，对于流出很多血产生惊吓或恐惧，在一般社会通念上应该视为其是对犯罪的完成（终了）具有障碍的情况，因此不能将此视为基于自动的中止未遂（大法院判决 1999 年 4 月 13 日，99 DO 640）。

（iv）弗兰克公式 根据此见解，因"能为而不愿为"中止时，成立中止未遂；因"欲为而不能为"中止时，成立障碍未遂。① 弗兰克公式虽然为自动性的判断提供了明快的基准，但由于将判断基准完全委托给了行为人主观的心理状态，所以可能会根据行为人的主张而出现不同的结论。② 而且，在行为人没有针对是否可能作出判断就中断行为的情况中，也很难依据此公式判断是否具有自动性。

（Ⅱ）规范的理论 该理论将"自动性"视为纯粹的刑法上的评价问题，进而试图通过规范的评价犯人中止犯行的内心态度来决定是否存在中

---

① 在韩国支持弗兰克公式的学者有：申东云，466 页；任雄，321 页。

② 指出此问题点的是：裴钟大，440 页。

止行为的自动性。①

在规范的理论中，存在如下立场：（ⅰ）将犯罪人的理性（Verbrechersvernunft）作为"自动性"的判断基准，认为基于非理性的理由中止犯行时，存在自动性；基于理性的理由即通过理性的判断因存在被发觉或处罚的危险而中止时，则不存在自动性的立场（BGHSt 9，50）。（ⅱ）认为中止只要是"欲返回合法性的意思表示"就是自动的；中止如果仅仅是服务于犯罪目的的行为样态的其他表现（例如为抓住更好的犯行机会而中止的情况）就是非自动的立场（Roxin）。

（Ⅲ）结论　"自动性"虽然不是单纯的心理事实，但却是行为人的心情价值的表现，所以与心理学的解释即自律性相关联。而且，也是与当罚性的存在与范围相关联的规范评价的对象，所以也与规范的解释即回归合法性密切地关联。如果是这样，通过综合心理学的要件与规范的要件即自律性与回归合法性在具体的事案中判断自动性的存在与否是妥当的。

③依据折中心理学的·规范的方法的"自动性"基准的具体尺度核心在于通过综合自律性与回归合法性进行判断。②

（Ⅰ）自律性　在与自律性相关联上，区别自律性动机与他律性动机进行判断是妥当的。

（ⅰ）自律性动机　中止必须基于自律性动机。在这里，比起在客观上能否观察到犯罪人所设定的计划这种客观方面，毋庸说更加重视行为人的主观态度，即是否支配着自身的决意。因此，行为人确信了可能性（Tauglichkeit），而且相信还能完成犯行时，亦可能成立不能未遂的中止。然而，行为人如果是因为确信犯行不可能终了或不再有任何意义而放弃时，将不认定自动性。

　　※注意：意思形成的契机既可以来自于内心（良心的斥责、羞耻心、能动性后悔、兴奋、更好的洞察力、丧失勇气），也可以来自于外部情况（妨害、发觉、相识）。其外部情况能够麻痹行为人原有意思支配力程度的产生作用时，将否认自动性；在不是这种状态下主动中断犯行时，将认定自动性。因此，不能因为契机来自于外部，就成为排除自动性的必然理由。

---

①　在韩国支持规范说的学者是：朴相基，324 页。
②　郑盛根、朴光玟，399 页将依据自律性动机与他律性动机判断自动性的立场称为动机说的同时，支持该学说。

（ⅱ）他律性动机　行为人基于他律性的事由放弃犯行时，则是非自动的。

（A）行为人个人无法克服的障碍　行为人因为休克而无法继续实施行为时，就是非自动性的中止。而且，心理上的不安或情绪上的障碍成为使行为人无法贯彻犯行的强制性事由时，其中止也是非自动性的。只有在内心的障碍要因成为使行为人只能放弃犯行的强制性事由时，才能够认定基于心理的无能力的非自动性。

【判例】　被告人为杀害被害人用刀在其脖子和左胸部位上捅了数刀，当发现从被害人的胸部流出很多血时，因恐惧停止了行为进而止于未遂。上述这种情况，对于流出很多血产生惊吓或恐惧，在一般社会通念上应该视为其是对犯罪的完成（终了）具有障碍的情况，因此不能将此视为基于自动的中止未遂（大法院判决 1999 年 4 月 13 日，99 DO 640）。

（B）本质性事态的变化　因为事态产生本质性变化而中断犯行时，则是非自动性的。行为人虽然认为还能够达到犯行的既遂，但由于无论如何也无法达到犯行的最终目的而中断犯行的情况，或者认为犯行的终了反而会导致更大的不利益而中断犯行的情况便是其例。

辅记：行为人因担心其他先行犯罪被发觉而中止诈欺行为的情况，行为人认为某妇女正处于生理期不适合性交进而中止强奸的情况，行为人在实行犯行中因突然出现第三者而中断犯行逃走的情况等，是非自动性的中止。然而，由于被害人欺骗强奸犯说：如果一同回到自家中便满足性交要求，进而中止强奸的情况，则是自动性的中止（当然，即使这时，如果行为人下定决定如果被害人违背承诺便再次实施暴行进行性交，就不是中止未遂）。

【判例1】　以强奸被害人之意图实施暴行之后，在欲实施奸淫行为的过程中，被害人恳切地请求不要实施强奸，如果下次见面要求的话一定会给予满足。遂被告人用自己的车将被害人送回了家。这种情况，是基于自动中止的强奸行为，被害人的请求在社会通念上并不认为是对犯罪实行的障碍，因此，这种情况符合中止未遂（大法院判决 1993 年 10 月 12 日，93 DO 1851）。

【判例2】   强盗捆住因害怕而处于不能反抗状态的被害人的双手欲实施强奸的过程中，因被害人幼小女儿睡醒后的哭声而逃走。之后，其又重新侵入其他住宅并欲强奸另一被害人，但被害人不仅正在怀孕且哀求说去市场的丈夫马上会回家，遂又逃走。这种情况不能视为基于自动中止的强奸行为（大法院判决 1993 年 4 月 13 日，93 DO 347）。

（C）对犯行被发觉的恐惧   对犯行被发觉的恐惧，对告发、侦查程序或犯罪效果（刑事处罚）的顾虑也能够成为中止的决定性动机。然而，因为这种恐惧而中断行为时，大体上是非自动性的。

【判例1】   在共谋制造俗称希洛苯之后，在因原料不良的制造上的难度与制品的销路问题、对犯罪暴露时处罚的恐怖中，进行制造的过程中，因犯行被发现而被逮捕。刑法上的中止未遂是指已经着手实施犯罪的实行行为，在其犯罪完了之前中止犯罪的实行行为的情况，是与障碍未遂相对称的概念。然而，区分中止未遂与障碍未遂，应该依据犯罪未遂是基于自动的中止还是基于某种障碍的未遂。尤其在基于自动的中止中，除在一般社会的通念上视为是基于障碍的未遂的情况以外，均应该视为中止未遂。因此，仅以存在这种事由的情况，是难以视为中止未遂的（大法院判决 1985 年 11 月 12 日，85 DO 2002）。

【判例2】   虽然共谋走私，但在犯行当日却发现事先得到犯行情报的税务官员在犯行地点周边实施埋伏任务，遂担心犯行被发觉而没有实施自己承担的实行行为之一部分，并在犹豫中并不知情的另一共犯开始实施了实行行为。这种情况，由于不能视为基于自动的犯行中止，所以构成逃税罪的未遂（大法院判决 1986 年 1 月 21 日，85 DO 2339）。

【判例3】   在日本与北朝鲜间谍接触之后，接受了探知并报告关于韩国的政治、经济、社会等诸种事项的机密的间谍任务，进而通过津浦机场入境。在打算收集机密的过程中，得到警察探问过自己的行踪的消息后保留履行指令中被侦查机关逮捕。在以间谍之目的从外国或北朝鲜侵入国内的情况中，渗透登陆到机密探知可能的国内，便意味着存在着手实行。因此，既然是在入国后窥视间谍活动的机会中被逮捕，就不能将此视为中止未遂（大法院判决 1984 年 9 月 11 日，84 DO 1381）。

（Ⅱ）回归合法性　回归合法性是指真正放弃敌对法的意思，从内心上向合法性世界复归的情况。换言之，是指欲防止因敌对法的意思而面临危险的法益危害的结果避免意思。其内含有犯行意思的最终放弃。行为人在为把握有利机会的意图之下暂且中止犯行时，也能够视为敌对法的意思的放弃。

2. 客观要件——实行中止或结果防止

中止未遂的成立，要求行为人必须在客观上中止实行行为或者防止已经终了的实行行为发生结果。即必须存在犯人自身的自动的中断行为及防止行为。因此，犯人欠缺自动的中断及结果防止行为中的任何一个行为时，就不是中止未遂而是障碍未遂。中止未遂的客观要件基于未终了的未遂与终了的未遂而存在差异。

> **注意**：此区别由于减免刑罚的前提与机会不同，所以在实务上具有重要的意义。① 具体而言，在未终了未遂（没有超越终了阶段的未遂）中实行中止成为问题，在终了未遂（已经越过终了阶段但没有发生结果的未遂）中只有结果防止的问题。

（Ⅰ）未终了未遂（着手未遂）与终了未遂（实行未遂）的区别　根据实行行为是否终了区别未终了未遂与终了未遂。然而，关于哪一时点是实行行为的终了存在着见解上的分歧。

（ⅰ）主观说　该学说试图依据行为人的意思决定实行行为的终了时点。因此，尽管发生结果所必要的行为已经结束，但根据行为人的犯行计划行为仍需继续，就不能认定实行行为的终了。② 然而，主观说面临的批判是，忽视了在着手时期与中止时期行为人的意思（犯行计划）产生变

---

① Jescheck, S. 437.

② 李在祥，368 页；李廷元，273 页；李炯国，290 页。

化的可能性。① 例如，以开两枪杀害被害人的意图开了第一枪，但造成伤害。在被害人借助意志保住生命的状况下行为人没有开第二枪时，根据主观说的立场，由于实行行为尚未终了，所以会得出着手未遂（未终了未遂）的中止犯这一不当结论。

（ⅱ）客观说 该学说认为，与行为人的意思无关，只要客观上存在结果发生可能性的行为，就能够视为实行行为的终了。然而，尽管存在结果发生可能性的行为，但在尚未发生结果的状况下，应该认为仍旧可能成立实行行为的中止。在这点上，客观说是不妥当的。② 例如，在开第一枪但被害人尚未死亡的情况下，如果中止了第二枪的发射，应该将此评价为实行行为的中止。

（ⅲ）折中说 该学说认为，应该考虑行为人的犯行计划的同时，综合行为当时的客观状况与对此的行为人的认识，当结果发生所必要的行为结束时，便视为存在实行行为的终了。③ 由于实行行为自身已经意味着主观犯罪意思的客观表现，所以折中说的立场是妥当的。

（Ⅱ）未终了未遂的中止 未终了未遂的中止基于中断、放弃实行行为而成立。然而，在不作为犯的情况中，则通过为充足命令（纯正不作为犯）或防止危险（不纯正不作为犯）基于义务实施被命令的作为而成立中止未遂。

实行的中断是指不再继续实施已经开始实施的具体的实行行为，因此，如果之后的行为与之前的行为不是单一的行为，尽管为在有利的机会中实施犯行暂时保留了犯罪实行，也是中止未遂。

实行的放弃未必只意味着彻底性放弃。德国刑法由于将中止未遂视为不可罚，所以要求具备彻底性放弃的立场极其有力。但在韩国刑法中，由于将其视为必要的减免事由，所以仅以实行行为的真挚地放弃，也能够认定未终了未遂的中止（通说）。

（Ⅲ）终了未遂的中止 行为人必须基于自动积极地防止属于犯行既遂的结果之发生。

（ⅰ）积极的防止结果 为防止结果的行为人的举动中，包括所有基于行为人意思的结果防止行为。但并不只意味着必须是行为人自身的直接

---

① 裴钟大，444 页；陈癸浩，463 页。

② 裴钟大，444 页；李在祥，367 页；陈癸浩，463 页。

③ 裴钟大，444 页；安铜准，192 页；任雄，322 页；郑盛根、朴光玫，401 页；陈癸浩，463 页。

的结果防止行为。因此，只要是基于行为人诱发的第三者的行为，也能够包括在这里。例如，使其接受医生的治疗或使消防署灭火的情况即是。当然，结果防止必须是在行为人的主导下形成的，而且其必须是真挚的。因此，将服毒者送往医院后立即逃走或放火后拜托邻居灭火后逃走的情况，由于不能视为行为人的主动防止，所以不成立中止未遂。

（ⅱ）未发生结果 终了未遂的成立，需要行为人防止构成要件结果的发生。而且，行为人的中止努力必须要成功。因此，尽管存在行为人的真挚的努力，但结果仍旧发生时，则应该承担既遂的责任。然而，在实际的因果过程与行为人所设想的因果过程存在本质性差异中发生的结果，是不能归属于行为人的。

（ⅲ）因果关系 行为人自身或扶助者的防止义务履行与结果不发生之间必须要存在因果关系。基于不是这种防止行为的其他原因未发生结果时，不能成立中止未遂。在这里所要求的因果关系应该理解为是在两要素之间表现直接性的广义的因果关系。因此，在不能未遂的终了未遂的中止中，尽管原本就不可能发生结果，但只要存在真挚的防止努力，就将能够认定两者之间的直接关联性。

（ⅳ）是否存在终了不能未遂的中止未遂 不能未遂原本就不可能发生结果。然而，如果说在终了未遂的自动中止中需要存在结果发生防止与因果关系的话，产生的问题是在概念上能否存在终了不能未遂的中止未遂。否定说认为，既然在终了未遂中强调自动的中止行为与结果防止之间的因果关系，就不能赋予中止未遂以特别的恩惠。[1] 与此相反，肯定说缓和因果性要件，认为在这种情况中既然存在基于自动的真挚的中止努力，尽管不是基于其行为未发生结果，由于没有发生结果，所以应该有利于行为人认定中止未遂（多数说）。[2]

韩国刑法没有类似于德国刑法第24条1项2号的规定（在犯罪即使没有中止者的行为也无法达到既遂的情况中，其中止者为防止犯罪之完成自动作出真挚的努力时，不予处罚），因此，行为人既然存在真挚的努力，赋予其必要的减免的特权是符合刑罚目的论的责任减少说的宗旨的。

---

① 金钟源，8人共著，295页；刘基天，264页；郑荣锡，215页；河泰勋，369页。

② 朴相基，330页；裴钟大，446页；孙海睦，889页；安铜准，194页；李在祥，371页；李炯国，研究Ⅱ，509页以下；任雄，324页；郑盛根、朴光玟，403页；曹俊铉，261页。

（三）处罚

如果是中止未遂，将减轻或免除其刑（第 26 条），是刑的必要的减免事由。然而，第 26 条将未终了未遂与终了未遂包含在中止未遂的同时，在处罚上并没有进行区分，因此，是刑之免除还是减轻，应该在具体情况中考虑诸种情况之后再行合理的决定。只是，其决定应该将 ① 中止的动机如何、② 中止犯罪的轻重、③ 至中止时为止基于实行行为对被害人造成的损害等作为资料。尤其在与犯罪轻重相关联上，在障碍未遂中成立中止未遂情况应该要比在不能未遂中成立中止未遂的情况进行更重处罚。

《参考》中止犯虽然中止了犯行，但发生了符合其他罪名的结果时，如何进行处理？

① 法条竞合的情况，例如中止了杀人行为但发生伤害的结果时，以单纯重罪的未遂犯进行处罚，不能单独处罚轻罪。

② 想像竞合原本是数罪，所以一罪的中止并不影响其他罪的可罚性，因此应该依据刑法第 40 条①进行解决。

（四）相关问题

1. 预备的中止

在预备的中止中，是否也能够适用中止未遂的减免规定，对此存在着见解上的分歧。请参照预备罪。

2. 正犯的参与犯与中止

（1）基于正犯的参与形态（共同正犯、间接正犯）着手实行时，仅以正犯者中的一人中止自身的犯行，是不成立中止未遂的。只有防止了整体的结果时，才成立中止未遂。例如，在共同正犯中，共同正犯者中的一人不仅要中止自身的行为，而且还要中止其他共同正犯者的行为，方能成立中止未遂（大法院判决 1954 年 1 月 30 日，4286 刑上 103；1969 年 2 月 25 日，68 DO 1676）。

【判例】 在共谋处分军队用引擎石油之后，甲变卖了石油而乙

---

① 韩国刑法第 40 条规定：一行为触犯数个罪名时，从一重罪处罚。——译者按

制作了账簿。乙的行为仅仅是为避免事后犯行被发觉的一种手段而已，对于甲的军用物资侵占来说不是绝对必要的。而且，尽管后来乙撤回了犯意拒绝整理账簿，其由于没有中止作为共犯者甲的犯罪实行，所以不能认定为中止未遂（大法院判决 1989 年 2 月 25 日，68 DO 1676）。

（2）在中止未遂中，刑的减免是因为自动性这一心情价值的责任减少，因此，针对参与者的中止未遂的效果，根据责任个别化只及于基于自动真挚的中止犯行的人。其他犯罪参与者则是障碍未遂。

3. 共犯与中止

共犯（教唆犯、帮助犯）也与正犯的参与犯形态一样，仅以共犯者中的一人中止犯行是不成立中止未遂的，需要防止整体的结果。因此，教唆者或帮助者只有中止了正犯的实行或防止了结果时，方成立中止未遂的共犯。当然，这时正犯成立障碍未遂。相反，正犯基于自动中止了实行或防止了结果发生时，只有正犯才成立中止未遂；教唆或帮助犯将受到障碍未遂的处罚。

第四节 预 备 罪

一、一般考察

（一）意义

预备作为以实现特定犯罪之目的的准备行为，是指尚未着手实行的所有行为。然而，仅以心理上的决心或表明是不够的，此外还需要具备外部的准备行为。

因为预备在时间上是先行于本罪的实行行为使将来的行为成为可能或促进或容易，所以不应该达到着手实行。正是这一基准将预备与未遂之后的阶段区别开来。

所有可罚的行为样态均需要行为无价值与结果无价值。未遂由于充足了此要件，所以是原则上处罚可能的行为样态。然而，由于刑法的补充性原则，仅限于具有实定法规定的情况，才对此进行处罚。与此相比，预备由于是属于着手实行之前的行为样态，所以甚至不具有第三的结果无价值（法益平稳状态的扰乱），只具有行为无价值。由于可罚的预备是只能基于行为无价值进行处罚的例外的现象，所以考虑法益的重大性仅限于在几个构成要件中设置预备罪的处罚规定。

（二）与阴谋的区别

阴谋是指二人以上欲实现一定犯罪的合意。虽然是向相对方单方面地传达犯罪意思，但如果相互间即使存在犯罪意思的交换，而没有达成合意时，则只是单纯的犯罪意思的表现，而不是阴谋。在其是着手实行之前的行为这点上，与预备相同。

刑法同等看待预备与阴谋。

《**参考**》存在如下见解：① 将阴谋视为预备之一种的见解；② 认为阴谋是先行于预备的犯罪发展之一阶段的见解；③ 将物的准备行为视为预备，人的准备行为视为阴谋的见解；④ 认为阴谋是对犯罪的意思联络及心理的相互交流，预备是此外的所有准备行为，两者之间没有先后区分的见解。

在理论上，④说是最妥当的。但在现行刑法上却没有进行区别的实际意义。这是因为，在刑法分则处罚预备罪的情况中，同时也规定了处罚阴谋罪。但，偷渡管制法第 3 条 3 项却规定只处罚预备罪。仅限于此规定上，具有区别意味着单纯的犯罪约定或合一的阴谋与作为此外的准备行为的预备的实际意义。

【**判例**】　被告人意图偷渡到日本并与船长全某约定事成之后付给偷渡费 100 万日元，但之后放弃了此次偷渡。如果是这种程度，其仅仅是偷渡的阴谋，没有达到预备程度，因此不能成为处罚对象（大法院判决 1986 年 6 月 24 日，86 DO 437）。

（三）现行刑法上的预备规定

现行刑法规定："犯行的阴谋或预备行为未达实行之着手时，不予处罚。但法律有特别规定的，不在此限。"进而原则上不对预备进行处罚。

刑法采取这种消极立场的理由在于：① 只有重要的几个法益才有必要在预备阶段给予保护；② 因为是与犯罪之实现相距很远的行为，所以相对来说危险性小、犯罪的内容也稀薄（实体法上的理由）；③ 很难对犯罪意思进行立证（诉讼法上的理由）；④ 比起威胁要处罚其行为的预防，寄托于行为人的慎重考虑更为合理，而且大部分的预备行为都会在着手实行之前撤回，所以没有处罚的必要性（刑事政策上的理由）。

二、预备罪的性质

（一）法律性质

1. 构成要件修正形式说（发现形态说）

该学说认为，现行刑法并没有将预备行为规定为独立的犯罪类型，而是采取了"实施××罪之目的"这种形式，所以应该视为基本构成要件的修正形式（非独立的犯罪类型）。是韩国的多数说。[①]

2. 二分说

该学说是将预备罪依据一定基准区分为作为构成要件修正形式的预备罪与独立的预备罪之后进行把握的见解。该见解是由日本与德国的学者各自以本国的刑法为根据所主张的。

3. 独立的构成要件说

该见解认为，与未遂犯是以"处罚本罪的未遂犯"这种形式没有使构成要件实体化不同，预备罪大部分是以"预备实施××罪之目的者，处以……"的形式进行规定的，所以能够将预备行为自身视为独立的犯罪类型。[②]

4. 结论

应该将预备罪把握为是与基本犯罪之间存在某种程度的距离并具有独立的犯罪构成要件形式的独立的犯罪类型。虽然在不法的内容与质上与未遂相比具有不完整性，但考虑到预备罪不法类型的定型性，立法者才将预备罪定型化为独立的犯罪构成要件。犹如围绕主要构成要件周围的某一卫星就是预备罪。在这点上，不能说不法的质与构成要件形式之间必须要存在比例关系。为有效地与犯罪作斗争，针对几个构成要件能够处罚预备行为时，视为具有独立的不法类型性的独立的构成要件，更符合立法者为设定明确的可罚性之界限的意图。

（二）预备罪的实行行为性

如果将预备罪的法律性质视为独立犯罪，就能够认定预备罪的实行行

---

① 金圣天、金亨俊，470 页；朴相基，311 页；安铜准，206 页；李在祥，391 页；李廷元，295 页；任雄，309 页；郑盛根、朴光玟，373 页；陈癸浩，437 页。

② 曹俊铉，273 页。

为性。然而，在修正形式说中，又重新出现了肯定说（多数说）与否定说。否定说认为，由于实行行为仅限于符合基本构成要件的正犯的实行行为，所以着手实行之前的预备行为不具有实行行为性。而且，预备行为的无定型性也是其否定实行行为性的理由之一。① 相反，肯定说脱离这种形式逻辑的思考，在相对的、机能的把握实行行为概念的基础上认定预备罪的实行行为性。既然存在预备罪的构成要件，当然就能够认定实行行为性（多数说）。② 此观点在是否成立预备罪的共犯问题上，具有意义。

（三）预备罪的正犯适格

预备罪的正犯适格是指自我预备与他人预备的问题。自我预备是指预备者自己或与他人共同以实行之目的所实施的准备行为。他人预备是指为使他人实行之目的所实施的准备行为。关于他人预备行为者能否成立预备罪的正犯，存在着肯定说③与否定说④的对立。

细思量，无论是自我预备还是他人预备，在原本预备行为就是指使基本犯的实行容易的行为样态这点上，是没有差异的。然而，在法的评价的观点上，应该区别"实施准备行为"与"帮助准备行为"。而且，也不能忽视成为其基准的行为人的主观要素。在这点上，否定说的立场是正确的。

三、预备罪的成立要件

（一）主观的成立要件

1. 对预备自身的故意

预备行为者必须具备关于预备行为自身的故意。关于故意的内容，存在见解上的分歧。

（1）实行故意说 该学说认为，预备的故意是指"实行的故意"，即符合

---

① 李炯国，研究Ⅱ，491页；任雄，310页。

② 白亨球，《预备罪》，考试研究，1988年5月，80页；孙海睦，824页；李在祥，392页；郑盛根、朴光玟，374页；陈癸浩，《预备罪》，考试研究1986年5月，69页；车铺硕，《预备罪》，考试界，1985年5月，72页。

③ 权文泽，《预备罪》，刑事法讲座Ⅱ，556页；孙海睦，830页；车铺硕，《预备罪》，考试界1985年5月，68页。

④ 裴钟大，466页；李在祥，395页；李炯国，263页；任雄，311页；郑盛根、朴光玟，375页；陈癸浩，440页；白亨球，前文，79页。

基本构成要件事实的认识。① 依据此学说,① 预备与未遂相同,是构成要件的修正形式;② 因为预备、未遂与既遂是以一个故意为基础的一系列的行为发展阶段,所以并不存在与各阶段相适应的特有的故意。

(2)预备故意说 此学说认为,预备的故意是与实行的故意相区别的、关于准备行为自身的认识。② 依据此学说,① 预备并不是基于正犯直接实现构成要件的违法,仅仅是为直接正犯的着手实行的准备;② 能够找到预备自身固有的故意;③ 只有预备自身中存在故意,才能够在实际止于预备行为时追究其责任;④ 法条文规定为"实施××罪之目的",可以视为是采取了在预备罪的故意中要求具有准备行为之认识这种目的犯的构造。

(3) 结论 既然把预备罪认定为独立的犯罪,将故意的内容解释为是关于预备行为自身的认识的预备故意说是正确的。

2. 目的

预备罪需要具备对预备自身的故意与意图实施基本犯罪的目的。③ 依据此目的要素,可以区分日常性的生活世界与犯罪的准备行为。因为只有实现基本犯罪才有可能充足预备罪,所以在麦兹格对目的犯进行分类所提出的短缩的结果犯与不完全的复行为犯中,预备罪属于后者。

(二) 客观的成立要件

1. 需要具有外部行为

在客观上需要具备为实现犯罪的外部的准备行为。但这也只是物的准备而已。然而,在其手段、方法、样态上没有限制,而且类型也是非限定性的、无定型的。对此的评价,只能委任于各论的解释论与在具体事例中法官的判断活动。其结果,虽然是在立法论上有必要具体化的部分,但在时间上、场所上与犯罪的着手实行相密切关联的准备行为是能够被评价为预备的外部行为的。

2. 必须是着手实行之前的行为

预备行为人一旦着手实行基本犯罪,预备罪就会被本罪的未遂或既遂所吸收,因此,预备行为至少应该是着手实行基本犯罪之前的行为。

---

① 朴相基,311 页;白亨球,前揭论文,81 页;李炯国,263 页;郑盛根、朴光玟,375 页;黄山德,《预备罪》,考试界 1966 年 7 月,84 页。

② 权文泽,前文,550 页;裴钟大,465 页;孙海睦,827 页;李在祥,393 页;任雄,311 页;车铺硕,前揭论文,70 页。

③ 任雄, 311 页。

（三）存在处罚规定

仅限于法律有特别规定时，才处罚预备罪（第 28 条）。

四、相关问题

（一）预备罪的中止

刑法第 26 条（中止未遂）是适用于着手实行后中止的规定，因此，不能直接适用于中止着手实行之前的预备行为的情况。然而，与经过预备行为进而着手实行后中止时不仅减轻刑罚甚至还应该免除刑罚相反，在着手实行之前中止时如果以预备或阴谋进行处罚，就会导致刑罚的不均衡。对于如何合理地调和这种情况，存在见解上的对立。

1. 成立否定说　该学说认为，由于不能认定预备中止这种观念，所以在将预备作为犯罪进行处罚的情况中，考虑到刑罚的均衡即使对预备中止也不应该容许免除刑罚（大法院判决 1991 年 6 月 25 日，91 DO 436；1966 年 7 月 12 日，66 DO 617）。该见解面临的批判是，将抹消中止未遂规定的意义。

> **【判例】**　中止犯是指在着手实行犯罪之后基于自动中止其行为，所以在处罚着手实行之前的预备或阴谋的行为的情况中，不能认定中止犯的观念。因此，即使对中止政变计划进行了合意，其也不符合中止未遂（大法院判决 1966 年 7 月 12 日，66 DO 617）。

2. 中止未遂规定准用说　在对预备中止准用中止未遂规定的立场中，还存在两种见解。

第一见解认为，只在预备之刑重于中止未遂之刑时（第 90 条、第 101 条①），为避免刑罚的不均衡应该准用中止未遂的规定。此是多数说

---

①　韩国刑法第 90 条（预备、阴谋、煽动、宣传）规定："（一）预备或阴谋犯第 87 条（内乱）、第 88 条（意图内乱而杀人）之罪的，处 3 年以上有期惩役或者有期禁锢。但在实行犯罪之前自首的，减轻或免除处罚。（二）煽动或宣传犯第 87 条、第 88 条之罪的，减轻或者免除处罚。"

第 101 条（预备、阴谋、煽动、宣传）规定："（一）预备或阴谋犯第 92 条至第 99 条之罪（外患罪）的，处 2 年以上有期惩役。但在实行犯罪之前自首的，减轻或免除处罚。（二）煽动或宣传犯第 92 条至第 99 条之罪的，处罚同前。"——译者注

的立场。① 然而，对此存在着如下批判：第一，关于免除刑罚一概的类推
适用中止未遂的规定，而关于减轻刑罚则根据情况类推适用中止未遂，这
在理论上是不具有一贯性的。第二，既然刑法在分则上个别规定了预备或
阴谋的刑罚，这便意味着应该在分则中具体地判断预备的危险性与不法，
因此中止未遂之刑与预备之刑不具有相比较其轻重的性质。

第二见解认为，应该对所有预备中止准用中止未遂的规定，预备中止
始终应该减轻或免除刑罚。② 而且认为应该减轻或免除的刑罚也是在预备
或阴谋中所规定的刑罚。这是因为，预备的中止不是既遂的中止，而是预
备行为的中止。

3. 结论 预备是未遂之前的犯罪实现阶段。只是基于刑事政策上的
考虑，才以独立的犯罪构成要件形式个别规定在刑法分则中。因此，预备
的未遂是形容上的矛盾（contradictio in adjecto）。预备行为的终了并不是
基于绝对的基准设定的，而是基于基本犯罪的着手实行相对决定的。所
以，如果将预备中止作为中止未遂进行处罚，在结果上就具有将所有预备
行为都作为中止未遂的危险。因此，只有在预备行为人自首或表现出能动
性后悔（Tätige Reue）时，才应该类推适用针对预备罪之自首的必要的减
免规定（第90条1项但书、第101条1项但书等）。在理论上，比起类推
适用中止未遂的规定，根据一般类推（法的类推）形式类推适用必要的
减免规定是正确的。

（二）预备罪的共犯

能否以预备罪的共同正犯处罚虽然存在一定犯罪的预备但尚未着手实
行基本犯罪的共同预备人？或者虽然对正犯实施了教唆或帮助但正犯单纯
止于预备阶段时，能否以预备罪的教唆犯或帮助犯处罚其教唆者或帮助
者？

预备罪共犯的可罚性问题可以概括为如下几个问题：（1）预备罪的
实行行为性问题；（2）参与他人的预备行为时是否也能够认定为预备罪
的问题；（3）预备罪的共同正犯与帮助犯的区别问题。

教唆的情况符合意图性教唆（第31条2项、3项），因此，即使被教

① 金钟源，8人共著，298页；朴相基，333页；裴钟大，449页；安铜准，195
页；李在祥，373页；李炳国，研究Ⅱ，487页；郑荣锡，232页；曹俊铉，263页；
陈癸浩，442页。
② 白南檍，259页；任雄，314页。

唆者止于预备时，也能够以预备或阴谋为基准处罚教唆者。在没有类似于意图性教唆规定的共同正犯与帮助犯中，预备罪问题就显得尤为重要。①

1. 预备罪的共同正犯

预备罪的共同正犯是指二人以上欲共同实现基本犯罪但止于可罚的预备行为的情况。如果否定预备罪的实行行为性，就不能够认定此概念。否定说认为，成立基本犯罪的阴谋罪。②

然而，如果承认预备罪的实行行为性，基于二人以上的实行行为成立预备罪的共同正犯当然也是可能的。③ 判例也采取肯定说的立场。

【判例】当刑法第 32 条 1 项规定帮助他人犯罪的以从犯处罚时，他人的犯罪是指正犯为实现犯罪进行着手的情况。因此，处罚从犯的可能性仅限于存在正犯的着手实行的情况中，正犯尚未着手实行止于预备时，除对此实施加功的行为成立预备的共同正犯之外，不能以从犯对此进行处罚。这是因为，依据刑法第 28 条的规定，犯罪的阴谋或预备行为没有发展为着手实行时，没有法律的特别规定是不进行处罚的。因此，无法将刑法分则处罚预备罪的规定包含于独立的构成要件概念中的想法是符合罪刑法定原则的解释的（大法院判决 1976 年 5 月 25 日，75 DO 1549）。

2. 预备罪的共犯

（1）问题的提起　在预备阶段实施了教唆或帮助但正犯没有着手实行时，如何处理教唆者或帮助者？关于此问题历来以狭义的共犯（尤其是帮助犯）为主要对象存在着共犯独立性说与共犯从属性说之间的解决上的差异。即共犯独立性说将预备罪的帮助行为视为帮助的未遂，而共犯从属性说在关于预备罪的帮助犯之成立问题上又分为肯定说与否定说。

（2）最近学说动态

① 不可罚说　该学说否定成立预备罪的共犯。其理论根据如下：第一，教唆犯或帮助犯的成立应该以正犯的实行行为为前提，但在预备罪中不存在实行行为；第二，刑法是消极地认定狭义的共犯，所以不能成立预

---

① 参照郑盛根、朴光玟，378 页。

② 任雄，312 页。

③ 肯定说是多数说。朴相基，312 页；裴钟大，467 页；李在祥，396 页；李炯国，268 页；郑盛根、朴光玟，380 页；陈癸浩，442 页。

备罪的教唆犯或帮助犯；第三，由于预备罪的实行行为不具备确实性的形式，所以很难甚至处罚对此的帮助犯；第四，毋庸说预备罪的处罚自身尚处于在社会通念上无视法感情的境地，何况对预备或阴谋的帮助进行处罚是过分的。这是目前的多数说①与判例的立场（大法院判决 1976 年 5 月 25 日，75 DO 1549；1979 年 11 月 27 日，79 DO 2201）。

② 预备罪说 该学说认为，由于所有预备的教唆或帮助都是"指向正犯之实行的独立的行为"，因此正好成立预备罪。

③ 二分说 该学说区分独立的预备罪与修正形式的预备罪，在前者中认定预备罪的教唆犯或帮助犯；而在后者中否定成立共犯。对此学说的批判是，不仅区分独立的预备罪与修正形式的预备罪的基准与根据不明确，而且也没有实际意义。更何况在法条文上没有这种区分的韩国刑法解释上，也不能够接受此种观点。

④ 共犯说 该学说是肯定成立预备罪的共犯的见解。② 此学说的理论根据如下：第一，因为预备罪也是与基本构成要件相适应的独立的构成要件，所以对此实施加功的行为也能够成立共犯；第二，作为行为阶段的预备与未遂的区分是划定可罚行为之界限的问题，因此应该与可罚行为共犯与否的问题相区别。

⑤ 结论 从肯定预备罪的实行行为性并主张不能将他人预备视为正犯的客观要素的立场来看，共犯说是妥当的。预备是因为行为的危险性或法益的重大性才被例外地处罚，因此既然肯定预备罪的共同正犯，肯定其教唆犯或帮助犯的可罚性也是属于一贯的理论的。否定说认为，如果肯定针对预备罪的帮助犯之成立，就会过于扩大处罚预备罪的范围。然而，如果肯定预备罪的共同正犯的同时只否定其帮助犯的成立，其大部分的帮助行为就具有成立共同正犯的危险。因此，既然在总则上缓和了帮助犯的处罚，处罚范围扩张的担心就是过分的忧虑。

3. 其他解释上的问题

（1）预备罪与不能犯

行为人将根本无法到达基本犯罪行为的预备行为认为是危险的行为进而实施了准备时，成立不可罚的不能犯。

---

① 朴相基，313 页；裴钟大，468 页；孙海睦，836 页；李在祥，397 页；李炯国，研究Ⅱ，490 页；任雄，313 页；陈癸浩，443 页；黄山德，前揭论文，91 页。

② 曾经是多数说的立场。权文泽，刑法问题研究，161；安铜准，210 页；廉政哲，356 页；刘基天，303 页；郑盛根、朴光玟，380 页。

（2）预备罪与罪数

为一个正犯之实行实施数个准备行为时，仍旧作为一个预备罪进行处理，因为，这是数个预备行为相互补充在整体上形成一个准备行为的一个行为。预备罪发展为基本犯罪的实行行为时，基本犯罪吸收预备罪（法条竞合）。

第十章　正犯及共犯论

第一节　序　论

一、犯罪参加形态与正犯及共犯

根据参与实现构成要件的犯罪主体是一人还是数人将犯罪形态区分为单独正犯与犯罪参加形态。

单独正犯（Alleintäterschaft）是指一人实施犯罪的情况，是犯罪实行的最单纯的基本形态。然而，时常存在二人以上通过不同程度的依赖相互协力实现构成要件的情况。如共同正犯、间接正犯、教唆犯、帮助犯即是。将此种情况统称为犯罪参加形态（Beteiligungsform）。此犯罪参加形态原则上只在故意犯中成为问题。

韩国一直将犯罪参加形态称为广义的共犯，从而区别于所谓的狭义的共犯（教唆、帮助）。然而，共犯不仅没有区别广义与狭义程度的内容上的根据，而且还具有产生误解的可能。因此，反而替代广义的共犯使用犯罪参加形态这一用语更合适一些。因为，这样可以使共犯这一用语单纯化，进而依照原本的含义仅指教唆犯与帮助犯。

犯罪参加形态首先区分为正犯（Täterschaft）与共犯（Teilnahme）。在这两种形态即正犯与共犯的各自中，又重新划分为特殊的参加形态。刑法分则的构成要件主要规定的是正犯形态。虽然大部分是行为人单独或直接实现构成要件的单独正犯或直接正犯的形态，但也存在合同犯、必要的共同正犯、同时犯的特例。刑法总则中规定的共同正犯、间接正犯、同时犯等正犯形态仅对这些分则上的正犯形态起到补充的作用。

与此相反，共犯比起独立的意义更是以正犯概念为前提并依存于此而成立的犯罪参加形态。虽然不能否认共犯也是独立实现不法内容，但却是依存于符合正犯构成要件的违法犯行的不法而成立的。因此，一旦解明正犯概念，也就会随之确定共犯的概念。即无正犯即无共犯。在犯罪参加形态中，这种正犯概念形成核心这一点称为正犯概念的优越性、共犯概念的从属性。

二、犯罪参加形态的规定方式

关于在理论上或立法技术上如何看待多数人的犯罪参加形态存在着两种立法模式，即正犯与共犯分离模式与单一正犯模式即是。

（一）正犯与共犯的分离模式

此模式将刑法总则上的正犯与共犯编入到构成要件论的一部分，进而在构成要件领域中区分诸种犯罪参加形态。而且，通过以总则的正犯与共犯论补充分则的构成要件，谋求影响刑罚的构成要件上的细分化。

这种分离模式虽然存在需要时常区分某种犯罪参加形态是正犯还是共犯的繁琐性，但由于其是符合构成要件核心性刑法（Tatbestandsstrafrecht）这种法治国家要求的模式，所以在法政策上受到了偏爱。由于在理论上已经确立正犯与共犯的区别基准的今天，已经消除了分离模式的繁琐性，所以更是如此。

（二）单一正犯体系

该模式并没有依据犯罪参加形态细化构成要件领域，而是将发挥成为实现构成要件之原因的作用的所有人都视为正犯，同时每个人的具体的量刑则是在分则各构成要件中统一设定的刑罚幅度内依据每个人具体的犯罪作用程度进行决定的。换言之，是在原因上不进行区别全部成立正犯且通过在量刑上的细化方法来谋求处罚个别化的方法（奥地利刑法之例）。

该方法由于消解了在故意犯中必须要区别犯罪参加的复杂形态这种繁琐性，所以在立法论上不是没有考虑价值。在实际采取正犯与共犯分离模式的德国或韩国刑法中，针对与故意犯相区别的具有特殊构造的过失犯，在采取原本就不可能成立针对过失犯的共犯且根据情况只能处理为正犯形态这点上，可以认为是部分地适用了单一正犯原则。

既然在韩国刑法的解释论上立法者已经采取了分离模式，就不能再考虑单一正犯原则。

第二节　正犯与共犯的区别

一、正犯与共犯的意义

在采取分离模式的法制之下，针对二人以上参加犯罪构成要件之实现的情况，必须要将参加形态区分为正犯与共犯。正犯与共犯的区别即使对于构成要件符合性的判断及量刑的具体适用也是极其重要的。尤其是间接正犯与教唆犯的区别及共同正犯与帮助犯的区别在实务上也是时常成为问题的。历来，正犯与共犯论的理论学上的发展也是在与这种正犯与共犯的区别相关联中持续过来的。

在方法论上有必要优先确定正犯的结果，正犯概念的优越性或共犯概念的从属性这种命题也成为一同被考虑的对象。因此，正犯与共犯的区别始终是在共犯的概念规定之前首先确定正犯的概念特征之后方才进行的。

> 例如，在指使 11 岁的刑事未成年人偷窃其父亲钱包里的钱的情况中，依据极端的从属形式由于不能成立共犯所以行为人成立间接正犯；或者依据限制的从属形式时则成立教唆犯等这种理论的展开是没有考虑正犯概念的优越性相反是在共犯概念的优越性上试图解决问题的错误的方法。这时，应该首先考察行为人具备何种正犯特征进而在确认正犯的可能性之后再行补充考察是否成立共犯。

在多数人参与犯罪行为时，要将此区分为正犯与共犯大体上需要考虑如下几种概念：

（1）亲自实施自己犯罪的人是正犯。在理论上，正犯通常包括单独（直接）正犯、间接正犯、共同正犯。单独正犯是指独自实施自己犯罪的人，间接正犯是指利用他人实施自己犯罪的人，共同正犯是指多人共同实施犯罪的情况。

德国刑法第 25 条明文规定了这三种类型的正犯。韩国刑法在第二章第三节的共犯中仅规定有共同正犯（第 30 条）与间接正犯（第 34 条），并没有另行规定单独正犯。

共同正犯虽然在其是二人以上共同实施犯罪这点上与单独正犯相区别，但由于是亲自实施自己的犯罪的人，所以不是共犯而是正犯。间接正犯是把他人作为工具实施自己的犯罪的人，所以仍旧属于正犯。因此，与共犯一同规定共同正犯、间接正犯的韩国刑法第二章第三节的名称叫做正犯与共犯更符合事理。

（2）共犯是指教唆或帮助他人犯罪的人。作为教唆者或帮助者故意参与他人的犯行。在理论上，共犯包括教唆犯与帮助犯。教唆犯是指使他人下定决心实施故意的违法行为的人，帮助犯是指辅助参与他人实施的故意违法行为的人。

韩国刑法第31条规定了教唆犯，第32条规定了帮助犯。

> 刑法第32条的标题将帮助犯表示为从犯。如果依据英美法上关于主犯（principal）与从犯（accessory）的区别，主犯是指正犯，从犯是指教唆犯与帮助犯，所以替代从犯这一标题使用帮助犯在内容上才是充实的表现。德国刑法第27条也将帮助表示为Beihilfe，将帮助犯表示为Gehilfe，从而避免使用从犯这一用语。

（3）虽然在法制度上或概念上如此区别正犯与共犯，但在具体的事案中区别其是间接正犯还是教唆犯或者是共同正犯还是帮助犯并不是件容易的事。关于正犯与共犯的区别，不仅理论上付出了诸多努力，其历史也很悠久。由于区别上的难度，甚至想出了单一正犯体系这种立法方向。这暗示着是很难区别两者的理论性操作。

二、关于区别标准的学说

关于正犯与共犯的区别，从19世纪初开始就存在着主观说与客观说的对立。然而，自1933年洛贝（Lobe）提出犯行支配说以来，目前该犯行支配说作为将主观说与客观说相结合的折中说占据有支配性地位。

（一）主观说

主观说试图采取等价说（条件说）依据因果性方法区别正犯与共犯，其结果由于无法运用在外部世界中所表现出的客观基准区别两者，所以转而试图依据犯罪参加人的意思、目的、动机、心情这种主观基准进行区别。该学说又分为意思说与利益说。

1. 意思说

该学说主张依据行为人特别的意思的种类区别正犯与共犯。即具有正犯意思（animus auctoris）的人是正犯，具有共犯意思（animus socii）的人是共犯。在这里，正犯意思是指作为自己的犯行实施的意思，共犯意思则是指引起或促进他人的犯行的意思。

意思说（Dolustheorie）具有依据因果性方法无法解决关于正犯与共犯之区别的法的评价问题这一方法论上的难点，而且为区别正犯与共犯采用的正犯意思·共犯意思这一基准又重新将正犯与共犯的概念作为了前提，所以具有陷入循环论这种理论上的谬误。此外，因为关于正犯意思的征表太过任意，所以在实务上还会具有在各具体事例的判断中法官的恣意将会起到很大作用这种难点。

《参考》意思说这种恣意结论的代表性事例是德国帝国法院的作为浴槽事件（RGSt 74, 85）。即未婚母亲的姐姐在未婚母亲的谅解之下将刚出生的婴儿扔进浴槽里溺死的事件。对此事件德国帝国法院作出了如下不合理的判决：以不是"实施自己的犯罪的意思"为理由认为未婚母亲姐姐只成立共犯，反而未婚母亲成立正犯。

2. 利益说

该学说以对结果的利益为基准区别正犯与共犯。即为自己的利益实施犯行的情况是正犯，为他人的利益实施犯行的情况是共犯。该利益说（Interessentheorie）实际上并不具有凌驾于意思说的独立的意义，其只具有如下的价值：即为把握在意思说中为确定正犯意思所要求的犯罪参加者之间意思的上·下阶位的征表。

利益说也不能够为正犯意思的确定提供正确的基准。因为，即使行为人基于利他性理由实施了行为，也能够认定其可罚性；不仅如此，在各构成要件中也存在立法者已经将利他行为的可能性规定为正犯的情况。例如嘱托杀人（第252条1项）、嘱托堕胎（第269条2项）即是。此外还有为第三者的诈欺（第347条2项）、恐吓（第350条2项）、背任（第355条2项）等。

3. 问题点概要

正犯与共犯的区别是在构成要件符合性领域中发生的构成要件评价的问题，因此，首先有一点可以指出的是，以因果关系论的等价说为基础的因果性方法论自身不能成为适合于这种构成要件评价的基准。而且，由于构成要件符合性具有主观意义与客观意义的一体性，所以只有依据结合主观与客观的观点才能够进行恰当的评价。试图单纯以主观方面对此进行把握、评价的主观说的观点难免有片面性，而且也很难期待其得出合理的判断结果。

（二）客观说

1. 形式的客观说

该学说认为，直接亲自实施分则构成要件所记述的行为的一部分或全部的人是正犯，以实行行为之外的方法只提供条件的人是共犯。例如在甲、乙二人开车来到有钱的丙家前，乙进入丙家里，甲在车里望风并指挥的情况中，直接亲自实施构成要件盗窃行为的人只有乙，所以乙是正犯，而甲只成立共犯（帮助犯）。形式的客观说的附随结论是限制的正犯概念，因此，认为刑法上所认定的共犯的处罚规定符合体系上的刑罚扩张事由。

依据此见解，没有亲自实施实行行为的间接正犯与在犯罪集团背后实质操纵重要犯罪活动的犯罪集团头目也由于在外形上不是亲自直接实施犯行的人，所以不能认定为共同正犯。尤其在立法者已经将间接正犯实定化为正犯之一种类型的法制下，形式的客观说将面临与立法者的目的设定相背离的难点。形式的客观说目前在德国几乎已经没有意义，虽然主要是因为犯行支配说之出现的缘故，但也能够在无法克服这种难点上寻找其原因。

2. 实质的客观说

该学说依据因果性方法尤其是因果关系论中的原因说的立场区别正犯与共犯，并试图在针对结果的原因力的差异上寻找基准。除这种观点之外，也把在内容上将重点放在客观基准的所有见解总称为实质的客观说。因此，依据内容区别基准也是多样的。

（1）必要说（Notwendigkeistheorie） 是试图将在犯罪实行中必要不可或缺的犯行作用发挥者与亲自直接实施犯行的正犯同等视之的见解。即存在于如果没有此行为就不可能实现犯行这种关系上的必要不可或缺之作用行为的实施者是正犯，否则单纯的参与者只是共犯。由于该学说至少考虑了为实现共犯之目的所必要的行为作用，所以在共同正犯的构成上要比形式的客观说具有更多的优点。

然而，试图依据因果性方法寻求必要不可或缺的因果原因进而区别正犯与共犯，是与应该依据法的意义的差异进行区别的对象不相吻合的方法论。而且，该理论试图依据行为人的意识确认其作用是否必要不可或缺，所以具有在实务上很难适用的难点。不仅如此，必要说原本是作为区别共同正犯与帮助犯的理论被提出来的，所以也具有无助于区别间接正犯与教唆犯的缺点。

（2）优位说（Überordnungstheorie） 该学说主张，考虑各具体事

例的情况依据犯罪参加者的法益侵害行为是协同的（同价值的）还是从属的（劣位的）进行判断，前者的情况是共同正犯，后者的情况是帮助犯。是达姆（Dahm）、里哈尔特·舒密特（Richard Schmidt）等主倡的理论。在这里，优位或劣位的观点具有很大的伸缩性，所以成为个别化可能性很大的尺度。而且，还具有是同价值的还是从属的判断问题也能够从客观的观点而不是主观的观点进行具体化的优点。

然而，其缺点是，由于这种基准过于一般化或抽象化，所以在具体的事例中对区别正犯与共犯没有多大用处，不仅如此，还给判断者留下了过宽的裁量余地。该理论目前已没有追随者，只具有作为犯行支配说的直接的先驱者的意义。

3. 问题点概要

既然在构成要件领域中进行正犯与共犯的区别，不考虑行为人主观的意思与整体计划试图只从客观的观点进行区别是难以得出合理的结论的。尤其客观说提出的区别基准即使能够在各个正犯与共犯形态的区别中成为有用的观点，但却尚不足以成为正犯与共犯的一般性区别基准。因为，大部分以因果性思考为基础的这种观点并不适合作为实质的评价的基准。

（三）犯行支配说

犯行支配说（Tatherrschaftstheorie）是将犯行支配（Tatherrschaft）作为区别正犯与共犯的指导原理的理论。在这里，犯行支配是指基于故意掌握包括性构成要件之事件的进程。

由于犯行支配是以这种主观要素与客观要素构成的概念，所以以此为基础的犯行支配说也是实质的综合主观观点与客观观点的学说。依据此学说，实施犯行支配的人是正犯，没有自身犯行的支配只是引起或促进犯行的人是共犯。

1. 威尔滋尔（Welzel）的犯行支配说

威尔滋尔将目的性把握为事物逻辑的构造甚至是约束立法者的存在资料（在存在论上已经给予的东西），其结果认为如同行为是目的行为一样，也应该在目的的犯行支配中寻求正犯的特征。即认为，以自身意思的决定为根据有目的的实施犯行的人是正犯，欠缺这种特征的单纯参与者则是共犯。由于在威尔滋尔看来目的性与故意是同一的，所以正犯与共犯的问题也只在故意犯中成为问题。

然而，依据此观点也能够认为故意实施行为的共犯中已经存在目的的犯行支配，所以很难区别正犯与共犯。原本威尔滋尔的犯行支配说就偏重于主观说，所以为依据目的的犯行支配的基准区别正犯与共犯，仅以单纯的实现构成要件的意思是不够的，至少要同时考虑超过其意思之客观化的客观要素，否则难以得出令人满意的结论。

2. 洛克辛（Roxin）的犯行支配说

依据此种见解，正犯作为具体的行为事象的核心体能够依据犯行支配的特征对其进行特定。为进行这种特定，在方法论上首先应该从构成要件的审查中开始。即认为，包含正犯与共犯之区别的犯罪参加论并不是独立的犯罪成立要素，而是在犯罪体系论中属于构成要件问题的领域。所以，首先应该探讨分则的法律构成要件，进而确认每个构成要件是否预设了正犯与共犯的区别。

在这里，由于所谓义务犯与亲手犯没有预设这种区别，所以没有必要适用犯行支配的基准。相反，在所谓没有特别限定正犯范围的一般犯中，任何人均能够通过支配被禁止的行为与结果而成为正犯。因此，将这种一般犯与义务犯或亲手犯进行区别进而称作支配犯。

作为为判断正犯性的类型性基准，洛克辛提出了行为支配、意思支配与功能性犯行支配。即行为支配是直接正犯的正犯特征，意思支配是间接正犯、功能性犯行支配是共同正犯的正犯性特征。

洛克辛的犯行支配说在目前的德国以及日本和韩国的正犯及共犯论中已经成为一般通用的支配性见解。

3. 问题点概要

虽然犯行支配说原本是作为为折中主观说与客观说的理论发展而来的，但正如在威尔滋尔的犯行支配说中所看到的那样，实际情况是也出现了尚具有浓厚的意思说与形式的客观说色彩的犯行支配说。然而，犯行支配说应该扬弃这种倾向并进行合一，而且应该依据构成要件的特性进行细分化、具体化。在这种观点上来看，洛克辛的犯行支配说是妥当的。

洛克辛的犯行支配说也不是针对所有的构成要件都能够作为正犯与共犯的区别基准进行通用的。因为，在仅限于对犯罪主体没有特别限制的一般犯·支配犯中，才能够适用犯行支配说，而对于义务犯是不能够适用的。从这点上来看，犯行支配仅仅是正犯特征的必要条件尚未成为充分条件。

（四）　结论

正犯与共犯的区别应该依据包括主观要素与客观要素的犯行支配说进行解决。正犯作为具体的行为事象的核心体，是指亲自或通过他人共同支配犯行的人。

共犯作为从属于这种正犯这一核心形象的周边形象，是指在无犯行支配下为使正犯实施违法的故意行为进而诱发正犯的故意，或者加功于正犯的犯行使其促进的人。

第三节 正犯论的基本理解

一、正犯性的基础

(一) 法的构成要件的问题

正犯是与犯罪主体相关联的。因为犯罪主体是客观的构成要件要素的关系，正犯性也将与其他构成要件要素一起在构成要件上被记述。因此，正犯性的位置只存在于构成要件中。如同此构成要件具有主观的·客观的意义统一体的性质一样，正犯性也将受制于主观的·客观的要素。不可能存在通用于所有犯罪的单一的正犯概念。除故意的正犯、过失的正犯以外，也可以分为作为的正犯、不作为的正犯，甚至是依据犯罪参加者的样态分类为单独（直接）正犯、间接正犯与共同正犯。然而，共犯之成立成为可能的正犯仅限于故意犯中，在过失犯中是不可能的。

(二) 构成要件的审查

关于正犯与共犯的犯罪参加论不是独立的犯罪成立要素，在犯罪体系论中是构成要件符合性的问题，所以，应该主要通过分则的构成要件之解释确定正犯性的特征。因此，首先应该考察成为问题的构成要件是符合义务犯、身份犯或亲手犯还是符合支配犯。因为，赋予这些犯罪样态以特征的正犯性特征是各不相同的。在支配犯的情况中，依据犯行支配之样态这种一般的正犯性特征适用总则的正犯规定。尤其成为问题的是确定身份犯、义务犯与亲手犯。

1. 身份犯

在身份犯（Sonderdelikte）中，只有具备法律所要求的身份主体资格的人，才能够成为正犯。身份犯具有如下种类：

(1) 纯正身份犯与不纯正身份犯 纯正身份犯是指行为人的身份成为决定可罚性存否的要因的犯罪。例如受贿罪（第 129 条）中的公务员或仲裁员的身份，侵占、背信之犯罪（第 355 条）中的处理他人事务的人的身份即是。在这里，由于不具备身份就不成立犯罪，所以亦将此身份称为构成身份。

与此相反，不纯正身份犯是指行为人的身份只具有减轻或加重已经成立犯罪的可罚性程度的机能的犯罪。例如业务上过失致死罪（第268条）中的业务者的身份，杀害尊属罪（第250条2项）中的直系卑属的身份，杀害婴儿罪（第251条）、遗弃婴儿罪（第272条）中的直系尊属的身份等即是。在这里，没有身份也成立普通的犯罪，所以亦将此身份称作加减身份。

之所以将身份犯区分为这种纯正身份犯与不纯正身份犯的理由在于，当非身份者参与身份者的正犯的犯行时，应该区别对待两者。即参与纯正身份犯的非身份者应该依据纯正身份犯的构成要件进行处罚（第33条本文）；参与不纯正身份犯的非身份者应该依据普通犯罪的构成要件进行处罚（第33条但书）。

> 将纯正身份犯的身份指称为构成身份、将不纯正身份犯的身份指称为加减身份的同时，也在议论所谓的消极身份。这是当行为人具有一定的身份时将排除犯罪的成立或阻却处罚的身份。在这里又存在三种类：
>
> （1）阻却违法的身份：业务者的业务行为（医生的诊疗行为、律师的有偿法律咨询行为等）、依据法律的行为这种具备一定身份的人容许其实施对一般人所禁止的行为的情况。
>
> （2）阻却责任的身份：如隐匿犯人罪（第151条2项）、湮灭证据罪（第155条4项）中亲族关系的身份这种行为人具备一定身份时，阻却责任的情况。
>
> （3）阻却处罚的身份：如在亲族相盗例（第328条、第344条等）中行为人具备一定的身份时，虽然成立犯罪自身但考虑到家族间的情谊仅阻却处罚的情况。

（2）法定身份犯与自然身份犯　如同公务员犯罪一样，仅针对具备一定的法的或社会的地位或资格的人才认定可罚性的犯罪称作法定身份犯或社会的身份犯。与此不同，自然身份犯是指强奸罪的男性或自我堕胎罪的妇女这种身份性依据自然的性别所决定的犯罪。

将身份犯进行这种分类的理由在于，比起法定身份犯，在自然身份犯的情况中无论在理论上还是性质上都更容易认定基于非身份者的间接正犯或共同正犯的成立可能性。

（3）行为人关联身份犯与结果关联身份犯　正如一定的职务犯罪那样，法律特别区别行为人的特性并使只有具备此特性的身份才能够成立正犯的犯罪就叫做行为人关联身份犯。与此不同，正如杀害尊属（第250条2项）中的直系卑属的身份，虐待罪（第273条1项）或酷使儿童罪（第274条）中的保护者或监督者的身份，甚至是强奸（第297条）、基于业务上的威力等奸淫（第303条）或以婚姻为借口等的奸淫（第304条）等中的男性这种自然的身份那样，由于法律以防止结果为主要目的，所以即使是非身份者只要以共犯或共同正犯的形式参与就能够进行处罚的犯罪就叫做结果关联身份犯。

进行这种分类的目的在于，在行为人关联身份犯中将排除所有非身份者的正犯性，相反在结果关联身份犯中将认定成立非身份者的间接正犯或共同正犯，进而对其进行处罚也成为可能。

2. 义务犯

（1）意义　义务犯（Pflichtdelikte）是指只有能够侵害先于构成要件而存在的刑法外在的特殊义务（Außerstrafrechtliche Sonderpflicht）的人，才能够成为正犯的构成要件。①

公务员的职务上的犯罪大部分属于此。因为，针对公职人员赋予了公法上的特殊的义务。例如，公职人员的职务遗弃（第122条），不法逮捕、不法监禁（第124条），暴行、残酷行为（第125条），公开被疑事实（第126条），泄露公务秘密（第127条），妨害选举（第128条），受贿罪（第129条），制作虚假公文书等（第227条）即属于此。

此外还有如私人业务上的秘密泄露（第317条）或侵占罪（第355条1项）、背任罪（第355条2项）这种职务上的身份犯罪，如一般遗弃（第271条1项）这种具有义务的人的遗弃行为或不纯正不作为犯等。这种情况，具有如下刑法外在的义务：业务上取得他人秘密的人具有应该信赖性地保守其秘密且不得随意公开的义务，保管他人财物的人具有不得违法地领得其委托物的义务，处理与他人财产相关联的事务的人具有不得以违背任务的方法处理事务进而给他人造成财产上的损害的义务，遗弃者具

---

①　义务犯的概念目前在德国刑法学界得到了诸多学者的支持。Bloy, Zurechnungstypus, S. 229；Herzberg, Täterschaft, S. 33；Jakobs, AT, 21/116；Roxin, §10 Rdn. 128；ders., Tatherrschaft, S. 353；Sch/Sch/Cramer, vor §25 Rdn. 62；Samson, SK §25 Rdn. 34.

有不得将在法律上或契约上需要保护的人放置于没有保护状态的义务，不纯正不作为犯具有阻止构成要件结果发生的作为义务等。

（2）特性 义务犯的特性在于，只有侵害刑法外在的特殊义务，才为正犯性提供根据，不需要存在犯行支配这种其他特征。因此，如果在构成要件上没有特殊义务的侵害，即使存在犯行支配，行为人也不成立正犯而仅仅是帮助犯而已。例如，住在首尔的他人财产管理者在暂住海外期间，委托自己的朋友处分其管理的财产，在得到汇款后将其挥霍一空的情况中，背任罪的正犯只能是违反义务的财产管理人，至于受其委托处分财产的朋友即使具有犯行支配也仅成立帮助犯。

没有前刑法上的特殊义务的人（Extraneus）不可能利用义务承担者（Intraneus）成立间接正犯，当然两者间原则上也不可能成立共同正犯。没有这种义务的人只根据参与程度成立共犯。

在韩国刑法解释上尤其应该认定义务犯存在的必要性在于，刑法（第33条）即使对不具备前刑法上的特殊义务的人（非身份者）也打开了一般成立正犯的可能性之门。这是无视以刑法外在的特殊义务为前提的犯罪之特性，确信单纯基于法律便能够创设正犯性的法万能主义的一断面。作为参考，德国刑法（第28条）并没有认定非身份者具有能够成立纯正身份犯罪的正犯的可能性，只承认具有成立共犯的可能性。

此外还有一点就是，能够自然地说明所谓利用无身份而有故意的工具的间接正犯的认定，以及通过将不纯正不作为犯的正犯性规定为刑法外在的义务之侵害，在不纯正不作为犯与作为犯存在共同的情况中，将原则上否定作为犯的正犯性而只认定帮助犯。例如，针对拒绝治疗病危孩子的父亲的义务侵害，第三者以废弃转递过来的医药品进行加功的情况即是。然而，如果第三者在与父亲的意思合意之下直接杀害孩子时，就不是单纯的共犯而成立共同正犯。

（3）与身份犯的关系 韩国刑法上的义务犯作为纯正身份犯的特殊形态大部分是行为人关联身份犯而不是结果关联身份犯。公务员业务上的犯罪、侵害业务上遵守秘密义务犯罪、背任罪、不纯正不作为犯等义务犯的纯正身份犯同时也是行为人关联身份犯。

将纯正身份犯分为义务犯（行为人关联身份犯）与非义务犯（结果关联身份犯），在关于共犯与身份的刑法第33条本文中的共同正犯的适用范围相关联上，具有着意义。即无义务者即使与义务犯的身份主体相共同，也不能够成立义务犯的共同正犯。在此限度内，义务犯对刑法第33条本文中共同正犯的适用范围产生限制。

3. 亲手犯

(1) 意义及本质 亲手犯（Eigenhändiges Delikt）是指只有正犯自身直接实行构成要件行为才能够成立的犯罪。因此，亲手犯的本质特性是只可能成立直接·单独正犯，相反不可能成立间接正犯或没有亲手实行的共同正犯。亲手犯的利用者只能成立教唆或帮助犯。

> 如果例举亲手性比较确实的军事刑法第92条的鸡奸，在某士兵为帮助他人的鸡奸行为摁住他人相对方（被害人）的情况中，虽然能够视为存在功能性犯行支配，但协力者仅是不能成立共同正犯的共同的行为实行。而且，在绝对的暴力之下使部下实施这种丑行的上司也不能够被评价为间接正犯。

亲手犯是无法基于犯行支配思考或义务违反思考进行理解的，其是应该基于独立的基准进行判断的犯罪类型。目前，对于承认亲手犯的存在自身没有不同意见，[①] 但对于其理论上的根据与适用范围则存在诸多议论。

(2) 亲手犯的认定根据

① 语义说（Wortlauttheorie） 该学说认为，依据刑罚规定的语义，只有在局外人尽管实施了紧密的协力，对其也不能认定实施了构成要件所记述的行为时，才能够视为亲手犯。

> 例如，医生利用不知情的护士给患者注射毒液的情况，由于依照杀害这一语义能够视为是医生自身杀害患者，所以杀人罪不是亲手犯。相反，唆使他人实施如通奸这种风俗犯罪的人不能以此为理由视为其实施了构成要件所记述的淫行，所以能够成为亲手犯。
>
> 然而，立法上所使用的语言表现是多样的，而且惯用语言也不是在考虑正犯与共犯的界限之后形成的，所以通过法律用语来寻求足以成为认定亲手犯之基准的细化的基准并不是件容易的事。

---

① 主张韩国刑法上不承认亲手犯的见解：车镛硕，《间接正犯》，刑事法讲座Ⅱ，717页。

② 举动说（Körperbewegungstheorie）　该学说区别单纯举动犯与结果犯，认为前者是亲手犯。即构成要件的充足不以结果发生为前提仅以一定的身体举动引起的情况是亲手犯，因此这时从根本上就排除成立间接正犯与共同正犯的可能性。

然而，举动犯并不全都是亲手犯。在侵入住宅罪（第 319 条 1 项）、冒充公务员资格罪（第 118 条）等情况中，也应该认为成立间接正犯。

③ 二分说（纯正亲手犯·不纯正亲手犯）　二分说将属于亲手犯范畴的犯罪分为如下几种情况：（ⅰ）行为人刑法的犯罪：不是各个行为成为问题，而是行为人一定的生活方式成为处罚对象的情况,① （ⅱ）无法益侵害的反伦理的行为犯罪：虽然没有基于行为的法益侵害性，但因为反伦理性而被规定为犯罪的情况,② （ⅲ）因极度的一身专属的义务，只有行为人的亲手实施才能够成立的犯罪。③ 并认为，前两种情况是纯正亲手犯，后一种犯罪是不纯正亲手犯。④

二分说面临着如下的批判：也许在解释论上是妥当的，但却与目前的无法益侵害的风俗犯罪以及性犯罪的非犯罪化思想不相吻合,⑤ 或者反伦理性、法益侵害的欠缺、义务自身等并不能成为亲手犯的实质基准。⑥

此外，还存在如下分类，即无论是身份者还是非身份者决不可能以间接正犯的形态实现的犯罪是"纯正亲手犯"（例如伪证罪、通奸罪），身份者能够将非身份者作为工具加以利用进而成立间接正犯但非身份者却不能利用身份者实现间接正犯，利用者只能成立教唆犯或

---

① 提供沦落行为的场所或介绍沦落行为（沦落行为等防止法第 25 条）、常习赌博（第 246 条 2 项）等的常习犯。

② 违反沦落行为之禁止、鸡奸（军事刑法第 92 条）、通奸（第 241 条）。

③ 脱逃罪（第 145 条）、伪证罪（第 152 条）、制作虚假公文书罪（第 227 条）、脱离军务（军事刑法第 30 条）、临阵脱逃（军事刑法第 33 条）。

④ 在韩国采取这种二分说立场的学者是：金日秀，韩国刑法 Ⅱ，253 页以下；申东云，636 页。在德国有：Roxin, LK §25 Rdn. 35.

⑤ 任雄，394 页。

⑥ 裴钟大，546 页；李在祥，431 页。

帮助犯的犯罪是"不纯正亲手犯"（例如业务上秘密泄露罪、背任罪、脱逃罪）。然而，这种分类是没有意义的。① 这是因为，由于亲手犯的本质特性是只可能成立直接·单独正犯，而否认间接正犯或无亲手实行的共同正犯的成立，所以身份者将非身份者作为工具加以利用进而成立间接正犯的不纯正亲手犯，不应该是亲手犯。

④ 三分说　三分说由赫茨伯格（Herzberg）所主张，② 其将亲手犯分为如下三种类型：（ⅰ）犯罪的实行要求行为人自身身体的参与的犯罪，③（ⅱ）尽管不是必须的身体性行为但要求行为人的人格性行为（人格态度的表现）的犯罪，④（ⅲ）不是因为犯罪自身的性质而是诉讼法或其他法律要求行为人亲自实施实行行为的犯罪。⑤ 三分说目前是韩国的多数说。⑥

⑤ 结论与刑法上的亲手犯　由于亲手犯是将只能是行为人的直接实行之支配而不可能是他人的意思支配（间接正犯）或功能性行为支配（共同正犯）这点作为其特性，所以结果在确定亲手犯的判断基准时，应该将重点放在是否要求行为人的亲手实行这点上。从这点上来看，二分说尤其在纯正亲手犯中将焦点放在了常习等行为人的特性或行为样态的反伦理性上，所以对于说明亲手犯的本质来说是不适当的。

三分说将焦点放在了行为人的亲手性行为上，所以比较稳妥一些，但应该说第二种基准（"尽管不是必须的身体性行为但要求行为人的人格性行为或人格性态度的表现"）作为亲手犯的基准是不适当的。这是因为，不是身体性举动的人格的行为或人格态度的表现即使通过基于意思支配的第三者之实行也是可能的。由于所例举的毁损名誉、侮辱或业务上秘密泄露等是基于间接正犯实行犯罪的可能的情况，所以应该排除在亲手犯的领

---

① 任雄，394 页，注 27 中认为，这种分类更为妥当。

② Herzberg, Eigenhändige Delikte, ZStW 82 (1970), S. 913 ff.

③ 通奸罪（第 241 条）、鸡奸罪（军事刑法第 92 条）、以婚姻为借口的奸淫罪（第 304 条）。

④ 毁损名誉罪（第 307 条）、侮辱罪（第 311 条）、业务上秘密泄露罪（第 317 条）。

⑤ 伪证罪（第 152 条）、脱离军务罪（军事刑法第 30 条）。

⑥ 裴钟大，547 页；安铜准，247 页；李在祥，431 页；任雄，394 页；郑盛根、朴光玟，525 页。对此的批判性见解：李廷元，319 页。

域之外。① 而且，基于刑法外的法律要求行为人亲自实施实行行为的第三种基准在要求行为人亲自的身体性参与这点上，能够包含在第一种基准中。这样，在三分说中剩余的就是行为人"亲自的身体性参与"（亲手的身体性实行）这一基准。

从结论上来看，亲手犯无论是依据犯罪特性还是依据法律构成要件的要求，其只存在只能依据"行为人亲手的身体性参与"才能够实施的犯罪这一种形态。由于亲手犯的机能是排除行为人以外的参与犯行的人成立正犯（尤其是间接正犯），所以没有必要在这一基准之外再设定追加性的特征。依据该特征，在韩国刑法及附属刑法上可以将通奸罪、鸡奸罪、以婚姻为借口的奸淫罪、伪证罪、脱逃罪、制作虚假公文书罪、脱离军务罪、沦落行为禁止违反行为等视为亲手犯。相反，准强奸·准强制猥亵（第 299 条）是有可能成立间接正犯的支配犯，被拘禁妇女奸淫（第 303条 2 项）则仅仅是义务犯的纯正身份犯，而不是亲手犯。②

⑥ 实质的亲手犯与形式的亲手犯　在犯罪性质上只能够依据一定主体的一定行为才能够实施其犯行，基于此外的其他主体虽然也能够在外观上产生一定的结果但却不能视为犯罪之成立的情况就叫做实质的亲手犯。在这里，可以广泛地举出纯正身份犯、目的犯、纯正不作为犯、单纯举动犯以及形式犯。

【判例】　不正支票取缔法的目的是对不正支票之发行进行取缔处罚。同法第 4 条的虚伪申报罪虽然将为免除支票金额的支付或交易停止处分之目的作为要件，但支票金额的支付责任者或承担交易停止处分者却局限于发行人。因此，不是发行人的人不能成为虚伪申报罪的主体，也不能利用无虚伪申报之故意的发行人以间接正犯的形态实施虚伪申报罪（大法院判决 1992 年 11 月 10 日，92 DO 1342）。

与此相反，法律将一定的犯罪类型规定为独立个别构成要件的间接正犯形态，因此在法律上只能由间接正犯的犯行形式才能够成立的情况就叫做形式的亲手犯。在这里，公证证书正本等的不实记载罪（第 228 页）即属于此。

① 认为针对业务上秘密泄露罪成立间接正犯是可能的见解有：李廷元，319 页。
② 相反，对这些犯罪认定亲手犯性质的见解有：朴相基，82 页；裴钟大，548页；李在祥，432 页；郑盛根、朴光玟，524 页等。

4. 支配犯

既然正犯的范围与资格没有受到限制，在一般犯（Allgemeindelikte）中任何人都能够通过支配被禁止的行为与结果而成立正犯。与身份犯、义务犯或亲手犯相对应，特别将此称为支配犯（Herrschaftsdelikte）。

在支配犯的正犯性判断中，洛克辛所提出的犯行支配基准即行为支配、意思支配与功能性犯行支配目前已得到广泛适用。

二、限制的正犯概念与扩张的正犯概念

（一）限制的正犯概念

犯罪行为取决于刑法分则所记述的犯罪行为样态，因此，正犯概念也只能够取决于表现每个犯罪行为样态的各构成要件。在这一前提之下，认为只有亲自实施符合构成要件之行为的人才是正犯，以构成要件行为之外的行为对结果引起单纯加功的人则是共犯（教唆或帮助）的立场就是限制的正犯概念（Restriktiver Täterbegriff）。

依据这种立场，只有正犯原本是可罚的，教唆者或帮助者如果没有特别的规定应该是不可罚的。尽管如此，刑法上设置对这些共犯的特别的处罚规定，是将可罚性扩张至构成要件以外行为的处罚扩张事由（Strafausdehnungsgründe）。

从该正犯概念的观点上来看，已经认定符合构成要件的行为与对此的加功行为在客观上存在某种不同点，所以当然也应该根据客观的基准区别正犯与共犯。因此，限制的共犯概念将和关于正犯与共犯之区别的所谓客观的共犯说相结合。

（二）扩张的正犯概念

不区别二人以上的犯罪参加者，认为无论以何种形态对构成要件之实现发挥作用的人在该当构成要件实现上都是正犯，也将受到构成要件上的处罚的立场就是扩张的正犯概念（extensiver Täterbegriff）。

该正犯概念是将因果关系论中对结果认定所有条件的等价性（Äquivalenz）的条件说为基础的所谓因果的正犯概念。在这里，对构成要件结果之发生给予原因的人都将是正犯。因此，没有必要区别各种形式的参加形态。

例如，除直接用枪射杀被害人的人之外，为提供帮助借给枪的人，为使其当初就具有杀害的意思进行教唆的人均是杀人罪的正犯。

像这样，由于扩张的正犯概念原则上并不把正犯与共犯的区别作为必要，所以单一的正犯概念（Einheitstäterbegriff）是其论理的归结，因此，共犯（教唆或帮助）原本也应该以正犯之刑进行处罚。尽管如此，法律另外规定共犯形态的可罚性且关于其处罚也要比正犯轻这点，从扩张的正犯概念的观点上来看，仅仅是缩小正犯处罚范围的处罚限制事由（Strafeinschränkungsgründe）而已。

依据此正犯概念，成为实现构成要件之原因的客观的、外部的要因均是等价的正犯的原因，所以依据客观的、外部的原因是无法区别正犯与共犯的。因此，此正犯概念不得不与以行为人的主观意思为基准区别正犯与共犯的所谓主观的共犯说相结合。

（三）两概念的优缺点

1. 限制的正犯概念的优缺点

（1）优点　限制的正犯概念更加明确地区别了犯罪的参加形态，所以要比扩张的正犯概念更符合罪刑法定原则的要求。尤其目前的犯行支配说更是从明确拒绝扩张的正犯概念中发展而来的。韩国刑法的态度也是以这种立场为出发点和基础的。

（2）缺点　由于要求接受法条文的严格约束这种形式主义的倾向，所以作为此限制的正犯概念是无法把握除直接·单独正犯与共犯之外的间接正犯或共同正犯的。

2. 扩张的正犯概念的优缺点

（1）优点　扩张的正犯概念即使在处理单纯的秩序违法犯或轻犯罪处罚法上的犯罪时，也能够提供单一正犯概念，所以能够发挥合理的刑事政策性机能。而且，在过失犯的领域中不区别正犯与共犯，对过失犯的构成要件之实现以过失行为提供原因的人则根据情况只作为正犯处理。从这点上来看，可以说在过失犯中部分地采取了此正犯概念。

（2）缺点　由于扩张的正犯概念没有明确的区别犯罪的参加形态，所以具有违反罪刑法定原则之要求的危险。而且，也与关于故意的作为犯与不作为犯规定有各种犯罪参加形态的现行刑法的立场不相吻合。

（四）两概念对立的意义

关于正犯概念的上述任何一个立场也不能够完整地构建正犯概念。尤其在目前由于关于正犯与共犯之区别的犯行支配说这种新理论的发展，已经使此正犯概念丧失了其独立的意义与机能，因此，其只具有说明与当初的共犯理论之间的相关关系，即"限制的正犯概念——形式的·客观的共犯说"、"扩张的正犯概念——极端的·主观的共犯说"之结合的理论史背景的意义。

三、正犯的种类及其特征

在正犯与共犯的区别中，为维持正犯概念的优越性首先有必要确定正犯的种类及其特征。如前所述，在韩国刑法上所认定的三种正犯即单独·直接正犯、间接正犯、共同正犯的特征已经明确表现出来的是支配犯的情况。在支配犯中为区别正犯与共犯的正犯性特征是犯行支配（Tatherrschaft）。犯行支配是指关于构成要件事态整体的支配。

（一）行为支配

通过亲自实施犯行充足所有构成要件要素的人是支配构成要件符合行为的人。进行这种行为支配（Handlungsherrschaft）的正犯就叫做直接正犯或单独正犯，因此，行为支配就成为直接·单独正犯的犯行支配的特征。行为人尽管是为他人的利益亲自实现构成要件行为的情况或者多数人即使同时或不同时实现了各自的构成要件行为，对于认定基于行为支配的单独·直接正犯是没有任何障碍的。

（二）意思支配

意思支配（Willensherrschaft）是指基于优越的意思"通过他人"或"支配他人"实施犯行的情况。进行意思支配的人也是正犯。这种正犯具有通过把犯行中介者（Tatmittler）作为自身工具加以利用来掌握构成要件行为事态的特征，所以叫做间接正犯，因此，意思支配是间接正犯的犯行支配的特征。

（三）功能性犯行支配

功能性犯行支配（Funktionelle Tatherrschaft）是指基于各自的作用分担与他人一起共同实施犯行的情况。像这种与他人分担作用支配犯行的人也是正犯之一种的共同正犯。在这里，各自的作用分担是将整体犯行计划实施中的本质上的重要部分作为对象的。非本质部分的参与只是帮助而已。例如，望风行为仅限于在其不存在时就不可能实施整体犯行计划的情况中称为功能性犯行支配。

【判例】　共谋不正贷款后，尽管对此存在认识亦通过制作贷款所必要的文件接受结算的行为，应该认为其具有基于共同意思的功能性行为支配。共同正犯的本质是基于分工的作用分担的功能性行为支配，所以与共同正犯具有基于共同意思的功能性行为支配相反，在从犯不具有此行为支配这点上，两者存在着区别（大法院判决 1989 年 4 月 11 日，88 DO 1247）。

（四）身份犯·义务犯·亲手犯的正犯特征

当然在这些犯罪类型中，亲自实施犯行的人也成立直接正犯，单独时则成立单独正犯。其特色在于，身份犯只有身份的持有者才能够获得正犯性；义务犯只有在侵害到刑法外在的、前刑法的义务时，才能够成立正犯；亲手犯只有存在亲自的身体性实行，才能够成立正犯。因此，在义务犯与亲手犯中，间接正犯与共同正犯的成立可能性自然受到与身份犯不同的限制。

※注意：对于这些犯罪类型，在支配犯中通用的犯行支配的特征并不能直接成为其正犯性的基准。

第四节　间 接 正 犯

一、意义及性质

（一）意义

利用他人实施犯罪的人是间接正犯（Mittelbare Täterschaft）（第 34 条①1 项）。例如，使精神异常者冲动进而放火或者让不知情的护士注射毒液杀害患者的人就是间接正犯。在韩国判例中，间接正犯时常成为问题

---

①　韩国刑法第 34 条规定：① 对于因某种行为不受处罚者或者作为过失犯处罚者，予以教唆或帮助而使其犯罪行为发生结果的，依照教唆犯或者帮助犯处罚。② 对于受自己指挥、监督者予以教唆或者帮助，而致前项结果发生的，如为教唆时，加重至正犯所定之刑的上限或多额的二分之一；如为帮助时，以正犯之刑处罚之。——译者注。

的情况是，伪造文书及其使用罪。

（二）性质

毋庸说，间接正犯也是正犯的一种形态。问题是，如何把握作为正犯之一种形态的间接正犯的正犯性特征。间接正犯是将犯行支配之一种的意思支配作为正犯性特征的正犯形态。即基于优越的意思"通过他人"或"支配他人"实施犯行的人是间接正犯，而且在此限度内其仍旧是正犯。

二、成立要件

（一）构造

间接正犯作为正犯基于其优越的意思支配之力量将犯行中介者作为一个人类工具（Menschliches Werkzeug）加以利用。韩国刑法第 34 条规定的是：利用因某种行为不受处罚的人或以过失犯进行处罚的人的情况成立间接正犯。尽管如此，实际上为成立间接正犯的犯行中介者（工具）的行为类型中，存在着各种可能性。

1. 利用不符合构成要件的行为的情况

（1）犯行中介者的行为没有充足客观的构成要件要素的情况　作为工具的被利用者基于利用者的强迫或欺骗自杀或自伤时，由于其自杀或自伤不符合杀人罪或伤害罪的构成要件，所以利用者成立间接正犯。然而，基于强迫或欺骗使被害人自杀的情况虽然在理论上成立杀人罪的间接正犯，但由于刑法分则规定了基于诱骗、威力的自杀决意罪（第 253 条），所以应该适用此罪。

（2）虽然符合客观的构成要件但没有充足主观的构成要件要素的情况　利用无故意或无过失的工具的情况即属于此。而且，利用陷入构成要件错误的人时，也能够根据情况而成立利用无故意的工具的情况。

【判例】警察署保安科长为放过甲的饮酒驾驶行为，撕掉对其记载的饮酒驾驶揭发报告书，并指使部下在编号相同的虚假饮酒驾驶揭发报告书中记载对乙的饮酒驾驶的事实，致使不知情的值班警察在醉酒司机饮酒测定处理簿上记载了对乙的饮酒驾驶事实。如果是这样，符合虚假公文书制造及其行使罪的间接正犯（大法院判决 1996 年 10 月 11 日，95 DO 1706）。

在韩国刑法中，存在将符合这种情况的间接正犯的一类型特别规定在刑法分则中的情况。即刑法第 228 条（公证证书正本等的不实记载）是操纵无故意不实记载的公务员行为实施的犯罪，在这点上可以说是刑法第 34 条关于间接正犯的特别规定。

（3）在纯正身份犯中身份者利用"无身份且存在故意的工具"的情况   这是指公务员利用无身份但知情的妻子或亲属收受贿赂的情况。从犯行支配说的立场来看，在这种情况中，工具虽然不具备身份这一特殊的行为人的不法要素，但由于具备故意这——般的行为不法要素，所以很难认为利用者存在优越的意思支配。而且，也由于很难将被利用者视为单纯的工具，所以结果是无法认定间接正犯的正犯特征。因此，针对利用者是否成立间接正犯存在着见解上的分歧。

第一，多数说肯定在这种情况成立间接正犯。① 多数说的理由是，被利用者的行为不符合构成要件，所以不能将利用者作为共犯进行处罚；虽然从严格意义上来说不是意思支配，但是从规范的、社会的观点上来看，能够认定利用者对被利用者的行为支配。针对被利用者的刑事责任，有见解认为因为欠缺构成要件符合性所以无罪，② 也有见解认为成立帮助犯。③ 然而，能够对其进行如下批判：尽管不存在作为间接正犯正犯性特征的意思支配，却过于拟制地认定行为支配进而推导出结论。④

第二，有见解认为，利用无身份且存在故意的工具的情况不能成立意思支配，所以利用者成立教唆犯、被利用者基于第 33 条成立帮助犯。⑤ 然而，此见解将形成承认无正犯的教唆犯的结论，所以不得不说是不妥当的。对于该种批判，该见解认为，由于至少是"无身份且存在故意的行为"⑥ 或"事实上的正犯"⑦ 等成为前提，所以不会成为问题，然而，从共犯必须是以法律上的正犯（依据限制的从属说，是指符合构成要件且

---

① 金圣天、金亨俊，521 页；孙冻权，407 页；孙海睦，955 页；申东云，612 页；吴英根，《间接正犯》，考试界 1992 年 10 月，98 页；李在祥，422 页；李炯国，343 页；郑盛根、朴光玟，512 页；曹俊铉，332 页；陈癸浩，527 页。

② 李在祥，422 页。

③ 裴钟大，536 页；孙冻权，407 页；孙海睦，956 页。

④ 相同批判参见：任雄，387 页注 25。

⑤ 任雄，388 页；车镛硕，《间接正犯》，申东云博士退休论文集 1983 年，191 页。

⑥ 任雄，388 页。

⑦ 车镛硕，前揭论文，191 页。

违法的正犯行为）为前提才能够成立这点上来看，把事实上的正犯作为前提的理论构成是不妥当的。

细思量，优越的意思支配这一间接正犯的正犯性特征仅适合于支配犯中。在与该犯罪类型不同的义务犯的纯正身份犯中，正犯特征决定于特殊的前刑法的或刑法外在的义务之违反。所以，在该后者的犯罪类型中，包含间接正犯在内的正犯特征不是现实的犯行支配，而是规范的义务违反。因此，在符合义务犯的纯正身份犯的情况中，只有利用无身份且存在故意之工具的有身份的背后者，才能够在与优越的意思支配无关联下成立此义务犯的间接正犯。这时，无身份的被利用者将根据情况而成立帮助犯（第33条本文）。

　　然而，这时将产生与韩国刑法第34条的解释即只有在被利用者不被处罚或以过失犯被处罚的情况才对间接正犯进行处罚这一解释之间不一致的问题。尽管如此，间接正犯并不是依据正犯概念的优越性原则基于是否处罚被利用者或其形态所决定的，而是应该根据是否具备间接正犯的特征来决定的。①

　　在义务犯中，直接正犯与间接正犯的区别在于，是否存在犯行中介者的介入。而且，在义务犯中，共同正犯与间接正犯的差异在于，前者是数人的义务违反者共存的情况；而后者是刑法外在的特别义务承担者（Intraneus）通过局外人（Extraneus）引起犯行结果。

（4）在目的犯中利用"无目的且存在故意的工具"的情况　是指利用没有使用目的的人伪造货币或者利用没有违法领得意思的人实施盗窃的情况。然而，需要注意的是，这时需要被利用者认识到利用者的目的意思。如果被利用者尽管存在对行为的事实上的故意但却对利用者的不法目的没有认识进而被利用时，由于其是被作为"对行为整体的不知情的工具"加以利用的，所以存在于意思支配之下，应该成立间接正犯。

　　在这点上，将电影导演使美术学生误信是使用在电影道具上进而使学生伪造货币的情况作为利用无目的且存在故意的工具的事例②进行例举是错误的。没有行使目的的美术学生伪造货币将其交给具有行

————————

① 相同见解：孙冻权，407页。

② 孙海睦，952页。

使目的的电影导演是对行为状态的整体产生的错误，所以当然成立间接正犯。

在无目的且存在故意的工具的情况中，被利用者虽然欠缺目的，但却是把握了行为状况的整体而且还存在对构成要件行为的认识及意欲，所以很难认定利用者的一般的意思支配。因此，这时是否能够认定背后的利用者成立间接正犯，存在着学说上的分歧。

第一，多数说认为，这种情况也与利用无身份且存在故意的工具的情况相同，利用者的行为虽然没有构成要件符合性且难以认定事实上的行为支配，但是因为能够认定规范层面上的行为支配，所以成立间接正犯。①

第二，少数说认为，利用无目的且存在故意的工具的情况，由于事实上不可能存在基于优越意思的行为支配，所以也不可能成立间接正犯。② 这种情况，对于利用者承担教唆犯的责任，见解是一致的；但对于被利用者有见解认为成立正犯，③ 也有见解认为由于难以认定被利用者具有对目的犯的帮助意思，所以大多情况甚至也难以成立帮助犯。④

细思量，既然在支配犯中将意思支配认定为间接正犯的正犯性特征，那么否认利用无目的且存在故意之工具的间接正犯这一法现象是正确的。因为，事实上不可能通过利用者的优越的意思形成行为支配。反而，在这种情况中，应该在对每个目的犯的构成要件进行解释的同时，在犯罪参加人中辨别谁具有超过的内心倾向即目的，然后对其认定成立直接正犯而不是间接正犯，对于此外的参加人则基于是否存在加功而考察是否成立共犯。

　　例如在受具有行使目的的朋友的委托，自身没有行使目的的学生利用扫描仪和自动打印机伪造货币并将其交给朋友的情况中，由于能够认为为具有行使目的的人伪造货币的行为中已经内含有刑法第 207 条的行使目的，所以应该认为伪造货币的学生成立伪造货币的正犯，

---

① 裴钟大，536 页；孙冻权，407 页；孙海睦，953 页；李在祥，422 页；李炯国，343 页；郑盛根、朴光玟，511 页；曹俊铉，332 页。

② 朴相基，388 页；任雄，388 页；韩正焕，《间接正犯的有故意的工具》，郑盛根教授花甲纪念论文集 1997 年，194 页；Roxin, Täterschaft, 5. Aufl. , S. 345 f.

③ 朴相基，388 页。

④ 任雄，388 页。

而委托的朋友则成立教唆犯。① 而且，不具有亲自领得意思的人受朋友的委托窃取财物将其交付给朋友的情况，也应该认为窃取财物的人成立盗窃罪的正犯，而委托的朋友则成立教唆犯。为他人实施窃取在刑法的判断上仅仅是不重要的窃取的动机而已，只要排除了他人对财物的所有权并亲自像主人那样对财产进行了处分，就能够认定领得意思，所以并不因为领得的最后主体是他人而否认成立领得意思。② 目前，德国的多数说与盗窃罪的修正条款也正面承认了为第三者的领得意思，所以将亲自实施窃取行为的人视为盗窃罪的正犯。

另一方面，韩国判例在与 12 · 12 军事叛乱相关联的内乱罪事件中，预示了肯定利用无目的且存在故意的工具的情况成立间接正犯。③

【判例】　另一方面，即使利用"因某种行为不受处罚的人"也能够实施犯罪（刑法第 34 条 1 项），所以内乱罪也能够由具有"扰乱国宪之目的"的人利用无此目的的人实施。依据前面的事实关系，被告人等基于 12 · 12 军事叛乱掌握军队的指挥权之后，影响到了整个国情，事实上掌握了国家权力。另一方面，为达成事实上排除作为宪法机关的国务总理与国会的权限这一扰乱国宪之目的，在全军指挥官会议上决议出将非常戒严扩大至全国的军部意见。为实施该意见不仅对总统和国务总理进行了强压，而且还动用以携带武器的兵力包围国会会场、切断其与外界的联系、强压或威胁国会议员等暴力性的不法手段逼迫进行决议或宣布全国性的非常戒严。事情如果是这样，即使上述全国性的非常戒严经过国会由总统进行了宣布从而具备外观上的适法性，这也是基于为达到扰乱国宪之目的的被告人等的手段所形成的，所以符合内乱罪的暴动。而且，这也是基于被告人等为达到扰乱国宪之目的利用无此目的的总统所形成的，所以应该认为被告人等是以间接正犯的方式实行的内乱罪（大法院判决 1997 年 4 月 17 日，96 DO 3376）。

---

① 　相同见解：朴相基，389 页。韩国判例也将交付给行使意思明确之人的行为视为行使（大法院判决 1995 年 9 月 29 日，95 DO 803；1983 年 6 月 14 日，81 DO 2492）。

② 　相同见解：朴相基，389 页。

③ 　郑盛根、朴光玫，511 页。

然而，这种情况并不符合利用无目的且存在故意的工具的典型事例，反而是因为能够像强要罪或"正犯背后的正犯"之事例那样认定以强压为基础的优越的意思支配，所以能够肯定间接正犯的成立。

2. 工具中没有违法性的情况

如利用他人的正当行为的情况（欺骗警察使其逮捕、监禁无罪的人的情况），利用他人的正当防卫的情况（为杀害 O 唆使其去攻击 T，并利用 T 的正当防卫杀害 O 的情况），利用他人的正当化的紧急避难行为的情况（已经着手实施堕胎的孕妇引起了生命的危险，之后找到医生使医生为救助孕妇的生命作为紧急手段实施堕胎手术的情况）这些利用实施适法行为的工具的情况即属于此。

这种情况背后者要么以间接正犯受到处罚要么不可罚（例如在前述的堕胎事例中，孕妇的自招危难根据情况将成立孕妇自身的紧急避难）。然而，无论在何种情况下，也不可能成立共犯。这是因为，共犯始终是以正犯的违法的犯行为前提的。

3. 工具实施了符合构成要件且违法的行为但没有责任的情况

是指利用处于被强迫状态的人的行为的情况或者利用无责任能力者的情况。利用作为绝对的无责任能力者的未成年人的情况，应该毫无例外地认定成立间接正犯。这是因为，当考虑将刑事未成年人规定为绝对的无责任能力者的立法者的旨趣（ratio legis）时，具有进行如下判断的目的论根据，即无论作为被利用者的刑事未成年人是否具有具体的、现实的智力能力或意识，利用此刑事未成年人的人都具有优越的意思支配。

在此外的情况中，除成立间接正犯的可能性以外，还应该同时考虑成立教唆犯的可能性。这是因为，依据限制的从属形式时，共犯在正犯行为符合构成要件且违法即使没有责任时同样也能够成立。这时，应该将正犯概念的优越性作为思考问题的出发点，从而首先应该审查是否成立基于意思支配原则的间接正犯。

> 在大多情况下，问题的解决将适用如下规则：背后人认识到使工具的责任非难排除的情况时，一般成立间接正犯，否则成立教唆犯。

4. 工具实施了符合构成要件且违法、有责的行为的情况

这时原则上并不成立间接正犯。尽管如此，在极少数的例外的情况中，背后人也能够支配有责的实施行为（volldeliktisch）的故意的正犯。这时时常被援用的理论就是正犯背后的正犯理论（Die Lehre vom Täter hinter dem Täter)。① 可以设想如下等情况：

（1）利用行为人避免可能的禁止错误的情况　这种情况，依据第 16 条的规定并不排除直接行为人的责任。

（2）利用行为人对自身行为的具体意义产生错误的情况　例如，H 探知 T 为杀害 O 进行埋伏的事实后，替换 O 将 X 推进陷阱中进而杀害 X 的情况即是。这时，H 成立间接正犯，作为直接正犯的 T 只存在在法律上并不重要的客体错误。

（3）组织性的权力设置能够依据其意思无制约地操纵犯行进程的情况　纳粹、前民主德国、前苏联的政府权力犯罪或黑手党等有组织犯罪的首脑部门与绝对服从其命令的部下之间，也能够成立间接正犯。金贤姬②与北朝鲜对南工作部之间也成立相同的关系。

与此有关的德国的判例是，作为前苏联秘密警察的思塔森斯基（Staschynskij）依据秘密警察的暗杀指令杀害了前苏联一位政治逃亡者的事件（Staschynskij-Urteil）。在此事件中，德国联邦最高法院依据极端的主观说的立场判定思塔森斯基成立帮助犯（BGHSt 18, 87）。然而，学界的一致意见认为，这种情况思塔森斯基成立正犯，其背后的苏联秘密警察则成立间接正犯。

另一方面，这种情况在针对利用不受处罚之人的行为认定成立间接正犯的韩国刑法的解释上是不能被认定为"正犯背后的正犯"的。而且，有力的见解认为，基于刑法第 34 条 2 项的特殊教唆·帮助犯的规定也能够达到加重处罚有组织犯罪集团首脑这种刑事政策的目的，进而否认"正犯背后的正犯"理论。③

（4）利用以过失犯受到处罚的人的情况　这种情况，毋庸说在作为直接正犯的符合工具的过失犯是存在过失犯处罚规定的可罚的过失犯时，即使是没有过失犯处罚规定的不可罚的过失犯（例如过失毁损财物）时，

---

① 肯定正犯背后的正犯理论的立场有：朴相基，395 页；孙冻权，411 页；孙海睦，961 页。

② 金贤姬作为北朝鲜特工在 1987 年 11 月 29 日制造了大韩航空飞机空难事件，共有 115 人死亡。——译者注

③ 裴钟大，541 页；申东云，617 页；李在祥，425 页；李廷元，313 页；李炯国，347 页；任雄，385 页；郑盛根、朴光玫，518 页。

亦可能成立间接正犯。

在利用存在构成要件错误之人的情况中，错误人对其事实的没有认识存在过失时，亦符合这种情况。

（二）利用行为

1. "教唆或者帮助"的含义

间接正犯是通过将被利用者作为工具加以利用来实现构成要件的正犯。刑法第 34 条 1 项的规定要求"予以教唆或帮助而使其犯罪行为发生结果的"。

在这里，教唆或帮助并不同于教唆犯或帮助犯，而是仅仅指唆使或利用的意思（通说）。然而，由于应该根据利用行为的样态决定处罚上的差异，所以如果不在理论上将此给予明确的区分就有可能给实务带来混乱。

如果是这样，应该在与利用者的优越的意思支配这一间接正犯的正犯性特征相关联上将教唆与帮助理解为利用行为的两种形态并进行实质性区分。即作为间接正犯利用行为的教唆是指基于优越的意思支配的操纵行为，帮助是指基于优越的意思支配的援助行为。

2. 是否成立基于不作为的间接正犯

将不作为作为工具加以利用的间接正犯是能够成立的。例如通过逮捕、监禁保证人使其实施不作为，进而引起产生结果之危险的情况即是。

然而，基于不作为的间接正犯在事理上是难以成立的。因为，这里的利用行为作为积极的介入至少应该是能够意味着作为程度的行为。

例如，精神病患者的监护人意图性地放任其精神病患者对他人的攻击，致使他人造成伤害时，不成立基于不作为的间接正犯，而成立基于不作为的伤害的帮助犯，即不作为犯。相反，这时监护人基于某种程度的介入精神病患者对他人的攻击从而对结果之引起产生作用时，也不是基于不作为的间接正犯，而是基于作为的间接正犯。因此，无论从哪一方面来看，都不可能成立基于不作为的间接正犯。①

3. 着手实行时期

关于间接正犯的着手实行时期，① 韩国的多数说将利用者利用被利

---

① Roxin, Täterschaft und Tatherrschaft, S. 472；崔又赞，《间接正犯》，考试界 1994 年 3 月，27 页。

用者的行为开始时视为着手实行时期。① ② 相反，有见解认为，应该将利用者的利用行为结束、被利用者脱离利用者的行为圈开始独立实施行为时视为着手实行的基准。② ③ 也有见解认为，应该以被利用者的实行行为为基准。③ ④ 另有见解认为，被利用者是善意的工具时，以利用者的利用行为时为着手实行时期；其是恶意的工具时，以被利用者的实行行为时为着手实行时期。④

　　如果考虑可罚性行为的构成要件的定型性，以被利用者的行为为基准是妥当的，但是在间接正犯中，其正犯性的特征在于基于利用者优越的意思的行为支配，被利用者的行为仅仅是在利用者的意思支配之下的自动性行为而已，所以原则上以背后的利用行为为基准是妥当的。然而，如多数说所主张的那样在利用者开始实施利用行为的时点一般认定着手实行是不合理的。因为，仅以利用行为的开始还不能视为被利用者已经进入到了优越的意思支配的影响力之下，而且也不能视为引起了对保护法益的侵害危险。⑤ 因此，至少应该在利用行为已经对工具产生影响从而使被利用者已经进入到利用者的优越的意思支配的影响力之下并因此开始自动侵害保护法益时，方能认定着手实行。该时点恰好是利用者的利用行为在实质上已经完了被利用者已经脱离利用者之手开始独立实施行为时（第二种见解）。

　　具体而言，在工具只要操作已经准备好的爆炸装置就能够肯定发生法益侵害的事例中，只要间接正犯为犯行的实施对工具施加作用，便立即产生着手实行；相反，在依据间接正犯的表象，工具尚且还要实施具体的实

---

　　① 权文泽，《着手实行》，考试研究 1978 年 2 月，49 页；吴英根，《间接正犯》，考试界 1992 年 10 月，102 页；刘基天，134 页；李在祥，354 页；郑荣锡，205 页。

　　② 金日秀，韩国刑法 II，168 页。认为间接正犯的利用行为直接导致法益侵害的危险性时或利用者的利用行为已经完了犯行的实现与否完全依赖于被利用者时视为着手实行的见解（金圣天、金亨俊，420 页；朴相基，399 页；孙冻权，415 页；孙海睦，967 页；李廷元，316 页）。也可以被分类为与此相类似的立场。

　　③ 李炯国，研究 II，503 页。

　　④ 裴钟大，434 页；郑盛根、朴光玫，389 页、519 页；陈癸浩，451 页。也是德国的通说与判例的立场。

　　⑤ 例如，在医生递给护士装有毒药的注射液指示其给患者进行注射，但护士以忙于其他事情为理由加以拒绝的情况中，不能认为仅以意思的指示护士就进入到了意思支配之下，因此也不能够认定着手实行。相同见解：孙海睦，967 页。

行行为方能发生法益侵害的事例中，利用行为已经完了工具开始实施具体的实行行为时，才能够认定间接正犯的着手实行。①

4. 发生结果的含义

使犯罪结果发生时是指实现符合构成要件的事实达到既遂。然而，在没有发生结果时，当然也能够成立间接正犯的未遂。因此，间接正犯的犯罪中只要存在未遂处罚规定，也将处罚间接正犯的未遂。这样看来，"发生结果"这一用语好像间接正犯只有把一定的结果发生作为前提才能够成立存在产生误会的余地，因此在修正刑法时有必要进行用语上的修改。

三、处罚

（一）基于教唆或帮助之例的处罚

依据教唆或帮助之例进行处罚。把应该作为正犯进行处罚的间接正犯依据共犯之例进行处罚是立法上的错误。从立法论（de lege ferenda）的层面来看，德国刑法第25条1项积极将间接正犯规定为正犯并进行处罚的做法是正确的。但从解释论（de lege lata）的层面来看，应该将其解释成如下旨趣：间接正犯基于优越的意思支配或操纵被利用者时，应该依据教唆之例处以与正犯相同之刑罚（第31条1项）；只是基于优越的意思利用或援助被利用者时，则应该依据帮助之例比照正犯之刑减轻处罚（第32条2项）。这种解释可以避免间接正犯在处罚上被共犯化的理论上的矛盾。

（二）间接正犯未遂的处罚

依据共犯之例处罚间接正犯并不意味着间接正犯在处罚上的共犯化，因此，间接正犯未遂的处罚应该在其处罚基准上重新考虑基于未遂一般处罚的任意的减轻（第25条）、任意的减免（第27条）、必要的减免（第26条）等。这是因为，如果依据教唆的未遂（第31条3项）之例处罚间接正犯的未遂，就会造成将已经着手实行的正犯作为着手实行之前的预备·阴谋进行处罚的结果，因而无法解决犯罪理论上的矛盾。

---

① 类似见解：金圣天、金亨俊，420页；朴相基，399页；孙冻权，415页；孙海睦，967页；李廷元，316页。

四、相关问题

(一) 错误的情况

背后人也好,工具也好,都可能产生错误。在构造上存在两种可能性。

1. 背后人对被利用者的错误①

(1) 利用者以为被利用者是不知情的工具加以利用,但事实上是恶意的工具的情况　这种情况,如果从背后人的立场来看,背后人成立间接正犯,但是作为客观的法状态则符合共犯。既然被利用者实际上是以正犯实施的行为,就很难认为欲对其加以利用的利用者的行为具有优越的意思支配,视为只达到加功程度进而将利用者作为共犯处理是合理的。②　相反,也有见解认为,这种情况,利用者的利用行为仅停留于想法当中,而且行为人是在自身的行为支配之下实施的行为,所以其是直接正犯;利用者则是间接正犯的未遂。③

(2) 被利用者是不知情的工具,但背后的利用者误认为其是恶意的工具进行教唆或帮助的情况　这种情况,如果从背后人的立场来看,背后人成立教唆犯或帮助犯,但是作为客观的法状态则应该符合间接正犯。④既然实际上利用者将被利用者看做是具有恶意的工具,就不可能在间接正犯的优越的意思支配程度上进行犯行支配,所以仍旧将背后的利用者作为共犯处理是合理的。⑤　相反,也有见解认为,考虑到对利用者的刑事政策上的处罚必要性,依据刑法第 34 条 1 项视为利用因某种行为不受处罚之

---

①　有学者 (朴相基,396 页) 把对被利用者之性质的错误分为针对有无责任能力的错误与针对有无故意的错误。然而,应该将被利用者的性质分为作为上位概念的善意或恶意并进行判断即可。这是因为,被利用者有无责任能力或故意能够包含于在间接正犯中作为针对意思支配是否可能问题的决定性判断要素的被利用者的善意或恶意的问题中。

②　金钟源,《教唆犯》,考试界 1975 年 6 月,10 页;裴钟大,544 页;申东云,618 页;李在祥,427 页;任雄,392 页;郑盛根、朴光玟,520 页;Jescheck/Weigend, S. 671; Wessels, Rdn. 546.

③　但仅限于关于有无故意的错误的情况中。朴相基,397 页;Kühl, §20 Rdn. 84, 86; Samson, SK §25 Rdn. 112.

④　在这种立场上主张应该适用第 34 条 1 项的见解是:申东云,618 页。

⑤　裴钟大,544 页;李在祥,427 页;任雄,391 页;郑盛根、朴光玟,520 页。

人中的无故意的工具的情况，进而认定成立间接正犯是妥当的。①

2. 被利用者的实行行为的错误

（1）被利用者作为工具实施实行行为时，产生客体或对象的错误或者方法错误的情况，从意图在背后对此进行利用的利用者的立场来看，始终是方法错误的问题。如甲意图利用精神异常者乙杀害丙，但因乙的错误将丁杀害的情况即是。也有见解依据法定的符合说主张这种情况甲应该承担杀人罪间接正犯的罪责。② 然而，应该依据具体的符合说认定甲成立对丙的杀人未遂与对乙的过失致死的观念竞合，从而成立对重罪的杀人未遂的间接正犯。③

（2）被利用者越过背后人原本意图实施的犯罪而实施行为时，背后人对过限部分并不成立间接正犯，而是仅对实现的部分成立间接正犯。但背后人对其过限部分具有未必故意时，将对其整体成立间接正犯。其过限的结果符合结果加重犯时，也仅限于背后人对重结果能够预见的情况成立结果加重犯的间接正犯。④

（二）间接正犯的界限

1. 身份犯的情况

在纯正身份犯中，理论上无身份者不能成立正犯。然而，尽管是纯正身份犯但同时也是结果关联身份犯时，依据刑法第 33 条的规定无身份者也能够与有身份者一同构成共犯或共同正犯。

因为间接正犯也是正犯，所以间接正犯的成立需要间接正犯者具备正犯适格。因此，通说认为，无身份者不可能利用有身份者而成立纯正身份犯的间接正犯。判例也主张否定说的立场。

【判例】　甲借给朋友乙 70 万韩元的同时，以不在其他地方贴现为条件接受了乙发行的空白支票一张。但是，甲在此支票的金额栏里记载了 70 万元之后实施了贴现委托。接受此贴现委托的人又重新对他人实施了贴现委托，重新受委托之人向银行提交了此支票要求贴

---

① 但仅限于关于有无故意的错误的情况中。朴相基，397 页。

② 申东云，620 页；李在祥，428 页；郑盛根、朴光玫，520 页。

③ 相同见解：朴相基，395 页；裴钟大，544 页；孙冻权，418 页；孙海睦，969 页；李廷元，318 页；李炯国，348 页。

④ 相同见解：裴钟大，544 页；申东云，621 页；郑盛根、朴光玫，521 页。

现。从银行处接到通知的乙向甲追问此事时，甲为逃避责任欺骗说遗失了此支票，并要求进行挂失申报。于是，乙向银行提交了挂失申报。然而，在不正支票取缔法上，不是发行人的人是不能成为虚伪申报罪的主体的，而且也不能以利用无虚伪申报之故意的发行人的间接正犯形态实施虚伪申报罪。因此，甲是无罪的（大法院判决 1992 年11 月 10 日，92 DO 1342）。

2. 义务犯的情况

在义务犯中，只有具有义务的人才能够利用局外者成立间接正犯。在以前没有关于义务犯的理论时，也将此问题作为如同纯正身份犯中的利用无身份且存在故意的工具的问题来看待的。然而，既然将意思支配视为决定间接正犯之正犯性的特征，只能产生理论上的混乱。在导入义务犯的概念时，由于即使不具备意思支配只要存在义务违反就能够认定正犯性，所以能够轻松地解决此问题。

相反，在义务犯中无义务的局外者不可能利用有义务者而成立间接正犯。只能够成立共犯。

3. 亲手犯的情况

亲手犯是指只有正犯自身才能够亲自实行构成要件进而加以实现的犯罪，所以针对亲手犯没有成立间接正犯或共同正犯的余地。局外者也不可能利用亲手的正犯而成立间接正犯。

4. 具体的问题事例

（1）强奸罪　在强奸罪中，如果将重点放在侵害关于性的意思决定之自由这一结果无价值上，此罪就是身份犯（结果关联身份犯）而不是亲手犯；如果将重点放在基于强制手段满足性欲这一行为无价值上，此罪则是纯正亲手犯。然而，由于强奸罪是具体的法益侵害犯，所以将重点放在结果无价值的通说立场是妥当的。因此，虽然作为身份者的男子不能够利用非身份者的女子实施强奸罪，但作为身份者的男子在利用无责任能力状态的男子甚至是非身份者的女子利用其他男子引起强奸的结果时，将成立间接正犯（结果关联身份犯）。

（2）制作虚假公文书罪　由于制作虚假公文书罪是亲手犯之一种，所以局外者不可能利用亲手的正犯而成立间接正犯（否认非公务员的人成立间接正犯的判例：大法院判决 1976 年 8 月 24 日，76 DO 151）。

大法院判例认为，例外的辅助具有公文书制作权的公务员草拟公文书的其他公务员利用职位草拟虚假内容的公文书并得到不知情的上司的许可制造公文书的情况成立制作虚假公文书罪的间接正犯（大法院判决 1977年 12 月 13 日，74 DO 1900；1978 年 12 月 26 日，78 DO 2777）。然而，对此存在进行诸多批判的余地。当考虑刑法是补充性法益保护手段时，这种情况反而以行政罚之一种的惩戒罚进行处理即可，没有必要硬性作为间接正犯进行处理。

【判例 1】　区事务所户籍系长制作记载有虚假事实的文书后草拟了公文，并使不知此情况的区长进行核准后以此制作了虚假内容的户籍簿。像这种辅助具有公文书制作权的公务员的职务的人利用其职位以行使之目的向上司提交记载有虚假内容的文书草案使上司作出核准后以此制作虚假公文书的情况，成立制作虚假公文书罪的间接正犯（大法院判决 1990 年 10 月 30 日，90 DO 1912）。

【判例 2】　尽管甲没有进行预备军事训练的事实，却委托所属预备军中队防卫兵乙发放已经接受预备军事训练的确认书。对此，乙向预备军中队长报告说甲已经接受了训练，以此得到了发放确认书的指示。于是，乙在事先保管的盖有中队长职务印章的训练确认书用纸上记载了甲所委托的内容并进行了提交。辅助具有公文书制作权的公务员的职务的人通过利用其职位以行使之目的向不知情的上司提交记载有虚假内容的文书草案使其进行核准等方法，使具有制作权的公务员制作公文书的情况，成立间接正犯。而且，对此进行共谋之人也应该承担间接正犯之共犯的罪责，并不仅限于具有公务员身份的人。因此，甲与乙将对制作虚假公文书罪的间接正犯承担共犯的罪责（大法院判决 1992 年 1 月 17 日，91 DO 2837）。

（三）特殊间接正犯

刑法第 34 条 2 项规定，加重处罚"教唆或帮助受自己指挥或监督的人，致使前项结果发生者"。这是因为不法加重而加重刑罚的情况。对此，存在特殊共犯说、① 特殊共犯·特殊间接正犯说，② 但将此视为只是

---

① 南兴佑，256 页；李建镐，196 页；黄山德，262 页。
② 裴钟大，549 页；朴相基，403 页；李在祥，433 页。

关于特殊间接正犯的规定是妥当的（特殊间接正犯说）。① 在立法论上，对此进行废除将其委任于量刑的参酌事由的做法更合理一些。

至于指挥、监督的根据并不论及是法律上的还是事实上的。作为指挥或监督关系之例，有上司与部下、工厂主与职工、家主人与家庭主妇、医生与护士等。

第五节　共同正犯

一、意义及本质

（一）意义

1. 概念

共同正犯（Mittäterschaft）是指二人以上依据共同的犯行计划在各自的实行阶段上分担本质性机能并通过实施而成立的正犯形态。

例如，A 与 B 共谋抢劫银行，并合意在不顺利时使用凶器。在强盗现场 A 使用凶器造成银行职员重伤，而 B 则是拿上放在窗口上的一堆钱逃跑。在这种情况中，B 也要承担对 A 的伤害行为的正犯的罪责，所以 A 与 B 均成立强盗伤害的共同正犯。由于共同的犯行计划，即使是只实施一部分犯行的人也要对整体犯行成立正犯。共同正犯中的不法程度具有高于同时犯的算术性不法之合的法律性加重评价的一面。

韩国刑法第 30 条规定"二人以上共同实施犯罪的，各以该罪的正犯处罚"，从而明确了共同正犯的核心内容。

2. 概念区别

共同正犯在二人以上共同功能性的支配犯行这点上，与单独进行犯行支配的单独正犯（Alleintäterschaft）相区别；而且在二人以上直接进行犯行支配这点上，又与基于意思支配间接支配犯行的间接正犯相区别。

由于共同正犯的各共同行为人必须具备共同的犯行决意，所以也与对此欠缺的同时犯（Nebentäterschaft）相区别。

共同正犯在其二人以上共同实现一人也能够实现的构成要件的任意的共同正犯这点上，与犯罪集团的组织（第 114 条）或聚众不解散罪（第 116 条）这种在构成要件上就已经基于一定目的要求二人以上共同的所谓

① 相同见解：金圣天、金亨俊，527 页。

必要的共同正犯相区别。而且，在不受任何状况的制约下成立这点上，也
与受到现场这种状况制约的作为共同正犯的合同犯（第 331 条 2 项、第
334 条 2 项、第 146 条）相区别。

此外，在其是将功能性犯行支配作为特征的正犯这点上，又与单纯参
与他人犯罪的作为狭义共犯的教唆犯或帮助犯相区别。

（二）本质

1. 犯罪共同说与行为共同说

（1）意义　犯罪共同说将二人以上共同实现特定犯罪的称作共同正犯。
即认为在共同正犯中共同实行的对象是特定的犯罪。由于刑法第 30 条也规
定了"二人以上共同实施犯罪的"，所以该立场自称是忠实于法条文的立场。

行为共同说则将二人以上以共同的行为实现各自犯罪的称作共同正犯。
即认为在共同正犯中共同实行的对象既不是特定的犯罪也不是特定的客观
构成要件事实，而是事实上的行为自身。在这里，该学说亦通过将刑法第 30
条解释为"二人以上以共同行为实施各自之罪的"，寻求实定法上的根据。

历来，行为共同说认为只要是共同的前构成要件的、前法律的或自然
意义上的行为即可，因而具有过于扩大共同正犯成立范围的倾向。在该立
场中，不仅不同种类的故意犯之间，即使是故意犯与过失犯之间或过失犯
的相互之间也能够成立共同正犯。为避免这种难点，最近该学说限制行为
的意义，认为共同行为是指符合各自构成要件的实行行为的全部或部分的
共同（构成要件的行为共同说）。

（2）适用上的差异

① 异种或数个构成要件的情况　犯罪共同说由于只针对特定的一个
犯罪构成认定成立共同正犯，所以不承认异种或数个构成要件之间的共同
正犯，而是在分开探讨各自的犯罪事实之后作为同时犯处理。与此相反，
行为共同说即使对于这种情况也认定成立共同正犯。

② 对一个犯罪事实的部分的共同　如 A 以强盗的故意对 C 施以暴行
之后，在劫取财物的过程中，B 了解到其情况后参与进来的场合。犯罪共
同说否认这种情况成立共同正犯，而认定成立符合构成要件之全部犯罪事
实的帮助犯。与此相反，行为共同说认定成立构成要件全部的共同正犯。

③ 不同故意的情况　犯罪共同说由于要求针对特定犯罪的故意的共
同，所以否认在不同故意的共同行为者之间成立共同正犯。不仅如此，还
认为故意行为者与过失行为者之间的共同及过失行为者相互之间的共同不
能够充足共同正犯的主观要件。

与此相反，行为共同说由于在 A 以杀人故意、B 以伤害故意共同实施行为的情况中也认定成立共同正犯，所以承认成立所谓的部分的共同正犯的可能性。不仅如此，还认为故意犯与过失犯之间甚至是过失犯相互之间既然在自然的意义上存在共同的意思及相互理解，亦成立共同正犯。

2. 本质论的再构成

犯罪共同说由于严格地限制了共同正犯的成立，所以一方面忠实于责任原则的同时，相反另一方面却又欠缺刑事政策的合目的性。与此相反，行为共同说由于扩大了共同正犯的成立范围，所以虽然能够充足刑事政策的合目的性，但却存在与责任原则相抵触的危险。这两种理论由于至今也没有克服这种理论上的难题，所以面临着解体的危机。

据此，目前围绕共同正犯的论争已经从着眼于"是什么的共同"问题的犯罪共同说与行为共同说的论争中转向到了依据犯行支配说的观点"应该在何种条件与何种范围内认定共同正犯"这一问题上。因此，也依赖于此犯行支配理论来解决共同正犯的本质问题是值得赞同的。

二、成立要件

共同正犯的成立需要具备作为主观要件的共同的犯行决意（计划）与作为客观要件的共同的实行行为。只有完全具备这两种要素时，才成立共同正犯。

（一）主观要件

1. 共同的犯行决意（犯行计划）

（1）意义　共同的犯行决意是指二人以上意图作为同等资格的参加者依据共同制定的犯行计划共同实施犯行的意思。这是基于功能性犯行支配而成立的共同正犯的本质要件，基于此个别的行为将结合为整体，因而能够对行为人全部认定针对分工实施的行为整体的构成要件之归属。尽管是二人以上实施了犯罪，如果没有共同意思，则只成立不过是单独正犯之并存的同时犯。

> **【判例】**甲在自己作为法人代表的电影公司中未经法定登记程序制作了小型电影。之后为上映此电影与剧场主人签订了代理合同。然而，在即将播放此电影之际，剧场经营权转移到了乙上。结果，此电影未经公演伦理委员会的审议在乙的剧场上映。
>
> 　共同正犯的成立需要二人以上共同实施犯罪。在这里，需要具备

作为主观要件的共同参加的意思与作为客观要件的依据共同意思通过
功能性行为支配实施犯罪的事实。共同参加的意思仅以认识到他人的
犯行的同时并不加以阻止、对此进行容忍是不够的，其内容是基于共
同意思为实施特定的犯罪行为而成立一体，并通过相互利用他人的行
为将自己的意思付诸实现。因此，只是没有积极地阻止依据前代表签
订的代理合同上映电影的乙，并不成立电影法违反罪的共同正犯
（大法院判决 1993 年 3 月 9 日，92 DO 3204）。

(2) 片面的共同正犯　共同正犯原则上均需要具备对各自的分工负
担与共同作用的相互理解（大法院判决 1987 年 9 月 22 日，87 DO 347：意图
相互协力实现共同犯意的意思的相通）。没有此相互理解，仅一个人具备
犯行意思的所谓片面的共同正犯（Einseitige Mittäterschaft）不是共同正犯。

【判例】　甲与乙一同饮酒之后，为再次饮酒甲先前向酒家走的
过程中，与丙发生口角并打了起来。随后跟过来的乙看到此种情况
后，跑过来对丙实施暴行的过程中将其摔倒致使其死亡。甲并没有事
先认识到或意欲乙的加入，也没有参与乙的暴行，所以，不能视为在
此过程中甲与乙形成了至少是默示的共同实行的意思。共同正犯成立
于行为人相互间基于共同实施犯罪行为的共同参加的意思共同实施犯
罪的情况。在这里，共同参加的意思必须存在于共同行为者相互之
间，仅以行为人单方面的参与意思是不能够成立伤害致死罪的共同正
犯关系的（大法院判决 1985 年 5 月 14 日，84 DO 2118）。

(3) 默示的意思联络　共同参加的意思未必要明示性的，只要具备
默示的意思联络即可（大法院判决 1979 年 9 月 25 日，79 DO 1698；1986
年 1 月 25 日，85 DO 2421）。

【判例1】　共同正犯是二人以上共同实施犯罪，因此虽然以行
为人的共同参加的意思作为其主观要件，然其共同参加的意思要求相
互间只要具备共同参加的认识即可，并不是必须要在事前具有某种谋
议过程（大法院判决 1988 年 6 月 28 日，88 DO 601）。

【判例2】　甲看到乙为实施强奸诱拐走被害人，便尾随其后在
乙为实施强奸要对被害人施以暴行之际出现，并等待乙结束强奸之后

再次实施了强奸。如果是这样，尾随乙时，不能视为具有强奸的谋议；但在乙着手实施强奸之时，则能够视为具有共同实施犯行的默示的意思联络。即为成立共同正犯，并不要求在共犯者之间必须存在事前的谋议，即使在偶遇的地方，相互协力实现共同的犯意的意思默示的相通进而共同参加犯行时，亦成立共同正犯（大法院判决 1984 年 12 月 26 日，82 DO 1373）。

（4）连锁的·间接的意思联络　通过一人或二人以上的连锁的意思联络或间接的意思联络，只要具备关于其内容的个别性的或包括性的意思联络或认识，全体成员同样成立共同的犯行决意（大法院判决 1983 年 3 月 8 日，82 DO 2873）。并不要求共同行为者全体成员聚集在一定场所直接进行谋议。

【判例】　为子女的不正当入学请托了大学教授与教务处长，作为其代价以资助名目向校方提供捐款。对此，教务处长任意地修改了实际的入学考试成绩并制作了能够及格的虚假文书。而且，将此提交给了入学评估委员并处理为合格者。这种情况，应该认为接受不正当入学斡旋之请托的教授与实际主导不正当入学的教务处长等之间具有基于默示的意思联络的顺次性共谋关系。在二人以上进行共谋共同参加犯罪之实施的共犯关系中，共谋并不要求法律上的某种定型，在共犯者相互之间只要具备直接的或间接的关于犯罪之共同实行的默示的意思联络即可。因此，尽管并不存在整体的谋议过程，只要在诸多人之间存在意思的结合，就能够成立共同正犯（大法院判决 1994 年 3 月 11 日，93 DO 2305）。

（5）过限行为　各共同行为人只有在自己认识、意欲的共同犯行计划范围内，才能够成为针对其他参加者之行为的归属主体。在此共同的犯行计划之外其他参加者所实施的部分是过限行为，此部分只能够归属于其行为人自身，而不能够归属于其他共同行为者。例如，二人计划实施盗窃，但其中一人实施了杀人或强奸时，此过限部分只能归属于其行为人的单独犯行上。

2. 正犯的主观的构成要件要素

（1）主观的不法要素　所有的犯罪参加者当然都需要具备构成要件的主观不法要素（故意、特殊目的等）。依据刑法（第 13 条）及关于构成要件错误的规定，共同正犯的各参与人如同针对自身的行为部分一样即使针对其他共犯人的行为部分，当然也应该仅限于在故意的范围内进行归属。当然，在这里，构成要件故意原则上是被包含在共同的犯行决意中的，所以构成要件故意将成为共同的犯行决意的一要素。

关于共同正犯的错误，可以原本适用构成要件错误的理论。而且，在共同行为者中某一人产生关于故意之归属的客体错误时，其他共同正犯并不因这种错误而排除故意的归属。

（2）共谋关系的脱离　在其他共同行为者开始实施实行行为之前，以明示的或默示的方法撤回故意时，原则上其撤回者（脱离者）不承担共同正犯的罪责。然而，即使是这种情况，只要撤回者自身的作用度仍旧有效地存续，从功能性行为支配的观点来看，就不妨碍共同正犯的成立。因此，为了以共谋关系的脱离为理由免除共同正犯的罪责，必须在着手实行之前撤回故意，而且在残留有自身的作用度时，还必须具有对其进行解除的努力。①

然而，共谋关系的脱离问题只有在试图仅以没有行为贡献的单纯的共谋来认定共同正犯之责任的共谋共同正犯理论中，或者即使是在功能性行为支配说的立场上，也只有在采取将共同正犯者整体行为作为基础判断共同正犯的着手实行与否这种整体性解决方法时，其才具有意义。这是因为，如同本书所采取的依据参与共谋关系的各参与人是否着手实行功能性作用行为来判断共同正犯的着手实行与否这种个别性解决方法时，共谋关系的脱离则意味着各参与人放弃所承担的功能性作用的实行，在判断是否承担整体共同正犯的责任时，其不具有独立的意义。

【判例】　虽然参与了杀害谋议，但在其他共犯者捆绑被害人将其扔进水库之前，放弃了犯行离开了犯行现场。如果是这样，在共谋共同正犯中，共谋者中一人在其他共谋者实施实行行为之前脱离其共谋关系时，对于之后的其他共谋者的行为并不承担共同正犯的罪责。而且，并不要求其脱离的表示必须是明示性的（大法院判决 1986 年 1 月 21 日，85 DO 2371；相同旨趣：大法院判决 1995 年 7 月 11 日，95 DO 955；1996 年 1 月 26 日，94 DO 2654）。

3. 共同的犯行计划的成立时期

共同正犯依据共同犯行计划的成立时期分为共谋共同正犯（共同的

---

① 相同见解：李在祥，454 页。

犯行决意在着手实行行为之前成立的情况)、偶然的共同正犯（共同的犯行决意在实行行为时成立的情况）与承继的共同正犯（共同的犯行决意在实行行为部分终了之后其全部既遂之前成立的情况）。

（1）原则论 在共同正犯中，共同的犯行决意（计划）至少应该存在于实行行为之前或者最迟是实行行为时。依照这种基准来看，基于事前二人以上行为者之间进行共同谋议而成立的共谋共同正犯（预备性共同正犯）（大法院判决 1985 年 12 月 24 日，85 DO 2317；1987 年 9 月 22 日，87 DO 347）、基于实行行为时偶然的意气相投而成立的偶然的共同正犯（Zufällige Mittäterschaft）是不存在问题的。然而，问题是共同的犯行决意成立于实行行为部分终了之后其全部既遂之前时，能否对犯行整体认定共同正犯。这就是承继的共同正犯问题。

（2）承继的共同正犯

① **意义** 承继的共同正犯是指共同的犯行决意在实行行为中途即实行行为部分终了之后既遂之前成立的情况。例如，A 以强盗故意对被害人施以暴行致使其陷入不能反抗的状态之后，认识到该事实的 B 意气相投地参与到此中，夺取被害人的财物的情况即是。

这种承继的共同正犯（Sukzessive Mittäterschaft）比起作为一行为犯这种由单纯行为构成的犯罪通常在复行为犯或多行为犯这种结合犯或者罪数论上科刑上的一罪或实体的竞合这种数罪的情况中成为问题。

② **是否承认承继的共同正犯问题** 历来，围绕承继的共同正犯而展开的论争是关于共同正犯成立范围的关心史，即从立足于承认承继的共同正犯的立场，对于后行者是否认定成立针对包括其介入之前先行者行为在内的整体行为的共同正犯（积极说①）；或者是后行者只针对自身介入之后的共同实行部分成立共同正犯（消极说②）。然而，由于即使不存在承继这一概念同样也能够推导出此消极说的结论，所以消极说事实上否认了承继的共同正犯。③

---

① 权文泽，《承继的共同正犯》，考试界 1972 年 4 月，40 页；金钟源，《承继的共同正犯》，司法行政 1969 年 7 月，25 页；孙海睦，1010 页；李普宁，《承继的共同正犯论考》，金钟源教授花甲论文集，489 页；郑大宽，《承继的共同正犯》，郑盛根教授花甲论文集，83 页；郑荣锡，253 页；黄山德，266 页。

② 孙冻权，430 页；任雄，363 页；郑盛根、朴光玟，539 页；陈癸浩，500 页；河泰勋，442 页。

③ 相同指摘：朴相基，361 页；孙海睦，1010 页；安铜准，230 页；李炯国，333 页。

如果是这样，在积极说与消极说的对立中实际上重要的并不是承继的共同正犯的成立范围问题，而是是否予以承认的问题。因为，承继的原本含义是指后行者认识、认容先行者的实行部分并参与后行事实时，先行事实将被承继并与后行行为相结合进而对整体认定共同正犯关系。

③ 结论 没有必要另行认定承继的共同正犯概念。① 尤其从功能性犯行支配的观点来看，共同正犯的归属必须具备共同的犯行决意与相当于功能性作用分担的共同的实行行为。

然而，在承继的共同正犯之例中，① 尽管后行者是在认识、容认先行者先前的部分犯行事实的状态下加入进来的，但仅以此不能视为对整体行为具有共同的犯行决意；② 已经实现的行为部分与后行者的行为作用之间没有任何因果关系；③ 后行者不能基于功能性作用分担的观点支配介入之前的先行行为，所以对此不能认定共同正犯的成立。

韩国大法院也认为，以正犯形式加入包括一罪的部分行为时，只针对其加入之后的事实成立共同正犯（大法院判决 1997 年 6 月 27 日，97 DO 163；1982 年 6 月 8 日，82 DO 884）。针对作为数罪的科刑上的一罪或实体的竞合犯也应该原原本本适用此种观点。

【判例】   公诉外的柳春源从 1981 年 1 月上旬就已经开始实施制造"希洛苯"行为的过程中，被告人在 1981 年 2 月 9 日才知道上述柳春源制造希洛苯的行为并参与到了其中。像这样，在连续性制造行为途中以共同正犯加入犯行的人，尽管在加入其犯行时已经认识到事前的犯行，其加入也只对此后的犯行承担共同正犯的责任（大法院判决 1982 年 6 月 8 日，82 DO 884）。

（二）客观要件

1. 共同的实行行为

共同的实行行为是指为实现整体性的共同的犯行计划，共同参加者依据分工的共同作业原理分担相互间的作用并在各自的实行阶段发挥本质性机能。例如二人以上抢劫银行时，一人用枪威胁银行职员迫使其一动不

---

① 相同见解：金圣天、金亨俊，509 页；朴相基，360 页、364 页；裴钟大，495 页；安铜准，230 页；李炯国，333 页。

动，另一人进入金库劫取财物这种作用分担即是。

共同的实行行为在犯罪的实行阶段上要求具备分工的共同作业。因此，在此实行阶段之前的预备、阴谋阶段上所贡献的行为并不足以成为作为客观的犯行作用要件的实行行为。共同正犯是逾越各自自身的客观的犯行贡献从而及于全体事象的共同支配，因而才具有正犯性。因此，无论单纯的预备行为者作出本质性贡献还是非本质性贡献，由于尚未对犯罪实行进行支配，所以不能认为具备犯行支配。

虽然分工的共同作业必须要在实行阶段中实施，但是犯行贡献未必始终需要同时发生。至少从着手实行之后到犯行实质性终了之间的所有时间上的间隔都属于实行阶段。因此，毋庸说着手实行之后，即使是犯行既遂之后，只要是在实质性犯行终了之前，都能够成立共同正犯。因为，在这期间所提供的所有分工的共同作业都能够被视为共同的实行行为。

在实行阶段中所贡献的犯行在犯罪实施中必须具备本质性功能。这里的本质性意味着犯行贡献在分工的作用分担范围内具有重要的功能。即如果没有其犯行贡献整体性的犯罪实施完全不可能或者几乎不可能时，就能够认为共同正犯者中的一人的贡献具有本质性功能。

例如，为运输赃物的人（第 362 条 1 项）提供饮料的工作、为诈欺行为人提供绝妙的化妆技术等，虽然行为人具备主观说所重视的正犯人的意思，其也不是本质性功能的实施。因此，不能成为共同的实行行为。相反，在夜间入室盗窃罪的现场中，在路边望风查看主人是否回家的行为，既然能够将其视为在整体的实施过程中对于成功来说是不可或缺的，其就是本质性的贡献（大法院判决 1968 年 3 月 26 日，68 DO 236；1971 年 4 月 6 日，71 DO 311）。

【判例】 甲与乙共谋合作实施特殊盗窃行为，但不能因为甲只在现场实施了望风，就认定其不是犯罪实行自身而只是帮助行为（大法院判决 1968 年 3 月 26 日，68 DO 236）。

并不是只有必须一同在犯罪现场才能够被评价为共同的实行行为。例如在远离犯罪现场的地方通过无线电话等指挥银行抢劫的情况，也认定是共同的实行行为。因为，其指挥自身在犯罪实施中作出了本质性贡献。

如何看待有组织犯罪集团中的头目的作用？头目虽然在实行阶段中并没有进行犯行的指挥或其他本质性贡献，但却树立了整体犯行计划并指示其实行，因此从功能性观点上来看，应该视为对整体的犯行之实施具有本质性贡献，因而成立共同正犯而不是教唆犯或帮助犯。① 然而，如果依据组织内的特性与头目的强压能够认定对部下等的行动的意思支配关系，则应该将头目视为特殊间接正犯。

无论是作为还是不作为均能够成立共同的实行行为。② 在故意行为与过失行为的相互间不存在以共同的犯行决意为基础的行为实行的共同。

2. 实行行为的主体

原则上，实行行为的主体是没有限制的。然而，在实行行为的共同主体中包括刑事未成年者的情况中，由于一般将刑事未成年者视为没有事物的辨别能力与意思决定能力，所以认定背后人为间接正犯是符合事理的。为实行构成要件上需要具备的客观的行为人要素（身份、义务等）的犯罪，各自必须是完全具备这种客观要素的人。如果要成立身份犯的共同正犯，原则上每个人都需要具备身份。

与此相关联，根据刑法第 33 条本文的规定，针对参与基于身份关系才能够成立犯罪的行为，共同正犯的规定甚至适用于无身份关系者。据此，将纯正身份犯的违法连带效果扩大到了共同正犯上。然而，并不认为这是正确的立法态度。是改正刑法时需要修改的重要条项之一。

对于不纯正身份犯，则适用刑法第 33 条但书的规定。无身份者不能够与有身份者一同构成不纯正身份犯的共同正犯。只能够成立基本犯罪的共同正犯或教唆犯、帮助犯。

3. 共谋共同正犯的问题

只单纯参与谋议并没有分担实行行为的共谋者是否也成立共同正犯？

（1）意义　共谋共同正犯理论是二人以上之人进行共谋且只有部分共谋者实施犯罪的实行时，即使对于没有分担实行行为的共谋者也成立共同正犯的主张。

如果适用此理论，将面临无法与责任原则相容的扩大共同正犯的适用范围这种难题。然而，因为能够将在集团犯、智能性组织犯的背后中不参与实行行为只是计划或操纵犯行的头目与直接实施实行行为的部下等相同

---

① 相同见解：朴相基，368 页；裴钟大，507 页；孙冻权，435 页；李在祥，448 页。

② 例如甲使 A 陷入危险之中，对 A 具有救助义务的乙基于与甲的事前谋议实施了救助行为的不作为致使 A 死亡时，在甲的作为与乙的不作为之间就能够认定行为实行的共同。

处理为共同正犯这一优点，得到了学说与判例的肯定。

在日本，早在 1896 年 3 月 3 日大审院判决中就开始认定了此项制度。在共同正犯的理论性基础薄弱的那一时代，是判例只考虑现实性的便宜而忽视立足于责任原则的法治主义之限制的判决。之后，1902 年日本最高法院也原本维持了此立场，到了军国主义时代更是被作为扩张可罚性之便宜工具而使用。

韩国大法院也认为"共谋犯罪行为之后，尽管没有直接参与其实行行为，但将他人的行为作为自己意思的手段实施犯罪时，不能免除共同正犯的罪责"，据此一贯维持着共谋共同正犯理论（大法院判决 1955 年 6 月 24 日，4288 刑上 145；1967 年 9 月 19 日，67 DO 1027；1971 年 4 月 30 日，71 DO 496；1980 年 5 月 27 日，80 DO 907；1983 年 3 月 8 日，82 DO 3248；1988 年 4 月 12 日，87 DO 2368 等）。依照作为发展共同正犯理论水准的功能性犯行支配说来看，将认为没有必要再行维持此理论态度的必要。

【判例 1】　甲与乙共谋欺骗丙说能够通过权力高层得到关于军队敷地的特惠出售价，进而促使丙与没有合法业务权的丁签订出售合同。据此，从丙处骗取了出售价款。然，乙并没有直接分担这些犯行的实行行为。在共谋共同正犯中，共谋并不要求某种法律上的定型，只要二人以上进行共谋具有共同参加犯罪进而实现犯罪的意思之结合即可。即尽管不存在整体的共谋过程，只要在诸多人之间通过顺次性的或默示的相通形成其意思的结合，便成立共谋关系。而且，只要形成了这种共谋，即使没有直接参与实行行为的人也要对其他共谋者的行为承担共同正犯的刑事责任。因此，乙也将承担特定经济加重处罚法上诈欺罪的共同正犯的罪责（大法院判决 1994 年 9 月 9 日，94 DO 1831）。

【判例 2】　积极参与向镇压警察无差别地投掷燃烧瓶或石头的示威现场，进而因投掷行为使他人的燃烧瓶之投掷变得更为容易，据此产生了对他人生命身体的危险。如果是这样，即使没有实施直接投掷燃烧瓶的行为，也不能免除示威队投掷燃烧瓶行为的共同正犯的罪责（大法院判决 1992 年 3 月 31 日，91 DO 3279）。

（2） 肯定说的论据

① 共同意思主体说 该学说认为，如果二人以上在实现一定犯罪之共同目的之下组成一心同体，便形成共同意思主体，因此即使只有其中的一部分实行犯罪，其实行行为亦成为共同意思主体的行为，进而没有直接分担实行行为的单纯共谋者也从属于实行者而成立共同正犯。这是基于日本草野判事形成的理论。该学说的特点是意思的连带性与实行的从属性，但从今天的功能性犯行支配的观点来看，无疑其还没有纯化为共同正犯理论。

然而，令人吃惊的是最近韩国大法院判决中也出现了对此共同意思主体说的援用（大法院判决 1983 年 3 月 8 日，82 DO 3248）。

【判例】 在共同正犯的成立上，关于共谋者之间的共谋与犯罪实行，即使没有犯人全体成员的同一时间、同一地点的谋议，只要通过顺次性的犯意联络对其犯意内容具有包括性的或个别性的意思联络或认识，就存在犯人全体成员的共谋关系。而且，共谋共同正犯是基于共同犯行的认识实行的犯罪，因此因为存在作为共同意思主体的集团整体的、一个的犯罪行为之实行而成立。故共谋者没有必要全部分担其实行行为并加以实施，即使没有分担实行行为，只要基于共谋在数人之间形成共同意思主体进而存在犯罪的实行行为，就不能免除作为共同意思主体的正犯的罪责（大法院判决 1983 年 3 月 8 日，82 DO 3248）。

对此可以提出如下批判：① 将共同意思主体作为行为的主体将导致承认团体责任，是对以个别责任原理为基础的责任原则的违反；② 通过将单纯的共谋者从属于实行者的实行行为来认定共同正犯是违反作为正犯的共同正犯的本质的。

② 间接正犯类似说 该学说认为，即使是单纯的共谋者，在与他人共同进而利用他人行为实行自身的犯罪意思这点上，成为具有类似于间接正犯之正犯性的共同正犯的一形态。间接正犯是单方面利用被利用者，但在共谋共同正犯中，是基于共谋者与实行者之间相互给予的支援关系实行犯罪，所以在这里存在与间接正犯不同的共同正犯性的根据。这仍旧作为日本藤木教授所构成的理论，曾一度成为日本最高法院练马事件判决的理论性根据。

对此可以提出如下批判：① 仅以单纯的共谋就认定存在类似于间接正犯的利用行为是对事实关系的歪曲；② 即使承认存在利用行为，将此视为实行行为的分担则有主观主义的倾向；③ 类似于间接正犯的利用行为即使能够接近于间接正犯之特征的意思支配，也难以接近共同正犯之特征的功能性犯行支配。

【判例】 甲与法院登记科公务员乙谋议伪造登记簿副本，并将他人的土地更名为自己哥哥的名下将此卖掉。之后，乙使用单独伪造的登记簿副本欺骗丙骗取了钱财。如果是这样，不能认为甲将乙的诈欺行为作为自身犯罪的手段加以利用实施了诈欺罪。共谋共同正犯的成立，需要认定二人以上为了基于共同意思实施特定犯罪行为而形成一体并进行相互利用他人的行为实现各自自身的意思为内容的谋议，据此实行犯罪的事实。而且，像这样既然能够认定参与共谋的事实，即使没有直接参与实行行为，在把他人的行为作为自己意思的手段实施犯罪这点上，没有理由在刑事政策的成立上与自己直接分担实行行为的情况进行区别（大法院判决 1988 年 4 月 12 日，87 DO 2368）。

③ **积极利用说** 该学说是试图将共谋者的利用行为局限在能够在价值上与实行行为相同一视之的积极的利用行为上，进而将此认定为实行行为之形态的见解。即认为共谋仅是单纯的意思联络程度是不够的，在共谋者之间必须是相互约束的。至少应该使预备、帮助等实行行为更加容易，在这点上与单纯利用他人实施自己犯罪的间接正犯相区别。

对此可以提出如下批判：① 单纯的利用行为与积极的利用行为只是程度上的差异而已，由于没有脱离利用行为的范畴，所以从犯行支配的观点上来看，是不明确的基准；② 在此限度内，并没有完全脱离对间接正犯类似说的批判。

（3）否定说的论据 该学说认为，在刑法第 30 条的解释上，只有分担实行行为时，才能够充足共同正犯的客观要件，所以不能认定共谋共同正犯，共谋者可根据参与的程度而承担教唆或帮助的责任（通说）。其论据在于，如果甚至将单纯的共谋者也扩大解释为实行行为的分担者，则是有违罪刑法定原则的类推适用，而且还会导致认定与责任原则不相一致的团体责任的结果。

　　然而，对此也有如下批判：① 与集团犯罪之本质相适应的对策之间还存在很大距离；② 将出现与社会实际情况不相吻合的处罚规定之适用的现象。

　　（4）结论　否定共谋共同正犯概念的做法是正确的。因为，依据功能性犯行支配说，没有根据一定犯罪的作用分担作出本质性犯行贡献的单纯共谋者不能作为共同正犯处理。想把功能性犯行支配外的单纯共谋者作为共同正犯处理的做法是与个别责任原则相冲突的团体主义的思考方式与心情刑法的发想。

　　而且，针对逾越单纯共谋者的有组织犯罪集团的头目，正如前所述的那样从功能性犯行支配的观点上来看存在成立共同正犯的理论可能性，而且也有依据刑法第 34 条 2 项特殊间接正犯的规定进行处罚的可能性，所以完全没有必要援用共谋共同正犯理论。

　　4. 着手实行时期

　　（1）整体的解决方法　该种立场主张，应该以共同正犯者整体行为为基础综合判断共同正犯的着手实行与否。即共同正犯中某一人直接开始实施实行行为的瞬间，是针对共同正犯整体的着手实行的开始。是多数说的立场。①

　　（2）个别的解决方法　该立场主张，共同正犯的着手实行时期，应该个别地判断参加功能性作用分担的各自的犯行支配是否逾越预备阶段进入到着手实行之后进行决定。该主张的论据在于，依据整体的解决方法认定共同正犯的着手实行时，在尚未着手实行的情况下亦会将没有功能性的支配犯行之一部分的单纯共谋参加者认定为共同正犯，其结果将导致认定共谋共同正犯，因而是不当的。②

　　（3）结论　当考虑功能性犯行支配这一共同正犯的正犯性特征时，

―――――――――

　　①　金圣天、金亨俊，420 页；朴相基，318 页；裴钟大，433 页；孙冻权，350 页；孙海睦，855 页；申东云，560 页；李在祥，353 页；李炯国，278 页；任雄，303 页；陈癸浩，451 页。但申东云教授却在处罚上依据个别的解决方法（刑法总论，560 页）。

　　②　金日秀，499 页；李廷元，332 页；Roxin, Zur Mittäterschaft beim Versuch, FS – Odersky, 1996, S. 491 ff.；Rudolphi, SK，§ 22 Rdn. 19a.

个别的解决方法是妥当的。这是因为，为成立既遂犯的共同正犯，在犯行决意的参与之外还需要各自的功能性作用的实施（功能性行为的贡献）；但未遂犯的共同正犯的成立仅以参与谋议的事实也是可能的这种想法是存在矛盾的。不使在客观上尚未亲自实现未遂阶段之行为不法的人承担未遂的共同责任，也是与共同正犯的法形象所追求的刑事责任的基本原则相一致的。① 因此，通过个别的考察是否存在基于各自的功能性作用分担的着手实行来决定未遂阶段的共同正犯的成立范围是合理的。依据个别的解决方法时，仅参与谋议尚没有着手实行的人，将依据规定作为预备或阴谋罪处罚。

5. 相互补充的归属

在共同正犯的实行行为中，作用分担的本质性意义在于，个别的犯行贡献度以相互补充的形式归属于整体的犯罪之成立上。即各自的犯罪意思通过共同的犯行决意加以结合，而且以此为基础的各自的作用分担通过功能性的相互补充而使各自的份额虽然是部分的实现但能够与他人的实现部分一同归属于整体。

行为人相互补充之归属的论理性归结在极端的情况下对于某一共同正犯者自身成为另一共同正犯者之牺牲品的情况，也不妨碍认定共同正犯的成立。

多数人的共同正犯在实施夜间入室盗窃行为中被发觉后逃跑的过程中，慌乱中依据原本的共同犯行决意，其中一人以杀害的故意向误认为是追击者的另一共同正犯者开枪，致使其重伤的情况。作为开枪射击的牺牲者的该共同正犯在相互归属的论理上亦符合强盗杀人未遂的正犯。

6. 过限的共同实行

如果共同正犯者中的某一人越过共同的犯行决意实施犯罪时，针对此过限部分其他共同正犯者不承担责任。而且，在结果加重犯中，只有在基本犯罪的各共同正犯者中具备对重结果的过失时，才以各自重结果的加重犯进行处罚（第 15 条 2 项）。

---

① Roxin, FS – Odersky, SS. 492, 494.

（三）过失犯的共同正犯

1. 论点的整理

基于二人以上的共同过失伤害他人时，对他们能否适用关于共同正犯的刑法第 30 条的规定？历来，行为共同说承认成立过失犯的共同正犯，而犯罪共同说则予以否认。在立法者对此没有任何言及的韩国刑法的解释上，两立场的选择则委托给了解释者。

韩国判例最初曾采取否认过失犯的共同正犯的立场（大法院判决 1956 年 12 月 12 日，4289 刑上 276）。

【判例】　依据船员法，船舶处于紧急危险时，船长不是在采取救助生命、船舶及货物的必要手段并将旅客与船员全部送出船外之后是不能离开船舶的。这作为海运行政上特别对船长所规定的义务，即使船长基于故意或过失违反了其义务，也不能认为符合这种船舶法上制裁规定的过失也必须要符合刑法上的过失。

已经特定针对灯火管制的直接责任者（乙）是很明确的，所以船长（甲）自身对作为部下船员的乙具有进行职务上指挥、监督的行政上的责任，其不是针对灯火管制等的直接责任者，其责任者是乙。因此，如果说作为船长的甲存在过失，这也不过是针对怠慢指挥监督的行政上的过失而已。而且，由于在过失上无法讨论意思联络的观念，所以不可能存在如同故意犯的共同正犯，在过失犯中也不可能存在教唆或帮助犯，所以不能将乙的失火责任转嫁为甲的刑事责任（大法院判决 1956 年 12 月 21 日，4289 刑上 276）。

日本早在 1954 年就转变了初期的否定性判例开始认定过失犯的共同正犯。之后，韩国大法院也转变以前的立场在 1962 年第一次立足于行为共同说的立场认定了过失犯的共同正犯并坚持到至今（大法院判决 1962 年 3 月 29 日，4294 刑上 598；1978 年 9 月 26 日，78 DO 2082；1979 年 8 月 21 日，79 DO 1249；1982 年 6 月 8 日，82 DO 781；1994 年 3 月 22 日，94 DO 35；1994 年 5 月 24 日，94 DO 660；1996 年 8 月 23 日，96 DO 1231；1997 年 11 月 28 日，97 DO 1740）。

【判例 1】　因为列车通行频繁且视线被山遮住，所以应该在能够预测列车相撞事故的程度上倾注细心的注意。然而，在进入路口

导致犯罪共同说中所说的犯罪（行为）的共同;① ② 在这种意义上，为成立犯罪（行为）的共同，则需要具备针对构成要件定型行为的故意，其结果在这点上将形成在过失犯中不可能存在构成要件实现行为的共同这种结论。从结论上来看，此理论要求具备在过失犯的本质上不可能的构成要件定型行为的共同，在这点上，作为说明过失犯的共同正犯的理论是不适合的。

(4) 注意义务的共同·功能性犯行支配说　该学说立足于功能性犯行支配在故意与过失犯罪中是构成共同正犯的共通成立要素这一前提下，认为故意犯的共同正犯中"犯行意思的共同"与"功能性犯行支配的共同"是成立要素，在过失犯的共同正犯中"注意义务的共同"与"功能性犯行支配的共同"是成立要素。②

　　　对此，存在如下批判：① 首先，"功能性犯行支配"不仅是指参加者自身在客观上要进行"功能性犯行支配"，而且还是内含有必须要具备"针对这种功能性犯行支配的认识"这一主观观点的概念。然而，在欠缺这一主观观点的过失犯中使用功能性犯行支配，将引起一般概念理解上的混乱。③ ② 在故意的共同正犯中共同的犯行决意是将各自的客观性贡献从行为人的观点上进行统合的存在论基础。以此为前提，有批判者认为，在过失犯的共同正犯中无论各自的行为贡献在客观上对整体犯行进行了怎样的功能性作用支配，其只要不是基于共同的犯行决意的情况，这种功能性支配作用就仅仅是"偶然的"。因此，将此客观性贡献为中介把犯行整体作为行为人的作品对其进行归属是不妥当的。④

---

①　因此，全智渊教授将该立场称为"借用行为共同说这种名称的犯罪共同说"。前揭论文，47 页。

②　沈在宇，《过失犯的共同正犯》，考试界 1980 年 4 月，37～38 页;《过失犯的共同正犯》，高丽大学判例研究第 3 集（1984），117 页、122 页;郑盛根，571 页。

③　全智渊，前揭论文，49 页。裴钟大，499 页也认为在过失犯中不能认定功能性犯行支配。

④　文採圭，《作为对过失犯之共同正犯的论证工具的功能性犯行支配》，法治国家与刑法，沈在宇教授退休纪念论文集 1998 年，379 页;全智渊，前揭论文，49 页。

3. 否定说

(1) 犯罪共同说 犯罪共同说由于只在同一的故意犯范围内认定成立共同正犯，所以否认过失犯的共同正犯及故意犯与过失犯之间的共同正犯，认为只成立同时犯。①

对此，存在如下批判：① 由于是没有立法根据的主张，所以其取舍选择与否完全委托给了解释者；② 因此，在犯罪共同说的立场上应该否认过失犯的共同正犯的主张，与在行为共同说的立场上应该认定过失犯的共同正犯的立场之间处于没有优劣差异的同等论证水平上，所以尚欠缺关于应该否认过失犯的共同正犯这点的特殊的论证；③ 犯罪共同说自身在共同正犯的本质问题上存在方法论上的错误。

(2) 目的性犯行支配说 从目的性犯行支配说的观点上来看，在欠缺犯罪意思与对其的目的性犯行支配的过失犯中，无法认定共同正犯的成立。

对此，存在如下批判：① 从目的行为论的存在的目的性出发推导出立法者的目的设定或解释者的被限定的价值决定也应该归属于此目的性中这一结论，这点在方法论上是存在问题的；② 不仅如此，在以社会性、规范性目的为基础的过失犯中原本贯彻以存在性、目的性为基础的理论要求，这在理论上是否妥当也是存在疑问的。

(3) 功能性犯行支配说 支配犯的共同正犯，在存在功能性犯行支配时，才成立。功能性犯行支配在以"共同的犯行决意"为基础进行功能性作用分担时，才成立。然而，由于过失犯原本就不可能存在共同的犯行决意，所以无法成立功能性犯行支配。因此，应该否定过失犯的共同正犯（多数说）。②

---

① 在韩国，申东云教授立足于犯罪共同说的立场否认过失的共同正犯的成立（刑法总论，555 页）。

② 参照金圣天、金亨俊，510 页；朴相基，371 页；裴钟大，500 页；孙冻权，433 页；孙海睦，1028 页；李普宁，刑事法研究，第 4 号（1991），99 页；李炯国，研究Ⅱ，595 页；任雄，367 页；陈癸浩，503 页；Dreher/Tröndle，§25 Rdn. 10；Jescheck/Weigend, S. 676；Roxin, LK §25 Rdn. 221；Samson, SK §25 Rdn. 54, 41；Sch/Sch/Cramer, §25 Rdn. 101；BGH VRS 18, 415 等。

4. 折中说　将刑法上的犯罪大体分类为支配犯与义务犯，且只在义务犯中认定存在成立过失犯的共同正犯的可能性的见解。①

5. 结论（限制的肯定说）

事实上，存在认定过失犯的共同正犯的刑事政策上的必要性，而且其理论上的构成也是可能的。然而，在真正肯定过失犯的共同正犯的情况中，由于伴随有因滥用而扩大可罚性的危险性，所以本书只在限制性的事例中认定其成立的可能性。

（1）存在认定过失犯的共同正犯的必要性的事例之探讨　在多数人参与的过失事例中，由于存在多样的事实性特征，所以内含有无法用既存的因果关系论或过失犯的一般理论进行解决的法上的问题点。在关注这些点的基础上，可以探讨应该认定过失犯的共同正犯这一法现象的必要性。

① 过失行为与结果发生之间的因果关系之确认可能的情况

器材坠落事件：二名施工中的工人在往施工中的建筑物楼顶一起搬运木材的过程中，将其坠落在地面造成他人受伤的事件。

如同此事例，虽然数人参与过失行为，即使能够认定过失行为与结果发生之间的因果关系，也不必然产生认定过失犯的共同正犯的理由。因为，这种情况按照同时犯关系上的既遂犯处罚各过失行为人。

② 过失行为与结果发生之间的因果关系之确认不可能的情况

（Ⅰ）工厂失火事件　二人以盗窃故意侵入工厂厂房里，不想打开电灯的二人各自点燃火柴照亮。之后，随手扔掉的带有火苗的火柴头遇到合成纤维致使建筑物烧毁。②

（Ⅱ）滚石事件　二人打算将岩石块滚下山坡。由于在山上无法看到下面，所以为避免他人被滚石砸到的可能二人向山下大声喊了几声。没有听到任何回音的二人遂各自将一块岩石推下了山坡，使路过的行人受了重伤。然而，无法确认是谁推下的岩石引起的伤害结果。③

像这种在二人以上参与过失的结果发生，但引起结果的过失行为没有

① 金日秀，493 页；在德国，有 Roxin, LK, 11. Aufl., §25 Rdn. 221.
② OLG Schleswig NStZ 1982. S. 116 f.
③ BGE IV 1987, S. 58 ff.

被具体证明的事例中，根据刑法第 19 条①的规定只能认定各过失行为人为无罪。② 相反，在这种事例中，如果承认过失犯的共同正犯，就能够很简单地解决问题。因为，在共同正犯中，只要认定是由行为参加者中某一人的过失行为（即二人中的一人推下的岩石、扔掉的火柴）产生的结果这一事实，就能够对全体行为参加者认定对结果的因果关系。③ 事实上，在这点上存在认定过失行为人的共同责任的实际意义。然而，这种做法却伴随有国家将避免为立证因果关系作出努力而且很容易为可罚性寻求根据进而扩大刑事处罚的危险性。因此，对于没有被包摄在同时犯特例规定（刑法第 263 条④）的事例认定过失犯的共同正犯，进而避开扩张处罚的诱惑而是忍受处罚上的欠缺的做法是妥当的。⑤

　　③ 不可能单独产生结果的数个过失行为在累积的因果关系中引起结果的情况　作为例子可举出圣水大桥倒塌事件⑥及商品百货店倒塌事故。⑦ 像这种不可能单独产生结果的数个过失行为在累积的因果关系（Kumulative Kausalität，相互补充的、连带的关系）中引起结果时，依据"合法则的条件说"，虽然能够认定各过失行为与结果发生之间的因果关系，但却否认客观归属，所以结果是行为人不可罚（通说）。如果考虑到

---

　　① 韩国刑法第 19 条（独立行为的竞合）规定：同时或先后的独立行为相竞合时，无法判明其结果发生之原因行为的，各行为均以未遂犯处罚。——译者注

　　② 德国 OLG Schleswig 也在工厂失火事件的判决中认为，由于个别行为与结果之间的因果关系即由参加者中哪一人扔掉的火柴产生的火灾没有被确认，结果将成立过失犯的未遂而无法进行处罚。指出此问题点的见解：郑盛根，580 页；郑镇连，崇实大学法学论丛第 8 集（1995），110 页；Renzikowski, Restriktiver Täterbegriff und fahrlässige Beteiligung, S. 284. 虽然否认过失犯的共同正犯，但主张在无法确定针对结果的原因行为的情况中，由于结果归属的困难，所以有必要认定共同正犯的见解是：Lackkner/Kühl §25 Rn. 13. 相反，对于"在无法确定针对结果的原因行为的情况中"认定过失犯的共同正犯的见解持批判态度的见解是：Roxin, Täterschaft und Tatherrschaft, 2. Aufl., S. 534 f.

　　③ 在滚石事件中，瑞士联邦法院并没有把个别的是由谁的行为所引起作为问题，而认为重要的是，基于共同所形成的整体行为与结果之间的因果关系，进而将二人作为过失犯的共同正犯进行了处罚（BGE IV 1987. S. 58 ff）。

　　④ 韩国刑法第 263 条规定：独立行为相竞合发生伤害结果，而无法判明原因行为的，依共同正犯之例。——译者注

　　⑤ 金日秀，韩国刑法 II，288 页。

　　⑥ 大法院判决 1997 年 11 月 28 日，97 DO 1740。

　　⑦ 大法院判决 1996 年 8 月 23 日，96 DO 1231。

因数人的注意义务违反行为顺次性累积而造成重大伤亡事故的圣水大桥倒塌事故、商品百货店倒塌事故等，仅以不可能进行客观归属而给行为人以无罪的免罪符是让人难以接受的结论。相反，即使在这种事例中也认定成立过失犯的共同正犯，将很容易寻求过失行为人刑事处罚的根据。因为，不仅当然应该依据合法则的条件说认定因果关系，而且是因为在相互补充、连带的关系中引起的结果，所以通过认定为一种功能性作用分担与协力关系对各过失行为人进行整体结果的归属是可能的。结果，如同这种事例，为追究通过分工的作用分担对整体结果之产生发挥作用的过失行为人的刑事责任，只能认定过失犯的共同正犯。

④ 数人基于过失进行错误的意思决定产生法益侵害的情况

（Ⅰ）皮革喷雾器事件 在制造、贩卖能够损害健康的皮革喷雾器的公司董事会议上——不顾损害健康之结果的报告——会议的出席者并没有决定回收产品。使用该产品的消费者遭受了健康损害。[1]

（Ⅱ）公开信息的违法 基于编辑们的共同决定刊登特定信息，但其信息的公开被法所禁止。

（Ⅲ）行政当局的错误决定 在一定地方为美化市容决定不采取安全措施，但因此发生人死亡或伤害的事件。在官厅作出了由诸多公务员参与的违反法律的许可，据此发生的儿童死亡或受伤的事件。

即使在这些事例中，由于某一行为人的过失行为（作为或不作为）与其他参加者们的过失行为之间处于相互补充的、连带的关系之中，所以虽然能够认定因果关系但却只能否定客观归属。因此，如果不采取将某一人的结果作用行为相互归属于其他参加者们的方法——即认定过失犯的共同正犯的方法——，将不可能针对所引起的结果追究各自的刑事责任。[2]而且，在现代社会中由于基于集团的共同过失事例在不断增加，所以为防止发生组织上的无责任（Organisierte Unverantwortlichkeit）这一现象，利用共同正犯的法理对各过失行为人追究刑事责任在刑事政策上是值得考虑的。

综合以上的议论，数人的过失行为在相互连带的、补充的关系即累积

---

① BGHSt 37, 106 ff.

② 李用植，《过失犯的共同正犯》，刑事判例研究第 7 号（1999），93 页。在皮革喷雾器事件中，公司的干部们主张如果没有其他同僚的共同参与，仅以自己是无力决定产品回收的，因此不能将结果归属于自己。但德国联邦大法院却以过失犯对他们进行了处罚（BGHSt 37, 106 ff）。

的因果关系中对结果的发生产生作用时，为防止不当的刑事处罚上的欠缺，有必要例外地认定成立过失犯的共同正犯。

（2）理论成立可能性的探讨 否认成立过失犯的共同正犯的可能性的最为主要的理论根据在于，在过失犯中没有共同的犯行决意，而且功能性犯行支配也是不可能的。下面将考察这些论据是否具有否认成立过失犯的共同正犯的妥当性。

① 对于没有共同的犯行决意这点 与这点相关联首先需要想起的是，过失犯罪与故意犯罪具有不同的成立条件。与故意犯不同，过失犯不具备针对结果发生的认识与意欲这种要素。在今天的刑法理论中已经被无任何意见地接受了过失犯与故意犯之间的这种根本构造上的差异。如果是这样，当然应该承认故意犯罪中的共同正犯与过失犯罪中的共同正犯是基于不同的要件而成立的。如果忽视这种本质上的差异，认为由于欠缺作为故意犯罪共同正犯之成立要件的共同的犯行决意，所以不可能成立过失犯的共同正犯的主张是不能成为妥当的批判的。① 不将针对结果发生的认识与意欲作为正犯要素的过失犯罪，即使在其共同正犯的成立上也没有将犯行决意作为必要的成立要件的理由。

② 对于功能性犯行支配不可能这点 由于刑法上的犯行支配概念在故意犯中意味着"基于故意掌握包括的构成要件之事件的进程"，所以针对过失犯使用犯行支配这一用语将引起混乱是事实。然而，如果将过失犯中的"功能性犯行支配"概念不是解释为故意犯那种对构成要件定型行为的认识与事态的支配、操纵，而是解释为对前法律性事实行为的"功能性作用分担"或"功能性分工实行"，那么在这种意义上即使在过失犯中也可能存在"功能性犯行支配"。不顾在过失犯中使用犯行支配这一用语带来概念上的混乱的危险性，在"针对前法律性事实行为的功能性作用分担"意义上对其加以使用是不会存在大问题的。

（3）过失犯的共同正犯的成立要件 以以上的议论为基础考察过失犯的共同正犯成立要件的话，如下：

① 客观的注意义务的共同（＝注意义务的同质性） 为追究基于过失对结果发生产生作用的各行为人的共同责任，各自所承担的客观的注意义务必须是对全体参与者共同的。即注意义务的样态与程度对各行为人来

---

① 相同指摘：李用植，前揭论文，87～88 页；Otto, Jura 1990, S. 48；ders., Täterschaft und Teilnahme im Fahrlässigkeitsbereich, FS-Spendel, 1992, S. 281, Weiβer, JZ 1998, S. 232.

说必须是同一的，在其质的、量的评价上不得有显著的差异。只有这样以同质、同量的注意义务为前提时，同一犯罪才能够成为问题，而且才能够考虑对结果发生发挥作用的各行为的相互归属。达到结果实现的行为过程是不可分离的相互补充、相互连带时，或者各行为参与者的注意义务与同一对象相关联且具有同一目的的注意义务时，原则上将认定注意义务的同质性。①

②　共同行为计划的实行（功能性行为的贡献）　作为第二要件，各参与者为实现共同的行为计划，应该通过发挥赋予自己的作用在客观上对结果发生作出贡献。即必须存在违反各过失行为人自身的注意义务的过失行为。在一同参与某种共同的行为计划时，部分作用的发挥，将具备能够对整体结果之发生承担共同责任的必要条件。

③　为达成共同目标的行为共同的意识　作为第三要件，各过失行为人必须具备为达成共同的目标而一同行为的协力意识。在过失犯罪中虽然不需要指向结果发生的主观要素，但是必须要具备指向前构成要件性事实行为的主观要素。这意味着共同实施前构成要件性事实行为的意思。②例如，各自必须具有一同或分工的建造大型建筑物并进行装修等的共同协力意识。在董事会议上决定不回收对人体有害的喷雾器产品的事例中，投产品回收赞成票的人由于欠缺这种共同协力意识，所以对结果发生不承担共同责任。③然而，却不得成为如传统的行为共同说所主张的以各自与他人的行为的共同来实现各自自身的犯罪的情况。这是因为，共同的协力意识必须是为达成共同的目标（共同的行为计划）。在这点上，故意犯罪与过

---

①　在这点上，认为只有在义务犯的情况中才能够成立过失犯的共同正犯的见解也是没有多大说服力的。这是因为，在义务犯的情况中，基于过失行为共同侵害存在于行为人之间的特殊的刑法外在义务时，当然能够认定成立过失犯罪的共同正犯。然而，虽然不是义务犯的范畴但在一般的犯罪中被刑法赋予一定的注意义务——如在过失致死伤罪等中不得侵害他人的生命、身体的完整性的注意义务——且这些义务共同存在于数人之间，其共同的义务被共同侵害时，没有任何理由应该否定成立过失犯的共同正犯。没有任何理由应该在注意义务的共同与共同侵害的观点上区别义务犯与一般犯罪，反而此见解为我们提供了在共同的注意义务与共同侵害的观点上能够广泛认定成立过失的共同正犯的线索。

②　李用植，前揭论文，105 页；Weiβer, JZ 1998. 5, S. 172 ff; 相类似 Küpper, GA 1998, S. 519; Otto, Jura 1990, SS. 409, 412 要求具备参加者之间的合意（eine Übereinkunft der Beteiligten）。

③　李用植，前揭论文，105 页；Weiβer, JZ 1998. 5, 5. 236.

失犯罪之间是不能成立共同正犯的。

（四）不作为犯的共同正犯

纯正不作为犯的共同正犯能够由多数人基于意思合意实施不作为而构成。然而，在聚众不解散罪（第116条）中，由于其主体已经是多数人，所以对此没有另行认定共同正犯的必要。

不纯正不作为犯由于是纯粹的义务犯罪，所以既然存在共同实行的意思，就没有必要存在功能性犯行实行的分担，仅以义务违反的共同性，就能够成立共同正犯。

在作为义务犯的不纯正不作为犯与作为犯之间，原则上不可能成立共同正犯，对于作为犯只具有成立共犯的可能性。然而，依据两者间的意思合意，其中某一人实施积极的作为，另一人不履行应该对此加以阻止的法的义务时，则可以成立共同正犯。例如对于父亲拒绝治疗病重的儿子进而侵害义务的行为，第三者通过废弃送过来的医药品给予加功时，成立共犯；第三者在与父亲的意思合意之下直接杀害儿子时，则成立共同正犯而不是单纯的共犯。

三、处罚

（一）应该以各自的正犯承担责任。例如 A 与 B 共谋杀害 C，遂各自向 C 开枪，结果 A 的子弹命中 C 致使其死亡，B 的子弹则偏离了方向时，达到既遂的 A 与止于未遂的 B 同等构成杀人罪的既遂犯。像这样，在共同正犯中部分实行、全部归属原理的特点在于，将未遂犯与既遂犯同样处理为既遂犯。然而，并不意味着没有着手实行的单纯止于预备阶段的共谋者与越过着手实行阶段的既遂犯或未遂犯将被同等处罚为既遂犯。

（二）第33条本文规定：“参与因身份关系而成立犯罪的行为，即使对于无身份关系者，亦适用前三条的规定。”其结果是，虽然非身份者不能单独成为纯正身份犯的正犯，但却能够与身份者共同实施纯正身份犯。然而，应该通过对第33条本文进行目的论的限制，将这种违法连带限制在结果关联身份犯上，而在作为行为人关联身份犯的义务犯中则否认成立共同正犯的做法是正确的。因此，虽然女性也能够与男性一同构成强奸罪的共同正犯，非公务员却不能与公务员一同构成受贿罪的共同正犯。

（三）在共同正犯中，部分实行、全部归属的共同责任是指针对不法构成要件之实现的不法归属。而关于共同正犯的责任归属则适用责任个别化原则。因此，如果在共同正犯中存在符合责任阻却事由或处罚阻却事由的人，其事由仅适用于此人（第33条但书①）。

（四）共同正犯只能在共同意思的范围内成立。各自的构成要件存在变形·重复·类似关系时，即使各自基于不同动机实现构成要件，亦成立共同正犯（部分的犯罪共同说）。但是，刑事责任的归属则依据各自实现的构成要件。例如，杀人与尊属杀害、杀人与伤害、伤害与暴行、盗窃与强盗、恐吓与受贿之间也能够成立共同正犯，责任则依据各自实现的构成要件。

然而，共同正犯中的某一人基于故意行为逾越共同意思的范围时，此过限部分不成立共同正犯，而成立单独正犯。

然而，大法院对此问题表现出了相当混乱的立场。有如下几种立场的判例：① 即使在对重结果的发生没有过失（预见可能性）的情况中，也仅以对基本犯罪的共谋认定对重结果的"故意责任"的判例（认定无过失的故意责任）；② ② 对基本犯罪存在共同时，尽管认定对重结果的"故意责任"，但却要求具有过失的判例（认定有过失的故意责任）；③ ③ 在对基本犯罪存在共谋的情况中，即使对重结果

---

① 韩国刑法第33条但书：但因身份关系影响刑罚之轻重时，不以重刑处罚之。

② 大法院判决1998年4月14日，98 DO 356（强盗伤害）："强盗合同犯中的一人依照与被告人的共谋携带水果刀为实施强盗侵入到被害人家里，既然已经向被害人挥刀，已经着手实施强盗的实行行为是很明确的。其如果用水果刀刺伤被害人等，在大门外望风的共犯的被告人即使没有进行具体伤害程度的共谋，也不能免除被告人对伤害结果的作为共犯的责任。"（相同旨趣：大法院判决1990年10月12日，90 DO 1887；1981年7月28日，81 DO 1590；1983年3月22日，83 DO 210；1987年5月26日，87 DO 832；1988年12月13日，88 DO 1844；1991年11月26日，91 DO 2267）

③ 大法院判决1984年2月28日，83 DO 3162（强盗杀人）："数人协同实施强盗时……关于被告人要猛击、杀害被害人这一点，不能认为其余被告人是不可能预见的，所以以强盗杀人罪的正犯处罚全部被告人是正当的。"大法院判决1988年2月9日，87 DO 2460（基于准强盗的强盗杀人）："在二人以上协同实施盗窃的情况中，犯人中的一人以挣脱逮捕之目的施以暴行给他人造成伤害时，如果不能认为其他犯人对此没有预见，就不能免除强盗伤害罪的罪责。"（相同旨趣：大法院判决1982年7月13日，82 DO 1352；1984年2月28日，83 DO 3321；1984年10月10日，84 DO 1887）

没有过失，也认定"过失责任"的判例（认定无过失的过失责任）；① ④ 在对基本犯罪存在共谋的情况中，以"过失"（预见可能性）为前提条件对重结果认定"过失责任"的判例（认定有过失的过失责任）② 等。最近的判例追随第四种立场。

【判例】强盗共犯者中的一人借实施强盗之机会，对被害人施加暴行或伤害进而将其杀害的情况，即使其他共谋者没有进行杀人的共谋，只要能够预见其杀人行为或致死结果，就不能免除其共犯者的作为结果加重犯的强盗致死罪的罪责（大法院判决 2000 年 12 月 8 日，2000 DO 4459）。

然而，基于故意的犯罪始终是行为人以正犯的意思与直接的行为支配的意思实施的，所以时常是只能够归属于其个人责任的个人的作品。将其行为结果归属于没有甘受意思甚至是默示性同意的他人是违反个人责任原则的。这事实上无异于将在他人的责任领域中发生的结果归属于第三者。如果其他共同正犯者存在预见并利用基于故意实现重结果的共犯者行为的意思，这是需要在另一层面上形成刑法评价的问题。③

（五）关于结果加重犯的共同正犯，大法院立足于行为共同说的立场，认为既然存在对基本行为的共同，就不能免除其他共同行为者的针对结果加重犯的责任（大法院判决 1978 年 1 月 17 日，77 DO 2193；1990 年 6 月 26 日，90 DO 765）。

---

① 大法院判决 1988 年 9 月 13 日，88 DO 1046（强盗致死）："强盗共犯者中的一人借实施强盗之机会，对被害人施加暴行或伤害进而将其杀害的情况中，由于其他共犯者对于要施加作为强盗之手段的暴行或伤害这一点存在相互的认识，所以即使没有对杀害进行共谋，也不能免除强盗致死罪的罪责。"

② 大法院判决 1991 年 11 月 12 日，91 DO 2156（强盗杀人）："强盗共犯者中的一人借实施强盗之机会，对被害人施加暴行或伤害进而将其杀害的情况中，即使其他共谋者没有进行杀人的共谋，只要不是无法预见其杀人行为或致死结果的情况，就不能免除强盗致死罪的罪责。"

③ 徐辅鹤，《强盗共犯中一人实施杀人时，其他共犯的罪责》，判例月报第 368 号（2001 年 5 月），23 页。

【判例】　在一同对被害人施加暴行的过程中，其中一人将被害人杀害。然而，当初并不存在杀人的共谋。在这里，作为结果加重犯的刑法第 259 条的伤害致死罪的共同正犯，只要存在共同实施暴行及其他的身体伤害行为的意思，就能够成立；没有必要具备共同造成结果的意思。因此，这种情况中，其他共犯者有可能预见伤害致死的结果时，就存在伤害致死罪的责任（大法院判决 1993 年 8 月 24 日，93 DO 1674）。

在学说上，在肯定过失犯的共同正犯的立场中，参加基本犯罪的人针对重结果之发生存在预见可能性时，存在对重结果追究共同正犯的责任的可能性；① 在否认过失犯的共同正犯的立场中，虽然也追究针对重结果之发生存在过失之人的过失责任，但却认为相互处于同时犯的关系中。②

在结果加重犯中，在个别确认基本犯罪参与者对重结果的发生是否存在过失之后，将存在过失的人以结果加重犯的正犯进行处罚即可，所以不存在必须要在行为参与者相互之间认定共同正犯关系的特别的理论上或实务上的必要性。因此，将存在过失的各个人以同时犯关系上的正犯进行处罚即可。

第六节　合　同　犯

一、合同犯的意义

在规定有二人以上合同构成犯罪的情况中，这种合同犯行就叫做合同犯。此合同犯也是共同正犯的参加形态之一。

二、现行法上的合同犯之例

刑法上的合同犯只有特殊盗窃（第 331 条 2 项）、特殊强盗（第 334

---

① 　例如，李在祥教授在刑法总论 185 页中认为，由于过失犯的共同正犯施以注意义务的共同为要件，所以即使在结果加重犯中，对重结果存在共同的过失时，能够成立结果加重犯的共同正犯。此外还有：李炯国，394 页；郑盛根，449 页。

② 　例如，金日秀，韩国刑法Ⅱ，296 页；裴钟大，615 页；任雄，462 页。

条2项）与特殊脱逃（第146条）① 三种情况。关于处罚性暴力犯罪及保护被害人等的法律第6条中规定的合同犯有特殊强奸、特殊强制猥亵、特殊准强奸等。

三、合同犯的概念构成

（一）共谋共同正犯说

该学说认为，依据所谓共同意思主体说的共谋共同正犯并不是当然包含在现行刑法上的共同正犯之中，反而是在合同犯的规定中同时包含有刑法总则上的共同正犯与所谓共谋共同正犯的概念。而且，认为合同犯的规定"针对在我国刑法上判例所认定的所谓共谋共同正犯是违反罪刑法定原则的这一多数说的攻击，将成为实定法的根据；而且针对历来判例扩大适用了其理论的批判，由于仅限于上述三种合同犯认定所谓共谋共同正犯，所以这种批判是无意义的"。②

然而，认为合同中包含共谋共同的概念则有成为逾越法条文之含义的类推解释的危险，而且如果立足于此立场，会过于扩大合同犯的范围，从而在合同犯中没有考虑刑法总则上的教唆犯、帮助犯之规定的余地。

（二）现场说

该学说主张在合同犯中不能认定共同意思主体说，因为必须要具备现场上的实行行为的分工，所以合同（Mitwirken）作为比总则上的共犯概念还要狭窄的概念是指"合同者们的时间上的、场所上的协同"（多数说③）。其论据是"本规定的立法由来是德国刑法 Bandendiebstahl（第244条1项2号：合伙盗窃），在旧法时代被引进盗犯防止法中，之后在日本刑法假案第421条2项与第424条的影响之下被现行刑法所采纳"。实际

---

① 韩国刑法第331条（特殊盗窃）2项规定："携带凶器或二人以上合同窃取他人财物的，依前项之刑处罚。"第334条（特殊强盗）2项规定："携带凶器或二人以上合同犯前条之罪（强盗）的，依前项之刑处罚。"第146条（特殊脱逃）规定："破坏监狱设备、器具或者对他人施加暴行或胁迫，或者二人以上合同犯前条一项之罪（脱逃罪）的，处7年以下惩役。"——译者注

② 金钟秀，《共谋共同正犯》，法曹1965年2月，20页以下。

③ 朴相基，403页；孙冻权，441页；孙海睦，1034页；申东云，671页；李在祥，刑法各论，273页；李炯国，339页；任雄，376页；郑盛根、朴光玫，559页；陈癸浩，511页。

上，在旧法时代的"关于盗犯等的防止与处罚的法律"第 2 条 2 号中规定有："二人以上在现场共同实施时"，但基于新刑法第 10 条 10 号废除了此项内容。而且，如果联系现行刑法特殊盗窃中的"二人以上合同"这一规定，将合同犯理解为"二人以上在现场共同实施实行行为的人"作为历史性解释是有一定道理的。这样来看，合同犯是比总则上的共同正犯还要狭窄的概念。

然而，即使是这种解释，也由于现行刑法甚至对脱逃罪也认定了合同犯，所以是否原本采纳了立法者所废除的旧法时代的盗犯防止法的用语还是存在疑问的。而且，由于极度限制合同犯规制范围的结果，将会导致如下不当结果：例如，即使没有合同但进行功能性犯行支配的某一特殊盗窃的首恶或背后头目等，将不被作为违法加重的特殊盗窃的共同正犯进行处罚，而是只能以教唆或帮助甚至是单纯盗窃罪的共同正犯进行处罚。

（三）加重的共同正犯说

该学说立足于如果依据关于正犯基准的目的性犯行支配说，共同正犯、共谋共同正犯与合同犯在本质上是相同的这一立场，认为"合同犯虽然在本质上是共同正犯，但是在针对集团犯罪的对策上，才特别加重刑罚的……不仅在现场上的共同，即使没有在现场共同实施，但只要共同实行的事实达到成立共同正犯的程度，就成立合同犯，加重刑罚"。①

如果说刑法出于对集团性盗窃、强盗或脱逃的关注，为谋求对其的强有力对策而在与总则上的共同正犯相区别的意义上将合同犯称为加重的共同正犯的话，在此限度内，合同犯的概念范围虽然要比所谓共谋共同正犯狭窄，但却比现场说要大得多，所以将处于两立场的中间领域。

然而，如果合同与共同在本质上相同，那么法条文为何非要规定"二人以上合同"，而不是"二人以上共同"。而且，如果说在针对集团犯罪的对策上，为加重其刑罚才将合同犯作为加重的共同正犯进行了规定，那么现行刑法为何非要针对盗窃、强盗与脱逃需要其对策，也不是没有疑问的。

（四）私见（现场的共同正犯说）

在加重的共同正犯说与现场说的中间领域把握韩国刑法上的"合同"概念是妥当的。即合同犯除需要具备作为主观要件的共谋之外，还需要具

①　金钟源，刑法各论（上），194 页；黄山德，刑法各论，269 页。

备作为客观要件的现场的实行行为之分担。该实行行为的分担并不意味着必须同时在同一场所分担特定的实行行为，只要存在时间上的、场所上的协同关系即可（大法院判决 1992 年 7 月 28 日，92 DO 917）。因此，合同犯是比共同正犯还要狭窄的概念。

【判例】　合同犯除需要具备作为主观要件的共谋之外，还需要具备作为客观要件的现场的实行行为的分担。但该实行行为的分担并不意味着必须同时在同一场所分担特定的实行行为，只要能够认为存在时间上的或场所上的协同关系便是充分的（大法院判决 1992 年 7 月 28 日，92 DO 917）。

然而，合同犯在本质上是共同正犯的一形态。无论怎样具备现场性，依据共犯与正犯的一般区别基准不能成为正犯的人是不能成为合同犯的。二人在现场实现犯行的过程中，只有一人以正犯特征实施行为，另外一人仅以共犯特征实行时，两者虽然其自身具备现场性，但却不能成为合同犯。在这种意义上，本书将合同犯称为现场的共同正犯。依据此见解时，合同犯的成立范围将取决于如何把握现场的范围。如果将现场理解为时间上的、场所上的协同关系，就与现场说没有任何差异。与现场说甚至将在现场只是进行帮助性参与的人也视为合同犯不同，此见解在只把在现场进行功能性作用分担的人视为合同犯这点上，具有慎重性。另一方面，由于加重的共同正犯说针对正犯特征采取了目的性犯行支配说，所以扩大了正犯的范围，同时也扩大了合同犯的范围；但对此应该依据现场要素进行某种程度的限制。因此，合同犯只能由现场的共同正犯构成。

此外，对此合同犯进行功能性犯行支配的背后头目或共犯则依据作为共同正犯之正犯性特征的"功能性犯行支配"的基准规定为"合同犯的共同正犯"。在这点上与现场说存在着差异。

历来的大法院判例大部分是立足于现场说。

【判例 1】　刑法第 331 条 2 项后段的"二人以上合同"是指需要具备作为主观要件的共谋与作为客观要件的实行行为的分担，而且其实行行为还需要具备时间上或场所上的协同关系。在事前共谋盗窃之后，在其他共犯实施窃取行为之际，以在其附近的车辆上等待的形式分担了实行行为。虽然窃取行为的场所与等待中的车辆之间多少有些距离，但不认为脱离了时间上、场所上的协同关系（大法院判决

1988 年 9 月 13 日，88 DO 1197）。

【判例2】   甲从乙处获知因其弟弟丙在旅行中而家中无人且保管有空白支票，遂共谋窃取其支票。之后，二人一同潜入丙家，在甲实施窃取之际，乙在等待之后一同拿着支票离开了丙家。如果是这样，能够认为甲与乙之间存在时间上、场所上的协同关系。因此，甲将承担特殊盗窃罪的罪责（大法院判决 1996 年 3 月 22 日，96 DO 313）。

四、合同犯的共犯与共同正犯

合同犯由于需要在现场上进行合同的二人以上的正犯，所以是必要的共同正犯的一种。然而，由于只是受到现场性限制的共同正犯，所以针对合同犯的共同正犯与共犯的成立问题应该将此区别开来考察。

（一）共犯的成立

既然成立合同犯，在其内部就没有必要另行考虑成立共同正犯或教唆犯、帮助犯等的可能性。然而，在其外部能够以教唆或帮助的方法对此进行参与。从前的大法院判例曾将从外部参与的合同犯的帮助处理为一般犯罪的共同正犯。例如 A、B、C 三人共谋盗窃牛并进行搬运，A 按照其共谋的内容将 B、C 窃取来的牛装在国道上等待的卡车上运走的情况中，A 虽然成立合同盗窃的帮助，但以前的大法院判例却视为一般盗窃的共同正犯或至少是合同盗窃的帮助（大法院判决 1976 年 7 月 27 日，75 DO 2720：此判例被之后的全员合意体判决所废除）。

（二）共同正犯的成立

针对能否从外部以共同正犯的方法进行参与，依据现场说的多数说则持否定态度。然而，如果依据现场的共同正犯说，则能够限制性地认定成立的可能性。即在现场外从功能性作用分担的观点上主导性地支配全体合同犯关系的背后头目或共犯，既然能够认定其对犯行的共同支配，就能够认定共同正犯。

最近，大法院全员合意体判决（大法院判决 1998 年 5 月 21 日，98 DO 321）针对酒吧老板甲灌醉被害人获取信用卡与密码之后，与营业员乙、丙、丁共谋瓜分提取的现金；在甲继续纠缠住被害人并进行监视之际，乙、丙、丁在他处的自动提款机上提取了现金的事件，认定甲也成立合同盗窃的共同正犯。据此，开辟了认定即使在现场之外也能够成立合同犯之共同正犯的道路。

【判例】   在二人以上的犯人共谋实施合同盗窃的犯行之后，只有一犯人单独实施盗窃的实行行为时，因为不具备合同盗窃的客观要件，所以没有成立合同盗窃的余地。然而，在三人以上的犯人共谋实施合同盗窃的犯行之后，至少二人以上的犯人在犯行现场形成时间上·场所上的协同关系进而分担盗窃的实行行为实施盗窃犯行时，既然依照共同正犯的理论能够对参与其共谋但没有在现场直接分担盗窃的实行行为的另外犯人认定其具备能够在现场实施盗窃犯行的正犯性特征，就没有理由否定其另外犯人成立合同盗窃的共同正犯（大法院判决 1956 年 5 月 1 日，4289 刑上 35；1960 年 6 月 15 日，4293 刑上 60；1998 年 5 月 21 日，98 DO 321）。

第七节　同　时　犯

一、意义

同时犯（Nebentäterschaft）是指多数人在无意思联络的情况下同时或先后对同一客体实现构成要件结果的情况。同时犯既然是单独犯的竞合，各自的行为就是单独犯。而且，在同时犯中，并不要求多数人必须同时实施实行行为。如果是这样，同时犯这一用语并不是很恰当的。在正确的意义上，称作"独立行为的竞合"更为妥当。韩国刑法第 19 条①也是在这种意义上使用着"独立行为的竞合"这一用语。

同时犯与单独正犯或共同正犯、间接正犯一样属于正犯的一种。然而，在以多数人的实行行为为必要这点上，与单独正犯相区别；在没有共同的行为决意（共同的意思联络）这点上，则与共同正犯相区别。而且，在其他行为人不是单纯的工具这点上，又与间接正犯相区别。

同时犯不是共犯而是单独犯并列竞合的情况。能够成立于所有故意犯

---

①   韩国刑法第 19 条（独立行为的竞合）规定："同时或先后的独立行为相竞合时，无法判明其结果发生之原因行为的，各行为均以未遂犯处罚。"——译者注

与过失犯中，尤其在否认成立过失犯的共同正犯的立场上，基于多数的过失共同作用通常被作为同时犯。

在这种意义上，同时犯将取代共同正犯乃至共犯。同时犯指称无论是故意犯还是过失犯且无论是在同时还是在先后间，既是二人以上的正犯，又由于没有共同的犯行决意或共同的注意义务而不能成为共同正犯的所有现象。由于只是单独正犯的偶然遇见的问题，所以不是具有独立价值的犯罪特征。

【判例】　共同正犯作为二人以上共同实施的犯罪，将共同参与的意思作为其主观要件。虽然该共同参与的意思要求相互性，但只要存在共同参与的认识即可，并不是必须存在事前的谋议过程。二人以上无相互意思联络地同时实施符合犯罪构成要件的行为时，原则上应该对每个人追究其犯罪责任；但是成为其结果发生之原因的行为不明确时，以未遂犯处罚各行为人（独立行为的竞合）。此独立行为相竞合，尤其发生了伤害结果且成为其结果发生之原因的行为没有被明确时，则以共同正犯之例进行处罚（同时犯）。因此，在共犯关系中只要存在共同参与的意思，对此就没有提及同时犯问题的余地（大法院判决 1985 年 12 月 10 日，85 DO 1892）。

二、种类

在同时犯中，存在原因行为明确的同时犯与原因行为不明确的同时犯。在概念上不能混淆同时犯与韩国刑法第 19 条（独立行为的竞合）。这是因为，韩国刑法第 19 条只是将同时犯中原因行为没有被判明的不明确的情况称为独立行为的竞合并规定进行特别处理，其并不内含作为原因行为被判明的二人以上正犯的同时犯（同时犯的大部分情况）。

在原因行为明确的同时犯的情况中，无论其是故意行为还是过失行为，各行为人均依据其原因行为各以正犯处罚。然而，问题是对于结果发生之原因行为没有被判明的情况如何进行处理。因此，以下重点考察规定原因行为不明确的同时犯情况的刑法第 19 条。

三、成立要件

韩国刑法第 19 条在"独立行为的竞合"这一用语之下将原因行为不明确的同时犯规定为："同时或先后的独立行为相竞合时，无法判明其结果发生之原因行为的，各行为均以未遂犯处罚"。与此相关联，考察一下视为未遂犯的同时犯的要件。

（一）行为主体·行为

在同时犯中，行为人必须是多数人；多数人的行为也必须是实行行为。由于同时犯是独立行为的竞合，即单独犯竞合的情况，所以要求行为人是多数人。因此，一个人单独同时实施诸多行为时，其也是单独犯而不能成为同时犯。行为人至少二人以上即可。并不要求必须是三人以上。而且，要求多数人的行为是实行行为。这时，实行行为是符合未遂犯（第25条）要件的实行行为，而不是未达其阶段的预备罪·阴谋罪的实行行为。尽管在理论上预备·阴谋中也可能存在实行行为，但是从刑法将结果之发生作为同时犯的要件这一旨趣上来看，实行行为应该是作为未遂犯之要件的实行行为。

（二）时间上的同一性问题

在同时犯中，多数人的行为没有必要必须同时实施，即使是先后也可以。在这种情况中，由于先后并不是意味着时间上的连续性或行为的继续性，所以并不要求接近于同时的先后关系或行为并列性。因此，在基于多数人的着手实行之间或者在终了时期之间存在时间上的差异，或者即使在结果发生时期之间存在稍微的时间上的间隔，也能够将其视为同时犯中的先后。这是因为，在同时犯中，比起行为的同时性或继续性更为重要的是，当结果发生之原因没有被判明时以未遂犯处罚这一效果层面。因此，在前行为者的行为终了之后，与其没有意思联络的后行为者又重新进行加功时，只要结果发生之原因没有被判明，就可以视为同时犯。然而，在前行为者的行为终了之前（实行途中）与后行为者形成意思联络共同实行时，因为成为承继的共同正犯问题，所以这时不能视为同时犯。

（三）场所上的同一性问题

在同时犯中，并不要求多数人的行为必须在同一场所内实施。因此，甲在釜山、乙在大邱同时或先后给住在首尔的丙发送恐吓信，但被害人丙基于谁的恐吓信引起的畏惧不明确时，可以视为甲、乙的行为是胁迫罪的同时犯。

（四）客体的同一性

在同时犯中，多数人的行为必须指向同一客体。这里的客体是指行为的客体，即攻击的目的物。同一客体，结果是多数人指向同一犯罪目的物实施行为的情况，即犯罪客体同一的情况。这时，客体的同一性不是事实上的概念，而是法律上的概念，因此，并不要求必须是数量上的同一，只要在构成要件上客体同一即可。例如为杀害在同一场所中的A、B二人，没有意思联络的甲、乙各自向A、B开枪，但只有A死亡的情况，只要没有判明使A死亡的行为人是谁，就能够视为甲与乙的行为是杀人罪的同时犯。而且，只要行为的客体同一即可，没有必要各行为均在构成要件上是同一的。例如也能够成立杀人与伤害的同时犯。

（五）意思联络的不存在

在同时犯中，多数人的行为必须是独立行为相竞合的情况。独立行为的竞合是指多数人在相互间没有意思联络的情况下各自单独对同一客体实施犯罪的情况。在同时犯中，不存在多数人相互间的意思联络将成为要件。正因为这一点，与以意思联络为必要的共同正犯相区别。即以意思联络这一要素为前提时，其存在将成立共同正犯；否则将成为同时犯。所以以意思联络为基准的共同正犯的成立与否，也对同时犯的成立范围产生重要影响。

依据共同正犯的法理，不是同一故意的多数人的故意犯之相互间，故意犯与过失犯之相互间，是不能成立共同正犯的，也不能认定片面的共同正犯概念，所以在此范围内将成立同时犯。在过失犯的情况中，因为只要存在对事实行为的意思的联络且存在共同的注意义务，便能够认定成立共同正犯，所以在此限度内将排除同时犯的成立。

（六）原因行为的不明确

需要发生结果，而且成为结果发生之原因的行为没有被判明。例如甲与乙在无意思联络的情况下为杀害丙同时开枪，但只有一发子弹中丙致使其死亡，而由谁开枪的子弹命中的丙无法判明的情况。结果发生之原因没有被判明的情况是指针对是谁的行为成为原因进而发生的结果不可能证明因果关系的情况。因此，结果发生之原因没有被判明的情况，结果是检察官没有提出证据或不能证明时，或者消极的没有提示或证明的情况。这种判断的主体是法院。因为判断的有无属于法院的职权，所以并不必须拘束于相关专家的科学上的鉴定等。

四、同时犯与因果关系

(一) 共同正犯与因果关系

同时犯与共同正犯虽然将有无意思联络作为基准进行区别，但在因果关系的适用上也是存在差异的。在同时犯的情况中，由于个别的考察各自的行为进而探讨针对一个结果的原因之有无，所以存在与参与同时犯的主体的数相同数量的因果关系。然而，在共同正犯的情况中，将多数人的行为合在一起，包括性地认定针对结果的因果关系。例如在共谋杀人的共同正犯中，甲对丙的死亡结果具有原因力，乙尽管只是针对丙的尸体实施了行为对死亡结果不具有原因力，在刑法中的因果关系上也合一地、包括性地考察甲与乙两者的行为，认定对丙的死亡结果具有原因力，进而全部认定为杀人既遂犯。然而，这种情况如果是同时犯，甲成立杀人既遂犯，乙则只成立杀人未遂犯。

(二) 同时犯与因果关系

在同时犯中，由于与共同正犯不同个别地探讨各自的行为对所发生的结果有无原因力即有无因果关系，所以同时犯的因果关系不过是复数的单独犯的因果关系。在实质犯中，因果关系是既遂犯的成立要件。在同时犯中，如果各自的犯罪实行行为是在相互无任何关系的情况下独立地介入或竞合进而发生的一定结果，应该个别地探讨各自的行为是否成为针对结果的原因。如果复数的单独犯的各自行为均成为针对结果的原因，则成立复数的既遂犯。然而，相反不存在因果关系时，则成立复数的未遂犯。而且，如果一部分对结果存在因果关系，另一部分对结果不存在因果关系时，前者成立既遂犯而后者成立未遂犯。如果这样理解同时犯的因果关系，就能够认为在同时犯中结果发生之原因行为不明确时，均以未遂犯处罚各行为的韩国刑法第 19 条的规定是在明示理论上当然的原则。

五、刑法上的处理

在同时犯中，针对结果的原因行为明确时，无论其是故意行为还是过失行为，各行为人各自独立在自我责任的限度内依据原因行为以正犯处罚。

相反，原因行为不明确时，在与刑法第 19 条相关联上可以进行如下区分之后进行考察：

① 在故意行为与故意行为作为独立行为相竞合时，仅限于存在各自的未遂犯处罚规定时，以故意行为的未遂犯进行处罚。这种情况以未遂犯处罚所有同时犯，是考虑因果关系不成立及个别责任原则的当然性归结。

② 在故意行为与过失行为相竞合时，以未遂处罚故意行为；过失行为则由于没有未遂的处罚所以不可罚。

③ 在过失行为与过失行为相竞合时，依据刑法第 19 条应该各自以未遂犯处罚。依据过失犯的一般理论，由于无法设想过失犯的未遂，所以各自将不可罚。刑法在这种情况中为填补刑事政策上的空白在第 263 条中认定了伤害罪同时犯的特例，进而针对伤害结果各自依照共同正犯之例处罚。

而且，同时犯将作为刑事诉讼法上的关联案件处理（刑诉法第 11 条 3 号①）。

第八节　共犯论的基本理解

一、共犯的处罚根据

（一）责任共同说

在关于共犯处罚根据的理论中，最为古老的是责任共同说。在这里，在共犯者将正犯卷入犯罪行为中致使正犯有责地实施犯罪这点上把握共犯的处罚根据。这在理论上与所谓极端的从属形式具有相同的结论。然而，此理论是违反采取限制的从属形式的韩国刑法的实定法规定的理论。

（二）不法共同说

基于限制的从属形式修正责任共同说的是所谓不法共同说。该理论在教唆者通过使正犯实施犯行使其达到与社会之间的一体性解体（Soziale Desintegration）进而侵害法的稳定这点上把握可罚性的根据。因此，认为使完全没有事物辨别能力的无责任能力者实施犯行的人在使无责任能力者与其社会环境之间的关系恶化这点上，存在处罚的根据。然而，如果依据

---

① 韩国刑事诉讼法第 11 条（关联案件的定义）3 号规定："数人同时同一场所所犯之罪"。——译者注

此理论，虽然能够说明教唆犯的处罚根据，但在从犯的情况中由于没有积极的不法共同，所以在统一的把握共犯的处罚根据上将产生难点。

（三）引起说

1. 纯粹的引起说

该见解是在从正犯的不法中完全独立的自身引起法益侵害这点上寻求共犯的不法的立场，由舒密特豪瑟（Schmidhäuser）与瑞德森（Lüderssen）所主张。该立场强调共犯的可罚性之前提并不是从正犯的不法中推导出来的。是与历来的共犯独立性说相同的立场。

2. 从属的引起说

从属的引起说是只在从属的结果之引起上寻求共犯处罚根据的立场。该立场依据从属性思考从正犯的不法中推导出共犯的不法因而忽视共犯的独立性要素这点，是与纯粹的引起说相区别的。在这种意义上，亦将从属的引起说称作基于从属性思考的修正的引起说。是与历来的共犯从属性说相同的立场。目前是韩国与德国的多数说立场。①

然而，从属的引起说具有不能很好地解释韩国刑法上的意图性教唆的处罚根据，也不能解释陷阱教唆的不可罚性等这些缺点。这是因为，即使是正犯的未遂在法的意义上也是一种结果之引起，如果依据从属的引起说将会得出参与此未遂的行为也能够被处罚的结论。未遂之教唆的陷阱教唆之不可罚性只有在教唆行为自身不具备能够视为独立的法益侵害的实质这点上，才能够得到很好的解释。

3. 混合的引起说（从属的法益侵害说）

该学说作为洛克辛所主张的学说扬弃了纯粹的引起说与从属的引起说的片面性，认为共犯的不法一方面是从正犯的行为中（从属的引起说立场），另一方是从共犯者的独立的法益侵害中（纯粹的引起说立场）推导出来的，进而认为所有的可罚的共犯既是从属的同时又内含有独立的法益侵害性。② 是混合历来的共犯独立性说与共犯从属性说的立场。在把纯粹

---

① 金圣天、金亨俊，496 页；朴相基，350 页；裴钟大，487 页；孙海睦，1060 页；安铜准，225 页；李在祥，417 页；李廷元，307 页；李炯国，314 页；曹俊铉，320 页；Baumann/Weber/Mitsch, S. 554；Jescheck/Weigend, S. 620；Maurach/Gössel/Zipf, S. 283；Sch/Sch/Cramer, vor §25 Rdn. 22；Wessels, Rdn. 552.

② Roxin, LK, vor §26 Rdn. 在韩国，有金日秀，韩国刑法Ⅱ，323 页；孙冻权，452 页。

的引起说与从属的引起说进行辩证的合一这种意义上，称作混合的引起说。

其要点可以一句话概括为从属的法益侵害。即共犯者并没有亲自实施构成要件符合行为而是因为参与到正犯的构成要件符合行为中，才成为处罚的对象；而其不法内容是因为共犯者基于自身的故意通过正犯间接地侵害了构成要件上所保护的法益，所以实现了自身的不法。

4. 行为无价值·结果无价值区别说

该学说作为混合的引起说的一种，认为共犯的不法中行为无价值是在共犯自身的教唆或帮助行为中独立认定的，结果无价值则从属于正犯。即认为在共犯的教唆行为或帮助行为引起或促进正犯的犯行这点上，将在其自身中认定无价值性；而因为共犯的结果无价值仅以教唆行为或帮助行为是无法引起的，所以其从属于正犯的法益侵害。①

与前述的混合的引起说所主张的虽然共犯的行为无价值是从属的，但结果无价值是独立的相反，此见解认为行为无价值是独立的，而结果无价值是从属的。

（四）结论

韩国刑法将教唆或帮助他人犯罪之人作为教唆犯或帮助犯处理而且其刑罚也以正犯之刑为基准，从这一点上来看，是以共犯从属性说的立场为出发点的。然而，即使在接受教唆的人没有承诺实施犯行时，也依照预备或阴谋处罚教唆者（第31条3项）；接受教唆者承诺实施犯行但尚未着手实行时，均依照预备或阴谋处罚教唆者与被教唆者（第31条2项）。这一点又表明韩国刑法在某种程度上考虑了共犯独立性说。因此，在韩国刑法的解释上混合的引起说在解释共犯的处罚根据上是最为妥当的立场。②

问题是，即使在混合的引起说中究竟是采取从属的法益侵害说还是行为无价值·结果无价值区别说。在结论上，前者的见解是正确的。

第一，后者认为在共犯的不法中行为无价值是在教唆或帮助行为中独

---

① 任雄，354页；郑盛根、朴相基，505页。

② 申东云教授认为，在韩国刑法的解释上，失败的教唆将依照预备或阴谋进行处罚，而预备或阴谋又不能视为独立的实行行为或独立的原因，所以不能采取引起说（纯粹、从属、混合），应该在责任共同与不法共同中寻求共犯的处罚根据（刑法总论，574页）。

立认定的，然而这是不正确的。由于共犯不过是没有正犯性的单纯的加功行为（Mitwirkung），所以其范围与界限是依据第一义概念的正犯行为在本质上一同被规定的第二义的概念而已。即只能以盗窃教唆或杀人帮助等这种形态规定共犯，其自身是无法作为独立的构成要件而存在的。可罚的共犯以主犯行为至少达到未遂为前提也正是这个原因。① 而且，不把意图性教唆作为教唆的未遂进行处罚，而是依照预备或阴谋进行处罚，其结果也是在认定从属的独立价值。如果是这样，在教唆或帮助行为中独立认定行为无价值是不正确的。

第二，另一方面刑法意义上共犯只有在共犯侵害到也要求其自身给予保护的法益时，方能成立。例如即使基于嘱托·承诺的杀人止于未遂，也不将进行嘱托或承诺的此罪被害人的生存者作为教唆或帮助行为进行处罚。这是因为，由于自杀自身是不可罚的，所以类似于自杀行为的嘱托或承诺者的生命，尽管对此嘱托或承诺符合教唆或帮助，其自身也是在刑法上不被保护的法益。同样，针对自己所有物，教唆他人实施盗窃或帮助实施盗窃时，不产生教唆或帮助行为的结果无价值。② 结果是，共犯中的结果无价值只有在法益侵害之结果即使对其共犯自身也具有独立意义时，才能够被认定。如果是这样，在共犯的不法中具有独立性的是——尽管侵害方法是通过正犯行为的间接的方法——结果无价值。

如果考虑这点，能够明确混合的引起说中从属的法益侵害说是妥当的。

二、共犯的从属性

（一）序言

教唆犯与帮助犯是指以正犯的存在为前提，通过教唆或帮助正犯致使正犯实行犯罪的情况。共犯是从属于正犯而成立还是独立的成立曾经成为了问题，但目前已经确立了关于共犯处罚根据的理论，其结果两者的对立已经不与本质问题相关联，只具有作为理论史上的一个历史产物的意义。

（二）从属性的要否

1. 共犯独立性说

该学说认为，既然教唆行为或帮助行为自身已经具备作为反社会的犯

---

① 金日秀，韩国刑法Ⅱ，321 页、322 页；相同见解：裴钟大，487 页。
② 金日秀，韩国刑法Ⅱ，321 页。

罪的实质，即使没有正犯的实行行为，其自身作为实行行为也构成独立的犯罪。从主观主义犯罪论的观点上来看，由于教唆或帮助行为已经充分表现出行为人的犯罪意思，所以应该与正犯成立无关地认定共犯自身的犯罪性。

2. 共犯从属性说

该学说认为，教唆行为或帮助行为自身并不是犯罪的实行行为，所以教唆犯或帮助犯只有在存在正犯的实行行为并从属于此时，方才成立。从客观主义犯罪论的观点上来看，由于教唆或帮助行为还不是具备构成要件定型性的行为，所以无法单纯以教唆或帮助行为自身认定独立的犯罪实行行为性，至少要以正犯违法的着手实行为条件，才能够认定共同正犯。

3. 结论

与现行刑法上诸多共犯规定的解释相关联来看的话，在韩国刑法中存在着诸多无法仅以共犯独立性说或共犯从属性说中的某一种理论进行解决的问题。面对这些问题，如果只遵从某一种理论时，只会产生原则与例外的图式，在各个事例中无法获得符合事理的解决。

关于共犯的处罚根据既然采取混合的引起说，就能够从根源上避免这些难点。从该观点上来看，共犯既具有实现其自身独立的不法的一面，相反又具有从属于正犯之实行行为而成立的另一面。

共犯的独立性与从属性并不是择一或对立的关系而是混合的结晶体，在各个具体问题的解决上，只是某一方面要比另一方面承担了核心机能。但是，在机能层面上从属性方面要比独立性占有更大的比重是事实。特别需要探讨从属性程度的理由也在于此。

（三）从属性的程度

1. 共犯的从属形式

在共犯从属性层面上，正犯在何种程度上实施实行行为时才成立共犯，便是从属性程度的问题。其程度是应该在考虑立法者在诸多共犯规定中所呈现出的意图之后进行决定的问题。与此相关联，M. E. 麦耶所提出的四种从属形式即使在目前也通用为决定的基准。

（1）最小从属形式 正犯的行为只要符合构成要件，即使没有违法或有责亦成立共犯。

（2）限制从属形式 正犯的行为符合构成要件且违法，即使没有责任亦成立共犯（通说）。

(3) 极端从属形式　只有当正犯的行为符合构成要件且违法、有责时，方成立共犯。

(4) 超极端从属形式　除正犯符合构成要件且违法、有责之外，进一步还要完全具备可罚性的所有条件时，方才成立共犯。

2. 韩国刑法的立场

在上述四种共犯的从属形式中，在韩国现行刑法的解释上与立法者意图相一致的是限制的从属形式与极端的从属形式。

限制的从属形式于1943年5月29日在德国被立法化，现行德国刑法第26条、第27条及第29条中也明示了其旨趣。在韩国，也是多数说支持的从属形式。在德国，极端的从属形式在1943年的立法以前是有力的立场，其也是日本的通说。即使在韩国，也有一部分学者着眼于第31条、第32条使用的"他人的犯罪"这一用语，从正犯行为的完整的犯罪性这一观点出发支持此种从属形式。

两者中限制的从属形式在韩国刑法的解释上更妥当一些。这是因为，当考虑共犯自身是不法构成要件的变形或修正形式这一点以及应该充足正犯概念的优越性与共犯的从属性这种命题这一点时，正犯的行为只要符合构成要件且违法即可。因此，成立共犯的必要条件是只要具备正犯的实行行为的构成要件符合性与违法性即可。正犯行为的有责性不是必要条件。

（四）共犯从属性的归结

在时间上，教唆在正犯行为开始之前也可能成立，而帮助除在正犯行为开始之前即使在既遂后的完了之前也能够成立。然而，时常发生共犯者不知正犯行为是止于未遂还是达到既遂的情况。既然这种偶然性在发挥作用，那么可以说基于共犯从属性的共犯处罚仍旧在某种程度上残留有无法避免的结果责任。

共犯成为问题时，通常应该从正犯行为开始进行考察。

（1）没有实施正犯行为的情况：在这里，共犯的未遂将成为问题。在教唆的情况中，作为教唆的未遂依据第31条2项的规定依照预备、阴谋之例处罚。然而，帮助的未遂是不可罚的。

（2）虽然实施了正犯行为但没有达到既遂的情况：这种情况，针对正犯行为之未遂成立共犯（教唆犯、帮助犯）。正犯行为的未遂被处罚时，共犯也以未遂犯处罚。例如正犯止于杀人未遂时，教唆杀人的共犯将成立杀人教唆未遂（虽然通常被称为杀人未遂的教唆，但是不正确的）。

（3）正犯行为既遂的情况：在这种情况中，针对正犯的既遂行为成立共犯。此类型是共犯成为问题的普通情况。然而，在既遂之后完了之前，只能够实施帮助行为，不可能实施教唆行为。

（4）正犯行为完了的情况：即使在这里，也与正犯行为达到既遂的情况相同。然而，在犯罪完了之后，不可能进一步实施帮助行为，只存在包庇犯罪的问题。通常是在另外的构成要件中（隐匿犯人、湮灭罪证等）规定包庇犯罪。

三、必要的正犯及共犯

（一）意义

必要的共犯（Notwendige Teilnahme）是指在构成要件的实现上要求必须是二人以上参加者的犯罪类型。这与二人以上共同实现原本能够单独实施犯罪的任意的共犯（Znfällige Teilnahme）相对应。

（二）种类

1. 集合犯

集合犯（Konvergenzdelikte）是指以多数行为人指向相同目标在同一方向上共同发挥作用为前提的构成要件。依据处罚基准还可以将此再行细分为如下两种类型：

（1）对多数人科处同一法定刑的情况　以二人以上的合同为必要的特殊脱逃（第 146 条）、特殊盗窃（第 331 条 2 项）、特殊强盗（第 334 条 2 项）这种合同犯，与以聚众或团体之存在为必要的骚扰（第 115 条）、特殊公务妨害（第 144 条）、特殊住宅侵入（第 320 条）、海上强盗（第 340 条）、特殊毁损（第 369 条）相关联的构成要件即属于此。

（2）对多数人科处不同法定刑的情况　在将犯罪主体的集团性、群众心理作为其特征的同时，参加者的作用发挥上也可能存在差异，所以着眼于这点依据参加者的功能、地位、行为样态、作用的重要性分别规定不同的法定刑。例如内乱罪（第 87 条）、反国家团体组建罪（国家保安法第 3 条）等即属于此。

2. 对向犯

对向犯（Begegnungsdelikte）是指以二人以上参加者在不同方向上基

于相互不同的作用之发挥指向同一目标共同发挥作用为前提的构成要件。依据处罚基准还可以将此再行细分为如下三种类型：

(1) 针对对向者法定刑同一的情况   通奸罪（第241条1项）、赌博罪（第246条1项）、酷使儿童罪（第274条）、买卖妇女罪（第288条2项）等即属于此。

(2) 针对对向者法定刑不同的情况   在贿赂罪中受贿者（第129条）与行贿者（第133条）、在堕胎罪中妇女的自我堕胎（第269条1项）与医师等的堕胎（第270条1项）、背信受赠罪中的背信受财者（第357条1项）与背信赠财者（第357条2项）以及脱逃罪中的单纯脱逃者（第145条1项）与脱逃帮助者（第147条）等即属于此。

(3) 只处罚对向者中一方的情况   是指对向者中一方没有超过实现构成要件所必要的程度、或者是该构成要件所要保护的法益的享有主体、或者是犯人隐匿或犯人逃避罪（第151条1项）中的犯人自身，不以其只具有的特殊的动机为理由进行处罚，而只处罚另一方的情况。贩卖淫画罪（第243条）中不处罚买受者、嘱托·承诺杀人罪（第252条1项）中不处罚嘱托·承诺者、犯人隐匿罪（第151条1项）中不处罚犯人自身等即属于此。

（三）共犯规定的适用

必要的共犯是在构成要件上要求二人以上参加者的共犯关系。因此，无论是集合犯还是对向犯在内部参加者之间没有适用以任意的共犯为前提的总则上共犯规定的余地。

【判例】   作为取得外汇的价款甲向乙支付了原货币且乙对此加以领受时，甲与乙只成立禁止对价收售的外汇兑换管理法违反罪，对各自相对方的犯行不成立共犯关系。所谓对向犯作为对立的犯罪是存在于以二人以上相互对向的行为之存在为必要的必要共犯关系中的犯罪。在这里，不能适用关于共犯的刑法总则之规定（大法院判决1985年3月12日，84 DO 2747）。

但是，不在必要共犯关系中的外部之人对此进行参与时，将产生总则上的共犯规定之适用的问题。这时，虽然应该在探讨每个必要共犯的构成要件基础上决定其适用与否，但存在几个一般性原则。

1. 集合犯的情况

（1）对多数人科处同一法定刑的情况　这种情况由于不是对犯罪参加者进行区别之后决定刑罚，所以外部之人参加时，将适用总则上的共犯规定。外部之人当然能够成为针对必要共犯的教唆或帮助者。然而，能否成立共同正犯，则依据各构成要件的解释而不同。

（2）对多数人科处不同法定刑的情况　典型之例是内乱罪（第87条）。在内乱罪的主体之外，教唆或帮助内乱罪的人能否以教唆犯或帮助犯进行处罚，存在着见解上的分歧。细思量，内乱罪的构成要件是已经在细化相当范围的教唆或帮助行为之后进行的规定，不仅如此要比教唆还要广义的煽动行为也另外规定在第90条2项中，因此，应该限制解释为是对此外的共犯形态不进行处罚的旨趣。否定说是妥当的。

2. 对向犯的情况

（1）针对对向者的法定刑同一的情况　由于针对各对向者规定了同一的刑罚，所以针对对向者相互之间的内部参与行为除正犯之外不另外适用总则上的共犯规定。然而，对向者以外的人针对各对向者实施教唆或帮助时，则能够依据共犯规定进行处罚。例如通奸教唆或受贿帮助等即是。

（2）针对对向者法定刑不同的情况　这种情况与前述的对向犯情况作相同处理即可。

（3）只处罚对向者中一方的情况　既然不在对向关系中，外部人的教唆或帮助行为当然能够以共犯进行处罚。然而，针对没有处罚规定的对向犯能否适用共犯规定，存在着见解上的对立。关于这一点，可以适用如下几个原则。

① 没有处罚规定的对向者没有超过实现构成要件所必要的最低限度的程度时，始终是不可罚的。然而，超过其程度的参与行为则能够成立共犯。例如淫乱物的买受者单纯被动对此进行买受时，是不可罚的；但通过积极的参与，教唆或帮助贩卖者进而将此买受时，则能够成立贩卖罪的教唆犯或帮助犯。

② 没有处罚规定的对向者是该构成要件保护法益的主体时，始终是不可罚的。例如嘱托杀人罪的被害人通过积极恳求或劝诱致使行为人诱发犯罪意思，也不成立教唆犯；在未满13岁妇女奸淫罪中，即使未满13岁的妇女积极诱导了奸淫，也不成立教唆犯。这是因为，他们是该构成要件要保护的法益的主体。

③ 没有处罚规定的对向者处于因为特别的动机而不能作为单独正犯进行处罚的状况时，也不能作为共犯形态进行处罚。可以不能以正犯进行

处罚的人也不能以共犯进行处罚这句话来对此进行表现。例如在犯人隐匿罪中希望隐匿的犯人自身想逃脱刑事追诉或执行是人之常情，而且犯人隐匿罪也不想无视犯人自身的这种动机来实现刑罚权，所以不处罚犯人自身的隐匿或逃避。

第九节 教 唆 犯

一、教唆犯的意义与构造

（一）意义

教唆犯（Anstifung）是指使他人进行决意实施的犯罪人（第31条1项）。教唆犯在不亲自参与功能性犯行支配、没有功能分担这点上，与共同正犯相区别；在以正犯的存在为前提这点上，又与进行意思支配的间接正犯这一正犯相区别。

教唆犯与帮助犯虽然都是狭义的共犯，但是教唆犯在诱发他人犯罪决意这点上，与以他人的决意为前提、以有形或无形的形式帮助实行的帮助犯相区别。

介绍卖淫罪（第242条）或自杀参与罪（第252条2项）虽然也是对犯罪决意产生影响的教唆行为，但由于在分则中进行了另外的规定，所以教唆自杀的行为自身就是自杀参与罪的实行行为。

（二）构造

教唆犯的构造特征在于，基于故意教唆他人进而使被教唆者实施基于故意的具体的违法行为。因此，在构造上不可能存在基于过失的教唆或针对过失的教唆及基于不作为的教唆。

二、成立要件

（一）教唆者的教唆行为

1. 教唆行为

（1）意义 教唆行为是指使原本没有实施犯罪意思的正犯引起犯行决意。因此，针对已经决意实施具体犯行的人，是不可能成立教唆行为的。这种情况只可能成立帮助或教唆的未遂。然而，正犯者的决意不坚定或只具有笼统的一般犯罪计划时，有可能成立教唆。

针对已经具有犯罪决意的正犯，教唆其实现加重的构成要件时，并不只对超过部分而是针对整体能够成立教唆行为。例如使已经具有实施强盗决意的正犯携带凶器进行强盗时，成立特殊强盗的教唆。然而，使已经具备犯罪决意的人实施比其轻微的犯罪时，则只成立帮助。

【判例1】 甲在常习性地买受乙与丙盗窃来的物品并取得的过程中，给乙与丙买螺丝刀的同时说："因为朋友被通缉，到处躲藏需要钱，好好干。"这作为如果继续以前的盗窃还将买受其赃物的意思，应该视为存在对乙与丙的盗窃的教唆。即教唆犯是在使他人即正犯进行决意并实施犯罪时成立的，而且被教唆者应该基于教唆犯的教唆产生实行犯罪的决意。因此，被教唆者已经具备犯罪决意时，没有成立教唆犯的余地（大法院判决 1991 年 5 月 14 日，91 DO 542）。

【判例2】 委托平时在智异山国有林内不法进行林产物等制材业的人进行具体的盗伐并生产海苔箱子，为此提供其盗伐资金时，成立违反山林法的教唆罪（大法院判决 1969 年 4 月 22 日，69 DO 255）。

(2) 手段 教唆行为的手段是没有限制的。例如有可能是命令、指示、说服、哀求、邀请、诱惑、提供利益、欺骗、威胁等，无论是明示还是默示均可（大法院判决 1969 年 4 月 22 日，69 DO 255；1967 年 12 月 19 日，67 DO 1281）。

然而，是依据强迫、威力或欺骗的情况时，如果其符合意思支配的程度，则成立间接正犯。而且，教唆以使他人产生针对特定犯罪的决意为必要，如笼统地使其实施犯罪这种教唆实施一般犯罪时，不能视为教唆。

【判例】 仅以笼统的使其实施犯罪或使其实施盗窃等行为不足以成为教唆行为。需要实施使他人产生实行一定犯罪之决意的行为，而且教唆的手段方法是没有限制的。因此，为成立教唆犯没有必要甚至特定犯行时期、场所或方法等详细事项后进行教唆，如果达到使正犯产生实施一定犯罪之决意的程度，便成立教唆犯。

不仅如此，由于教唆犯的教唆没有必要是正犯实施犯罪的唯一条件，所以既然是基于教唆行为正犯才决意实行犯罪，即使正犯具有犯罪习性因而其习性与教唆行为一同成为原因致使正犯实施犯罪时，也不影响教唆犯的成立（大法院判决1991年5月14日，91 DO 542）。

（3）教唆行为的完结性与否　教唆行为自身的完结性对于教唆犯的成立并不太重要。即使是教唆行为自身不完全或中断的情况，只要对引起正犯的犯行决意是充分的，便能够成立教唆犯。没有必要以教唆行为自身为基准追问其是既遂还是未遂。

（4）教唆不可能的情况　基于不作为的教唆或基于过失行为的教唆能否成立教唆，通说的立场是两者均不能够成立教唆。作为对过失犯之利用行为的教唆只成立间接正犯。

（5）共同教唆的情况　教唆者为二人时，援用功能性犯行支配的观点，既然针对诱发被教唆者的犯行决意共同发挥了功能，即使对作用度低的人也能够认定为共同教唆者。

2. 教唆者的故意

教唆者的故意应该具有一方面使被教唆者产生犯行决意，另一方面使被教唆者达到犯行的终了（＝既遂）的内容。在这种意义上，教唆者的故意是以教唆的故意与对正犯实行行为的故意为必要的双重故意。但，即使是未必的故意也是充分的。不可能存在基于过失的教唆，根据情况能够以过失犯的正犯进行处罚。

（1）具体的特定的故意　教唆者的故意必须要具有具体性与特定性。即必须具有针对特定犯罪与特定正犯的认识。仅以唆使没有具体犯行特征的一般的可罚性行为或法律构成要件所记述程度的犯行的教唆者意思，尚不足以称为教唆者的故意。只要被教唆者是特定的，即使是多数人亦可。只要被教唆者是特定的（空间、状况等），即使不知其是谁，也能够使教唆者成立教唆。例如教唆监狱邻房的囚犯实施脱逃的情况即是。

如果被教唆的犯罪是以特殊的主观不法要素为必要的犯罪，则教唆者必须认识到在被教唆者中存在这种要素的事实。在目的犯的情况中，不仅被教唆者即使是教唆者也应该具备目的，但是教唆者只要在认识到被教唆者是在一定目的之下实施行为的基础上实施教唆，就成立目的犯的教唆。

（2）既遂的故意　教唆者的故意必须是实现犯罪既遂即构成要件结果的意思。当初就具有止于未遂的意思时，不能认为存在故意。即虽然处罚教唆的未遂，但是未遂的教唆却是不可罚的。刑事警察为抑制毒品犯罪向嫌疑者表明要购买毒品的意思，在其出售时以现行犯人进行逮捕的所谓陷阱教唆（agent provocateur）的情况，也与未遂的教唆相同，将否认教唆者的可罚性。

如果陷阱侦查不是为具备犯意的人单纯提供犯行机会的情况（提供机会型陷阱侦查），而是诱发犯意使其实施行为的情况（诱发犯意型陷阱侦查），就不能成为适法的侦查。

【判例1】　尽管抑制毒品犯罪的公务员指使线人购买毒品进而在结果上使其实施了犯罪，只要不是使全然没有犯意的人诱发犯行，就不能认为是犯罪。而且，这种侦查行为且不说道义上的非难，很难认为基于此侵害到了陷入陷阱教唆中的人的人权（大法院判决1963年9月12日，63 DO 190）。

【判例2】　在不是基于陷阱侦查才引起的被告人的犯意或形成犯行的情况中，被告人的行为因为是基于陷阱侦查所以不可罚的主张是没有理由的（大法院判决1982年6月8日，82 DO 884）。

【判例3】　陷阱侦查是指对原本不具有犯意的人施以欺诈手段或谋略使其诱发犯意进而逮捕犯罪人的侦查方法，所以只是对具备犯意的人提供犯行机会或使犯行容易的情况，不能认为是陷阱侦查（大法院判决1992年10月27日，92 DO 1377）。

（3）尤其成为问题的情况　尽管教唆者实施了未遂的教唆，但与其所期待的不同，被教唆者的实行行为达到既遂时，针对发生的结果可根据教唆者过失的有无而承担过失责任。这是因为，尽管基于未遂的故意只进行了未遂的教唆，但正犯达到既遂时，教唆者至少存在危险故意，所以能够认定成立有认识的过失。

（二）被教唆者的实行行为

1. 被教唆者的正犯性

被教唆者尽管是基于教唆产生的犯行决意，但却是支配并实施整体犯行过程的正犯，因此，教唆者只是从属于此正犯的共犯而已。对于被教唆者以正犯实行犯罪，教唆者的教唆没有必要是唯一的条件。尽管正犯中存在实施当下犯罪的习癖或常习性，进而其习癖与教唆行为一同成为原因形成了正犯的犯行，也不妨碍成立教唆犯（大法院判决1991年5月14日，91 DO 542）。

2. 被教唆者的决意

被教唆者必须基于教唆产生犯行的决意。在正犯没有承诺实行犯罪时，并不成立教唆犯，而是根据刑法第 31 条 3 项依照阴谋·预备处罚。对于不需要正犯决意的过失犯罪，不可能成立教唆，只存在间接正犯的问题。

教唆行为与被教唆者的决意之间必须存在因果关系。作为欠缺因果关系的情况，有针对已经具有犯行决意之人的教唆与片面的教唆（被教唆者不知道受到教唆的情况）。前者的情况作为失败教唆的一种依据刑法第 31 条 3 项处罚即可，后者的情况应该是不可罚的。因为，虽然片面的帮助是可能的，但片面的教唆却是不可能的。

3. 被教唆者的实行行为

因教唆犯的从属性之缘故，只有存在正犯的实行行为，才能够成立教唆犯。正犯（被教唆者）至少要进入到着手实行阶段。只要是实施了实行行为，就不问其是未遂还是既遂或是完了。因此，教唆者的着手实行应该以被教唆者的着手实行为基准。

如果没有正犯的实行行为，就不成立教唆犯，而且根据刑法第 31 条 2 项依照阴谋·预备处罚。即使在教唆行为与实行行为之间没有因果关系时，也是相同的。虽然要求正犯的行为必须是符合构成要件且违法，但并不要求必须有责（限制的从属形式）。而且，在身份犯与目的犯中，必须具备这种身份或目的。

三、教唆的错误

教唆者仅限于在基于被教唆者所实施的犯行与自身的故意相一致的范围内，承担责任。存在错误时，将影响教唆者的责任。教唆的错误的一般内容包括教唆者对被教唆者的错误与教唆者对被教唆者实行行为的错误。

（一）实行行为的错误

实行行为的错误是指教唆者的教唆内容与被教唆者现实实施的行为不相一致的情况。

1. 实行少于教唆内容的情况

被教唆者的实行少于被教唆的内容时，教唆者仅限于在被教唆者的实行范围内承担责任（共犯从属性的结果）。尤其在虽然预想了既遂但止于未遂的情况或者教唆实现加重构成要件但实施了基本构成要件的情况中更是如此。例如接受杀人教唆的正犯止于杀人未遂时，教唆者承担杀人教唆的未遂犯的责任；接受特殊强盗教唆的正犯实施单纯强盗罪时或者接受尊属杀人教唆的正犯实施普通杀人时，教唆者将承担单纯强盗罪教唆犯或普通杀人罪教唆犯的罪责。

然而，在刑法解释上存在无法严格贯彻这种原则的情况。尤其在两者之间虽然具有类似性但没有发生量的减少（既遂·未遂）或质的减少（不法或责任的加重·减轻）时，失败的教唆与实行犯罪的教唆之间将成立观念的竞合。例如虽然教唆实施强盗但实施盗窃的情况，教唆者虽然成立盗窃罪的教唆犯，但另一方面又基于刑法第31条2项与强盗的预备·阴谋之间形成观念的竞合，因此将依据刑罚重的后者进行处罚。

2. 实行超越教唆内容的情况

（1）量的过限的情况　量的过限是指被实行的犯罪与被教唆的犯罪之间虽然具有相同的要素但超越其程度的情况。这时，教唆者对于超越教唆内容的部分不承担责任。例如接受了盗窃的教唆但实施强盗时，教唆者只承担盗窃教唆的责任。

另一方面，在被教唆者实现结果加重犯的重结果的情况中，教唆者对重结果存在过失时（第15条2项），成立结果加重犯的教唆。这时，应该以教唆者为基准判断有无过失，作为被教唆者的正犯有无对结果的故意或过失并不是考虑的对象。

【判例】　为报复妨碍自己的经营并进行胁迫的人，雇佣流氓教唆其实施重伤害致使不能活动。但该流氓用刀刺死了被害人。像这样教唆者虽然唆使被教唆者实施伤害或重伤害但被教唆者逾越此内容实施杀人时，一般教唆者成立伤害罪或重伤害罪的教唆犯。然而，教唆者针对被害者有可能死亡的事实存在预见可能性时，将承担伤害致死罪的教唆犯的罪责（大法院判决1993年10月8日，93 DO 1873）。

（2）质的过限的情况　被实行的犯罪与被教唆的犯罪是全然不同的犯罪的情况称作质的过限。接受伤害的教唆但实施盗窃的情况以及接受强盗的教唆但实施强奸的情况就是其例，这时被实行的犯罪已经脱离教唆者的故意范围，所以教唆者对此没有教唆责任。教唆者仅根据刑法第31条2项以教唆之犯罪的预备·预谋处罚。

然而，基于质的过限的教唆犯之免责却仅限于质的差异是本质性的情况。例如教唆实施诈欺但基于欺骗实施了恐吓或教唆实施恐吓但实施强盗这种情况，质的过限没有本质性差异时，与量的差异相同针对教唆的犯罪成立教唆犯。

3. 同一构成要件内的错误

即使教唆者的教唆内容与被教唆者的实行之间存在具体的不一致，但两者存在于同一构成要件范围内时，并不因为两者的不一致而阻却教唆者的故意。因此，被教唆者的犯行即使在时间、场所或方法上与教唆者的预想不一致，对于教唆者故意的成立也没有任何障碍。

被教唆者（正犯）的客体错误对于教唆者来说将成为方法错误，进而成立对所意图事实之未遂的教唆犯（具体符合说的立场）。被教唆者的方法错误对于教唆者来说也成立方法错误。

（二）针对被教唆者的错误

对被教唆者责任能力的认识并不包含在教唆者故意的内容之中，基于这一点对其产生的错误并不阻却教唆犯的故意。因此，误认为被教唆者是责任能力者但实际是无责任能力者的情况以及相反的情况均不影响教唆犯的成立。

四、处罚

与正犯相同的刑罚处罚教唆犯（第 31 条 1 项）。被教唆者止于未遂时，只要存在未遂犯处罚规定，也以未遂处罚教唆者。在纯正身份犯中，非身份者也能够成为教唆犯（第 33 条本文），基于身份关系的刑之加重或减轻只适用于该身份者（第 33 条但书）。

五、相关问题

（一）预备·阴谋的教唆

没有想使其最终实施所目标的犯罪行为的故意，单纯以只止于预备的意思实施教唆时，与未遂的教唆相同，是不可罚的。然而，基于想使其最终实施所目标的犯罪行为的意思对预备行为进行教唆的人，则以预备罪的教唆处罚。

（二）教唆的教唆

这里存在间接教唆与连锁教唆。由于对此没有刑法规定，所以不得不依据解释与学说进行解决。

1. 间接教唆

这里存在：① 唆使被教唆者再次教唆第三者使其实施犯罪的情况；② 虽然对他人进行了教唆但被教唆者没有直接实施犯罪而是再次教唆第三者使其实施犯罪的情况；③ 对于行为人并不存在教唆者但教唆行为人将第三者作为工具加以利用的情况（相当于间接正犯）等。

对于间接教唆，存在否定其可罚性的见解①与肯定其可罚性的见解之间的对立。细思量，间接教唆者是在认为直接教唆者也知道行为状况的情况下实施的教唆，而且既然间接教唆与直接教唆者的教唆行为以及正犯的实行之间存在因果关系，就应该对间接教唆者认定可罚性。目前，认定间接教唆的可罚性是通说与判例（大法院判决 1967 年 1 月 24 日，66 DO 1586；1974 年 1 月 29 日，73 DO 3104）的立场。

【判例】 接受甲的委托向乙转达要求其从所属部队储藏仓库中不正提取军用物资处理给甲的意思，尽管认识到此要求是教唆实施违法处理军用物资这种事实与如果转达其旨意乙将引起犯意处理军用物资这点，却容忍其结果进而要求乙处理军用物资。如果是这样，尽管认识到要求其实施犯罪却接受委托向乙转达甲的要求致使乙产生犯意的行为符合教唆（大法院判决 1974 年 1 月 29 日，73 DO 3104）。

2. 连锁教唆

连锁教唆是指再间接教唆或其以上的教唆的教唆。与间接教唆的情况相同，再间接教唆者是在认为间接教唆者也知道行为状况的情况下实施的教唆，而且既然中间教唆者与正犯的实行之间存在因果关系，就能够认定可罚性（通说）。

（三）教唆的未遂

被教唆者虽然着手实行但止于未遂的情况，即将"狭义的教唆未遂"与"意图性教唆"的情况统称为教唆的未遂。意图性教唆是"失败的教唆"与"无效果的教唆"的统称。失败的教唆是指虽然进行了教唆但被教唆者没有承诺实施犯罪的情况（第 31 条 3 项）与教唆之前已经具备实行犯罪决意的情况。无效果的教唆是指被教唆者承诺实施犯罪但没有开始着手实行的情况（第 31 条 2 项）。

① 郑荣锡，261 页；黄山德，283 页。

刑法针对无效果的教唆以预备·阴谋处罚教唆者与被教唆者（第31条2项），对于被教唆者没有承诺实行犯罪的失败的教唆，只对教唆者以预备·阴谋处罚（第31条3项）。

在韩国刑法认定意图性教唆的可罚性这点上，可以说在某种程度上考虑了共犯的独立的法益侵害性。另一方面，对此并不以教唆的未遂进行处罚而是以预备·阴谋进行处罚这点又能够认为考虑了共犯的从属性。其结果，可以视为韩国刑法关于共犯的本质采取了作为共犯独立性说与共犯从属性说两者的折中立场的所谓混合的引起说。

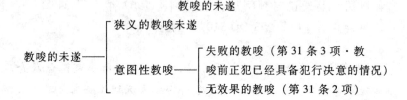

第十节　帮　助　犯

一、帮助犯的意义与构造

（一）意义

帮助犯（Beihilfe）是指帮助正犯实行犯罪的人（第32条1项）。帮助是指使正犯的构成要件之实现成为可能或容易的行为或者是指强化正犯的法益侵害。

帮助中存在语言帮助与举动帮助。语言帮助作为智力上的、精神上的帮助在强化已经具备犯罪决意之人的决意并进行助言这点上，与教唆相区别。举动帮助是指技术上的、物理上的帮助，在不具备犯行支配这点上与共同正犯相区别。

在分则上，大多数情况是将帮助行为规定为特别构成要件。例如脱逃援助（第147条）、提供吸食鸦片等场所（第201条2项）、自杀帮助（第252条2项）等情况，因为其自身就是正犯的实行行为，所以不存在适用第32条的余地。

（二）构造

帮助犯的构造特征在于，基于故意帮助他人致使被帮助者实施基于故意的具体违法行为。因此，不可能成立基于过失的帮助或针对过失的帮助，但是能够成立基于在保证人地位之人的不作为的帮助。

二、成立要件

（一）帮助犯的帮助行为

1. 帮助行为

（1）意义　帮助行为是指使正犯的构成要件之实现成为可能或容易的行为或者强化正犯的法益侵害的所有行为。帮助行为在其是帮助已经具备犯行决意之人的实行行为这点上，与教唆行为相区别；而且在不法的质与程度上也小于教唆行为。

（2）方法及样态　帮助行为不仅能够基于精神上的或物理上的方法实施，而且也能够基于作为或不作为实施。例如包括基于语言的助言、激励，出借犯行工具，提供犯行场所，提供犯行资金等使正犯摆脱恐惧引起安全感进而强化犯行决意的情况以及约定帮助处理窃取的赃物等。

（3）帮助行为的完结性与否　与教唆行为的情况相同，帮助行为的完结性与否对于帮助犯的成立来说并不重要。即使是帮助行为自身不完整或中断的情况，只要对于增大正犯实行行为的法益侵害存在因果性的参与，就能够成立帮助犯。没有必要以帮助行为自身为基准探讨是既遂还是未遂。

> **【判例】**　证券公司职员甲虽然明知关于以股票买卖程序为主的股票管理的所有程序，却与乙约定如果其能够提取丙的股票将给予管理，据此乙利用伪造与其股票之提取程序相关联的出仓传票提取了股票。甲将此股票入仓到自己管理的名户之下进行了管理。刑法上的帮助行为是指使正犯的实行行为容易的直接或间接的所有行为。这种帮助不仅包括有形的或物质上的帮助而且还包括使正犯强化犯行决意这种无形的或精神上的帮助行为。因此，甲将承担私文书伪造行使罪帮助犯的罪责（大法院判决 1995 年 9 月 29 日，95 DO 456）。

能够成立基于不作为的帮助是与否定基于不作为的教唆相对照的。

【判例】　作为从犯的帮助行为不仅包括基于作为的情况而且还包括基于不作为的情况。在法律上具有阻止正犯犯行义务的人在明知其犯行的情况下没有进行阻止使其犯行容易时，成立基于不作为的从犯（大法院判决 1985 年 11 月 26 日，85 DO 1906）。

2. 帮助行为的时期

在正犯着手实行行为之前后均可能实施帮助行为。即在着手之前预备行为的帮助、正犯决意的强化等均是可能的，而且在实行行为终了之后在发生结果之前也能够成立帮助。

由于在正犯行为既遂（Vollendung）之后完了（Beendigung）之前能够成立帮助犯，所以在因放火建筑物被燃烧之后浇上汽油帮助使其完全烧毁的情况；使被监禁者继续被监禁状态的情况；以妨害追击盗窃犯之人帮助逃跑的情况等均构成帮助行为。由于在犯罪完了之后不能成立帮助犯，所以犯罪完了后的隐匿犯人或湮灭罪证等不是事后帮助而是独立的犯罪包庇类型（第 151 条、第 155 条）。在西洋法制中，在用语上将此称为事后从犯（auxilium post factum，accessory after the fsct），这里面还包括赃物罪。

3. 帮助行为与因果关系

帮助行为与正犯的实行行为之间是否需要因果关系，对此存在着不要说与必要说之间的对立。

（1）因果关系不要说　不要说中包括 ① 危险引起理论（认为帮助行为没有必要实现基于正犯的具体法益侵害的危险，只要"引起某种危险"即可，所以不以因果关系为必要的学说）；② 危险增大理论（认为帮助行为没有必要成为正犯犯行的因果性原因，只要"增大正犯实现犯罪的危险"即可，所以不以因果关系为必要的学说）；③ 正犯行为促进说（认为帮助行为没有必要成为基于正犯所引起的结果的因果性原因，只要在事实上促进或有易于正犯行为即可，所以不以因果关系为必要的学说）等学说。

（2）因果关系必要说　必要说是通说的立场。这里包括 ① 合法则的条件说（帮助行为对正犯的实行行为或正犯的构成要件之结果的发生产生能够成立合法则的条件关系程度的影响或此程度的参与时，便认为充足因果关系的立场①）；② 修正的因果关系说（认为帮助犯的参与无论是何种形态，只要对正犯的犯行产生影响便能够认定因果关系的立场②）；③ 相当因果关系说（并不追问帮助行为是否正犯实行行为的严格条件，而是认为只要成为相当的盖然性原因行为，就充足因果关系的立场③）；④ 机会增大说（认为可罚的帮助行为的成立仅以通常的因果关系或修正的因果关系之存在是不充分的，帮助行为必须要增大发生特定的构成要件结果之机会的立场④）等学说。

（3）结论　由于以下的理由，因果关系不要说是不正确的：第一，将产生破坏帮助犯之从属性的结果。如果在从属性原因引起的法益危害行为中寻求共犯的处罚根据，在此限度内因果关系是必要的。第二，将造成可罚的既遂之帮助行为与不可罚的意图性帮助行为之间的界限不明确。这是因为，如果不以因果关系为必要，针对正犯的构成要件之实现的单纯的支援行为或危殆化行为也将被作为可罚的帮助。因此，因果关系必要说是妥当的。

然而，在认为因果关系是必要时，其内容将成为问题。应该将帮助犯中所要求的因果关系的内容理解为，依照日常的生活经验能够认定有形的或无形的帮助行为使正犯的实行行为容易或带来强化实行意志的效果即可。这虽然符合机会增大说的结论，但即使依据相当因果关系说、合法则的条件说、修正的因果关系说时，也会得出大同小异的结论。但由于针对帮助犯的成立范围机会增大说要比其他理论要求具备更为严格的基准，所以在具体的适用范围上将产生差异。

相反，仅仅是帮助与正犯的实行行为没有直接关联的行为，并不成立帮助犯。例如按照间谍的指使转达平安信件或照片，⑤ 或者明知是间谍为其提供食宿⑥是不构成间谍帮助行为的。与此不同，甲虽然为乙提供了要在犯罪中使用的凶器，但乙没有使用此凶器实施了犯罪的情况，甲虽然不成立物质性帮助，但如果能够例外地证明甲的凶器之提供具有强化乙的犯

---

① 李在祥，473 页；李炯国，363 页。

② 任雄，412 页。

③ 裴钟大，563 页。

④ 金日秀，韩国刑法Ⅱ，351 页；朴相基，425 页；孙海睦，1095 页；申东云，603 页；安铜准，259 页；李廷元，381 页；郑盛根、朴光玟，585 页；Roxin, LK § 27 Rdn. 2 ff.

⑤ 大法院判决 1966 年 7 月 12 日，66 DO 470。

⑥ 大法院判决 1965 年 8 月 17 日，65 DO 388；1967 年 1 月 31 日，66 DO 1661。

意的效果，其将作为精神上的帮助而成立可罚的帮助行为。

4. 共同帮助的情况

帮助者是二人以上的情况可援用功能性犯行支配的观点，只要针对正犯的犯罪实行之帮助共同发挥了本质性功能，尽管帮助者相互间的参与程度存在差异，亦能够将全体认定为共同帮助者。然而，如果甚至把单纯的共谋者援用共谋共同正犯理论也处理为共同正犯者，则将成为与法治国家的刑法秩序观不相吻合的刑罚权的滥用。

5. 帮助者的故意

帮助者需要具备帮助正犯实行犯罪的认识即"帮助的故意"与认识到正犯将通过实行犯罪达到既遂发生结果这种程度的"正犯的故意"。这叫做双重故意。由于不可能成立基于过失的帮助，所以可根据情况以过失犯的正犯处罚。

虽然应该认识到基于正犯所实现的犯罪的本质要素，但没有必要认识到具体的内容。不仅是直接的帮助，也能够成立间接的帮助。在间接帮助的情况中，没有必要认识到实际上的正犯是谁，甚至是否实际存在。

帮助者的故意与教唆者的故意相同，应该是以正犯的犯罪既遂为内容的故意，未遂的帮助不是帮助行为。

在帮助犯与正犯之间没有必要存在意思的一致，因此，隐秘的帮助或片面的帮助是可能的。在这点上，与不能认定片面的教唆犯或片面的共同正犯相区别。

（二）正犯的实行行为

因帮助犯的从属性之缘故，必须存在正犯的实行行为。正犯至少应该逾越着手实行阶段。帮助犯的着手实行应该以正犯的着手实行为基准（共犯从属性）。限制的从属形式的结果，这时正犯的实行行为必须符合构成要件且违法。

正犯的行为必须达到既遂或者至少应该达到被处罚的未遂阶段。正犯止于可罚的未遂时，成立狭义上的帮助未遂；帮助者也以未遂处罚。然而，意图性帮助（无效果的帮助或失败的帮助）、未遂的帮助原则上是不可罚的。

正犯止于预备阶段时，能否成立其预备的帮助犯？韩国大法院的一贯立场是，预备并不是独立的构成要件而只是既遂构成要件的修正形式，所以不可能成立针对预备的帮助（大法院判决 1976 年 5 月 25 日，75 DO 1549；1978 年 2 月 28 日，77 DO 3406；1979 年 11 月 27 日，79 DO

2201）。

【判例】　预备行为的帮助行为不能以帮助犯处断。因此，特定犯罪加重处罚法上无许可进口的预备罪的帮助行为也是如此（大法院判决 1979 年 11 月 27 日，79 DO 2201）。

然而，如果正犯基于为达到既遂的实行决意实施作为其客观化之表现的预备行为时，依照旨在将着手实行防犯于未然的立法者的意图，只能够将其视为独立的犯罪。这时，由于预备的不法具有独立性，所以既然成立预备罪，也就能够处罚对其的帮助。

三、处罚

帮助犯之刑比照正犯之刑减轻处罚（第 32 条 2 项）。在这种意义上，帮助犯将成为必要的减轻事由。正犯止于可罚的未遂时，能够双重减轻帮助犯之刑。然而，在特殊情况下如间谍帮助（第 98 条 1 项）、关税法违反（第 182 条 1 项）等的情况，规定有帮助犯将被科处与正犯相同的刑罚。这种情况，将成为针对帮助犯的必要减轻的例外事由。

依据第 33 条的适用，无身份者也能够成为纯正身份犯的帮助犯。在不纯正身份犯中，无身份者只能够成立基本犯罪的帮助犯。帮助犯与共同正犯或教唆犯之间存在吸收关系。

四、相关问题

（一）帮助犯与错误

1. 正犯的量的过限的情况　针对正犯的过限部分，帮助犯不承担责任。而且，正犯实现结果加重犯时，帮助犯也只限于能够预见其结果时，才成为结果加重犯的帮助犯。

【判例】　甲受乙的委托帮助其实施了走私行为，但并没有认识到其走私物是何种东西及数量是多少，只是基于是走私物品这种模糊的认识参与了犯行。因此，甲没有认识到乙实施了达到基于特定犯罪加重处罚法的加重处罚程度额数的走私，只是认识到帮助实施关税法上的逃税行为。如果是这样，在帮助者的认识与正犯的实行之间存在错误且两者的构成要件不同时，原则上将阻却帮助者的故意。然而，如果存在其构成要件间的竞合，则应该在其竞合的范围内认定帮助者的罪责（大法院判决 1985 年 2 月 26 日，84 DO 2987）。

2. 正犯的质的过限的情况   正犯实现了在性质上完全不同的犯罪时，帮助则成立意图性帮助。在韩国刑法上，意图性帮助是不可罚的。

3. 正犯的实行少于帮助犯的认识的情况   只在正犯的实行行为的范围内，成立帮助。

（二）帮助的帮助、教唆的帮助及帮助的教唆

1. 帮助的帮助   只要正犯是符合构成要件且违法的行为，就成立作为针对正犯的间接帮助或连锁帮助的帮助犯。

正犯	共犯	两者的结合
不作为	作为	完全可能。例如 A 教唆或帮助 T 实施饿死 T 的婴儿的情况，共犯无须任何的保证人地位，因为其具有作为。
作为	不作为	在教唆犯中是不可能的。在帮助者是保证人的情况下，能够成立帮助犯

2. 教唆的帮助   对此存在不可罚说与可罚说的对立。能够将教唆的帮助视为针对正犯的帮助，进而认定成立帮助犯。但，由于意图性帮助不可罚，所以要求正犯必须已经着手实行。一般认为对意图性教唆的帮助是不可罚的（通说）。然而，即使是在意图性教唆中，教唆者也准照预备、阴谋获得正犯性（第 31 条 2 项、3 项），所以能够准照预备罪的帮助而视为处罚对象。

3. 帮助的教唆   对此旧刑法规定准照帮助犯之例，但现行刑法删除了此内容。有见解认为，教唆帮助犯的人在实质上是帮助正犯，所以应该视为帮助犯；然而，应该仅限于在逾越意图性教唆或帮助阶段，从而与此教唆相适应帮助犯实际上从属于正犯进而成立时，才能够在理论上将其教唆者作为帮助犯处理。

（三）共犯与不作为

可以设想正犯是作为、共犯是不作为的情况及与此相反的情况。首先，正犯是不作为、共犯是作为时，能够成立共犯。例如 A 教唆或帮助 T

使其饿死 T 的孩子时，能够以 T 的不作为杀人罪的教唆或帮助犯处罚 A。

相反，在正犯是作为、共犯是不作为时，则应该分别考察教唆与帮助。在教唆的情况中，无法成立基于不作为的教唆。然而，在帮助的情况中，原则上能够认定基于不作为的帮助。即仅限于在帮助者具有保证人地位与义务时，才认定基于不作为的帮助（多数说）。因此，处于保证人地位之人违反保证人义务没有阻止基于正犯行为的结果发生时，成立基于不作为的帮助犯。

下列图表是对这些结合类型的概括。

不作为犯中的共犯的构造

正犯	共犯	两者的结合
不作为	作为	没有任何问题的可能。例如在 A 教唆或帮助 T 实施饿死婴儿的情况中，共犯无须任何的保证人地位。因为其存在作为。
作为	不作为	在教唆犯中是不可能的。在帮助者是保证人的情况下，能够成立帮助犯

第十一节　正犯、共犯与身份

一、序说

韩国刑法第 33 条规定："参与因身份关系而成立犯罪的行为，即使对于无身份关系者，亦适用前三条（共同正犯、教唆犯、帮助犯）的规定；但身份关系影响刑罚之轻重时，不以重刑处罚之。"

历来将此视为共犯与身份的问题。即在身份影响到犯罪之成立或刑之加减的情况中，无身份者与有身份者存在共犯关系时，如何进行处理的问题。

关于此问题，韩国多数说的立场认为，第 33 条本文是关于纯正身份犯（构成身份）的连带性的规定，但书是关于不纯正身份犯（加减身份）

的个别化的规定。① 与此相反，少数说认为，本文是关于纯正身份犯与不纯正身份犯的共犯成立的规定，但书是关于不纯正身份犯的科刑问题的规定，因此本文是共犯独立性说的例外规定，但书是共犯独立性说的原则规定。② 而且，最近也有见解认为，本文适用于违法身份而不论其是纯正身份犯还是不纯正身份犯，但书不区别纯正身份犯与不纯正身份犯而适用于责任身份。③

为探讨韩国刑法中的正犯、共犯与身份的关系，首先应该以确定身份概念的范围为出发点。

二、身份的意义及分类

（一）身份的意义

1. 概念及要素

历来的通说承袭日本判例上关于身份的定义将身份指称为“不仅限于男女性别、内外国人的区别、亲族关系、公务员资格这种关系上，所有关于一定犯罪行为的犯人的人的关系的特殊地位或状态”。

然而，为构建韩国刑法上身份概念的新平台，有必要探讨如下两点：

第一，身份的继续性问题。原本在特殊的一身性要素中包含以下内容：① 性别、年龄、亲族关系这种成为精神上的、肉体上的、法上的本质要素的特殊的一身的特性（Persönliche Eigenschaft）；② 如公务员、医生、处理他人事务的人、基于法律宣誓的证人（第152条1项）这种意味着人针对他人、国家或事务所具有的社会地位或关系的特殊的一身的关系（Persönliches Verhältnis）；③ 作为不属于上述所言及的身份特性或身份关系的特殊的身份要素，如业务性、常习性、累犯及特殊的心情要素这种特殊的一身的状态（Persönliche Umstände）。

在这里，由于一身的特性或关系将继续性作为本质要素，所以历来就身份要素是否必须要具备继续性展开了论争。之后，由于认识到一身的状

---

① 朴相基，436页；裴钟大，573页；孙冻权，478页；孙海睦，1111页；安铜准，265页；李在祥，481页；李廷元，366页；李泰彦，494页；李炯国，370页；任雄，422页；曹俊铉，344页。

② 白南檍，316页；申东云，649页；廉政哲，489页；郑荣锡，270页；陈癸浩，564页。

③ 朴阳彬，《共犯与身份》，考试研究1991年6月，48页；郑盛根、朴光玟，592页；崔善镐，396页。

态没有必要必须具备继续性也能够具有一时的性质这点，所以目前已经确认身份无需必须具备继续性（多数说①）。

第二，身份要素必须是与行为人相关联的要素（Täterbezogene Merkmale）。作为行为人之根据的义务地位，除上述特殊的身份关系或身份特性以外，在不纯正不作为犯中保证人地位及义务也作为行为人关联要素而具有身份性。单纯的与行为相关联的要素虽然与行为人的人的不法相关联，但却不能成为共犯与身份关系之适用对象的身份要素（通说）。例如由于作为一般的主观不法要素的故意与作为特殊的主观不法要素的目的、表现、倾向等是行为关联要素，所以不能包含在身份概念中。因为，如果采取限制的从属形式，这些行为关联要素当然也能够归属于共犯。

2. 概要

（1）身份是影响犯罪成立或刑之加减的一身上的特性、关系、状态。

（2）身份的继续性不是要件。

（3）身份必须是行为人关联要素。因此，必须将作为行为关联要素的主观不法要素即故意、目的、倾向、表现等排除在身份之外。

在身份中不以继续性为必要这一前提下，也有少数说②或判例与通说不同，把作为没有继续性的一时心理状态的动机、营利目的、行使目的等这种主观不法要素包含在第33条本文与但书的身份概念中（大法院判例1994年12月23日，93 DO 1002）。

【判例】　甲以谋害乙的目的教唆丙进行伪证，对此丙作出了违反自身记忆之内容的证言。刑法第33条中的所谓身份关系不仅是指男女性别、内外国人的区别、亲族关系、公务员资格这种关系，而且还广泛指作为与一定犯罪行为相关联的犯人的人的关系的特殊地位或状态。在刑法第152条中，进行伪证的犯人是否具有谋害刑事事件被告人等的目的，将根据犯人的特殊状态之差异区别对犯人所要科处的

---

① 裴钟大，569页；孙海睦，1103页；李在祥，478页；李炯国，367页；郑盛根、朴光玟，590页；陈癸浩，561页；车镛硕，《共犯与身份》，考试研究1986年5月，24页；Dreher/Tröndle，§28 Rdn. 6；Jescheck/Weigend, S. 658；Samson, SK §28 Rdn. 22. 相反，认为身份概念中应该以继续性为必要的见解：权文泽，刑事法讲座Ⅱ，783页；廉政哲，总论（8人共著），435页；成时铎，《共犯与身份》，考试界1978年2月，66页；任雄，419页。

② 郑盛根，606页；车镛硕，前揭论文，24页以下。

刑罚的轻重，因此符合刑法第 33 条但书所规定的因身份关系影响刑之轻重的情况。而且，刑法第 31 条 1 项只是规定了狭义共犯之一种的教唆犯在其成立与处罚上将从属于正犯的一般原则，因此在因身份关系影响刑之轻重的情况中，有身份者教唆无身份者实施犯罪时，比起刑法第 31 条 1 项将优先适用刑法第 33 条但书，因而有身份的教唆犯要比无身份的正犯受到重处罚。结果，甲将承担谋害伪证教唆罪、乙承担伪证罪的罪责（大法院判决 1994 年 12 月 23 日，93 DO 1002）。

在此判例中，将谋害目的视为身份关系是身份概念的扩张，是不正确的。甲只成立伪证教唆而已。

（二）身份的分类

在身份的分类上，传统的方法是以第 33 条本文与但书的用语为核心区分为构成身份、加减身份、消极身份。与此不同，也出现了以身份的法的行为为基准划分为违法身份与责任身份的新的方法。分类身份的方法因为与解释第 33 条的本文与但书的意义及关系直接相关联，所以可以说是第 33 条解释论的前提。

1. 传统的分类

（1）构成身份   在只有具备一定身份才成立犯罪的情况中，身份将作为构成可罚性的要素发挥作用。将此称为构成身份。而且，将把构成身份作为必要的犯罪称为纯正身份犯。身份错误将阻却故意，无身份者单独不能成为身份犯罪的主体。受贿罪（第 129 条）、伪证罪（第 152 条）、侵占及背任罪（第 355 条）等即是。

（2）加减身份   虽然没有身份也成立犯罪，但依据身份加重或减轻刑罚的情况。符合此种情况的犯罪叫做不纯正不作为犯。尊属杀人罪（第 250 条 2 项）中的直系卑属、杀害婴儿罪（第 251 条）中的直系尊属、业务卜侵占罪（第 356 条）中的业务上的地位等即属于此。在这里，身份只能够作为加减刑罚的人的要素，即使对于无身份者，也成立普通的犯罪。因此，加减身份的错误不能阻却故意，将依据第 15 条 1 项以轻罪处罚。

（3）消极身份   消极身份是指因身份阻却犯罪之成立或刑罚的情况中的身份。依据立法例也有明文规定的情况，但韩国刑法对此没有任何规定。可以将消极身份分为如下三种类型进行说明。

① 阻却违法性的（不构成的）身份　是指只有特定身份者才允许实施对一般人所禁止的行为的情况中的身份。例如其活动不与医疗法相抵触的医师或其活动不与律师法相抵触的律师的身份等即属于此。

② 阻却责任的身份　是指身份者的行为虽然成立符合构成要件的违法行为，但因存在特定身份而阻却责任的情况中的身份。例如隐匿犯人罪（第 151 条 2 项）、湮灭证据罪（第 155 条 4 项）中的亲族、户主、同居家属的身份与未满 14 岁的刑事未成年人的身份即属于此。

③ 阻却刑罚的（阻却处罚的）身份　虽然成立犯罪自身，但因存在特定身份而免除刑罚的情况中的身份。例如亲族相盗例（第 344 条、第 328 条）中的亲族身份即是。

2. 新的分类

新的分类方法是在批判传统的分类方式是形式主义与实证主义的同时，认为应该依据身份的法的性质重新进行划分的立场。自齐默尔（Zimmerl）在此立场上主倡违法身份与责任身份以来，已经被瑞士、奥地利刑法所采纳。存在欲将此分类方法引入韩国刑法第 33 条解释中的新的见解。

即这种新的见解把赋予正犯行为的结果无价值以根据或使其阻却的身份叫做违法身份，影响行为的责任非难（非难可能性）或使其阻却的身份叫做责任身份之后，把前者视为第 33 条本文的身份而不问其是构成身份还是加减身份，进而认为对此进行参与的共犯应该承担连带性责任；而把后者视为第 33 条但书的身份而不问其是构成身份还是加减身份，进而认为应该个别地追究其责任。如果依据新见解，即使身份是加减身份但如果其法的性质是违法身份，也将受到第 33 条本文的连带性作用的影响；如果是责任身份即使其是构成身份，也将受到个别作用的影响。①

在违法身份中，除在构成身份中所揭示的身份外还包括滥用职权罪中的公务员、看守人员脱逃协助罪中的看守人员、业务上过失赃物罪中的业务人员、所有阻却违法性的身份均属于此。相反，在责任身份中，尊属犯罪中的直系卑属、杀害婴儿罪中的直系尊属、各种常习犯中的常习性、业务上过失犯罪中的业务人员、未满 14 岁者、心神

---

① 朴阳彬，《共犯与身份》，考试研究 1991 年 6 月，43 页以下；郑盛根、朴光玟，592 页；车镛硕，《共犯与身份》，月刊考试 1986 年 2 月，35 页以下；崔善镐，《关于共犯与身份的研究》，1986 年，82 页以下。

丧失者、心神耗弱者、阻却责任的身份等均属于此。①

历来的通说与新见解的最大差异点在于，针对加减的违法身份新见解是扩大适用可罚性的解释论。虽然针对构成的责任身份，新见解是缩小可罚性的解释论，但在韩国立法例上尚未发现构成的责任身份这点上，是没有特别意义的。

结果是，在韩国刑法第 33 条的解释适用上，对于追随新见解具有诸多尚不完备之点。② 原则上，追随立足于传统解释论的通说立场是正确的。

三、刑法第 33 条的解释论

（一）基本立场

在论述刑法第 33 条本文与但书的关系时，多数说认为本文针对参与纯正身份犯的无身份者规定了身份的连带性作用，但书则是关于不纯正身份犯的共犯成立及其科刑的规定。而且，认为但书规定不以重刑处罚无身份者是声明责任的个别化，这点也是共犯从属性中限制的从属形式的当然性归结。③

对此，少数说试图通过将但书的身份只理解为科刑问题，且将本文身份的连带性作用扩大适用于不纯正不作为犯中来消解本文与但书之间的矛盾。少数说认为，在这里本文的身份规定是针对包括纯正身份犯与不纯正身份犯在内的一般身份犯的共犯之成立问题，但书规定的是仅限于不纯正身份犯的科刑问题，所以本文是共犯独立性说的例外规定，但书是共犯独立性说的原则规定。④

---

① 郑盛根、朴光玫，592 页。

② 申东云教授指出，将刑法上的身份划分为不法身份与责任身份的少数说并没有说明刑法第 33 条的独立性，而且由于不法身份与责任身份的区分不明确，所以侵害了法的稳定性并具有放弃关于身份关系的总则性探讨后退到个别条文之解释问题上的问题点（刑法总论，649 页）。

③ 朴相基，436 页；裴钟大，573 页；孙冻权，479 页；孙海睦，1111 页；安铜准，265 页；李在祥，481 页；李廷元，366 页；李泰彦，494 页；李炯国，370 页；任雄，422 页；曹俊铉，344 页。

④ 白南檍，316 页；申东云，649 页；廉政哲，489 页；郑荣锡，270 页；陈癸浩，564 页。

少数说对多数说提出了如下批判：

① 如果将本文解释为只适用于纯正身份犯，那么针对不纯正身份犯就将失去成立共犯根据的规定。

② 既然刑法第33条但书只对不纯正身份犯的科刑进行了规定，就没有将本文只适用于纯正身份犯的根据。

然而，针对这些批判多数说立场进行了如下反驳：

① 如果将本文甚至适用于不纯正身份犯来谋求共犯成立的根据，那么对于纯正身份犯将失去关于科刑的规定。

② 本文规定的是"因身份关系而成立犯罪"，但不纯正身份犯却不是因身份关系而"成立"的犯罪。

③ 在不纯正身份犯的情况中，不能将成为刑之加减原因的个人事由扩大至共犯中，扩大后再行进行个别化也是无意义的。

虽然以上是围绕第33条本文、但书的视角之差异，但无论是多数说还是少数说在身份的分类上依据传统分类这点上是没有差异的。无论采取哪一种学说参与构成身份或加减身份的共犯在归结于结果上的法定刑量是相同的，只是其过程不同而已。①

（二）刑法第33条本文的解释

（1）参与纯正身份犯的无身份者将成为纯正身份犯的共同正犯或共犯。这是因为，对共同正犯规定了违法连带，对共犯规定了从属性强化。由于无身份者没有"身份的存在"这种正犯要素，所以针对其能否成立身份犯的共同正犯历来存在着论争，但刑法规定"适用前三项规定"因而在立法上解决了此问题。既然使不能成为单独正犯的无身份者能够成为共同正犯，少数说就理解为特别规定。

---

① 然而，申东云教授认为，依据多数说与少数说所确定的罪名不同时，由于会产生公诉时效上的差异，所以存在学说对立的实际意义（刑法总论，第651条）。例如甲与儿子乙一同杀害丈夫丙时，依据多数说甲成立普通杀人罪，乙成立尊属杀人罪；依据少数说甲与乙则成立尊属杀人罪的共同正犯，只是由于甲以普通杀人罪的法定刑受处罚，所以会产生公诉时效上的差异。

　　※ **注意**：刑法第 33 条本文的 "构成上的违法身份的违法连带原
则" 并不是无限制地适用的。纯正身份犯中符合所谓行为人关联身
份犯乃至义务犯的犯罪中，各行为人既然没有特有的身份上的义务违
反，就不能获得正犯性，所以无身份要素的人不能借用他人的身份而
成立身份犯的共同正犯。因此，第 33 条本文中的针对纯正身份犯的
共同正犯的成立范围只适用于除属于义务犯性纯正身份犯范畴内的行
为人关联身份犯以外的其他纯正身份犯即结果关联身份犯。

　　（2）无身份者能否成为身份犯的间接正犯？对此，有见解认为非公
务员能够成立受贿罪的间接正犯并以此给予了肯定。① 然而，刑法第 33
条本文并不意味着无身份者尽管能够成立共同正犯，同时也能够成立纯正
身份犯的正犯，所以通说对此给予了否定。这是因为，无身份者欠缺纯正
身份犯的正犯适格。

　　（3）虽然刑法第 33 条本文适用于无身份者参与身份者的情况是很明
确的，但是相反身份者参与无身份者的情况将如何处理？也有见解立足于
所谓行为共同说的立场，主张应该适用第 33 条本文。然而，本文的身份
是构成要件要素而且无身份者的行为又不具备构成要件符合性，所以身份
者利用无身份者实施纯正身份犯时，应该将此视为利用无身份且存在故意
的工具的间接正犯（多数说）。

　　（三）同条但书的解释

　　（1）无身份者参与不纯正身份犯的情况，身份者成立不纯正身份犯；
无身份者将根据参与程度而成立普通犯罪的共同正犯或教唆犯、帮助犯。
"不以重刑处罚之" 意味着如尊属杀人罪这种不纯正身份犯是加重的身份
犯的情况，对此进行参与的无身份者并不适用重刑罚的尊属杀人罪，而是
以普通杀人罪的共同正犯或教唆犯、帮助犯进行处罚。历来的通说将其理
由视为是但书规定了责任个别化的原则。然而，应该认为因为但书针对不
纯正身份犯的共同正犯规定了违法身份的连带解除，针对个纯正身份犯的
共犯规定了从属性缓和是正确的。

　　（2）对于加重的身份犯来说，此原则是全面妥当的，但是在减轻的
身份犯的情况中，在解释参与者的正犯、共犯的成立以及科刑上是存在问

---

① 朴阳彬，《共犯与身份》，考试研究 1991 年 6 月，47 页；申东云，《共犯与
身份》，考试界 1991 年 12 月，45 页；陈癸浩，566 页；车镛硕，前揭论文，35 页。

题的。例如 A 参与未婚母亲 B 的婴儿杀害的情况，是以重的普通杀人罪的共犯处罚 A 还是以杀害婴儿罪的共犯进行处罚的问题。对此，存在两种见解：一种见解认为既然刑法明文规定不以重刑处罚，应该始终以轻罪处罚无身份者；① 另一种见解认为前者的这种处理将违反但书的责任个别化原则的旨趣，所以减轻事由应该始终限定在身份者一身中，不应该及于共犯。② 从从属性缓和原则的角度来看，共犯没有应该甚至从属于正犯的责任减轻身份的理由，所以对于没有这些身份要素的共犯应该适用普通犯罪。判例也采取相同立场（大法院判决 1994 年 12 月 23 日，93 DO 1002）。

（3）另一方面，身份者参与无身份者的情况，与本文不同，对于即使这种情况也应该适用但书是没有异论的（通说）。既然刑法第 33 条但书采取从属性缓和原则，即使无身份者的行为中存在不纯正身份犯的参与，也应该以不纯正身份犯的共犯进行处理。例如 A 教唆 B 杀害自己的父亲 C 时，B 成立普通杀人罪的正犯，A 则成立尊属杀人罪的教唆犯。

（4）韩国历来的判例追随少数说的立场，对于参与不纯正身份犯的无身份者认定成立不纯正身份犯的共犯，只是关于其科刑依据但书不科以重刑（大法院判决 1961 年 8 月 2 日，4294 刑上 284；1961 年 12 月 28 日，4294 刑上 564）。然而，之后追随多数说的立场对无身份者认定成立普通犯罪（大法院判决 1986 年 10 月 28 日，86 DO 1517）。当考虑犯罪的成立与科刑之间的不可分的关系时，追随多数说的判例立场是正确的。

【判例】　甲与银行职员乙共谋转移银行储户的存款，并以此夺取了存款。像这样即使不是银行职员的人与银行职员共谋实施了业务上的背任罪，这也是因业务上处理他人事务的身份关系而存在刑之轻重的情况。因此，对于没有这种身份关系的人应该依照刑法第 33 条但书进行处理。因此，甲不是刑法第 356 条业务上背任罪的共同正犯，而是将承担第 355 条 2 项背任罪的罪责（大法院判决 1986 年 10 月 28 日，86 DO 1517）。

---

① 权文泽，前揭论文，791 页；申东云，前揭论文，47 页；陈癸浩，565 页。
② 朴相基，438 页；裴钟大，575 页；安铜准，266 页；李在祥，455 页；任雄，427 页；郑盛根、朴光玫，601 页；曹俊铉，346 页。

（四）概要

（1）刑法第 33 条本文规定的是构成上的（违法）身份的违法连带（共同正犯的情况）以及从属性强化（共犯的情况）。

（2）应该将刑法第 33 条但书理解为是关于加减的违法身份的连带解除以及从属性缓和的规定。虽然历来的通说将但书视为责任个别化原则，但是认为韩国刑法上但书的责任个别化应该仅限于在责任加减身份上进行认定是正确的。

（五）必要共犯与关于身份规定的适用

即使在必要共犯中是否也适用关于共犯与身份的刑法第 33 条？对此，在集合犯与对向犯之间将产生差异。前者的情况将全面排除第 33 条的适用，后者的情况只是限制其适用。

1. 集合犯的情况

内乱罪、骚扰罪、合同犯等这些集合犯原本就不是以身份为必要的犯罪，所以不会产生是否适用第 33 条的问题。然而，在特殊盗窃（第 331 条 2 项①）的情况中，其中一人具备常习或亲族身份时，将适用第 33 条但书及第 328 条 3 项②的规定。

2. 对向犯的情况

赌博罪、通奸罪、贿赂罪等这些对向犯，在必要共犯的相互间没有适用第 33 条的余地。但第三者单方面参与必要共犯时，则存在适用第 33 条的可能性。

（1）常习赌博罪（第 246 条 2 项③） 常习者是身份者。然而，此种身份不是构成身份而是作为加重身份仅仅与量刑的根据相关联，所以对此没有适用第 33 条本文的余地，只适用第 33 条但书。例如即使教唆常习

---

① 韩国刑法第 331 条（特殊盗窃）规定：①夜间损坏门户、墙壁或其他建筑物的一部分，侵入前条所列场所窃取他人财物的，处以 1 年以上 10 年以下惩役。②携带凶器或二人以上合同窃取他人财物的，处罚同前项。——译者注

② 韩国刑法第 328 条（亲族间的犯罪与告诉）规定：①直系血亲、配偶、同居亲属、户主、家属之间，犯第 323 条（妨害权利行使）之罪的，免除处罚。②前项以外的亲属之间，犯第 323 条之罪的，告诉的才处理。③对无前二项身份关系的共犯，不适用前二项。——译者注

③ 韩国刑法第 246 条 2 项规定：基于常习犯前项之罪的，处 3 年以下惩役 2000 万元以下罚金（1995 年 12 月 29 日改正）。——译者注

赌博者，也以单纯赌博罪的教唆处罚。

（2）通奸罪（第 241 条 1 项①）　在通奸罪中，有配偶者的主体也是身份犯。作为必要共犯的通奸当事者之间没有适用第 33 条的余地。第三者对此进行参与时，由于其身份是构成身份，所以能够适用第 33 条的本文。然而，通奸罪又具有亲手犯的性质，所以共同正犯的适用虽然存在第 33 条但应该受到限制。

（3）贿赂罪　贿赂罪的情况，在作为必要共犯的共犯者之间没有适用第 33 条本文的余地。在作为纯正身份犯的受贿罪的情况中，由于公务员的身份是构成身份，所以作为无身份者的第三者对此进行参与时，根据第 33 条的本文将适用受贿罪的教唆犯或帮助犯的规定。虽然第 33 条也认定共同正犯的成立，但应该进行限制解释，在作为义务犯性纯正身份犯的受贿罪中排除无身份者成立共同正犯的可能性是正确的（目的论的限制解释）。

【判例】　在卖予或买受这种以存在二人以上相互对向性行为为必要的关系中，不可能适用关于共犯或帮助犯的刑法总则上的规定。因此，既然针对卖予人没有另行的处罚规定，针对以存在与其对向性的行为为必要的相对方的买受行为，卖予人的卖予行为不构成共犯或帮助犯（大法院判决 2001 年 12 月 28 日，2001 DO 5159）。

四、消极的身份与共犯

（一）阻却违法性的身份与共犯

（1）针对阻却违法性的身份者的行为，无身份者进行参与时，将成为无身份者参与身份者的适法行为，所以不成立犯罪。

（2）身份者参与无身份者时，身份者也有可能与一般人一同侵害法益，所以依照第 33 条本文的旨趣将肯定成立共犯。②　在这里，共犯的范

---

① 韩国刑法第 241 条 1 项规定：有配偶而通奸的，处 2 年以下惩役。与其通奸者一同。——译者注

② 权文泽，前揭论文，794 页；朴相基，439 页；裴钟大，576 页；孙海睦，1115 页；申东云，661 页；安铜准，266 页；李在祥，486 页；李炯国，371 页；任雄，428 页；陈癸浩，569 页。

围除狭义的共犯外还包括共同正犯。

相反，大法院判例对此问题并没有确立统一的立场。

【判例 1】 医疗人与不是医疗人或医疗法上之人共谋开设医疗机关并进行参与时，符合医疗法第 66 条第 3 号、第 30 条第 2 项违反罪的共同正犯（大法院判决 2001 年 11 月 30 日，2001 DO 2015）。

【判例 2】 不是律师的人雇用律师开设、经营法律事务所的行为，必须以不是律师的人雇用律师、律师被不是律师的人所雇用这一对向性行为的存在为必要。而且，当然能够设想被不是律师的人所雇用的律师依据雇用的旨趣在某种程度上参与了法律事务所的开设、经营。像这样，当然能够设想律师被不是律师的人所雇用进而参与法律事务所的开设、经营的行为成立上述犯罪，不仅如此也是成立犯罪所必需的。尽管如此，既然没有对此的处罚规定，即使依照立法的旨趣被不是律师的人所雇用进而参与法律事务所的开设、经营的律师的行为符合一般刑法总则上的共谋、教唆或帮助，也不能作为不是律师之人的共犯处罚律师（大法院判决 2004 年 10 月 28 日，2004 DO 3994）。

（二）阻却责任的身份与共犯

（1）针对阻却责任的身份者，无身份者以共同正犯、教唆犯、帮助犯的形式进行参与时，虽然身份者因阻却责任不受处罚，但对于无身份者成立犯罪却不产生影响。这是共犯限制从属形式（从属于正犯的不法行为）的当然性归结。如果这时无身份者处于意思支配的状态，则能够成立间接正犯。

（2）相反，阻却责任的身份者教唆、帮助无身份者时，虽然对于无身份者成立犯罪没有异论，但对十身份者则存在着见解上的分歧。虽然有见解认为，这时将脱离基于责任身份的不可罚的范围，成立共犯；但应该认为将依据责任个别化原则阻却责任。①

---

① 裴钟大，576 页；孙冻权，483 页；孙海睦，1116 页；李在祥，486 页；任雄，428 页；郑盛根、朴光玟，603 页。

（三）阻却刑罚的身份与共犯

（1）身份的存在与否与犯罪的成立无任何关联，其作为因政策性理由限制国家刑罚权之行使的情况，通说把在亲族相盗例中免除刑罚的身份作为其例。无身份者对此进行参与时，虽然两者均成立犯罪，但对于身份者将阻却刑罚（第344条、① 第328条1项）。

（2）与此相反的情况，即亲族教唆第三者窃取自己家族财物的情况，有见解认为，与阻却责任的身份之例相同，作为制造新的犯人的行为应该以盗窃罪的教唆犯进行处罚。② 然而，既然采取限制的从属形式，犯罪是直接的还是间接的就不是重要的，仍旧应该认为阻却刑罚。③

【判例】　明知自己的弟弟是实施符合罚金以上刑罚之犯罪的人，却教唆第三者向侦查机关进行虚伪陈述。如果是这样，并不符合刑法第152条2项所规定的亲族协助犯人本人脱逃的情况，所以将承担犯人脱逃罪的教唆犯的罪责（大法院判决1996年9月24日，95DO1382）。

---

① 韩国刑法第344条（亲族间的犯行）规定：第328条的规定准用于第329条至第332条之罪（包括普通盗窃罪、夜间入室盗窃、特殊盗窃、常习犯的规定）及其未遂犯。——译者注

② 权文泽，前揭论文，795页；金宗元，《共犯与身份》，法庭1976年1月，51页。

③ 相同见解：裴钟大，576页；孙冻权，433页；李在祥，486页；任雄，428页；郑盛根、朴光玟，603页。

第三篇

罪 数 论

第一章　罪数的一般理论

第一节　罪数论的意义

一、概念

罪数论是探讨犯罪的数是一个还是数个的问题的理论领域。犯罪的数是一个还是数个不仅在刑法的适用上，即使在刑事诉讼法的法的效果上也会产生差异。

二、概念的范围

罪数论探讨的是一人的犯行是数罪还是一罪，因此区别于将数人共同实施一个犯罪作为问题的共犯论。而且，罪数论不仅仅是一罪还是数罪的问题甚至还结合应该如何处理这种情况来进行探讨，所以通常也被称作位于犯罪论与刑罚论之中间位置的理论。

关于罪数论，刑法总则第二章从第 37 条至第 40 条为止规定了竞合犯与想像的竞合。甚至有学者在罪数论中探讨累犯的规定（第 35 条），但在刑罚论中对此进行探讨是妥当的。

第二节　决定罪数的基准

一、学说状况

关于决定犯罪个数的基准，存在如下几种学说：

（一）行为标准说

此见解主张根据自然意义上的行为是一个还是数个来决定罪数的多

少。依据此见解，由于行为原则上包含意思表现与结果，所以只要两者中的某一个是单一的话，就是一个行为，罪数也是一个。

如果依据此见解，连续犯是数罪，但想像的（观念的）竞合就是一罪。针对此学说可以提出如下批判：不能说明基于数个行为实现一个构成要件的情况，不仅如此更为根本的是不进入与构成要件之间的解释学上的循环过程，就无法认识自然意义上的行为是一个这一点。

（二）法益标准说

此见解以犯罪行为所侵害的保护法益的个数或结果的个数为基准决定罪数。而且，该见解区分与法益主体相关联的生命、身体、自由、名誉等一身专属的法益与财产罪等这种非一身专属的法益之后，认为在前者的情况中，每个被害主体都各自成立一个犯罪。如果依据此立场，想像的竞合虽然实质上是数罪，但在处罚上却按照一罪处理。

然而，即使针对相同法益，也能够存在诸多行为样态，据此与数个构成要件相关联。但法益标准说却得出不得不将此视为一罪的不当结论。

（三）意思标准说

此见解试图以犯罪意思的个数为基准决定罪数，因此，如果犯意是一个，就将认定一个行为与一个犯罪；如果犯意是数个，就认定数个犯罪。此立场将认定想像的竞合甚至连续犯中存在意思的单一性。

针对此学说可以提出如下批判：即使具备一个犯罪意思，但发生数个犯罪结果时，也认为构成一罪是不妥当的。更为根本的是，仍旧只有在认识论上的与构成要件之间的解释学上的循环过程中，才能够揭示犯罪意思的单一性。

（四）构成要件标准说

此见解依据构成要件符合事实的单数或复数与否决定罪数。依据此见解，想像的竞合虽然在本质上是数罪，但在科刑上按照一罪处理。

然而，此学说并没有明确行为数次反复符合同一构成要件时（例如接续犯或连续犯）是一罪还是数罪。这点仍旧说明此学说忽视了构成要件与行为之间的解释学上的循环。

二、学说的动向

对于应该综合考虑犯罪的所有层面在具体情况下合目的地进行决定这

一点，在学者之间形成了某种程度上的一致意见。然而，目前韩国学界的现状是，并没有形成合理的统制综合的、合目的的罪数决定的理论。因此，以下将在认识论上的、方法论上的问题意识中展开关于决定罪数的一般理论。

三、决定罪数的一般理论

(一) 认识论·方法论的基础

我们首先从否定"某种犯罪行为必然应当是一罪或数罪"这一存在论的罪数理论（关于罪数的刑法定义）出发。其理由是，关于一罪还是数罪，无法无欠缺地建构提供没有任何异议之基准的犯罪形态存在论构造，进一步而言即使其存在也无法到达我们都没有任何怀疑程度的认识（客观的认识）。因此，我们应该转换视角，将焦点放在目前在法共同体的构成成员之间所存在的、关于犯罪形态罪数决定基准的相互主观性意义理解上的一致点。

法官并不是始终要重新开始这种相互主观的意义一致。这是因为，这种意义一致的最为基础的东西已经表现为在宪法与刑法上被制度化的形态，而且即使没有形成实定法上的制度化，但也传承着通过长期持续过来的学界与实务上的理论的、实践的论争而已经形成的意义一致。以此为基础，是能够整理出具体的决定罪数的一般理论的。

(二) 决定罪数的一般理论

1. 多次或多种的构成要件侵害（构成要件侵害的多数性）

(1) 关于决定罪数的基础性意义一致　某种犯罪行为样态为成立数罪，至少应该侵害到数个或数次构成要件。换言之，构成要件的多次或多种的侵害是成立数罪的必要条件。这一点是内含于具有宪法地位的"无法律既无犯罪"这一罪刑法定原则之中的关于决定罪数的基础性意义一致。

(2) 行为统合性构成要件的规范程序　即使是在后述的行为单一性不被认定的情况中，也存在如下情况：虽然在外观上看似实施了数个犯行，但构成要件已经将数个行为视为其典型的犯罪行为甚至是存在方式，进而数个行为侵害一个构成要件。这种构成要件就叫做行为统合性构成要件（Die handlungsvereinigenden Tatbestände）。即行为统合性构成要件将基于多数行为的构成要件之实现进行了程序化。这里存在如下四种类型：

① 结合能够符合各自独立的构成要件的数个行为（例如暴行与盗窃）进而规定为一个犯罪（例：强盗罪）的构成要件（例：强盗罪、强盗杀人罪、强奸罪）是关于将能够各自认定为一个行为的诸行动在罪数论上统合为一个行为的行为单一性的法规范之基准。因此，历来以包括一罪之一种处理的结合犯，是单纯的一罪。

② 在只有通过一定的时间上的持续，才能够有效地形成结果的犯罪（继续犯）中，为维持基于构成要件行为所导致的违法状态的行为，虽然仅就此行为来看，是又重新充足构成要件的情况，但将认定行为的单一性。这是因为，继续犯的构成要件符合预设"为维持违法状态的行为"与"违法状态引起行为"之间的不可分的关联这种典型的犯罪行为存在方式。因此，历来以包括一罪之一种处理的继续犯，是单纯的一罪。

③ 如刑法第 114 条（犯罪集团组织罪）的情况这种一个犯罪行为样态存在于反复的数个行为之实行中时，反复的数个行为将被认定为一个行为。

④ 此外，如常习犯、营业犯等这种在客观上表现行为人一定违法的生活经营态度的各个行为，也将基于该当构成要件在罪数论上被统合为一个行为。这种情况作为没有充足为成立数罪的必要条件自身的情况，而成为单纯的一罪。

（3）与行为（单一性）之间的解释学上的关联性　罪数论上，构成要件的数次或数种的侵害是数罪的必要条件这点，也只有在后述的与行为（单一性）之间的解释学上的关联性中，才具有意义。因此，数次侵害同种构成要件时，如果是牺牲者的人格主体性不成为问题的法益（将在 3 中对此进行论述）且同时认定行为的单一性，就成为没有充足为成立数罪的必要条件。这是因为，这种情况只是构成要件之实现的单纯的量的增加而已。

（4）与法条竞合之间的区分　如果不存在多次或多种的构成要件之侵害，就不能成为数罪甚至是竞合犯。在这点上，所谓法条竞合的情况是不能成为数罪的。即在法条竞合的情况中，并不是构成要件的多次或多种的侵害，而是侵害了一个构成要件，只是在所要适用的构成要件（或法条）之间产生了法记述上的竞合。

2. 行为单一性（Handlungseinheit）与行为多数性（Handlungsmehrheit）

（1）问题的提起　某种犯罪行为样态为不仅在实质上而且在处断上也要成为数罪，除必须具备构成要件的多次或多种的侵害之外，行为还应该能够被评价为多数。即行为多数性是为即使在处断上也能够成为数罪

（实体的竞合）的充分条件。恰好在这里能够区分想像竞合（处断上的一罪）与实体的竞合（处断上的数罪）。然而，问题是如何决定行为单一性与行为多数性。首先，可以认为行为多数性是行为单一性不被认定的犯罪行为，所以问题将集中在行为单一性（评价上的一行为）的认识上。

（2）罪数论上的行为概念　既然刑法第 40 条规定："一行为触犯数个罪名的"，那么在这里应该如何把握罪数论上的行为的问题的关键在于，将作为罪数决定基准的行为单一性（评价上的一行为）进行具体化。

①　自然主义的行为概念　有见解认为，一行为是指自然意义上的行为单一性。认为只要存在一个行为决意与一个意思实行，就存在自然意义上的一行为。然而，即使是多数的行动方式，也能够基于一个统一的意思实施；多数的行动以空间上的或时间上的关联为基础在自然生活的把握上能够视为单一程度的相互关联时，将认定行为单一性（德国的判例立场）。

　　针对这种见解存在如下批判：由于不可能存在能够作为法概念适用的整体法律上的社会行为的单一性，所以无限制地扩大了一行为（行为单一性）的范围。然而，此批判是不适当的。这是因为，将多数行动评价为一行为的意义的统一性，即使在法之前，在我们生活世界中的历史的、解释学的维度上就已经存在。因此，批判的方向反而应该转向自然的行为单一性的认识论问题上。即由于自然意义上行为是能够分解为无数的意思活动与物理活动的连续体，所以其自身并不内含有判断单一性的契机。即自然行为的把握无法捕捉住针对无数分解成为可能的意思活动与物理活动的连续体赋予统一性（单一性）的共同体成员间相互主观的意义一致。尤其在一行为的罪数判断中，如果不把这种相互主观的意义一致表现为制度化之形态的法规范（构成要件）进行先行理解，① 是无法认识行为单一性的。

②　符合构成要件的行为概念　刑法第 40 条中的行为虽然不可能是自然意义上的行为，但同时也不可能是符合构成要件的行为。这是因为，符合构成要件的行为始终只侵害一个构成要件。因此，某种行为为具备符合数个构成要件（第 40 条）的可能性，必须要从构成要件符合性领域中独立出来。即罪数论上的行为概念必须要与构成要件上的行为概念区分

———————————

①　（Vorverständnis）正确地说是先行知识（Vorkenntnis）。

开来。

③ 解释学上的行为概念 罪数论上的行为单一性是针对自然上无数
分解可能的人类行为样态，基于"其是一行为"这种法共同体成员间的
意义一致的理解进行判断的。此意义一致的理解虽然也有在法规范上被制
度化的（当然被制度化的意义理解具有优越于其他要素的地位），但也有
不是存在于实定法中而是存在于我们的历史的、解释学的领域中的。试图
努力把握这种领域的工作虽然不是被意识到的行为，但可以从判例中得到
窥视。也只有在试图把握这种法共同体成员间的（开放的）相互意义理
解（此意义理解的内容也是一种类型化的社会规则）的工作中，才能够
正确整理出罪数论上的行为概念。

3. 牺牲者的观点

到目前为止，考察了作为决定罪数之基准的构成要件与行为单一性。
然而，关于决定罪数的相互主观的认识模式不仅与行为人相关联，而且要
求考虑行为的牺牲者。这种考虑表现为如下形态：即行为人通过犯行所侵
害的法益是一身专属的法益（例如生命、身体、自由、名誉等）时，每
个被侵害的牺牲者主体均被认定各自成立一个犯罪。在不是一身专属的法
益时，即牺牲者的人格主体性没有突出显现出来的法益的情况，即使侵害
到多数人的法益，其也只是构成要件之实现的量的增加而已，所以其他要
件具备一罪的要件时，对于最终认定一罪没有任何影响。然而，侵害牺牲
者的人格主体性成为问题的多数人的法益时，即使是基于其他要件认定一
罪的情况，也成立数罪。

依据这种立场，只是构成要件之实现的单纯的量的增加的情况（例
如毁损多数人的财物的情况），并不认定成立同种的想像竞合，其成立一
罪。此牺牲者观点由于与构成要件的解释学作用相关联，所以也能够与行
为单一性的基准相重合。

第三节   数罪的处罚

依据罪数决定基准判定为数罪的情况，对此将如何进行处罚，存在着
三种原则。

一、并科主义

此原则是针对各罪确定独立的刑罚之后将此合并科处刑罚的方法。英
美法采取此原则。

此并科主义（Kumulationsprinzip Häufungsprinzip）的问题点在于，在自由刑中并科有期刑时，实际上将形成无期刑的结果；而且成为并科主义之基础的各个刑的加算要比相同期限的分离的刑罚给受刑者造成的痛苦更大。

现行刑法第38条1项3号规定："各罪所定刑罚为无期惩役或无期禁锢以外的异种刑罚时，进行并科。"因而，采取了部分的并科主义。

二、加重主义

加重主义是在确定针对各犯罪的个别的刑罚之后，通过加重其中重罪所确定之刑罚的方法形成一个整体刑并进行宣告的方法。当然，在这里整体刑原则上不能超过各刑期的总和。瑞士刑法（第68条）与奥地利刑法（第28条）均基于加重主义处罚想像竞合与竞合犯。

韩国刑法只有在竞合犯中，在各罪所确定之刑是死刑或无期惩役、无期禁锢以外的刑罚时，适用加重主义（Asperationsprinzip Verschärfungsprinzip）（第38条1项2号）。

三、吸收主义

吸收主义是指适用数罪中最为重罪之确定刑，并使其吸收其他轻罪之确定刑的方法。在这里，在轻罪中所确定之刑的下限高于重罪所确定之刑的下限时，以轻罪所确定之刑的下限进行处罚的方法叫做结合主义（Kombinationsprinzip）。

韩国刑法明确规定在想像竞合（第40条）与竞合犯中，重罪所确定之刑是死刑或无期惩役、无期禁锢时（第38条1项1号）采取吸收主义（Absorptionsprinzip，Einschluβprinzip）。但没有关于结合主义的明文规定。

第二章 法 条 竞 合

第一节 法条竞合的意义

一、意义

法条竞合（Gesetzeskonkurrenz）是指一个或数个行为在外观上看似符合了数个构成要件，但实际上因为一构成要件排斥另一构成要件而成立单纯一罪的情况。亦将此称作外观上的竞合（Scheinbare Konkurrenz）或不纯正竞合（Unechte Konkurrenz）。

二、种类

这种不纯正竞合中存在两种类型，即行为被评价为一个的情况与被评价为数个的情况。在行为单一性的领域中，是以法条单一（Gesetzeseinheit）这一名称将这种外观上竞合的诸现象形态包括进来的；在行为多数性的领域中，不可罚的事前行为与不可罚的事后行为成为外观上的竞合的事例群。前者称为外观上的想像竞合，后者称为外观上的实体竞合。

　　※注意：虽然有学者直接将法条竞合称为法条单一，① 但是将法条单一局限在行为单一性被认定的领域是妥当的。

三、法条竞合成为一罪的理由

法条竞合之所以成为一罪（只适用一个构成要件排斥其他适用的情况）是因为禁止双重评价原则。例如，对于杀害父亲的人之所以只适用尊属杀害罪而不适用普通杀人罪，是因为同时适用尊属杀害罪与普通杀人

———————————

① 李在祥，495 页。

罪将形成双重评价。对于这种情况，有的人认为是因为所适用的构成要件之不法内容完全包摄所排斥的构成要件之不法内容，但正如从前述例子中所看到的那样，即使只考虑作为犯罪论上的范畴不仅要求具有不法更是附加了责任这一点，也很容易得出此种见解是不妥当的结论。

此问题，在针对即将适用在法条竞合中相互竞合的构成要件的事案进行解释学上的理解过程中，将找到解决的方法。例如，尊属杀害罪的适用排斥普通杀人罪的适用是因为前者要比后者包摄有更为具体化的特殊的事例群。对于杀害父亲的人适用尊属杀害罪，是从针对相互竞合的普通杀人罪之构成要件与尊属杀害罪之构成要件的事案进行先行理解的解释学上的理解过程中推导出来的结论。如果从这种方法论基础出发，将会在理论上重新解明历来的法条竞合，但此项工作留待以后再进行。下面将大部分原本追随历来的说明方式。

第二节 法条竞合的诸种情况

法条竞合中存在特别关系、补充关系与吸收关系三种，根据学者见解还包括择一关系。

一、特别关系

特别关系（Spezialität）是指某一构成要件包含另一构成要件的所有要素且还包含有其他特殊要素的情况。基本构成要件与加重或减轻的构成要件之间就是这种关系。在特别关系中，依据特别法优于一般法（lex specialis derogat legi generali）的解释学上的原则，只适用特别规定而不适用一般规定。例如，普通杀人罪（第 250 条 1 项）与尊属杀害罪（第 250 条 2 项）或杀害婴儿罪（第 251 条）之间的关系，暴行罪（第 260 条）与特殊暴行罪（第 261 条）之间的关系，盗窃罪（第 329 条）与特殊盗窃罪（第 331 条）之间的关系等即属于此种关系。

【判例 1】　注册会计师甲与乙被委任审计某公司 1990 会计年度的决算。然而，两人尽管发现此公司不实申报了库存资产却没有采取直接确认等程序而是给予了默认。而且，帮助公司职员制作虚假内容的财务报表。结果，在审计业务履行过程中，反而通过虚假记载进行了虚假报告。依据注册会计师法的规定，虚假报告行为将处以 3 年以下惩役或禁锢；如果依据关于股份公司外部审计的法律的规定，虚假记载行为则将处以 2 年以下惩役或 1000 万元以下的罚金刑。在这里，不能认为虚假报告行为与虚假记载行为在构成要件上是同一的，而且注册会计师法的行为主体仅限于注册会计师，但股份公司外部审计法律的行为主体却是广泛的，所以不能将此法视为注册会计师法的特别法。尤其是，即使构成要件是同一的，作为法条竞合之一形态的特别关系作为某一构成要件在包含另一构成要件的所有要素之外还必须具备其他要素才成立的情况，虽然在特别关系中充足特别法的构成要件的行为同样充足一般法的构成要件，但是相反充足一般法的构成要件的行为却不能充足特别法的构成要件。因此，针对甲与乙的行为将适用注册会计师法（大法院判决 1993 年 6 月 22 日，93 DO 498）。

【判例 2】 作为法条竞合之一形态的特别关系作为某一构成要件在包含另一构成要件的所有要素之外必须要具备其他要素才成立的情况，虽然在特别关系中充足特别法的构成要件的行为同样充足一般法的构成要件，但是相反充足一般法的构成要件的行为却不能充足特别法的构成要件。

公职选举及不正选举防止法与政党法之间各自的立法目的与保护法益是不同的，不仅如此将公职选举及不正选举防止法第 113 条、第 112 条与政党法第 31 条之 2 第 1 项本文的内容进行比较来看，其行为主体、有无形成限制或禁止的期限、与故意一同是否甚至要求目的、捐款行为或金钱等提供的对象、行为的内容及方法等在具体的构成要件上存在着很大差异，所以不符合政党法的构成要件在包含公职选举及选举不正防止法的构成要件的所有要素以外还具备其他要素的情况。因此，不能认为政党法的规定对公职选举及不正选举防止法的规定有特别法的关系，它们作为各自独立的不同的构成要件，一行为充足各构成要件时，应该认为存在想像竞合的关系（大法院判决 2003 年 4 月 8 日，2002 DO 6033）。

此外，有见解认为，结合犯（例：强盗罪）与其部分的行为（例：暴行罪与盗窃罪）之间的关系；结果加重犯（例：伤害致死罪）中成为其内容的故意的基本犯罪与加重的结果之间的关系也是特别关系的一种。也有见解认为这是吸收关系的一种。然而，视为各自独立的不同的构成要件是妥当的。

二、补充关系

（一）意义

补充关系（Subsidiarität）是指在某一构成要件与另一构成要件之间的关系中，仅补充性地适用的关系。在针对同一法益存在相互不同的侵害阶段的情况中，在其各侵害阶段适用诸多构成要件时，才主要认定此种关系。在这里成为基础的是基本法优于补充法（lex primaria derogat legi subsidiariae）原则。

（二）种类

可以将补充关系区分为明示的补充关系与默示的补充关系。

1. 明示的补充关系

作为刑法明示地认定补充关系的例子，可举出一般利敌罪（第99条）与诱致外患罪（第92条）、通敌罪（第93条）、募兵利敌罪（第94条）等之间的关系。

2. 默示的补充关系

不可罚的事前行为。不可罚的事前行为（Straflose Vortat）是指例如预备对未遂、既遂的关系，未遂对既遂的关系这种前者处于对后者的补充关系中进而不成为处罚对象的情况。

3. 依据侵害方法的情况

轻的侵害方法处于对重的侵害方法的补充关系中。例如，帮助犯针对教唆犯与正犯、教唆犯针对正犯、不作为犯针对作为犯就是补充关系。其前提是，试图以犯罪行为样态的存在论构造之差异为基础区分侵害方法之轻重。然而，这种存在论差异并不能在规范上区分侵害方法的轻重，而且侵害方法的轻重也不是必然的决定补充关系，所以这种解释存在若干疑问。

三、吸收关系

（一）意义

吸收关系（Konsumtion）是指符合某一构成要件的行为的不法与责任内容同时包含有其他行为的不法与责任内容且不符合特别关系或补充关系的情况。吸收关系在吸收法的构成要件并不当然包含被吸收法的构成要件这点上与特别关系相区分，在其是相互不同的行为的典型结合这点上，又与补充关系相区别。基于一个或数个行为（不可罚的事后行为的情况）实现数个构成要件但只适用吸收法的构成要件的基础是全部法废除部分法（lex comsumens derogat legi consumtae）的法原理。

（二）种类

吸收关系中存在如下三种类型：

1. 典型的或不可罚的伴随行为

不可罚的伴随行为（Typische od. mitbestrafta Begleittat）是指伴随杀人的毁损财物行为、伴随文书伪造的印章伪造或使用、盗窃汽车与车中的内藏物盗窃等这种行为人实施特定犯罪虽然并不在逻辑上必然发生但将一般地、典型地充足某一其他构成要件，这时其构成要件的不法或责任内容由于轻于主要犯罪，所以不另行考虑处罚的情况。然而，这种情况大体上将成为与想象竞合的区分问题。因此，在理论上不认定想象竞合的限制性范围内，应该认定这种不可罚的伴随行为。如果是这样，伴随行为不能在侵害的质与量上超过主要犯行。

【判例】　町长接受请托针对在没有建筑许可的情况下侵犯城市规划线进而超越原本许可面积建造建筑物进行了教唆，此后虽然从郡厅处得到不法建筑物改正指示，却没有采取对此进行中断或拆除已经施工的部分等措施。具有为避免产生不法建筑物而进行预防管理之职务上义务的公务员教唆他人建造不法建筑物时，职务违背的不法状态已经内在于建筑法违反教唆行为当中。因此，并不另外成立新的职务放弃罪进而形成建筑物违反教唆罪与职务放弃罪的实体的竞合关系（大法院判决 1980 年 3 月 25 日，79 DO 2831）。

2. 不可罚的事后行为

（1）意义　不可罚的事后行为（Mitbestrafte Nachtat）是指例如盗窃犯毁损所窃取之物的情况这种确保、使用、处分基于犯罪所获得的违法利益的符合构成要件的事后行为，由于在不法的质与量上已经完全被所实施之主导犯罪所评价，所以不另行构成犯罪的情况。然而，如不法使用所窃取的伪造票据实施诈欺的情况这种不能视为已经基于所实施的主导犯罪进行了完全评价的情况，并不成立基于不可罚的事后行为的吸收关系，而是另行成立犯罪而且形成实体的竞合。

【判例1】 虽然从盗窃犯中得知其情况，却接受了银行本票进而以此支付了餐费并获得余款的行为，作为当然被包含在针对赃物取得的可罚性评价中的不可罚的事后行为，并不另外成立犯罪（大法院判决1993年11月23日，93 DO 213）。

【判例2】 窃取列车乘车券的人尽管从车站职员处换取了现金进而伴随有欺骗行为，却不具有能够另行评价为诈欺罪程度的新的法益侵害的实质，所以应该视为盗窃的不可罚的事后行为（大法院判决1975年8月29日，75 DO 1996）。

(2) 性质 关于不可罚的事后行为与主要的先行行为之间的关系，虽然存在认为是法条竞合的补充关系的见解（Stratenwerth）与认为是处于实体的竞合关系中的人的处罚阻却事由的见解（Maurach），但认为是法条竞合的吸收关系是正确的（韩国与德国的通说）。这是因为，不可罚的事后行为不仅符合维持、使用、废除基于具有可罚性的先行行为已经确保的状态，而且也不能完全评价为侵害了新的法益。因此，能够认为包含主导的先行行为与不可罚的事后行为的所有事件经过已经基于先行行为的处罚进行了完全评价，而且此评价的一体性将吸收对事后行为的评价从而排除双重评价。

(3) 要件

① 主导的先行行为的行为者或共犯者必须以事后行为实施构成要件行为或对此进行参与。因此，在针对第三者的关系上，事后行为并不是不可罚的。依照构成要件的构造，在概念上不能将先行行为者视为事后行为者时，事后引起的结果只是其他行为内容的附加物而已。因此，其结果并不是因为符合不可罚的事后行为而不受处罚，而是因为不成立构成要件符合行为自身而不受处罚。

例：即使盗窃犯运输或消费了所窃取的赃物，也不符合赃物罪或侵占罪的构成要件。如果第三者帮助盗窃犯实施了盗品运输，则成立运输赃物罪的正犯而不是盗窃帮助。

② 事后行为与主导的先行行为必须侵害同一的保护法益或同一的行为客体且不得超过其侵害的量。因此，虽然毁损或拒绝返还因盗窃、侵占、诈欺所取得的财物的行为成立不可罚的事后行为，但利用盗取或吓取的物品欺骗第三者取得财产上的利益的人，则另行成立诈欺罪。

【判例1】 窃取银行存折之后，对此加以使用就好像真实的储户名义人在提取存款那样欺骗银行职员或使其误信进而提取存款的行为，因为是在盗窃罪以外侵害新的法益，所以成立另外的诈欺罪。不能将上述提取存款的行为视为盗窃行为的延伸或被其吸收（大法院判决 1974 年 11 月 26 日，74 DO 2817）。

【判例2】 将窃取的典当票交付给第三者的同时，欺骗说是自己姐姐的东西想赎回。对此相信的第三者到达典当铺向其营业员出示了典当票、欺骗营业员骗取了典当物。这构成诈欺罪（大法院判决 1980 年 10 月 14 日，80 DO 2155）

③ 即使是主导的先行行为比事后行为的法定刑低或实际上不受处罚，事后行为也是不可罚的。例如侵占行为者教唆他人获取作为赃物的侵占物时，重的赃物教唆就是不可罚的事后行为。而且，在先行行为基于公诉时效的完了、告诉的不存在、人的处罚阻却事由的存在等原因不受处罚时，事后行为也是不可罚的。

④ 在先行行为主要是状态犯时，成立不可罚的事后行为。因此，虽然通常主导的先行行为是财产罪，但并不局限于此。例如杀人犯即使放置尸体逃跑，也不另外成立尸体遗弃罪。因为，杀人罪与尸体遗弃罪之间的关系是状态犯。

⑤ 先行行为至少要达到既遂。这是因为，在没有达到既遂的情况下实施事后行为时，将进行另外的独立评价。

（4）效果 不可罚的事后行为虽然与受处罚的先行犯罪行为之间处于行为多数性的关系之中，但却不发生实体的竞合问题。这是因为，主导的先行行为的法效果将排除事后行为的法效果而被优先适用。然而，脱离先行行为单纯考察事后行为自身的话，事后行为在针对第三者的关系上也是符合构成要件的违法行为，所以对其能够成立共同正犯或共犯。因此，只针对不可罚的事后行为的共犯不以间接正犯而以独立的共犯进行处罚。而且，不可罚的事后行为是基于先行行为排除适用的情况，所以没有必要在判决的主文或理由当中进行记载。

（5）成为问题的事例

① 以移送国外之目的实施掠取、诱引或买卖他人的人（第 289 条 1 项）甚至实施将被诱拐或者买卖者移送国外（第 289 条 2 项）的行为的

情况,① 对此,有见解认为由于第289条2项之罪是继续犯,所以只包括性地成立移送国外罪。也有见解认为是想像竞合,另有见解认为是实体的竞合。然而,既然移送行为与行为人实施移送目的之诱拐或买卖行为时所意图的犯行计划相适应,应该认为只成立作为移送目的的第289条1项之罪,移送行为则是不可罚的事后行为。

② 关于伪造文书并使用的情况,存在如下见解的对立:有见解将此视为法条竞合的补充关系,进而仅以行使罪处罚,而将伪造行为视为不可罚的事前行为;有见解则视为想像竞合关系,也有见解认为是实体的竞合(判例)。然而,应该认为事前行为的伪造行为作为目的犯是具有更大犯罪促进力的行为,行使行为只是以此所引起的侵害法秩序的行为功能之一部分,在这点上先行行为具有更大的不法性。因此,既然行使行为与伪造行为时所意图的犯行计划相适应,就应该只将伪造罪视为处罚对象,其行使是不可罚的事后行为。

3. 不可罚的事前行为

在吸收关系中成为问题的不可罚的事前行为(Mitbestrafte Vortat)是指先于某种主要犯行,对其犯行的实行产生影响并意图危害同一法益的法益侵害行为。例如在强奸前阶段所实施的强制猥亵、在放火前阶段所实施的使用他人住宅领域内的引火物、针对受贿后不正处理罪的受贿行为、针对准强盗的盗窃罪等即是。

四、择一关系

择一关系(Alternativität)是指如盗窃罪与侵占罪的关系这种在性质上不能两立的两个构成要件间,只适用某一个的情况。择一关系由于是在两个构成要件中只符合一个,所以与同一行为符合数个法条的法条竞合相区别。因此,没有必要将择一关系作为法条竞合的一种情况进而认定其独立性。

第三节 法条竞合的处理

在法条竞合关系中被排除的构成要件是不被适用的,因此也不能将其

---

① 韩国刑法第289条(为移送国外的掠取、诱引、买卖等)规定:(一)以移送国外为目的,掠夺、诱引或买卖他人的,处3年以上有期惩役。(二)将被掠夺、诱引或买卖的人移送国外的,处罚同前项。——译者注

视为刑事制裁的根据。而且，在判决本文中也没有必要记载被排除的构成要件，与想像竞合的情况不同即使在判决理由中也没有记载的必要。关于能否在量刑上考虑被排除的构成要件，存在着论争。目前德国的判例持肯定态度。

第三章　一　罪

第一节　区分单纯一罪与包括一罪的问题性

依据部分学说，刑法上的一罪分为单纯一罪与处分上的一罪。其他学说与判例则区分为单纯一罪、包括一罪与处分上的一罪。尤其是单纯一罪与包括一罪的区分，不仅在理论上是不可能，在认识论上原本也是不可能的。这一点虽然在论述关于决定罪数的一般理论中进行了充分的说明，但有必要再一次明确其理由。

一、学说上的尝试

判例与部分学说试图区分所谓单纯一罪与包括一罪。例如认为，基于一个行为（一个意思与一个实行）侵害一个法益的情况就是单纯一罪，或者在犯罪性质上是当然一罪的情况即在犯罪性质上是不可分的一罪就是单纯一罪。包括一罪是指数个行为包括性地符合一个构成要件进而构成一罪的情况，以及数个行为或结果包括性地被评价为一罪的情况。

二、探讨与批判

（一）探讨

这种概念上的说明，存在如下几种前提：① 能够按照感知自身自明地认识行为是否为一个；② 能够素朴地按照感知自身自明地认识犯罪行为的不可分性；③ 包括一罪原本是数罪但在评价上包括为一罪，此包括性仍旧能够自明地进行认识。

（二）批判

可以看到，以上所考察的单纯一罪概念中的单纯性（即一个行为）是以素朴实在论的认识论为基础的，包括一罪中的包括性是以实证主义的认识模式为基础的。在法学上无法维持这些立场则是没有另行说明的必要。

对于我们来说，重要的不是将一罪进行在认识论上无法维持的单纯与包括这种区分，而是在与构成要件之间的解释学上的循环过程中如何评价自然意义上的无数的分割可能的行为（为一个行为或数个行为）。关于此评价的大体规则，已经在第一章中探讨过。

在罪数论中，应该同时认识到在概念上只能区分为（实体上）一罪与数罪。"想像竞合＝处分上的一罪"，"连续犯＝包括一罪"这种等式是不妥当的。在被称为连续犯的事例群中，部分是一罪、另一部分是数罪。同样，在被称为想像竞合的事例群中，一部分是实体上的一罪、另一部分是数罪。连续犯、想像竞合等概念并不是一罪或数罪的同义语，只不过是关于决定罪数成为问题（Topos）之事例的名称而已。

第二节　基于具体的犯罪类型探讨是否为一罪

一、狭义的包括一罪的事例类型

狭义的包括一罪是指在一个构成要件中规定有数个行为样态的情况（第 129 条、第 151 条 1 项、第 276 条、第 362 条①）。例如，在公务员索要贿赂并收受的情况中，索要行为与收受行为只是实现了一次受贿罪的构成要件，所以当然是一罪。

---

①　韩国刑法第 129 条（受贿、事前受贿）规定：（一）公务员或者仲裁人收受、索取或者约定与职务有关的贿赂的，处 5 年以下惩役或者 10 年以下停止资格。（二）即将担任公务员或仲裁者接受请托而收受、索取或者约定与其即任职务有关的贿赂，尔后成为公务员或者仲裁人的，处 3 年以下惩役或者 7 年以下停止资格。

韩国刑法第 276 条（逮捕、监禁、尊亲属逮捕、尊亲属监禁）规定：（一）非法逮捕或者监禁他人的，处 5 年以下惩役。（二）对于自己或者配偶的直系尊亲属，犯前项之罪的，处 10 年以下惩役。

韩国刑法第 362 条（赃物取得、介绍等）规定：（一）取得、让与、运输或者保管赃物的，处 7 年以下惩役或者 200 万元以下罚金。（二）介绍前项行为的，处罚同前项。——译者注

二、结合犯

结合犯（Zusammengesetzes Delikt）是指数个行为虽然单独也符合各自独立的犯罪构成要件，但在罪刑法规的规定上却将此结合在一个构成要件中进而规定为一罪的情况。例如，强盗罪是暴行罪或胁迫罪与盗窃罪的结合犯，强盗强奸罪是强盗罪与强奸罪的结合犯。这种情况，暴行、盗窃等的行为只是实现了一次强盗罪的构成要件，所以是一罪。

三、继续犯

继续犯（Dauerdelikt）是指不仅是引起违法状态的行为，对此在一定期间内进行维持的行为也是实现该当构成要件的典型行为方式的情况，即不仅违法状态引起行为，其维持行为也一同是其构成要件的存在方式的情况。例如，侵入住宅罪、监禁罪等即属于此。由于违法状态的引起行为与维持行为实现一个构成要件，所以两行为不是数罪而是一罪。

四、接续犯

接续犯是指针对同一法益（尽管其自身单独也能够符合构成要件的）数个行为不可分地加以接续而实行的情况。例如，盗窃犯将汽车停靠在大门前，然后以向汽车里数次搬运财物的方法实施盗窃的情况，或者在同一机会中数次强奸同一妇女的情况即属于此。这种情况尽管 ① 由于数次侵害构成要件，具备数罪的必要条件，但是由于 ② 认定行为的单一性，③ 数次被侵害的法益不是作为牺牲者的人格主体性成为问题的高度的人格性法益，或符合牺牲者是一人的情况，所以构成一罪。

判例认为，接续犯的要件包括：① 被害法益的同一性或单一性；② 法益的同一性及继续性；③ 行为样态的同种性；④ 时间上、场所上的接近性等。

【判例】　在单一且继续的犯意之下，在一定期间内反复实施同种犯行且其被害法益也是同一时，应该将各犯行总括为包括一罪。因此，公务员基于其他公务员所管辖的认定旅游宾馆事业之职务事项的斡旋，从同一人处以交际费的名义在 3 个月内经过三次共收受了 450 万元时，也符合受贿罪的包括一罪（大法院判决 1990 年 6 月 26 日，90 DO 466）。

五、连续犯

(一) 意义

连续犯（Das fortgesetzte Delikt）是指连续实施的数个行为符合同一犯罪的情况，例如盗窃犯在数日内每夜都从米库中窃取一袋大米的情况即是。

旧刑法在第 55 条中对连续犯作了如下规定："连续的数个行为触犯同一罪名时，以一罪处罚之。"前述中的接续犯也可以说是广义的连续犯的特殊情况。即行为单一性被明确认定的情况这一点，是接续犯的显著特征。狭义的连续犯只意味着不符合接续犯的情况。

在没有像旧刑法那种关于连续犯规定的现行刑法中，就如何看待连续犯存在着见解上的对立。判例将连续犯包摄为包括一罪这一概念中，进而视为实体上的一罪（大法院判决 1960 年 8 月 3 日，4293 刑上 64）。在学说上，有见解认为连续犯作为数罪应该成立竞合犯，也有见解认为由于连续犯不存在故意的单一性所以无法包括在单一行为中，但应该视为是处分上的一罪。

这些判例与学说立场的共同点在于，由于无法在连续犯中认定行为单一性，所以认为在存在论的构造上只能是数罪。如果是这样，就会产生如下疑问：在这里试图处理为包括一罪的理由是什么。

> 将连续犯视为一罪，首先是因为在刑事诉讼法上能够减轻需要立证所有各个行为的负担。而且，如果是数罪，法官要承担针对符合数罪的各个行为依据刑法第 37 条、第 38 条（尤其是第 2 项）确定刑罚并重新确定整体刑的负担，视为一罪则能够避免这种负担。正是基于这种优点，德国判例与诸多学者将连续犯视为法律上的行为单一性特殊的情况，进而处理为一罪。

然而，如果仔细进行考察，将连续犯视为一罪并不仅仅是因为诉讼上的经济这一理由。可以看到，在判例认定为连续犯的事例中，虽然不存在故意的单一性，但在反复实施同种犯罪行为这点上，可以说是一种可罚性的生活态度（例如盗癖）。这意味着在连续犯中虽然数次实现了构成要件，但却存在一个生活经营责任。正是在这一点上能够寻求将连续犯视为实体上的一罪的必要性以及妥当性。

从以上的论述中，我们能够明确将分类为连续犯的事例以诉讼经济为理由全部视为一罪或者全部视为数罪是不妥当的。问题的核心是，虽然不存在行为单一性，却如何能够确定将连续犯认定为实体上一罪的范围，而且应该如何确定。换言之，如何确定作为一罪的连续犯与作为数罪的连续犯之间的界限这一点，是理论上应该明确的事项。

(二) 连续犯成立一罪的要件

分类为连续犯的行为成立一罪需要具备如下要件：

1. 客观要件

(1) 同一法益　连续的犯行如果要成立连续犯，各个行为必须要侵害同一法益。这并不意味着侵害对象的同一性。更为严密地讲，连续的犯行只是在量上增加已经实施的构成要件之实现时，才能够进入连续犯的范畴。例如盗窃罪与强盗罪、伪造文书罪与毁损文书罪之间的连续的行为，就不属于连续犯。为归属于连续犯的范畴必须要连续性地侵害同一构成要件，或者必须是基本构成要件与加重构成要件、既遂与未遂的连续的犯行。

【判例1】　侵入租借房屋主人的房间里窃取信用卡与现金之后，使用窃取的信用卡提取了现金50万元。在20天之后又重新提取了现金50万元。这种情况，不正使用信用卡从现金提款机中提取现金的行为，不仅符合信用卡业法上的信用卡不正使用罪，而且其现金的取得是违反现金提款机管理者的意思将现金置于自己的支配之下，所以另行构成盗窃罪。由于此二罪的保护法益与行为形态完全不同，所以应该视为实体上的竞合关系（大法院判决1995年7月28日，95 DO 997）。

【判例2】　窃取信用卡之后，在电子产品商店购买了彩电并像是信用卡所有者那样使用了信用卡，以此进行了费用的结算。而且，至次日早上为止共在7处信用卡加盟店中购买了相当于200万元价值的物品并使用此卡进行了结算。像这样，基于同一方法不正使用同一信用卡的行为符合包括的一罪。即在单一的、继续的犯意之下基于同一或类似的方法在一定期限内反复实施同种犯行且其被害法益也是同一时，应该将各犯行整体视为包括一罪。因此，并不是盗窃罪与信用卡业法上的信用卡不正使用罪的竞合犯，而是符合信用卡不正使用罪的包括一罪（大法院判决 1996 年 7 月 12 日，96 DO 1181）。

（2）不是牺牲者的人格主体性成为问题的法益　即使是同一法益的情况，数次侵害的法益是牺牲者的人格主体性明显的法益（自由、名誉、身体、生命等），同时侵害对象（牺牲者、被害主体）也不同时，就不是构成要件之实现在量上的增加，所以不能处理为一罪的连续犯。因此，针对多名妇女的强奸将成立数罪。然而，如每夜数次强奸同一妇女这种数次侵害一人的人格法益时，只有在不具备其他行为单一性要件（尤其是犯意单一性）时，才成立数罪。

（3）构成要件之实现的外部样态的类似性　一罪的连续犯之成立，要求构成要件之实现的外部样态必须类似（尤其是德国判例的倾向）。因此，故意犯与过失犯之间、作为犯与不作为犯之间、正犯与共犯之间无法成立一罪的连续犯。

（4）其他　此外，根据一些见解还要求具备各个行为的时间上·场所上的继续性或犯行状况的类似性。判例对于如各犯罪之间的期限超过 4 个月以上的情况否认了连续犯的成立（大法院判决 1982 年 11 月 9 日，82 DO 2055）。

【判例 1】　担当市所有土地买卖业务的公务员通过两次各收受了 100 万元与 200 万元的贿赂，并以低廉的价格将市所有的贿赂提供者居住的住宅敷地处理给了其本人。这种关于同一职务以同一名目在不过数日期间收受金钱的行为，由于被害法益也是同一的，所以不是受贿罪的竞合犯，而是包括的构成受贿罪的一罪（大法院判决 1995 年 12 月 26 日，95 DO 2376）。

【判例 2】　为把数个犯罪行为包括地认定为一罪，在犯意的单一性之外必须要符合各犯罪行为之间存在时间上·场所上的关联性、犯行的方法之间也被认定存在同一性等能够将数个犯罪行为评价为一个犯罪的情况（旧公职选举及选举不正防止法上所禁止的宣传行为等，经过大约 2 个月的期间在不同场所以其他的人们作为对象，而且其具体行为之间也是难以认定为存在同一性的多样的行为，所以不能认为符合能够评价为一罪的情况。以此为理由认定将此案视为包括一罪的原审判决为违法的事例）。（大法院判决 2005 年 9 月 15 日，2005

DO 1952)。

2. 主观要件

作为主观要件要求犯意的单一性。判例在作为严格意义上犯意单一性的整体故意之外，如果认定存在犯意的继续性，也视为成立（包括）一罪。

【判例1】 出版社社长因营利之目的制作了不良漫画"X"，首尔地方法院于1995年3月30日以未成年保护法违反罪对其判处了罚金刑。之后，当局又揭发了社长在1993年11月制作了相同性质的不良漫画"Five Star Stories"。结果，出版社于1994年停业。如果是这样，即使漫画的标题与情节不同，只要是制作不良漫画的行为是连续性的形成的，由于能够认定其犯意的继续性，所以构成包括的一罪。即在单一的、继续的犯意之下在一定期间内继续实施符合同一罪名的数个行为且其被害法益也是同一时，应该将各行为整体作为包括一罪进行处罚（大法院判决1996年4月23日，96 DO 417）。

【判例2】 从1981年至1983年期间共计8次从所属部队的仓库中盗取自己保管中的军用米或进行了贩卖或自己进行了任意的消费。即使是数个业务上的侵占行为，也能够认定为被害法益是单一的、犯罪形态也是同一的、以单一犯意为基础的行为。因此，成立业务上侵占罪的包括一罪（大法院判决1993年10月12日，93 DO 1512）。

3. 此外的要件

以上考察了连续犯成立一罪所需要具备的要件，然而有必要关注在各要件中所共同言及的语言表现即继续性或类似性具有什么样的含义。从此用语的内含上来看，连续犯中的各个行为在存在论上已经是独立的犯罪，所以结果连续犯也只能是数罪。因此，判例并不将此称为单纯一罪，而是使用包括一罪这一用语。而且，判例在诉讼经济这种诉讼法上的理由中寻求应该处理为包括一罪的根据（虽然没有明确给予揭示）。这种理论构成不仅没有说服力，而且还存在危险是自明的。

我们在罪数决定理论中已经确认，从存在论基础向以相互主观性（客观性）为基础的认识论基础的方法论转向是解决此问题的出发点。继续性·类似性这一连续犯成立一罪的要素并不是存在论上的罪数决定理论，其只有在相互主观的（客观的）认识论上的罪数决定理论关照之下，方能够无矛盾地加以说明。

因此，犯意的单一性或整体故意，其自身并不具有罪数决定上的决定性意义，重要的是其提供了能够认识行为单一性的契机。依据此立场，即使不存在整体故意或无法立证的情况，如果数个连续犯行能够将例如行为人的盗癖这种可罚的生活经营的统一性（Einheit strafbarer Lebensführung）这一要素作为媒介获取关于行为单一性的相互主观的合一以及认识，就能够认为成立一罪的连续犯。在继续性、类似性、可罚的生活经营的统一性等要素之外还有其他什么要素能够成为认识一罪的连续犯的媒介，则是需要将来继续研究的课题。

六、集合犯

（一）意义

集合犯（Kollektivdelikt）是指当然能够设想多数的同种行为将基于同一意思的倾向被反复的情况。常习犯（例：常习赌博罪）、营业犯（例：淫画的贩卖行为、无医疗法上许可的医师的营业）、职业犯（例：德国刑法第144条）等即属于此。

（二）罪数论上的问题

关于这种集合犯是一罪还是数罪，存在着争论。判例一贯将营业犯与常习犯认定为包括一罪（大法院判决1970年8月31日，70 DO 1393；1986年2月25日，85 DO 2767）。在学说上，有见解认为作为集合犯犯罪要素的营业性、常习性以及职业性具有将个别行为统一为一个行为的机能，并以此为理由认为集合犯是包括一罪。另有见解以行为人的生活态度以及内心意思的同一性为根据，认为将数个独立的行为认定为包括一罪是对具有特殊犯罪能量的犯罪人的不当特惠，所以集合犯自身应该成立竞合犯。

细思量，无法否认集合犯的构成要件要素具有统合使一定的违法的行为人之生活态度客观化的各个行为的机能，所以应该暂且将集合犯视为包括的一罪。

【判例1】　基于单一意思反复继续的无许可医疗行为是包括的

一罪。因此，在增设关于保健犯罪取缔的特别措施法第5条规定之后，将其整体作为包括的一罪适用同一法律进行处罚即可（大法院判决1970年8月31日，70 DO 1393）。

【判例2】 1984年12月釜山地方法院以关于暴力行为处罚的法律违反罪对被告人判处了罚金刑，1985年2月确定了刑罚。第一审并不是将针对暴力行为处罚法违反的裁判前后所实施的各特殊强盗的犯行分为判决确定前后，进而分别确定各自的刑罚；而是将此视为特定犯罪加重处罚法上的常习特殊强盗罪与刑法上的强盗伤害罪的竞合犯，进而对犯罪整体进行了一个刑罚上的处理。像这样，如常习犯这种所谓包括一罪，即使其中间介入有关于他种犯罪的确定判决，包括的犯罪也不能因此被划分为两个犯罪。而且，这种情况应该以其判决确定后的犯罪进行处理（大法院判决1986年2月25日，85 DO 2767）。

第三节 一罪的法律效果

一旦认定为一罪，就只能够适用一个刑罚法规。在诉讼法上虽然也存在检察官可能进行一罪的部分起诉的情况（历来被认定为包括一罪的事例），无论何种情况提起公诉的效力都及于认定为一罪的行为整体上。而且，其还将成为潜在的或现实的审判对象，既判力也及于其整体。

第四章　想像竞合

第一节　意　义

一、概念

想像竞合（Idealkonkurrenz）是指一行为符合数个犯罪的情况。例如，投掷一个爆炸物造成多人受伤或者一人死亡一人受伤的情况即是。与实体的竞合相区别，亦将此称为观念的竞合。对此，刑法规定："从一重罪处断"（第40条）。

二、本质

（一）问题的提起

想像竞合是一罪还是数罪存在着见解上的对立。① 一罪说（Einheitstheorie）认为，想像竞合虽然在法的评价上是数罪，但由于原本是单一行为，所以是实体上的一罪。② 数罪说（Mehrheitstheorie）认为，想像竞合虽然在外观上存在一个行为，但由于侵害了数个刑罚法规，所以是数罪（大法院判决1961年9月28日，4294刑上415）。有的人认为，前者是行为标准说与意思标准说的结论。后者是构成要件标准说与法益标准说的结论。但这种论证仅仅是语言的游戏而已。因为，在前述所介绍的关于罪数决定基准的四种学说中，其中任何一种学说单独都不具有适用上的妥当性与说服力，对此大体已经形成了一致意见。

【判例】　在多人共同执行公务的情况中，对此施以暴行并妨碍其公务执行时，并不是依据被害人的数量而成立数个犯罪。而是符合基于一个行为符合诸多罪名的所谓想像竞合的情况。因此，对此并不进行竞合犯加重，而是从一重罪之刑进行处罚。因此，将此视为竞合犯依据刑法第 38 条 1 项进行竞合加重是法律适用上的错误（大法院判决 1961 年 9 月 28 日，4294 刑上 415）。

（二）理论的出发点

首先，可以认为一罪说不仅是以自然主义（或者至少是在非构成要件意义上）设定罪数论上的行为概念，而且也是以自然主义设定犯罪自身的态度；数罪说则是在法上设定犯罪概念的态度。因此，既然固守实体法（刑法）上的犯罪概念，将想像竞合视为数罪是妥当的。

（三）数罪说的合理根据

我们在前述中曾经提出了作为罪数决定基准应该考虑构成要件、行为单一性、牺牲者观点等一般理论。从此立场上来看，有必要明确为何想像竞合成立数罪。此三种决定基准，其自身并不在存在论上决定某种行为的罪数，其始终作为确认关于是数罪还是一罪的法共同体成员间相互主观之意思合意的具体化基准，具有认识论上的意义。

在这些基准中，构成要件是最为基础的相互主观之合意的客观表现，而且还具有公式化制度的性质。行为单一性虽然是在社会（严格来讲是在生活世界①）中被制度化的，但并不是通过法规范被制度化的。在罪数决定中，不可否认的是优先权在于作为公式的、基础的合意之客观化表现的构成要件上。据此，可以认为在尽管存在行为单一性，但侵害数个构成要件的想像竞合中，存在数罪。

三、想像竞合的种类

想像竞合中存在一个行为实现数种构成要件的异种想像竞合与数次实现相同构成要件的同种想像竞合。关于异种想像竞合不存在任何疑义，但对于同种想像竞合则存在着见解上的分歧。一种学说认为，此种情况行为既是单一、法的判断亦是同种，所以不可能存在想像竞合，想像竞合通常原本仅限于异种的想像竞合。另一种学说则承认同种的想像竞合。还有学说认为，同种的想像竞合只有在一身专属的法益的情况下才有可能，在非一身专属的法益的情况下则是不可能的。

细思量，在同种的想像竞合的情况中，被侵害的法益是将牺牲者的人

---

① Lebenswelt.

格主体性作为问题的法益时，则能够成立想像竞合；如果不是这种法益被侵害的情况，由于只是单纯在量上增加了构成要件的实现，所以不能认定想像竞合，只成立单纯一罪。

第二节　想像竞合的要件

由于想像竞合只有在一行为符合数罪时方才成立，所以想像竞合的成立需要具备行为单一性与数个犯罪。

一、行为的单一性

（一）一个行为的意义（想像竞合中的行为单一性）

如前所述，想像竞合中的一个行为不是一个自然意义上的行为或一个构成要件符合行为（参照罪数决定的一般理论）。即意味着在与构成要件之间的解释学的关联中，认定为犯意单一性与实行单一性的行为，但在想像竞合的情况中，不仅要求实行的单一性而且还要求实行的同一性。

韩国刑法规定："一行为……"（第40条），但德国刑法规定："同一行为（Dieselbe Handlung）……"从而明确了这一点。在集合犯或连续犯中，虽然仅以实行的单一性就能够认定行为单一性，但在想像竞合的情况中，则需要犯罪实行的同一性。

（二）实行的同一性

1. 实行的完全同一性

例如，投掷一个爆炸物造成一人死亡另一人受伤的情况，就是实行的完全同一性。

2. 实行的大部分同一性

为能够认定想像竞合的行为单一性，只要存在大部分的同一性即可。例如在以欺诈的目的伪造文书的情况中，欺诈与伪造文书之间就存在大部分的同一性，两者处于想像竞合的关系中。

实行的大部分同一性并不仅仅根据同时性来进行认定。例如，借助侵入住宅之机会实施强奸，就不能与侵入住宅一起被评价为一个行为。

3. 犯罪样态与同一性

（1）故意犯与过失犯　在故意犯与过失犯之间，能够认定实行的同一性。例如投掷爆炸物基于故意毁损财物且基于过失造成他人死亡的情况，毁损财物罪的故意犯与过失致死罪之间就处于想像竞合的关系中。

（2）数个的不作为犯　在数个的不作为犯之间，也能够成立想像竞合。当然，在这里被期待的行为的同一性将成为问题。例如，交通肇事后逃逸的情况，道路交通法上的救助义务违反罪与报告义务违反罪之间就存在想像竞合的关系。然而，在作为犯与不作为犯之间，将不能认定实行的同一性。

（3）不纯正的结果加重犯　基于故意引起重结果的情况，不纯正的结果加重犯与故意犯之间的想像竞合是可能的。尤其是判例在仅限于结果加重犯的法定刑高于故意犯时，才认定想像竞合（大法院判决 1996 年 4 月 26 日，96 DO 485）。然而，既然承认不纯正的结果加重犯概念，为与纯正的结果加重犯进行明确的区分，针对重结果认定与故意犯之间的想像竞合是妥当的。①

【判例1】　在基于故意发生重结果的情况中，另行存在重处罚的构成要件时，当然依据重处罚之构成要件中所规定的刑罚进行处罚。结果加重犯的刑罚更重时，则应该依据结果加重犯中所规定的刑罚进行处罚。因此，在通过基本犯罪基于故意发生重结果的不纯正结果加重犯中，其重结果符合其他构成要件时，应该将此视为结果加重犯与针对重结果的故意犯之间存在想像竞合的关系（大法院判决 1995 年 1 月 20 日，94 DO 2842）。

【判例2】　被告人等在强取被害人等的财物之后，以杀害他们的目的对现住建筑物进行放火致使其死亡的情况，被告人等的行为均符合强盗杀人罪与现住建筑物放火致死罪，而且两罪处于想像竞合关系中（大法院判决 1998 年 12 月 8 日，98 DO 33416）。

（4）继续犯与状态犯　问题是，侵入住宅罪、监禁罪、道路交通法违反（酒后驾驶）这种继续犯与强奸罪这种状态犯之间能否形成想像竞合关系。继续犯是为实现状态犯的手段的情况，例如为实施强奸、强盗而侵入住宅的情况，由于没有实行行为的同一性，所以成立实体的竞合犯。然而，监禁罪同时成为强奸罪之手段这种基于继续犯才充足特定状态犯之实行的前提条件时，将认定实行的部分的同一性，所以成立想像竞合。

---

① 李在祥，刑事判例研究（5）1997 年版，518 页。

【判例】　强奸罪的成立并不始终伴随有作为直接的且必要的手段的监禁行为，所以不能因为监禁行为成为了强奸罪未遂的手段，就认为监禁行为被强奸罪未遂所吸收进而不构成犯罪。被告人决意利用被害人无法从汽车上下去的状态实施强奸，进而制造了无法从汽车里逃出的外在包围状态，并以此强制带走至旅馆前，欲实施强奸时止于未遂。在这种情况中，胁迫既是监禁罪的着手实行同时也是强奸罪的着手实行。而且，不仅监禁与强奸未遂两行为在时间上与场所上存在重复，甚至监禁行为其自身作为形成强奸手段的胁迫行为，是监禁罪与强奸罪未遂基于一个行为实现的情况。因此，解释为刑法第40条的想像竞合是妥当的（大法院判决1983年4月26日，83 DO 323）。

4. 基于连接效果的想像竞合

所谓基于连接效果的想像竞合(Idealkonkurrenz durch Klammerwirkung)或"第三构成要件的连接效果"理论是指存在与两个独立的犯罪行为(甲与乙)各自具有想像竞合关系的第三行为(丙)时，两行为(甲与乙)之间也成立想像竞合。此理论由德国判例所开创，并得到了诸多学者的支持。韩国大法院判例否认甲与乙之间存在想像竞合，而认定成立实体的竞合关系，并认为应该依据甲、乙、丙的想像竞合之例进行处罚。

【判例】　被告人作为预备军中队长，从其所属的预备军手中收受了金钱，并不顾其没有参加预备军训练的事实，制作、行使了其已经参加训练这种虚假内容的中队学籍编成名簿。在此事件中，除受贿后不正处事罪之外，还另外成立虚假公文书制作及其行使罪，后者与受贿后不正处事罪之间分别成立想像竞合关系。这时，尽管虚假公文书制造罪与其行使罪相互之间存在"实体上的竞合关系"，但只要与处于想像竞合关系中的受贿后不正处事罪进行对比之后，以重罪之刑进行处断即可，没有必要另行进行竞合加重（大法院判决1983年7月26日，83 DO 1378）。

可以看出，韩国大法院的立场也是最终认可"基于连接效果的想像竞合"的。在基于连接效果的想像竞合中，前提条件是具有连接效果的第三犯行的不法内容不得轻于其余两个犯行的不法内容。

二、符合数罪

想像竞合必须是一行为符合数个构成要件。

（一）异种的想像竞合与同种的想像竞合

关于是否应该认定同种的想像竞合存在着争论。由于牺牲者观点的引入，在被害法益是高度的人格性法益时，则认定同种的想像竞合；其他法益的情况，则只成立单纯一罪。这是因为，后者的情况只是构成要件之实现的单纯的量的增加而已。

【判例】 在决意杀害自己的父亲与弟弟之后，趁他们在被告人家里睡觉之际，点燃了里屋房间里的衣柜。虽然被告人抽身逃脱出来，但父亲与弟弟却因浓烟而窒息死亡。如果是这样，刑法第 164 条上的现住建筑物放火致死罪是基于杀人的故意对现住建筑物进行放火的情况，所以并不与杀人罪之间存在想像竞合关系，只是尊属杀害罪与现住建筑物放火致死罪之间存在想像竞合关系。因此，针对弟弟成立现住建筑物放火致死罪，针对父亲成立尊属杀害罪。而且，一个放火行为同时造成父亲与弟弟的死亡，这又重新符合想像竞合犯，所以结果应该以重刑的尊属杀害罪进行处断（大法院判决 1996 年 4 月 26 日,96 DO 485）。

（二）特别法与想像竞合

刑事犯与行政犯之间或者行政犯相互间，也能够成立想像竞合。例如基于记载有虚假事实的护照申请书得到护照时的公证证书原本不实记载罪与护照法违反之罪，盗窃罪与关税法违反罪（针对进口物品不经过合法程序提取的行为），外患罪与国家保安法违反，未成年人保护法与公众卫生法违反之间，也成立想像竞合。

与此相关联存在争论的问题点是，道路交通法违反与伴随其发生的业务上过失致死伤罪之间是否成立想像竞合。

判例在无驾驶执照进行驾驶的过程中造成他人伤亡的事件中，认为无执照驾驶罪与业务上过失致死伤罪之间的关系是实体的竞合关系（大法院判决 1972 年 10 月 31 日，72 DO 2001）。在这种情况中，虽然存在实行的同时性，但却不存在实行的同一性，所以不能视为一个行为。因此，判例的结论是妥当的。

在无驾驶执照的醉酒状态下驾驶摩托车造成他人伤亡的事件中，判例在自然意义上将无执照驾驶与饮酒驾驶行为评价为一个行为，进而认定想像竞合（大法院判决 1987 年 2 月 24 日，86 DO 2731）。然而，无执照驾驶与饮酒驾驶之间虽然存在实行的同时性，却不存在实行的同一性，所以不能认定为想像竞合，应该视为是实体的竞合。

在饮酒驾驶与业务上过失致死伤罪之间，既然饮酒是过失的原因，就能够认定实行的同一性，所以能够成立想像竞合。无执照驾驶与不良维护罪之间，由于能够认定在危险状态中进行驾驶行为的同一性，所以也能够成立想像竞合。

【判例】 一直到夜深还在驾驶的过程中，在没有看清前方维持安全距离的情况下紧随前一车辆行走中，与在地铁施工现场附近慢行的前一车辆追尾，造成前一车辆司机受伤车辆毁损，之后逃逸。像这样，司机因怠于履行业务上的注意义务进而造成他人伤害、物品毁损，却在没有采取道路交通法上的救护措施的情况下逃逸时，成立道路交通法上交通事故发生时救护义务违反罪与特定犯罪加重处罚法上逃逸车辆驾驶罪的想像竞合。此两种罪与道路交通法上安全驾驶义务违反罪之间存在实体上的竞合关系（大法院判决 1993 年 5 月 11 日，93 DO 49）。

第三节 想像竞合的法律效果

一、实体法上的效果

一旦认定想像竞合，就以数罪中的重罪之刑进行处罚（第 40 条）。想像竞合虽然是实质上的数罪，但却是科刑上的一罪，所以以一刑罚进行处罚，而且以重刑进行处罚。这里的重刑是指法定刑，刑的轻重则依据刑法第 50 条①进行确定。

确定想像竞合的刑罚时，存在如下两个问题。

(一) 是否准用刑法第 38 条 2 项

刑法第 38 条 2 项规定：竞合犯的情况，惩役与禁锢将视为是同种刑罚并处以惩役刑。问题是，此项规定是否也适用于想像竞合的情况。对此，大法院认为不能准用第 38 条 2 项（大法院判决 1976 年 1 月 27 日，75 DO 1543）。

(二) 法定刑的比较方法

在进行刑罚轻重的比较时，重罪的法定刑之下限轻于轻罪的法定刑之下限时，能否以比轻罪的法定刑之下限还要轻的刑罚进行处罚。

对此，主张只要比较对照重刑即可的重点对照主义认为这是可能的；相反，要求法定刑的比较要针对两个以上的主刑整体进行比较对照的整体对照主义，则对此不加以认定。

细思量，由于想像竞合是实质上的数罪，所以整体对照主义是妥当的（多数说）。因此，应该依照数罪的法定刑中上限与下限均重的刑罚进行处罚，在轻罪中存在并科刑或附加刑时，则应该对此进行并科。大法院也采取整体对照主义（大法院判决 1984 年 2 月 28 日，83 DO 3160）。基于这种解释，想像竞合的法律效果并不是单纯的吸收主义，将形成与结合主义相同的结果。②

【判例】 强取以醉酒状态行走的妇女的物品之后，意图实施强奸却止于未遂，但造成了伤害。如果是这样，一个行为符合强盗强奸未遂与强盗伤害，所以符合强盗强奸未遂与强盗伤害罪的想像竞合。刑法第 40 条规定，想像竞合的情况从一重罪处断，不仅意味着要依

---

① 韩国刑法第 50 条（刑罚的轻重）规定：（一）刑罚的轻重，依第 41 条所列顺序。但无期禁锢与有期惩役之间，以无期禁锢为重；有期禁锢期限超过有期惩役的，以禁锢为重。（二）同种的刑罚，以法定最高刑较长或者较多者为重；法定最高刑相等的，以法定最低刑较长或者较多者为重。（三）除前三项规定外，得依犯罪性质与犯罪情节判定刑罚的轻重。——译者注

② 李在祥，517 页。

据数罪名中规定最重之刑的规定进行处罚，而且还意味着处罚不能轻于其他规定的最下限之刑罚，否则从一重罪处断的旨趣就会失去意义。即在确定数罪中的刑罚时，应该在各法规中上限与下限均重的刑罚范围内进行处罚。因此，应该以强盗强奸未遂罪之刑进行处罚，而且在所规定的刑罚中选择有期惩役刑之后，在依据刑法第 25 条 2 项进行未遂减轻与依据刑法第 53 条进行酌量减轻，进而确定处断刑的范围时，应该依据如下范围：由于强盗伤害罪是既遂，所以应该在强盗伤害罪的有期惩役刑之下限范围内，对强盗强奸未遂罪的有期惩役刑进行未遂减轻之后的酌量减轻的刑期范围内（大法院判决 1984 年 2 月 28 日，83 DO 3160）。

二、诉讼法上的效果

（一）想像竞合是诉讼法上的一个事件

罪数论由于是刑事实体法领域中的问题，所以在刑事诉讼法中并不存在罪数论的问题。然而，在刑事诉讼法上提起公诉的效力、既判力的范围等中具有重要意义的事件的单一性与同一性概念中，事件的单一性是典型的实体法上的罪数论问题。实体的竞合的情况是数个事件，想像竞合的情况是诉讼法上的一个事件。

想像竞合作为诉讼上的一个事件，将受到如下处理：

（1）一旦针对想像竞合的部分犯罪提起公诉，其效力将及于其余犯罪。

（2）既判力或一事不再理的效力也将及于处于想像竞合关系中的全部犯罪（大法院判决 1990 年 1 月 25 日，89 DO 252）。

（3）处于想像竞合关系中的数罪中，只有一部分被认定为有罪，其余部分成为无罪、驳回起诉或免予起诉的情况时，在判决主文中没有表示无罪等的必要（大法院判决 1983 年 8 月 23 日，83 DO 1288），只要在判决理由中阐释其理由即可。

【判例】　针对处于想像竞合关系中的公诉事实，即使在其一部分被判断为无罪或应该驳回起诉的情况中，也没有必要将此表示在判决主文中。即使将此表示在了判决主文中，也不会成为违法事由（大法院判决 1983 年 8 月 23 日，83 DO 1288）。

（二）实质上数罪的诉讼法上的意义

想像竞合作为实质上的数罪，将受到如下处理：

（1）在判决理由中，应该记载处于想像竞合关系中的所有犯罪事实与适用法条，在其一部分无罪时，应该阐释其理由。

（2）在亲告罪中，应该依据各罪分别进行告诉与公诉时效的探讨。

【判例1】 在以想像竞合犯为理由提起公诉的犯罪中，在一个是亲告罪、另一个不是亲告罪的情况下，被害人撤回告诉时，针对被撤回告诉的犯罪并不是在判决主文中另行进行驳回公诉的判决，而只要在判决理由中阐释其理由即可（大法院判决1968年3月5日，68DO 105）。

【判例2】 刑法第40条的想像竞合是指一个行为符合数个犯罪时，以科刑上的一罪进行处罚。而且，从一重罪处断是指轻罪得依重罪所规定之刑罚进行处断，并不意味着免除轻罪的处罚。因此，即使重的强奸未遂罪作为亲告罪被撤销了告诉，对轻的监禁罪（违反关于暴力行为等处罚的法律）也不会产生任何影响（大法院判决1983年4月26日，83 DO 323）。

第五章　竞　合　犯

第一节　竞合犯的意义

一、意义

竞合犯（Realkonkurrenz）或者实体的竞合是指基于一人所实施的判决尚未确定前的数罪或者处以禁锢以上之刑的判决确定的罪与其判决确定前的罪（第 37 条①）。在侵害数个或数种的构成要件这点上，竞合犯与想像竞合相同；在以行为多数性为基础这点上，其又与想像竞合相区别。

竞合犯是基于同一行为人实际实现数罪的情况，因此在逻辑上应该并科行为人所实现的犯罪之刑。然而，如果是这样（如果对自由刑适用并科主义）就会导致变更有期自由刑之性质的结果。而且，并科刑也不会成为必须对行为人实现刑罚目的的有效的手段。基于这种理由，刑法针对竞合犯原则上采取加重主义。因此，可以认为竞合犯制度具有在数罪的情况中量定刑罚的制度性功能。

因此，刑法规定竞合犯的成立除需要具备实质上的数罪这一要件之外，还要求具备数罪在一个审判中被一同判决的可能性（第 38 条 1 项②）。

---

①　韩国刑法第 37 条（竞合犯）规定：判决确定前的数罪，或者处以禁锢以上之刑的判决确定的罪与其判决确定前所犯的罪，称为竞合犯。——译者注

②　韩国刑法第 38 条（竞合犯与处罚标准）1 项规定：竞合犯同时判决时，依下列情况分别给予处罚：1. 重罪中所规定之刑罚为死刑、无期惩役或者无期禁锢的，以重罪所定刑罚处罚。2. 各罪中所规定之刑罚为死刑、无期惩役或者无期禁锢以外的同种刑罚的，最高加重至重罪所规定之刑期上限或者多额的 1/2，但不得超过各罪所规定之刑期上限或多额的总和刑期或数额。但科料与科料、没收与没收，可以并科。3. 各罪所规定之刑罚为无期惩役或无期禁锢以外的不同刑种的，并科。——译者注

《参考》刑法第 37 条后段的竞合犯（事后竞合犯）规定，通过 2004 年 1 月 20 日的刑法改正从"判决确定之罪"变更为"处以禁锢以上之刑的判决确定的罪"。改正前的刑法第 37 条后段关于事后竞合犯的基准没有任何限定地规定了"判决确定之罪"，所以只能解释为在"判决确定之罪"中还包括与确定判决具有相同效力的略式命令或即决审判。然而，在针对轻罪处以罚金、拘留、科料等刑罚的判决这种略式命令或即决审判前后的犯罪，应该分别宣告两个刑罚时，比起将此处理为同时的竞合犯进而宣告一个刑罚的情况，更加不利于被告人。不仅如此，为依据改正前的规定适用事后的竞合犯，关于在被告人的前科中存在成为事后竞合犯确定判决之可能性的所有略式命令，都要一一确认其生效日期。由于略式命令以决定文书送达之日起经过 7 天后才可生效，所以确定其生效日期也是相当困难的。为一一确认略式命令的生效日期，实务上存在着要投入诸多时间和努力的困难。

作为参考，日本刑法在 1968 年之前也采取了与韩国历来刑法相同的立场，但通过 1968 年刑法的改正将确定判决限定为"处以禁锢以上之刑的确定裁判"。德国刑法第 55 条规定，受到确定判决的人在被宣告的刑罚执行完毕、时效届满或赦免之前，以确定判决之前所犯之罪为理由受到有罪判决时，得依据同时的竞合犯之例进行处理，进而针对已经接受确定判决之罪与其确定判决执行完毕前等的余罪之全部确定整体刑，宣告新的刑期（以上参照国会法制司法委员会 刑法修正法案）。

二、种类

（一）同种的竞合犯与异种的竞合犯

竞合犯根据被侵害的数个构成要件是同种还是异种区分为同种的竞合犯与异种的竞合犯。例如为索取金钱数次给同一人发出恐吓信件的情况就属于前者；因强奸止于未遂便起杀意杀害被害人的情况就属于后者。

同种的想像竞合犯的情况，在多次侵害同种的构成要件这点上，与单纯一罪的接续犯等没有区别；但同种的竞合犯的情况，在认定行为多数性这点上，则与接续犯等不同而成立数罪。

（二）同时的竞合犯与事后的竞合犯

竞合犯除需要具备数罪这一实体法上的要件以外，还需要具备在一个审判中被判决的可能性这一诉讼法上的要件。数罪尚未受到确定判决但能够同时进行审判的情况，称为同时的竞合犯；在存在处以禁锢以上之刑的判决被确定的犯罪时，此确定的犯罪与判决确定前所犯的罪（此罪具有同时进行审判的可能性）之间的关系，就叫做事后的竞合犯。

第二节　竞合犯的要件

一、实体法上的要件（数罪）

竞合犯的成立，首先必须是实体法上的数罪。数罪的成立，第一，必须侵害到数个（数次同种的或异种的）构成要件。这种构成要件侵害的多数性，只有在与行为之间的解释学关联上，才能够被揭示。如前所述，数次侵害同种构成要件的情况，必须是其法益与牺牲者的人格主体性相关联的情况或者如果不是这种情况则与接续犯（单纯一罪）不同，是认定行为多数性的情况，才在评价上获得构成要件侵害的多数性这一资格。第二，数罪的成立，必须要在与构成要件之间的解释学关联上，行为被评价为多数。即使是侵害了数个构成要件，是一个行为时，也仅仅是想像竞合而已。

二、诉讼法上的要件

（一）同时的竞合犯的情况（第37条前段）

关于数罪，都不存在确定的判决。判决的确定意味着不存在基于上诉等通常的不服程序进行争论的状态（大法院判决 1983 年 7 月 12 日，83 DO 1200）。

【判例】　刑法第 37 条后段竞合犯规定中的"判决确定前"的含义是指形成不存在基于上诉等通常的不服方法进行争论的状态之前。因此，1981 年 11 月的偷渡取缔法违反罪于 1981 年 11 月受到釜山地方法院抗诉部的惩役 2 年执行犹豫 3 年的判决，其与 1982 年 12 月确定的抗精神性医药品管理法违反罪之间存在刑法第 37 条后段的竞合犯关系（大法院判决 1983 年 7 月 12 日，83 DO 1200）。

而且，尽管数罪都不是判决确定的犯罪，它们也要均处于能够受到一同判决的状态中。因此，数罪必须均被起诉。只有一部分被起诉时，即使在抗诉审中被追加起诉或合并审理，也能够受到竞合犯的规制。

（二）事后的竞合犯的情况（第 37 条后段）

在同一人所犯数罪中，关于部分犯罪存在处以禁锢以上之刑的确定判决时，判决确定的犯罪与判决确定前的犯罪之间的竞合关系，就叫做事后的竞合犯。例如，甲犯有 X 罪、Y 罪与 Z 罪，且关于 Y 罪存在处以禁锢以上之刑的确定判决时，X 罪与 Y 罪之间或者 Y 罪与 Z 罪之间所成立的实体的竞合就是事后的竞合犯。在这里，X 罪与 Z 罪之间并不成立事后的竞合犯。

1. 确定判决的范围

在事后的竞合犯中所要求的确定判决，要求是处以禁锢以上之刑的判决。因此，以前在宣告罚金刑之判决确定时（大法院判决 1981 年 5 月 26 日，81 DO 736）或者略式命令被确定时（1982 年 4 月 12 日，80 DO 537），也能够成立事后的竞合犯；然而现在却无法成立竞合犯，而是将其判决前后的犯罪处理为同时的竞合犯，进而宣告一个刑。

2. 判决确定前所犯之罪的含义

认定事后竞合犯的旨趣在于，针对具有同时审判可能性的事件，按照同时的竞合犯处理；而且判决的既判力也以作为最终事实审的抗诉审的判决宣告时为基准。所以，在理论上，判决确定前所犯之罪是指抗诉审判决宣告前的犯罪。

3. 犯罪时期

犯罪时期的基准不是犯罪达到既遂而是犯罪的完了时期。

第三节　竞合犯的处理

一、同时的竞合犯的处理

在对判决尚未确定的数罪进行同时判决时，依据如下原则：

（一）吸收主义的适用

重罪中所规定之刑罚为死刑、无期惩役或者无期禁锢时，以重罪之刑处罚（第 38 条 1 项 1 号）。这是因为，这种情况在采取吸收主义的死刑或无期刑之外，并科其他刑或加重刑罚是苛酷的；而且从刑事政策的观点上来看，也是无意义的。

（二）加重主义的适用

各罪中所规定之刑罚为死刑、无期惩役或者无期禁锢以外的同种刑罚时，最高加重至重罪所规定之刑期上限或多额的 1/2，但不得超过各罪所规定之刑期上限或多额的总和刑期或数额（第 38 条 1 项 2 号）。但是，科料与科料、没收与没收之间，可以并科（第 38 条 1 项 2 号但书）。这种情况，将视惩役与禁锢为同种刑罚，进而处以惩役刑（第 38 条 2 项），而且自由刑的加重不得超过 25 年（第 42 条但书）。

关于第 38 条 1 项 2 号中"最高加重至重罪所规定之刑期上限或多额的 1/2"的法条文之旨趣，判例解释为：在竞合犯的各罪中规定有选择刑时，首先在其中选择处断之刑种，然后最高加重至竞合犯各罪中重罪所规定之刑期上限或多额的 1/2（大法院判决 1959 年 10 月 16 日，4292 刑上 279）。而且，判例认为，第 38 条 1 项 2 号也适用于特别法违反罪与刑法违反罪的竞合犯（大法院判决 1959 年 12 月 24 日，4292 刑上 491）。

重罪中如"5 年以上惩役"这种没有上限时，根据刑法第 42 条本文的规定，上限为 15 年（大法院判决 1983 年 11 月 8 日，83 DO 2370）。对此加重至 1/2，就成为 22 年零 6 个月以下。例如，将 5 年以上惩役的 A 罪与 7 年以下惩役的 B 罪的实体竞合犯同时进行判决时，因为 A 罪是重罪，所以判处 22 年零 6 个月以下的惩役是可能的。又，根据刑法第 38 条 1 项 2 号后段的规定，不得超过各罪所规定之刑期上限的总和刑期，所以上限刑期将减为 22 年以下的惩役。因此，这时，将在 5 年以上 22 年以下的惩役范围内确定处断刑。

轻罪中所规定之刑期下限重于重罪中所规定之刑期下限时，应该以其重的下限为基准（大法院判决 1985 年 4 月 23 日，84 DO 2890）。

【判例 1】 将商标法违反罪与私文书伪造及行使罪的各罪认定为有罪之后，在法律适用上，只把其中私文书伪造与行使罪作为刑法第 37 条前段的竞合犯，进而适用刑法第 38 条；并没有将此适用于商标法违反罪。如果是这样，则是法律适用上的错误（大法院判决1959年12月24日，4292刑上491）。

【判例2】 基于刑法第55条1项3号减轻刑期时，这里的刑期当然包括上限与下限。该当处罚法条文没有规定上限与下限时，根据刑法第42条的规定，应该认为上限是15年、下限是1个月。因此，既然选择适用刑法第250条法定刑中5年以上的有期惩役刑，由于其上限是15年，所以进行法律上的减轻时，应该在上限7年零6个月、下限2年零6个月的范围内确定处断刑（大法院判决1983年11月8日，83 DO 2370）。

【判例3】 关于竞合犯的处罚，刑法第38条1项2号本文规定：各罪所规定之刑罚为死刑、无期惩役或无期禁锢以外的同种刑罚时，最高加重至重罪所规定之刑期上限或多额的1/2。但对于其下限，并没有明文规定。然而，不是重罪之罪中所规定的刑期下限重于重罪中所规定之刑期下限时，依照第38条1项2号的规定之旨趣，应该视其重的下限为基准（大法院判决1985年4月23日，84 DO 2890）。

（三）并科主义的适用

在各罪中所规定的刑罚为无期惩役或无期禁锢以外的异种之刑时，并科（第38条1项3号）。这里的异种之刑是指如有期自由刑与罚金或科料、罚金与科料、资格停止与拘留等之间的关系这种刑的种类相互不同的情况。然而，不仅各罪中所规定的刑罚为异种的情况，即使针对一罪规定有要求并科除无期惩役或无期禁锢以外的刑罚时，也将适用第38条1项3号。

【判例】 针对竞合犯，刑法第38条1项2号的规定也适用于竞合犯中的一罪之刑中存在并科规定的情况，所以针对这种竞合犯，对单一刑宣告加重之刑进而对其他刑不进行并科是违法的（大法院判决1955年6月10日，4287刑上210）。

二、事后的竞合犯的处理

（一）刑的宣告

在竞合犯中存在尚未宣判之罪时，考虑与将此罪和判决确定之罪同时进行判决的情况之间的平衡之后，对其犯罪宣告刑罚。这时，可以减轻或免除其刑罚（第39条1项）。从国外的立法例上来看，德国刑法即使在事后的竞合犯中也宣告一个整体刑，奥地利在关于事后的竞合犯中首先如同同时受到刑罚整体之宣告那样决定整体刑量之后，只科处追加刑。相反，韩国刑法关于事后的竞合犯，只针对尚未受到确定判决之罪进行刑的宣告。这是因为，对于已经进行确定判决的犯罪再次进行判决，有违一事不再理原则。

然而，依据以前刑法的规定时，会产生如下问题点：尚未进行确定判决的犯罪如同特别刑法违反罪那样法定刑的下限高时，即使进行减轻也存在其局限，与当初就以同时的竞合犯进行起诉的情况相比不可避免的要进行违反平衡的重的量刑。

因此，事后的竞合犯虽然原本是能够以同时的竞合犯进行处罚的事案，但刑法改正案考虑到有可能存在因另行起诉等无法转嫁为被告人责任的事由而在其他时期接受审判的事例等，以及各种刑事特别法中有不少法定刑下限高的犯罪这一现实，为进行符合平衡的适正的量刑改正了相关规定。

（二）刑的执行

基于竞合犯接受判决的人在竞合犯中的某罪被赦免或刑的执行被免除时，对其他罪将重新确定刑罚（第39条3项）。此规定适用于针对竞合犯宣告一个刑罚的情况。而且，这里的重新确定刑罚并不是指对其犯罪进行重新审判，而是只重新确定刑的执行部分。这时，刑的执行中，包含已经执行的刑期（第39条4项）。

第四篇
刑 罚 论

第一章　刑罚的概念与本质

第一节　刑罚的概念

刑罚是指当发生规范侵害行为时，国家通过在社会伦理上对其行为的不认可、强制性地减少行为人通常的自由或权利领域，进而谋求社会一般人的法益保护与犯人的社会复归的公的制裁手段。

第二节　刑罚的本质

首先，刑罚以已经发生的规范侵害事件为出发点。即所有刑罚意味着针对已经发生的法违反事件的国家的反作用（Reaktion）。因此，只是指向未来的制裁，不能认为是刑罚。而且，刑罚的本来特性表现在对受到处罚之人的自由与权利领域即财产、自由、社会名声等多少产生不正效果的国家负担性制裁中。因此，刑罚内含有以犯人实施规范侵害为理由，针对犯人所进行的公的、社会伦理的反价值判断。在此限度内，刑罚的镇压甚至恶害的性质尽管其最终给受刑者带来最善的利益，也不能不认为是刑罚的本来特性。

如果是这样，就会产生如下疑问：即刑罚的这种镇压的恶害性与报应性之间的本质上的区别点是什么。刑罚的镇压的恶害性并不同于通过对犯罪这一恶害施加刑罚这一同价值的新的恶害进而抵消责任的报应，其反而是与在刑罚中无法抛弃的一般预防以及特别预防这一目的要素相结合的。这是因为，抵消责任这种历来的报应性加害要求是与社会性目的绝缘的、只是附着于神学的、形而上学信条中的绝对的正义要求；相反，预防性加害要求虽然把刑罚的恶害性视为一种必要的恶，但决不理解为必须是无条件的、绝对的恶害。

基于这种观点，人们比起加害（Übelzufügung）更加喜欢使用犯行的不承认（Mißbilligung der Tat）这一用语。因此，通过国家刑罚所科处的必要不可欠缺的镇压作用的正当性在本质上是从针对规范侵害行为的社会伦理上的不承认及法的公的确认或宣言中发现的，而绝不是从将一个恶害用另一个相同程度的恶害相抵消的报应中发现的。如果是这样，也能够将具有非常少的恶害性的宣告犹豫或执行犹豫理解为很好的刑事制裁制度，这从当前的刑法发展方向上来看，可以理解为是与责任报应无关的、完全以预防性考虑为基础的。然而，无论何种情况也不能放弃国家刑罚是以受刑者的不法行为为理由在一定范围内多少减少其从一般市民立场所享有的自由状态这一点。

一般预防的效果在刑事立法及处罚威胁阶段上处于极大化状态中，并且在进入刑罚科刑及执行阶段的过程中逐渐极小化，但不会丧失。相反，特别预防的效果在刑事立法及处罚威胁阶段上处于极小化状态中，并且在进入刑罚科刑及执行阶段的过程中逐渐极大化，但并不从极小化状态上发展为无，在极大化状态中也不排除其他一般预防的效果，而是与其辩证的合一。在这一层面上，国家刑罚的公的、社会伦理的不承认的性质从刑事立法的处罚威胁开始至基于确定判决的刑罚执行为止均具有本质的意义。

第二章　刑罚的含义与目的

关于刑罚的含义与目的的议论就是刑罚理论(Straftheorien),其具有可以追溯至希腊哲学的悠久历史。这里存在绝对说(Die absolute Theorie)、相对说(Die relative Theorie)与折中说(Die Vereinigungstheorie)。

第一节　绝　对　说

绝对说是不考虑刑罚所导致的后果来把握刑罚意义的立场。即认为因为实施了犯罪所以应该受到处罚(punitur, quia peccatum est)的立场。这里存在将刑罚的意义理解为报应的立场,或将其理解为绝对正义的纯粹要求的立场,或将其理解为赎罪表现的立场等。此绝对说的思考主要表现于柏拉图(Palton)的初期思想,中世纪的托马斯·阿奎那(Thomas Aquinas)的思想,近代德国观念哲学的代表者康德(Kant)、黑格尔(Hegeel)的刑罚思想中。

一、柏拉图(Platon)

柏拉图的刑罚观在其青壮年时期与晚年时期之间存在着差异。柏拉图的初期思想是在其著述《哥吉亚斯》(Gorgias)中充分表现出来的。在这里,他把刑罚的目的视为净化因犯罪而被污染的心灵、恢复因恶性而被搅乱的调和。而且,他把犯罪比喻为疾病,犹如疾病需要医生的治疗那样,认为犯罪也需要法与处罚。因此,刑罚是净化犯人心灵的手段。即认为如果不科处刑罚,犯人的心灵就会在没有得到净化的状态下离开这个世界,从而将永世受到刑罚处罚。

二、托马斯·阿奎那(Thomas Aquinas)

在阿奎那的刑罚思想中虽然已经表现出刑罚是改善犯罪人或以共同体的安宁为基础这种预防思想,但又在基于刑罚恢复与正义要求相一致的平衡(Gleichheit)这一意义上把握了刑罚的绝对性质。

三、康德（Kant）

康德将刑罚根据与刑罚所追求的目的相隔离，并认为只有在正义的要求中才能够寻求刑罚的根据。因此，刑罚如同同害复仇（Talio）原则那样是针对犯罪以其相同的其他恶害所进行的报应。在康德看来，刑罚是一种绝对命令（Kategorischer Imperativ），因此刑罚只能在责任报应中寻求其意义。康德在其《道德形而上学》中进行了如下论述：

> "法官的刑罚绝对不能仅仅作为促进另一种善的手段，不论其是为犯罪者自身还是为市民社会。相反，刑罚在任何情况下都必须是因为犯罪者实施了犯罪才加刑于他。刑罚是一种绝对命令。我们应该警惕和预防功利论犹如蛇一样钻进刑罚观念中并通过刑罚能够给予某种约定的利益使该绝对命令脱离于刑罚中或者依据'一人的死总比整体民族的死来得好'这一法利赛人的格言缓和其程度的企图！这是因为，如果正义沉沦，那么人类就再也不值得在这个世界上生活下去了。"

像这样为从预防中隔离所有的刑罚思想，康德进一步列举了著名的岛上市民的比喻。

> "即使市民社会依其所有成员的合意被解散（例如居住在一个岛上的百姓决意离开此岛分开散居到世界各地），也应该在其之前处死监狱里剩下的最后一名杀人犯。据此，使所有人经验到自身的犯行所应付出的代价；也是为阻止因不处刑而使血淋淋的犯罪转嫁于全体市民。这是因为，如果不这样做，他们将被认为是公然侵害正义的参与者。"

康德将人把握为具有自由意志（free will）的道德的存在。人能够基于自由意志自己自觉地规定行为立法，并能够依此有道德地进行活动。结果，犯罪违背的是自觉定立的行为立法，所以对其进行制裁对于恢复道德实践理性来说是绝对必要的。通过接受刑罚，行为人能够再次恢复为道德的存在，因此此刑罚不是为其他人或社会而接受的，而是为自我自身所接受的。此为康德报应刑论的要点。①

四、黑格尔（Hegel）

黑格尔将刑罚纳入到辩证法的发展过程，即肯定—否定—否定的否定的过程中，并以此赋予了刑罚的绝对性质。即认为普遍意志的法秩序是肯定，作为特别意志的犯罪是否定，刑罚则是针对此否定的否定。这意味着犯罪基于刑罚而被消除、被否定、被赎罪，刑罚因为重新恢复被侵害的法，所以是绝对必要的。

然而，与康德的主张不同，黑格尔认为正当的刑罚并不决定于同害复仇（Talio）的原则，而是决定于犯罪与刑罚的等价值性。即认为"犯罪的扬弃在概念上是指侵害的侵害，在现实上犯罪具有一定的质的、量的范围，此犯罪的否定也具有相同的范围。在这点上是再报应（Wiedervergeltung）。然而，位于再报应这一概念基础位置的这种一体性并不意味着侵害的特殊性质上的同一，而是指价值上的同一"。而且，黑格尔将这种等价值性与当时的社会状况联结了起来，因此认为此等价性的质与程度是随着市民社会的状况可变的，在这种意义上刑法典也从属于那一时代市民社会的状况。尽管如此，黑格尔亦认为刑罚作为法的否定的否定，其自身是绝对的，因此如果以威吓或改善等预防目的科处刑罚，那如同"棒打一条狗，没有把人看待为有名誉的、自由的存在，而是像狗一样进行对待"。

黑格尔是从法自身的客观理性的要求中推导出刑罚的。其认为，犯罪人通过受到刑罚处罚又重新还原为共同体的一员，进而恢复个别意志与法共同体一般意志的一致性。因此，对犯罪人施加的恶害不仅其自身是正当的，也是在法共同体内生活的市民的权利。黑格尔指出："看到刑罚中存在自己的权利，正是在这点上犯罪者以理性享有名誉。"②

第二节　相　对　说

相对说并不像绝对说那样认为因为实施了犯罪才科处刑罚，而是认为为不实施犯罪而进行处罚（punitur, ne peccetur）。换言之，其基础不是针对过去的犯罪的报应而是欲阻止将来的犯行的预防思想。在这里，刑罚其自身并不是目的，而是具有应该服务于社会保护的目的。在这种目的实现

---

① 沈在宇，《刑罚的本质》，考试研究 1978 年 9 月，58 页。

② 沈在宇，前揭论文，59 页。

中，存在着一般预防与特别预防两种方向。

一、一般预防

以刑罚效果对一般人产生影响使其不实施犯罪进而预防犯罪的就是一般预防。这种一般预防的刑罚效果早期出现在将一般性威吓作为刑罚本质任务的普罗泰戈拉（Protagoras）、亚里士多德（Aristoteles）、胡果·格老秀斯（Hugo Grotius）、托马斯·霍布斯（Th. Hobbes）的思想中。然而，今天这种一般预防思想是由 19 世纪初的冯·费尔巴哈（Anselm von Feuerbach）明确提出的。

从前的一般预防思想仍旧以中世纪或近代初期残酷的刑罚执行之惯行那种威吓的刑罚执行来谋求犯罪的预防。与此相反，费尔巴哈将重点放在了刑事立法的刑罚威吓上。费尔巴哈基于心理强制理论主张国家不可能基于身体的强制来阻止法侵害，只能够基于心理的强制。这种强制通过能够抑制法侵害之原因的感性冲动的刑罚威吓是能够实现的。即"使任何人都知道自身的犯行中必然伴随有比起得到其犯罪冲动的满足时所带来的快感更大的恶害"，从而"扬弃"指向犯行的"欲求冲动"。为此，法律应该尽可能正确地记述被禁止的行为，尽可能进行明确的规定，而且规定必须使刑罚的科处达到能够抑制犯罪快感的程度或者应该以所有人为主要对象。这最终成为刑法上罪刑法定原则的公式。

费尔巴哈试图基于这种一般预防的刑罚理论来克服启蒙主义以来所形成的、由斯鸠贝尔（Stübel）所完成的特别预防理论。确实，刑罚的威吓至少其在关于正与不正的大众意识中成为标准，因此决定着原本就遵守法律的市民的行动。在此限度内，其具有一般预防的效果（亦将此称作刑法的道德形成力）。

二、特别预防

特别预防是通过对受到有罪判决的人发挥影响力来防止犯罪人将来实施犯罪的刑罚思想。此思想是在启蒙主义时期基于普芬道夫（Pufendorf）、托马休斯（Thomasius）、孟德斯鸠（Montesquieu）、伏尔泰（Voltaire）、卢梭（Rousseau）、贝卡利亚（Beccaria）、边沁（Bentham）等形成的独立的理论。虽然之后因为德国观念哲学的报应说曾一度失去光芒，但在 18 世纪末 19 世纪初的德国基于斯鸠贝尔（Stübel）、格罗尔曼（Grolmann）、克兰斯罗德（Kleinschrod）等发展成为警察国家的刑罚理论。在 19 世纪末，得到所谓社会学的刑法学派（新派）的强调，到目前为止也有着很大的影响。其代表人物当属 20 世纪最高的刑事政策家弗兰茨·冯·李斯特（Franz von Liszt）。

依据李斯特的主张，特别预防能够发挥三种作用，即（1）通过隔离犯罪者保护一般国民；（2）通过科处刑罚威吓犯罪者不再实施犯罪；（3）通过改善阻止犯罪者的累犯化。据此，李斯特在其著名的讲演 1882 年马尔堡（Marburg）纲领中指出，应该依据行为人类型不同处遇犯罪者：① 隔离既无法威吓也无法改善的常习犯；② 威吓机会犯；③ 改善可能改善者。

尤其是特别预防中第三种作用的改善作为再社会化（社会复归）或社会化，即使在今天也成为刑法改正努力上的核心问题。特别是，1947 年成立的"国际社会预防协会"迄今还贯彻着李斯特的努力。

这种特别预防思想正如李斯特的学生拉德布鲁赫所说的那样发展成为无刑罚的刑法甚至废止刑法的构想，最终扩散成为不是改善刑法而是基于比刑法还要好的即类似于纯粹的预防性保安处分法来替代刑法的倾向，里普曼（Liepmann）、兰扎（Lanza）、萨尔达纳（Saldana）等的教育刑思想，格拉玛蒂卡（Gramatica）、安塞尔（Ancel）等的社会防御理论等。

第三节　各理论的优点与缺点

一、报应理论（绝对说）

（一）优点（确保个人自由的可能性）

报应理论将责任相抵的正义实现作为主要内容，这在刑罚程度受到个人责任程度的限制这点上将能够成为一个端绪。当然，不可能运用算术方法来确定何种程度的刑罚与责任的量相一致，但被害法益的社会性价值与责任的加重、减轻事由的慎重确认在某种程度上是确定的，也能够帮助确定适当的量刑。因此，可以通过此理论来阻止罚一儆百或者考虑对一般国民的一般预防效果进而科处超过个人责任之量的刑罚。在此限度内，具有能够确保个人自由的肯定的一面。

（二）缺点

1. 理论出发点的不当性

责任相抵原理原本是以神学的、形而上学的根据为基础的，因此杀人必须要通过死刑才能够被抵消是不合理的。这是因为，如果依据合理性思考，一个恶行（犯罪）如何通过施加另外的第二恶害（刑罚）来寻求均衡并重新得到恢复是无从知晓的。

2. 与现代国家的任务不一致

现代的市民国家不是道德国家或神政国家这种绝对国家，而是仅以维护市民间和平共存秩序为指导原理的。因此，并不只因为报应自身或算术式的正义而科处刑罚，而是当市民的和平共存秩序危殆化时，为恢复此秩序并加以预防而科处刑罚。正如在前述康德的岛上市民的比喻或黑格尔的为犯罪者名誉的处罚要求中所看到的那样，忽视社会目的的绝对命令性处罚并不与刑罚威吓只服务于维持社会和平的目的这一国家任务相吻合。

3. 行刑实务上的反效果

报应理论即使在行刑实务上也成为阻止人之尊重且社会复归的刑罚执行之可能性的障碍要因。仅仅意味着恶害之附加的处罚并不能改善受刑者进而正确把握其与法共同体之间的相互交流关系，反而只会唤起反抗心或绝望从而强化受刑者对社会的错误态度，其结果将促进刑法应该阻止的再犯。指出行刑落后性的原因在于报应理论的传统优位，也是因为这一点。

二、特别预防论

（一）优点（执行社会复归性刑罚的可能性）

优点在于比任何一种刑罚理论都有可能执行社会复归性刑罚。即刑罚并不是为从责任相抵观点上所科处的恶害自身而存在的，也不是将保护社会或对一般人的威吓作为重点，只是为使每个犯罪者未来能够经营无刑罚的生活而依据其特性加以执行，据此能够矫正犯罪者错误的人格形成及发展。

（二）缺点

1. 提供可罚性根据的难点

在该理论中并不能够揭示出即使是无再犯可能的犯罪者亦应该对其进行处罚的理由。尤其是，犯有重罪的犯罪者无论怎样改过迁善，完全放弃处罚对于通过在一般国民的法意识中将规范遵守内在化来保障规范稳定化来说，必然是个很大的威胁。如果是这样，此理论并不能够解明尽管纳粹战犯已经再社会化，为何还要继续对其进行处罚的理由。

2. 限制刑罚权的困难性

此理论反而存在无法适当限制国家刑罚权的理论上的难点。此理论的彻底贯彻将会得出对每个犯罪者的刑罚作用应该继续到其逐渐能够经营无犯罪的生活为止这种结论。如果是这样，即使在刑期届满之后也会以危险性为借口继续进行监禁，不仅如此，由于行为人是特别危险的反社会类型的人，所以尽管实施了轻微的犯罪也存在进行长期监禁的必要。

而且，对于即使现实没有实施反社会的犯行但具有即将实施犯罪危险的人也能够宣告作为预防性制裁的剥夺自由刑。然而，尽管现实没有实施任何犯罪行为或者实施的是轻微的犯罪却以危险性为借口长期剥夺其自由，这无外乎是警察国家的规制，意味着市民生活的完全不自由。

因为在特别预防理论的作用中存在巨大的滥用危险，所以针对反制度人士仅以具有不同思想为理由就能够简单地剥夺其自由并进行监禁。

三、一般预防论

（一）优点（特别预防论缺点的解决）

从一般预防的观点上来看，即使重罪犯全然没有再犯的危险，也应该为了威吓作为潜在犯罪人的一般人而进行处罚。这是因为，如果不进行处罚，其就将会成为坏的先例在一般人中种下有可能不被处罚的侥幸心理，进而存在这种事件将层出不穷的危险。而且，该理论优点还在于，没有必要甚至依据没有现实实施的犯罪来威吓一般人；而且针对对于社会无害的犯罪，由于威吓的必要性很小，所以刑罚制裁能够维持在合理的范围内。

（二）缺点

1. 不适合再社会化的努力

一般预防理论由于不是把每个犯罪者的改善与教化等再社会化目的作为重点，而是将威吓作为潜在犯罪者的一般人作为重点，所以此理论并没有为受到有罪判决的人的再社会化之努力提供任何进路。

2. 与责任原则之间的冲突

该理论的彻底贯彻，甚至有可能为了威吓一般人而进行超过犯罪者自身责任范围的处罚。这是违反个别责任原则的。这是因为，不得为他人而处罚任何人，至少是因为自身的罪责而被处罚。

3. 设定刑罚界限上的难点

此理论具有承认诸种国家恐怖政策的倾向。这是因为，一旦成为社会焦点的犯罪层出不穷，针对国家的治安维持与犯罪对策的批判性舆论沸腾，在政治现实中就会存在国家为对此进行掩饰通过科处为威吓一般人的苛酷的刑罚来试图对此进行稳定的倾向。

4. 关于立法一般预防效果的疑问

在一般预防理论中，是从费尔巴哈的心理强制说中引出关于刑罚威慑力的理论背景的。费尔巴哈所看到的人间像是在康德的合理的人间像中加入了决定主义要素。费尔巴哈认为，当对人施加的影响以强制发挥作用时，人能够主动依据其强制进行决定。然而，费尔巴哈忽视了在现实中犯罪者是在希望自身的犯行不被暴露的同时实施的犯行或者不知道刑罚自身的情况中，刑罚威慑自身不会有任何的心里强制作用这一点。这是因为，抑制犯行的刑罚威吓力并不是重刑罚威慑自身，而是在于所有犯行最终将无一例外地被发觉并受到适当的法制裁的有效的侦查与追诉作用。

第四节　折　中　说

在德国刑法中，报应理论（绝对说）与特别预防论（相对说）在 19 世纪末至 20 世纪前半叶为止的数十年间甚至以学派论争的形式一直存在着对立。在这种极端对立中最早试图进行折中的学者为阿道夫·梅科尔（Adolf Merkel）、冯·希佩尔（Robert von Hippel）。此折中说虽然是关于刑罚的意义与目的的刑法理论的现代性趋势，但在这里又根据是包含报应观点还是对此进行排除只是相对说内的折中区分为报应的折中说（Die vergeltende Vereinigungstheorie）与预防的折中说。

一、报应的折中说

（一）报应优先的折中说

该立场关于刑罚的意义将报应视为本质性的、最为重要的观点，在此报应观点中附随考虑其他预防的观点。在折中说的初期，此理论曾是德国学说与判例（RGSt 58, 109）的倾向。即使在今天在如下意义上也存在着主张折中说的立场："应该严格限制在重犯罪上适用不考虑目的的的重的报应刑罚，针对此外的犯罪则适用考虑目的的相对刑罚。"

（二）同位的折中说

此立场认为，报应刑论、特别预防论、一般预防论中的任何一种理论都不能合理地解明刑罚的意义与界限，因此这些理论应该共同作为刑罚的目的同位地并存。① 此外，主张在立法的刑罚威慑阶段应该考虑一般预防性威吓，在提起公诉的审判阶段应该考虑报应，在判决执行阶段应该考虑特别预防性改善的观点，在将报应观点与预防观点并存这点上，仍旧可以说是同位折中说的一种。

（三）批判

报应的折中说仍旧保留有报应刑论所具有的责任相抵的形而上学的、神学的不合理性、不自由性的难点，而且也有如下缺点：因绝对的正义实现之要求，进而与试图通过补充性的法益保护来确保和平的共存秩序的法治国家刑法的现实任务不相一致。此外，这种折中说并没有消除特别预防或一般预防的缺点，反而是将其原原本本地保留了下来。

在没有一定的刑事政策观点之下往返于诸种刑罚目的之间的这种折中说并不能够获得关于具有社会性任务的刑罚的一贯性观点。将报应把握为刑罚目的的一种，这无疑已经不是纯粹的报应观点而是指向预防观点的一种变形的报应，但这种变形并不是为合理的、自由的、尊重人的刑事政策的发展服务的，反而通过悄然引出残存的原有报应思考，妨害着现代再社会化刑法的发展与社会复归性行刑的发展。

二、预防的折中说

预防的折中说（Die präventive Vereinigungstheorie）是试图在刑法中最大限度地确保合理性与自由保障及人的尊重性，而且为使刑事政策与刑罚目的论的发展方向一致，在刑法中完全放逐报应思考只把特别预防与一般预防把握为刑罚唯一的目的，进而试图通过在刑法实现的各阶段中基于相互补充来消除其缺点从而达到辩证论上的合一，只呈现出优点的立场。洛克辛（Roxin）亦将此称为辩证论的折中说（Die dialektische Vereinigungstheorie）。

因为刑法规范只有在追求个人自由与服务于此的社会秩序之保护这点

---

① 韩国的多数说。例如刘基天，24 页；李在祥，55 页；李炯国，研究 I，73页；黄山德，15 页。

上才能够被正当化，所以具体的刑罚也必须追求犯罪预防的这种现实的目的。然而，犯罪能够通过对个人与一般人行使影响力来实施，所以刑罚是服务于个人自由与社会秩序之保护这一上位目的的手段，在此限度内，特别预防与一般预防是同位的正当目的。

　　虽然应该在刑法实现的各阶段即刑事立法、刑事诉讼、行刑中同时追求此两种预防目的，但为补充各自的缺点，存在着将重点放在某一处上的差异。即在刑事立法阶段中，基于一般预防的绝对优势与特别预防的极小机能实现刑罚目的。

　　在刑事诉讼阶段中，当然一般预防与特别预防的目的之间具有相同的比重。然而，如果事先考虑具有效果的社会复归的刑罚之执行，那么在量刑与判决宣告上应该将特别预防的考虑作为重点。即应该在优先考虑特别预防的同时，不得因此而减少处罚的威慑力进而使法秩序的防御产生危殆化。所以，应该在责任的上限与一般预防的下限之间优先考虑特别预防。

　　在行刑阶段中，则与刑事立法阶段正相反基于特别预防的绝对优势与一般预防的极小机能实现刑罚目的。

　　事实是，这种预防的折中说从整体上来看，特别预防目的占据有较大的比重（相对于一般预防的特别预防的原则性优位）。然而，在今天面对这种刑事政策的实际犯罪预防效果没有满足期待这一经验事实，尤其在斯堪的纳维亚各国中提出了主张一般预防优位的预防程序的学说。将此称为新古典主义（Neo-Klassizismus）。

第五节 结   论

　　刑罚必须服务于特别预防与一般预防的目的，而且不得成为实现责任相抵的绝对要求的手段（报应思想的排除）。在此范围内，预防的折中说在当前是为刑事政策的有效执行的最为妥当的见解。当然，刑罚为实现这种目的，不得在任何情况下逾越责任的上限（责任原则的刑罚限制机能）。这是因为，有可能侵害到个人自由与人的尊严性。然而，在存在特别预防的必要且没有侵害到最小限度的一般预防之要求的范围内，为了犯罪者再社会化的利益始终允许科处接近于个人责任的轻微刑罚（刑罚缓和的容许）。

第三章　刑罚的种类

第一节　序　说

　　刑罚制度根据时间与空间其种类与内容是多样的。即使就韩国而言，在朝鲜时代就已经存在依据大明律的笞、杖、徒、流、死五刑制与针对具有一定身份者所实施的闺刑这种身份刑。而且，旧刑法中存在死刑、惩役、禁锢、罚金、拘留、科料、没收 7 种刑罚，但现行刑法在旧刑法的 7 种刑罚之外又增加了资格丧失、资格停止，进而存在 9 种刑罚。

　　刑罚大体上根据被剥夺的法益种类分为生命刑（Lebensstrafe）、身体刑（Körperstrafe）、自由刑（Freiheitsstrafe）、财产刑（Vermögensstrafe）、名誉刑（Ehrenstrafe）。其中，身体刑由于野蛮且侵害人的尊严性，所以目前大部分已被废除，生命刑也因相同理由而走在废除之路上。另一方面，刑罚又分为能够独立宣判的主刑（Hauptstrafe）与只有附加在主刑上才能够宣判的附加刑（Nebenstrafe）。旧刑法第 9 条将没收以外的其他刑罚规定为主刑，将没收规定为附加刑；但现行刑法并没有进行这种区分，只认定了没收刑的附加性（第 49 条）。

第二节　死　刑

一、意义

（一）概念与本质

　　死刑（Todesstrafe, death penalty）或者生命刑（Lebensstrafe）是指通过剥夺犯罪人的生命将其从社会中永久排除的刑罚，在刑法规定的刑罚中最重的意义上也叫做极刑（capital punishment）。

【判例】   死刑作为永远剥夺人之生命自身的严厉的极刑，是应该仅限于无法持续其生命这种不得已的情况才能够适用的终极的刑罚。所以，在选择适用死刑时，在考虑犯行动机、形态、罪质、犯行手段、残恶性、经过的重大性、被害人的数量、被害感情、犯人的年龄、前科、犯行后的状况、犯人的环境、教育及成长过程等诸种情况之后，在仅限于罪责非常重大、即使从罪刑均衡或犯罪的一般预防见地上也认定必须适用极刑的情况，才能够适用（大法院判决1992年8月14日，92 DO 1086）。

死刑是具有最为悠久历史的刑罚，刑罚史也可以称作是死刑的历史。尤其在近代以前的警察国家时代，死刑成为了刑罚的代表。然而，18世纪以来启蒙思想家们开始主张人的生命是基本权的核心，尤其在19世纪中叶在对死刑效果进行科学研究的同时，因为死刑排斥人道主义思想所以应该对其加以限制或废除的讨论开始活跃起来。今天，文明化的国家在刑法中已经废除了这种死刑。

（二）死刑犯罪的范围

在改正前的刑法中，规定法定刑为死刑的犯罪有内乱罪（第87条）、内乱目的杀人罪（第88条）、外患诱致罪（第92条）、通敌罪（第93条）、募兵利敌罪（第94条）、提供设施利敌罪（第95条）、破坏设施利敌罪（第96条）、间谍罪（第98条）、使用爆炸物罪（第119条）、现住建筑物放火致死伤罪（第164条2项）、现住建筑物决水致死伤罪（第177条）、妨害交通致死伤罪（第188条）、饮用水投毒致死伤罪（第194条）、杀人罪（第250条）、强盗杀人·致死罪（第338条）、海上强盗杀人·致死·强奸罪（第340条3项）等。此外，基于特别法也极大扩大了死刑犯罪的范围。

例如，在特别法中规定死刑的犯罪有：关于处罚暴力行为等法律中的组织团体（第4条），关于加重处罚特定犯罪等法律中的掠取诱引罪（第5条之2）、驾驶逃逸车辆者（第5条之3）、常习强盗（第5条之4）、强盗伤害·强盗强奸的再犯（第5条之5）、报复目的杀人（第5条之9）、伪造货币的加重处罚（第10条）、毒品事犯的加重处罚（第11条），关于处罚性暴力犯罪及被害人保护等的法律中规定的特殊强盗强奸等罪（第5条2项）与强奸等杀人罪（第10条

1 项）等。此外，国家保安法与关于取缔保健犯罪的特殊措施法中也规定有死刑。

在这些死刑犯罪中，能够以绝对法定刑科处死刑的犯罪仅是刑法上的通敌罪与军事刑法上的军事叛乱罪。此外的情况由于是相对的法定刑，所以能够根据法官的裁量选择适用死刑或自由刑。不仅如此，即使在只有死刑成为绝对法定刑的犯罪中，由于保留有进行酌量减轻（第 53 条）的余地，所以并不是必须科处死刑。

改正刑法在缓和刑罚的层面上删除了现住建筑物决水致死伤罪（第177 条）、妨害交通致死伤罪（第 188 条）、饮用水投毒致死伤罪（第 194条）、强盗致死罪（第 338 条后段）等犯罪的死刑，但在为有效地对应暴力犯罪层面上，对强奸等杀人罪（第 301 条之 2 前段）又追加了死刑。

（三）死刑的执行方法

死刑的执行方法无论东西洋越追溯到古代越残酷,但在进入近代之后开始逐渐缓和起来。即使就韩国而言,在朝鲜时代之前大体存在斩首、五杀、车裂、磔杀、绞杀、凌迟处斩、戮杀、追施死、赐药等 9 种。近来各国的死刑执行方法有绞首（hanging）、枪杀（shooting）、斩首（Guillotine）、电气杀（eletrocution）、煤气杀（lethal gas）、缢杀（strangulation）、投石杀等。现行刑法规定了绞首刑（第 66 条),军事刑法选择了枪杀刑（军事刑法第 3 条）。

二、死刑存废论

（一）死刑废除论

1764 年贝卡利亚（Beccaria）在其著述《论犯罪与刑罚》（dei delitti e delle pene）中批判死刑是残酷的同时又是无法获得威吓效果的刑罚，这成为死刑废除论的发端。之后，得到霍华德（J. Howard）、里普曼（M. Liepmann）、萨瑟兰（E. H. Sutherland）、孟德斯鸠（Montesquieu）等诸多支持者。

实际已经废除死刑的国家有，葡萄牙（1976 年）、德国（1949年）、奥地利（1950 年）、哥伦比亚（1910 年）、瑞典（1972 年）、法国（1981 年）等 55 个国家。

首先，死刑废除论的理论根据有：第一，死刑是剥夺宪法上所保障的基本人权之人的尊严与价值的尊重以及生命权的野蛮的、残酷的刑罚手段，因此不仅违反宪法而且也违反人道主义。

第二，死刑只是立足于报应思想上表达了对犯罪的愤怒，对于犯罪人的改善与被害人的救济没有任何帮助。

第三，尽管国家不具备审判人的生命的权能，却通过死刑制度将杀人行为正当化。

第四，死刑在误判时，全然没有恢复的机会。

第五，死刑并不像一般人所想像的那样，具有很大的犯罪抑制力。这可以从在废除死刑国家中犯罪发生的件数并没有比废除之前有明显增加的趋势这点上得到验证。尤其是实施残酷犯行的犯罪人的情况，在犯行时并没有意识到死刑的威胁。

第六，犯罪原因虽然在于犯人的恶性以及反社会性，但也不可忽视社会环境的原因。然而，死刑是将所有犯罪原因只归咎于犯罪人的不合理的刑罚。

第七，死刑具有逾越犯罪人的罪责给犯罪人的家属、亲戚或与犯罪人曾保持有良好社会关系的诸多邻里带来生命丧失的疼痛与痛苦的残酷性。

第八，死刑常常具有只对人种及政治上、社会上的弱者进行差别加害的倾向，其衡平性也不是没有问题的。

（二）死刑存置论

虽然从主倡人的基本权的启蒙主义开始主张死刑废除论，但是大部分的启蒙主义思想家们仍旧力主死刑的必要性。其代表人物是洛克（Locke）、康德（Kant）、毕克麦耶（Birkmeyer）等，即使在今天也不是没有应该存置死刑的主张。甚至有时在废除死刑的国家中也出现了作为为有效防止重犯罪之对策应该恢复死刑的主张（菲律宾在 1987 年废除死刑之后，在 1995 年又再度恢复了死刑制度）。

这种死刑存置论的理论根据是：第一，因为人对自己生命具有本能的爱惜，所以死刑对凶恶犯具有抑制力。

第二，刑罚的本质既然是报应，作为针对反社会犯罪所附加的社会道德反映的表现，死刑能够作用于社会稳定，据此也能够获得保护人的尊严与价值的效果。

第三，死刑制度也符合一般人的正义观念。

（三）结论

死刑制度不仅明显违反保障人的尊严性的要求，即使从刑事政策上来看，也不过是无意义的报应思考的残存。基于死刑谋求犯罪镇压的想法不仅是与今天的民主宪法秩序的理念不相一致的独善其身的思考，而且也可以说是意图轻率抛弃自由的、合理的、人道的刑事政策之努力的迷信思考的残存。在 1994 年美国联邦最高法院的死刑判决中表示反对意见的亨利·布莱门（Harry Blackmun）法官（1970～1994 年历任美联邦最高法院法官）宣誓道："刑罚与恣意性、差别、嬗变及谬误相纠缠在一起，尤其在基于判决的生杀予夺中，人种的偏见持续发挥着重要的作用，因此我今后不再干死刑机器的笨拙的修理工工作！"这即使对于我们的刑事司法的现实也具有很大的启示。

基于这种理由应该废除死刑。令人鼓舞的是，1989 年 5 月 30 日，在韩国以法曹人与宗教人为核心成立了废除死刑运动协议会。而且，在1996 年 11 月 28 日宪法法院关于死刑制度是否违宪的决定（宪裁 1996 年11 月 28 日，95 宪 BA 1）中，多数意见在"针对否定他人生命的犯罪行为，规定否定行为人生命的死刑是为保护与行为人之生命具有同价值的一个或数个生命所必不可少的手段之选择"这种旨趣下，采取了符合宪法的立场。然而，金镇佑法官与赵升衡法官的反对意见均认为，死刑不仅侵害宪法第 10 条所确认的人的尊严与价值，而且违反宪法第 37 条 2 项①但书规定的禁止侵害本质性内容，因而采取了违宪的立场。笔者的鼓舞性想法是，在此决定中少数意见在论证与说服力上压倒着多数意见。感觉到没有死刑的刑法文化与没有死刑的社会持平已经不远了。

即使在死刑制度存续期间，也应该首先借鉴巴西、印度尼西亚、以色列等国那种逐渐缩小死刑犯罪范围的方法，或像比利时那样虽然明文规定了死刑制度但现实抑制死刑的方法，或像中国那样在一定期间保留死刑的执行，期限届满转为无期刑等限制死刑执行的方法，或像瑞士军事刑法那样死刑的宣告要求全体法官的一致等限制死刑宣告的方法等，进而逐渐向废除死刑的方向改善。

---

① 韩国宪法第 37 条 2 项规定：仅限于在为保障国家安全、维持秩序或公共福利所必要的情况，才能够依据法律限制国民所有的自由与权利；但是即使是在限制的情况下也不得侵害自由与权利的本质性内容。——译者注

第三节 自 由 刑

一、意义

自由刑（Freiheitsstrafe）是指以剥夺受刑者身体自由为内容的刑罚。现行刑法认定三种自由刑，即惩役、禁锢及拘留。法院组织法第 61 条规定的 20 日以内的监置是单纯具有秩序罚性质的剥夺自由的处分，而不是自由刑的一种。

从历史上来看，根据"监狱只能使用于羁押（Detention），不能被利用于处罚"这一罗马法上的原则，监狱曾只是为进行侦查或审判或者执行死刑或罚金刑的一时的羁押场所而已。但之后，与 1555 年英国的 Bridewell 监狱、1595 年阿姆斯特丹（Amsterdam）的 Zuchthaus（Tuchthuis）的设置相适时地结合执行了近代意义上的自由刑。以 1777 年英国 John Howard 出版的《监狱的状态》（The state of prisons in England and Wales, with preliminary observation, and an account of some foreign prisons）一书为契机，在欧洲及美国等地掀起了监狱改良运动，进而开始提高了自由刑的教育机能。

自由刑的本质是，试图通过剥夺犯罪人的自由对其进行改恶从善的教育内容。当然，此外不仅还有剥夺犯罪人名誉的作用，而且还包含通过强制劳役生产财富进而提高国家财政的附随内容。然而，应该认为执行自由刑的主要目的是犯罪人的社会复归，在执行自由刑时应该排除剥夺自由以外的痛苦，保障受刑者进行人道的生活。

二、现行刑法上的自由刑

（一）惩役

惩役是指将受刑者羁押在监狱内强制其进行定期劳役的刑罚（第 67 条）。其有有期与无期两种。无期是终身刑，有期是 1 个月以上 15 年以下，但可将刑罚加重至 25 年（第 42 条）。无期刑由于是从受刑者中剥夺再社会化的意志、截断复归社会之希望的非人道性的制度，所以是被要求改正为有期自由刑的刑罚。尽管如此，改正刑法新设置的爆破爆炸性物品致死伤罪（第 172 条 2 项），煤气、电气等放流致死伤罪（第 172 条之 2 第 2 项）中规定了无期惩役，在煤气、电气等供给妨害致死罪（第 173 条 3 项后段）中也追加了无期惩役。

《参考》当然，无期刑在经过 10 年之后有可能进行假释放这一点（第 72 条 1 项）上，并没有放弃自由刑的社会复归机能。而且，西欧各国通过改革立法实施了无期刑在经过 15 年之后，将进行是否有必要进行假释放的审查，只要没有特殊事由便恢复自由的措施（参照德国刑法第 57 条 a）。

（二）禁锢

禁锢是指将受刑者羁押在监狱内剥夺其自由作为内容的刑罚（第 68 条）。然而，禁锢与惩役不同，在尊重名誉的旨趣下并不附加义务性的定期劳役，但是行刑法规定如果受刑者提出申请可以科处劳役（行刑法第 38 条）。此禁锢相当于所谓名誉拘禁（custodia honesta）。在自由刑的内容中，与惩役刑将剥夺名誉的作用作为重要要素不同，禁锢刑是在剥夺自由的过程中试图谋求尽可能尊重受刑者名誉之旨趣的制度。因此，针对过失犯或政治犯等多少存在尊重名誉之必要的人进行科处。禁锢的种类与刑期与惩役的情况相同。

（三）拘留

拘留也是将受刑者羁押在监狱内剥夺其自由作为内容的自由刑（第 68 条）。但是，在其期限是 1 日以上 30 日以下这点上与惩役或禁锢不同（第 46 条）。

拘留在刑法典上只规定在极其例外的情况中（公然淫乱罪、暴行罪、过失致伤罪、胁迫罪、汽车等不法使用罪、便宜设施不正利用罪），而主要规定在轻犯罪处罚法或其他单行法规中。

拘留与刑事诉讼法上的拘禁之间存在着严格的区别。拘留是自由刑，但拘禁是为圆满履行诉讼程序，认为被疑者具有逃跑或毁灭证据的可能性时为确保人身在一定期限内拘禁被疑者的法院的强制处分。在其是判决确定前的拘禁这点上，亦称为未决拘禁（Untersuchungshaft）。

而且，拘留也与作为换刑处分的劳役场留置相区别（第 69 条、第 70 条、第 71 条）。即劳役场留置是受刑者不缴纳罚金或科料时，在一定期限内将受刑者留置于劳役场的替代自由刑（Ersatzfreiheitsstrafe）。

三、自由刑的问题点

（一）自由刑的单一化问题

在自由刑中，禁锢作为名誉拘禁是针对思想犯、政治犯等确信犯或过失犯这种非卑劣犯以尊重其名誉之目的而免除定期劳役的刑罚，在这点上其与惩役相区别。然而，这种区分不过是报应刑思想的残存而已，从合理的、人道的刑事政策观点上来看，并不存在充足说服力的根据。因此，有人强烈主张应该将自由刑单一化的见解。其根据在于：① 如果将改善与再社会化作为刑罚的目的，即使为首先维持矫正行政政策的一贯性，也有必要进行单一化；② 作为区别基准的非卑劣性判断并不是很容易的，③ 以进行不同处遇为借口而推出定期劳役制度，不过是前近代的轻视劳动思想而已。如果将劳动视为神圣，科处定期劳役就不可能损害名誉。而且，实际上大部分禁锢受刑者依据申请在从事着劳役。

基于以上诸种理由，在韩国主张区别禁锢与惩役是不合理的，而且也应该废除以期限为基准区分禁锢与拘留的见解逐渐强烈起来。

实际上，在 1878 年斯德哥尔摩第二届国际刑法刑务会议、1950 年海牙会议、1951 年柏林会议等中已经讨论了自由刑的单一化问题。据此，德国刑法第 38 条 2 项将自由刑规定为 1 个月以上 15 年以下，并废除了拘留进而选择了单一自由刑制度。奥地利刑法第 18 条 2 项也将有期自由刑规定为 1 日以上 20 年以下进而将拘留包含在自由刑当中，而且也没有规定禁锢，以此对自由刑进行了单一化。无疑单一自由刑制度不仅是现代刑罚制度的改革方向，而且西欧诸国的刑法改正已经开始朝着这一方向努力。

（二）短期自由刑的废除问题

刑罚应该在给犯罪人造成最小损失的同时，对犯罪人的再社会化作出最大的贡献。然而，短期自由刑的执行，将会使犯罪人受到所谓"无钱有罪、有钱无罪"这种带有社会否定视角的羁押者社会集团的下层文化（Subkultur）的影响，而且反而导致从其他犯罪人中接受新的犯罪手段等造成社会复归更加困难的反效果的概率也是相当大的。

目前，也有学者强调短期自由刑能够给犯人带来震慑（Shock）效果，进而主张短期自由刑的有用论。然而，有必要留意的是，短期自由刑虽然在短的期限内教化改善受刑者是极其不可能的，而基于恶性感染腐化受刑者却是一个充分的期限。因此，废除短期自由刑的方向，才是与再社会化刑法的理念相一致的。作为短期自由刑的替代方案有必要积极适用保护观察附执行犹豫及宣告犹豫、周末拘禁、假日拘禁、管制拘禁、家宅拘禁制、罚金刑、恢复被害原状制（restitution，Wiedergutmachung）。

关于短期自由刑的基准下限，出现了 1949 年国际刑法刑务会议中的 3 个月以下说、1959 年 UN 犯罪预防会议中的 6 个月以下说及美国的 1 年以下说。但通说是 6 个月以下说。

（三）无期刑的违宪性问题

终身自由刑是否符合宪法上"尊重人的尊严与价值的要求"将成为问题。这种顾虑直接来源于终身自由刑将带来持续性的长期剥夺自由及完全从社会中放逐的效果。从宪法上的保障人的尊严性的意义上，将会得出犯罪人不得成为与犯罪进行斗争的单纯的对象物这种结论。这是因为，即使在管理犯罪人的过程中，也应该维持人的个人的、社会的实存的基本前提条件。里普曼（Liepmann）在 1921 年第 31 届德国法律家大会中所提出的其其关于终身自由刑之结果的意见书中发表了如下见解：

"基于执行约 20 年期间的经历，在受刑者们身上'善的动机的弱化、完全的意志消沉、超慢性的恐怖症、不信任、对社会的反感与憎恶'等已经得到确认。'在这期间之后，基于使人格怪死的羁押，内在生命的残恶的破坏工作开始了。对于人类来说最为重要的善的东西，即关于善恶的意志也开始渐渐然而确实在枯竭。对于这些受刑者，已经没有给予治疗的喜悦，因而他们只是动植物般地延续着生命，成为像机器一样无感觉、丢失了情感的人，进而完全成为了废人'"。当然，里普曼的研究结果是符合单纯的报应刑执行时代的成果。然而，如果将这种研究成果与当前的终身自由刑执行的结果相结合的话，只能说这种制裁手段是违宪的。

第四节　财　产　刑

一、意义

财产刑（Vermögensstrafe）是指以剥夺犯罪人一定财产为内容的刑

罚。在金钱左右生活质量的现代人的生活世界中，财产刑有着无法比拟的
刑事政策的机能。其结果，目前财产刑正在主刑化。现行刑法作为财产刑
规定了罚金、科料及没收三种。

　　财产刑，尤其是罚金从历史上来看如罗马12铜表法中的"赔
偿"（Poena）、古代格尔曼法中的"赎罪金"（Busse）、韩国古代法
中的"赎偿"等并不是公刑罚，而是具有私人间赔偿制度的性质，
国家只是接纳被害赔偿金或命令其进行支付。之后，将赔偿金的一部
分作为裁判代金或扰乱和平的代价归属于国王或国家的事例在逐渐扩
大，自12世纪开始渐渐转变为作为公刑罚之财产刑的性质。

二、现行刑法上的财产刑

（一）罚金刑

1. 意　义

　　罚金刑（Geldetrafe）是指针对犯罪人强制科处一定金额的支付义务的
刑罚。罚金的数额为5万元以上，上限则没有限制。但在减轻的情况，可以
科处5万元以下（第45条①）。刑法分则中规定的罚金刑的上限最低为
200万元以下，最高为3000万元以下。如果在罚金刑判决确定之日起30
日内没有完全缴纳罚金时，刑法作为换刑处分将认定1日以上3年以下期
限的劳役场所留置（第69条、第70条②）。在只进行部分缴纳时，按照
罚金额与留置期限日数的比例，扣除相当于缴纳金额的日数（第71
条③）。

---

　　① 韩国刑法第45条规定：罚金数额为5万元以上。但减轻时，可以科处5万元
以下（1995年12月29日改正）。——译者注
　　② 韩国刑法第69条规定：① 罚金与科料应自判决确定之日起30日内缴纳。
但，判处罚金时，同时可以命令留置于劳役场所内，直至完全缴纳罚金为止。② 未
缴纳罚金者，留置于劳役场所内，进行1日以上3年以下的作业服务；未缴纳科料
者，留置于劳役场所内，进行1日以上30日以下的作业服务。
　　韩国刑法第70条规定：判处罚金或科料时，应该同时宣告未缴纳情况的留置期
限。——译者注
　　③ 韩国刑法第71条规定：被判处罚金或科料者只缴纳其中一部分时，按照罚
金或科料额与留置期限日数的比例，扣除相当于缴纳金额的日数。——译者注

2. 罚金刑的法的性质

罚金刑作为刑罚具有一身专属性，因此，不允许第三者代缴、抵消国家债权、与犯人以外之人的共同连带责任、继承等。但是，针对裁判确定后因被告人死亡的继承财产（刑诉法第 478 条①）、裁判确定后因合并而存续或设立的法人的财产（刑诉法第 479 条②），能够例外地进行执行。然而，罚金刑只是科处一定金额的支付义务，因此并不像没收那样伴随有单方面将财产权转移至国家的物权的效力。

3. 罚金刑的优缺点与改善

（1）优缺点　罚金刑的优点在于，因带来财产上的损失，所以具有一般威慑力；也不从社会上隔离犯罪人，因而能够避免社会生活的中断、犯罪污染等短期自由刑的弊害；在误判的情况下容易进行恢复，执行费用也是低廉的。

然而，其缺点在于：① 罚金刑的执行将使犯罪人家族的生计产生困难，进而会实质地侵害刑罚的一身专属性；具有将罚金视为对犯罪的税金的犯罪人等，罚金刑作为刑罚的效果将根据犯罪人而不同。尤其对于有财力的人，很难发挥预防效果。② 由于只剥夺财产不对犯罪人的人格直接产生影响，所以教育改善的效果不大。③ 由于罚金额的计算不是按照犯罪人的经济状况而是依据犯罪事实进行决定的缘故，存在产生不平等问题的危险；又由于不缴纳罚金的情况将转变为劳役场留置，这又会重新出现短期自由刑的弊害。

基于以上理由，应该维持在罚金刑优点的同时谋求关于科处及执行的改善策略的主张开始活跃起来。

（2）日数罚金制度　韩国现行的罚金刑在额数计算的基准上采取的是总额罚金制度。然而，难以期待此制度在考虑犯罪人的贫富之差之后进行宣告，而且也无法正确地将犯罪人所实施的犯罪的不法与责任进行数值化，所以无法实现刑罚目的。

与此不同，开始于 1921 年芬兰刑法（第 4 条），后引入德国与奥地

---

　　①　韩国刑诉法第 478 条规定：依据与没收或租税、专卖及其他课征相关的法令判处的罚金或追征，其被判处者在判决确定后死亡时，可以执行其继承财产。——译者注

　　②　韩国刑诉法第 479 条规定：针对法人命令罚金、科料、没收、追征、诉讼费用或赔偿费用的情况下，法人在其判决确定后因合并消灭时，可以针对合并后存续的法人或因合并而设立的法人进行执行。——译者注

利的日数罚金制 （Tagesbusse，day-fine） 将罚金刑分为日数 （Zahl der Tagessätze） 与日数定额 （Höhe eines Tagessatzes） 进行宣告，进而既明确了犯罪的不法与责任又考虑了犯罪人的经济情况。当然，日数罚金制度也不是没有调查犯罪人经济状况的困难以及法官基于增大罚金总额恣意计算日数定额的危险，但这种危险却没有达到能够侵害日数罚金制机能的程度。

（3） 罚金的分纳制度 为防止因不缴纳罚金而被转换为替代自由刑进而出现的短期自由刑的弊害，考虑罚金的缴纳可能性在被告人暂时无法缴纳罚金数额时，规定罚金的分纳或缴纳期限的制度是必要的。采取这种罚金分纳制度的国家有：英国、德国、瑞士、意大利、比利时、巴西、阿根廷等。

（4） 罚金刑的执行犹豫制度 现行刑法虽然采取罚金刑的宣告犹豫，但却没有采取执行犹豫 （第 62 条）。然而，尽管针对比罚金刑还要重的自由刑认定执行犹豫，却对罚金刑不加以认定的态度不仅有违衡平，而且也没有针对罚金刑否定执行犹豫制度的刑事政策目的的理由。采取罚金刑执行犹豫的国家有奥地利 （刑法第 43 条 1 项）、日本刑法 （刑法第 25 条 1 项） 等。

（5） 罚金刑适用范围的扩大 有效地发挥罚金刑作为短期自由刑之替代刑的作用，为尽量避免短期自由刑的弊害，应该针对没有规定罚金刑的通奸罪 （第 241 条） 等一定刑期以下的轻微犯罪，扩大罚金刑的适用范围进而做到能够一律选择罚金刑并进行科处。

（二） 科料

科料与罚金同样作为财产刑的一种，是指强制犯罪人支付一定金额的刑罚。然而，科料与罚金相比不仅金额少而且只对比较轻微的犯罪才进行科处。因此，符合于此的犯罪在刑法中只是例外地规定 （暴行罪、胁迫罪、公然淫乱罪、赌博罪、过失致伤罪、占有脱离物侵占罪），而主要在轻犯罪处罚法或其他单行法规中有诸多规定。科料虽然是财产刑的一种，但过怠料、犯则金是行政法上的制裁，在这点上两者存在着区别。科料数额为 2000 元以上 5 万元以下 （第 47 条①）。不缴纳科料者留置于劳役场所内，进行 1 日以上 30 日以下的作业服务 （第 69 条）。应该在宣告科料

---

① 韩国刑法第 47 条规定：科料数额为 2000 元以上 5 万元以下 （1995 年 12 月 29 日修正）。——译者注

的同时，宣告将多少数额换算为 1 日的劳役场所留置的期限（第 70 条）。在只缴纳部分科料时，应该按照科料额与留置期限日数的比例，扣除相当于缴纳金额的日数这一点是与罚金的情况相同的（第 71 条）。

（三）没收

1. 意义

没收（Einziehung）是指为防止犯罪的反复或阻止从犯罪中获得利益的目的，剥夺与犯行相关的财产将其归属于国库的财产刑。没收原则上附加在其他刑上进行科处。将此称为没收的附加性（第 49 条①本文）。但是，行为人即使不被判决有罪，只要具备没收的要件，也可以例外地单独宣告没收（第 49 条但书）。没收中存在任意的没收与必要的没收。由于没收将任意的没收作为原则，所以是否进行没收原则上委任于法官的自由裁量（第 48 条 1 项、第 49 条但书）。必要的没收包括贿赂罪中的"犯人或者知情的第三者所收受的贿赂或用于贿赂的财物"的没收（第 134 条），或者关税法第 198 条 2 项中规定的没收等。

2. 法的性质

针对没收的法的性质，韩国的多数说认为在形式上虽然是刑罚，但实质上是对物的保安处分。换言之，没收的本质是预防反复犯罪的危险，不至于使犯人从犯罪中获得不当利益的对物的保安处分。德国的通说认为，行为人或共犯所有的物品的没收虽然具有财产刑的性质，但第三者所有的物品的没收则具有对物的保安处分的性质。细思量，应该认为没收制度作为介于刑罚与保安处分之中间领域的独立的刑事制裁，同时具有这两种性质。

3. 没收的要件

（1）对物的要件（对象）

① 物品 刑法第 48 条②将物品规定为没收的对象，这与民法第 98 条

---

① 韩国刑法第 49 条规定：没收附加在其他刑上进行科处。但，行为人即使不被判有罪，只要具备没收的要件，亦可以单独宣告没收。——译者注

② 韩国刑法第 48 条规定（没收的对象与追征）：1. 不属于犯人以外之人的所有，或者犯罪后犯人以外之人知情而取得的下列物品，可以没收其全部或一部：（1）提供给犯罪行为的或欲提供的物品；（2）因犯罪行为而产生的或取得的物品；（3）以前二号物品的对价取得的物品。2. 无法没收前项记载的物品的，追征其价额。3. 文书、图画或电磁记录等特殊媒体记录或者有价证券的一部分符合没收时，废弃此部分（1995 年 12 月 29 日）。——译者注

的物品概念不同，不仅仅指有体物还包括权利或利益。

【判例】　受贿的目的是基于资金消费借贷计划的金融利益时，应该将其金融利益视为贿赂。这时，作为消费借贷之目的的资金自身并不是贿赂物，所以不能基于刑法第134条没收或追征所借贷的资金，其作为基于犯罪行为所取得的物品并不属于被告人以外之人所有。因此，可以基于刑法第48条1项2号进行没收（大法院判决1976年9月28日，76 DO 2607）。

②提供给犯罪行为的或欲提供的物品　"犯罪行为"是指符合构成要件的违法的行为。"提供"是指在犯罪实行中现实被使用，"欲提供"是指虽然准备在犯罪行为中使用但现实没有使用。用于杀人的枪械、欲实施无许可医疗行为而准备的药品、用于赌博的资金等即属于此。然而，如用脚踹被害人时所穿的鞋子这种在没有提供给犯行的意思下只是偶然帮助犯行的物品，关税法第188条所规定的虚伪申报之对象的物品（大法院判决1974年6月11日，74 DO 352）等并不符合于此。

【判例】　虽然进口的是日制自行车，却以移居货物进行了虚伪申报。不能将关税法第188条1号中虚伪申报对象的物品视为刑法第48条1项的提供给"犯罪行为"的物品。因此，不能进行没收（大法院判决1974年6月11日，74 DO 352）。

③因犯罪行为而产生或取得的物品　"因犯罪行为而产生的物品"是指因犯罪行为才生成的物品，如伪造文书罪中的伪造文书即属于此；"因犯罪行为而取得的物品"是指虽然在犯行当时就已经存在但因犯行犯人所取得的物品，如基于赌博行为所赢取的资金等即属于此。然而，没有依据外币管理法第18条所登记的美元由于不是基于其行为自身而取得的物品，所以不能进行没收。

【判例】　携带美元入境之后，没有依照外币管理法第18条的规定进行登记时，由于不可能存在基于其行为自身而取得的美元，所以不能依据第36条之2的规定没收该美元（大法院判决1982年3月9日，81 DO 2930）。

④ 基于前二号的对价取得的物品　买卖赃物的价款、买卖人身的价款等即符合于此。但，以赃物之对价所取得的资金也存在赃物被害者时，由于成立属于犯人以外之人所有的物品，所以不得进行没收；被害人请求返还时，应该进行返还。

【判例】　侵占军用物资进行贩卖后所取得的资金，是基于侵占罪之犯行所取得的物品之对价而取得的物品。应该将此返还为被害者，不能因为其不属于被告人以外之人的所有而进行没收（大法院判决 1966 年 9 月 6 日，66 DO 853）。

(2) 对人的要件
① 不属于犯人以外之人的所有　犯人的范畴中还包括共犯，以判决宣告时的管理关系为标准来看的话，不仅犯人所有的物品，无主物、所有者不明的物品、金制品也属于此。因此，不能没收记载不实的登记簿、具有虚伪记载部分的公文书、赃物、委托销售的猎枪等。而且，针对犯人以外之人所有的物品宣告没收时，只是在针对被告人的关系上没收其持有，对第三者的所有权并不产生影响。

【判例】　没收判决的效力只针对受到有罪判决的被告人发生，所以不能认为受到没收之宣告的不是被告人的第三者作为刑事上没收对象之物品的所有者在民事诉讼上要求其返还，其就与针对被告人的刑事判决的既判力相抵触（大法院判决 1970 年 3 月 24 日，70 DA 245）。

② 犯行后犯人以外之人知情而取得的物品　这是指犯行后第三者在取得当时明知其物品符合刑法第 48 条 1 项各号而取得的情况。

【判例】　乙为在丙家赌博而向甲借钱，甲明知是赌博资金却借给了钱，同时也借给了丙钱。刑法第 48 条在第 1 项中规定，犯罪行为的公用物品、犯罪行为的助成物品或者因犯罪行为取得的物品、而且这些对价的物品不属于犯人以外的所有或者犯罪后犯人以外之人在知情的情况下取得时，可以没收；第 2 项规定，对这些物品不可能没收时，将追征其价额。因此，如果是以赌博资金借给了钱，此钱款就归属于乙与丙，所以对乙与丙适用刑法第 48 条进行没收，而不是从甲中进行没收的性质（大法院判决 1982 年 9 月 28 日，82 DO 1669）。

4. 追征·废弃

无法没收作为没收对象之物品时，追征其价额（第 48 条 2 项），文书、图画、电磁记录等特殊媒体记录或有价证券的一部分符合没收时，废弃此部分（第 48 条 3 项）。

追征是为贯彻没收的旨趣的一种司法处分或者实质上具有附加刑的性质。因此，在抗诉审中宣告在一审中没有判决的追征时，将违反禁止不利变更的原则。

【判例】　即使基于刑法第 41 条不认为追征是刑罚之一种，也要比没收具有更为纯粹的刑罚的性质。因此，在实质意义上讨论刑罚时，必须要依据刑罚之基准考虑、评价追征。因此，既然以刑罚为基准评价追征，因为不可能没收被告人所使用的毒品进而依据毒品法第 70 条附加宣告向被告人追征钱款，就是违背禁止不利变更的原则的（大法院判决 1961 年 11 月 9 日，4294 刑上 572）。

这里所说的"不可能没收时"是指基于消费、遗失、毁损等事实上的原因或合并、善意取得等法律上的原因无法没收的情况。另一方面，针对数人的共同被告人进行追征时，原则上应该进行个别追征；无法知晓个别额时，应该追征平等份额。关于追征价额的计算标准虽然存在着犯行时说、没收不能时说、判决宣告时说等，但考虑犯罪人的利益时，判决宣告时说是妥当的（大法院判决 1976 年 2 月 9 日，75 DO 1536；1991 年 5 月 28 日，91 DO 352）。

废弃是在文书、图画、电磁记录等特殊媒体记录或者有价证券的一部分符合没收时，才被命令作出的。全部都符合没收时，进行没收即可。

改正刑法在废弃的对象中追加了电磁记录等特殊媒体记录，这是为辅助在各种伪造文书等罪、公务上秘密标识无效罪（第 140 条）、妨害业务罪（第 314 条 2 项）、侵害秘密罪（第 316 条 2 项）、妨害权利行使罪（第 323 条）、毁损财物罪（第 366 条）的行为客体中对此所进行的追加。

电磁记录是指基于人的知觉所无法认识的方式作成的电子记录与磁性记录，半导体记忆集成电路（IC 储存器）、磁带、磁芯存储器等即属于此。特殊媒体记录是指利用电磁记录以外的光技术或镭射技术的记录。录像带、录音带或缩微片等虽然具有影像媒体的特殊性，但由于不是能够基于电脑等情报处理装置进行识别的特殊媒体记录，所以视为一般的财物或文书之一种是妥当的。

第五节 名 誉 刑

一、意义与沿革

名誉刑（Ehrenstrafe）是指损伤名誉感情或者剥夺、限制享有名誉的权利的刑罚。在此名誉刑中包括损伤名誉感情的耻辱刑（peine humiliante）或谴责刑（Verweisstrafe），剥夺、限制内含有名誉权利的权利剥夺刑（peine private de droits）或资格刑。现行刑法中所规定的资格刑有资格丧失与资格停止。

> 至19世纪初为止，在欧洲各国中存在诸多向一般大众披露犯罪人进而诱发犯罪人羞耻心的耻辱刑，之后主要使用了名誉丧失、剥夺公职、禁止职业等资格刑。在韩国的朝鲜时代中，也存在从官职中解任或禁止担任官职的"闾刑"。

二、资格丧失

资格丧失是指只要存在一定刑之宣告，作为刑之效力当然丧失一定的资格。即受到死刑、无期惩役、无期禁锢的判决时，其被告人当然丧失① 担任公务员的资格；② 公法上的选举权与被选举权；③ 从事依法所应具备的要件的公法上业务的资格；④ 担任法人的理事、监理或管理人及其他关于法人业务的监查人或财产管理人的资格（第43条1项）。

三、资格停止

（一）意义

资格停止是指在一定期限内停止一定资格的全部或部分。现行刑法将资格停止规定为选择刑或并科刑，其中包括接受一定刑罚之判决的人当然停止资格的当然停止与基于判决之宣告而停止资格的宣告停止。

（二）当然停止

被判有期惩役或有期禁锢的人，在其刑之执行终了或免除为止将停止① 担任公务员的资格；② 公法上的选举权与被选举权；③ 从事依法所应具备的要件的公法上业务的资格（第 43 条 2 项）。

（三）宣告停止

基于判决之宣告在一定期限停止一定资格的全部或部分时，资格停止的期限为 1 年以上 15 年以下（第 44 条 1 项）。资格停止期限在资格停止是选择刑时，自判决确定之日起开始计算；在与有期惩役或有期禁锢相并科时，自惩役或禁锢的执行终了或免除之日起开始计算（第 44 条 2 项）。

第六节 刑之轻重

一、序说

现行刑法中关于刑之轻重的表现是分散的。如"犯罪后由于法律的变更刑罚轻于旧法时，依照新法"（第 1 条 2 项）；"从一重罪处断"（第 40 条），"……以外的同种刑罚的，最高加重至重罪所规定之刑期上限或多额的……"（第 38 条 1 项 2 号）等。在这里，为判断刑之轻重，有必要建立判断哪一刑罚更重哪一刑罚更轻的基准。其必要性并不仅限于此，即使与刑事诉讼法上的禁止不利变更原则（刑诉法第 368 条①）相关联上，也是切实的。

【判例】 被告人共通过 18 次取得了 180 万美元的旅行支票，但并没有将此出售给外汇银行而是卖给了香港侨胞并又向香港走私了 20 万美元的旅行支票。然而，针对此犯行原审中所适用的外币管理法上的 10 年以下惩役或 3 千万元以下罚金的规定被改正为 10 年以下惩役或 2 千万以下罚金的规定，并在原审判决宣告后的 1992 年 9 月 1 日开始施行。刑之轻重的比较原则上以法定刑为标准。即并不是依据处断刑或宣告刑，在比较法定刑的轻重时，法定刑中存在并科刑或选

---

① 韩国刑诉法第 368 条规定：对于被告人抗诉的案件和为被告人抗诉的案件，不得宣告比原审判决更重的刑罚。——译者注

择刑时原则上以其最重刑为基准决定与其他刑之间的轻重。因此，由于新法之刑轻于旧法，所以应该适用新法（大法院判决 1992 年 11 月 13 日，92 DO 2194）。

二、刑之轻重的基准

刑之轻重基于刑法第 41 条的规定顺序为死刑、惩役、禁锢、资格丧失、资格停止、罚金、拘留、科料、没收。但，无期禁锢重于有期惩役，有期禁锢的上限高于有期惩役的上限时，以禁锢为重（第 50 条 1 项）。

同种的刑罚，以法定最高刑较长或较多者为重刑；在法定最高刑相同时，以法定最低刑较长或较多者为重刑（第 50 条 2 项）。

除以上基准之外，依犯罪性质与犯罪情节判定轻重（第 50 条 3 项）。在这里，犯罪性质是指构成要件的类型性本质。换言之，是指个别的不法类型。具体的内容可以通过综合考察行为无价值与结果无价值来确定。相反，犯罪情节是指责任要素中的行为人内在的心情无价值。

针对处断刑与宣告刑虽然没有明文规定，但判例却追随着上述旨趣中的规律。例如判例认为，就刑的执行犹豫与执行免除而言，执行犹豫更轻（大法院判决 1963 年 2 月 14 日，62 DO 248：由于刑的执行犹豫在执行犹豫期限届满之后将丧失刑的宣告效力，所以要比仅仅是免除其刑的执行的刑执行免除更有利于被告人）；就惩役刑的宣告犹豫与罚金刑而言，罚金刑更重（大法院判决 1966 年 4 月 6 日，65 DO 1261）；就惩役与具有执行犹豫的惩役而言，起初认为即使惩役的期限更短也比要具有执行犹豫的惩役重（大法院判决 1965 年 12 月 10 日，65 DO 826）；但后来认为如果执行犹豫的惩役刑之刑期更长，则要比没有执行犹豫但刑期短的惩役刑更重（大法院判决 1966 年 12 月 8 日，66 DO 1319）。

【判例 1】　执行犹豫的期限在无特殊事由的情况下届满时，将丧失其刑的宣告的效力；与此相对，刑的执行免除仅仅是免除其刑的执行，所以前者要比后者更有利于被告人。尽管如此，原审将惩役 6 个月执行犹豫 1 年的第一审判决变更为惩役 8 个月与免除刑的执行的内容，这是不利于被告人的变更（大法院判决 1963 年 2 月 14 日，62 DO 248）。

【判例 2】　针对惩役 6 个月宣告犹豫的第一审判决并不是在现

实上宣告刑罚，因此在现实上不存在刑之执行的危险。在被判宣告犹豫之后2年内，没有资格停止以上的刑之宣告时或没有发现曾被判资格停止以上刑罚的前科时，视为免诉。与此相反，虽然原审宣告的罚金刑从刑种上来看轻于第一审，但其罚金刑是在现实上被宣告的，因此既然不能免除其执行，宣告的就是更重的刑罚（大法院判决1966年4月6日，65 DO 1261）。

【判例3】   被告人在第一审中被判惩役6个月，而且只有被告人提起了抗诉。原审认为第一审的宣告刑过重，所以撤销了第一审判决改为惩役8个月执行犹豫2年。执行犹豫制度是指在受到其宣告之后，其宣告并不失效或被取消；在其犹豫期限届满时，其刑之宣告将丧失效力。但在其宣告失效或被取消时，应该执行其刑罚。如果考虑这种情况，原审尽管附加了执行犹豫的宣告，但宣告比第一审还要重的惩役8个月，是违反刑事诉讼法第368条所规定的所谓禁止不利变更原则的（大法院判决1966年12月8日，66 DO 1319全员合意体判决）。

第四章　量　刑

第一节　量刑的一般理论

一、意义

刑法针对一定的犯罪规定了相应的刑罚的种类与范围。在此范围内，法官针对具体的行为人确定宣告之刑，此谓刑的量定、量刑或刑的适用。量刑包括广义与狭义两方面内容。狭义的量刑是指确定适用于具体事件的刑罚的种类与量，广义的量刑还包括其宣告与执行与否的决定。通常所说的量刑是指狭义的量刑。

一般认为，量刑属于法官的自由裁量。然而，应该认为关于量刑的法官的裁量是应该依据刑事政策的量刑基准进行合理判断的法的裁量。韩国刑事诉讼法第 361 条之 5 规定："有认为量刑不当的事由时"将成为抗诉理由。然而，以量刑不当为事由的上诉理由只适用于被宣告为死刑、无期或 10 年以上惩役或禁锢的案件中（刑诉法第 383 条）。

二、量刑的一般过程

量刑从根本上是经过立法者与法官两阶段共同协力作业的结果。即立法者借助刑罚范围这种形式设定类型化的实质的不法的评价范围，法官则以此为基准针对个别的案件进行具体的量刑。立法者过度的量刑扩张是宪法法院的违宪审查对象。因此，刑法上所要集中讨论的是法官的量刑作用。这时，法官大体上要走如下的量刑过程：

首先，作为具体量刑的出发点，法官要调查适用可能的刑罚范围。这是指通过构成要件的包摄和刑罚加减事由的补充、变更来决定所要适用的制裁的种类和程度的范围。

其次，法官通过对具体行为的责任评价来确定责任范围。此责任范围在具体的量刑中具有限制机能。这时，将适用确定责任范围时不再考虑作为构成要件要素的事实这一禁止双重评价的原则。

再次，法官在上述所确定的责任范围内通过考虑一般预防与特别预防来确定刑种与刑量。

三、韩国的量刑实务及其问题点

在韩国量刑实务中所呈现出的量刑指标通常是不稳定的。既有时无理由地科处过高的刑罚，也有时针对公务员犯罪和选举事犯等比较有势力的人无理由地科处过低的刑罚。①

不可否认的是，一种原因在于在长期的权威主义国家体制下司法权的独立并没有找到应有的位置。然而，现实是，无论怎样确立了民主的司法程序，在针对个别事案最终决定的具体宣告刑中，也无法避免法官们之间所存在的量刑判断上的差异。这是因为，由于关于量刑的刑事法官的自由裁量过宽，因而无法避免个人间的差异；而且量刑判断具有很强的针对被告人的人格进行价值判断的性质，所以将此进行合理化或科学化是存在限度的。

在量刑判断中，重要的并不是如何在客观上妥当地推导出量刑，而是如何能够得出在诉讼参与主体（法官、被告人及辩护人、检察官、被害人、一般国民等）之间能够在主观上相互接纳的结论。

在判决中，法官不仅与所有参与者之间进行人格上的对话，而且最终也在实现自身的人格。因为法官将自身的人格投射于事件和被告人及被害人的人格中并通过对话来实现相互主观间的结论，所以在量刑的判断中，不仅无法避免个性和多样性，反而应该给予正视和鼓励。

因此，为使量刑过程合理化，把法官培养成定型化思考的技术人员或以动用电脑来替代法官的量刑判断的意图不能说是正确的。这是因为，这种观点将促进判决的非人格化，使被告人成为机械制品的消费者而非对话的当事者。

当然，量刑判断并不应该成为法官的情绪与恣意的放任之地。对于过失犯中固定化的事例例如交通过失或医疗过失等，可以为其提供一定的量刑模式。对于税收犯罪和环境犯罪等的处罚，也可以设制一定的量刑准则。另外，作为通过程序提高合理性的方案，还应该考虑引入集中心理方式，将公审程序二分为有罪·无罪判断程序和量刑程序的公审程序二分制，以及为从事后规制量刑不当的上诉制度的扩大等。与立证相关联，针

---

① 李荣兰，韩国量刑论，1996 年版，47 页、131 页以下。

对量刑的基本要素（不法与量刑责任）当然是通过要求进行严格的证明来提高矫正错误的可能性。然而，由于此外的量刑条件（尤其是与个人的特性、前科、犯行动机、被害人之间的关系等）仅仅是自由的证明对象，所以基于立证方法来确保合理性是存在限度的。

根本性的问题是，法官是否具备不失均衡的公正性与丰富的量刑实务经验，敞开的心扉与善听的耳朵，参与到弱者的痛苦中分担痛苦的爱心，成熟的人格与博爱等。在将被告人视为犯罪人之前能够将其视为一个邻居与人的法官的视角，设身处地的站在被告人的立场事先验证量刑的适当与不当的法官的慎重态度，这就是使包括被告人在内的所有诉讼参与人能够接纳的量刑判断的切入点。

四、量刑中的责任与预防

（一）量刑上的责任

责任既是量刑的基础与界限，又是保证量刑之衡平性的要素。问题是，量刑上的责任（量刑责任）与作为犯罪成立要素的责任是否相同。对此，有见解认为，责任既是以不法为基础，又意味着对具有责任之不法的非难可能性，所以两者是同一的。然而，作为犯罪成立要件的责任是指非难可能性，而量刑责任则是指决定社会伦理性不法判断之轻重的要素的总体，所以应该区别两者。

量刑责任决定于行为要素（Handlungskomponente）与结果要素（Erfolgskomponente）。行为要素将根据行为的义务违反程度进行评价，因此其又由故意犯中的意的要素的具体化、过失犯中的义务违反程度等构成要件的行为无价值与此外的动机、目的、心情等构成要件外的行为无价值构成。结果要素是根据对法益的侵害或危殆化的程度与范围被具体化的，因此包括构成要件的行为结果与由此引起的被害人无生活能力等构成要件外的行为结果。

（二）量刑中的预防

在量刑中考虑预防的观点是指针对具体的事件进行量刑时，应该同时考虑能否通过威吓一般人来抑制潜在的犯罪者、维持和强化市民对法的忠实意识（一般预防），和作用于个别的该当犯罪者，通过个别的威吓（Individuelle Abschreckune）、再社会化（Resozialisierung）、保安处分（Sicherung）等能否防止其将来的犯罪使其复归社会（特别预防）。尤其是，如果把受刑人的自我化与社会化视为刑罚的主导目的，那么应该将重点放在特别预防上而不是一般预防上。

（三）量刑中的责任与预防的关系

1. 问题的提起

责任与预防的关系即使在量刑阶段中也会成为问题。这是因为，尽管在量刑过程中有时责任与一般预防及特别预防之间会相互冲突，但总之责任与预防在这一过程中只能必须被确定为一个统一的刑罚观念。

然而，在具体的适用例中将这些不同的观点汇聚成为一体并非是件易事。在具体的量刑中，如何统一这些不同的观点。在国外立法例中，也有明确规定量刑基本原则的情况，如德国刑法第 46 条 1 项规定："行为人的责任是量刑的基础。为了行为人将来的社会生活，应该考虑通过刑罚所能够期待的效果"。

在没有阐明这种基本原则的韩国刑法中，如何具体的定位和调和量刑上的责任与预防的观点则全面委托给了学说和判例。

2. 目前的论争状态

（1）责任范围理论及判断幅度理论 最早由贝尔纳（Berner）所主张的责任范围理论（Schuldrahmentheorie）或判断幅度理论（Spielraumtheorie）自德国联邦最高法院判决（BGHSt 7，28ff）以来一直作为支配性的量刑理论被运用着。判断幅度理论的论据在于，与行为人责任相适应的刑罚并不是唯一的，而是在用语上所确定的刑罚的上限与下限之间存在的诸多的刑罚形态。因此，在通过把"已经与责任相适应的刑罚"（Die schon schuldangemessens Strafe）限制为下限、把"尚未与责任相适应的刑罚"（Die noch schuldangemessene Strafe）限制为上限的这种判断幅度内，法官首先考虑特别预防，其次也考虑一般预防来进行具体的量刑。只有这样，才能够达到与责任相适应、与预防之必要性相适合的量刑。

判断幅度理论虽然在今天的量刑论和实务上是最具有强烈实用性的理论，但也受到了来自在责任理念论中采取保守立场方面的批判。批判者认为，针对一个特定的犯行存在若干个适正（gerecht）的刑罚的事实，这从与责任相适应（schuldangemessen）的刑罚这种观点来看，在理论上是不成立的。

（2）唯一刑罚理论 唯一刑罚理论（Die Theorie der Punktstrafe）是认为责任始终存在一个固定的、确定的大小，因此所谓正当的刑罚（Die richtige Strafe）始终只能是唯一的主张。只是在寻求与责任相适应的刑罚过程中，由于我们认识能力的不完整性以及法官的不确实性，才导致我们无法运用算术式方法进行正确地确认。基于这种理论根据，刑罚的确定不允许以责任之外的其他观点为基准，则是唯一刑罚理论拥护者们的主张。

然而，唯一刑罚理论也不得不承认并不存在针对刑罚之责任适合性的合理尺度这一点和责任刑罚只能在一定范围内才能够得到确认这一点。

（3）阶段理论及位价理论 位价理论试图通过"在量刑过程中的每个阶段或位价中，探求各刑罚目的所具有的意义和价值"来解决在一般预防与特别预防的刑罚目的中时常存在的二律背反的矛盾。即认为作为本来意义的量刑的刑罚的程度及期限的决定只能依据责任的程度，但广义的量刑即诸种刑罚的择一只能依据预防的观点。该理论与唯一刑罚理论或判断幅度理论不同，认为责任无论是唯一形态还是多种的可能形态并不是事先给予的某种固定形态。

根据该位价理论，责任既是"刑罚的构成性原则"又是"测定量刑之正当的基本原则"，因此责任在量刑中必然具有支配性的特征。尽管如此，刑罚程度（Strafhöhe）的决定只能以责任为基础的位价理论的根本前提，已经成为试图在量刑程度的测定中引入预防观点的新的尝试的攻击目标。

法官并不关注刑罚所具有的肯定性的预防成果，而比较关注种种否定性的预防的不利成果。从这一点来看，测定刑罚的程度单纯以责任刑罚是无法解决的。

位价理论对于为何要科处责任刑罚或者何时要科处责任刑罚并没有提供积极性的根据。这是因为，该理论起初就在刑罚程度的法定中排除了一般预防与特别预防的介入可能性，其结果就成为了单纯的责任刑罚。这样看来，位价理论也只不过是量刑过程中的关于方法的一个提案而已。

（4）特别预防型位价理论 在刑罚论中排除报应刑论的情况下，将责任作为上限、将法秩序之防卫的积极的一般预防目的作为下限之后，在此限度内进行刑的量定时，主张优先关注特别预防目的的见解便是特别预防型位价理论（Roxin）。该理论的意图在于，在量刑阶段中论理一贯地适用在刑罚论中所主张的预防的（辩证论的）合一说。根据该理论的主张，在判断幅度范围内为进行量刑的预防目的，即使对于与责任相应的刑罚之上限也能够发挥重要的作用。也就是说，责任的程度并不是量刑的定着点，而是具有一定范围的可变性的。因此，在此责任程度范围内预防思想在量刑中担当着主导性作用，甚至特别预防要比一般预防更加具有主导作用。

该立场以责任原则已经与报应思想相隔离为前提，认为没有发现应该维持报应原则的任何根据。责任程度在量刑中并不是一成不变的定着点，所以因预防性动机而能够变动的责任的变化幅度只要在责任程度范围内，就应该能够上下变动。即责任的程度虽然能够设定量刑的大体轮廓，但关于该轮廓的更加详细的校订及正确的量刑程度却是从预防性考虑中推导出来的。

根据该理论的理解，与责任程度相应的刑罚原则上是基于一般预防目的来考虑的，但在具体的情况下，能够认识到责任刑罚的科处将给犯人带来脱离社会的效果时，刑罚可基于迫切的特别预防之理由，转而关注防卫法秩序所不可欠缺的下限。从现代的再社会化刑法的观点上来看，是妥当的量刑理论。

3. 量刑中责任原则的刑事政策机能

（1）责任刑罚的预防性机能 与责任大小相适应的刑罚（责任刑罚）的刑事政策意义在于，能够带来实现预防目的的效果。因为责任程度应该成为量刑的基础，所以只有一般人共感为适当的刑罚，才能够发挥一般预防的机能。这是因为，能够被认定为适当的责任和刑罚的均衡，能够使人们在法共同体内共感到判决，而且通过关于某种特定犯行之轻重的法共同体的支配性确信强化一般人的法意识（积极的一般预防的观点）。

如果说责任的程度没有疑义的也决定于法益侵害的轻重，那么责任刑罚在责任程度范围内就必须要考虑某种程度上的社会统合性预防（Integrationsprävention）的必要性。这是因为，刑罚作为实现刑法的预防性保护任务所不可欠缺的手段，必须要发挥其机能。在此限度内，责任刑罚很明显已经受到了社会统合预防这种积极一般预防之必要的影响。

责任刑罚也具有特别预防的机能。这是因为，犯人最为诚心接受的是与其自身的责任相适应的刑罚，因此只有通过与责任相适应的刑罚（Die schuldangemessene Strafe）才能够从自身的罪恶感和可责性体验中解放出来，并激活自身善的意志，恢复原本的自我和因其自身而被侵害的与社会之间的平和，以此达到社会性的自我更新（Soziale Wiedergeburt）。责任刑罚正是通过这种方法发挥着促使行为人积极的投身到为自身的再社会化和自我化当中的特别预防的机能。

(2) 刑罚上限作为法治国家之界限的机能　在今天，关于责任原则具有国家刑罚权之界限机能这一点已经达成共识。为了与报应全然无关联的保护即将受到处罚的市民的人的尊严性，从法治国的角度来看，责任原则是不可欠缺的一种手段；是在迄今为止的发现中，为限制国家刑罚权的最为自由的、在社会心理上最为善意的手段。这尤其是因为，在预防理论自身中并不存在针对刑罚权的作为法治国家的必要的界限。

　　就责任原则之一般能否从宪法中推论出来，目前还存在诸多见解的聚讼。既有学者主张责任原则是直接从人的尊严性（宪法第10条）中推导出来的，也有学者主张其根据在于法治国家的原则。既然是与责任原则的刑罚限制机能相关联，其确实是起因于自由法治国家的传统。但是，将法治国家性（Rechtsstaatlichkeit）与社会国家性（Sozialstaatlichkeit）包含于一个社会法治国家（Sozialer Rechtsstaat）中的人的尊严性的法概念，仍旧在人的尊严性之尊重层面上包含有自由法治国的这种传统。从实质意义上来看，法治国家就是指时时关注人的尊严性的国家。尤其在今天的社会性法治国家中，责任原则不仅具有刑罚的限制机能（Strafbegrenzende Funktion），而且还具有刑罚根据的机能（Strafbegründende Funktion）。从这种立场上来看，认为能够从人的尊严性的保障规范中直接推导出责任原则的见解是妥当的。

如果承认责任原则具有针对刑罚上限的法治国家的限制机能，那么这也意味着比起具有实效性的犯罪斗争这种公共利益，应该优先考虑应该承担责任的每个市民的人的尊严性。正因为如此，只能依据犯人的人格这种内在要素和法益侵害程度所决定的责任程度，才能够有效地满足基于共同体的利益所决定的预防的必要性要求。责任原则限制着威吓预防（Abschrekungsprävention）和保安预防（Sicherungsprävention）。这同时意味着是为既是个人的又是社会性的积极的统合预防（Integrationsprävention）的原则性决定。尽管如此，责任原则还从保障人的尊严性的角度出发，限制着既是个人的又是社会性的积极的统合预防的适用范围和期限。这样，当国家刑罚受制于责任原则时，个人将会因为追求预防性目的而成为实现目的的手段，因此将侵害每个人的人格尊严（Personwüede）的伦理疑惑心也会消失。

(3) 一般预防性刑罚加重的问题点　基于一般预防之目的加重各刑

量能否强化法益之保护，无论从经验上的还是理论上中均提出了诸多疑问。关于基于一般预防之目的而加重刑罚，首先提出的批判是其是否违宪的问题。

至 1960 年代的中期为止，人们普遍认为一般预防的刑罚目的只是针对一般人的威吓。因此，支配性的见解认为，即使基于一般预防之理由加重刑罚是基于判断幅度理论在与责任相适应的处罚范围内所进行的，其也与宪法上人的尊严性保障要求不相一致，所以在法上是不允许的。这是因为，作为刑罚加重之根据的一般威吓的观点，容易产生为了给作为第三者的隐名大众以惩一儆百的威胁这种目的而把罪犯个人作为一个典范进行处罚的危险。因此，这种观点是无法与禁止把人单纯作为手段的人的尊严性思想相一致的。

总之，以一般威吓之理由在特别预防之必要限度外加重刑罚，如果其是在责任程度的范围内所进行的，就不是绝对禁止的。只是特别预防针对一般预防的原则上的优越（原则与例外的关系）应该面对严重威胁法秩序的"犯罪之传染"现象，为了"一般预防的最小限度的要求"这一法秩序的防卫，在责任范围内修正至必要不可或缺的程度。如果没有对此点的论证，就不允许一般预防优越于特别预防。即使从统合预防的观点出发加重刑罚，也仅限于在因某种犯罪的传染病性扩散而动摇了他人对法的信赖时，且只有基于这种一般预防之目的加重刑罚才能够有助于稳定因犯罪现象而增加的他人的犯罪倾向时，才被允许。然而，受到有罪判决的行为与一般预防的量刑考虑之间没有任何内在关联，而且在没有推翻特别预防与一般预防之间的这种原则与例外之关系的不得已的必要性的情况下，只为惩一儆百的一般预防之目的加重刑罚是违反作为法的最高规范的人的尊严性的。

第二节　量刑的具体过程

一、刑罚的具体化阶段

（一）法定刑

法定刑（Gesetzliche Strafdrohung）作为立法者通过一般性的评价被各构成要件类型化的实质的不法而设定的刑罚范围，是指刑法分则上的刑罚。这是具体量刑的出发点。

法定刑的刑种和刑量，作为不仅要考虑其犯罪的罪质和保护法益的性质，而且还要综合该国的历史与文化、立法当时的时代背景和一般国民的价值观及法感情、还有为预防犯罪的刑事政策等之后由立法机关所决定的事项，属于国家的立法政策。其内容不得在本质上排斥刑罚的目的和机能，也不得明显侵害合理性与平等原则以及比例性原则。

法定刑的规定形式有：绝对的专断刑（Absolut unbestimmte Strafdrohung）、绝对的法定刑（Absolut bestimmte Strafdrohung）和相对的法定刑（Relativ bestimmte Strafdrohung）。绝对的专断刑是指法律并不规定有刑罚，而是委任于法官的自由裁量。因此，这因为侵害了刑法的保障机能，违反了罪刑法定原则，所以是不被允许的。绝对的法定刑是指由法律严格规定刑罚的种类与范围，完全否认法官的自由裁量，因而欠缺具体的妥当性。相对的法定刑作为现代各国普遍采取的立法形式是指由法律规定刑罚的种类和范围，在其范围内的刑之适用则委任于法官的裁量。现行刑法采取的是相对的法定刑形式，只是例外的在通敌罪（第93条）中只规定了死刑，进而采取了绝对的法定刑的形式。当然，即使这时也存在酌量减轻的余地，因此很难说是严格意义上的绝对的法定刑。

（二）处断刑

处断刑是指在法定刑基础上进行法律上或裁判上的加重或减轻的刑罚范围。这是宣告刑的最终基准，如果法定刑是选择刑，那么首先应该选择刑的种类，之后针对所选择的刑进行必要的加重或减轻，进而决定处断刑。

（三）宣告刑

宣告刑是指在处断刑的范围内具体量定刑罚，并向被告人宣告的刑罚。当然，在不存在刑的加重或减轻时，则以法定刑为基准决定宣告刑。

自由刑的宣告形式中包括定期刑和不定期刑。其中不定期刑又分为绝对的不定期刑和相对的不定期刑。现行刑法以定期刑为原则。但在作为特别法的少年法中，针对少年犯采取的是相对的不定期刑（少年法第60条）。在现行刑法的定期刑制度下，假释放制度实质上已经使刑期不定期化，而且在无期惩役中也适用假释放制度，所以实质上是一种绝对的不定期刑。

二、刑的加重、减轻、免除

（一）刑的加重

刑的加重，依据罪刑法定原则只承认法律上的加重，而不承认裁判上的加重。当然，只承认存在加重事由时必须得以加重的所谓必要的加重。然而，即使进行加重，也不是必须宣告法定刑以上的刑罚。刑的加重分为一般的加重事由和特殊的加重事由。

1. 一般的加重事由

由刑法总则规定的，存在事由时一般对所有犯罪进行加重的事由。例如（1）特殊教唆或帮助的加重（第34条2项）；（2）累犯加重（第35条、第36条）；（3）竞合犯加重（第38条）即是。

2. 特殊的加重事由

由刑法分则的特别构成要件所规定的只针对特定犯罪进行加重的事由。例如常习犯加重（第203条、第264条、第279条、第285条、第332条、第351条①）和特殊犯罪的加重（第144条、第278条②）即是。

（二）刑的减轻

刑的减轻包括法律上的减轻和裁判上的减轻（酌量减轻）。

1. 法律上的减轻

法律上的减轻是指根据法律上的规定减轻刑罚的情况。这里包括如果存在一定事由必须得以减轻的必要的减轻，和如果存在一定事由则对此进行考虑并能够基于法官的裁量进行减轻的任意的减轻。而且，还包括依据刑法总则针对所有犯罪共同适用的一般减轻事由，和依据刑法分则只适用

---

① 韩国刑法第203条规定的是关于鸦片罪的常习犯，第264条规定的是关于伤害罪与暴行罪的常习犯，第279条规定的是关于非法逮捕与监禁罪的常习犯，第285条规定的是关于胁迫罪的常习犯，第332条规定的是关于盗窃、夜间入室盗窃、特殊盗窃的常习犯，第351条规定的是关于诈骗与恐吓罪的常习犯。——译者注

② 韩国刑法第144条是关于特殊公务妨害的规定，第278条是关于特殊逮捕、特殊监禁的规定。——译者注

于特定犯罪的特殊减轻事由。

一般的·必要的减轻事由包括（1）精神微弱（第10条2项），（2）聋哑者（第11条），（3）中止未遂（第26条），（4）帮助犯（第32条2项）。一般的·任意的减轻事由包括（1）因在国外受到刑罚之执行的减轻（第7条），（2）防卫过当（第21条2项），（3）避难过当（第22条2项），（4）自救行为过当（第23条2项），（5）障碍未遂（第25条2项），（6）不能未遂（第27条2项），（7）自首或自服（第52条1、2项）。

特殊减轻事由包括第90条、第101条、第111条3项、第120条、第153条、第154条、第157条、第175条、第213条等。[①]

2. 裁判上的减轻（酌量减轻）

如果被告人的情状中存在可值得参酌的事由，法官可以酌量减轻其刑罚（第53条）。这时，刑法第51条（量刑条件）就成为值得参酌事由的基准。这只能在法院的自由裁量事项的范围内或关于法律上减轻的刑法第55条规定的范围内进行。因此，在法定刑为死刑或无期惩役、无期禁锢的犯罪中，在选择无期惩役刑之后，根据刑法第56条6号的规定进行酌量减轻时，一方面根据刑法第55条1项2号的规定减轻至7年以上的惩役的同时，另一方面根据刑法第42条有期惩役之上限不得超过15年的规定，不能宣告15年以上的惩役刑。

【判例】　利用货车有组织的窃取皮革工厂中的牛皮，被发现后杀害了警卫员。原审认为在无期惩役中存在情状参酌事由，所以进行酌量减轻宣告判处20年惩役。然而，刑法第38条1项1号规定，竞合犯中重罪之刑为死刑或无期惩役时，以重罪之刑进行处罚。因此，既然选择了竞合犯中重罪之刑的无期惩役，就只能够以无期惩役刑进行处罚，当然不能进行另外的竞合犯之加重或者因为重罪是累犯而进行累犯加重。如此，在选择无期惩役刑之后，依据刑法第56条6号

---

①　韩国刑法第90条是关于内乱罪、意图内乱而杀人的预备、预谋、煽动、宣传的规定，第101条是关于外患罪的预备、预谋、煽动、宣传的规定，第111条3项是关于对外国私战的预备或预谋的规定，第120条是关于使用爆炸物的预备、预谋、煽动的规定，第153条是关于伪证、谋害伪证的自白、自首的规定，第154条是关于虚假鉴定、翻译的规定，第157条是关于诬告的自白、自首的规定，第175条是关于放火罪、爆炸罪等预备、预谋的自首的规定，第213条是关于伪造货币等预备、预谋的自首的规定。——译者注

之规定进行酌量减轻时，一方面根据刑法第 55 条 1 项 2 号之规定减轻至 7 年以上之惩役的同时，另一方面根据刑法第 42 条之有期惩役上限不得超过 15 年的规定，不能宣告 15 年以上的惩役刑（大法院判决 1992 年 10 月 13 日，92 DO 1428 全员合意体判决）。

（三）刑的免除

刑的免除是指虽然因成立犯罪而产生了刑罚权，但由于一定的事由而不科处刑罚。免除刑罚的判决作为有罪判决的一种（刑诉法第 322 条，第 323 条 2 项①），在判决确定前因某种事由免除刑罚这点上，是与因判决生效后的某种事由免除刑罚之执行的执行刑之免除相区别的。

刑的免除包括必要的免除和任意的免除。但这里只承认法律上的免除，而不承认裁判上的免除。刑法总则所认定的一般免除事由中包括 (1) 在国外受到刑罚之执行的免除（第 7 条），(2) 中止未遂（第 26 条），(3) 不能未遂（第 27 条但书），(4) 防卫过当（第 21 条 2 项），(5) 避难过当（第 22 条 3 项），(6) 自救行为过当（第 23 条 2 项），(7) 自首及自服（第 52 条 1 项、2 项）。这些均与刑的减轻成为择一状态，而且除中止未遂是必要的减免事由之外，其他均是任意的减免事由。刑的免除在把刑量设定为零这点上，具有在决定刑罚范围的同时又决定最终刑量的特色。

（四）自首、自服

刑法为促使犯罪人协助进行犯罪侦查，规定自首及自服为刑之任意的减免事由。

自首是指犯罪人主动向侦查机关报告自己的犯罪事实并要求进行追诉的意思表示。旧刑法第 24 条规定了应该在发现前自首这一时间条件，但现行刑法删除了这一限制条件，因此只要是在逮捕前，即使是在通缉之后也能够自首（大法院判决 1968 年 7 月 30 日，68 DO 754）。然而，由于必须是"主动"的，所以是与应侦查机关之审问而承认犯罪事实的自白相

---

① 韩国刑事诉讼法第 322 条（刑免除或刑之宣告犹豫的判决）：针对被告事件进行刑的免除或宣告犹豫时，要以判决宣告。第 323 条 2 项规定：存在成为法律上的阻却犯罪之成立的理由或刑之加重、减免理由的事实之陈述时，应该明示对此所进行的判断。——译者注

区别的（大法院判决 1982 年 9 月 29 日，82 DO 1965）。

自服是指在不能违反被害者明示的意思表示进行处罚的附解除条件的犯罪中，犯罪人向被害者告白自己的罪行的情况。虽然在相对方不是侦查机关这点上，与自首相区别，但由于在法的效果上与自首相同，所以也称作准自首。自首与自服的时期虽然不同及犯罪事实的发现前后，但在性质上却应该是在诉讼阶段以前。① 自首与自服只对其实施的人产生效力，而对其他的共犯者不产生影响。

【判例1】　新闻媒体虽然已经开始报道了受贿嫌疑的事实，但却没有侦查机关的正式传唤，所以为主动交待事实接受处罚进而给检察官打了电话，主动要求对自己进行调查。之后，在指定时间内主动向检察官承认了所有被嫌疑的事实并做成了关于其内容的陈述书。而且在侦查过程中，自白了所有被嫌疑之事实时，这在具有侦查责任的官方来看，应该视为是自首。之后，即使在法庭上仅就受贿金额的职务关联性进行了与在侦查机关的自白不同的陈述，也不影响自首的效力（大法院判决 1994 年 9 月 9 日，94 DO 619）。

【判例2】　因强奸给被害人造成伤害后，虽然主动接受了警察的调查但却否认了犯行。刑法第 52 条 1 项所规定的自首是指犯人主动向侦查机关报告自己的犯罪事实并要求进行追诉的意思表示。其成为刑之减轻事由的主要理由是犯人已经后悔其罪行。因此，否认犯罪事实或者没有后悔其罪行的自首虽然在外观上看似自首，但却不能成为法律上刑之减轻事由的真正的自首（大法院判决 1994 年 10 月 14 日，94 DO 2130）。

三、刑的加减例

刑的加减例是指关于刑的加重、减轻的顺序、程度及方法的准则。

（一）刑的加重、减轻的顺序

在一个犯罪中所规定的刑罚存在诸多种类时，首先选择所要适用的刑

---

① 参照权文泽，《自首与自服》，法庭 1964 年 7 月，61 页；李炯国，研究Ⅱ，779 页。

罚，然后减轻其刑（第54条）。而且，在刑的减轻中将两个刑种进行并科时，应该同时对双方进行减轻。

【判例】 在对惩役刑和罚金刑进行并科时，既然没有特别的规定，就不能只对一方进行酌量减轻，而另一方不进行酌量减轻。根据第一审判决，对被告人进行惩役刑与罚金刑的并科的同时，只对罚金刑进行酌量减轻的处断是不妥当的（大法院判决1977年7月26日，77 DO 1827）。

在刑的加重、减轻事由存在竞合时，按照如下顺序进行：（1）分则各条中的加重，（2）刑法第34条2项（特殊的教唆或帮助）的加重，（3）累犯加重，（4）法律上的减轻，（5）竞合犯加重，（6）酌量减轻（第56条）。

【判例】 被告人因常习赌博罪受到了惩役10个月执行犹豫3年的宣告刑。在执行犹豫期间，又因伤害罪被判惩役8个月，从而执行犹豫失效。在刑期届满的6个月后，又在赌博后的醉酒状态下实施强盗行为的过程中造成了他人死亡的结果，对此被告人后悔不已进行了自首。原审针对强盗致死罪选择了无期惩役刑，并根据刑法第38条1项1号与第50条的规定决定处以强盗致死罪中所规定的刑罚的同时，参酌犯行经过及自首这一点，判处了15年的惩役。刑法第56条规定了刑之加重减轻的事由存在竞合时进行加重减轻的顺序。根据该条的规定，首先应该进行法律上的减轻，而后进行酌量减轻。因此，在存在法律上的减轻事由时，要优先于酌量减轻进行考虑。在进行完这种法律上的减轻之后，还要进行比其处断刑还要低的刑罚的宣告时，进行酌量减轻是妥当的。在原审中没有进行自首减轻而是进行了酌量减轻这一点，虽然与刑的加重减轻顺序相违背，但刑法上的自首也只是任意的减轻事由，而且是宣告比一次减轻后的处断刑之下限还要高的刑罚，所以不能认为违反了刑的加重减轻的顺序（大法院判决1994年3月8日，93 DO 3608）。

（二）刑的加重、减轻的程度及方法

1. 刑的加重
有期惩役或有期禁锢的加重，最高期限为25年（第42条的但书）。

累犯、竞合犯、特殊教唆或帮助等这种一般的加重事由的加重程度则是分别单独进行规定的（第35条、第38条、第34条2项）。尤其累犯的情况，与提高下限的德国刑法不同，刑法规定只加重至上限的2倍。

2. 刑的减轻程度及方法

（1）法律上的减轻程度及方法　（1）减轻死刑时，改为无期或10年以上惩役或禁锢；（2）减轻无期惩役或无期禁锢时，改为7年以上的惩役或禁锢；（3）减轻有期惩役或有期禁锢时，改为其刑期的1/2；（4）减轻资格丧失时，改为7年以上的资格停止；（5）减轻资格停止时，改为其刑期的1/2；（6）减轻罚金时，改为其多额的1/2；（7）减轻拘留时，改为其上限的1/2；（8）减轻科料时，改为其多额的1/2（第55条1项）。

在上述减轻刑期的1/2时，不仅其上限而且其下限也减轻1/2。例如，针对10年以下惩役的杀人预备罪进行法律上的减轻时，则成为5年以下15日以上惩役的范围。尤其在罚金的情况下，虽然规定有"改其多额的1/2"，但判例将罚金的上限和下限一同减轻至1/2（大法院判决1978年4月25日，78 DO 246）。而且，存在数个法律上的减轻事由时，可重复进行减轻（第55条2项）。

【判例】　平时的积怨最终导致用刺刀刺死了同僚士兵。原审认定被告人在实施犯行当时处于精神微弱状态，便适用刑法第250条1项的杀人罪和刑法第55条1项3号的规定，在法律上的减轻范围内宣告了10年惩役。根据刑法第55条1项3号的规定减轻刑期时，这里的刑期包括下限和上限。在该当处罚规定中不存在相应的上限或下限的规定时，则根据刑法第42条的规定上限为15年、下限为1个月。因此，既然在刑法第250条1项中选择了5年以上的有期惩役，由于其上限是15年惩役，所以进行法律上的减轻时，则应该在上限为7年零6个月、下限为2年零6个月的范围内决定处断刑（大法院判决1983年11月8日，83 DO 2370）。

（2）酌量减轻的程度与方法　现行刑法并没有关于此的另行的明文规定，但应该依照法律上的减轻例（大法院判决1964年10月28日，64

DO 454)。① 然而，酌量减轻中存在数个酌量减轻事由时，却不能进行重复的减轻（大法院判决 1964 年 4 月 7 日，63 DO 10）。但在进行完法律上的减轻之后，可以进行酌量减轻。在将惩役刑与罚金刑进行并科时，如果没有特别的规定，就不允许只对某一方进行酌量减轻（大法院判决 1976 年 9 月 14 日，76 DO 2012；1977 年 7 月 26 日，77 DO 1827）。

既然成为法律上刑之加重减免事由的事实例如累犯、常习性、精神微弱、自首、自服、中止未遂等也是与刑罚权之范围相关联的主要事实，那么在诉讼程序中也将成为严格的证明对象。

第三节　量刑条件

在刑法第 51 条中关于量刑中的参酌条件作了如下规定：（1）犯人的年龄、性格品行、智能及环境，（2）与被害人的关系，（3）犯行的动机、手段与结果，（4）犯行后的情况等。这就是量刑条件或量刑要素。然而，应该将刑法第 51 条的规定视为是关于量刑条件的例示规定，如果此外的事项也能够成为量刑所必要的事项，也应该广泛的纳入进来。应该注意的是，由于各量刑要素具有相反作用的两面性，所以同一的一个量刑要素可以根据责任或预防的观点发挥刑罚加重或减轻的作用。

【判例】　甲和乙共谋杀人，在事前共三次了解了犯行场所的位置、构造、是否有同居人。事先购买登山用刀具和手套等在对犯行进行周密的计划之后，甲侵入犯罪现场四次将刀刺入被害人的身体致使其死亡。之后为伪装成强盗现场弄乱了房间里的物品。如果是这样，当参酌考虑在事前周密的、计划性的谋议犯行与犯行手法的残忍这一点，以及犯罪者的年龄、性格品行、家庭环境、前科关系、犯行动机、犯行手段与结果、犯行后的状况等量刑条件时，不能认为将甲和乙各自宣判为死刑和无期惩役的原审的量刑是不妥当的（大法院判决 1996 年 1 月 26 日，95 DO 2420）。

---

① 李在祥，550 页；李炯国，研究Ⅱ，771 页；郑盛根，683 页；陈癸浩，538 页。

一、犯人的年龄、性格品行、智能及环境

这些主要是对于判断犯罪人复归社会的必要性与可能性具有重要意义的特别预防要素。

（一）年龄

主要在少年和老年当中考虑犯罪人的年龄。在少年的心神尚未成熟这点和老年的心神已经衰弱这点上，他们的年龄将起到减少责任的作用。从特别预防的观点来看，少年的改善教化的可能性大，老年不仅适应刑罚的能力弱而且其必要性也很小。因此，针对少年在少年法（第49条、第59条、第60条等①）中，针对老人在刑事诉讼法（第471条1项2号②）中规定了在刑的宣告及执行中所应该采取的特别措施。

（二）性格品行

这是指犯罪人的性格与品行。与此相关联，前科和犯行以前的社会生活将成为问题。对于前科，可以从责任观点和预防观点上进行考察。从责任观点上来看，不得单纯以存在前科的事实来增加责任。只有在行为人基于应该受到非难程度的方法无视基于前刑而受到的刑罚警告时，才会增加

---

① 韩国少年法第49条规定：① 检事在针对少年的被疑事件进行侦查的结果，认定是符合罚金刑以下之刑的犯罪或者存在符合保护处分的事由时，得将案件移送至少年部。② 少年部调查、审理基于第一项之规定移送过来的案件的结果，认为有必要对其动机和罪质进行禁锢以上刑事处分时，作为决定可以移送至该当检察厅检事。③ 根据第二项之规定移送的案件，不得再行移送至少年部。

韩国少年法第59条规定：针对实施犯罪时未满18岁的少年，应科处死刑或无期刑的，改为15年的有期惩役。

韩国少年法第60条规定：① 少年实施法定刑上限为2年以上有期刑之犯罪的，应该在其刑的范围内设定上限与下限之后进行宣告。但是，上限不得超过10年，下限不得超过5年。② 依照少年的特性认为是相当的，可减轻其刑。③ 宣告刑的执行犹豫、刑的宣告犹豫的，不适用第一项的规定。——译者注

② 韩国刑诉法第471条1项规定：对于被宣告惩役、禁锢或拘留的人，有符合下列各号之一事由的，按照宣告刑罚的法院相对应的检察厅检事或管辖被宣告刑罚的人所在地的检察厅检事的指挥，可以停止执行刑罚。1. 因刑罚的执行，有可能明显危害健康或难以保全生命的；2. 年龄70岁以上的；3. 怀孕六个月以上的；4. 分娩后未满60日的；5. 因直系亲属70岁以上或患重病或残疾，没有其他亲属保护的；6. 因直系亲属年幼，没有其他亲属保护的；7. 有其他重大事由的。——译者注

责任。基于相同理由，即使不存在前科，如果存在只是尚未被发现但隐藏的犯罪行为时，也将增加责任。

另一方面，从预防的观点上来看，前科作为判断迄今为止所科处的刑罚对犯罪人产生了何种作用的基准，将成为将来量刑的基础。犯罪人实施犯行之前的社会生活虽然存在有益于社会的行为和有害于社会的行为，但却不能将这种社会生活与针对犯罪的责任观点相联系起来。这些只能起到预防必要性的重要线索的作用。

（三）智能

智能的发达程度也将对行为人的有利或不利的量刑决定产生影响。智能不仅与行为人的犯罪实现阶段存在密切地联系，而且也与被害人相关联。智能并不单纯意味着认识能力或预见能力，甚至还包括投入到犯行中的行为人的意志和推进力。行为人如何努力执着于犯罪的完成、如何为毁灭罪迹伪装整个犯罪从而进行了周全的行动等都是与智能相关联的量刑要素。这些智能活动大部分都将成为刑罚加重的量刑参酌事由。

（四）环境

与犯人个人的、社会的环境相关联的生活关系对于责任评价及刑罚种类的选择来说也是重要的量刑资料。尤其是，作为个人环境可以考虑家族关系、职业、健康、住宅关系、财产程度、学历等。例如有时可因公务员之身份而应受到重的处罚，相反也有时则因公务员之身份而能够受到减轻处罚。神职者或艺术家的身份亦是如此。

作为社会环境可以考虑居住关系、校友关系、经济状况、政治状况、金融状况、国际往来关系等。然而，并不是社会环境自身成为量刑的决定事由，而是处于这种社会环境中的行为人个人的、社会的地位或作用对犯罪产生了何种影响这一点将成为量刑的参酌事由。

二、与被害者之间的关系

是指犯人与被害者之间有无亲属、家族关系或雇佣关系等的人际关系。如果侵害的是与被害者之间的人际关系中的信赖关系或保护关系，一般将起到加重责任的作用。但这些关系与被害者的犯罪诱发行为相关联时，则起到相反作用。在因被害者过分的利己心或欠考虑、无分辨、自由放荡等行为而发生诈欺、背信、性犯罪、过失致死伤等情况中，被害者的行为对犯罪的发生负有一定责任时，虽然没有排除不法或免责的效果，但也能够成为对行为人有利的量刑事由。

三、犯行的动机、手段与结果

犯行的动机不仅是判断行为人危险性的资料，同时也是判断行为责任的重要资料。因此，其犯行是有计划性的还是因瞬间的恐慌、冲动、强烈的诱惑，将能够对责任程度的判断产生影响。犯行的手段与结果各自属于行为不法与结果不法的纯客观的不法要素，因此，脱离不法是不能够判断量刑责任的。

就结果而言，应该只把有责任的结果视为成为量刑基准的责任要素。此外，手段的残酷、过激性、狡猾以及结果的深度和范围也将影响着量刑判断。结果的轻重即使不是行为人故意或过失行为的直接产物，也很容易在量刑判断中得到关注。在此限度内，即使是偶然的结果也具有影响责任和量刑的危险。合理的量刑实务之方向应该将重点放在排除这种危险、只在行为责任限度内将犯行结果作为量刑评价的对象。

另一方面，作为犯罪实行的主观要素有针对犯行的行为人的意思和义务违反程度，这也是判断责任的要素。

四、犯行后的情况

这里的主要问题是被害的恢复、损害的深化、诉讼中被告人的态度等。这些虽然不是量刑责任的本质构成要素，但从预防的观点来看，能够对选择与量刑责任相适应的刑罚的范围和种类产生影响。

恢复被害是刑罚缓和事由。尤其不仅是现实恢复被害的情况，即使是为恢复被害而作出真挚努力但失败的情况以及尽管为恢复被害作出了真挚努力但被害者拒绝的情况，也应该认为缓和了刑罚。关于第三者的被害恢复能否成为刑罚缓和事由的问题，虽然存在否定意见，但依照在结果上已经缩小了犯行引起的结果这点和虽然没有犯人的参与但随着时间的流逝也能够缩小量刑这点，是应该给予肯定的。被害恢复中亦包括慰劳等精神方面的内容。与此相反，如果深化或扩大了因犯行而发生的损害时，将作为强化刑罚的要素发挥作用。

在诉讼程序中，被告人的态度有两种：第一种是自白或否认，第二种是在审判庭上被告人的不逊行为（Fehlreaktion）。一般情况下，在诉讼程序中自白将受到褒奖，否认将受到否定性的评价。然而，应该重视的并不是自白或否认自身而是其背后的动机。也就是说，即使是自白的情况，只有其是基于真正悔悟的自白而不是单纯的诉讼策略时，才能够成为刑罚缓和事由；即使是否认的情况，也仅限于在不是基于被告人防御权的否认而是基于积极隐瞒真相的发现或试图误导法院的否认的情况，才能够成为刑罚强化事由。

另一方面，被告人在肉体上或精神上很容易处于不健康的状况中。据此，被告人在诉讼中可能会有无礼的举动等错误的反应，因此不能仅以此来加重刑罚。

成为量刑条件的事实，即作为刑的宣告犹豫、执行犹豫、酌量减轻条件的事实因不是决定刑罚之存否及范围的主要事实，所以不是严格证明（Strengbeweis）的对象，只进行自由的证明（Freibeweis）即可。

第四节　未决拘禁及判决的公示

一、未决拘禁

未决拘禁（Untersuchungshaft）是指将犯罪嫌疑人拘禁至裁判确定为止。也将此称作判决宣告前的拘禁。未决拘禁的目的在于，防止毁灭证据并通过预防犯人逃脱来确保诉讼程序的顺利进行，同时担保基于有罪判决的确定将要实施的刑罚的执行。当然，未决拘禁虽然不是刑罚但却与自由刑的执行有同等的效力。因此，刑法规定未决拘禁日数的全部或一部分将被折算为有期惩役、有期禁锢、针对罚金或科料的留置或拘留的期限（第 57 条 1 项）。这时，拘禁日数的一日折算为惩役、禁锢、留置或拘留期限的一日（第 57 条 2 项）。

虽然在何种程度上折算未决拘禁的日数归属于法院的自由裁量（大法院判决 1966 年 4 月 12 日，66 DO 280；1983 年 7 月 26 日，83 DO 1470），但是完全不进行折算（大法院判决 1963 年 2 月 14 日，62 DO 3；1979 年 11 月 13 日，79 DO 443）或超出未决拘禁日数进行折算均属于违法（大法院判决 1955 年 3 月 4 日，4288 刑上 17；1960 年 3 月 9 日，4292 刑上 782）。虽然不能针对无期刑进行折算（大法院判决 1966 年 1 月 25 日，65 DO 384），但抗诉审将一审的无期惩役判决改判为有期惩役时，一审判决宣告前的拘禁日数亦应该计算在内（大法院判决 1972 年 9 月 28 日，71 DO 1289）。

【判例1】　甲在乙运营的神学校担任商谈室长的过程中，以揭发乙的不合理行为为威胁吓取了金钱。第一审判决针对恐吓罪宣告有罪判决的同时，尽管没有把判决宣告前的拘禁日数之一部分计算在本刑中，这也是属于判决法院裁量中的事项。而且，允许基于法院裁量只折算判决宣告前拘禁日数之一部分的刑法第57条的规定并不违反宪法上的平等原则或针对刑事被告人的无罪推定原则或者保障接受审判之权利的原则（大法院判决1993年11月26日，93 DO 2563）。

【判例2】　甲对被害者施以暴行给其造成了伤害，并欺骗被害者取得了财物。对此，第一审法院宣告1年惩役的同时，将未决拘禁日数180日计算在了本刑中。然而，甲是在1992年11月29日被刑事拘留的，而且第一审判决宣告日为1993年4月28日。如果是这样，未决拘禁日数在计算上应该是150日，所以将第一审判决宣告前的未决拘禁日数180日计算在本刑中是对刑法第57条的错误适用，是违法的（大法院判决1994年2月8日，93 DO 2563）。

二、判决的公示

判决的公示（Öffentliche Bekanntmachung des Urteils）是指为了被害者的利益或恢复被告人的名誉在进行刑之宣告的同时，通过官报或日刊新闻公开判决的全部或一部分的制度。韩国刑法第58条规定如下：" ① 为了被害人的利益，认为有必要时，基于被害人的申请，可由被告人负担费用宣告判决公示的旨趣（1项）。② 对于被告事件宣告无罪或免诉的，可宣告判决公示之旨趣（2项）。"

此制度的根本旨趣在于，基于公示恢复因犯罪之嫌疑在被告人与被害者或社会整体之间暂时产生的信赖与期待的丧失，并通过解明被害者与被告人、被告人与社会之间的真相这种新的和解来确保和平的共存秩序。

第五章 累 犯

第一节 序 说

一、累犯的意义

(一) 概念

累犯（Rückfall）概念可以分为广义和狭义。广义的累犯是指首先已经存在判决确定的犯罪（前罪），然后又实施的犯罪（后罪）。狭义的累犯则是指在广义的累犯中，具备刑法第 35 条所规定之条件的情况，即被判禁锢以上的刑罚，在其刑罚执行终了或被免除之后的 3 年内又实施符合禁锢以上之刑罚的犯罪的情况。通常，刑法上的累犯是指狭义的累犯。

(二) 概念的区分

1. 累犯与常习犯

累犯在累积的、反复的实施犯罪这种意义上，与常习犯具有密切的关系，但未必是同一概念。事实上，累犯与常习犯之间存在竞合关系。在累犯中，尤其把社会危险性大的累犯也称作常习犯。在这种累犯能够成为常习犯的征表意义上，也有见解把累犯分为普通累犯与常习累犯。但在累犯意味着反复的处罚，相反常习犯意味着在反复的犯罪中所征表的犯罪倾向这点上，两者存在着概念上的区别。因此，累犯把前科作为要件，而常习犯则把反复实施同一罪名或同一罪质的犯罪作为要件。不仅如此，累犯是以无视警告机能为理由在行为责任层面上进行加重处罚，而常习犯则是在常习的癖性这种行为人责任层面上进行加重处罚。

刑法在第 35 条中规定了累犯加重，在分则中个别规定了常习犯（如：刑法第 246 条 2 项常习赌博罪、第 332 条常习盗窃罪等）。问题是，能否同时适用常习犯加重与累犯加重。判例认为，不仅可以对常习犯进行

累犯加重（大法院判决 1982 年 5 月 25 日，82 DO 600），而且在违反加重
处罚常习犯的"关于加重处罚特定犯罪等的法律"的情况下，也能够进
行累犯加重（大法院判决 1985 年 7 月 9 日，85 DO 1000；1981 年 11 月
24 日，81 DO 2164）。

　　【判例 1】　既然常习犯中的部分行为是在累犯期限内实施的，
即使其余行为是在累犯期限外实施，其行为全部也存在于累犯关系中
（大法院判决 1982 年 5 月 25 日，82 DO 600）。

　　【判例 2】　即使在成立特定犯罪加重处罚法违反罪的情况下，
如果充足刑法第 35 条的累犯要件，就应该进行累犯加重（大法院判
决 1985 年 7 月 9 日，85 DO 1000）。

2. 累犯与竞合犯

累犯是指数个犯罪存在于累积关系中的情况，而竞合犯是指数个犯罪
存在于并行关系中的情况。因此，两者并不相同。

3. 累犯的处理

由于刑法规定对累犯加重刑罚，所以针对如何理解累犯的性质存在着
见解上的对立。首先存在如下两种观点的对立：将累犯视为关于量刑的法
律上的加重事由的观点和把累犯视为数罪进而视为罪数论问题的观点。根
据后者的观点，累犯只是数个犯罪存在于累积关系中的情况，竞合犯则是
数个犯罪存在于并立关系中的情况，其都是实施数个犯罪的情况，因此应
该把累犯也作为罪数论来看待。

然而，罪数论以作为现实审判对象的犯罪为对象，而累犯是以非现实
审判对象的犯罪（前罪）为基础，进而只处理作为现实审判对象的犯罪。
在这点上两者存在本质上的差异。而且，在刑法规定的形式层面上两者也
分别属于不同的章节，所以把累犯视为责任或预防观点上的量刑规则更为
妥当。

二、累犯加重的违宪问题及其根据

累犯是尽管针对前罪的处罚已经结束却以此为基础加重处罚后罪的情
况，因此便会产生其是否违反宪法的疑问。而且，对其加重处罚的根据何
在也存在着问题。

（一）累犯加重的违宪性问题

1. 是否与一事不再理原则相抵触

由于累犯是以前罪为基础加重后罪的刑罚，所以好像是重新处罚前罪，因此，就会产生是否违反宪法第 13 条 1 项后段所规定的一事不再理原则的疑问。然而，累犯并不是把前罪作为处罚对象的，而是因为无视前罪的刑罚警告机能又实施了犯罪，所以只把后罪作为处罚上的对象。因此，累犯加重并不与一事不再理原则相抵触。

2. 是否与平等原则相抵触

而且，还会产生如下疑问：累犯加重是否以存在前罪的事实即前科者这种社会身份为理由，进行区别对待。事实上，累犯加重是根据所增加的犯罪者的责任或特别预防及一般预防的刑罚目的对其所进行恰当的量刑，所以不能将此视为依据身份的不合理的差别。因此，累犯加重也不与平等原则（宪法第 11 条 1 项）相抵触。

（二）累犯加重的根据

（1）从责任原则的观点上来看，首先应该在责任加重上寻求加重累犯刑罚的根据。然而，关于在累犯中应该加重的责任具有什么样的内容，存在着争论。

首先，把责任视为行为人责任或人格责任的见解认为，犯罪人没有接受前罪刑罚所给予的既往的警告这种犯罪人错误的生活态度将加重责任。与此不同，把责任视为纯粹的行为责任的见解认为，犯罪人由于无视前罪刑罚所给予的警告机能并通过实现后罪重新强化了犯罪促进力，所以将加重行为责任。

刑法原则上应该是行为责任，但在累犯、常习犯及量刑责任领域中却不能单纯贯彻此行为责任，所以不得不在行为责任基础上例外地考虑生活经营责任的观点。试图彻头彻尾地贯彻责任原则的绝对要求，在具有现实关联性的刑法问题之解次上并非时常都是妥当的。在这种行为人责任的内在意义中，还包含有预防性刑事政策的考虑。因此，应该在基于原则上的行为责任所客观化的行为人责任的观点上寻求累犯加重的根据。

（2）问题是，是否因为被强化的犯罪推进力无视了警告机能，就始终应该加重责任。这是因为，累犯在大多数情况下是由犯罪人的意志薄弱、人格缺陷或缺乏社会援助等引起的。这时，责任的存在不仅应该归咎于行为人个人的人格，而且还应该更加重视行为人所处的不良的社会环境。

因此，针对行为人无视前罪刑罚之警告机能重新实施犯罪，只有在存在能够对行为人进行更强的非难事由时，才可加重刑罚。对此，改正前的德国刑法第 48 条规定"当能够对不遵循前判决之警告进行非难时，"并在解释论上，将此理解为实质的累犯条件。韩国刑法也需要这种实质的累犯条件。因为如现行刑法这样只存在形式上的累犯条件时，有可能遭致过分的刑事制裁。

（3）目前，已经走到了需要从合理的、自由的、人道的刑事政策发展方向上重新整体评价累犯加重制度的时点上。这是因为，当考虑到已经确立有作为保安处分制度之一种的保护监护制度，进而构筑了规制累犯性常习犯人的设施、犹豫制度的扩大适用和自由刑的缩小及代替的倾向、被害原状恢复制度的引入等再社会化理念的刑事政策发展方向时，便会产生累犯加重制度是否已落后于时代的疑问。确信在韩国刑法的自由化时代此累犯加重制度将处于被废除的命运中。德国在 1986. 4. 13 字第 23 次刑法改正法律案中全面删除德国刑法第 48 条（累犯加重）的规定，也是因为关注了这一旨趣。

第二节　累犯加重的要件

改正前的德国刑法关于累犯规定有如下的实质性要件：前后之罪均为故意犯，在考虑犯行的种类及情节时，能够进行没有接受以前有罪判决之警告这种非难。与此相反，韩国刑法第 35 条 1 项只规定了形式上的累犯要件。

一、曾被判禁锢以上之刑

前罪之刑必须是禁锢以上之刑的宣告刑。禁锢以上之刑是指有期惩役与有期禁锢。虽然禁锢以上之刑当然也包括死刑、无期惩役、无期禁锢，但被判处这些刑罚的人要想再次实施犯罪首先需要死刑或无期刑的宣告被减刑为有期惩役或有期禁锢，或者因特别赦免或刑的失效而免除其刑的执行。

如果前罪被判禁锢以上之刑罚，就不问及所适用的法律是刑法还是特别法。因此，基于军事法院的判决而被处罚的前罪，也能成为累犯加重（大法院判决 1956 年 12 月 21 日，4289 刑上 296；1959 年 10 月 11 日，4290 刑上 268）。

因为前罪必须被判为禁锢以上之刑罚，所以刑的宣告必须是有效的。因此，因一般赦免（大法院判决1964年6月2日，64 DO 161；1965年11月30日，65 DO 910）或执行犹豫期限届满（大法院判决1970年9月22日，70 DO 1627）而使其刑的宣告丧失效力时，不成立累犯。然而，复权意味着恢复因刑之宣告而丧失或停止的资格，所以其前罪能够成为累犯事由（大法院判决1981年4月14日，81 DO 543）。

【判例1】   1963年4月，被告人因暴行、毁损、妨害执行公务罪被判6个月惩役。在考察其执行终了的事实能否成为累犯加重要件时，应该认为基于1963年12月的一般赦免令已使该判决失效。因此，不能以此暴行、毁损、妨害执行公务罪为前提进行累犯加重（大法院判决1965年11月30日，65 DO 910）。

【判例2】   1966年11月，被告人因诈欺罪被判8个月惩役及1年6个月执行犹豫。之后，于1969年12月又实施了恐吓未遂罪。因此，不是8个月惩役的实刑而是执行犹豫，所以并不具备能够成为累犯的要件（大法院判决1970年9月22日，70 DO 1627）。

【判例3】   复权与赦免的情况相同，并不是使刑的宣告的效力丧失，而是恢复因刑的宣告的效力而丧失或停止的资格。因此，即使被复权，其前科事实也符合累犯加重事由（大法院判决1981年4月14日，81 DO 543）。

二、符合禁锢以上之罪

作为累犯而成为判决对象的犯罪（后罪）也必须是符合禁锢以上之刑的犯罪。关于该"禁锢以上之刑"，虽然也有观点认为应该是指法定刑为禁锢以上之刑，但多数说将此解释为宣告刑，判例（大法院判决1982年7月27日，82 DO 1018；1960年12月21日，4293刑上841）也采取了多数说的立场。

【判例】   刑法第35条1项规定的"禁锢以上之刑的犯罪"是指符合应该科处有期禁锢刑或有期惩役刑的犯罪。在其罪中所规定的刑中所选择的是罚金刑时，不能成为累犯加重的对象（大法院判决

1982 年 7 月 27 日, 82 DO 1018)。

三、在前罪之刑执行终了或免除后 3 年内实施后罪

刑罚的执行终了是指刑期届满，免除执行刑罚的情况有刑罚的时效届满时（第 77 条）、基于特别赦免免除刑之执行时（赦免法第 5 条）、在国外受到刑罚的执行时（第 7 条）等。

在前罪的刑罚执行前或执行中（大法院判决 1958 年 1 月 28 日，4290刑上 438），或者在执行犹豫期间、执行停止中所实施的后罪不能成为累犯。假释放期间（大法院判决 1976 年 9 月 14 日，76 DO 2071；1976 年12 月 31 日，76 DO 1857）的犯行也不能成为累犯。

【判例 1】 被告人因业务上侵占罪被判 6 个月惩役执行犹豫 2年，在执行犹豫期间又犯强奸致伤罪。而且将在辞去报纸代理商工作之后收到的报纸款项充当了退职时没有得到的工资。即使被判禁锢以上之刑，在该刑的执行犹豫期间又实施了符合禁锢以上之刑的犯罪，其也不符合刑法第 35 条 1 项所规定的累犯加重的要件（大法院判决1983 年 8 月 23 日，83 DO 1600）。

【判例 2】 被告人在 1974 年因关于暴力行为等处罚的法律违反罪被判惩役 1 年零 6 个月至 1 年零 8 个月，并在 1975 年 6 月被假释出狱，1975 年 11 月刑期届满。但被告人在假释期间的 1975 年 9 月又实施了强盗伤害犯行。即使在这种余刑期限届满前的假释期间实施了犯罪，也不能将此视为符合刑法第 35 条意义上的刑罚执行终了后实施犯罪的情况（大法院判决 1976 年 9 月 24 日，76 DO 2071）。

由于后罪应该在前罪之刑执行终了或被免除后的 3 年内实施，所以把这里的 3 年称作累犯时效（Rückfallverjährung）。因为，一旦过了该期限，便无法获得更佳的警告效果。期限的起算点虽然是前罪的刑罚执行终了之日或者免除刑罚执行之日，但后罪的时期则以着手实行时为基准，对此意见大体上是一致的。

如果后罪是处罚预备、阴谋的犯罪，在此期限内如果有预备或阴谋，便可以视为具备了累犯要件。如果后罪是常习犯，只要常习犯中的一部分是在累犯期限内实施的，其全部都将符合累犯（大法院判决 1982 年 5 月

25 日，82 DO 200；1976 年 1 月 13 日，75 DO 3397）。如果后罪是竞合犯，只有在累犯期限内实施的犯罪，才成为累犯。

【判例】 被告人以常习的实施盗窃犯行之后，又以醉酒状态侵入他人住宅窃取了财物。如果是这样，既然在特定犯罪加重处罚法上关于常习盗窃罪的加重处罚规定中没有累犯的情况将排除累犯加重的规定，当然要适用刑法第 35 条（大法院判决 1985 年 7 月 9 日，85 DO 1000）。

第三节 累犯的处理

累犯之刑加重至其本刑上限的 2 倍（第 35 条 2 项）。因此，累犯的处断刑将在其本刑上限的 2 倍以内，但是其刑期不得超过 25 年（第 42 条但书）。这时，加重只适用于刑期的上限，下限则无任何变化（大法院判决 1969 年 8 月 19 日，69 DO 1129）。但在关于特定暴力犯罪处罚的特例法中（1990 年 12 月 31 日，法律第 4295 号），特别规定在特定暴力犯罪的累犯的情况，加重其刑的上限及下限的 2 倍（第 3 条）。

【判例】 在对累犯进行加重时，是能够基于刑法第 35 条 2 项加重至其本刑上限的 2 倍，而不是也加重其本刑下限的 2 倍（大法院判决 1969 年 8 月 19 日，69 DO 1129）。

尽管因累犯进行了加重，但也意味着只能够在其被加重的法定刑范围内进行宣告，而不是宣告刑必须要超过原本的法定刑。而且，当然也能够对累犯进行法律上或审判上的减轻。如果累犯是数罪，首先进行累犯加重之后，再进行竞合犯加重（实体竞合的情况）或从一重罪之刑进行处断（想像竞合的情况）。

由于作为累犯加重事由的前科事实不是犯罪事实，所以并不适用不告不理原则（大法院判决 1971 年 12 月 21 日，71 DO 2004）。但因其是关于刑罚权范围的重要事实，所以需要进行严格证明，并在审判上明示累犯的时期。

第四节　判决宣告后的累犯发现

一、意义

在判决宣告后发现累犯时，可以总体合算其宣告之刑，再行确定刑期（第36条）。该规定的旨趣在于，因被告人的冒用姓名或其他事由致使在审判当时没有发现前科事实，而是在判决确定后才发现是累犯时，则能够重新根据累犯加重的原则对先前宣告的刑罚进行加重。

该规定不仅适用于被告人积极隐瞒作为累犯事由的前科事实的情况，而且还适用于法官因不注意而忽视被告人的前科事实的情况。但是，在针对后罪的宣告之刑执行终了之后或免除其执行之后，才发现是累犯时，则不得加重刑罚（第36条但书）。该规定旨趣在于，尊重已经恢复自由并复归稳定的社会生活中的行为人的现状。

二、是否与一事不再理原则相抵触

问题是，该规定是否违反一事不再理原则（宪法第13条1项后段）。在判决确定后因发现新的事由而只追加加重刑，至少具有针对同一行为进行双重审理的危险。这从人权保障和法的安定性的角度上来看，具有在立法论上进行再思考的余地。尽管如此，也有见解认为，不能断定此规定就肯定与一事不再理原则相抵触。

细思量，针对同一犯罪只因存在新的事由就追加加重刑，这显然作为对同一犯罪的重复处罚，正面违背一事不再理原则。不仅如此，该条款还违反了依据无罪推定（in dubio pro reo）原则关于刑罚权的存否与范围的事实，由检察官负有举证责任，并保障刑事被告人拒绝陈述权的刑事诉讼的基本原理。这部分是迫切需要改正的部分。

第六章　刑罚犹豫制度

第一节　执　行　犹　豫

一、序说

（一）意义

刑罚的执行犹豫（Strafaussetzung zur Bewährung）是指虽然暂且认定
成立犯罪并宣告一定的刑罚，但在具备一定条件之下，在一定期限内暂缓
执行其刑罚；在其没有被取消或失效的前提下暂缓期限届满，刑的宣告便
失效的制度（第 62 条）。该制度反映了排除短期自由刑的弊端，谋求犯
罪人自发的、能动的社会复归的刑事政策的意志。

（二）法的性质

关于执行犹豫的法律性质，历来支配性的见解认为，其是与刑罚和保
安处分一同共存的固有种类的法律效果。作为执行犹豫的负担附条件，现
行改正刑法除保护观察制度之外，甚至还引入了社会服务命令或受训命令
制度，致使执行犹豫的保安处分性质得到了进一步的强化。然而，该负担
附条件只是为实现执行犹豫再社会化目的的实效性方法，并不是执行犹豫
的本质要素。

原本，执行犹豫就不是刑罚自身，而是具有很强的自由刑替代手段性
质的制裁手段。综合这一点来看，现行的执行犹豫制度是从一般预防的观
点上来看没有执行刑罚的必要，但从特别预防的观点上来看则有必要缓和
刑罚时，为刑罚执行之变相（Modifikation der Strafvollstreckung）而引入的
一种制裁手段。因此，将此把握为是在刑罚与保安处分之外符合刑法第三
维度（Dritte Spur im Strafrecht）的独立的刑事制裁制度是妥当的。如果这
样理解执行犹豫的法律性质，从立法论的角度来看没有必要将犹豫制度的

适用对象限定在自由刑上，将其扩张至罚金刑或保安处分上是妥当的。

二、执行犹豫的沿革

执行犹豫是来源于英美法中的保护观察（Probation）的制度。美国的保护观察是在不宣告刑罚单纯作出有罪判决（conviction）进而对被告人进行保护观察之后，在保护观察期限顺利届满时，就不再宣告刑罚的制度。该制度开始施行于 1830 年。这种保护观察制度的优点在于，即使受到有罪判决，也能够保护被告人的名誉并促进社会复归。然而，其弊端在于，保护观察被撤销时，其刑罚是不明确的；而且犯罪行为后的态度在决定刑罚上起着决定性的作用。因此，只有在把有罪判决与刑之宣告相分离的英美诉讼构造中，才能够维持该保护观察制度。

上述这种英美保护观察制度于 19 世纪后半叶被引入欧洲以后，分化成如下两种形态：即一种是比利时（1888 年）和法国（1891 年）所采取的附条件有罪判决（System der bedingten Verurteilung），另一种是德国（1895 年）所采取的附条件特赦制度（System der bedingten Begnadigung）。前者是执行犹豫期限届满，便丧失刑之宣告的效力；后者是期限一旦届满便基于行政机关的赦免处分只免除刑的执行。后者根据 1953 年德国刑法改正案排除了行政机关改由法院执行的附条件免除制度。韩国引入的是比利时、法国式的附条件有罪判决制度，并规定于旧刑法第 25 条至第 27 条，现行刑法第 62 条至第 65 条中。

三、执行犹豫的要件（第 62 条 1 项①）

（一）被宣告 3 年以下惩役或禁锢之刑

只有在宣告惩役或禁锢之刑时，才能够进行执行犹豫。因此，宣告罚金刑时，不能进行执行犹豫。问题是，当比较罚金刑和自由刑时，是否应该允许对罚金刑进行执行犹豫，在理论上存在着见解上的对立。

首先，否定见解的论据如下：

---

①　韩国刑法第 62 条 1 项规定（执行犹豫的要件）：在被宣告 3 年以下惩役或禁锢之刑的情况中，参酌第 51 条之事项，其情状中存在可参酌之事由时，可进行 1 年以上 5 年以下的刑之执行犹豫。但，针对在被宣告禁锢以上之刑罚，其执行终了或被免除后 3 年内所实施之犯罪，刑之宣告不在此限。（2005 年 7 月 29 日改正）——译者注

（1）罚金刑没有短期自由刑的弊端，因此没有必要进行执行犹豫。

（2）如果对罚金刑适用执行犹豫，作为刑罚就不能实现罚金刑的效果。

（3）与科料不均衡。

尽管如此，当考虑罚金刑是比惩役或禁锢还要轻的刑罚这一点，在无法交纳罚金时将被留置于劳役场进而与自由刑无实质区别这点时，应该认为对罚金刑进行执行犹豫是可能的。

这时，所要宣告之刑必须是 3 年以下惩役或禁锢。这与德国（第 56 条）、奥地利（第 43 条）的 2 年以下，瑞士（第 41 条）的 18 个月以下相比，其范围更宽，是在刑事政策上更加先进化的制度。

（二）情状中存在可参酌的事由

情状参酌事由是指即使不执行刑罚仅以刑之宣告，也能够充分对被告人发挥警告机能，进而能够认为将来不再实施犯罪的情况。这时，应该综合判断刑法第 51 条中的事项，判断基准时是判决宣告时。

（三）被宣告禁锢以上之刑，其执行终了或被免除后已满 3 年

此要件是对刑法第 62 条 1 项但书之规定的相反解释。在以前的刑法中，由于将执行犹豫的缺格事由基准时点放在"宣告时"的缘故，发生了在共犯间因审判先后的偶然事由产生量刑不均衡或为利用缺格期限而不必要的延迟审判的弊端，所以在改正刑法中将其基准时点改为"犯行时"。但鉴于因缺格事由基准时点的变更给被告人带来的不利，改正刑法将缺格基准从以前的 5 年缩短为 3 年。

然而，在这里与"被宣告禁锢以上之刑罚"这一法条文的解释相关联，关于在刑罚执行犹豫期间能否再作出执行犹豫的判决，存在着理论上的争论。对此，将在下面进行讨论。

（四）再次的执行犹豫判决是否可能

1. 否定说

是主张对于在执行犹豫期间所实施的犯罪不能再次宣告执行犹豫的见解。此见解是主张上述执行犹豫要件中的"被宣告禁锢以上之刑罚"不

仅包括实刑宣告，而且还包括刑罚执行犹豫的立场。①最近的大法院也明确了在没有特别事由的情况下对于在执行犹豫期间的行为人不能再次宣告执行犹豫。

【判例】 大法院针对被宣告刑的执行犹豫且其犹豫期限尚未届满的人所确立的见解是，只要此人不具备如果所实施的刑法第37条竞合犯关系中的数罪在同一程序中同时受到审判，便能够一同被宣告执行犹豫这种特殊的情况，就不能再次宣告刑的执行犹豫（大法院判决1989年9月12日宣告，87 DO 2365全员合意体判决等）。尽管如此，原审对于以前被宣告惩役刑之执行犹豫期限尚未届满的被告人再次宣告执行犹豫，存在误解刑法第62条1项但书之法理的违法（大法院判决2002年2月22日，2001 DO 5891）。

《参考》判例的立场是，因为不把何时实施的即将要重新审判的犯罪作为问题，所以即使对于在被宣告执行犹豫之犯罪以前所实施的犯罪，也不能再次宣告执行犹豫（大法院判决1969年10月28，68 DO 26；1969年9月25日，67 DO 67）。

2. 限制肯定说（余罪说）

然而，大法院的见解是，仅限于在如果被宣告执行犹豫的人关于刑法第37条竞合犯关系中的数罪在同一程序中同时受到审判，就能够一同被宣告执行犹豫的情况，才能够针对在执行犹豫期间审判的犯罪再次限制性的适用执行犹豫。这是大法院在基于全员合意体判决的判例变更中多数意见所采取的立场（大法院判决1989年9月12日，87 DO 2365全员合意体判决），也是之后大法院所采取的立场（大法院判决1990年8月24日，89 MO 36；1991年5月10日；91 DO 473；1992年8月14日，92 DO 1246）。

【判例1】 甲于1986年9月在春川地方法院因私文书伪造罪被判1年惩役执行犹豫2年。之后，于1987年2月抗诉被驳回进而判

---

① 大法院判决1960年5月18日，4292刑上563；1965年4月6日，65 DO 162；1968年7月2日，68 DO 720；1984年6月26日，83 DO 2188；1989年4月11日，88 DO 1155；参照李在祥，573页；李炯国，研究Ⅱ，689页；郑盛根，695页。

决生效，但因发现了 1984 年 10 月实施的私文书伪造罪，所以再度被起诉并再次被判执行犹豫。以往的判例认为，在执行犹豫期间要重新审判的犯罪行为，无论其事件是在先前被宣告执行犹豫的犯罪事实存在之前还是其之后的行为，对其事件也不能再次宣告执行犹豫（大法院判决 1960 年 5 月 18 日，4292 刑上 563；1989 年 4 月 11 日，88 DO 1155）。

然而，如果进行这种严格解释，认为在执行犹豫期限届满前无论何种情况也不能再次宣告执行犹豫，就会产生如下的不利后果。即存在于刑法第 37 条竞合犯关系中的数罪被先后起诉进而在不同程序中受到审判时，其中一个事件如果首先被宣告执行犹豫进而其刑罚被确定时，在另外事件的判决中，就不能再行宣告执行犹豫。如果是这样，与倘若这些数罪在同一程序中受到同时审判进而能够一同被判执行犹豫的情况相比，显然会产生不均衡。因此，仅限于产生这种不合理结果的情况，将第 62 条 1 项但书所规定的"被宣告禁锢以上之刑罚，在其执行终了或免除其执行后未满 5 年的人"解释为仅指宣告实刑的情况，而不包括刑之执行犹豫的宣告的情况，是妥当的（大法院判决 1989 年 9 月 12 日，87 DO 2365 全员合意体判决）。

【判例 2】　行为人因盗窃罪被宣告刑的执行犹豫，在犹豫期间又因盗窃被起诉。如果是这样，对于被宣告执行犹豫在其犹豫期限尚未届满的人，只要不存在如果此人所实施的刑法第 37 条竞合犯关系中的数罪在同一程序中被同时审判，就能够一同被宣告执行犹豫这种特殊情况，就不能再次宣告刑的执行犹豫（大法院判决 1991 年 5 月 10 日，91 DO 473）。

3. 肯定说

该见解认为，针对在执行犹豫期间所实施的犯罪能够广泛再次宣告执行犹豫。这是因为，该见解认为，刑法第 62 条 1 项但书所规定的"被宣告禁锢以上之刑"中所指刑罚仅是实刑，而不包括执行犹豫。执行犹豫的判决原本就与执行终了或免除执行无关，针对执行犹豫期限届满前未确定的状态，当然不能够言及刑的执行终了和免除。①

---

① 　金日秀，韩国刑法Ⅱ，648；朴相基，498 页；裴钟大，723 页。

4. 结论

肯定说是妥当性的。限制肯定说（余罪说）在扩大执行犹豫的适用范围这一点上，与历来的判例或多数说相比具有着优点。然而，为何进行区别对待，唯独在有余罪的情况下才能够再次宣告执行犹豫，是存在疑问的。当考虑执行犹豫制度具有缓和刑罚与保安处分之执行的第三维度的性质时，为防止自由刑的固有弊端，并有利于实现为被告人再社会化的特别预防性刑事政策的目的，广泛允许在执行犹豫期间上再次适用执行犹豫是妥当的。

其结果，即使在韩国刑法第62条1项但书规定的解释论上，也能够认为在执行犹豫期限内再次宣告执行犹豫判决是可能的。这是因为，如果将"被宣告禁锢以上之刑罚，在其执行终了或被免除后"这一规定进行有利于被告人的目的论的限制解释，至少执行犹豫判决与执行终了或执行免除的效果是无任何关联的，所以能够得出如下结论：只有在被宣告排除执行犹豫的禁锢以上之实刑的情况中，再次作出执行犹豫判决，才是不可能的。

而且，改正刑法第63条将执行犹豫的失效要件规定为："针对在犹豫期间基于故意所犯之罪，宣告禁锢以上之实刑"。这可以解释为，针对在犹豫期间基于故意所犯之罪，被宣告禁锢以上之实刑时，先前的执行犹豫将失效；如果不是这种情况，即被宣告罚金刑或自由刑的执行犹豫时，其当然不失效。因此，依据改正刑法的解释，在执行犹豫期间不仅自由刑的实刑之宣告，执行犹豫的宣告也是可能的。

5. 改善策略

在立法论上谋求解决更广的再次作出执行犹豫判决的可能要比解释论更合理一些。以前的刑法针对受到刑之宣告的人规定不论其刑期的长短一律在5年内不得再次宣告执行犹豫，但这受到了在刑事政策上不合理的批判。这是因为，虽然被判实刑的人在罪质、犯罪情节上重于被判执行犹豫的人，因而在这点上有必要进行区别对待，但在之后的5年内一律不允许进行执行犹豫是不合理的。虽然根据刑期的长短考虑执行犹豫禁止期限的区别化也是一种方法，[①] 但改正刑法将其期限缩短为3年（第62条1项但书）。

基于所谓特定暴力犯罪（杀人罪、掠取·诱引罪、特殊强奸罪、特殊强盗罪等）被宣告刑罚，在其执行终了或被免除后未满10年的人再次

---

① 　朴相基，498页。

实施特定暴力犯罪时，关于处罚特定暴力犯罪的特例法第 5 条规定禁止宣告执行犹豫。这在目前的时点上是有必要作出改正的条款。

（五）部分执行犹豫判决是否可能

1. 问题的提出

大法院于 1997 年 4 月针对执行犹豫的要件（第 62 条）提出了如下议案：即使对于宣告刑的一部分也能够判处 1 年以上 5 年以下期限的刑之执行犹豫，而且犹豫期限应为宣告刑的 1/2 以上。针对此议案出现了肯定说与否定说之争。

2. 肯定说

是肯定部分执行犹豫制度的立场。大法院举出的论据如下：

（1）在实刑与执行犹豫的两极端中间，进行弹性的量刑是可能的。

（2）可以避免因不羁押裁判原则的扩大而导致的刑罚权弱化的误解，还可以纠正执行犹豫便是无罪这种一般人的不正确认识，进而达到一般预防效果。

3. 否定说

是否定部分执行犹豫制度的立场。法务部的反对论据如下：

（1）有违反执行犹豫的根本旨趣，进而有招致短期自由刑弊端之嫌。

（2）与假释放制度相重复，进而有弱化既存假释放制度矫正效果之嫌。

（3）具有深化量刑不均衡，因量刑的向下平均化或短期自由刑的泛滥而阻碍法的稳定性之嫌。

4. 结论

最近，韩国司法制度产生了诸多变化。因刑事诉讼法的改正而导入的逮捕制度、拘留前嫌疑者审问制度都忠实地反映了人身保护令状制度。不仅如此，司法惯行也转向不羁押裁判原则进而在令状实质审查制中表现出较高的令状驳回率。

然而，不羁押裁判原则也存在很多副作用。法院过多的令状驳回、执行犹豫的泛滥、量刑向下平均化等，在司法稳定主义的照耀之下，则更容易使再犯、累犯、青少年犯罪的增加。这种指摘也是实情。

新制度的引入，应该在具有一贯性的刑事政策和刑法政策的观点下进行。在片面的受容特定制度有招致不信赖司法的危险这点上，有必要加以慎重。

部分执行犹豫制度只有法国在施行，德国、英国、美国、日本则以防止短期自由刑之弊端或与假释放制度相重复等理由，没有施行该制度。改正刑法也没有引入该制度。

> 《参考》在美国施行的震慑式缓刑（shock probation）或（震慑式监禁）shock incarceration 制度是针对实刑服役者进行一定期限的矫正效果的观察，进而以保护观察为条件暂缓执行余刑或在特殊矫正设施中结束刑期的制度。这与韩国的假释放制度相类似。

四、负担附条件

在刑罚的执行犹豫的情况下，可命令实施保护观察或者社会服务或受训（第 62 条之 2 第 1 项①）。作为执行犹豫的条件，负担附条件的处分是为了执行犹豫能够获得再社会化目的的实效而在改正刑法中新增设的措施。这三种负担附条件处分是相互选择性的，也是任意性的处分。

> 【判例】既然刑法第 62 条之 2 第 1 项规定了"在刑之执行犹豫的情况下，可命令实施保护观察或者命令实施社会服务或受训"，那么根据文理的解释，是可以各自独立的命令实施保护观察或社会服务，而不是不能同时命令实施两者的旨趣。既然少年法第 32 条第 3 项、关于性暴力犯罪之处罚及被害者保护等的法律第 16 条第 2 项、关于家庭暴力犯罪之处罚等的特例法第 40 条第 1 项等中，明确规定了可以同时命令实施保护观察和社会服务，那么综合考虑如下情况，即与依据一般刑法命令实施保护观察和社会服务的情况相比没有特别进行区别对待的理由，即使从制度的旨趣上来看，为促进犯罪人的社会复归、提高预防犯罪的效率，也具有并科两者的必要性等情况时，在根据刑法第 62 条宣告执行犹豫的情况，可以同时命令实施基于刑法第 62 条之 2 第 1 项所规定的保护观察和社会服务或受训（大法院判决 1998 年 4 月 24 日，98 DO 98）。

---

① 韩国刑法第 62 条之 2 规定（保护观察、社会服务、受训命令）：①在刑之执行犹豫的情况下，可命令实施保护观察或者命令实施社会服务或受训。②依据第 1 项规定之保护观察的期限，为执行犹豫的期限。但，法院可在犹豫期限内决定保护观察的期限。③在执行犹豫期限内执行社会服务命令或受训命令。——译者注

（一）保护观察

一般来说，保护观察是指在被判有罪的犯人中把被认为比起设施内处遇更有必要进行社会内处遇的人委托给特定人，进而通过对其行为状况的指导、监督、援护不致使其再犯罪并能够正常复归于社会的制度。

目前为止，韩国主要有两种保护观察，即适用于少年犯的少年法及关于保护观察等的法律中的保护观察（关于保护观察等法律第 3 条，少年法第 32 条 1 项 2 号、3 号），和适用于受到社会保护法上的保护监护处分与治疗监护处分而假出狱或被委托的人的社会保护法上的保护观察（社会保护法第 10 条、第 11 条）。然而，作为本条新增设的内容，曾经仅适用于少年犯的保护观察也将能够适用于成人犯罪者。

保护观察制度可以根据其前提是刑的宣告犹豫或者执行犹豫还是假释放或者假出狱分为指导·援护制度（probation）和指导·监督制度（parole supervision）。虽然韩国保护观察法上的保护处分包含有上述两种制度（关于保护观察等法律第 3 条），但本条中的保护观察仅指前者的probation。与其说作为执行犹豫的负担附条件处分的保护观察是独立的刑罚或保安处分的一种，不如说是附属于执行犹豫的具有负担性质的刑事措施。保护观察的期限原则上以执行犹豫的期限为准，但法院可以在犹豫期限范围内另行设定保护观察的期限（第 62 条之 2 第 2 项）。

在保护观察制度中，接受指导、监督、援护之委托的特定委托人有作为国家公务员的保护观察官和作为一般人的犯罪预防自愿服务委员（关于保护观察等法律第 16 条，第 18 条以下）。既然保护观察制度是社会内处遇，国家机关与一般人的协作就显得格外重要。在这里，作为国家公务员的保护观察官必须是具备刑事政策学，行刑学，犯罪学，社会事业学，教育学，心理学及其他保护观察所必要的专业性知识的专门职业人（关于保护观察等法律第 16 条）。作为一般人的犯罪预防自愿服务委员作为实施犯罪预防活动、为支援保护观察活动和改造保护事业的社会服务人员（social worker），是法务部长官委任的人（关于保护观察等法律第 18 条）。

说保护观察的胜败取决于这种业务从事者们的爱心、服务社会的热情、健康的活动力和作为专家的见识、资质也不为过。因此，为提高保护观察制度的实效性，应该为培养保护观察人士和扩大其基础而实施共同体的持续性教育投资。

（二）社会服务命令

社会服务命令（community service order）是指命令受到有罪判决的犯人实施对社会有益的活动或提供给付进而替代自由刑的执行，并以此象征性的补偿自身的罪责，促进正常的社会复归的制度。

该制度在目前的各国刑事立法中作为新的刑事政策程序，以一种替代自由刑的独立的刑罚（英国）或者未缴纳罚金时的替代刑罚（德国）或者作为起诉犹豫、宣告犹豫、执行犹豫、假释放的负担附条件被科处的附随的刑事措施的形式被广泛适用着。率先适用该制度的国家是英国。1970年英国刑罚制度咨询委员会制作了《社会内处遇和中间处遇》的报告书，在此报告书中作为一个环节讨论了该制度的引入问题，并于 1972 年纳入到《刑事裁判法》中。英国在把该项制度立法化之后，以伦敦保护观察所等 6 个地域为对象进行了 2 年以上的试点观察，并于 1975 年向全国推广。

法国以 1981 年 8 月 4 日的关于赦免之扩大的法律及 1981 年 10 月 9 日的死刑废止法律的制定开始了令世人瞩目的刑法改革，并于 1983 年 6 月 10 日在刑法中引入了以日数罚金制及公益劳动履行义务为内容的社会服务命令制度。德国于 1975 年在刑法施行法中引入了该制度，进而针对未缴纳罚金者在执行劳役场留置之前科处其实施公益劳动，并以此酬金充当未缴纳的罚金。而且，在刑法和刑事诉讼法中作为起诉犹豫或宣告犹豫、执行犹豫的负担附条件，也能够科处社会服务命令。

在韩国，根据 1988 年 12 月 31 日改正的少年法，针对受到保护观察处分的 16 岁以上的少年可以科处受训命令或社会服务命令，是该项制度的开始（少年法第 32 条 3 项）。作为本条新增设的内容，该制度还将广泛适用于受到执行犹豫判决的成年犯罪人上。韩国社会服务命令制的特色在于，其不是独立的刑罚或替代刑，而是作为执行犹豫附随条件的负担的刑事措施。社会服务命令是在执行犹豫期间被执行的（第 62 条之 2 第 3 项）。

关于社会服务程序的内容与执行程序，在保护观察法或行刑法及特别法中有另行的具体规定。社会服务命令可在 500 小时以内由法院指定领域和场所等（关于保护观察等法律第 59 条），原则上由保护观察官对其进行执行（同法第 61 条 1 项）。作为该程序的内容有：自然保护活动，在公共游乐园等进行劳动服务活动，在公共医疗、疗养设施或公共图书馆等中进行服务活动，在故宫等中进行向导服务，在公共道路维修工程等中进行劳动服务等。在国外的立法例或刑事政策的议论中，有时还会包括性处理或以结合的形态处理社会服务命令制与针对被害人的原状恢复制度（victim restitution）。①

（三）受训命令

受训命令，是指命令受到有罪判决的犯人替代自由刑的执行在指定的社会教育、教化设施中接受一定期限的讲义或学习，进而开发人性、矫正人格行为，促进正常的社会复归的制度。

该制度原本作为针对少年犯的善导条件附起诉犹豫处分的负担附条件处分由检察官实施，但在 1988 年 12 月 31 日改正的少年法中却规定，其可以与社会服务命令选择性的适用于受到保护观察处分的 16 岁以上的少年，因而之后其执行就委任给了保护观察官。受到短期保护观察的少年应该在 50 小时内，受到一般保护观察的少年则应该在 200 小时内履行受训命令或社会服务命令（少年法第 33 条 4 项）。

作为本条新增设的内容，该制度将扩大适用到受到执行犹豫判决的成人犯罪者上。应该在执行犹豫期限内执行受训命令（第 62 条之 2 第 3 项），在 200 小时以内可由法院指定领域和场所等（关于保护观察等法律第 59 条），原则上由保护观察官执行（同法第 61 条 1 项）。

该制度也能够像保护观察处分或社会服务命令一样，作为脱离报应性刑事政策的一个环节促进刑事制裁的自由化、人性化和合理化的实现。把着眼点放在行为人的改善和再社会化的 1960 年代的再社会化进程在受到既没有克服矫正观念也没有实质的促进犯罪问题的解决这种批判的过程中，刑事政策家们在社会统合性的积极的一般预防思想中找到了新的突破口，在这种夹缝中从 1980 年代之后原状恢复制度和作为刑罚替代案的社会服务命令等开始受到了关注。

韩国改正刑法并没有将保护观察、社会服务命令或受训命令作为刑罚的替代案加以接受，但将其作为执行犹豫制度的条件加以立法化是进　步提高作为刑法第 3 维度的犹豫制度所具有的针对刑罚或保安处分的独立意义的一种措施。然而，如果要想提高受训命令制度的实效性，那么在社会基础上必须要扩大为了受到此负担处分之人的社会教育、教化设施及教育或教化的机会。

---

① 参照金日秀，《关于刑法上原状恢复制度的刑事政策性机能与效用的研究》，省谷论丛第 21 辑，587 页。

五、执行犹豫的效果

执行犹豫期限是在 1 年以上 5 年以下的范围内基于法院的裁量进行确定，但通常要长于判决主文中所宣告的刑期。虽然不允许对一个刑罚的一部分进行执行犹豫，但对刑罚进行并科时，则可以对其一部分进行执行犹豫（第 62 条 2 项）。宣告执行犹豫之后，犹豫期限届满且其宣告没有失效或者没有被取消的，刑罚的宣告即失效（第 65 条）。因此，不仅将免除刑罚的执行，而且也成为当初就不存在刑罚的宣告。然而，并不意味着曾经受到刑罚之宣告的既往事实也不存在（大法院判决 1983 年 4 月 2 日，83 MO 8），而且仍然保留有因刑之宣告而发生的迄今为止的法律效果。

【判例】 宣告执行犹豫之后，执行犹豫期限届满且其宣告没有失效或被取消的，根据刑法第 65 条的规定，刑罚之宣告即失效。像这样，在因执行犹豫期限届满而丧失刑罚之宣告的效力之后，即使发现有刑法第 62 条但书中所规定的事由，也不能因此为理由取消执行犹豫。依然产生执行犹豫期限届满的效果（大法院判决 1999 年 1 月 12 日，98 MO 151）。

六、执行犹豫的失效与取消

（一）执行犹豫的失效

被宣告执行犹豫者，在执行犹豫期间又因故意犯罪被判禁锢以上之刑罚并经判决确定的，执行犹豫的宣告即失效（第 63 条）。因此，成为审判对象的犯罪是在执行犹豫期间之前实施的情况，过失犯罪的情况，针对成为审判对象的犯罪宣告比禁锢以上之实刑还要低的刑罚或执行犹豫等的情况，执行犹豫并不失效。而且，在执行犹豫期限届满之后被宣告禁锢以上之实刑，进而被"确定"的情况中也是相同的。如果执行犹豫失效，执行犹豫就将失去效力，并执行所宣告的刑罚。

（二）执行犹豫的取消

被宣告执行犹豫之后，当发现是被宣告禁锢以上之刑罚且其执行终了或被免除后未满 3 年的人时（第 62 条但书），将取消执行犹豫的宣告（第 64 条 1 项）。以此为理由的执行犹豫之取消不是任意的而是必要的。

与此相对，接受保护观察或社会服务或受训之命令的执行犹豫者，在违反遵守事项或命令且其程度严重时，也可以取消执行犹豫的宣告（第64条2项）。以此为理由的执行犹豫之取消则是任意的。执行犹豫一旦被取消，将执行犹豫之刑。

然而，有见解认为，执行犹豫的必要取消之规定（第64条1项）不仅违反一事不再理原则和保障被告人拒绝陈述权的宪法，而且还违背刑事诉讼法上的举证责任原则。从再社会化刑法的特别预防之优先观点上来看，执行犹豫的取消制度未必是与这种刑事政策的方向保持一致的。从立法论上来看，对此进行废止也是可以的。

第二节 宣 告 犹 豫

一、序说

（一）意义

宣告犹豫（the conditional release, Verwarnung mit Strafvorbehalt）是指针对犯罪情节轻微的犯罪人在一定期限内暂缓宣告刑罚，且其犹豫期限在无特定事由的情况下届满时，将视为免诉的制度（第59条）。这由于没有给被告人留下受到处罚的污点，所以有利于实现促进被告人复归社会的特别预防之目的。

（二）法的性质

宣告犹豫在技术层面上是既非刑罚也非保安处分的独立的第三刑事制裁手段。关于宣告犹豫的法的性质存在多种观点的聚讼，如认为宣告犹豫是与刑罚相类似的刑事法的制裁，也有认为是具有与保安处分相类似性质的固有种类的刑法制裁手段，也有认为与少年法上的惩戒手段相类似，也有认为是对仅限于自由刑的执行犹豫的补充，也有认为是固有的法制度，也有认为是位于执行犹豫和刑罚免除之间的法制度，也有认为最类似于第3维度等。

二、宣告犹豫的沿革

宣告犹豫起源于1842年英国的附条件释放的惯习中。之后，美国的马萨诸塞州于1878年率先宣布此制度以来，1962年美国模范刑法典第六章第 2 条中也引入了该制度。然而，此宣告犹豫制度是与执行犹豫、假释放等一起被作为保护观察的一种类型发展起来的。在德国，是在保留刑罚的警告（Verwarnung mit Strafvorbehalt）这一题目下的条文（德国刑法第 59 条）中规定此制度的，并且仅适用于罚金刑。韩国旧刑法中并没有此制度，但现行刑法在第 59 条至第 61 条中规定了该制度。

三、宣告犹豫的要件（第 59 条 1 项①）

（一）被宣告一年以下惩役或禁锢、资格停止或者罚金之刑罚

在韩国刑法中，不仅对于罚金刑，而且在被宣告一年以下自由刑和资格停止的情况下也可以适用宣告犹豫，因而要比德国的情况扩大了其适用范围。

由于可以适用宣告犹豫的刑罚意味着包括主刑和附加刑在内的全部处断刑，所以在对主刑适用宣告犹豫时，对没收或追征也可以适用宣告犹豫（大法院判决 1980 年 3 月 11 日，77 DO 2027），但如果没有对主刑适用宣告犹豫，就不能只对附加于此的追征适用宣告犹豫（大法院判决 1979 年 4 月 10 日，78 DO 3098）。

然而，在对刑罚进行并科时，可以对其一部分或全部适用宣告犹豫（第 52 条 2 项），因此可以在并科惩役刑和罚金刑的同时只对其中的一方适用宣告犹豫，或者可以对惩役刑适用执行犹豫，对罚金刑适用宣告犹豫（大法院判决 1976 年 6 月 8 日，74 DO 1266）。

【判例1】　对主刑适用宣告犹豫时，也可以对作为附加刑的没收或替代没收的具有附加刑性质的追征适用宣告犹豫。（大法院判决 1980 年 3 月 11 日，77 DO 2027）

【判例2】　替代没收的追征具有附加刑性质，所以对其主刑适用宣告犹豫时，对其所附加的追征也可以适用宣告犹豫。然而，如果对其主刑没有适用宣告犹豫，就不能只对附加于此的追征适用宣告犹豫（大法院判决 1979 年 4 月 10 日，78 DO 3098）。

---

① 韩国刑法第 59 条 1 项（宣告犹豫的要件）规定：在被宣告 1 年以下惩役或禁锢、资格停止或者罚金之刑罚的情况中，参酌第 51 条之事项，悔改情状显著时，可进行宣告犹豫。但，曾被判资格停止以上之刑罚的前科者除外。——译者注

【判例3】　根据刑法第59条1项的规定，惩役刑或禁锢刑只限于在其宣告刑为1年以下时，才可以适用宣告犹豫，但针对其罚金刑并没有作出任何的限定。而且，根据该条第2项，在对刑罚进行并科时，也可以对其一部分或全部适用宣告犹豫。作为适用于本事件之特别法的食品卫生法中，并没有规定排除适用刑法第59条的规定，而且也没有在对罚金进行并科时不能对其罚金刑适用宣告犹豫的法律根据。因此，在对被告人进行惩役刑和罚金刑的并科时，对惩役刑适用执行犹豫，对罚金刑适用宣告犹豫是妥当的。（大法院判决1976年6月8日，74 DO 1266）

【判例4】　以斡旋从国家报勋处产下的报勋福利团体那里争取到投资的名目接受了5千万元的定期存款证书。在对主刑之惩役刑适用宣告犹豫时，也能够宣告追征。因此，针对律师法违反行为的惩役刑适用宣告犹豫的同时，宣告追征5千万元的原审判决是妥当的（大法院判决1990年4月27日，89 DO 2291）。

【判例5】　在针对轻犯罪处罚法违反罪的即决审判中，宣告了对拘留3日刑适用宣告犹豫的即决审判。刑法第59条1项规定，宣告1年以下的惩役或禁锢、资格停止或者罚金之刑罚时，可参酌的刑法第51条的事项，悔改情状显著时可以适用宣告犹豫。因此，对刑罚适用宣告犹豫时，由于被宣告之刑仅限于1年以下的惩役或禁锢、资格停止或者罚金刑的情况，所以对拘留刑不能适用宣告犹豫（大法院判决1993年6月22日，93 WO 1）。

（二）悔改情状显著

悔改情状显著的认定，应该以判决宣告时为标准，即使对行为人不宣告刑罚也能够认定没有再犯的危险性。其判断标准是刑法第51条规定的量刑条件。

（三）没有被判资格停止以上之刑罚的前科

宣告犹豫作为现行刑法上最轻的有罪判决，意味着只能适用于再犯危险性最低的初犯者。

四、负担附条件

在对刑罚适用宣告犹豫的情况下，为防止再犯有必要进行指导或援护时，可命令其接受保护观察（第 59 条之 2 第 1 项）。关于保护观察的意义，与在执行犹豫中所说明的情况相同。与执行犹豫的情况不同，只把保护观察作为负担附条件处分，是因为宣告犹豫中需要在象征意义上通过努力偿还的罪责是极其微小的。

保护观察的期限为 1 年（第 59 条之 2 第 2 项）。

五、宣告犹豫的效果

是否判决宣告犹豫取决于法院的裁量。由于宣告犹豫也是一种有罪判决，所以必须要在确定其犯罪事实和所要宣告的刑罚之后，才能够作出。自接受刑之宣告犹豫之日起满 2 年，便可视为免诉（第 60 条）。

这里所说的免诉是与无罪相区别的。无罪判决是在公诉事实不构成犯罪或无犯罪事实之证明时，进行宣告的；而免诉的审判是在尽管成立犯罪但因存在刑罚权消灭的原因而否定刑罚权的存在时，进行宣告的。

六、宣告犹豫的失效

受到宣告犹豫之判决者，在犹豫期间又被判资格停止以上之刑罚或者资格停止以上之刑罚的前科被发现时，将宣告犹豫的刑罚（第 61 条 1 项）。以此为理由的宣告犹豫的失效不是任意的而是必要的。与此相对，接受保护观察之命令的宣告犹豫者，在保护观察期间违反遵守事项且其程度严重时，则可以宣告犹豫的余刑（第 61 条 2 项）。以此为理由的宣告犹豫之失效则是任意的。

犹豫之刑的宣告，则根据检察官的请求由对其犯罪事实作出最终判决的法院作出（刑诉法第 336 条）。对此存在与执行犹豫情况相同的批判。

第七章 刑罚的执行

第一节 刑罚执行的意义

刑罚的执行是在宣告刑被确定之后，作为对此现实的实现过程将刑法进行具体化、现实化的阶段。法治国家的刑法观与刑法的任务以及尊重人的精神即使在行刑阶段上也不失重要意义，而且会更加具体。具有人间面貌的刑法与将个人的自由、尊严性作为最上位根本规范的法治国家并不将在行刑阶段中对受到有罪判决的行为人施加与罪责相应的惩戒作为主要任务，反而将焦点放在犯罪人人格的再生与社会复归上。因此，比起报应或消极的一般预防的观点，更加关注特别预防的观点。

然而，刑法只规定了关于此的基本方法（第 66～71 条），关于执行刑罚程序的其他详细内容，则由刑事诉讼法（第 459 条以下）与行刑法进行了规定。假释放的情况也是在自由刑的执行中在一定规制下允许经营社会生活从而使其努力致力于社会复归的制度，因此其也具有刑执行作用。

一般而言，在行刑程序中强调为犯人之社会复归的再社会化的特别预防性刑罚目的。为犯人的社会化与自我化，将动员诸多行刑制度上的手段进而为有助于其改过迁善的特别目的服务。

然而，如果在因又高又厚的砖墙而与社会的隔离、基于受刑番号的划一处遇而产生的犯人个性的丧失、因独居拘禁而导致的严重的孤立化现象、共同监房的情况中被表现为一种下位文化（Subkultur）的受刑者相互间促进犯罪的恶影响、无期受刑者所感受到的比死亡更加沉重的期待与希望的丧失、因剥夺自由而导致的自由的学习机会的匮乏等行刑的现实中，面对任何人都无法否认的彻底的非社会化、非自我化的无可争辩的事实的话，行刑中的再社会化的刑罚目的也只不过是在彼岸世界中才能够实现的空虚的理想而已。

因此，重要的问题是，如何在行刑理论与实践中克服这种乖离现象。

第二节　假释放

一、序说

（一）意义

假释放（Aussetzung des Strafrestes，Bedingte Entlassung）是指正在执行自由刑的人通过受刑生活有显著的教化改善时，在刑期届满前附条件的释放受刑者，在其没有被取消或失效的经过一定期限时，就视为刑罚执行终了的制度（第72～76条）。即假释放是在执行刑罚过程中有明显悔改表现时，因为已经充分实现了刑罚的目的，所以提前实施受刑者的社会复归，也是为促求行刑过程中受刑者的更生（再生）与奋发的制度。

假释放能够补充在全然没有考虑受刑者的悔改程度或再社会化程度的情况下执行事先确定的刑罚的定期刑制度的缺陷，进而实现执行中的具体的妥当性。

（二）法的性质

现行刑法上的假释放是基于法务部长官的行政处分释放受刑者，所以法的性质是刑执行作用。然而，从假释放制度的实效性之确保及刑法实现中的法的稳定性这一层面上来看，有必要像英美及欧洲各国那样将保护观察等的保安处分嫁接于此，对此的处分也应该移至司法机关。

改正刑法基于这种认识作为假释放的条件引进了保护观察制度，但对其的处分仍旧委任给了行政官厅。

二、沿革

假释放制度由来于1800年曾是英国殖民地的澳大利亚以流刑中的犯人留在岛内为条件发放假出狱许可状（ticket of leave）并进行释放的惯行中。此制度经过英国、美国于1862年被德国萨克森（Sachsen）采用后，迅速传播到欧洲各国。韩国旧刑法在第28条至第30条中在假释放题目下进行了规定，现行刑法则在第72条以下中对此进行了规定。

三、假释放的要件

（一）正在执行惩役或禁锢中的人，无期需经过 10 年、有期需经过刑期的 1/3

假释放只适用于正在执行惩役或禁锢中的人。然而，问题是没有缴纳罚金而被留置于劳役场的情况，能否适用假释放。有见解以不能对罚金刑适用假释放为理由对此进行了否定，然而劳役场留置不过是替代自由刑而已，而且比起被判自由刑的人也没有理由区别对待被判罚金刑的人，所以即使在这种情况中也应该适用假释放。

无期的情况需经过 10 年，有期的情况需经过刑期的 1/3。这时，刑期是宣告刑，基于赦免等被减刑时，以被减刑的刑期为准。在计算上述期限时，被计算在刑期内的未决拘禁日数将计算在已被执行的刑期内（第73 条 1 项）。

问题是，宣告数个独立的自由刑时，是分离各刑进行期限的计算还是对此进行综合计算。有显著悔改之心时，应该尽量提前受刑者的社会复归，进而为取得特别预防的效果将数个刑罚进行综合后判断假释放的要件是妥当的。

（二）行为状况良好、悔改之心明显

必须能够预测即使针对受刑者不执行余刑，也没有再犯的危险性。对此的判断应该以单纯的特别预防的观点为基准，而且应该参酌在监狱内的纪律遵守、生活态度等。

（三）如有罚金或科料的并科时，应缴清其金额

但是，判决宣告前与罚金或科料有关的计入留置期限内的拘禁日数，视为缴纳了与此相当的金额（第73 条 2 项）。

四、假释放的期限及保护观察

假释放的期限，无期刑是 10 年、有期刑是剩余刑期但其期限不得超过 10 年（第73 条之 2 第 1 项）。改正前的刑法是在假释放的效果（第76条 1 项）中对此间接进行的规定，但改正刑法新增设了上述条款并直接明示了假释放的期限。

被假释放的人在假释放期间要接受保护观察（第73 条之 2 第 2 项本

文）。这是因为，作为为假释放者的再犯防止和社会复归的体系性的社会内处遇，最小限度的保护观察是必要的。但是，许可假释放的行政官厅认为不必要时，不在此限（第73条之2第2项但书）。

适用于假释放者的保护观察是与宣告犹豫、执行犹豫中的保护观察（probation）的性质不同的作为指导·监督的保护观察（parole supervision）。

五、假释放的效果

接受假释放的处分之后，假释放期限（无期刑为10年、有期刑为剩余刑期）届满且其处分没有失效或被取消的，视为刑罚执行终了（第76条1项）。这时，仅仅是刑罚执行终了而已，并不丧失有罪判决自身的效力。

六、假释放的失效与取消

（一）假释放的失效

在假释放中，被宣告禁锢以上之刑罚且其判决确定的，假释放处分失去效力。但是，因过失之罪被宣告刑罚的，不在此限（第74条）。

（二）假释放的取消

受到假释放处分的人违背关于监视的规则，或者违反保护观察的遵守事项且其违反程度严重的，可以取消假释放处分（第75条）。被假释放的人在假释放期间应该实施善行、正常就业，并且遵守其他法令所规定的假释放者应该遵守的事项（行刑法施行令第157条）。然而，被假释放者违背这些监视规则时，或者违反保护观察的遵守事项且其程度严重时，则可以由法务部长官基于裁量取消假释放。

（三）假释放的失效及取消的效果

假释放一旦失效或被取消，就将执行假释放当时的剩余刑期的刑罚。这时，自假释放翌日起至因失效或被取消而被拘禁的前日为止的假释放日数，不计入刑期内（第76条2项）。

第八章　刑罚的时效、消灭、期限

第一节　刑罚的时效

一、意义

刑罚的时效（Vollstreckungsverjährung）是指宣告刑罚的判决确定之后未被执行刑罚，在法律规定的一定期限届满便免除执行。刑罚的时效在其是消灭已经确定的刑罚的执行权这点上，是与消灭作为未确定之刑罚权的公诉权的公诉时效相区别的。

刑罚时效制度的意义在于，随着时间的流逝通过刑罚的宣告及执行所能够获得的社会规范意识的要求将被减少，并且试图尊重和维持一定期间内所持续的平稳状态。

二、时效期限

刑罚的时效在宣告刑罚的判决确定后而未被执行刑罚的情况下，经过一定的期限便终了。未被执行是指因被判刑罚之人的脱逃或逃跑等原因致使合法的执行成为不可能的状态。在监狱中基于合法的执行或等待执行的状态所经过的时间并不符合于此。因此，死刑犯即使以未决拘禁状态被拘禁在监狱内 30 年以上，刑罚的时效也不会终了。其期限是：① 死刑为 30 年，② 无期惩役或禁锢为 20 年，③ 10 年以上的惩役或禁锢为 15 年，④ 3 年以上的惩役或禁锢或者 10 年以上的资格停止为 10 年，⑤ 不满 3 年的惩役或禁锢或者 5 年以上的资格停止为 5 年，⑥ 不满 5 年以上的资格停止、罚金、没收或追征为 3 年，⑦ 拘留或者科料为 1 年（第 78 条）。

时效的开始日为判决确定之日，终了于其最后一日的 24 时（通说）。然而，死刑及自由刑的时效开始日，更为严格来讲如果是在受刑者的未拘禁状态中确定刑罚的，应该是判决确定之日；如果是在拘禁状态中确定刑罚的，应该是在判决确定日之后现实的引起其执行不能状态之日。

三、时效的效果

时效期限届满，据此将免除被宣告之刑的执行（第 77 条）。

四、时效的停止与中断

（一）时效的停止

时效在刑之执行的犹豫或停止或者假释放及其他无法执行的期间，停止进行（第 79 条）。"其他无法执行的期间"是指因天灾、地变及其他事变而无法执行刑罚的期间，接受刑罚宣告之人的逃跑或行踪不明的期间不在此限。时效停止的特色在于自停止事由消失起，开始计算剩余时效期限。

（二）时效的中断

时效在死刑、惩役、禁锢、拘留中因逮捕受刑者而中断，在罚金、科料、没收、追征中因强制处分的开始而中断（第 80 条）。因此，在罚金刑的情况中，扣押对象物的价额不足以清偿执行费用因而无法执行时，也将中断时效。中断时效的特色在于，已经经过的时效的效果因回溯到时效开始时而丧失。

【判例】　　1986 年 4 月被告人因违反特定犯罪加重处罚法而被判 2 年零 6 个月的惩役及 4 千万元的罚金，并于 1986 年 12 月确定判决。而且，在此判决确定之日起开始计算，经过罚金刑 3 年时效期限的 1990 年 11 月才被执行罚金刑。然而，1989 年 12 月为执行所确定的罚金刑，执行官基于检察官的执行命令开始了执行。如果是这样，根据刑法第 80 条将中断罚金刑的时效。这时，即使以扣押物除支付执行费用外无任何多余金额为理由而导致无法执行，也不消灭已经发生的时效中断的效力。因此，针对罚金刑的未缴纳者可以根据刑事诉讼法第 492 条执行劳役场留置（大法院判决 1992 年 12 月 28 日，92 MO 39）。

第二节　刑罚的消灭、失效、复权、赦免

一、刑罚的消灭

刑罚的消灭是指消灭基于有罪判决的确定而发生的刑罚执行权的制度。因此，是与消灭检察官刑罚请求权的公诉权之消灭相区别的。

消灭刑罚执行权的原因有，刑罚执行的终了、假释放期限的届满、刑罚执行的免除、时效终了、犯人的死亡等。尤其是执行犹豫期限的届满，不仅免除执行而且还消灭刑罚的宣告。在犯人死亡的情况，也因刑罚的一身专属性而消灭刑罚的执行权。然而，罚金刑或没收的情况中存在着特例（刑诉法第 478 条、第 479 条①）。

二、刑罚的失效及复权

（一）制度上的意义

即使刑罚被消灭，也因残留的前科事实而原本保留有刑之宣告的法律上的效果。据此，能够产生诸多资格上的限制或社会生活上的不便。因此，抹消前科事实、恢复资格进而促进其复归社会是刑事政策的要求。现行刑法作为此项制度规定了"刑罚的失效"（第 81 条）与"复权"（第 82 条）。此外，实现相同目的的规定还有基于国家元首的赦免（宪法第 79 条、赦免法）。

（二）刑罚的失效

1. 裁判上的失效

惩役或禁锢执行终了或其执行被免除者在赔偿被害人损害后未再被判资格停止以上之刑罚经过 7 年的，根据本人或检察官的申请，可以宣告其裁判失效（第 81 条）。因此，失效的对象仅限于惩役或禁锢刑，而且并

---

①　韩国刑诉法第 478 条规定：没收或者依据有关租税、专卖及其他课征的法令而裁判的罚金或追征，在受此裁判的人在裁判确定后死亡时，可执行其继承财产。

韩国刑诉法第 479 条规定：对法人命令罚金、科料、没收、追征、诉讼费用或赔偿费用的情况下，在其裁判确定后法人因合并被消灭时，可以对合并后存续的法人或因合并而设立的法人进行执行。——译者注

不是经过一定期限就自动失效，而是只有依据裁判才能够失效。一旦裁判被确定，之后的刑之宣告的法律效果就将被消灭。

【判例1】　刑法第81条的刑罚失效的宣告是消灭指向未来的刑之宣告的法律效果的旨趣，而不是甚至抹消以往的事实本身。而且，也不是溯及的恢复资格（大法院判决1974年5月14日，74 NU 2）。

【判例2】　1975年7月因毁损名誉罪而被判3个月惩役的刑罚执行终了，1981年7月又因私文书伪造罪被判6个月惩役执行犹豫1年。这显然是在执行终了后7年内又重受到了刑罚的宣告，因而并不具备刑罚失效的要件。这是因为，刑法第65条中的"失去刑之宣告的效力"的含义仅指消灭刑之宣告的法律效果，而不是甚至消灭作出刑之宣告的以往的事实自身。因此，即使在刑罚执行终了之后7年以内受到执行犹豫的判决，且其犹豫期限顺利届满进而满足了7年的要件，也不符合刑法第81条所规定的"未再被判刑罚经过7年"，因而不能宣告刑罚的失效（大法院判决1983年4月2日，83 MO 8）。

2. 关于刑罚失效的法律

关于刑罚失效的法律将刑罚失效的范围扩大到罚金、拘留及科料上，并规定根据刑罚的种类经过一定期限之后或者即时自动的刑罚将失效。即受刑人未再被判资格停止以上之刑罚经过如下期限的，刑罚将失效，即3年以上的惩役或禁锢为10年，3年以下的惩役或禁锢为5年，罚金为2年；拘留或科料（刑罚执行终了或其执行被免除时）的情况，刑罚即时失效（关于刑罚失效等的法律第7条1项）。

（三）复权

被判资格停止者补偿被害人损害后未再被判资格停止以上之刑罚经过停止期限的1/2时，经本人或检察官的申请，可以宣告恢复资格（第82条）。当然，即使复权，也不消灭刑之宣告的效力。复权即使根据赦免法（第3条3号、第6条）也能够作出。本规定的旨趣在于，被判资格停止的人即使其资格停止期限尚未届满，也在一定条件下恢复资格，进而促进圆满的复归社会。

（四）裁判程序

刑罚的失效或复权的宣告应该向与保管有关其事件记录的检察厅相对应的法院提出申请（刑诉法第 337 条 1 项）。接到此申请的法院，作为决定对此进行宣告（同条 2 项）。当然，对于驳回此申请的决定，申请人可以即时抗告（同条 3 项）。

三、赦免

（一）意义

赦免是指放弃刑事追诉及基于确定判决之处罚的制度。这里有广义和狭义两种。广义的赦免（Abolition, Niederschlagung）包括放弃追诉及处罚，而狭义的赦免（Begnadigung）仅指放弃基于确定判决的处罚。前者与一般赦免，后者与特别赦免的法理是相同的。通常所指的赦免是指狭义的赦免。然而，韩国宪法（宪法第 79 条）和赦免法（1948 年 8 月 30 日法律第 2 号）同时规定了两者。

（二）法的性质

赦免具有国家元首的特典及恩典的性质。这也将消灭刑之宣告的效果或追诉权。对于通过刑法的实现来维持和平的共同体秩序来说，仅根据刑罚执行或追诉权的严厉适用是不可能的。反而根据社会环境的变化灵活的适用已经具体化的刑罚权，才能够适应法理念、法价值的实现，缓和法内部的紧张关系。

正如拉德布鲁赫所言，赦免制度是从法外世界照耀进来并能够窥视法世界冰冷阴暗面的亮丽光线，正如奇迹打破自然界规则一样，是在法世界中发生的无法则的奇迹。赦免是溶化冷酷的刑法实现的爱的法律，也是引导在绝望中彷徨的受刑者前途的希望的法律。

然而，当因政治上的得失或廉价的怜悯而导致赦免制度的滥用时，也具有损害关于正义的一般人的健全的法感情、危害法的稳定性的危险。①

---

① 参照金日秀，《法过去清算时代的法的课题》，市民与律师 1996 年 11 月，5 页以下。

（三）目的

赦免的目的有，① 缓和残酷的法执行，② 针对立法或司法之缺陷的救济，③ 针对判决之错误的修正，④ 实现刑事政策性目的。

选举出第 15 任总统之后，基于现任总统与下届总统当选者之间的合意，在国民大调和层面上施行的针对 12·12、5·18 事件关联者们的特别赦免，就不是基于这种刑事政策性目的而是基于政治上的考虑作出的，因此可以说实际上是在滥用总统的赦免权。

（四）种类

1. 一般赦免（Amnestie）

一般赦免是指一般性的放弃针对实施特定犯罪或一般犯罪之人的刑事追诉或处罚的制度。也将此称作大赦。如果是宣告前，公诉权即刻被消灭；如果是宣告后，则丧失宣告的效力（赦免法第 3 条 1 号、第 5 条 1 号）。

2. 特别赦免（Begnadigung）

特别赦免是指针对受到确定判决的受刑者放弃其执行的制度。也将此称作特赦。据此，将失去刑之宣告的效力，产生免除刑之执行的效果（赦免法第 3 条 2 号、第 5 条 2 号）。针对被宣告刑罚执行犹豫的人，可以适用使刑之宣告丧失效力的特别赦免（赦免法第 7 条）。

第三节　刑罚的期限

一、期限的计算

在刑法中依据年或月所规定的期限，并不进行其中的日、时、分、秒的精算，而是依据以年、月为单位进行计算的历法上的计算方法（第 83 条）。这点与根据当事人之间的约定依据历数计算周、月或年之期限的民法上的期限计算方法（民法第 160 条）是不同的。

二、刑期的起算

刑期自判决确定之日起开始计算（第 84 条 1 项）。由于在惩役、禁锢、拘留与留置中未被羁押的日数不计入刑期中（第 84 条 2 项），所以即使判决确定但未被立即羁押的情况或者因在刑罚执行中脱逃等原因而未被羁押的情况，也不计入刑期内。刑罚执行与时效期限的首日，不论时间长短，均以 1 日计算（第 85 条）；释放则在刑期终了之日进行（第 86 条）。法治国家的刑法像这样即使在期限的计算上也为有利于犯罪人的自由而追求惯用与节制上的美。

第九章　保安处分

第一节　序　说

一、意义

保安处分是指因为行为中客观化的行为人将来的危险性，进而为关注行为人的治疗、教育、再社会化的改善和对其进行保安这种社会防卫而科处的刑罚之外的刑事制裁。

随着社会急剧的工业化和城市化，犯罪的质与量也产生了急剧的变化。针对激增的累犯和常习犯，仅以报应的责任刑罚已经不能有效地进行对策。而且，针对欠缺责任能力的精神病患者的社会危险性，为防卫社会的合目的的强制措施也成为必要不可欠缺的要求。尤其对于酒精、毒品中毒者这种改善的、威吓的刑罚无法成为适当方法的人们，也需要新的排除危险的手段。

因此，忽略行为责任为从现存的行为人危险性中防卫社会的合目的的强制措施开始作为刑罚以外的强制手段而被提出来，这些一系列的措施便是现代意义上的保安处分。

二、目的

保安处分的目的正如一般预防与特别预防的目的所揭示的内容那样，在于保护一般人的法益，促进行为人重新复归社会。责任报应的观点无法成为与责任无关联的保安处分的目的。保安处分的核心目的是特别预防。然而，根据各保安处分制度的种类，特别预防目的的种类也会不同。例如，保安监护处分只考虑特别预防的保安目的，相反社会治疗矫正设施内的收容或保护观察处分则主要考虑再社会化目的，中毒治疗设施内的收容或精神病医院内的收容这种治疗监护处分则同时考虑两要素。此外的保安处分如德国的禁止就业或剥夺驾驶执照等也考虑一般预防的威吓效果。

　　关于刑罚目的，当采取预防的折中说时，刑罚与保安处分在其目的上是不存在本质上的差异的。虽然根据保安处分的种类以及实现刑法的各阶段而存在其重点上的差异，但在基本方向是预防性这点上是同一的。因此，刑罚与保安处分并不是依据其目的来区分的（目的一元主义），而是根据其限制进行区分的（限制二元主义）。即保安处分的程度与期限并不是受到责任原则的限制，而是只受到比例性原则的限制。

三、正当化

　　关于保安处分的正当性，基于如下理解提出了诸多立场，如"被处分者内在自由的欠缺"（Welzel, Bockelmann）、"针对行为人社会危险性的紧急避难"（Sax）、"人间自由的社会限制性"（Schönke/Schröder）、"对滥用人间自由的保护剥夺"（Stree）、"对滥用自由的自由限制与对在身体上或精神上存在缺陷之人的治疗处遇"（Jescheck）。

　　然而，在人的内在自由的欠缺或社会限制性中寻求保安处分的正当性时，并没有揭示出保安处分实际是在逾越行为人的责任范围剥夺自由的理由。而且，紧急避难理论所遗留的难点在于，并没有解明即使针对未充足具体的紧急避难成立要件的行为人未来的危险性也要科处保安处分的根据。对在身体上或精神上存在缺陷之人的治疗处遇，也没有令人满意的说明为何要违反被处分者的意思进行强制性的科处。

　　其结果，应该在法益衡量思想中寻求保安处分的正当性。即一个人的自由具有侵害他人自由的高度的盖然性，而且保护他人的自由从整体上来看要比剥夺或限制侵害者的自由具有更重要的意义时，侵害之危险的引起者就不得不忍受对其进行限制的保安处分。在这种观点上，法益衡量原则是能够将强制科处剥夺自由的、改善的保安处分的理由进行正当化的妥当的根据。

　　　在当前，替代执行的原则与针对保安处分的执行犹豫或假释放的原则将排除保安监护处分已经是各国共同的立法例。基于这种特性，很早以前赫尔穆特·麦耶（H. Mayer）就指出"为社会保安的必要性而被剥夺自身自由的人将沦落为他人目的的手段。应该拒绝不具有援护、教育意义的保安处分。因此，将一个人从社会上排除的保安监护处分是刑罚，逾越合法性之界限科处的刑罚是与人类尊严及基督教的博爱思想相违背的"，进而否定了保安监护处分的正当性。

　　　当然，人的尊严性要求排除任何超过责任的刑事制裁。然而，人的尊严性是否具体否定存在于法治国家秩序内的一定制度本身，是存在疑问的。即使是保安监护处分，只要从法益衡量出发在比例性界限内进行科处，也能够从法治国家上进行正当化。只是为从此处分的滥用中保护个人自由，很大程度上在期待限制性的、慎重的实务惯行而已。

第二节 保安处分的前提条件

一、违法行为的存在

违法行为的存在，在刑罚的情况中具有作为其法的根据的意义。然而，在保安处分中，并不是其自身中存在意义，而是只具有作为适用保安处分之准据点的机能而已。

（一）作为保安处分之准据点的意义

即使在保安处分中，也以违法行为的存在为必要。这意味着当存在一定人的一定违法行为事实时，才能够进入刑事事件的范畴，才能够成为对此科处刑事制裁之一种的保安处分的对象。这是因为，在符合构成要件且没有违法行为的情况中，是不能科处刑法上的制裁的。

当然，即使针对没有实施刑法上违法行为的行为人，也存在有必要采取国家性措施的情况，但其却不是刑事司法的使命，而属于行政法上或保护性措施的课题。

（二）作为危险性之法的征表的意义

只有当被处分者的危险性通过违法行为的存在确实性的征表于外部时，才应该科处保安处分。因为如果不是这样，将无法从国家的擅断中保障个人的自由。因此，成为保安处分要件的行为必须是在客观上表示保安处分所要排除的危险性的一定性质的行为，而且在针对行为人的关系上也必须是能够征表其危险性的行为。例如，不能以具有猥亵妇女习癖的异常行为人实施了与这种恶的状态及性癖无关联的财产犯罪为理由而科处收容处分。

二、危险性的存在

保安处分由于是为防止设想将来的行为人对社会的攻击的制度，所以作为保安处分的前提条件行为人必须要具备危险性是保安处分本质上的当然要求。

（一）危险性的概念及程度

危险性是指行为人将来实施由刑罚处罚的行为的危险即再犯的盖然性。行为人的危险性判断与针对过去的行为责任的诊断（Diagnose）相反，必须要以对未来的假定性判断即预测（Prognose）为基础。而且，行为人的状态或性癖与危险性之间还要具备因果关系。

（二）危险性判断的基准

危险性判断是针对行为人的人格及其所实施的行为的综合判断。即不仅要考虑从违法行为自身中开始的结果的危险性，而且还要考虑从行为人的人格中表现出来的危险性。因此，行为人的出身、家庭关系、教育程度、犯罪行为的开始时期与犯罪行为的种类、行为人犯罪之前的社会态度及其职业、行为人的智能与性格、尤其是有无前科与前科的数量及再犯的频繁度等在危险性判断中具有着重要的意义。

（三）危险性判断的时期

由于危险性判断自身不是针对某种确定事实的诊断，而是具有针对未来事实的预测的性质，所以危险性判断的基准时期不是行为时，而必须是宣告或执行保安处分的时期。在关于刑罚与保安处分的关系上采取一元主义或替代主义进而只宣告保安处分或首先执行保安处分的法制下，以判决时为基准判断危险性也是没有问题的。但如保安监护处分的情况那样在刑罚执行终了后执行保安处分的法制中（韩国社会保护法第23条1项的保护监护的执行及德国刑法第67条、第67条C），则应该在保安处分的宣告时与刑罚的执行终了时分别各自判断危险性的存在与否。

第二节　保安处分的执行方法

一、二元重复执行主义

二元重复执行主义是同时宣告刑罚与保安处分并重复执行的制度。亦将此称为严格的二元主义（Das System der strengen Zweispurigkeit）。在此原则中，通常在刑罚执行终了之后再行执行保安处分。

此制度的理论根据是，刑罚是针对以责任为基础的过去行为的报应，保安处分则是针对所预想的将来的行为人危险性的对策，进而与刑罚之间存在着严格的区别。因此，国家应该基于双重手段即基于刑罚抵消行为责任，基于保安处分遏制危险性来防卫社会。而且，在保安处分之前首先实施刑罚的理由也在于，保安处分是刑罚的补充，所以要在刑罚执行终了之后执行；不仅如此与刑罚的期限是被特定相反，保安处分是不定期的，所以应该首先执行刑罚。

然而，在刑罚思想中拒绝残留的报应思考的合理的刑事政策之下，可以说以报应为理由的刑罚与保安处分的累积的、连续的执行是无意义的，而且也是残酷的、非人道的。因为，其结果不外乎是对行为人的双重处罚而已。

二、选择宣告主义

选择宣告主义是只认定刑罚或保安处分中的一个或者即使均认定刑罚与保安处分这两种刑事制裁，但针对具体的行为之结果只适用某一个制裁的制度。亦将此称为一元主义（Das einspurige System）。

此制度的理论根据是，刑罚与保安处分在犯罪人的改善及社会复归这一目的上是相同的，因此在无法期待刑罚的特别预防效果时，就应该否定刑罚的宣告与执行，进而替代刑罚宣告保安处分。不仅如此，即使在实际执行上，保安处分尤其是保安监护的执行机关也是与刑罚的执行紧密结合在一起的，其执行的性质也与刑罚相同，因而保安监护其实是戴着保安处分这一面纱的刑罚。因此，正如克劳斯所言，不过是名义盗用而已。

然而，在刑罚与保安处分的目的同一性上寻求根据的纯粹的一元主义——尤其是保安处分一元主义——将导致放弃作为国家刑罚权限制原理的责任原则，因而是不妥当的。而且，以执行上的同一性为根据的一元主义还会导致行为人因为其危险性但在结果上却受到超过责任程度的处罚的结果，因而也是不妥当的。

三、二元替代执行主义

二元替代执行主义作为一元主义与二元主义的折中形态，虽然在与责任程度相适应上宣告刑罚，但只是在其执行阶段上才能够由保安处分替代的制度。亦称作替代主义（Das vikariierende System）。瑞士与德国以及韩国除保安（保护）监护处分外原则上均立足于此原则。

替代主义将在刑罚之前优先执行保安处分、保安处分的执行期限计入刑期作为本质内容。其理论根据是，保安处分是以改善行为人为目的的制度，所以即时执行考虑行为人人格特性的保安处分将有助于社会复归，不仅如此保安处分也把剥夺或限制自由作为内容，所以据此也能够充分实现刑罚的目的。

如果在刑事制裁上排除报应观念并考虑特别预防相对于一般预防的优越地位的话，替代主义是最适合于保护社会一般人的法益和有助于犯罪人社会复归的刑罚观。然而，虽然保安处分的执行计入刑期中，但针对剩余部分如果替代主义固执于刑罚的执行，其就是报应观念的残存，也不利于为再社会化的刑事政策，因此必须谋求对此的制度上的补充政策。

第四节　保安处分的种类

保安处分可以根据不同观点划分为诸多种类，各国所采取的保安处分的种类也根据国家的不同而多少存在差异。如果根据比较法的观点划分保安处分的种类，大体上可以分为"对人的保安处分"与"对物的保安处分"。而且，前者又重新可以分为"剥夺自由的保安处分"与"限制自由的保安处分"。

《参考》根据成为保安处分之对象的"犯罪危险的主体"是一定的人还是一定的物或动物，还将保安处分划分为对人的保安处分与对物的保安处分。目前，进行这种分类的立法是意大利刑法（第215条、第236条）和瑞士刑法。

一、对人的保安处分

对人的保安处分是指为防止将来的犯罪行为进而对特定人所宣告的保安处分。

（一）剥夺自由的保安处分

1. 治疗监护处分

治疗监护处分是指针对精神病患者、神经衰弱者、歇斯底里患者、聋哑者等这些处于欠缺责任能力状态因而难以获得刑罚效果或具有再犯危险的人，不进行起诉或宣告无罪时或者即使在刑罚执行之后，为了治疗将其无期限的或一定期限的收容于精神病院等一定设施内的处分。

韩国社会保护法第 8 条、德国刑法第 63 条、瑞士刑法第 43 条、丹麦刑法第 65 条、美国模范刑法典第 4 章第 8 条等对此进行了规定。

2. 矫正处分 (矫正所或禁绝设施收容处分)

矫正处分是指将酒精或毒品中毒者在一定期间内收容于矫正所或禁绝设施中进而治疗这种习癖的处分。

韩国社会保护法第 8 条 1 项 2 号、德国刑法第 64 条、奥地利刑法第 22 条、瑞士刑法第 44 条、丹麦刑法第 62 条等对此进行了规定。

3. 保护监护处分 (保安监护设施收容处分)

大体上是指思想犯、具有常习犯或累犯危险性的暴力犯等在自由刑执行终了之后仍旧具有再次反复实施犯罪的危险时,将其收容处分于预防所或保安监护设施这种特殊设施内的情况。

韩国社会保护法第 5 条、德国刑法第 66 条、奥地利刑法第 23 条、丹麦刑法第 65 条、比利时社会防卫法第 22 条乃至 26 条等对此进行了规定。1908 年英国的犯罪预防法 (Prevention of Crime Act) 率先引入了此项制度。此保护监护制度在欧洲是因为对不定期刑制度的评判不太好的关系而作为其替代制度被考虑的。然而,由于其效果没有满足人们的期待进而开始逐渐被废除,实际上也难以找到法官宣告预防拘禁的判例。

4. 劳动设施收容处分 (劳动改善处分、劳作处分)

劳动设施收容处分是指针对流浪者、乞丐、卖淫妇女等因厌恶、逃避劳动的生活态度而常习性地实施犯罪的人,宣告刑罚的同时将其收容于劳动场所使其从事一定的作业,进而习得勤勉的、具有纪律的生活习惯的处分。

丹麦刑法第 62 条、法国刑法第 274 条、希腊刑法第 72 条等对此进行了规定。

然而,有见解主张,劳动改善处分对象者们的犯行由于其罪质轻微、再犯的危险性不大,所以通过在自由刑之执行中科处强制劳动,也能够充分取得其矫正效果，因此对他们科处保安处分是不妥当的。随着此见解的逐渐有力，劳动改善处分也处于逐渐被废除的趋势中。

5. 社会治疗处分

社会治疗处分是指针对累犯者、性冲动犯人等犯罪性精神病质者（Kriminelle Psychopathen），为排除其人格上的障碍将其收容于各种社会治疗设施中的处分。这种精神病质者或性格偏执者在大多情况下其心神状态并没有达到无责任能力或限制责任能力的状态，而是由于其社会的危险性才被要求对他们实施保安处分，但由于在他们身上很难取得医学上的治疗效果，所以实施治疗监护处分是没有意义的。因此，对他们实施作为新的保安处分的社会治疗处分。

然而，为进行社会治疗处分首先要确保社会治疗设施与专业人力，而且这里需要庞大的预算和人员，所以实际上在韩国的现行刑事政策水准上实行可能性是很小的。不仅如此，将精神病质者作为保安处分的对象时，由于范围不明确，所以反而具有侵犯人权的危险，因此既然能够对精神病质者认定责任能力，就应该执行刑罚（自由刑）并在矫正过程中实施特别的处遇。

在德国，为确保设施和专业人员，此制度的施行被延期至 1978 年 1 月 1 日，而后重新被延期至 1980 年 1 月 1 日，之后再次被延期至 1985 年 1 月 1 日。但由于现实的政策上的、财政上的支持的不足，依据 1984. 12. 20 字行刑法改正及 1985. 2. 25 字刑法改正被废除。

（二）限制自由的保安处分

1. 保护观察

保护观察（Führungsaufsicht, probation）作为在保安处分中最具意义的、最具悠久历史的制度，是指对犯人不执行刑罚而是使其进行正常的社会生活的同时接受保护观察机关的指导、监督与辅导，进而谋求改善与社会复归的制度。

原本，保护观察制度在英美法系与大陆法系中分别是以不同形态发展而来的。此制度首先在英美法系中是作为保护观察附执行犹豫及假释放制度发展而来的，之后大陆法系也以执行犹豫为基础扩大到限制自由的保安处分领域中。

韩国引进了大陆法系的保护观察制度,在关于保护观察等法律(1997年12月13日,法律第5453号),社会保护法第10条,少年法第32条1项2号、3号,性暴力特别法第16条,家庭暴力特别法第40条等中对此进行了规定。在目前的英美法系中对此进行规定的有,英国刑事审判法、美国各州的法律及模范刑法典第6章第2条等;在大陆法系中对此进行规定的有,德国刑法第56条之d,第68条至第68条之g,荷兰刑法第14条之c,丹麦刑法第56条及第61条等。

2. 善行保证

善行保证是指在刑罚的执行犹豫或假释放的情况中,命令作为保证金提供一定的金额或其他有价证券或者命令提供保证人进而作为其效果发生的停止条件的保安处分的一种。因此,在保证期间内实施犯罪时,保证金将归属于国库(瑞士刑法、意大利刑法)或者充当被害人的赔偿金(法国刑法草案),只有在其期限无其他事由的顺利届满时,才将保证金返还给供托人。结果,此制度是通过没收保证金这种心理上的压力确保善行的保安处分。

瑞士刑法第53条、意大利刑法第237条、法国刑法草案第58条等对此进行了规定。然而,也有见解认为,此制度将给其对象者造成相当的负担,而且实际上是在限制刑罚的执行犹豫或假释放,所以作为保安处分是不适合的。

3. 禁止职业

此制度是针对滥用一定的职业或营业活动或者违反与此相关联的义务进而实施犯罪或者具有逐渐实施犯罪的危险的人,禁止其在一定期限内进行职业或营业的处分。

瑞士刑法第54条、德国刑法第70条及第70条之b,丹麦刑法第79条等对此进行了规定。

4. 限制居住

此制度是针对思想犯等一定犯罪者限制其居住的保安处分。

瑞士刑法第 16 条、意大利刑法第 215 条 2 项等对此进行了规定。

5. 驱逐国境

此制度是以外国人犯罪者为对象，当认定外国人犯罪者的国内滞留对公共安全秩序产生危险时所科处的处分。

瑞士刑法第 55 条、意大利刑法第 235 条、法国刑法第 272 条等对此进行了规定。韩国出入国管理法第 46 条规定，违反出入国管理法或者作为外国人被判禁锢以上之刑罚后被释放的人，将基于行政处分被强制驱逐出境。然而，在此驱逐国境制度中内含有在政治上被恶用的余地。

6. 禁止出入酒店

此制度是针对犯罪原因在于酒精过饮者所科处的处分。

瑞士刑法第 56 条、意大利刑法第 215 条 2 项 3 号及第 234 条、前捷克斯洛伐克刑法第 61 条等对此进行了规定。然而，批判者认为，饮酒即使不在酒店也是充分可能的，所以没有实质上的担保遵守的手段。

7. 剥夺驾驶许可

此制度是针对违反交通法规造成事故的人，判明具有驾驶不适当事由时，取消驾驶许可的处分。大部分国家将此规定为行政处分，但德国刑法（第 69 条）却将此规定为保安处分。

8. 断种、去势

断种是指解除生育能力，去势是指解除生殖腺（睾丸或卵巢）进而不仅不能生育甚至使其不能进行性生活。去势是在纳粹时代为使犹太人断种而采取的（纳粹刑法第 42 条之 a5 号）一种措施，战后由于被认为是侵害人的尊严性的非人道的措施，所以基于 1946 年联合国管理委员会法第 11 号被废除。目前，断种不仅仅是作为犯罪对策的刑事政策上的问题，即使在国民厚生学的立场上也成为重要的社会问题。

关于断种的立法例，最早有 1907 年美国的印第安纳州将此法制化。1934 年挪威、1935 年丹麦、1950 年芬兰等也相继制定了"关于断种、去势的法律",墨西哥也对此给予了认定。另一方面,日本的优生保护法（1948 年）、韩国的母子保健法也出于提高国民保健的目的承认了不孕手术。

二、对物的保安处分

提供或试图提供给犯罪的与犯罪相关联的物品的没收、被利用于犯罪的营业所的封闭、与犯罪相关联的犯人的解散等处分就符合于此。

第五节　现行法上的保安处分

一、序说

现行宪法（第 12 条 1 项）规定:"……任何人不依法律之规定……不受保安处分……",进而在宪法上将保安处分进行了明文化（保安处分法定主义）。然而,韩国刑法并没有在总则当中规定保安处分,而是在少年法、国家保安法、社会保护法、关于保护观察等法律、保安观察法、母子保护法等相当数量的特别法中进行了规定。在上述基于各种特别法的保安处分中,除少年法上的保护处分外,其特色在于均是依据一定的行政机关发挥着一种行政作用。

以下将重点考察少年法上的保护处分、关于保护观察等法律上的保护观察、社会安全法（更名为保安观察法）上的保安处分以及社会保护法上的保安处分。

二、少年法上的保护处分

处于成长期的少年们由于精神上与身体上的未成熟以及思虑上的不足,很容易陷入犯罪的诱惑当中,相反相应的改善、教化的可能性也很大。而且,由于这些少年存在于未来当中,所以需要以教化改善主义为基本的处遇对策。为尊重这种特性,少年法针对具有反社会性及非社会性的少年规定了关于其环境调整与品行矫正的保安处分。尤其针对犯罪少年、犯法少年、偶犯少年（第 4 条）,还能够决定适用保护处分之一种的保护观察（第 32 条、第 33 条）。

少年法上所认定的保护处分如下（第 32 条 1 项）:

——委托保护者或者能够替代保护者保护少年的人进行监护（1 号）

——接受保护观察官的短期保护观察（2 号）

——接受保护观察官的保护观察（3 号）

——委托儿童福利法上的儿童福利设施及其他少年保护设施进行监护（4 号）

——委托医院、疗养院（5 号）

——短期移送至少年院（6 号），少年院于 1997 年改称为初·中等学校

——移送至少年院（7 号）

少年部法官（家庭法院少年部法官或者地方法院少年部法官）进行审理的结果，认为必要时才以决定的形式进行符合以上各号的处分（第 32 条）。而且，上述 1 号至 3 号的处分可以进行并合（同条 2 项），针对 2 号乃至 3 号的保护观察处分时 16 岁以上的少年，还可以适用社会服务命令或受训命令（同条 3 项）。少年的保护处分不得对其少年将来的身体造成任何影响（同条 5 项）。

三、关于保护观察等法律上的保护观察处分

关于保护观察等法律（1988 年 12 月 31 日，法律第 4059 号；1996 年 12 月 12 日，法律第 5178 号全面改正）中规定了针对作为犯罪之人被认定为为防止再犯有必要进行体系性社会内处遇的人进行指导、援护进而促进社会复归的保护观察处分（本法第 1 条）。其适用对象是，根据刑法被判保护观察条件附宣告犹豫或执行犹豫的人（刑法第 59 条之 2、第 62 条之 2）、以保护观察为条件被假释放或假退院的人（刑法第 73 条之 2、本法第 25 条）、受到少年法第 32 条 1 项 2 号、3 号处分的少年（本法第 24 条、第 25 条）或者在少年院被假释放或假退院的少年（本法第 30 条）、此外依据其他法律之规定适用本法律所规定的保护观察的人（本法第 3 条 1 项）。

审查、决定保护观察的保护观察审查委员会与掌管保护观察之实施事务的保护观察所归属于法务部长官管辖（本法第 5 条、第 14 条）。

这种关于保护观察等法律上的保护观察处分不仅适用于少年犯，而且改正刑法规定自 1997 年 1 月 1 日起即使针对成年犯罪人在适用宣告犹豫、执行犹豫或假释放时，在一定条件下也可以进行科处。据此，关于保护观察等法律也基于 1996. 12. 12 字改正针对成年犯与少年犯广泛打开了保护观察处分的门户。这从再社会化刑法的立场上来看，是划时代的发展。

然而，应该注意的是，这种保护观察处分要想实现为犯人再社会化的刑事政策目的，首先急需解决的是确保有能力的、献身精神的保护观察官。

四、保安观察法（旧社会安全法）上的保安处分

旧社会安全法（1975 年 7 月 16 日，法律第 2769 号）为维护国家的安全与社会的安宁规定针对具有因刑法上的内乱罪（第 87～90 条）与外患罪（第 92～101 条）、军事刑法上的叛乱罪（第 5～8 条）与利敌罪（第 9 条 2 项及第 11～16 条）、国家保安法上的特定犯罪（第 3～9 条）等犯罪被判禁锢以上之刑罚并被执行之事实的人，将适用保安处分（本法第 1 条、第 2 条）。在此法律中所采取的保安处分的种类有：（1）保护观察处分，（2）限制居住处分，（3）保安监护处分（本法第 3 条）。

然而，旧社会安全法上的保安处分很明显仍旧是刑事制裁，而且限制居住处分与保安监护处分也是侵害宪法上的居住、移居之自由与以基于法官令状拘禁身体作为内容的基本权（宪法第 12 条、第 14 条）的制裁。同时，不依据法院的司法处分而是根据检察官的申请（社会安全法第 12 条）经过法务部名下的保安处分审议委员会（本法第 15 条）的决议并由法务部长官进行决定（本法第 17 条）的做法，显然也是违反宪法的。尤其是，此法律将国家保安事犯者具有“再次实施犯罪的危险性”作为了要件，但其危险性却不是基于行为所具体化的危险性，仅仅是被预测的危险性而已，所以具有在概念上难以认定为保安处分制度的难点。

此法律是在维新统治时期依据受到越南败亡事态刺激的政策当局的安保信念被立法化的。然而，如果在预防犯罪的美名之下引起法治国家所无法容忍的侵害人权的可能性，其虽然说是保安处分，但却只是欠缺法治国家正当性的强制措施而已。因为，保安处分不是依据针对某种事态的政策当局的主观信念被正当化的，而是依据法治国家的规律被正当化的。

虽然感觉有些滞后，但基于 1989.6.16 字同改正法律将其名称修改为保安观察法（基于 1989 年 6 月 16 日，法律第 4132 号；1991 年 11 月 22 日，法律第 4396 号改正），而且也删除了限制居住处分与保安监护处分，并将保护观察处分变更为保安观察处分。即使这样，也是一件庆幸之事。

保安观察处分的对象者是作为因符合保安观察的犯罪（本法第 2 条：刑法上的内乱·外患罪、军事刑法上的叛乱·利敌罪、国家保安法上的特定犯罪）或与此相竞合的犯罪而被判禁锢以上之刑罚且其刑期之合在 3 年以上者，进而具有被执行刑罚之全部或一部分之事实的人（本法第 3 条）。保安观察处分可针对在此对象者中有充分理由能够认定存在再犯危

险性的人（本法第 4 条 1 项）科处 2 年的期限，但法务部长官可根据检察官的申请并经保护观察处分审议委员会的决议而变更期限（本法第 5 条）。接受保护观察处分的人必须要向居住地所在的警察署署长报告，并在防止再犯所必要的范围内接受指示（本法第 4 条 2 项）。

五、旧社会保护法上的保安处分/治疗监护法上的保安处分

（一）意义

旧社会保护法（基于 1980 年 12 月 18 日，法律第 3286 号；1989 年 3 月 25 日，法律第 4089 号改正）规定："针对在实施犯罪的人中被认定为具有再犯的危险性且有必要进行教育、改善及治疗的人，以通过科处保护处分达到促进社会复归、保护社会之目的"（第 1 条）科处保安处分。保护对象者是，（1）基于故意犯行（过失犯除外）被判数个刑罚或实施数个犯罪的人，（2）作为心神障碍者或毒品类、酒精及其他药物类中毒者实施犯罪的人（第 2 条）。

（二）种类

这里有保护监护、治疗监护、保护观察三种（第 3 条）。

1. 保护监护

保护监护是指将在累犯或累犯性常习犯人中被认定为具有再犯危险性的被保护监护者（第 5 条）收容于保护监护设施内，进行监护、教化的处分。而且，可以进行复归社会所必要的职业训练；在有被保护监护者的同意时，还可以科处劳动（第 7 条）。战前，曾存在不以再犯危险性为要件的必要的保护监护与必须认定再犯危险性的任意的保护监护。由于必要的保护监护与再犯的危险无关且只要符合法律所规定的要件便必须要宣告保护监护，所以具有违宪的余地，因而被废除。因此，目前只在施行任意的保护监护制度。保护监护即使具备一定的要件，其期限也是 7 年（第 7 条 3 项）。而且，规定社会保护委员会每一年要进行是否假出所的审查或决定，针对假出所者每六个月要进行是否免除执行的审查或决定（第 25 条 1 项）。

2. 治疗监护

治疗监护是指将精神障碍者、毒品及酒精中毒者等被治疗监护者收容于治疗监护设施中，进而采取为给他们进行治疗的措施的保安处分（本法第 8 条）。

治疗监护的对象者是，符合如下情况之一种的人：（1）作为精神障碍者依据刑法第 10 条 1 项（心神丧失者）之规定不能处罚者或者依据刑法第 10 条 2 项（心神微弱者）之规定减轻刑罚者实施符合禁锢以上之刑罚的犯罪并被认定具有再犯危险性时，（2）具有饮用、摄取、吸入或注入毒品、精神医药品、大麻及其他具有被乱用或引起毒害作用之危险的物品或酒精的习癖或被其中毒者实施符合禁锢以上之刑罚的犯罪并被认定具有再犯危险性时（第 8 条 1 项）。

从外国的立法例上来看，在针对精神障碍者的治疗处分外，还另行规定了针对毒品、酒精中毒者的禁绝处分（参照德国刑法第 63 条、第 64 条），与此相比，韩国社会保护法上的治疗监护具有统合两者的特色。

此治疗监护的期限是，被治疗监护者被治愈至没有必要继续监护的程度进而由社会保护委员会作出治疗监护终了或假终了决定为止（第 9 条 2 项）。然而，社会保护委员会应该针对治疗监护者在其执行开始后每六个月进行是否终了或假终了的审查或决定，而且应该针对假终了或被委托治疗的被治疗监护者在其假终了或委托治疗后每六个月进行是否终了的审查或决定（第 25 条 2 项）。

3. 保护观察

保护观察是以在监护设施之外指导、监督假出所的被保护监护者或被治疗监护者为内容的保安处分。保护观察开始于（1）被保护监护者假出所时，或者在被并科的刑罚执行中被假释放后，假释放被取消或无失效的经过残余刑期时；（2）治疗监护终了时，或者被治疗监护者为在治疗监护设施外进行治疗被委托于亲属时（第 10 条 1 项）。

保护观察的期限为 3 年。但是，对于被委托于亲属的人被认定为具有继续进行保护观察的必要时，根据社会保护委员会的决定可以将保护观察期限延长至 3 年且仅限于一次（第 10 条 3 项）。此但书条款是基于 1996. 12. 12 字社会保护法改正而新增设的内容。而且，即使在此保护观察期限届满前，社会保护委员会作出免除保护监护之执行或终了治疗监护的决定时，或者因被保护观察者再次被执行监护而被再次收容或被执行禁锢以上之刑罚时，将终了保护观察（第 10 条 4 项）。

（三）问题点

社会保护法原本是为严格治理再犯者或累犯性常习犯人将其长期隔离于社会而由国家保卫非常对策委员会制定的法律。根据此法的保护监护处分，即使犯罪人被执行完法院所判处的刑期，也可依据检察官的申请再次被隔离收容于一定期限。这种社会保护法的规定与实际适用状况尤其在人权脆弱性浓厚的保护监护处分的立法与实务惯行上内含有诸多问题点。

第一，正如保护监护处分的本质特性是试图通过隔离具有再犯危险性的人来以此保护社会那样，将此视为教化矫正处分之一种的现行法的态度有很大的引起双重处罚之误解的余地。因此，本书的立场是不如废除保护监护处分制度自身或者纯化为纯粹的安全处分为好。

第二，根据本法的改正，在受到保护监护处分之后，在其执行开始后每一年都要进行是否假出所的审查或决定；针对假出所者每六个月要进行是否免除执行的审查或决定，但有必要更加放宽假出所的条件。因为，这将导致长期拘禁身体自由的结果，不仅如此也是因为改过迁善不是来源于绝望中而是产生于希望中这种想法。

第三，保护监护处分应该急需引入中间审查制度，即有必要重新审查在执行完刑罚之后是否有必要继续执行与刑罚一同被宣告的保护监护处分的制度。

第四，像刑罚的执行那样将保护监护处分置于行刑法的规制之下，是与保护监护处分的安全处分之特性不相适应的。不如根据现代行刑制度的发展，与刑罚执行相区别，为防止具有再犯危险的犯罪人的危险性而谋求独立的执行方法更妥当些。

第五，应该将比例性原则明确为保安处分的条件。

第六，在进行刑法的改正时，当然应该将社会保护法上的保安处分制度修改为在刑事制裁上没有侵害人权之危险的、标准化的保安处分。而且，应该将此作为刑法上的制裁手段之一种编入刑法典中，进而视为严格的司法审查对象。

（四）治疗监护法（2005.8.4 法律 7655 制定）上的保安处分

由于旧社会保护法没有摆脱双重处罚这种批判，政府基于 2005 年 8 月 4 日字废除了此法，制定了新的治疗监护法（2005 年 8 月 4 日公布）。其初衷是，将没有双重处罚之危险的治疗监护处分存置丁此法中，并能够在一定情况下适用保护观察。

此法的目的是，针对在心神障碍状态或毒品类、酒精及其他药物中毒状态下实施犯罪行为的人中具有再犯危险性且被认定为有必要进行特殊的教育、改善、治疗的人，试图通过为其提供适当的保护与治疗来阻止再犯、促进健全的社会复归。

治疗监护由检察官提出申请，在一定情况下向地方法院法官申请治疗监护令状，在获得治疗监护令状之后，可进行保护拘束（第6条）。

治疗监护设施内的收容不得超过15年。但是，作为具有毒品、抗精神性医药品、大麻等物品或酒精关联习癖或被其中毒的人实施了符合禁锢以上之刑罚的犯罪，被收容于治疗监护设施内时，不得超过2年（第16条）。

被治疗监护者的治疗监护假终了或者为在治疗监护设施外接受治疗而委托于法定代理人时，将接受3年的保护观察（第32条）。

《参考》在美国最近关于psychopathy（精神异常）形成了诸多议论。精神异常具有几乎不可能进行治疗程度的再犯形态。暴力犯罪、性犯罪者中的相当人数具有此精神异常的特性。因此，美国正在开发划分精神异常的诊断方式与特别处遇的程序以及再评价的程序。

主要参考文献

[国内文献]

金日秀，刑法学原论［总则讲义］，补订版，1992.

金日秀，韩国刑法Ⅰ，改订版，1996.

金日秀，韩国刑法Ⅱ，改订版，1997.

金日秀，新刑法总论，第 8 版，2000.

权文泽，刑法学研究，1983.

金圣天·金亨俊，刑法总论，1998.

南兴祐，刑法总论，改订版，1983.

朴东熙，刑法学总论，1977.

朴相基，刑法总论，全订版，1999.

裴钟大，刑法总论，第 6 版，2001.

白南憶，刑法总论，第三全订版，1963.

孙冻权，刑法总则论，2001.

孙海睦，刑法总论，1996.

申东云，刑法总论，2001.

申东云，判例百选 刑法总论，1998.

安铜准，刑法总论，1998.

刘基天，刑法学（总论讲义），改订 24 版，1983.

李建镐，刑法学概论，1977.

李在祥，刑法新讲（总论Ⅰ），1984.

李在祥，刑法总论，第 4 版，1999.

李廷元，刑法总论，1999.

李泰彦，刑法总论，第 3 全订版，2000.

李炯国，刑法总论研究Ⅰ，1984.

李炯国，刑法总论研究Ⅱ，1986.

李炯国，刑法总论，改订版，1997.

任　雄，刑法总论，1999.

郑盛根，刑法总论，全订版，1996.

郑盛根·朴光玟，刑法总论，2001.

郑荣锡，刑法总论，第五全订版，1983.

曹俊铉，刑法总论，1998.

陈癸镐，刑法总论，第6版，2000.

车镛硕，刑法总论讲义Ⅰ，1984.

8人共著，新稿刑法总论，1978.

河泰勋，事例中心 刑法讲义，1998.

黄山德，刑法总论，第七订版，1982.

许一泰，德国刑法总论（译），1991.

韩国刑事法学会编，刑事法讲座Ⅰ，1981.

韩国刑事法学会编，刑事法讲座Ⅱ，1984.

［外国文献］

Alternativkommentar, Bd. 1, 1990.

Baumann, Jürgen, Strafrecht, AT, 8. Aufl., 1977.

Baumann/Weber, Strafrecht, AT, 9. Aufl., 1985.

Blei, Hermann, Strafrecht Ⅰ, 18. Aufl., 1983.

Bockelmann, Paul, Strafrecht, AT, 3. Aufl., 1979.

Bockelmann /Volk, Strafrecht, AT, 4. Aufl., 1987.

Dreher/Tröndle, Strafgesetzbuch und Nebengesetze, 47. Aufl., 1997.

Ebert, Udo, Strafrecht, AT, 1985.

Eser, Albin, Strafrecht Ⅰ, Ⅱ, 3. Aufl., 1980.

Haft, Strafrecht, AT, 4. Aufl., 1990.

Hassemer, Einführung in das Strafrecht, 2. Aufl., 1990.

Hippel, Robert von, Deutsches Strafrecht Ⅰ, Ⅱ, 1925.

Jakobs, Günther, Strafrecht, AT, 2. Aufl., 1991.

Jescheck, Hans-Heinrich, Lehrbuch des Strafrecht, 4. Aufl., 1988.

Jescheck, Hans-Heinrich/Weigend, Thomas, Lehrbuch des Strafrecht, 5. Aufl., 1995.

Kaufmann, Arthur, Das Schuldprinzip, 2. Aufl., 1976.

Kienapfel, Diethelm, Strafrecht, AT, 3. Aufl., 1985.

Kühl, Kristian, Strafrecht, AT, 1994.

Lackner, Karl, Strafgesetzbuch, 19. Aufl., 1991.

LaFave/Scott, Wayne R. and Austin W., Criminal Law, 1985.

Leipziger Kommentar (LK), 11. Aufl.

Liszt, Franz von, Lehrbuch des Deutschen Strafrechts, 21. /22. Aufl. , 1919.

Liszt/Schmidt, Lehrbuch des Deutschen Strafrechts, 26. Aufl. , 1932.

Maurach/Gössel/Zipf, Strafrecht, AT/ II , 7 . Aufl. , 1988.

Maurach/Zipf, Strafrecht, AT/ I , 7 . Aufl. , 1987.

Mayer, Hellmuth, Strafrecht, AT, 1967.

Mayer, Max Ernst, Der Allgemeine Teil des Deutschen Strafrechts, 1915, 2 . Aufl. , 1923.

Mezger, Edmund, Strafrecht, AT, 3. Aufl. , 1949.

Naucke, Wolfgang, Strafrecht, Einführung, 4. Aufl. , 1987.

Noll, Peter, Strafrecht, AT, 1981.

Otto, Harro, Grundkurs Strafrecht, Allgemeine Strafrechtslehre, 3. Aufl. , 1988.

Roxin, Claus, Strafrecht, AT/ I , 1997.

Roxin, Claus, Täterschaft und Tatherrschaft, 5. Aufl. , 1989.

Roxin/Stree/Zipf/Jung, Einführung in das neue Strafrecht , 2. Aufl. , 1975.

Rudolphi/Horn/Samson, Systematischer Kommentar (SK), Bd. 1, 25. Lieferung, 1995.

Schmidhäuser, Eberhard, Strafrecht, AT, 2. Aufl. , 1975.

Schultz, hans, Einf: hrung in den Allgemeinen Teil des Strafrechts, Bd. 1/2, 4. Aufl. , 1982.

Schönke/Schröder/Lenckner/Cramer/Eser/Stree, Strafgesetzbuch, Kommentar, 26. Aufl. , 2001.

Smith/Hogan, Criminal Law, 4 edition, 1978.

Stratenwerth, Günter, Strafrecht, AT, 3. Aufl. , 1981.

Triffterer, Otto, Österreichisches Strafrecht, AT, 2. Aufl. , 1994.

Tröndle/Fischer, Strafgesetzbuch und Nebengooootze, 49. Aufl. , 1999.

Welzel, Hans, Das Deutsche Strafrecht, 11. Aufl. , 1969.

Wessele, Johannes, Strafrecht, AT, 25. Aufl. , 1995.

Wessele, Johannes/Beulke, Werner, Strafrecht, AT, 30. Aufl. , 2000.

Wiener Kommentar (WK).